Paula Wojcik
Theorie der Klassik

Studien und Texte zur Sozialgeschichte der Literatur

―

Herausgegeben von
Maximilian Benz, Kai Bremer, Walter Erhart,
Barbara Picht und Meike Werner

Band 161

Paula Wojcik

Theorie der Klassik

Eine kulturelle Praxis
von Goethe bis Grandmaster Flash

DE GRUYTER

Veröffentlicht mit Unterstützung des Austrian Science Fund (FWF): PUB 888

Der Wissenschaftsfonds.

ISBN 978-3-11-162097-8
e-ISBN (PDF) 978-3-11-075646-3
e-ISBN (EPUB) 978-3-11-075654-8
ISSN 0174-4410
DOI https://doi.org/10.1515/9783110756463

Dieses Werk ist lizenziert unter einer Creative Commons Namensnennung 4.0 International Lizenz. Weitere Informationen finden Sie unter http://creativecommons.org/licenses/by/4.0.

Die Creative Commons-Lizenzbedingungen für die Weiterverwendung gelten nicht für Inhalte (wie Grafiken, Abbildungen, Fotos, Auszüge usw.), die nicht im Original der Open-Access-Publikation enthalten sind. Es kann eine weitere Genehmigung des Rechteinhabers erforderlich sein. Die Verpflichtung zur Recherche und Genehmigung liegt allein bei der Partei, die das Material weiterverwendet.

Library of Congress Control Number: 2022941965

Bibliografische Information der Deutschen Nationalbibliothek
Die Deutsche Nationalbibliothek verzeichnet diese Publikation in der Deutschen Nationalbibliografie; detaillierte bibliografische Daten sind im Internet über http://dnb.dnb.de abrufbar.

© 2024 bei den Autorinnen und Autoren, publiziert von Walter de Gruyter GmbH, Berlin/Boston.
Dieser Band ist text- und seitenidentisch mit der 2023 erschienenen gebundenen Ausgabe.
Dieses Buch ist als Open-Access-Publikation verfügbar über www.degruyter.com.

Einbandabbildung: Collage aus Nastasic / DigitalVision Vectors / Getty Images (Goethe) und the_corner / iStock / Getty Images Plus (Plattenspieler).
Satz: bsix information exchange GmbH, Braunschweig

www.degruyter.com

Danksagung

Die vorliegende Arbeit dekonstruiert Mythen, die Klassikern gelten. Zu Mythen könnte auch die Vorstellung hinzugezählt werden, dass wissenschaftliches Arbeiten ausschließlich der intellektuellen Anstrengung Einzelner entspringe. Auch wenn die Autorin dieses Buches die Inhalte allein zu verantworten hat, so ist es mit und dank der Unterstützung von Familie, Kolleg*innen, Freund*innen und Institutionen entstanden, die mich intellektuell, seelisch und nicht zuletzt finanziell über Jahre hinweg unterstützt haben. Ob diese Qualifikationsschrift ohne den Beistand meiner Familie und Freunde, die Diskussionen mit Kolleginnen und Kollegen fertiggestellt worden wäre, vermag ich nicht zu sagen – der Weg wäre in jedem Fall um einiges steiniger gewesen.

Die Arbeit ist unter besonderen Umständen in einer Arbeitsgruppe entstanden, die mit unterschiedlichen Ansätzen das Phänomen Klassik unter die Lupe nahm. In den Anfängen waren wir ein Team aus Philosoph*innen und Literaturwissenschaftler*innen. Geleitet von Stefan Matuschek und Lambert Wiesing haben wir mit der finanziellen Unterstützung des Landes Thüringen drei Jahre forschen können. Familiäre und berufliche Veränderungen führten dazu, dass zum Schluss eine Literaturwissenschaftler*innen-Truppe blieb, bestehend aus Stefan Matuschek, Sophie Picard und mir. Gemeinsam haben wir Konferenzen organisiert, einen umfangreichen Sammelband herausgegeben und vor allem: viel diskutiert. Die Früchte dieser Diskussionen bilden die Grundlage dieses Buches und die Jahre, in denen sie stattgefunden haben, werden immer zu meinen schönsten akademischen Erinnerungen zählen. Dafür danke ich meinen beiden schärfsten Kritiker*innen: Stefan Matuschek und Sophie Picard, die beide aus meinem Leben nicht mehr wegzudenken sind.

Stefan Matuschek als meinem langjährigen Chef und Mentor habe ich allerdings noch mehr zu verdanken. Eine wissenschaftliche Karriere war mit Blick auf meine persönliche Ausgangssituation sicher nicht besonders aussichtsreich und (somit) kein Weg, den ich mich zu verfolgen getraut hätte. Danke, Stefan, dass Du meinen Selbstzweifeln ausschließlich Unverständnis entgegengebracht hast. Mit Deiner Kompromisslosigkeit in der Sache, Deinem Scharfsinn und Deiner Fähigkeit, Menschen zu motivieren, wirst Du mir immer ein Vorbild sein.

Sophie Picard danke ich für ihre Freundschaft, die klaren Worte der Kritik, die Lust am Dissens, unvergessliche Tagungsabenteuer und ihr wunderbares Buch *Klassikerfeiern. Permanenz und Polyfunktionalität Beethovens, Goethes und Victor Hugos im 20. Jahrhundert*, das 2022 im Transcript-Verlag erschienen ist.

Danken möchte ich auch Werner Nell, den ich im Zuge eines Förderprogramms als Mentor gewinnen konnte. Auch von ihm habe ich immer Unterstützung, Zuspruch und nicht zuletzt den einen oder anderen wertvollen Hinweis für die Arbeit bekommen.

Auch möchte ich Professorin Bettina Bannasch dafür danken, dass sie die Begutachtung der Habilitationsschrift und den langen Weg nach Jena auf sich genommen hat. Von ihren Bemerkungen hat die Überarbeitung dieses Buches immens profitiert.

Zwei Institutionen bin ich zu großem Dank verpflichtet, die mir durch Stipendien ermöglicht haben, ohne Zusatzbelastung an dem Projekt zu arbeiten. Zum einen dem Deutschen Polen-Institut in Darmstadt. Im Juni 2016 konnte ich in den Jugendstil-Räumen des Instituts – damals noch auf der Margarethenhöhe – forschen. Auch den Mitarbeiter*innen, die mir den Zugang zu Bibliothek und Digitalisaten ermöglichten und immer geduldige Ansprechpartner*innen waren, gilt mein besonderer Dank. Zum anderen danke ich dem Alfried-Krupp-Kolleg in Greifswald, an dem ich im akademischen Jahr 2017/2018 meine Habilitation fertigschreiben konnte. Die Arbeitsbedingungen am Kolleg, die Freundlichkeit der Leitung, insbesondere des Geschäftsführers, Dr. Christian Suhm, und die großartige Unterstützung durch die Mitarbeiter*innen haben das Jahr an der Ostsee zu einem unvergesslichen Erlebnis werden lassen, an das ich mit Wehmut zurückdenke. Dass ich dieses mit inspirierenden Kolleg*innen unterschiedlicher Disziplinen teilen durfte, hat mich auf den letzten mühsamen Metern des Schreibens immer wieder aufs Neue motiviert.

Ein besonderer Dank gebührt meiner Familie, die mich auch über die teilweise anstrengenden und frustrierenden Momente hinweg – man kann es nicht anders sagen – ertragen hat. Das wäre allerdings zu wenig gedankt, denn in meiner Mutter Joanna und meiner Schwester Maura habe ich zwei beeindruckend unabhängige Frauen, die mir nicht nur Vorbild, sondern immer auch Unterstützung waren. Meinem Partner und Freund Patrick Ferrer y Wagner danke ich für seine Geduld, die ich oft auf die Probe gestellt habe, seinen Glauben an mich, seine Güte und seine Fähigkeit, mich auch in den unerträglichsten Momenten zum Lachen bringen zu können.

Nicht zuletzt möchte ich meinen Freunden und Mitbewohner*innen danken, die Kapitel der Arbeit mit- und gegengelesen haben. Danke an Nikolai Münch, Romy Stöckmann und an Hannes Höfer. Eure Unterstützung und das eine oder andere Bier mit euch haben entscheidend zum Gelingen dieses Habilitationsprojekts beigetragen.

Die Publikation des Manuskripts verdankt sich ebenfalls der Unterstützung vieler. Zum einen der finanziellen des FWF, der großzügig eine Open-Access-Publikation ermöglicht. Zum anderen den Mitarbeiter*innen des Verlags: Mein Dank gilt Marcus Böhm und Eva Locher sowie Julia Blankenstein für das Lektorat.

Kurz vor Fertigstellung dieser Arbeit ist meine geliebte Großmutter Jadwiga im Alter von einhundert Jahren verstorben. Sie hat mich die Liebe zur Literatur gelehrt, und ihr möchte ich dieses Buch widmen.

Inhaltsverzeichnis

Danksagung —— V

1	Einleitung: Klassik als kulturelle Praxis —— 1
1.1	Ein verbreitetes Missverständnis: zur Allgegenwärtigkeit eines essenzialistischen Klassikbegriffs —— 1
1.2	Klassik als Praxis kultureller Funktionalisierung: bedarfsorientierte Modellierung —— 7
1.3	Anerkennung, Resonanz, Konsens als zentrale Kriterien —— 13
1.4	Klassik als Praxis kultureller Persistenz: auf Dauer gestellte und seriell (wieder)hergestellte Resonanz —— 17
1.5	Vorgehen und Aufbau der Untersuchung —— 24

2	Zum Verhältnis von Klassik und Kanon —— 28
2.1	Klassik und Kanon diachron —— 28
2.2	Klassik und Kanon synchron —— 35
2.3	Klassik und Kanon: ein Systematisierungsvorschlag —— 43

3	Die Ballade als Gegenstand der Klassikerbildung: Gattungsspezifika, Rezeptionstopoi, typische Funktionen —— 48
3.1	Applikation, Resonanz, Funktion, Wirkung: Grundannahmen zum Korpus —— 48
3.2	Die Konstruktion der Mündlichkeit: Balladen in der Kunstwelt —— 49
3.3	Mündlichkeit, Plurimedialität und das performative Defizit: Balladen in der Literaturwelt —— 54
3.4	Bardentum, Folklore, Primitivismus: Balladen in der politischen Welt —— 58
3.5	Das Widerfahrnis als Thema: zur Funktion der Handlungsorientierung —— 67

4	Der Mythos des Holismus und die fragmentarische Praxis der Klassik —— 76
4.1	Gebrauchsformen der Klassik: ästhetisches, sozialmoralisches und politisches Modell —— 82
4.2	Bedarfsorientierte Fragmentierung: Mickiewicz und die drei Gesichter des Nationalbarden —— 94
4.2.1	Modell 1: Mickiewicz, ästhetisch —— 95

4.2.2	Modell 2: Mickiewicz, sozialmoralisch —— 119	
4.2.3	Modell 3: Mickiewicz, politisch —— 141	
4.3	Fragmentarismus der Klassik (Schlussbemerkungen) —— 161	
5	**Der Mythos des Universalismus und die partikularistische Praxis der Klassik —— 163**	
5.1	Die Jiddische Ballade als partikulares Feld —— 169	
5.2	Bedarfskonstellation: das Jiddische als Literatursprache um 1900 —— 169	
5.3	Die jüdische Öffentlichkeit —— 173	
5.4	Die Handlungsebene der jiddischen Ballade —— 175	
5.5	Klassiker der jiddischen Ballade —— 179	
5.5.1	Bedarfskonstellation vor 1945 —— 187	
5.5.2	Bedarfskonstellation nach 1945 —— 191	
5.6	Partikularismus der Klassik (Schlussbemerkungen) —— 199	
6	**Der Mythos der Zeitenthobenheit und die Zeitlichkeit der Klassik —— 202**	
6.1	Börries von Münchhausen als Klassiker —— 207	
6.2	Automodellierung ohne Widerhall? Münchhausen in ästhetischer Hinsicht —— 210	
6.3	Auto- und Heteromodellierung in sozialmoralischer Hinsicht: Vorbild und Erzieher —— 221	
6.4	Auto- und Heteromodellierung in politischer Hinsicht: Münchhausen im Literaturolymp —— 234	
6.5	Aufs falsche Pferd gesetzt: Münchhausens kulturelles Vergessen —— 238	
6.6	Zeitlichkeit der Klassik (Schlussbemerkungen) —— 245	
7	**Mythos Elitarismus und die Popularität der Klassik —— 249**	
7.1	Klassikerentstehung als akzidentielle Resonanz —— 260	
7.2	Popularität und Anerkennung —— 265	
7.3	Prinzip Langzeitpräsenz —— 275	
7.4	*Der Erlkönig* im 20. Jahrhundert —— 280	
7.4.1	Intertextualität für ein akademisches Publikum: *Der Erlkönig* von Angela Carter und Michel Tournier —— 281	
7.4.2	Abrogation und Appropriation: *Erlkönig*-Parodien in Schlesien —— 293	
7.4.3	Intermedialität und Transkulturalität: *Der Erlkönig* im schlesischen Heavy Metal und polnischen ‚Ritual Rap' —— 298	

7.4.4	*Der Erlkönig* im deutschsprachigen Diskurs —— 304	
7.5	Popularität der Klassik (Schlussbemerkungen) —— 309	

8 Zur Alltäglichkeit einer kulturellen Praxis der Klassik: Fazit mit einem Exkurs zur Klassikerbildung im Hip-Hop —— 311
8.1 Das Kollektiv und dessen Gedächtnis als Träger der Klassikerpraxis —— 313
8.2 „Close to the Edge": funktionale Klassikermodellierung im Hip-Hop —— 318
8.2.1 Das Original: Grandmaster Flash and The Furious Five *The Message* —— 319
8.2.2 Der Klassiker: kulturelle Persistenz als bedarfsorientierte Modellierung —— 322
8.3 Zum Schluss: Was ist ein Klassiker? —— 332

9 Literaturverzeichnis —— 334

10 Abbildungsverzeichnis —— 367

Personenregister —— 369

1 Einleitung: Klassik als kulturelle Praxis

1.1 Ein verbreitetes Missverständnis: zur Allgegenwärtigkeit eines essenzialistischen Klassikbegriffs

> „Es unterliegt gar keiner Frage, daß uns große Poesie entzücken muss […]. Vielleicht ergreift Sie Słowacki nicht, aber Sie werden doch nicht sagen, daß Ihnen nicht die Seele geradezu durch und durch gebohrt wird von Mickiewicz, Puschkin, Shelley, Goethe…"
> „Niemand wird durch und durch gebohrt. Niemand geht das überhaupt was an, alle langweilt es. […]"
> „Da große Poesie groß und Poesie ist, kann sie uns gar nicht nicht entzücken, also entzückt sie uns."[1]

Die Klassenraumsituation in Witold Gombrowiczs Gesellschaftsgroteske *Ferdydurke* ruft ein vertrautes Skript auf: Die Schüler langweilen sich bei der Lektüre romantischer Klassiker, während der Lehrer sie in laudativen Formeln anpreist. Was Gombrowicz in dem Wortgefecht zwischen Lehrer und Schüler komisch zu veranschaulichen vermag, ist die zirkelschlüssig beschworene Geltung, die zur Legitimierung eines essenzialistisch verstandenen Klassikers herangezogen wird. Der Klassikerstatus ergibt sich geradezu notwendig aus der Qualität eines Werks oder Erhabenheit der Autorin[2], die unumstritten, unhinterfragbar und von der Beobachterperspektive unabhängig besteht. Oder, wie es ein mustergültiger Verfechter dieses Klassikverständnisses, Harold Bloom, formuliert: „Greatness recognizes greatness and is shadowed by it."[3] Als wahrer Großmeister dieser Auffassung muss allerdings Hans-Georg Gadamer gelten, dessen berühmter Definition nach klassisch dasjenige sei, „was der historischen Kritik standhält, weil seine geschichtliche Herrschaft, die verpflichtende Macht seiner sich überliefernden und bewahrenden Geltung, aller historischen Reflexion schon vor-

---

[1] „'Nie ulega kwestii, że wielka poezja powinna nas zachwycać. Może Słowacki nie wzrusza Gałkiewicza, ale nie powie mi chyba Gałkiewicz, że nie przewierca mu duszy na wskroś Mickiewicz, Byron, Puszkin, Shelley, Goethe…' 'Nikogo nie przewierca. Nikogo to nic nie obchodzi, wszystkich nudzi.' 'Wielka poezja będąc wielką i będąc poezją, nie może nie zachwycać nas, a więc zachwyca.'" Witold Gombrowicz: Ferdydurke, übers. von Rolf Fieguth. Frankfurt a. M. 2011, S. 55. Im Original: Witold Gombrowicz: Ferdydurke. Kraków 1986, S. 44.
[2] Im Folgenden kennzeichnen die männlichen und weiblichen Formen, die ich abwechselnd verwende, alle denkbaren Genderentwürfe. Dort, wo tatsächlich männlich dominierte Diskurse oder Kulturbereiche thematisiert werden, bildet das generische Maskulinum die Wirklichkeit ab.
[3] Harold Bloom: The Western Canon. The Books and School of the Ages. London 1995, S. 10.

Open Access. © 2022 Paula Wojcik, published by De Gruyter. Dieses Werk ist lizenziert unter einer Creative Commons Namensnennung 4.0 International Lizenz.
https://doi.org/10.1515/9783110756463-001

ausliegt und sich in ihr durchhält".[4] Gadamers ans Metaphysische rührende Erklärung dafür, dass Phänomene über lange Zeiträume hinweg in Kulturen existieren und aus dieser Persistenz eine normative Kraft beziehen, hat mit den großen Klassikerdebatten der 1970er Jahre an Überzeugungskraft eingebüßt. Die Erkenntnis, dass die „Macht" der „Geltung" keineswegs der historischen Reflexion vorausliege, sondern das Ergebnis eines Historisierungs- und Funktionalisierungsprozesses war, der – im Fall der Deutschen Klassik – im beschaulichen Weimar um 1800 seinen Ausgangspunkt nahm, löste eine umfassende Klassikerskepsis aus. Das 19. Jahrhundert mit seinen schulpädagogischen Tendenzen, Literaturgeschichten, Denkmälern, Prunkausgaben und pompös begangenen Klassikerfeiern habe an der „Pseudo-Epoche"[5], dem „Mythos"[6], der „Legende"[7] der Weimarer Klassik als dem Höhepunkt einer nationalen Literatur gestrickt. Das Konstrukt habe sich als derart erfolgreich und hartnäckig erwiesen, dass selbst die Instrumentalisierung durch die Nationalsozialisten ihm wenig anhaben konnte und es vom historischen Ballast unbehelligt in der kulturpolitischen Realität der DDR und der BRD gleichermaßen fortleben konnte – so die Kritik. Die berüchtigte Rede des Präsidenten der Goethe-Gesellschaft Julius Petersen, den 1935 stellvertretend für Goethe „ehrfürchtig Staunen über das Erwachen der Volkskraft"[8] ergriff, wurde als Musterbeispiel der Instrumentalisierung herangezogen und gab Anlass, die bereits zum Goethejahr 1949 von Richard Alewyn artikulierte Mahnung („Zwischen uns und Weimar liegt Buchenwald"[9]) im Sinne einer Kultur- und Wissenschaftskritik ernstzunehmen. Die Entzauberung des „Mythos" als „Rezeptionsphänomen"[10] wirkte verbindend auf eine Generation von

---

4 Hans-Georg Gadamer: Hermeneutik I. Wahrheit und Methode. Grundzüge einer philosophischen Hermeneutik. Band 1. Tübingen 1990, S. 292.
5 Hans Robert Jauß: Deutsche Klassik – Eine Pseudo-Epoche. In: Reinhart Herzog, Reinhart Koselleck (Hg.): Epochenschwelle und Epochenbewußtsein. München 1987, S. 581–589.
6 Karl Robert Mandelkow: Weimarer Klassik. Gegenwart und Vergangenheit eines deutschen Mythos. In: Ortrud Gutjahr, Haro Segeberg (Hg.): Klassik und Anti-Klassik. Gegenwart und Vergangenheit eines deutschen Mythos. Würzburg 2000, S. 5–17.
7 Reinhold Grimm, Jost Hermand (Hg.): Die Klassik-Legende. Second Wisconsin Workshop. Frankfurt a. M 1971; Klaus L. Berghahn: Von Weimar nach Versailles. Zur Entstehung der Klassik-Legende im 19. Jahrhundert. In: Grimm, Hermand, Die Klassik-Legende 1971, S. 50–78.
8 Julius Petersen: Goetheverehrung in fünf Jahrzehnten. In: Jahrbuch der Goethe Gesellschaft 21 (1935), S. 1–25. Hier S. 23. Hieraus stammen auch die berüchtigten Zeilen, Goethe hätte den „schwarzen Gesellen und braunen Kameraden [...] seinen Gruß nicht versagt".
9 Richard Alewyn: Goethe als Alibi? In: Karl Robert Mandelkow (Hg.): Goethe im Urteil seiner Kritiker. Dokumente zur Wirkungsgeschichte Goethes in Deutschland. Band 4: 1918–1982. München 1984, S. 333–335. Hier S. 335.
10 Egidius Schmalzriedt: Inhumane Klassik. Vorlesung wider ein Bildungsklischee. Mit den wichtigsten Dokumenten zur Tradition eines fragwürdigen Begriffs. München 1971, S. 28.

„Spezialisten des Klassiker-Widerstands"[11], wie dies Hans Ulrich Gumbrecht erinnert. Die Erkenntnis, dass sie für Funktionalisierung und Instrumentalisierung anfällig seien, erregte den „Verdacht, dass der Erfolg von Klassikern in je verschiedener Weise immer nur Beweis für eine Konformität mit den Ideologien [...] sein konnte."[12] Diese Einsicht löste den Reflex aus, hinter den ‚Klassiker' auf das ‚Original' blicken zu wollen und dort den unkorrumpierbaren Kern jenseits der „Amputation"[13] oder „Modellhaftigkeit"[14] zu suchen. Diesen Topos des Klassikdiskurses veranschaulicht Italo Calvinos schöne Metapher von der „Staubwolke" der Rezeption, von der jeder Klassiker umgeben sei und die er „unablässig wieder abschüttelt".[15]

So griffig die Metapher ist, so irrtümlich ist die Vorstellung, dass es Klassiker *jenseits* der Rezeption gäbe. Der Irrtum gründet auf dem Sand des essenzialistischen Klassikbegriffs, dessen faktische Fundamentlosigkeit durch eine „Fundamentalisierung des Ästhetischen"[16] verschleiert wird. Der längst nicht vollzogene Abschied von diesem Verständnis in den Wissenschaften hängt nicht zuletzt mit der Etymologie zusammen. Die Tatsache, dass der lateinische Begriff zunächst die höchste Steuerklasse und anschließend den besonderen Rang eines herausragenden Autors auszeichnete,[17] impliziert einen objektiv messbaren und meritokratisch begründeten Status. Dass dieser willkürlich Kulturprodukten aller Art zugedacht werden könnte, scheint zumindest unbehaglich. Und so verfallen selbst Ansätze, die Klassik prinzipiell als ein Rezeptionsphänomen verstehen, auf eine Art essenzialistischer Resthoffnung: Einem radikalen Konstruktivismus werfen sie eine reduktionistische Sichtweise vor und halten an der Vorstellung fest, dass ein Klassiker an sich einen „hohen Vollendungsgrad" oder eine inhärente „Lösungskompetenz" besäße.[18] Auf diese Weise wird die von Wilhelm Voßkamp deklarierte Spannung von „Normativität und Historizität" über-

---

11 Hans Ulrich Gumbrecht: Warum wir Klassiker brauchen. In: Zeitschrift für Ideengeschichte IV, 4 (2010), S. 111–120. Hier S. 117 f.
12 Ebd.
13 Jauß, Deutsche Klassik – Eine Pseudo-Epoche 1987, S. 582.
14 Schmalzriedt, Inhumane Klassik 1971, S. 16.
15 Italo Calvino: Warum Klassiker lesen? München, Wien 2003, S. 10.
16 Aleida Assmann: Kanonforschung als Provokation der Literaturwissenschaft. In: Marja Rauch, Achim Geisenhanslüke (Hg.): Texte zur Theorie und Didaktik der Literaturgeschichte. Stuttgart 2012, S. 214–221. Hier S. 218.
17 Vgl. Wilhelm Voßkamp: Klassisch/Klassik/Klassizismus. In: Karlheinz Barck (Hg.): Ästhetische Grundbegriffe. Historisches Wörterbuch in sieben Bänden, Band 3: Harmonie-Material. Stuttgart 2001, S. 289–305. Hier S. 292.
18 Christian Pietsch: Einführung zu ‚Klassik als Norm – Norm als Klassik': Thema und Tagung. In: Ders., Tobias Leuker (Hg.): Klassik als Norm – Norm als Klassik. Münster 2016, S. 1–26. Hier S. 11.

brückt. Das liest sich dann so: Zwar sind Klassiker auch historische und historisch bedingte Phänomene, aber ihre nachhaltige Geltung schöpfen sie aus Eigenschaften, die sie entweder ästhetisch auszeichnen oder zur Lösung bestimmter Probleme prädestinieren.

Dieser Ansatz ist so schwer zu widerlegen, wie er zu beweisen ist. Wenn wir vom heutigen Standpunkt auf etablierte Klassiker blicken, können wir (wenn uns die entsprechenden Rezeptionsdokumente zur Verfügung stehen) die historischen Ursachen ihrer Klassizität nachvollziehen, was jedoch nichts darüber aussagt, ob nicht zeitgleich konkurrierende Angebote existierten, die gleichwertige „Lösungskompetenzen" besaßen. Darauf lässt zumindest ein musikalisches Beispiel von Moritz Baßler schließen: „Gerry and the Peacemakers füllen ihre Rolle, die neue Beatmusik zu repräsentieren, im Jahre 1964 perfekt aus, und dennoch haben sie nie Klassikerstatus wie Chuck Berry oder die Beatles erreicht."[19] Das Schicksal der Band teilen Werke und Autorinnen, was zuletzt Nicole Seifert an der Gegenüberstellung von Theodor Fontane und Gabriele Reuter gezeigt hat. Während Fontanes *Effi Briest* bis heute zum Schulkanon zählt, ist Reuters *Aus guter Familie*, obwohl „Identifikationsbuch einer ganzen Generation",[20] weitestgehend vergessen. Die Idee der Lösungskompetenz folgt dem essenzialistischen Verständnis, insofern sie externe Einflussparameter wie Willkür, Zufall, ökonomische Erwägungen, soziale Schieflagen etc. ausblendet.

Mit ihr geht zudem eine implizite Wertung der Aktualisierung einher. Bei genauerem Hinsehen geht es darum, den Vorwurf der 1968er Generation zu revidieren: Während die initiale Funktionalisierung rehabilitiert wird, erscheinen alle späteren wie der Versuch, eine Schraube mit einem Hammer zu traktieren – möglich, einmal mehr, einmal weniger legitim oder erfolgreich, aber nicht der Intention entsprechend. Das Dilemma der Klassikerrezeption im Nationalsozialismus lässt sich dadurch umschiffen, weil sie als Pervertierung der historisch verankerten Lösungskompetenz moralisch eingehegt wird. Wenn aber, wie sich zeigen wird, die Lösungskompetenz kulturellen Produkten diskursiv zugeschrieben wird und nicht in der Sache selbst liegt, besitzen alle Funktionszuschreibungen – populär wie elitär, im rechten wie linken oder gemäßigten politischen Spektrum – denselben Status. Das moralische Unbehagen an der NS-Rezeption kann nicht konzeptionell aufgelöst werden, weil diese selbstredend zu verurteilende Instrumentalisierung strukturell gesehen Teil der aktualisierenden Rezeption ist. Klassik als kulturelle Praxis ist damit von einzelnen Praktiken der Klas-

---

19 Moritz Baßler: Augenblickliche Überlieferung. Zu Pop und Mode. In: Kulturrevolution 68 (2015), S. 71–73. Hier S. 72.
20 Nicole Seifert: ~~Frauen~~ Literatur: abgewertet, vergessen, wiederentdeckt. Köln 2021, S. 86. Vgl. auch das Kapitel „Von Klassikern und vom Vergessen – wie funktioniert Kanonisierung".

sikerrezeption zu unterscheiden: Während das Konzept prinzipell wertungsneutral ist, können einzelne Praktiken der Wertung unterzogen werden.

Doch welche Indikatoren für einen Klassiker gibt es überhaupt? Häufig wird von einem kulturellen Überleben gesprochen, „survival", wie dies J. M. Coetzee oder Frank Kermode formulieren.[21] Sabine Döring und Gerhard Schulz halten dazu am Beispiel eines ‚klassischen Dramas' fest, als Vorbedingung gelte, dass „eine gewisse Zeit seit seiner Entstehung vergangen sein muß, und zwar so viel Zeit, daß dieses Stück jenseits seiner unmittelbaren Aktualität Anerkennung bei einem breiten Publikum finden konnte."[22] Auch Pascale Casonova führt ein ‚hohes Alter' an, das Klassiker in ihrer *République mondiale des lettres* zu den am besten mit symbolischem Kapital ausgestatteten Werken mache: „The age [...] testifies to wealth".[23] Das klärt freilich nicht, wie sie auf dieses Alter kommen. Casanova scheint eine, wie es Brecht formuliert, „Einschüchterung durch Klassizität"[24] vorzuschweben, die Ehrfurcht an Stelle der Evaluation setzt. In dieser Lesart perpetuiert sich klassischer Status geradezu von selbst, ist nicht mehr als eine kollektive Phantasmagorie, die sich in Lippenbekenntnissen niederschlägt. Eine ausschließlich laudative Anerkennung, wie sie der Lehrer in Gombrowiczs Zitat bekundet, behauptet die Geltung eines Klassikers zwar, bleibt ohne Resonanz jedoch eine leere Formel. Ein Buch, das nicht gelesen, ein Theaterstück, das nicht aufgeführt, ein Song, der nicht gespielt wird, sollten nicht als Klassiker bezeichnet werden, wenn der Klassikbegriff semantisch gehaltvoll und heuristisch verwertbar bleiben soll. Um auf ihr Alter zu kommen, müssen sich Klassiker in verschiedenen soziohistorischen Zusammenhängen als funktional erweisen.

So wichtig es ist, ist das Zeitkriterium insofern prekär, als es unmöglich ist zu sagen, wie ‚alt' etwas sein muss, um es mit Recht als „klassisch" zu bezeichnen. Während Casanova, ohne es konkret zu benennen, ein besonders ‚hohes Alter' vor Augen hat, wird das Klassiker-Prädikat durchaus auf jüngere Werke angewendet. Beispielsweise enthält der Band *Tusen svenska klassiker* (Tausend schwedische Klassiker) Bücher, Filme, Alben und TV-Sendungen ab 1956 – 50

---

21 „The classic defines itself by surviving", vgl. John M. Coetzee: What Is a Classic? In: Ders.: Current Writing. Text and Text Reception in South Africa. Vol. 5, 2 (1993), S. 7–24. Hier S. 20; Frank Kermode: Survival of the Classic. In: Ders.: Shakespeare, Spenser, Donne. London, New York 2005, S. 164–180.
22 Gerhard Schulz, Sabine Doering: Klassik. Geschichte und Begriff. München 2003, S. 9.
23 Pascale Casanova: The World Republic of Letters, übers. von M. B. Debevoise. Cambridge [1999] 2007, S. 14.
24 Bertolt Brecht: Einschüchterung durch die Klassizität. In: Ders.: Ausgewählte Werke in sechs Bänden. Jubiläumsausgabe, Band 6: Schriften. Frankfurt a. M. 2005, S. 642–644.

Jahre reichen offenbar.²⁵ Für die Auswahl der Gegenstände ist die Unsicherheit, was ein Klassiker ist oder war, eine Herausforderung: Da Kanonizität ein Indikator für den Klassikerstatus sein kann, es aber nicht muss, orientiert sich die vorliegende Studie in jenen Fällen, in denen der Klassikerstatus nicht offiziell ratifiziert wurde, an den Kriterien a) Repräsentativität und b) (Re-)Aktivierung in sich wandelnden kulturellen Kontexten. Der letzte Aspekt ist insofern hilfreich, als Kulturprodukte durch den kulturellen Wandel in eine Art Anerkennungskrise geraten und obsolet werden können – sie sind dann Moden. Es ist deshalb umgekehrt möglich, einen Klassiker bei den Kulturprodukten zu vermuten, die eine solchen Krise überstanden haben.

Das Spektrum der Funktionen und Umgangsweisen ist prinzipiell unbeschränkt und reflektiert die gegenwärtig global zu beobachtenden intermedialen und -kulturellen Transferprozesse: Shakespeare wird weltweit in der Werbung für unterschiedliche Produkte verwendet, mit Goethe und Schiller kann man ein Frühstücksei salzen. Klassiker werden zu Firmenlabels für Wodka wie „Puschkin" und „Pan Tadeusz" oder für Modefirmen wie „Zadig&Voltaire" und „Antigone". Edgar Allan Poes Konterfei findet sich auf T-Shirts, und in Mash-up-Novels kämpfen Jane Austens Emma gegen Vampire und Goethes Werther gegen Zombies. Diese populären Formen sind die offenkundigste und alltäglichste Anerkennung, die zum Überleben der Klassiker beiträgt. Dabei ist es unmöglich zu entscheiden, welcher Umgang adäquat, welcher missbräuchlich sei. Nach dem Grad der „Brechung bzw. Umdeutung" ²⁶ bemessen, scheinen gerade die offiziellen, kulturpolitischen Aneignungen besonders radikal. Institutionellen Gebrauch aus der Klassikpraxis auszuschließen, erscheint indes nicht nur kontraintuitiv, es eröffnet die Debatte, wem eigentlich die Entscheidungshoheit über die Angemessenheit obliege. Aus dieser Zwickmühle kommt man nur heraus, wenn eine konstruktivistische Perspektive eingenommen und gleichzeitig der fundamentale Verdacht gegen einzelne Medien und Praktiken beiseitegewischt wird. Dann offenbart sich der Konstruktionscharakter als das eigentliche Wesen des Klassischen. Klassik ist dann ein Phänomen, das in der Rezeption entsteht – und dazu gehört all das, was sich beobachten lässt: Rezeptionshandlungen des mittleren, linken wie rechten ideologischen Spektrums, intermediale Adaptionen vom Film bis zum Internet-Meme, kommerziell interessierte Dingkultur sowie interkulturelle Appropriationen in ihrer gesamten Bandbreite. Mit einem solchen Verständnis lässt sich die seit über einem Vierteljahrhundert, genauer gesagt seit Wilhelm Voßkamps 1990 erschienenem Band *Klassik im Ver-*

---

25 Jan Gradvall, Björn Nordström, Ulf Nordström, Annina Rabe: Tusen svenska klassiker: böcker, filmer, skivor, tv-program från 1956 till i dag. Stockholm 2009.
26 Pietsch, Einführung zu ‚Klassik als Norm – Norm als Klassik' 2016, S. 14.

gleich, in Deutschland im Grunde ruhende Klassikdebatte wiederbeleben.[27] Indem Funktionen und Aneignungsformen des Klassischen in den Mittelpunkt der Betrachtung rücken, kann Klassik als dynamisches, lebendiges und Grenzen überschreitendes Kulturphänomen analysiert werden. Die entscheidenden Fragen sind, von wem, auf welche Weise und zu welchem Zweck wird auf die als klassisch geltenden Werke und Autoren zugegriffen?

In dieser Perspektive erweisen sich historische Epochen wie die Weimarer Klassik als Konstruktionen, deren vielfältige ‚Instrumentalisierungen' als Formen des Klassikergebrauchs genauso Aufschluss über die sie konstruierenden Gesellschaften geben, wie deren moralische Bewertung. Funktionsorientiert verstanden, eint der Zweck nationaler Selbstversicherung die Weimarer Klassik überdies mit Epochen, die nicht als Klassiken apostrophiert werden – wie etwa die polnische Romantik oder das spanische Siglo de Oro. Zudem wird die Vergleichbarkeit über nationalkulturelle Konfigurationen hinaus für gegenkulturelle Bewegungen, populärkulturelle Künste, kommerzielle Warenproduktion, Lebensstilmilieus oder soziale, sich etwa über Gender, Klasse oder Generation definierende Milieus ermöglicht.

1.2 Klassik als Praxis kultureller Funktionalisierung: bedarfsorientierte Modellierung

> Das Beste an Klassikern ist, [...] daß sie viel zu vielen Leuten viel zu bekannt sind und daß jeder Depp mit ihnen machen kann, was er will. Deshalb ist der Klassiker ein Popphänomen. Er ist benutzbar für die widersprüchlichsten Zwecke, ein Zitatenfundus, der geplündert werden möchte, und wahrhaft subversiv ist die offene Affirmation, die ihm entgegenschlägt, von einem Nazibödel genauso wie von den biederen verantwortungsvollen demokratischen Bewältigungsblödeln [...].[28]

Die Begriffe „Klassik", „Klassiker", „Klassizität" ebenso wie „classic" im Englischen oder „klasyka", „klasyk" im Polnischen etc. werden im Alltag verwendet, um musterhaft gewordene oder anderweitig wertbehaftete historische Epochen, Werke, Ereignisse oder Figuren innerhalb so unterschiedlicher Bereiche wie Literatur, Kunst, Architektur, Film, Musik, Design und Warenkultur (von Kleidermode über Autos bis zum Spielzeug) zu bezeichnen. Im wissenschaftlichen Dis-

---

[27] Zu dieser Wiederbelebung tragen auch zwei Sammelbände bei. Thorsten Valk (Hg.): Die Rede vom Klassischen. Transformationen und Kontinuitäten im 20. Jahrhundert. Göttingen 2020 und Paula Wojcik, Stefan Matuschek, Sophie Picard, Monika Wolting (Hg.): Klassik als kulturelle Praxis – funktional, intermedial, transkulturell. Berlin 2019.
[28] Rainald Goetz: Was ist ein Klassiker. In: Ders.: Hirn. Frankfurt a. M 2003, S. 22–25. Hier S. 24. Der Text ist ursprünglich erschienen in: Süddeutsche Zeitung, 20. August 1983.

kurs gerät ein so breit gefasster, praxisorientierter Klassikbegriff, mit dem all das bezeichnet wird, was für einen bestimmten Bereich seit Langem etabliert ist (oder zu sein scheint) und „für unsere eigene, produktive Vorstellung von der Sache noch einen Maßstab" darstellt,[29] zu einem Irritationsmoment.[30] Aus der dürren Forschungslage ließe sich schließen, dass in den Philologien ein Unbehagen herrscht, Vergils *Aeneis* mit Coco Chanels Modeklassiker, dem „Kleinen Schwarzen", oder Homers *Ilias* mit einem Rennsportklassiker, dem 73er Porsche 911, in einer und derselben Rubrik untergebracht zu sehen. In der Alltagssprache werden nicht nur materielle und ideelle Kulturgüter, sondern auch Ereignisse als klassisch apostrophiert: Golfturniere, Pferde- und Radrennen kennen ihre Klassiker – Strecken und Turniere, die repräsentativ für die jeweilige Disziplin geworden sind. In der Werbung ist das Gütesiegel „Klassiker" beliebt, weil es eine Aura besitzt, die signalisiert, dass das Bewährte das Angemessene ist. Die Unvereinbarkeit von Wissenschafts- und Alltagsgebrauch beruht auf ebenjenem essenzialistischen Klassikverständnis, in dem eine abstrakte Geltung auch, häufig auch konkret ein Antikenbezug als konstitutiv gehandhabt werden. Klassik gilt dann im Grunde immer noch als inhärenter „kulturgeschichtlicher *Wert*" und als „kulturgeschichtliches *Wesen*".[31] Das ist selbst dort der Fall, wo nicht ontologisch, sondern feldtheoretisch argumentiert wird, wie in Casanovas Analyse der Weltliteratur: „The classic embodies the very notion of literary legacy."[32] Schon die Rede vom Klassiker im Singular hat ein transzendentes Moment; die profan-alltägliche Verwendung trifft die Sache sehr viel präziser.

Dabei gibt es durchaus Stimmen, die Klassik als Gebrauchsphänomen begreifen.[33] Wilhelm Voßkamp bestätigt zwar am Beispiel der sogenannten Deutschen bzw. Weimarer Klassik die „Dominanz der griechisch-römischen Antike bei der Entstehung der europäischen Klassikmodelle";[34] gleichzeitig unterscheidet er diese Definition von ihrer Funktion als kulturelle Praxis, in der Klassiker

---

29 Stefan Matuschek: Von nicht zeitlich, doch sachlich begrenztem Wert. Plädoyer für einen partikularistischen Klassiker-Begriff. In: Wojcik et al., Klassik als kulturelle Praxis 2019, S. 27–37.
30 „Das verwünschte Wort ‚klassisch'" betiteln Sabine Doering und Gerhard Schulz ein Kapitel ihrer Einführung. Vgl. Schulz, Doering, Klassik 2003, S. 7.
31 Kurt Herbert Halbach: Zu Begriff und Wesen des Klassischen [1948]. In: Heinz Otto Burger (Hg.): Begriffsbestimmung der Klassik und des Klassischen. Darmstadt 1972, S. 1–16. Hier S. 3.
32 Casanova, The World Republic of Letters [1999] 2007, S. 15. Hervorhebung i. O.
33 „Brauchbarkeit ist der einzige Maßstab, den ich begreife." Martin Walser: Was ist ein Klassiker? In: Gottfried Honnefelder (Hg.): Warum Klassiker? Frankfurt a. M. 1985, S. 3–10. Hier S. 4. Vgl. auch Alain Viala: Qu'est-ce qu'un classique? Paris 1993.
34 Wilhelm Voßkamp: Einleitung. In: Ders. (Hg.): Theorie der Klassik. Stuttgart 2009, S. 9–24. Hier S. 11.

zum „Ordnungs- und Machtfaktor"[35] werden können, wie die Weimarer Klassik zum identitätsstiftenden Bezugspunkt im Deutschland des 19. Jahrhunderts wurde. Doch sind Legitimierung und Stabilisierung bei Weitem nicht die einzigen Funktionen, in denen Klassik zu beobachten ist – auch nicht, wenn wir weiter zurückblicken. Daniel Fulda veranschaulicht dies am Fall des historischen Buchmarkts, dessen Akteure in den letzten drei Dezennien des 18. Jahrhunderts begonnen haben, Buchreihen mit dem Siegel „klaßische Schriftsteller" zu versehen und daraus sowohl symbolischen Wert als auch ökonomischen Vorteil zu schöpfen.[36] Hier vollzieht sich die Wertung unabhängig von intrinsischen Merkmalen, weil Buchhändler Nutzformen etabliert haben, die ihrem Bedarf nach Prestige und Umsatzsteigerung entsprachen.

Bedarfsorientierung ist ein wesentlicher Aspekt von Klassik als einer Summe von sich zur kulturellen Praxis verdichtenden Handlungen. In diesem Sinne lässt sich die eingangs zitierte Aussage von Rainald Goetz einordnen, der die Vereinnahmungsqualität für politisch divergierende Gruppen polemisch kommentiert. Was die Aneignungsformen vereint, ist ihre Ausrichtung auf jeweils unterschiedliche Bedarfskonstellationen. Als Bedarfskonstellation ist im Folgenden das Zusammenspiel aus einem Rezeptionskreis, historischen Zeitpunkt, dessen regionalen, politischen, sozialen, kulturellen und ideengeschichtlichen Gegebenheiten und einem Bedürfnis, Interesse oder Verlangen zu verstehen. Dieses entsteht, wenn sich – ganz banal – die Frage der angemessenen Bekleidung für einen bestimmten Anlass stellt. Es kann jedoch auch schlichtweg behauptet werden. In dem Fall werden für einen Adressatinnenkreis situativ ein Mangel oder eine Krise konstruiert und der Klassiker zugleich als Lösung präsentiert.[37] Dieses Bedarfsdeckungsschema lässt sich sowohl in der Genese als auch der Tradierung von Klassikern beobachten. Wie die vorliegende Arbeit zeigen wird, ist Klassik eine Praxis der Bedarfsbefriedigung.

---

35 Ebd., S. 13.
36 Daniel Fulda: Klassiker – eine merkmalsunabhängige Wertzuschreibung. Zur Etablierung des Prädikats ‚deutsche Klassiker' auf dem Buchmarkt um 1800. In: Wojcik et al., Klassik als kulturelle Praxis 2019, S. 73–107. Hier S. 96.
37 René Sternke sieht in dem Konnex von Klassik und Krise deshalb eine unauflösbare Einheit: „Immer sind es aktuelle Probleme, die uns veranlassen, frühere Zustände als kulturelle Referenzsysteme aufzustellen und die Zukunft im Vergangenen zu suchen." René Sternke: Klassikentwürfe als Visionen zur Krisenbewältigung. In: Études Germaniques 69 (2014), S. 3–19. Hier S. 4.

Im Unterschied zu den meisten Funktionsannahmen, die in der Literaturwissenschaft von den Darstellungsverfahren her selbst dann argumentieren wenn sie den prinzipiell polyvalenten Charakter von Literatur annehmen,[38] gilt für die Rezeptionshandlungen in der Klassikpraxis das funktionalistische Credo *Form follows function*. Dass es zutrifft, zeigen viele der alltags- und massenkulturellen Aneignungen z. B. im Bereich der Werbung, der materiellen oder der partizipativen Onlinekultur. In ihnen werden die literarischen Klassiker weitgehend anarchisch gebraucht: Zitate aus dem Kontext gerissen, Figuren in neue Umgebungen versetzt oder im Sinne des „Racebending" umgedeutet.[39] Das verweist auf einen grundlegenden Unterschied: Gegenstand der Klassikforschung ist nicht das Werk ‚an sich', sondern seine kulturelle ‚Bearbeitung': der Klassiker. Als Analogie kann auf Jan Mukařovskýs Unterscheidung vom „materiellen" und „ästhetischen" Objekt verwiesen werden. Ein objektiver ästhetischer Wert könne Mukařovský zufolge nur im „materiellen Artefakt" gesucht werden, „das allein ohne Veränderung andauert, während das ästhetische Objekt veränderlich ist, denn es wird nicht nur von der Anordnung und den Eigenheiten des materiellen

---

[38] „Das Verhältnis von literarischen Darstellungsverfahren und externen Funktionen lässt sich freilich nicht als eindeutiges *form-to-function mapping* konzeptualisieren [...]. Eine simplifizierende Vorstellung von eindeutigen Relationen zwischen Formen und Funktionen vermag dem komplexen, dynamischen Wechselspiel zwischen literarischen Darstellungsverfahren und externen Funktionen, das maßgeblich für die Polyvalenz literarischer Texte verantwortlich ist, nicht gerecht zu werden." Marion Gymnich, Ansgar Nünning: Funktionsgeschichtliche Ansätze: Terminologische Grundlagen und Funktionsbestimmungen von Literatur. In: Dies. (Hg.): Funktionen von Literatur. Theoretische Grundlagen und Modellinterpretationen. Trier 2005, S. 3–27. Hier S. 10. Gymnich und Nünning können ihre Einschätzung in eine lange Geschichte einreihen, die mit Horaz' Unterscheidung von ‚prodesse' und ‚delectare' über Jakobsons ‚poetische Funktion' bis zu den wirkungsbezogenen Ansätzen der Konstanzer Schule reicht (Hans Robert Jauß: Literaturgeschichte als Provokation. Frankfurt a. M. 1970; Wolfgang Iser: Der Akt des Lesens. Theorie ästhetischer Wirkung. München 1984. Interessanterweise vertritt Rita Felski einen ähnlichen Funktionsbegriff, auch wenn sie explizit gegen Isers abstrakten Leserentwurf argumentiert. Rita Felski: Uses of Literature. Oxford 2008). Doch auch dem *cultural turn* verpflichtete Ansätze, die die kulturellen Aneignungen und politischen Funktionen beleuchten, lösen den Konnex von Funktion und Darstellungsverfahren nicht auf. Winfried Fluck beispielsweise fordert, „Thesen zur sozialen Funktion mit einer Theorie literarischer Wirkung" zu verbinden und den Begriff des Ästhetischen dementsprechend nicht auf ein „neukritisches Autonomiepostulat" zu reduzieren (vgl. Winfried Fluck: Das kulturelle Imaginäre. Eine Funktionsgeschichte des amerikanischen Romans, 1790–1900. Frankfurt a. M. 1997, S. 10).
[39] Eine im Bereich des Fandom beobachtete Praxis, Figuren mit einem anderen kulturellen Hintergrund und anderer als weißer Hautfarbe auszustatten (z. B. im Bereich der Fan-Fiction). Vgl. Jessica Seymour: Racebending and Prosumer Fanart. Practices in Harry Potter Fandom. In: Paul Booth (Hg.): A Companion to Media Fandom and Fan Studies, First Edition. Hoboken 2018, S. 333–347.

Gebildes bestimmt".⁴⁰ Wenn in der vorliegenden Arbeit von Klassikern gesprochen wird, dann sind gerade nicht die „materiellen Artefakte" gemeint.

Um den Unterschied zu markieren, schlage ich die Begriffe „Original" und „Modell" vor. Unter Modellen sollen im Folgenden Zugriffe auf ein Original verstanden werden, denen eine funktionsgeleitete Selektion von Merkmalen zugrunde liegt.⁴¹ Modellierung ist das Sich-ins-Verhältnis-Setzen von (individuellen wie kollektiven) kulturellen Akteuren zum modellierten Gegenstand (historische Autorin, Werk oder Epoche) und zum jeweiligen Anwendungszusammenhang (historisch, diskursiv, medial).⁴² Im Ergebnis des Modellierungsvorgangs entsteht die konkrete Repräsentation.⁴³ In dieser Arbeit identifiziere ich drei Grundmodelle, in denen sich die Klassikerrepräsentationen realisieren: das ästhetische, das sozialmoralische und das politische (vgl. Kapitel 4).

So wie das physikalische oder mathematische Modell ‚realer' erscheinen kann als die Wirklichkeit, die es veranschaulicht, so verhält es sich mit dem Klassiker. Die Modellierung vermag das Original so nachhaltig zu beeinflussen, dass eine Rezeption ‚jenseits' des Klassikers schwierig bis unmöglich wird. Das ist bei Nationalschriftstellern der Fall, jedoch nicht nur. Jede Erwähnung von Virginia Woolf oder Simone de Beauvoir führt beispielsweise ihren Status als Klassikerinnen der Frauenbewegung an. Diese Modellierung hat ihre Wahrnehmung nachhaltig geprägt. Ein solches Modell hat wirklichkeitskonstituieren-

---

40 Jan Mukařovský: Ästhetische Funktion, Norm und ästhetischer Wert als soziale Fakten. In: Ders.: Kapitel aus der Ästhetik. Frankfurt a. M. 1970, S. 7–112. Hier S. 106.
41 „Wissenschaftliche Modelle [greifen] die für eine gegebene Problemstellung als wesentlich erachteten Charakteristika (Eigenschaften, Beziehungen etc.) eines Untersuchungsgegenstandes heraus und machen diesen so einem Verständnis bzw. einer weiterführenden Untersuchung zugänglich." Stephan Hartmann: Modell. In: Hans Jörg Sandkühler (Hg.): Enzyklopädie Philosophie. Unter Mitwirkung von Dagmar Borchers, Arnim Regenbogen, Volker Schürmann und Pirmin Stekeler-Weithofer. Band 2: I–P. Hamburg 2010, S. 1627–1632. Hier S. 1627.
42 Lose knüpfe ich dabei an die Modelltheorie von Bernd Mahr an, ohne jedoch sein Begriffsinventar zu übernehmen. Die Vorstellung der Matrix als Ausgangsformation beispielsweise, in der nicht nur der modellierte Gegenstand, sondern ein Set an Vorgaben, Beobachtungen und Begriffsvorstellungen verortet ist, ist modelltheoretisch aufschlussreich, beeinflusst bzw. differenziert die hier vorgestellte Theorie nicht. Grundlegend ausgeführt in Bernd Mahr: Modelle und ihre Befragbarkeit. Grundlagen einer allgemeinen Modelltheorie. In: Erwägen Wissen Ethik 3 (2015), S. 329–342.
43 Mit der Unterscheidung zwischen Modell und Repräsentation orientiere ich mich ebenfalls an Mahr, der jedoch vom Modellobjekt spricht, um die epistemologische Differenz zwischen dem prozessualen und dem ontologischen Moment der Modellierung zu markieren. Vgl. Mahr, Modelle 2015, S. 330 f.

de Kraft, weil es das Original in seiner Existenz ablöst.[44] Der Klassiker kann dann analog zum Phänomen der toten Metapher verstanden werden.[45]

Die Geschichte der Klassikerfunktionalisierung und -instrumentalisierung zeigt, dass Klassiker höchst polyvalent sind. Man kann dieses Verfahren als einen Konstruktivismus *light* bezeichnen, weil das Modell nicht wie in einem radikalen Verständnis diskursives oder soziales Konstrukt ohne reale Basis ist – doch diese kann sehr dünn sein. Eines der im deutschsprachigen Raum bekanntesten Beispiele für eine sich von der Vorlage sehr weitgehend emanzipierende Rezeption ist die zum Konzept des Faustischen verdichtete Figur. Mit Blick auf die Vorlage lässt sich die affirmative Modellierung, in der eine Analogie vom faustischen und nationalen Wesen hergestellt wird, nicht erklären, weil Goethes Figur als „pathetisch selbstherrliches Individuum, das seinen Willen und seine Lust absolut setzt"[46] eine Mahnfunktion besitzt und kein Identifikationsangebot macht. Das Original dient im Extremfall nur dazu, Schlagwörter für kulturell wirksame Parolen zu liefern.

Ist die Rede von Funktionen, besteht die Gefahr von Kurzschlüssen auf mögliche Autorintentionen. Um diese zu vermeiden, lässt sich die von Roy Sommer entwickelte Unterscheidung von „Wirkungsabsicht", „Wirkungspotenzial" und „historischer Wirkung" mit Blick auf die Klassik adaptieren.[47] Die *Wirkungsabsicht* entspricht der aus der Mode geratenen Intention des Autors[48] und veranschaulicht die Differenz zwischen ‚Original'$_{[Werk,\ Autorin]}$ und Klassiker$_{[Werk,}$

---

44 Das wird an Adam Mickiewicz deutlich: Zwar arbeitet der literaturwissenschaftliche Spezialdiskurs mit Mickiewiczs Werken, also mit den Originalen, doch auch dieser Spezialdiskurs ist von dem Klassikerstatus insofern beeinflusst, als er eine pedantische Wissenschaftskultur, die „Mickiewiczologie", um den Klassiker herum ausgebildet hat. Analoges gilt für Goethe oder Shakespeare, da die wissenschaftliche Praxis den Klassikerstatus stabilisiert, auch indem ein Prestigeunterschied zwischen der wissenschaftlichen Beschäftigung mit einem der kanonischen Klassiker und einem kulturell weniger beachteten Autor besteht (der sich etwa in Rezensionen oder der Reputation des jeweiligen Wissenschaftlers niederschlagen kann).
45 Hierzu wird häufig eine Parallele zu Max Blacks Metapherntheorie gezogen. Vgl. Hartmann, Modell 2010, S. 1629.
46 Vgl. Stefan Matuschek: Individualitätsmythen der Moderne: Faust im Kontext. In: Carsten Rohde, Thorsten Valk, Mathias Mayer (Hg.): Faust-Handbuch. Konstellationen – Diskurse – Medien. Stuttgart 2018, S. 12–22. Hier S. 12. Zur Mythisierung des „faustischen" Wesens im deutschen Nationaldiskurs vgl. im selben Band auch Ralf Klausnitzer: Deutsche Mythologie, S. 357–365.
47 Roy Sommer: Funktionsgeschichten: Überlegungen zur Verwendung des Funktionsbegriffs in der Literaturwissenschaft und Anregungen zu seiner terminologischen Differenzierung. In: Literaturwissenschaftliches Jahrbuch 41 (2001), S. 319–341.
48 Sie trägt aber insofern dessen durch Barthes und Foucault proklamiertem „Tod" Rechnung, als sie Ecos Unterscheidung zwischen der empirischen Autorin und dem Modell-Autor berücksichtigt. Dieser tritt als eine „Interpretationshypothese" in Erscheinung, „deren Grundlage der

Autorin]. Sie betrifft auktoriale Strategien, mit denen sich Autorinnen im literarischen und kulturellen Feld verorten. Diese „Automodellierung", wie ich sie im Folgenden bezeichne, kann in der Rezeption aufgegriffen, bestätigt und stabilisiert werden – oder nicht. Das bloße Vorhandensein einer Wirkungsabsicht macht jedenfalls keinen Klassiker aus. Unter *Wirkungspotenzial* versteht Sommer „mögliche Effekte der narrativen Strategien", die es ermöglichen, die Wirkung „ohne Rückgriff auf Spekulationen [...] aus dem Text selbst [zu] rekonstruieren".[49] Diese Rekonstruktionen besitzen den Status von Hypothesen, die im Horizont der Klassik eine spezifische Ausformung erfahren, weil sich das Wirkungspotenzial von den Darstellungsverfahren des Originals emanzipiert, wie wir am Faustbeispiel gesehen haben. Die *historische Wirkung* ist dagegen der Maßstab und damit die zentrale Kategorie der Klassikanalyse. Dass Klassik ein reines Rezeptionsphänomen ist, gilt zwar seit den 1970er Jahren als ein Gemeinplatz der Forschung,[50] dieser wird jedoch immer wieder von essenzialistischen Annahmen, wie sie im ersten Abschnitt geschildert wurden, relativiert.

1.3 Anerkennung, Resonanz, Konsens als zentrale Kriterien

Nehmen wir intertextuelle, intermediale, materielle, ökonomische, diskurs- und ideengeschichtliche Indizien historischer Wirkung, so können wir zunächst jene unterscheiden, die emergent, also *bottom up* die Funktionstüchtigkeit von Klassikern belegen und solche, die *bottom down* eine Funktionsbehauptung bestätigen. Die Bottom-down-Anerkennung bezeichnet Hermann Korte mit Blick auf

---

Text, nicht aber die Wirkungsabsicht des empirischen Autors ist", wodurch ein positivistischer Kurzschluss vermieden wird. Ebd., S. 328.
49 Ebd., S. 322 u. 328 f.
50 So erinnert Mandelkow „an die an sich selbstverständliche, jedoch vielfach verdrängte Tatsache [...], daß die Klassizität eines Werkes, eines Autors oder einer Epoche sich in der Regel nicht selbst als solche definiert, sondern in der Tradition des Überlieferungsprozesses sich herstellt, dessen Determinanten erst in einer genauen Rekonstruktion der vielfältig verästelten und widersprüchlichen Rezeptionsgeschichte sichtbar werden, ohne daß diese Rekonstruktion vollends in der Lage wäre, die jeweilige Aura eines in den Rang des Klassischen erhobenen Phänomens rational ableiten oder erklären zu können." Karl Robert Mandelkow: Die bürgerliche Bildung in der Rezeptionsgeschichte der deutschen Klassik. In: Ders.: Gesammelte Aufsätze und Vorträge zur Klassik- und Romantikrezeption in Deutschland. Frankfurt a. M. 2001, S. 61–76. Hier S. 62. Vgl. auch Schmalzriedt, Inhumane Klassik 1971. Aktueller: „daß Anerkennung überhaupt ein entscheidender Faktor aller Klassizität ist. Sie entsteht, wissenschaftlich gesprochen, als ein Rezeptionsphänomen. Mit anderen Worten: nichts ist an und für sich klassisch, die Reaktion anderer macht es erst dazu." Schulz, Doering, Klassik 2003, S. 9.

den Kanon als „kulturelle Resonanz".[51] Seinen Begriff will ich breiter aufstellen, indem ich nicht nur affirmierende Resonanzformen wie die Teilnahme an einem Jubiläum oder den Kauf einer Klassikerausgabe berücksichtige. Über Anerkennung geben sowohl die Ehrfurcht gegenüber dem kulturellen Status als auch die Freude am Ikonoklasmus Auskunft; die ledergebundene Shakespeare-Ausgabe im Regal und der „To-beer-or-not-to-beer"-Aufkleber auf der WG-Toilette, der an die Schullektüre gerichtete Bildungsanspruch und die an einen Longseller gerichtete Profiterwartung. In dieser breiten Perspektive gerät nicht nur ein hermeneutischer Rezeptionsbegriff, sondern auch die bei Korte implizierte Geber-Nehmer-Logik an ihre Grenzen.

Eine Möglichkeit, die Spezifik dieses Rezeptionsvorgangs zu benennen, bietet der Begriff der Applikation. Anders Pettersson formalisiert ihn als Vergleich auf die Kompatibilität von Textelement (x) und realweltlichem Element (y).[52] Im Grunde greift Pettersson dabei auf die handlungstheoretischen Ansätze der Rezeptionstheorien der 1990er Jahre zurück,[53] die Rezipierende nicht als passiv Empfangende, sondern Handelnde denken. Vor ihm wurde der Applikationsbegriff von Ute Gerhard in ihrer Untersuchung zur Schiller-Rezeption[54] eingeführt. Gerhard macht darin einen spezifischen Rezeptionsmodus aus, den quasireligiö-

---

51 Hermann Korte: Was heißt „Das bleibt"? Bausteine zu einer kulturwissenschaftlichen Kanontheorie. In: Dietrich Helms, Thomas Phleps (Hg.): No Time for Losers. Charts, Listen und andere Kanonisierungen in der populären Musik. Bielefeld 2008, S. 11–23. Hier S. 15–20.
52 Anders Pettersson: The Concept of Literary Application. Readers' Analogies from Text to Life. Basingstoke, New York 2012, S. 2. Den Ansatz von Pettersson erweitert Jan Borkowski: Die Applikation literarischer Texte. Studien zur Erstrezeption vielgelesener Romane in der Aufklärung, Moderne und Gegenwart. Berlin, Boston 2021. Auch wenn diese Untersuchung, insbesondere die Differenzierung der Applikationsformen, hier nicht mehr vollumfänglich berücksichtigt werden kann, so ist Borkowskis grundlegende Definition passend: „‚Applikation' bezeichnet eine Tätigkeit im Rahmen des Rezeptionsprozesses, bei welcher Rezipienten das Gelesene, also Gehalte des Textes jeglicher Art, auf ihre persönlichen oder lebensweltlichen Erfahrungen, Überzeugungen und Einstellungen beziehen. Das Ergebnis dieser Bezugnahme, welches ebenfalls ‚Applikation' heißt, kann sein, dass sie neue Überzeugungen und Einstellungen bilden, bestehende verändern oder verwerfen." (Ebd., S. 31). In der vorliegenden Untersuchung wird der Applikationsbegriff insofern weiter gedacht, als Applikationen nicht nur solche „kognitiver, ethischer, emotionaler oder ästhetischer Natur" (ebd.) gelten, sondern auch solche, die von der eigentlichen Textrezeption unabhängig sind. Dazu gehören vor allem spielerische Umgangsweisen, in denen beispielsweise Merchandise-Artikel gekauft, getragen oder anderweitig genutzt werden.
53 Vgl. den Überblick bei Michael Charlton: Rezeptionsforschung als Aufgabe einer interdisziplinären Medienwissenschaft. In: Ders. und Silvia Schneider (Hg.): Rezeptionsforschung. Theorien und Untersuchungen zum Umgang mit Massenmedien. Opladen 1997, S. 16–19. Hier insbesondere S. 22–27.
54 Ute Gerhard: Schiller als „Religion". München 1994.

se Handhabe kennzeichnet. Das wiederum geht mit der Gegenüberstellung von „kulturellen" und „ästhetischen" Texten überein, die Aleida Assmann vornimmt. Den Unterschied macht sie in der Adressierung und in der Rezeptionshaltung aus. Der ästhetische Text wende sich an die Leserin als Individuum, der kulturelle adressiert sie als Repräsentantin eines Kollektivs.[55] Der kulturelle Text erhebe den „Anspruch auf unhintergehbare Antworten" und fordere deshalb eine Rezeptionshaltung der „Verehrung" und „Ergriffenheit", aus der eine vorbehaltlose Identifikation resultiere.[56] Der ästhetische hingegen fordere eine „Distanz"; der Leser komme also gar nicht auf die Idee, „Bücher mit dem richtigen Leben zu verwechseln".[57] Die Qualität, „kulturell" oder „ästhetisch" zu sein, ist weniger vom Text als von der Rezeptionshaltung her zu denken, in der literarische Charaktere zu Identifikationsfiguren, Narrative zu Gleichnissen, Autorinnen zu Autoritäten werden können. Im Verlauf der Arbeit wird sich zeigen, dass das sozialmoralische und politische Klassikermodell ästhetische als kulturelle Texte handhabt, wobei dies nicht stereotyp an kulturelle Akteure rückgebunden werden kann.

Wenn Akteure des Literaturbetriebs auf klassische Texte, Autorinnen oder Epochen mit der Intention zugreifen, sich in einem Kunstdiskurs verorten zu wollen, dann wirkt ein Text nicht als Offenbarung und eine Autorin nicht als Prophetin. Dennoch können wir eine Funktionalisierung beobachten, was Cornelia Zumbusch für Goethes und Schillers Antikenbezug unterstreicht. Er erfülle neben der offenkundigen Funktion, ein Kunstprogramm im „Zeichen der polemischen Abwehr einer popularisierten und trivialisierten Kultur der Empfindsamkeit"[58] zu definieren, die, sich einen Platz im zeitgenössischen literarischen

---

[55] Aleida Assmann: Was sind kulturelle Texte? In: Andreas Poltermann (Hg.): Literaturkanon, Medienereignis, Kultureller Text. Berlin 1995, S. 232–244. Hier S. 241. Als Paradigma eines kulturellen Texts führt Assmann die Bibel an, deren Lektüre (außerhalb des wissenschaftlichen Spezialdiskurses, muss man hinzufügen) sich nicht dadurch auszeichnet, dass die Erzählsituation offengelegt, die implizite Leserinstanz näher bestimmt oder der Entstehungskontext rekonstruiert werden, sondern dadurch, dass der Text als Form der Weltdeutung auratisiert wird (vgl. ebd., S. 237). Überdies leitet sie aus dem veränderten Status die Tatsache ab, dass kulturelle Texte ein „blinder Fleck auf der literaturwissenschaftlichen Landkarte" sind und dort auch qua der Eigenheiten des literaturwissenschaftlichen Systems nicht verortetet werden können (vgl. ebd., S. 234).
[56] Ebd. S. 242.
[57] Ebd., S. 241. Auch John Fiske unterscheidet den distanzierten Umgang, der den kulturellen, historischen und medialen Kontext berücksichtigt, von einem, der distanzlos Literatur, Film, Gemälde etc. im Sinne der jeweils eigenen Lebenswelt interpretiert. Popularität entsteht für Fiske dementsprechend, wenn Kulturgüter gegen die Praxis professionalisierter Rezeption gebraucht werden. John Fiske: Understanding Popular Culture. London [1989] 2007, S. 104.
[58] Cornelia Zumbusch: Die Immunität der Klassik. Berlin 2012, S. 19.

Feld und in der Literaturgeschichte gleichermaßen zuzuweisen.[59] Da die Stilisierung der Antike zu einem goldenen Zeitalter nicht gerade von einem kritisch distanzierten historischen Verständnis zeugt, können wir hier eine Selbsthistorisierungstendenz beobachten, in der Steffen Martus das Vermögen erkennt, „die eigene Position bereits als eine geschichtlich gewordene und geschichtlich wirksame" wahrzunehmen.[60] Dies lässt sich wiederum mit der Absicht engführen, sich als Künstler direkt in das kulturelle Gedächtnis einzuschreiben, die Aleida Assmann den „Dichterfürsten" Dante, Spenser und Milton attestiert.[61] Im Verlauf der Arbeit wird von dieser Art der Automodellierung noch mehrfach die Rede sein.

Retrospektiv, denn nur so können wir sinnvollerweise über Klassiker sprechen, sind diese als Anerkennungs- bzw. als Resonanzerfolge zu beschreiben. Das mag jedoch den Blick dafür verdecken, dass es das Wirken vieler individueller und kollektiver Akteure ist, das einen Konsens hervorbringt. Die Gefahr einer rekonstruierenden Betrachtungsweise ist evident: In der Genese werden Zusammenhänge, Funktionalisierungen, Instrumentalisierungen und Formen der Aufmerksamkeitslenkung sichtbar, auf denen der Anerkennungserfolg basiert. Sie verführen dazu, den Klassikerstatus kausal auf inhärente Qualität, Machtausübung oder Massenlenkung zurückzuführen. Tatsächlich aber werden die Klassikergeschichten zeigen, dass Konsens, vor allem in einer historischen Langzeitperspektive, nur bedingt steuerbar ist.

Bedarfskonstellationen unterliegen dem Wandel der Zeit und so, wie man nicht zwei Mal in denselben Fluss steigen kann, um Heraklits Bild zu bemühen, sind auch sie nicht identisch reproduzierbar. Da die Langzeitexistenz von Klassikern in der Wiederholung und Reproduktion besteht, müssen sie sich in immer neuen Bedarfskonstellationen als funktionstüchtig erweisen. Sie wandeln sich mit dem Zeitgeist, dem Kultur- und Rezeptionskreis sowie dem Medium, in dem sie gebraucht werden. Dieses Anpassungspotenzial bedeutet zugleich, dass Klassik transgressiv ist: Die Aktualität entsteht in der Überschreitung des originären historischen Kontextes, des genuinen Wirkungskreises, Mediums und häufig der ursprünglichen Semantik.

---

59 Ebd., S. 110.
60 Steffen Martus: Werkpolitik. Aus der Literaturgeschichte kritischer Kommunikation vom 17. bis zum 20. Jahrhundert. Mit Studien zu Klopstock, Tieck, Goethe und George. Berlin, Boston 2007, S. 455.
61 Assmann, Was sind kulturelle Texte? 1995, S. 238.

1.4 Klassik als Praxis kultureller Persistenz: auf Dauer gestellte und seriell (wieder)hergestellte Resonanz

Wenn Meme sich replizieren, tun sie dies durch Imitation im weitesten Sinne des Wortes. Aber so wie nicht alle Gene, die sich vermehren können, dies erfolgreich tun, gibt es auch bei den Memen einige, die [...] erfolgreicher sind als andere. Dies entspricht der natürlichen Auslese.[62]

Warum werden einige kulturelle Produkte zu Klassikern, andere nicht? Der zitierte Richard Dawkins erklärt Persistenz, indem er kulturellen Artefakten eine ähnliche Mutationsfähigkeit unterstellt, wie sie Gene besitzen. Abgesehen davon, dass diese Idee animistisch ist, erklärt sie die ‚Fortpflanzung' der Langzeitphänomene nicht. Warum schaffen es einige Produkte, auf den von Angeboten überquellenden Aufmerksamkeitsmärkten zu bestehen, während andere sang- und klanglos verschwinden? Was ist der Unterschied zwischen einem *One-Hit-Wonder* und einem Klassiker, zwischen Mode und Klassik?

So reizvoll es wäre, ein „Klassiker-Rezept" zu besitzen, so unseriös und untauglich ist jeder Versuch, ein abschließendes zu liefern. In der vorliegenden Arbeit wird sich zeigen, dass es zwar Zutaten gibt, die in unterschiedlichen Konfigurationen auftreten und als stabile oder zumindest wiederkehrende Merkmale der Klassikpraxis betrachtet werden können. Doch selbst wenn man sie umsichtig vermengt, ist nicht gesichert, dass der Teig aufgeht und aus einer Handvoll Zutaten ein prächtiger Klassikerkuchen entsteht. Dies wäre auch eine vollkommen falsche Perspektive auf ein Rezeptionsphänomen. Wir müssen nicht auf den Teig, sondern – um bei dem zugegebenermaßen einfachen Bild zu bleiben – auf den Bäcker und die zum Kuchenessen einbestellten Gäste schauen: Der Bäcker ist in unserer Analogie allerdings nicht der Schriftsteller oder die Künstlerin, sondern die Bedarfskonstellation, die den Klassiker als solchen zuerst formt (Klassikergenese); in der also diese oder jene Künstlerin, dieses oder jenes Werk als geeignet angesehen wird, ein bestimmtes Bedürfnis – hier den Geschmack der Gäste – zu befriedigen. Diese Gäste sind jedoch ein bunter Haufen, die das gemeinsame Bedürfnis nach süßem Gebäck zwar eint, allerdings haben sie Vorlieben und Unverträglichkeiten, die unser Bäcker zu berücksichtigen weiß (Modellierung). Auch wenn er den Geschmack trifft und der Kuchen mit Wonne verspeist wird (Anerkennung), so bleibt ungewiss, ob künftige Gäste vom selben Kuchen naschen mögen (neue Bedarfskonstellation). Der Bäcker tut also gut daran, den Kuchen dem Geschmack der neu zu erwartenden Gäste (Rezeptions-

---

62 Richard Dawkins: Das egoistische Gen. Ergänzte u. überarbeitete Neuauflage. Mit einem Vorwort von Wolfgang Winkler. Aus dem Englischen übers. von Karin des Sousa Ferreira. Heidelberg, Berlin, Oxford 2007, S. 324.

kreis) und neuen Ernährungstrends (soziohistorische Gegebenheit) anzupassen und die Größe auf ihre Zahl abzustimmen (Modellierung/Aktualisierung). Und vielleicht ist der Kuchen so beliebt (Anerkennung), dass ihn diese Gäste nach dem Rezept fragen (Dissemination), um ihn ihrerseits zu backen, wenn sie Besuch erwarten (neue Bedarfskonstellation) und an ihrer Gäste Geschmäcker anzupassen (Modellierung/Aktualisierung). Was mit dem Kuchen-Beispiel gezeigt werden soll, ist das Ineinandergreifen von sich verändernder Bedarfskonstellation, funktionaler Modellierung, Aktualisierung, Anerkennung und Dissemination. Auf diesen Säulen ruht Klassik, jedoch nicht nur.

Um die Frage zu klären, inwiefern sich synchron bestehende Anerkennung diachron reproduzieren lässt, drängt sich das Konzept der Aufmerksamkeit auf. Sie gilt als ein wertvolles Gut in einem Medienzeitalter, in dem ein Überangebot an Informationen, Unterhaltung und Waren besteht. „In der Ökonomie der Aufmerksamkeit", schreibt Kristina Nolte, gelte diese „als Kapital, das in Bekanntheit gemessen wird."[63] Noltes und andere Arbeiten fokussieren in der Regel die anthropologische Dimension: Aufmerksamkeit ist grundlegend, um auf dem Jahrmarkt menschlicher Eitelkeiten zu glänzen.[64] Wenn es aber um die Frage geht, wie kulturelle materielle oder immaterielle Artefakte Aufmerksamkeit generieren und über teilweise jahrhundertelange Zeiträume hinweg immer wieder auf sich zu lenken vermögen, ist ein Perspektivenwechsel schon deshalb notwendig, weil Klassiker nicht Subjekt, sondern Ergebnis von Handlungen sind.

Diachronizität ist eine Herausforderung auf den Aufmerksamkeitsmärkten. Moden, Hypes und Trends sind synchroner Natur. Man kann diese Synchronizität zur Gegenwartsdiagnose erheben, wie hier Moritz Baßler:

> Zweifellos bestimmt diese diachrone Form des Kunstwerks immer noch unsere idées reçues davon, wie Hochliteratur zu sein hat. Tatsächlich aber hat sie unter den Markt- und Medienbedingungen der Gegenwart, der Postmoderne, ja in Teilen womöglich bereits der Moderne kaum noch Geltung. Zwar wird munter zitiert, doch dass ältere Formen und Werke tatsächlich modellbildend auf die Produktion der Gegenwart wirken, im Sinne einer Autorität von Klassikern wie in der vormodernen Gattungsgeschichte, dürfte gegenwärtig eher die Ausnahme sein.[65]

Die diachrone Perspektive sollte allerdings in einer Zeit, in der Gegenkulturen mithilfe von Klassikern ihre Geschichtlichkeit konstruieren, in der Best-of-

---

[63] Kristina Nolte: Der Kampf um Aufmerksamkeit. Wie Medien, Wirtschaft und Politik um eine knappe Ressource ringen. Frankfurt a. M. 2005, S. 54.
[64] Georg Franck: Ökonomie der Aufmerksamkeit. Ein Entwurf. München 2015; Jörg Bernardy: Aufmerksamkeit als Kapital. Formen des mentalen Kapitalismus. Marburg 2014.
[65] Moritz Baßler: Klassiker im Zeitalter der Neuen Archive. Zwischen idée reçue, Modell und Zitierbarkeit. In: Wojcik et al., Klassik als kulturelle Praxis 2019, S. 39–51. Hier S. 43.

Alben, sogenannte Ü-30-Partys sowie Remakes sich anhaltender Beliebtheit erfreuen, nicht vernachlässigt werden. Auf den Best-of-Alben sind die von Fans geschätzten Klassiker versammelt. Auf der Ü-30-Party werden nicht randständige Vorlieben des DJs gespielt, sondern die Musik, die heute über 30-Jährige als Klassiker ihrer Jugend wahrnehmen. Selbst der YouTube-Algorithmus schlägt Klassiker, nicht die Geheimtipps einer Zeit vor. Filmische Remakes greifen auf das mehrfach erfolgreich Gelaufene und im kulturellen Gedächtnis Verankerte zurück, was der zunehmende Trend zu Sequels und Prequels deutlich macht: Die *Star Wars*- oder *Indiana Jones*-Filme galten als Klassiker, bevor sich die Produktionsfirmen zu Fortsetzungen entschieden. Der Superheld als Kino-Topos erlebte zahlreiche Reinkarnationen vor den *Avengers*; heute können *Super-* oder *Spiderman* als Klassiker des Genres gelten. Und die geradezu ubiquitäre Präsenz des Attributs „Retro"[66] verweist darauf, dass die scheinbar so im synchronen Hier und Jetzt verankerte Massenkultur ökonomisch, die Kunst ästhetisch verwertbare Aufmerksamkeit dort eingelöst zu sehen scheinen, wo sie auf Bewährtes zurückgreifen können.

Gerade weil Klassisches nicht im Wiederkäuen eines bildungsbürgerlichen Kanons be- und entsteht, sondern in einer dynamischen Zirkulation von Produkten aller kulturellen Bereiche durch gesellschaftliche Sphären und Medien, ist Aufmerksamkeit essenziell. Indem die ‚alten' Werke Lösungsansätze für neue Probleme präsentieren, mit neuen Medien interagieren oder auch hier und da einen Skandal produzieren, bleiben sie, um mit Aleida Assmann zu sprechen, im Funktionsgedächtnis und schaffen es, nicht auf das Abstellgleis des Speichergedächtnisses zu geraten.[67] Die Geschichte kennt funktionslos gewordene und vergessene Klassiker (Botticelli und Shakespeare sind zwei prominente Beispiele), die ins Funktionsgedächtnis zurückgeführt wurden – bleibt dies dauerhaft aus, sind sie keine Klassiker mehr.[68] Klassik ist permanente Arbeit am kulturellen Gedächtnis.

---

66 Elizabeth E. Guffey: Retro. The Culture of Revival. London 2006, S. 9–15.
67 Während im Speichergedächtnis, zu dessen Medien vor allem Enzyklopädien gehören, eine unüberschaubare Menge des kulturellen Wissens ‚abgelegt' ist, ist im Funktionsgedächtnis das jeweils Relevante und Brauchbare zu verorten. Aleida Assmann: Speichern oder Erinnern. Das kulturelle Gedächtnis zwischen Archiv und Kanon. In: Moritz Csásky, Peter Stachel (Hg.): Speicher des Gedächtnisses. Bibliotheken, Museen, Archive. Wien 2001, S. 15–30; Dies: Erinnerungsräume. Formen und Wandlungen des kulturellen Gedächtnisses. München 2003, S. 130–142.
68 Weil die Artefakte reaktivierbar bleiben, ist das absolute Gegenteil von Erinnern nicht das Vergessen, sondern der Gedächtnisverlust, eine kulturelle Auslöschung. Elena Esposito: Soziales Vergessen. Formen und Medien des Gedächtnisses der Gesellschaft. Frankfurt a. M. 2002, S. 184.

Die Abfolge von Aufmerksamkeit, Anerkennung und Vergessen kennzeichnet das Reden über Moden oder Trends. Klassiker und Moden sind nicht grundsätzlich verschiedene Phänomene, denn Klassik lässt sich als auf Dauer gestellte oder seriell sich (wieder)herstellende Mode („that which is understood as being right in a specific time and context"[69]) begreifen. In der Modeforschung gibt es die Tendenz, aus der Evolutionstheorie abgeleitete Theoreme zu etablieren, von „Wettbewerb" und „Selektion"[70] oder von „Mutation"[71] zu sprechen. Damit wird eine natürlich bis zwingend scheinende Entwicklung unterstellt, die eine inhärente Rationalität des Prozesses insinuiert und Zufälligkeiten wie Irrationalitäten – beispielsweise die Mode, Lammfellstiefel im sommerlichen Kalifornien zu tragen – vernachlässigt. Moden werden zu Moden, weil sie einem Prozess der Aufwertung unterzogen werden, den Andreas Reckwitz als „Valorisierungsvorgang"[72], Wolfgang Ullrich als Zuschreibung eines „Fiktionswertes"[73] beschreiben. Aus dieser Wertzuschreibung speist sich ein Evidenzcharakter, den Klassiker und Moden teilen. Sie scheinen unhinterfragt zu gelten, einfach weil sie da sind.[74] Was allerdings für die Mode nach Hermann Bausinger gilt, dass nämlich „die jeweiligen harten Kontrastvoraussetzungen [...] nicht nur die vorausgegangene Mode fragwürdig [erscheinen lassen]"[75], sondern auch die geltende, gilt nicht für Klassiker. Sie genießen im Gegenteil einen Vertrauensvorschuss in Sachen Geltung.

Die Langlebigkeit von Klassikern wird mithilfe einer faktualen oder fiktionalen Begründung *meta*diskursiv legitimiert – so denn ein Metadikurs im jeweiligen Geltungsbereich existiert. Andreas Reckwitz' Buch *Die Gesellschaft der Singularitäten* erklärt die Langzeitvalorisierung mit einem Anfangserfolg: „Das heißt aber auch, dass (fast) jeder Klassiker einmal ein saisonaler Überraschungshit war, der langfristige kulturelle Wert also in der Regel auf einem kurz-

---

[69] A.M. Sellerberg: Fashion. In: Neil J. Smelser; Paul B. Baltes (Hg.): International Encyclopedia of the Social & Behavioral Sciences. Band 8: Ex-Foo. Amsterdam 2001, S. 5411–5415. Hier S. 5411.
[70] Vgl. Herbert G. Blumer: Fashion. In: David L. Sills (Hg.): International Encyclopedia of the Social Sciences. Bd. 5. New York 1968, S. 341–345.
[71] Insbesondere kommt Mutation bei dem Meme-Begriff zum Einsatz, der mittlerweile als Bezeichnung für viral sich verbreitende Internetphänomene gebraucht wird. Dawkins, Das egoistische Gen 2007. Vgl. Kapitel 11: Meme, die neuen Replikatoren, S. 316–334.
[72] Andreas Reckwitz: Die Gesellschaft der Singularitäten. Zum Strukturwandel der Moderne. Berlin 2017.
[73] Vgl. Wolfgang Ullrich: Alles nur Konsum. Kritik der warenästhetischen Erziehung. Berlin 2014. Kapitel „Fiktionswerte", S. 7–29.
[74] Baßler: Augenblickliche Überlieferung 2015, hier S. 71 und 73.
[75] Hermann Bausinger: Zu den Funktionen der Mode. In: LiTheS. Zeitschrift für Literatur und Theatersoziologie 14 (2016), S. 7–15. Hier S. 12.

fristigen Überraschungshit der Vergangenheit aufbaut. Was heute Klassiker ist, war früher einmal revolutionär."⁷⁶ Das Revolutionäre, das Reckwitz als Eigenschaft annimmt, ist in Wirklichkeit ein Moment des Klassikerdiskurses, das im Weiteren unter dem Begriff der „Innovationsbehauptung" verhandelt wird. Insbesondere dort, wo Ästhetik eine Währung ist, also in der Kunst-, der Medien- oder in der Modebranche, wird Innovation, der ästhetisch revolutionäre Charakter betont. Daraus speist sich nachhaltig die Geltung von Klassikern, weil sie als Vorbild, Muster, Orientierung funktional bleiben können. Je stärker die Resonanz auf diese Behauptung, je einhelliger sie tatsächlich als Vorbild, Muster, Orientierung genutzt werden, umso realer wird der Wert und umso größer der normative Anspruch. Im Verlauf der Arbeit wird mehrfach bestätigt, dass diese Behauptung, zumindest in dem Ausmaß, in dem sie angeführt wird, zumeist Fiktionscharakter hat und von tatsächlichen Eigenschaften und historischen Fakten weitgehend unabhängig ist.

Die Behauptung gesellschaftlicher Relevanz hebt vor allem die Funktion der Handlungsorientierung hervor. Eine verbreitete Form, sie zu diskursivieren, besteht darin, ein Potenzial zur Krisenbewältigung zu betonen – ob die Krise akut und manifest oder latent und diffus ist, macht dabei keinen Unterschied. In seiner Rede *Zur Eröffnung der Bibliothek deutscher Klassiker* erklärt Gottfried Honnefelder Krisenbewältigung zum Proprium des Klassikers in einem universell-menschlichen Sinne:

> Daß gerade die Gegenwart mit ihrem raschen sozialen Wandel und ihrem pausenlosen Verschleiß des Konjunkturellen ein wachsendes Bedürfnis zum Bleibenden entwickelt, ist mit Nostalgie allein nicht zu erklären; auch sie wäre nur Mode. Historisches Interesse verweist [...] auf eine breite Suche nach Identifikation, die in der literarischen Diagnose und Deutung vergangener Epochen den Schlüssel zur eigenen finden möchte.⁷⁷

Insbesondere im Kontext von Anlässen wie Jubiläen oder Publikationen (Klassikerreihen, -ausgaben, -anthologien) werden Klassiker auf diese Weise legitimiert. Die Behauptung gesellschaftlicher Relevanz kann bestätigende individuelle Handlungen verbaler oder praktischer Natur initiieren. Andererseits können diese Handlungen durch Relevanzbehauptung auf der Metaebene flankiert werden. Dies ließ sich in der jüngeren Vergangenheit mehrfach beobachten. Als nach den Terroranschlägen auf die Redaktion des Satiremagazins *Charlie Hebdo* in Paris die Verkäufe von Voltaires *Traité sur la tolérance* stiegen, wurde das sogleich in den medialen Diskurs eingespeist: „Voltaire ‚tolerance' book flies off

---

76 Reckwitz, Gesellschaft der Singularitäten 2017, S. 143.
77 Honnefelder, Warum Klassiker? 1985, S. X.

shelves after Paris attacks",[78] wobei auch die Funktion herausgestellt wurde: „Nach dem Attentat gegen ‚Charlie Hebdo' scheint Frankreich Orientierung bei Voltaire zu suchen".[79] Ähnliches widerfuhr Camus' *La Peste* im Kontext der Covid-19-Pandemie: Neben fast euphorisch wirkenden Ausrufen („Camus' *Die Pest* wird in Pandemie erneut zum Bestseller"[80]) erschienen Beiträge, in denen nach Antworten zum Umgang mit der Krise gesucht wurde: „Vergangenes Jahr war das Buch die angesagte Literatur des ersten Corona-Frühlings. Aber erst jetzt, nach zwölf Monaten Pandemie, ist wirklich spürbar, welches tiefe ethische Dilemma dieses Werk uns zeigt."[81] Solcherart Berichterstattung lässt einzelne Praktiken als kollektiven Konsens erscheinen und untermauert die Funktionsbehauptungen. Sind Krisen nicht, wie bei Honnefelder gesehen, abstrakt-universell, so müssen die Klassikerfunktionen an die aktuelle Weltlage angepasst werden. Schon einen Tag nach dem Einmarsch der russischen Truppen in die Ukraine brachte die *Süddeutsche Zeitung* einen Artikel, in dem Nils Minkmar mit Montaigne, Kafka und Nabokov ein tröstliches Angebot machte: „Gerade jetzt, da mit Putin das Dunkle triumphiert, hilft es zu lesen".[82] Das „gerade jetzt" ist die Forderung der Stunde an Klassiker. Sie erlangen ihre Evidenz nur in der Menge vielfältiger, kontextbezogener wie dekontextualisierter, vor allem aber *aktualisierender* Gebrauchsweisen. Der Klassiker, wie Ankhi Mukherjee schreibt, „fights obsolescence by being constantly on the move."[83]

Und damit sind wir in der Frage, warum für Klassiker die kulturelle Obsoleszenz nicht gilt, bei den Transgressionen angekommen. Innerhalb der Ökonomie der Aufmerksamkeit, so Georg Franck, sei es charakteristisch, dass „die Übergänge [zwischen Hoch- und Breitenkultur] gleitend und die Gegensätze relativ" würden. „Gleichzeitig", so Franck weiter, „wächst der Abstand zwischen den Extremen, die Kultur ist uneinheitlicher denn je zuvor, nicht nur was den Pluralis-

---

78 https://www.france24.com/en/20150114-france-charlie-hebdo-voltaire-book-best-seller-treatise-tolerance [letzter Zugriff 3.2.2022], archiviert unter https://archive.fo/Y7bH9.
79 https://www.spiegel.de/kultur/literatur/frankreich-voltaire-mit-abhandlung-ueber-die-toleranz-bestseller-liste-a-1015476.html [letzter Zugriff 3.2.2022], archiviert unter https://archive.fo/lCN3J.
80 https://kurier.at/kultur/camus-die-pest-wird-in-pandemie-erneut-zum-bestseller/401217300 [letzter Zugriff 3.2.2022], archiviert unter https://archive.fo/eVl9h.
81 Andreas Öhler: Albert Camus und Corona. Christ & Welt. Beilage von Die Zeit. 17. März 2021, 17:01 Uhr. Aktualisiert am 21. März 2021, 14:03 Uhr. https://www.zeit.de/2021/12/die-pest-albert-camus-corona-pandemie?utm_referrer=https%3A%2F%2Fwww.google.com%2F [letzter Zugriff 3.2.2022], archiviert unter https://archive.fo/UmQZL.
82 Nils Minkmar: Nach dem Schock. In: Süddeutsche Zeitung vom 25.2.2022. Digitale Ausgabe, Kultur.
83 Ankhi Mukherjee: What Is a Classic? Postcolonial Rewriting and Invention of the Canon. Stanford 2014, S. 5.

mus der Stile und die Vielfalt der Richtungen betrifft. Sie wird auch immer heterogener im Hinblick auf den Anspruch".[84] Obwohl der sogenannte kulturelle Omnivorismus zunehmend unser Konsumverhalten charakterisiert, zeigen gerade Klassiker, dass die „Übergänge" zwischen dem Hoch- und Breitenkulturellen nur als solche wahrgenommen werden können, weil die Grenzen immer noch spür- und sichtbar sind. Dabei nehmen sie eine durchaus ambivalente Rolle ein. Einerseits sind es die Klassiker, die die Grenzen ihres Geltungszusammenhangs am ehesten überschreiten. Sie diffundieren in die verschiedenen Nationalkulturen und Lebensstilmilieus, indem sie mit neuen Genres und Medien interagieren. Andererseits aber erfüllen sie eine repräsentative Funktion, wenn sie eng mit einem Kulturverständnis, Lebensstilmilieu oder einer (imaginären) Gemeinschaft assoziiert werden. Dann bestätigen sie die Grenzen, die Hoch- und Breitenkulturelles, den *Bobo* vom Metalfan oder Nationalkulturen voneinander trennen.

In der vorliegenden Arbeit wird dafür argumentiert, dass Klassizität sich der anhaltenden oder wiederhergestellten Transgression von zeitlichen und kulturellen Kontexten, von Situationen und Adressatenkreisen verdankt, die unterschiedliche Ursachen hat und an der ebenso unterschiedliche Akteure beteiligt sind. Das bedeutet, dass das Kapital des Klassikers nicht per Autorisierung von oben entsteht, sondern durch die (vor allem (inter)mediale) Zirkulation: indem Klassiker imaginäre wie reale soziale, kulturelle und mediale Grenzen überschreiten und so semantischen und affektiven Überschuss produzieren. Der semantische Überschuss meint neue Bedeutungsdimensionen oder -zusammenhänge, die mit der Aktualisierung einhergehen. Affektischer Überschuss manifestiert sich sowohl in Praktiken der Verehrung[85] als auch Äußerungen des Überdrusses.[86] Dass einzelne Handlungen überhaupt als Ikonoklasmus wahrgenommen werden (können), deutet auf diesen Überschuss hin. Im Zusammenspiel dieser Hypertrophien entsteht das, was wir als Kapital, als Normativität des Klassischen wahrnehmen.

---

84 Franck, Ökonomie der Aufmerksamkeit 2015, S. 160.
85 Gerhard, Schiller als „Religion" 1994.
86 Für diese Haltung bekannt geworden ist Friedrich Hebbels Rezension einer Goethe-Publikation von Eduard Boas: „Es wird seit Jahren von den Buchhändlern ein förmlicher Handel mit den Reliquien Schillers und Goethes getrieben, der alle Grenzen überschreitet. Wenn der Friseur der beiden Herren die ihnen abgeschnittenen Haare aufbewahrt hätte, der Kammerdiener ihre Nägel, der Trödeljude ihre abgelegten Kleider, und die drei Spekulanten nun unter dem Aushängeschild der Pietät mit diesen wertlosen Resten brüderlich ein Geschäft etablirten, so würden sie die Verleger, die mit dem Inhalt ihres bestaubten Papierkorbs wuchern, kaum überbieten." Friedrich Hebbel: Rezension zu: Schiller und Goethe im Xenienkampf. Von Eduard Boas. 1851. In: Ders.: Vermischte Schriften III (1843–1851), hg. v. Richard Maria Werner (= Sämtliche Werke. Elfter Band). Historisch kritische Ausgabe. Berlin 1903, S. 379–385. Hier S. 379.

Der Klassik liegen gleich mehrere Prozesse zugrunde (vgl. Abb. 1). Im Rahmen einer Bedarfskonstellation wird das Original modelliert und aktualisiert. Die daraus entstehende Repräsentation des Modells wird lebensweltlich appliziert. Sie kann nun verbreitet werden, wobei es zu Transgressionen des ursprünglichen Verwendungszusammenhangs kommt, die die Geltung bestätigen. Stellt sich diese Art der Resonanz (synchron wie diachron) wiederholt ein, können wir eine emergente Normativität beobachten, die, sich aus semantischem wie affektivem Überschuss speisend, eine ‚Aura' generiert, die weiteren Gebrauch motiviert. Auf diese Weise beginnt der beschriebene ‚Klassiker-Zirkel' von vorne.

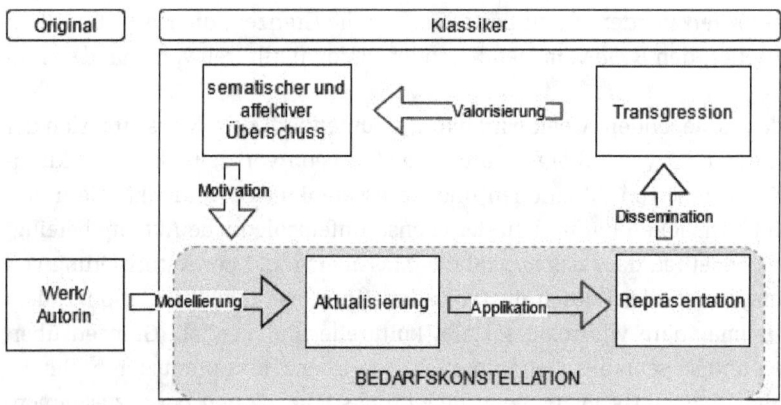

Abb. 1: Zirkulationsschema: Die kulturelle Praxis der Klassik.

Daraus ergibt sich abschließend die folgende Kurzdefinition: Klassik ist eine funktional ausgerichtete Praxis, in der die kulturelle Langzeitpräsenz materieller Artefakte und ideeller Phänomene durch eine Modellierung im Hinblick auf je spezifische Bedarfshorizonte im Rezeptionsprozess hergestellt wird.

1.5 Vorgehen und Aufbau der Untersuchung

Ziel der vorliegenden Arbeit ist es, eine Theorie der Klassik zu entwickeln, die sich gegen einen essenzialistischen Klassikbegriff richtet und auf die Gemachtheit und die Macharten des Klassischen blickt. Es wird davon ausgegangen, dass der essenzialistische Klassikbegriff sich aus kulturell und wissenschaftlich tradierten Vorurteilen, hartnäckig haltenden Missverständnissen und Fehlannahmen speist, die den Status von ‚Mythen' im Sinne von Klassikernarrativen besitzen, die, ungeprüft und unüberprüfbar, wissenschaftlich und kulturell wirksam sind. Holismus, Universalismus, Zeitenthobenheit und Elitarismus sind solche Klassik-Mythen, die die kulturelle Aufgabe erfüllen, das Geheimnis der Langzeitpräsenz kultureller Artefakte zu rationalisieren, während sie in Wahrheit verunklaren und nur dazu geeignet sind, einen Nimbus metaphysischer Größe zu erschaffen.

Obwohl der Ausgangspunkt und Ehrgeiz darin liegen, ein theoretisches Angebot vorzulegen, das für Klassiker unterschiedlicher Disziplinen und Kulturen geltend gemacht werden kann, ist dies eine literaturwissenschaftliche Arbeit. Ihr Gegenstand ist europäische Literatur seit dem späten 18. Jahrhundert, und so sind die erarbeiteten Praktiken hinsichtlich formaler, historischer, soziologischer und poetologischer Aspekte zunächst spezifisch für die Zeit nach 1800, die westliche Tradition und die Handhabe literarischer Klassiker, selbst wenn der Horizont über das literarische Feld hinaus auf klassikerbildende Handlungen in Alltags-, Massen- und Gegenkulturen erweitert wird. Jedes der vier Kernkapitel widmet sich einem Mythos des essenzialistischen Klassikbegriffs und dekonstruiert ihn an einem Fallbeispiel, wobei es sich in allen vier Fällen um Balladenklassiker handelt. Diese Konstanz ermöglicht eine Vergleichbarkeit der verschiedenen Referenzbereiche, in denen die Klassiker untersucht werden: Nationalkulturen, Gegenöffentlichkeiten, totalitäre Systeme und die Breitenkultur. Etablierten und kanonisierten Klassikern wie Goethe und Mickiewicz, die eine materialreiche Rezeptionsgeschichte besitzen, werden mit Itzik Manger und Börries von Münchhausen zwei heute kaum mehr bekannte Autoren gegenübergestellt. Den Leserinnen wird nicht entgehen, dass nur Beispiele männlicher Autoren diskutiert werden. Das spiegelt die diskursgeschichtliche Marginalisierung von weiblichen Autorinnen insofern wider, als die für Klassiker wichtige Funktion der (vor allem nationalkulturellen) Gemeinschaftsstiftung kaum Frauen zugewiesen wurde. Es ist die Absicht dieser Arbeit, zunächst ein grundlegendes systematisches Angebot zu machen, wie sich begriffsschärfend über Klassik (auch im Verhältnis zum Kanon) nachdenken lässt, auf dem geschlechterspezifische Fallanalysen aufbauen können oder von dem sie sich absetzen können. Dasselbe gilt für historische oder kulturelle Kontexte, die hier auf Ost- und Westeuropa (und USA) beschränkt sind.

In der ersten Fallanalyse, die sich dem polnischen Nationalklassiker Adam Mickiewicz widmet, wird in Auseinandersetzung mit dem *Mythos des Holismus* ein Fragmentarismus eingeführt und eine Systematik grundlegender Modelle entwickelt, die im Verlauf der Arbeit erprobt wird. Mickiewicz eignet sich als Anschauungsbeispiel 1., da er als Vertreter der literarischen Romantik zum Klassiker wird, in der Analyse deshalb konsequent der funktionale gegenüber dem Stil- und Epochenbegriff geltend gemacht werden kann, und 2., da aufgrund der

Besatzung Polens im 19. Jahrhundert zwischen der beobachtbaren Praxis, ihn als Klassiker zu etablieren und zu konsolidieren, sowie seiner institutionsgestützten Kanonisierung mehr als 50 Jahre liegen. Damit ist er ein paradigmatisches Beispiel für Formen kultureller Langzeitpräsenz, die nicht institutionell hervorgebracht werden. Die zweite Fallstudie widmet sich dem *Mythos des Universalismus* und etabliert das partikularistische Klassikverständnis am Beispiel des Klassikers der jiddischen Ballade, Itzik Manger. In diesem Kapitel werden die Klassikergenese und -tradierung in einer sich als Gegenöffentlichkeit konstituierenden Gemeinschaft untersucht, was als systematische Ergänzung zu der in den Postkolonialen Studien eingenommenen Perspektive auf Klassikerrezeption zu verstehen ist. Zeigt die dortige Forschung Strategien im Umgang mit Klassikern, die als *rewriting* oder *writing back*[87] eingeordnet werden, so liegt hier der Fokus auf Strategien kultureller Selbstermächtigung, mit denen eigene literarische Traditionen und ihre Klassiker mit identitätsstabilisierender Funktion erschaffen werden. Die dritte Studie setzt sich mit dem *Mythos der Zeitenthobenheit* auseinander und präsentiert Klassik als ein zeitgebundenes, auf die jeweilige Gegenwart ausgerichtetes Phänomen. Als Referenzsystem dient das totalitäre System des deutschen Nationalsozialismus, als Fallbeispiel die Karriere des heute weitgehend unbekannten Börries, Freiherr von Münchhausen. Auch an seinem Beispiel lassen sich die Unterschiede zwischen einer kulturpolitischen Kanonisierung und einem emergent entstehenden Klassiker deutlich festmachen, weil der Balladendichter erst unmittelbar vor Kriegsende kanonisiert wird, er sich jedoch bereits seit dem Ersten Weltkrieg einer ungebrochenen Popularität erfreut und das Genre im deutschsprachigen Raum führend prägt. Gleichzeitig wird erkennbar, dass das kulturelle Vergessen von Klassikern sogar in solchen ideologisch eindeutigen Fällen nicht ausschließlich als Zensur durch die Nachgeborenen zu verstehen ist: Münchhausens Verschwinden aus dem kulturellen Gedächtnis ist nicht mit einem ideologischen Schnitt nach 1945 zu erklären, sondern mit einer sich im Hinblick auf Geschlechterrollen und Vergemeinschaftungspraktiken langsam wandelnden Bedarfskonstellation, die im Grunde konsequent erst im Kontext der 1968er Jahre und des dort stattfindenden gesellschaftlichen Paradigmenwechsels wegbricht. In der letzten Fallanalyse, die dem *Mythos des Elitarismus* die Popularität der Klassik entgegensetzt, wird Klassik als in die Breite der Kultur ausgreifend analysiert. Dieses Kapitel widmet sich den Applikations- und Aktualisierungspraktiken der Klassik. Am Beispiel der Genese und der insbesondere interkulturellen Rezeption von Goethes *Erlkönig* werden Bedarfskonstellationen und Aktualisierungen ausgelotet, die selbst

---

[87] Bill Ashcroft, Gareth Griffiths, Helen Tiffin: The Empire Writes Back. Theory and Practice in Post-Colonial Literatures. London, New York 1989.

heute noch weitab des Schulgebrauchs dieses typischen ‚Schulklassikers' liegen. Neben Literaturbeispielen aus dem französischen und dem angelsächsischen intellektuellen Milieu wird die Rezeption in den als populär verstandenen Künsten Hip-Hop und Heavy Metal im polnischen Raum untersucht. Hinzu kommen Beispiele von Parodien schlesischer Sprache, die sich als Formen des *rewriting* und der Abrogation verstehen lassen.

Diesen Analysen sind zwei Kapitel vorangestellt. Das erste beschäftigt sich mit dem Verhältnis von „Klassik" und „Kanon" und verortet den praxeologischen Zugriff auf Klassik innerhalb aktueller Kanondebatten, die von grundlegenden Emergenzprozessen in der Kanonbildung ausgehen. Im darauffolgenden Kapitel wird am historischen Balladendiskurs geschildert, wie sich diskursiv festgelegte Gattungsspezifika in der Rezeption stabilisieren und zu modellbildenden Merkmalen verdichten, die die Klassikerbildung nachhaltig beeinflussen. Das abschließende Kapitel liefert mit dem Resümee der wichtigsten Ergebnisse ein Anwendungsbeispiel aus dem Bereich des Hip-Hop, mit dem das Potenzial der entwickelten Theorie als kulturwissenschaftliche Heuristik über den Bereich der Literatur hinaus in Ansätzen demonstriert wird.

2 Zum Verhältnis von Klassik und Kanon

2.1 Klassik und Kanon diachron

> It is as if Poe's survival were unassisted by the caretakers of the canon, who would rather let him drift into the obscurity his dubiousness deserves. When that survival nevertheless appears 'inevitable,' when Poe keeps coming back or won't go away, he begins to take on the terrifying single-mindedness of the undead, a motif famously worked and reworked by Poe and showing today, as should only be expected, no signs of dying out.[1]

Ginge es nach Einschätzungen der Qualität von Edgar Allan Poes Werk, die Autoritäten wie Henry James oder T. S. Eliot vornahmen, gehörte er nicht in den Rang eines kanonischen Schriftstellers. Beiden gilt er als unreifer und unseriöser Unterhaltungsautor, als Massenphänomen.[2] Noch einhundert Jahre nach seinem Tod weigert sich Francis O. Matthiessen, ihn in das einflussreiche Werk *American Renaissance* aufzunehmen:

> I have avoided [...] the temptation to include a full length treatment of Poe. [...] My reluctance at not dealing with Poe here is tempered by the fact that his value, even more than Emerson's, is now seen to consist in his influence rather than in the body of his own work. No group of his poems seems as enduring as *Drum-Taps*; and his stories, less harrowing upon the nerves than they were, seem relatively factitious when contrasted with the moral depth of Hawthorne or Melville.[3]

Das Spannungsverhältnis zwischen einer selbst für Poes Kritiker ersichtlichen kulturellen Geltung und der behaupteten Kanonwürdigkeit ist offensichtlich. Einerseits drängt die langanhaltende Popularität diejenigen, die eine Kanonisierung verhindern (wollen), in eine apologetische Haltung, andererseits liefert sie ihnen das Argument: Was (zu) populär ist, kann nicht wertvoll sein. So fehlt er noch 1990 in der zweiten, erweiterten Auflage der Reihe *Great Books of the Western World* der *Encyclopædia Britannica* unter den immerhin 130 Autorinnen.[4] Im Jahr 1997 nimmt ihn Harold Bloom dann doch widerwillig in seine Reihe *Bloom's Classic Critical Views* mit den Worten auf: „I regard Whitman as the

---

[1] Jonathan Elmer: Reading at the Social Limit. Affect, Mass Culture, and Edgar Allan Poe. Stanford 1996, S. 2 f.
[2] Vgl. ebd., S. 3 f.
[3] Francis O. Matthiessen: American Renaissance. Art and Expression in the Age of Emerson and Whitman. London, Toronto, New York 1954, S. xii, Fußnote 3.
[4] Mortimer J. Adler, Clifton Fadiman, Philip W. Goetz: Great Books of the Western World. Chicago 2. Aufl. 1990. Vgl. http://www.interleaves.org/~rteeter/gbww.html [letzter Zugriff 31.1.2022], archiviert unter https://archive.fo/JZY4n.

greatest of New World writers and Poe as the worst."[5] An seinem offensichtlichen Einfluss komme aber auch er nicht vorbei.[6] Diese Entwicklung zeigt eindrücklich, wie eine Institution, die sich als Verwalterin überzeitlicher Ästhetik versteht, mit Erneuerung hadert und sich doch nicht gänzlich vor ihr verschließen kann.[7]

Die am Fall Poes sich so offensichtlich zeigende Diskrepanz zwischen kultureller Wirkung und deren Ratifizierung kann mit den Begriffen „Klassik" und „Kanon" markiert werden. Klassisch sind dann solche Kulturprodukte, deren Langzeitpräsenz in unterschiedlichen, aufmerksamkeitsökonomisch determinierten kulturellen Sphären emergent ent- und besteht. Kanon ist demgegenüber eine Institution dezisionistischen Charakters, selbst wenn den Entscheidungen vielfältig unkalkulierbare Prozesse vorausgehen (können). Selbstverständlich handelt es sich um eine analytische Trennung, auf der Phänomenebene können beide zusammenfallen, kann Klassisches kanonisch sein und *vice versa*. Indem sie jedoch nach ihrem Verhältnis zueinander befragt werden, lässt sich ein differenziertes Bild der zugrundeliegenden Prozesse und gegenseitigen Einflüsse zeichnen.

Bleiben wir zunächst bei unserem Beispiel. Poes Werke mussten sich 150 Jahre gegen einen Literatur wie alle Kulturprodukte ständig bedrohenden Aufmerksamkeits- und Geltungsverlust behaupten, ehe sie in (unter anderem) Blooms konservativen Kanon aufgenommen wurden. Für diesen – an der kulturellen Wirkung gemessen – verspätet wirkenden Akt lassen sich unterschiedliche Gründe anführen, die von der Diskreditierung seines Lebenswandels bis hin zum erwähnten Unterhaltungswert seiner Literatur reichen. Die offizielle Anerkennung wurde in Europa eingeleitet, wo er als Vorbild zeitgenössisch erfolgreicher und anerkannter Autoren nicht nur implizit diente, sondern tatsächlich explizit genannt wurde. Er wurde im europäischen Literaturbetrieb als ‚ästhetisch wertvoll' diskursiviert, bevor er in den USA als ‚ästhetisch wertvoll' institutiona-

---

[5] Harold Bloom (Hg.): Edgar Allan Poe. Ed. and with an introd. by Harold Bloom. New York 2008.
[6] Vgl. ebd.
[7] Solcherart verspätete Kanonisierungsgeschichten sind natürlich vor allem von Autorinnen bekannt, die nichtmännlich und/oder nichtnational definierten Parametern entsprechen (z. B. Vertreterinnen der afroamerikanischen Literatur, der queeren oder der sogenannten interkulturellen bzw. Migrationsliteratur, wobei auch in diesem Bereich die im Feld der Intersektionalitätstheorie herausgearbeitete Benachteiligung durch die Überschneidung von Merkmalen wie etwa nichtmännlich und nichtweiß sich zusätzlich niederschlägt). Da es mir im folgenden Kapitel um das Verhältnis von Klassizität und Kanonizität geht, ist es – um einer besseren Vergleichbarkeit willen – sinnvoll, dieses am Beispiel von Autoren (sic!) zu demonstrieren, auf die keine der auf Basis von *sex, race, gender* bestehenden Diskriminierungskriterien zutreffen.

lisiert wurde.[8] Die deutsch- und französischsprachigen Dichter (zentral Baudelaire, Kafka, Mallarmé, Verne) übernahmen die Rolle, die Stefan George bei der Wiederentdeckung Hölderlins im deutschsprachigen Literaturdiskurs innehatte: Aufgrund ihres (zwar auf unterschiedlicher Grundlage und mit unterschiedlicher Reichweite, aber unzweifelhaft bestehenden) Einflusses wirkten sie als Multiplikatoren, die vergessene oder marginalisierte Autoren (sic!) aus dem Speicher- in das Funktionsgedächtnis überführten.

Hölderlin konnte man im Gegensatz zu Poe damals so wenig wie heute den Vorwurf machen, zu populär zu sein, und daraus seinen Status als *poeta minor* ableiten. Jürgen Link erklärt seine verspätete Kanonisierung mit den Kategorien der Literaturgeschichtsschreibung des 19. Jahrhunderts. In den dort zementierten Oppositionen zwischen Aufklärung vs. Sturm und Drang und Klassik vs. Romantik habe er sich schlicht nicht unterbringen lassen.[9] Abgesehen von den Kanonlogiken weist Link auf ein Moment der Hölderlinrezeption hin, das sowohl eine Erklärung für den Ausschluss als auch für das kulturelle Überleben bieten könnte. Eine Parallele zwischen Poe und Hölderlin ist, dass die mentale Disposition in der Rezeption eine große Rolle spielte (und bis heute spielt), was durchaus zu einer moralischen Zensur und Exklusion aus dem Bereich des Kanonischen führen kann.[10] Genau sie kann aber ein Ausgangspunkt sein, um die betroffenen Autoren – beispielsweise aus einem rebellischen oder ikonoklastischen Impuls heraus – als Identifikationsfiguren eines künstlerischen Außenseitertums zu stilisieren und die Abweichung von mentaler Norm mit Genialität zu assoziieren. Link sieht „in dieser außergewöhnlichen Attraktivität Hölderlins für kulturelle Applikation"[11] sogar den entscheidenden Grund seiner Popularität, wobei offenbleibt, ob Identifikation mit oder voyeuristisches Vergnügen an der Devianz den Ausschlag geben. So wie Hölderlins Wahnsinn immer wieder Stoff für Spekulationen geliefert hat, wurden Alkoholismus, Pädophilie und Depres-

---

8 Ewald Brahms: Edgar Allan Poe zwischen Kontinuität und Wandel. Zur Kanonisierung seines erzählerischen Werkes in deutscher Sprache. Dissertation zur Erlangung des akademischen Grades eines Doktors der Philosophie der Philosophischen Fakultät der Universität des Saarlandes. Saarbrücken 1993, S. 1.
9 Vgl. Jürgen Link: Hölderlin – oder eine Kanonisierung ohne Ort? In: Renate von Heydebrand (Hg.): Kanon, Macht, Kultur. Stuttgart 1998, S. 383–395. Hier S. 390. Obwohl er sich in dem Paradigma der Nationalliteratur nicht unterbringen ließ, war es im Nationalsozialismus kein Hindernis, ihn wiederum zum nationalen Bezugspunkt zu stilisieren. Vgl. Werner Volke: Hölderlins 100. Todestag 1943 (II). In: Bernhard Zeller: Klassiker in finsteren Zeiten 1933–1945. Eine Ausstellung des Deutschen Literaturarchivs im Schiller-Nationalmuseum Marbach am Necker. Band 2. Marbach 1983, S. 76–134.
10 Vgl. Alois Hahn: Kanonisierungsstile. In: Aleida Assmann, Jan Assmann (Hg.): Kanon und Zensur. München 1987, S. 28–37. Hier S. 31.
11 Link, Hölderlin – oder eine Kanonisierung ohne Ort? 1998, S. 385.

sion zu Konstanten der Poe-Biografieschreibung, die schon 1982 Angela Carter in *The Cabinet of Edgar Allan Poe* parodiert.

Eine dritte Kanonisierungsgeschichte, die sich hier einreihen lässt, ist die von Allen Ginsberg.[12] Auch bei Ginsberg liegt eine moralische Zensur von offizieller Seite bei gleichzeitig enormer Popularität vor. 1957 war *Howl* bekanntermaßen Gegenstand eines Prozesses gegen Ginsbergs Verleger, Lawrence Ferlinghetti, dem der Vertrieb anstößiger Literatur vorgeworfen wurde. Als die Verhandlung letztendlich mit dem Verweis auf den gesellschaftlichen Wert des Werkes zugunsten des Angeklagten ausging,[13] schnellten die Verkaufszahlen nach oben und begründeten den Ruhm des Dichters und der Beatgeneration. Ginsberg wurde als homosexueller Jude mit psychischen, teilweise drogenbedingten Problemen zum Inbegriff des gesellschaftlichen Außenseiters und politisch engagierten Künstlers.[14] Die Nähe von Genie und Wahnsinn war Teil der Selbstinszenierung, wenn man Aussagen wie die über den Entstehungsprozess von *Howl* betrachtet: „the whole first section typed out madly in one afternoon, a tragic custard-pie comedy of wild phrasing, meaningless images for the beauty of abstract poetry of mind running along making awkward combinations."[15] Hier kommt das Motiv des *furor poeticus* zur Geltung, das genauso andere Autoren der Beatgeneration für sich beanspruchten – man denke nur an Kerouacs endlose Papierrolle, auf die er das Manuskript von *On the Road* in angeblich einem Zug tippte.

Wie schon bei Poe und Hölderlin, so wurden die Bekanntheit und Bedeutung erst spät honoriert. Noch 1998 sucht man *Howl* beispielsweise in Wiliam Harmons *The Classic Hundred Poems – All Time Favorites* vergeblich.[16] Der mangelnden Präsenz im Kanon steht eine – insbesondere für ein Gedicht – große Aufmerksamkeit gegenüber, denn *Howl* verkaufte sich in den auf den Prozess

---

12 Wie oben beschrieben, sind die Beispiele von Männern bewusst ausgewählt, obwohl sich Parallelen aufdrängen. Eine der jeweils geltenden Norm psychischer Gesundheit widersprechende mentale Disposition wurde beispielsweise auch Autorinnen wie Virginia Woolf oder Sylvia Plath attestiert und gehört zu ihren Kanonisierungsgeschichten. Dennoch müssten in einem Vergleich genderspezifische Aspekte berücksichtigt werden, die den Rahmen dessen, was mit diesem Kapitel beabsichtigt ist, sprengen würden.
13 Vgl. Steve Finbow: Allen Ginsberg. Durrington 2012, S. 70 f.
14 Jeff Allred, M. Keith Booker: Literature and Politics Today. The Political Nature of Modern Fiction, Poetry, and Drama. Santa Barbara 2015, S. 120.
15 Allen Ginsberg: Notes Written on Finally Recording Howl. In: Bill Morgan (Hg.): Deliberate Prose. New York 2000, S. 229–232.
16 William Harmon: The Classic Hundred Poems. All-Time Favorites. New York 1998.

folgenden zwölf Jahren 400.000 Mal und bis heute werden Werk und Autor verehrt.[17]

Alle drei Beispiele verweisen auf das zentrale Definitionskriterium von Klassik: die Funktionalität. Offensichtlich eignen sich die drei Autoren als Identifikationsfiguren für ein Lebensstilmilieu, das sich gegen den kulturellen Mainstream, Spießertum und/oder die Elterngeneration positioniert. Ihre Werke werden gelesen und neu aufgelegt, Zitate daraus zirkulieren intermedial, sie selbst werden zu Helden von Comics oder zu *Bobblehead*-Sammlerfiguren. Kurzum: Sie werden gebraucht. Kanonisches ist dagegen dort, wo materielle oder immaterielle Artefakte zum Gebrauch angeboten werden. Dieses Angebot wird von einer Funktionsbehauptung untermauert. Beispielsweise kann ein Werk als besonders repräsentativ für eine Gattung bzw. Epoche deklariert werden, womit sich der Appell verbindet, es im Schulunterricht zu behandeln. Trifft dies zu, wirkt sich die Funktionsbehauptung also tatsächlich motivierend aus, können wir von einer „lebensweltlichen Resonanz"[18] sprechen. Kanonisches kann zwar einige Zeit ohne diese Resonanz bestehen, doch ein dauerhafter Mangel zieht in der Regel eine Kanonrevision nach sich. Wenn wir akzeptieren, dass eine Aufgabe des Kanons darin besteht, nach Wertungskriterien, die sich dem jeweiligen Zuständigkeitsbereich gemäß etabliert haben, aus der „permanenten Überproduktion kultureller Erzeugnisse"[19] diejenigen zu filtern, die die größte Chance haben, eine lebensweltliche Resonanz zu erfahren, dann gilt dies insbesondere für Werke, die diese Resonanz in der einen oder anderen Hinsicht bereits *vor* dem Selektionsprozess erfahren haben. Warum also hat es bei diesen drei Autoren so lange auf sich warten lassen, bis sie offiziell anerkannt wurden?

Bleiben wir zunächst bei Ginsberg. „The poet had inadvertently opened what would become a countercultural goldmine"[20] – diese Einschätzung umreißt den Geltungsbereich und bietet einen guten Anhaltspunkt, um zu diskutieren, warum (nicht nur) Ginsbergs Weg in die Kanones so langwierig war. Die bekannteren wie der von Bloom oder Reich-Ranicki entwerfen einen maximalen Geltungsbereich – und zwar sowohl sachlich als auch den Adressatenkreis betreffend. An eine breitere Öffentlichkeit gerichtet, geben sie vor, „einen über alle kulturpolitische Diskussion erhabenen Kanon literaturästhetischer Monumen-

---
17 „[M]ost recognized poet of the 20th century." Vgl. Allred, Booker, Literature and Politics Today 2015, S. 120. Vgl. auch Finbow, Allen Ginsberg 2012, S. 207–210.
18 Herrmann Korte: Was heißt: „Das bleibt"? Bausteine zu einer kulturwissenschaftlichen Kanontheorie. In: Dietrich Helms, Thomas Phleps (Hg.): No Time for Losers. Bielefeld 2008, S. 11–24. Hier ab S. 19.
19 Ebd., S. 11.
20 W. J. Rorabaugh: Kennedy and the Promise of the Sixties. Cambridge 2002, S. 172.

te"[21] zu repräsentieren, der das Potenzial habe, Antworten auf die großen Fragen des menschlichen Seins zu liefern.[22] Diese Behauptung wird auf Qualitäten wie Dignität und Reife aufgebaut, die schon einem Poe und Hölderlin kaum attestiert wurden und einem einhundert Jahre später die Gesellschaft vom Standpunkt einer Gegenkultur her provozierenden Ginsberg erst recht nicht. Dass diese scheinbar apolitische Auswahl durchaus politisch ist, belegt nicht zuletzt Bloom: Sein Kanon ist weder zeitenthoben noch interesselos, sondern als Reaktion auf eine sehr konkrete historische Konstellation und als Apologie des als zu weiß und zu männlich in Misskredit geratenen Gültigen zu verstehen. Vor diesem Hintergrund zeigt sich die Unterscheidung von Klassik und Kanon produktiv: Der Status als ‚gegenkulturelle' Klassiker verhindert die Aufnahme in Kanones, die engagiert für eine konservative Hochkulturvorstellung Partei ergreifen.

Die Gleichsetzung ist indes Quelle vieler Missverständnisse und Klischees. Eines adressiert ein angebliches ‚Zähmungspotenzial', das Kanonisiertes der Gegenkultur entzieht. Plakativ formuliert die Unterscheidung David Gates in seinem Essay unter dem programmatischen Titel *Welcoming „Howl" into the Canon*:[23] „‚Howl,' for all its affirmations, is a profoundly oppositional poem, and it counts on being opposed."[24] Die Kanonisierung gefährde dies:

> In fact, "Howl" has become an American classic, like "Evangeline" and "Snow-Bound," except that people still read it. There it sits in *The Norton Anthology of Contemporary Poetry*, complete with sobersided footnotes.[25]

Die Metapher „there it sits" soll genau das Gegenteil von oppositioneller Kraft evozieren: Bequemlichkeit und Trägheit. Kanonisierte Werke unterliegen keinem pragmatischen Evaluationsdruck, sie sind gesetzt, obwohl sie faktisch nicht rezipiert werden – so zumindest Gates' Botschaft. Das soll der Vergleich mit Gedichten Henry Wadsworth Longfellows und John Greenleaf Whittiers als zwar kanonisierten, doch weder als subversiv noch als populär wahrgenommenen Schriftstellern unterstreichen. Kanon ist bei Gates wie schon bei Bloom universal und überzeitlich: „Actually, I doubt *Howl* is in much danger – once a work of literature starts to get revered, it's hard to get people to unrevere it –

---

21 Vgl. Stefan Matuschek: Die majestätische Bequemlichkeit eines Ordnungsmodells. Zur Funktion der Scholastik in der neuen Literaturtheorie. In: Ders., Gerhard R. Kaiser (Hg.): Begründungen und Funktionen des Kanons. Heidelberg 2001, S. 173–190. Hier S. 174.
22 Vgl. hierzu das Kapitel zum Mythos des Universalismus.
23 David Gates: Welcoming „Howl" into the Canon. In: Jason Shinder (Hg.): The Poem That Changed America. New York 2006, S. 159–164.
24 Ebd., S. 160.
25 Ebd., S. 161.

which suggests that the poem itself is no longer seen as dangerous. I think that's a misreading, but over time it happens to the best of 'em."[26] Dass er unrecht hat, kann die Kanonforschung mit zahlreichen Beispielen vergessener Autoren und insbesondere Autorinnen belegen.[27] Auch hier schafft eine Unterscheidung Klarheit. *Howl* ist ein Klassiker, nicht *obwohl*, sondern *weil* es gelesen wird. Die Kanonisierung macht es offiziell. Ob sie mit einem falschen Verständnis einhergeht oder die spätere Rezeption beeinflusst, müssen Studien zeigen – voraussetzen kann man es nicht. Wenn Klassik und Kanon quasireligiös oder zumindest metaphysisch verstanden werden, was mit unterschiedlichen Vorzeichen bei Bloom wie bei Gates der Fall ist, dann folgt das diffus einer Idee des Wiedergängers im weiten Verständnishorizont von Erlöser bis Zombie: Das lebendige Werk wird zu einer – wahlweise omnipotenten oder blutleeren – überzeitlichen Instanz.

Doch auch dort, wo ohne metaphysische Anleihen argumentiert wird, bleibt das Verhältnis von Kanon und Klassik ungeklärt. In der Kanonforschung scheint die Frage danach geradezu ein Minenfeld zu sein, das sorgfältig gemieden wird. Im *Handbuch Kanon und Wertung* von Gabriele Rippl und Simone Winko lassen sich 32 Belegstellen für die Verwendung von „Klassik" und „Klassiker" nachweisen, unter denen sich kein einziger Versuch findet, die Begriffe in Relation zu „Kanon" näher zu bestimmen. Einen Ansatz schlägt indirekt Matthias Beilein vor, was jedoch eine Randbemerkung bleibt: „wobei die [Negativkanonisierung] freilich die Frage aufwirft, ob es nicht angebracht wäre, statt von einem pauschalen Negativkanon davon auszugehen, dass die ‚Klassiker' dieser Genres bereits eigene genrespezifische Kanones gebildet haben."[28] Verbreiteter (auch im Englischen) ist die Tendenz, beide Begriffe weitestgehend synonym zu verwenden. So schreibt beispielsweise John Guillory in *Cultural Capital*, Kanon sei schlichtweg semantisch weniger aufgeladen: „The word ‚canon' displaces the expressly honorific term ‚classic'."[29] Da die drei Fallbeispiele bereits angedeutet haben, dass eine Unterscheidung mehr über kulturelle Wertungsmechanismen und die Schaltstelle verrät, an der Institutionalisierung und nichtinstitutioneller

---

[26] Ebd., S. 164.
[27] Nur für den deutschsprachigen Literaturraum vgl. die Analysen von Christoph Grube: Warum werden Autoren vergessen? Mechanismen literarischer Kanonisierung am Beispiel von Paul Heyse und Wilhelm Raabe. Bielefeld 2014 und Herrmann Korte: Aus dem Kanon, aus dem Sinn? Dekanonisierung am Beispiel prominenter ‚vergessener' Dichter. In: Deutschunterricht 6 (2005), S. 6–21.
[28] Matthias Beilein: Literatursoziologische, politische und geschichtstheoretische Kanonmodelle (mit Hinweisen zur Terminologie). In: Gabriele Rippl, Simone Winko (Hg.): Handbuch Kanon und Wertung. Theorien, Instanzen, Geschichte. Stuttgart 2013, S. 66–76. Hier S. 71.
[29] John Guillory: Cultural Capital. The Problem of Literary Canon Formation. Chicago u. a. 2007, S. 6. Das ist – zwar problematisiert, dennoch auch der Fall in Mukherjee, What Is a Classic? 2014.

Gebrauch aufeinandertreffen, schlage ich eine genauere Differenzierung vor. Der kanonische Status kann 1. im prozessualen Sinn als eine Ratifizierung des Klassischen verstanden werden und sich darüber hinaus 2. auf die kulturelle Praxis motivierend auswirken. 3. evaluiert die Klassikpraxis den kanonischen Status.

Den ersten Fall konnten wir an den drei Beispielen beobachten: ein Prozess, an dessen vorläufigem Ende der Klassikerstatus durch die Aufnahme in den Kanon ratifiziert wurde. Dieses prozessuale Verhältnis liegt also dann vor, wenn eine zeitliche Diskrepanz zwischen einerseits der lebensweltlichen Resonanz und andererseits ihrer offiziellen institutionellen Anerkennung besteht. Die Kanonisierung kann dabei diskursiv unterschiedlich konnotiert sein: affirmativ als Nobilitierung oder ablehnend als (mutwilliges) Missverstehen und mit dem kulturellen Tod gleichzusetzende Zähmung. Mit etwas weniger Pathos beladen formuliert, können sich Klassik und Kanon in einem motivierenden oder evaluierenden Verhältnis zueinander befinden, wie der nächste Abschnitt zeigen wird.

2.2 Klassik und Kanon synchron

Universalistische Annahmen, wie sie Bloom und Gates formulieren, basieren auf einem konzeptuellen Missverständnis, das den ontologischen Status des Kanons betrifft. Es manifestiert sich in zwei rivalisierenden Vorstellungen: Während in der einen Kanon eine immaterielle Größe im Singular ist, bestehen in der anderen eine Vielzahl empirisch realisierter Kanones.[30]

Die Idee, dass es so etwas wie einen intelligiblen Kanon gibt, ist unter der Bedingung akzeptierbar, dass sich ein solches Konzept (nicht nur) dem wissenschaftlichen Zugriff entzieht. Kanon ist dann analog zum kulturellen Gedächtnis ein Denkmodell, das selbst keine Realität hat und das nur in seinen materiellen Repräsentationen in der Welt ist.[31] Diese deuten wiederum auf die Präsenz unterschiedlicher realweltlicher Kanones hin: Lektürelisten von Universitäten unterscheiden sich von denjenigen der Schulen, ebenso wie sich als universalgültig konzipierte Kanones von Longsellerlisten der Verlage unterscheiden und diese wiederum nicht deckungsgleich sind mit Verlagsreihen (Penguin Classics,

---

[30] Eine vermittelnde Position schlägt Christopher Kuipers vor: "The canon, on the other hand, is not a form, but a literary-disciplinary dynamic: it is a field of force that is never exclusively realized by any physical form, just as mental fillings align with but do not constitute a magnetic field". Christopher M. Kuipers: The Anthology/Corpus Dynamic: A Field Theory of the Canon. In: College Literature 2, 30 (2003), S. 51–71. Hier S. 51.
[31] Wobei sich selbstverständlich sowohl Kanon als auch Klassik zum kulturellen Gedächtnis dazurechnen lassen.

Deutscher Klassiker Verlag) oder Rankings und Reihen renommierter Zeitungen (*Globe*,[32] *Guardian*[33] oder die *Süddeutsche Zeitung*-Bibliothek etc.). Es ist also durchaus sinnvoll, diese Repräsentationen in ihrer institutionellen, zielgruppendeterminierten und historischen Spezifik als formal-intentionale Akte des jeweiligen kulturellen Handlungsfeldes zu betrachten, mit denen eine Verbindlichkeit gestiftet werden soll. Die Existenz von Kanones sollte folglich nicht nur diachron[34] im Plural gedacht werden, sondern auch synchron, wie Herrmann Korte feststellt: „von ‚dem' Literaturkanon zu sprechen ist eine an sich unzulässige Formel", da sie „kanonische Einzigartigkeit und Eindeutigkeit" suggeriere, „wo seit 1800 eine Vielzahl von Listen [...] ‚den' Kanon faktisch als ein System inhaltlich wie institutionell unterschiedlicher Kanones erscheinen lässt."[35]

Um das motivierende und evaluierende Verhältnis zwischen den Praktiken „Klassik" und „Kanon" zu veranschaulichen, möchte ich einige Listen gegenüberstellen, die den Anspruch erheben, einen universalen Literaturkanon abzubilden. „Universal" variiert dabei durchaus in geografischer Hinsicht, indem der Bezug wie „Western World" markiert ist oder eine supranationale Auswahl globale Geltung impliziert. Um das für eine exemplarische Analyse zu große Feld der Literatur schlechthin operabel einzugrenzen, wähle ich – zugegebenermaßen willkürlich – den Bereich der anglophonen erzählenden Literatur des 18. Jahrhunderts. Zunächst die Kanones, aus denen ich Blooms *The Western Canon* als einen der ausführlicheren zum Ausgangspunkt wähle:

- Harold Bloom: The Western Canon[36] = WC
- Britannica's Great Books[37] = BGB
- Mortimer J. Adler, Charles van Doren: How to read a Book[38] = HB
- Clifton Fadiman: The Lifetime Reading Plan[39] (3. Aufl. 1988) = LRP
- Philip Ward: A Lifetime's Reading List[40] = LRL

---

[32] https://www.librarything.com/bookaward/The+Globe+%2526+Mail+50+Greatest+Books [letzter Zugriff 14.5.2021], archiviert unter https://archive.fo/ITAgV.
[33] https://www.theguardian.com/books/2003/oct/12/features.fiction [letzter Zugriff 14.5.2021], archiviert unter https://archive.fo/3tQTx.
[34] Rippl, Winko, Handbuch Kanon und Wertung 2013. Vgl. Abschnitt 4: Vom literarischen Kanon zur Kanonpluralität, S. 85–110.
[35] Korte, Was heißt: „Das bleibt"? 2008, S. 12. Wobei ich Theaterprogramme eher als Praktiken, die Klassizität begründen, sehen würde.
[36] Bloom, The Western Canon 1995.
[37] Mortimer J. Adler, Clifton Fadiman, Philip W. Goetz: Great Books of the Western World. Chicago 1990.
[38] Mortimer J. Adler, Charles Van Doren: How to Read a Book. New York 1972.
[39] Clifton Fadiman: The Lifetime Reading Plan. New York 3. Aufl. 1988.
[40] Philip Ward: A Lifetime's Reading: The World's 500 Greatest Books. New York 1983.

- Waldhorn, Weber, Zeiger: Good Readings[41] = GR
- The Globe and Mail 50 Greatest Books[42] = GMGB
- The Guardian: The 100 Greatest Novels of all Time: The list[43] = GGN
- David Damrosch: The Longman Anthology of World Literature[44] = LAWL

Die Listen arbeiten mitunter mit verschiedenen Kriterien – allein schon, weil es sich um a) Leseempfehlungen, b) Buchreihen, c) Anthologien und d) Zeitungsrankings handelt. Dass der geografische Horizont unterschiedlich markiert ist, wurde bereits gesagt und präsentiert sich im Einzelnen wie folgt: Als europäisch oder westlich weisen sich WC, HB, BGB aus; als global LAWL, GR, GGN, LRL und GMGB, obwohl hier eigentlich nur das *Mahabharata* als Repräsentant des Globalen einzustufen wäre. Auch sind einige abgeschlossen (etwa Bloom, LRP, LRL, GR, LAWL), andere zumindest potenziell nicht (die Reihe der *Great Books of the Western World* kann problemloser erweitert werden als eine Anthologie; eine online publizierte Liste kann schneller aktualisiert werden etc.).

Tab. 1: Kanonisierungsinstanzen im Vergleich

Bloom: Western Canon	BGB	HB	LRP	LRL	GR	GMGB	GGN	LAWL
Jonathan Swift: Gulliver's Travels (1699–1715)	x	x	x	x	x	x	x	x
Daniel Defoe: Moll Flanders (1722)								
Daniel Defoe: Robinson Crusoe (1719)		x	x	x	x		x	
Daniel Defoe: A Journal of a Plague Year (1722)								
Samuel Richardson: Clarissa (1748)							x	
Samuel Richardson: Pamela (1740)								
Samuel Richardson: Sir Charles Grandison (1753)								

---

41 Arthur Waldhorn, Olga S. Weber, Arthur Zeiger: Good Reading: A Guide for Serious Readers. New York 23. Aufl. 1990.
42 https://www.librarything.com/bookaward/The+Globe+%2526+Mail+50+Greatest+Books [letzter Zugriff 14.5.2021], archiviert unter https://archive.fo/ITAgV.
43 https://www.theguardian.com/books/2003/oct/12/features.fiction [letzter Zugriff 14.5.2021], archiviert unter https://archive.fo/3tQTx.
44 April Alliston: The Seventeenth and Eighteenth Centuries. With Contrib. by David Damrosch, Sabry Hafez, Sheldon Pollock, Haruo Shirane, and Pauline Yu (= The Longman Anthology of World Literature, hg. v. David Damrosch, David L. Pike, Bd. 2). New York 2. Aufl. 2009.

2 Zum Verhältnis von Klassik und Kanon

Bloom: Western Canon	BGB	HB	LRP	LRL	GR	GMGB	GGN	LAWL
Henry Fielding: Joseph Andrews (1742)	x	x						
Henry Fielding: Tom Jones (1749)		x		x	x		x	
Tobias Smollett: The Expedition of Humphry Clinker (1771)								
Tobias Smollett: The Adventures of Roderick Random (1748)								
Laurence Sterne: Tristram Shandy (1759–67)		x	x	x	x		x	x
Oliver Goldsmith: The Vicar of Wakefield (1761–62)				x				
Laurence Sterne: A Sentimental Journey (1768)		x						
Funny Burney: Evelina (1778)								

Aus der Gegenüberstellung ergibt sich zunächst ein „Kernkanon" als eine stabilere Zone,[45] der die Werke von Swift, Sterne, Defoe und Fielding enthält:
- Jonathan Swift: Gulliver's Travels (1699–1715)
- Daniel Defoe: Robinson Crusoe (1719)
- Laurence Sterne: Tristram Shandy (1759–67)
- Henry Fielding: Tom Jones (1749)

Um die Frage zu beantworten, ob das Angebot der Listen durch eine breitere kulturelle Resonanz jenseits des akademischen Diskurses bestätigt wird, soll dieser Kernkanon auf seine intermediale Präsenz im Film und der partizipativen Onlinekultur, auf deren zunehmende Bedeutung bereits im Jahr 2006 Henry Jenkins hingewiesen hat, evaluiert werden.[46]

Zwar lässt sich für Verfilmungen nicht pauschal behaupten, sie führten zu einer Ausweitung des Rezeptionskreises, weil der sogenannte Autoren- oder Arthouse-Film, zu dem Literaturverfilmungen häufig zählen, nicht als Massenphänomen funktioniert, doch ist trotz dieser Einschränkung eine klare Tendenz zu beobachten:

---

[45] Herrmann Korte: K wie Kanon und Kultur: Kleines Kanonglossar in 25 Stichwörtern. In: Heinz Ludwig Arnold, Hermann Korte (Hg.): Literarische Kanonbildung. Text+Kritik IX/02 (2002), S. 25–38. Hier S. 34 f.
[46] Henry Jenkins: Fans, Bloggers, and Gamers: Exploring Participatory Culture. London, New York 2006; Ders., Joshua Green und Sam Ford: Spreadable Media. Creating Value and Meaning in a Networked Culture. New York 2018.

Robinson Crusoe:

Les Aventures de Robinson Crusoé (1903), Stummfilm. R. George Méliès (F)
Robinson Crusoe (1913), Stummfilm. R. Otis Turner (USA)
Robinzon Kruzo (1947), 3-D-Film. R. Aleksandr Andriyevsky (RU)
Robinson Crusoe (1954), Literaturverfilmung. R. Luis Buñuel (USA)
Die seltsamen und einzigartigen Abenteuer des Robinson Crusoe aus York, berichtet von ihm selbst (1964), vierteiliger Fernsehfilm. R. Jean Sacha (F/USA)
Robinson Crusoe on Mars (1964), Science-Fiction-Adaption. R. Byron Haskin (USA)
Robin Crusoe, der Amazonenhäuptling (1966), Filmkomödie. R. Byron Paul (Walt Disney-Produktion) (USA)
Robinson Crusoe (1972), Literaturverfilmung/Abenteuerfilm. R. Stanislaw Sergejewitsch Goworuchin (RU)
Freitag und Robinson (1975), Literaturverfilmung/Abenteuerfilm. R. Jack Gold (USA/GB)
Robinson jr. (1976), Filmkomödie. R. Sergio Corbucci (I)
Dobrodružství Robinsona Crusoe, námořníka z Yorku (1981), Puppentrickfilm. R. Stanislav Látal (CZ)
Crusoe (1989), Filmdrama. R. Caleb Deschanel (USA/GB)
Daniel Defoe's Robinson Crusoe (1997), Abenteuerfilm. R. Rod Hardy und George Miller (USA)
Cast Away – Verschollen (2000), Filmdrama. R. Robert Zemecki (USA)
L'île de Robinson und Robinson et Vendredi (2002), Fernseh-Zweiteiler. R. Thierry Chabert (F)
Robinson Crusoe on Sin Island (2005), Pornofilm. R. Alessandro Del Mar (ES)
Crusoe (2008/2009), NBC-Abenteuer/Drama-Serie. R. Duane Clark (Folge 1, 2), Jeff Woolnough (Folge 3, 5), Michael Robison (Folge 4, 6, 8), Alex Chapple (Folge 7, 10), Helen Shaver (Folge 9, 11) (USA)

Gullivers Reisen:

Le Voyage de Gulliver à Lilliput et chez les Géants (1902), Stummfilm. R. Georges Méliès (F)
Gulliver en el país de los gigantes (1903), Stummfilm. R. Segundo de Chomón (ESP)
Gullivers Reisen (1924), Stummfilm. R. Géza von Cziffra (AUT)
Gulliver Mickey (1934), Zeichentrickfilm. Walt Disney (USA)
The New Gulliver (1935), Zeichentrickfilm. R. Aleksandr Ptushko (RU)

Gulliver's Travels (1939), Zeichentrickfilm. R. Dave Fleischer (USA)
The Three Worlds of Gulliver (1960), Teilanimation. R. Jack Sher (GB/USA)
Gulliver no Uchū Ryokō (1965), Anime-Film. R. Yoshio Kuroda (JPN)
The Adventures of Gulliver (1968–1970), Zeichentrickserie. William Hanna und Joseph Barbera (USA)
Case for a Rookie Hangman (1970), Filmsatire. R. Pavel Juráček (CZ)
Gulliver a törpék országában (1974), Fernsehfilm. R. András Rajnai (HU)
Gulliver's Travels (1977), Zeichentrickkomödie. R. Peter R. Hunt (GB/BE)
Gulliver's Travels (1979), Zeichentrickfilm. Hanna-Barbera Productions (USA)
Gulliver az óriások országában (1980), Fernsehfilm. R. András Rajnai (HU)
Gulliver in Lilliput (1981), Fernsehfilm. R. Barry Letts (GB)
Gulliver's Travels (1992), Zeichentrickserie. R. Bruno Bianchi (I/F/USA)
Gulliver's Travels (1996), zweiteiliger Fernsehfilm. R. Charles Sturridge (GB/USA)
Crayola Kids Adventures: Tales of Gulliver's Travels (1997), Kinderfilm. R. Fritz Kiersch (USA/CA)
Jajantaram Mamantaram (2003), Kinderfilm. R. Soumitra Ranade (IND)
Gulliver's Travels (2010), Filmkomödie. R. Rob Letterman (USA)

Tom Jones:

Tom Jones (1963), Filmkomödie. R. Tony Richardson (UK)
The Bawdy Adventures of Tom Jones (1976), Filmkomödie. R. Cliff Owen (SE)
The History of Tom Jones, a Foundling (1997), vierteilige BBC-Miniserie. R. Metin Hüseyin (UK)

Tristram Shandy:

Tristram Shandy: A Cock and Bull Story (2005), Filmkomödie. R. Michael Winterbottom (GB)

Diese Auflistung erhebt keinen Anspruch auf Vollständigkeit, dennoch ist das Bild so klar, dass einzelne Lücken es kaum verfälschen werden. Von den vier kanonischen Werken können wir breiteren Gebrauch im Filmmedium nur für *Gulliver's Travels* und *Robinson Crusoe* feststellen. Demgegenüber bleibt die Resonanz von Fieldings *Tom Jones* und Sternes *Tristram Shandy* fast marginal. Wenngleich hier kein inhaltlicher Vergleich angestrebt wird, kann – selbst mit quantifizierendem Blick – die Auffälligkeit nicht unerwähnt bleiben, dass *Gulli-*

ver's Travels vor allem als Zeichentrick- und/oder Kinderfilm rezipiert wird. Die Genrevielfalt der *Robinson Crusoe*-Adaptionen, die von Literatur- und Kinderverfilmungen bis zum Blockbuster, Science-Fiction-, Horror- oder Pornofilm reicht, lässt auf eine sehr viel breitere Zielgruppe schließen. *Gulliver's Travels* muss man dementsprechend aus heutiger Perspektive als einen transnationalen Kinderklassiker bezeichnen, selbst wenn einige der Zeichentrickfilme künstlerisch ambitioniert und nicht primär für Kinder gedacht sind – doch auch hier gilt: Die Tendenz weist Kinder als Zielgruppe aus. Nur im Fall von *Robinson Crusoe* scheint die behauptete universelle Geltung zumindest mit Blick auf Alterskohorten und Genrevorlieben tatsächlich realisiert. In diesem Fall neigt die Rezeption ebenfalls zum Zeichentrick- und/oder Kinderfilm, jedoch nicht in so eindeutiger Weise, wie dies bei *Gulliver* der Fall ist. Was die vorliegende Auswertung zudem nicht berücksichtigt hat, sind zahlreiche Robinsonaden, die den Stoff popularisieren, wie etwa die *Blue Lagoon*[47]-Filme oder die Serien *Gilligan's Island*[48] und *Lost*.[49] Sie eingeschlossen, ist das Bild noch klarer.

Mit diesem Befund wenden wir uns nun der zweiten Kontrollkategorie der partizipativen Onlinekultur und hier vor allem der Fan-Fiction zu. Darunter lassen sich Stoffadaptionen verstehen, die online publiziert werden, gelegentlich ihren Weg aus dem Internet in die regulären Verlagsprogramme finden.[50] Ein dort verankertes Phänomen sind sogenannte Mash-up-Novels, die bekannte literarische Werke und/oder verschiedene Genres aufeinandertreffen lassen. Als Indikator für Popularität eignet sich Fan-Fiction, weil sie als ein „demokratisches"[51] Phänomen gilt.[52] Obwohl Adaptionen von Fantasy-Romanen das Genre klar dominieren, sind Klassiker beliebt (insbesondere die Jane-Austen-Romane, ferner Margaret Mitchells *Gone With the Wind*).[53]

---

47 1980. Regie: Randal Kleiser (USA).
48 96 Folgen zwischen 1964 und 1967, dann noch einmal drei Fernseh-Spielfilme zwischen 1978 und 1982.
49 2004–2010. ABC-Studios (USA).
50 Fan-Fiction kennzeichnet ein Interesse für einzelne Figuren und deren psychologische Konstitution und Entwicklung, wobei eine Art Kodex für den Umgang existiert, der sich an der Frage, wie wahrscheinlich oder vorlagengetreu die jeweilige Figur ausgestaltet ist, als Maßstab orientiert. Gängige Techniken sind etwa, Figuren in eine andere Umgebung zu versetzen oder das Geschehen aus der Perspektive einer Nebenfigur zu erzählen. Vgl. Sheenagh Pugh: The Democratic Genre. Fan Fiction in a Literary Context. Bridgend 2015, S. 25.
51 Vgl. ebd.
52 Vgl. Judy Parrish: Back to the Woods. Narrative Revisions in New Moon Fan Fiction at Twilighted.net. In: Melissa A. Click, Jennifer Stevens Aubrey, Elizabeth Behm-Morawitz (Hg.): Bitten by Twilight. New York 2010, S. 173–188. Hier S. 177.
53 Vgl. Martina Stemberger: Homer Meets Harry Potter. Fanfiction zwischen Klassik und Populärkultur. Tübingen 2021: „In der Tat haben – über teils beträchtliche historische Distan-

Die Ergebnisse vor allem auf der Seite fanfiction.net, in kleinerem Ausmaß auf archiveofourown.org, bookrix.de, wattpad.com oder filmfiction.net bestätigen den bisherigen Eindruck: Daniel Defoes *Robinson Crusoe* und Jonathan Swifts *Gulliver's Travels* führen auch diese Liste an. Im Vergleich mit der zum Teil in die Hunderttausende gehenden Fan-Fiction zu *Harry Potter*, *Lord of the Rings* oder *Hunger Games*[54] nehmen sich die beiden mit neun bzw. acht Bearbeitungen eher bescheiden aus.[55] Von *Robinson Crusoe* wurden zudem zwei Mash-up-Novels, *Robinson Crusoe on Zombie Island* von Ivan Fanti (Non Stop Press 2013) und *The Eerie Adventures of the Lycanthrope Robinson Crusoe* von Peter Clines (Permuted Press 2010), teilweise bereits in mehreren Auflagen publiziert. Laurence Sternes *Tristram Shandy* und Henry Fieldings *Tom Jones* sind dagegen kaum bzw. gar nicht vertreten. Von Sternes Roman existiert eine Fan-Fiction-Adaption unter dem Titel *The Life and Opinions of Ser Justin Massey, Knight*, die vor allem stilistisch die Ansprache des Lesers aufgreift.[56] Als weitere Beispiele lassen sich Memes anführen, denen Literatur häufig die Zitate liefert.[57] Das Bild ist vergleichbar,[58] wobei immerhin *Tom Jones* vorkommt.[59]

---

zen und ein hier besonders ausgeprägtes Prestigegefälle hinweg – auch etliche Klassiker ein konsiderables Fanfic-Corpus inspiriert." (S. 50) Zur Fan-Fiction von *Gone With the Wind* vgl. M. Carmen Gómez-Galisteo: The Wind is never Gone. Sequels, Parodies and Rewritings of Gone With the Wind. Jefferson, 2011, S. 124–154.

54 https://www.fanfiction.net/search/?keywords=Harry+Potter&ready=1&type=story; https://www.fanfiction.net/search/?keywords=Hunger+Games&ready=1&type=story; https://www.fanfiction.net/search/?keywords=Lord+of+the+rings&ready=1&type=story [letzter Zugriff 18.05.2022], archiviert unter https://archive.ph/zIY8K; https://archive.ph/V35fi; https://archive.ph/NNJ1b.

55 https://www.fanfiction.net/tv/Crusoe/; https://www.fanfiction.net/book/Gulliver-s-Travels/ [letzter Zugriff 31.1.2022], archiviert unter https://archive.ph/ai5os; https://archive.ph/sZ2Jv.

56 https://www.fanfiction.net/s/8373295/1/The-Life-and-Opinions-of-Justin-Massey-Knight [letzter Zugriff 11.5.2022], archiviert unter https://web.archive.org/web/20181118004628/https://www.fanfiction.net/s/8373295/1/The-Life-and-Opinions-of-Justin-Massey-Knight.

57 Vgl. Sophie Picard: To Meme or Not to Meme. Literary Quotes and Memes in Digital Culture. In: Paula Wojcik, Hannes Höfer, Sophie Picard (Hg.): Iconizing of Literature, Art, and Science. Intermediality and Value in Popular Culture. Erscheint 2022.

58 Beispielsweise auf der Seite deviantart.com, auf der neben Gulliver (https://www.deviantart.com/search?q=Gulliver, archiviert unter https://archive.fo/YXSNG) und Robinson Crusoe (https://www.deviantart.com/search?q=Robinson+Crusoe, archiviert unter https://archive.fo/D6i1X) auch Tristram Shandy (https://www.deviantart.com/search?q=Tristram+Shandy, archiviert unter https://archive.fo/LeGP5) vertreten ist [letzter Zugriff 31.1.2022].

59 https://9gag.com/tag/the-history-of-tom-jones-a-foundling/fresh [letzter Zugriff 31.1.2022], archiviert unter https://archive.fo/sDnsb. Beispiele für Memes, die Bezug auf *Gulliver's Travels* und *Robinson Crusoe* nehmen: https://www.someecards.com/usercards/viewcard/817b b2ffcb098f0dd8126fe2895e9e9524/?tagSlug=weekend; https://cheezburger.com/5801995264/

Dass kanonischer Status nicht notwendigerweise kreative Rezeption motiviert, zeigen diese Beispiele. Wenn wir von ihnen als „Klassiker" sprechen, dann gilt dies nur für ein enger gedachtes literarisches Feld. Dort sind sie literaturgeschichtliche Meilensteine, Muster narrativer Techniken, Spiegel ideengeschichtlicher Entwicklungen. Im Hinblick auf eine lebensweltliche Applikation, die ökonomisch profitabel und/oder breitenwirksam wäre, kann der Status nicht bestätigt werden.

Was für unsere Sieger *Crusoe* und *Gulliver* deutlich geworden ist: Dass der Plot vereinfacht, die satirischen Spitzen und der Zeitbezug unkenntlich gemacht oder schlicht gestrichen wurde und die Abenteuerhandlung hervorgehoben wurde, hat die Verbreitung eher befördert als behindert. Die Veränderungen haben Zielgruppenwechsel bedingt, an denen sich wiederum ein Funktionspluralismus ablesen lässt. Die unterschiedlichen medialen Repräsentationen bieten das Werk gleichermaßen für Kinder und Erwachsene, Liebhaber der intellektuell herausfordernden und der slapstickhaften Unterhaltung, Freunde des Abenteuer-, Horror- und erotischen Genres an. Diese Werke sind nicht nur für Akteure des literarischen Feldes klassisch. Was verraten uns diese Beobachtungen im Hinblick auf Klassik und Kanon?

2.3 Klassik und Kanon: ein Systematisierungsvorschlag

Der Vergleich zeigt, dass der Kanon weder dem Klassiker hinterherläuft noch den End- und Höhepunkt der Rezeption markiert, sondern hier komplexere Verhältnisse gegenseitiger Befruchtung und Abhängigkeit vorliegen. Da die institutionell gesetzte Dignität einen kulturellen Status impliziert, kann sie sich motivierend auf die produktive Rezeption auswirken, wobei die Gründe unterschiedlich sein können. Nicht zuletzt fließen ökonomische Abwägungen ein, denn eine Neuinszenierung des Kanonischen generiert nicht nur potenziell Aufmerksamkeit von Seiten der Rezensentinnen, sie hat darüber hinaus Chancen, gefördert und/oder kommerziell erfolgreich zu werden. Erfolgreich oder nicht, letztlich schreibt sie sich aber immer in die Rezeptionsgeschichte ein, was wiederum kulturelles Kapital mit sich bringt: Obwohl Miloš Formans Adaption von Choderlos de Laclos' *Les Liaisons dangereuses* die Aufmerksamkeit durch die nahezu zeitgleich herausgebrachte Verfilmung von Stephen Frears entzogen wurde,

---

gulliver [letzter Zugriff beide 21.5.2021], archiviert unter https://archive.fo/o58CE und https://archive.fo/yOAgl.

sind beide Teil des intermedialen Klassikernarrativs.[60] Und selbst dort, wo bewusst ein *Clash of Cultures* zwischen kanonischer Vorlage und ‚unterhaltender' Rezeption wie in der Komödie *Fack ju Göhte* inszeniert wird, motiviert der Status den Ikonoklasmus.

Wenn die „Prämissen der Kanonbildung" stimmen, Menschen also notgedrungen selektieren müssen und bei dieser Selektion zu einem „sinnbesetzten Handeln" tendieren, hat der Kanon als eine durch die Anwendung bestimmter Kriterien mit „Sinn versehene Wahl"[61] einen Vorteil gegenüber der unübersichtlichen Menge anderer Kulturprodukte. Dieses motivierende Verhältnis ist eng mit dem evaluierenden verknüpft, weil jede vom kanonischen Status motivierte Weiterverarbeitung die Geltung des Kanons in einer funktionalen Hinsicht bestätigt. Da aber die bekannteren Kanones, wie wir gesehen haben, ihren Geltungsbereich absolut setzen, halten sie einer Evaluation kaum stand, was auf ein grundlegendes Missverständnis bzw. einen Konflikt von Kanonpraxis und Anspruch verweist.

Nach Simone Winko und Renate Heydebrandt ist Kanon die

> Summe literarischer Texte (und zugehöriger Autorennamen), die in einer Gesellschaft durch folgende (Wertungs-)Handlungen tradiert werden:
> - Dauerhafte Präsenz im Druck, am Markt; Aufnahme in Klassikerreihen
> - Gesamtausgabe(n), insbesondere kritische Ausgaben
> - Anhaltende Pflege in den literaturvermittelnden Institutionen (Schule, Universität, Literaturkritik, literarische Gesellschaften)[62]

Die Definition zeigt an, dass die Institution des Kanons, auch wenn eine universelle Geltung beansprucht wird, insofern esoterisch ist, als kanonischer Status nur durch Kanoninstanzen evaluiert wird. Erhellend sind in diesem Zusammenhang die Überlegungen von Leonhard Herrmann, der Kanon als ein autopoietisches System in Sinne Luhmanns begreift: Ein System differenziert sich in der Regel durch einen Code von seiner Umwelt; im autopoietischen System ist diese Differenz nicht objektiv, das System stiftet sie vielmehr selbst bzw. wandelt sie in eine von Identität-Nichtidentität um.[63] Kanonisierung ist also von der Anschlussfähigkeit an bereits Kanonisiertes abhängig. Hölderlins Beispiel hat ge-

---

60 So finden beide Beachtung in Kirsten von Hagen: Intermediale Liebschaften: Mehrfachadaptionen von Choderlos de Laclos' Briefroman ‚Les Liaisons dangereuses'. Tübingen 2002.
61 Simone Winko: Literatur-Kanon als „invisible-hand"-Phänomen. In: Arnold, Korte Literarische Kanonbildung S. 9–24. Hier S. 12.
62 Renate von Heydebrand, Simone Winko: Einführung in die Wertung von Literatur. Systematik – Geschichte – Legitimation. München, Wien, Zürich 1996, S. 222.
63 Leonhard Herrmann: System? Kanon? Epoche? Perspektiven und Grenzen 2002, eines systemtheoretischen Kanonmodells. In: Matthias Beilein, Claudia Stockinger, Simone Winko

zeigt, dass seine Werke in der Kanonlogik des 19. Jahrhunderts offenbar nicht unterzubringen waren.[64] Herrmanns Vorschlag, so technizistisch-luhmannsch er klingen mag, beschreibt den esoterischen Charakter des Kanons (der eben im Widerspruch zur behaupteten Geltung stehen kann). Klassik hingegen ist exoterisch, weil die Kriterien von außen, also durch den Gebrauch und die jeweilige Bedarfskonstellation vorgegeben werden.

Elisabeth Kampmanns Behauptung, dass „Kanonizität [immer] mit Popularisierung von Literatur zusammen zu denken"[65] sei, ist insofern richtig, als Kanones auf die Evaluation angewiesen sind, wenn sich ihre Anerkennung halten soll. Sie ist aber auch falsch, weil dies bedeuten würde, dass *Tristram Shandy* und *Tom Jones* – zumindest im Vergleich mit *Robinson Crusoe* und *Gulliver's Travels* ‚weniger' kanonisch sind. Wenn wir jedoch mit Herrmann mitgehen, dann müssen sie im Kanon denselben Status besitzen, weil es nur die Differenz kanonisch-nichtkanonisch, nicht aber Abstufungen dazwischen gibt. Das Dilemma lässt sich auflösen, wenn wir differenzieren: Klassik ist emergent und im empirischen Sinne deskriptiv, Kanon ist intentional und im idealen Sinne normativ. Kanonisch sind deshalb alle vier Werke, als klassisch kann man sie nur in unterschiedlichen sachlichen Hinsichten und mit unterschiedlichen Geltungshorizonten bezeichnen.

Die beschriebenen Interaktionen und Interdependenzen weisen auf ein Kanonverständnis hin, das hinter dem von Simone Winko geprägten und einprägsamen Schlagwort vom Invisible-Hand-Phänomen ein komplexes System aus Handlungsrollen und Wertungen kollektiver und individueller Akteure versammelt.[66] Es impliziert, wie Manfred Engel wiederum schreibt, dass Kanonisierungsprozesse mit „einem prinzipiell demokratischen Spiel [vergleichbar sind], wobei, wie in allen demokratischen Prozessen, natürlich nicht alle Spielberechtigten mitwirken und einige Spieler Positionsvorteile haben."[67] Dieses Verständnis blendet das aus, was ich als Schaltstelle bezeichnet habe, an der Institutionalisierung und nichtinstitutioneller Gebrauch aufeinandertreffen. Das hält zwar bewusst, dass Kanonizität nicht im willkürlichen Akt, sondern emergent

---

(Hg.): Kanon, Wertung und Vermittlung. Literatur in der Wissensgesellschaft. Berlin, Boston 2012, S. 59–75. Hier S. 69.
64 Vgl. Link, Hölderlin – oder eine Kanonisierung ohne Ort? 1998.
65 Elisabeth Kampmann: Der Kanonisierungsprozess in den Dimensionen Dauer und Reichweite. Ein Beschreibungsmodell mit einem Beispiel aus dem Wilden Westen. In: Beilein et al., Kanon, Wertung und Vermittlung 2012, S. 93–106. Hier S. 97.
66 Winko, Literatur-Kanon als „invisible-hand"-Phänomen 2002, S. 15–19.
67 Manfred Engel: Kanon – pragmatisch. Mit einem Exkurs zur Literaturwissenschaft als moralischer Anstalt. In: Nicholas Saul, Ricarda Schmidt (Hg.): Literarische Wertung und Kanonbildung. Würzburg 2007, S. 23–33. Hier S. 27.

entsteht, doch verschleiert es das dezisionistische Moment, das den Übergang vom nichtinstitutionalisierten zum institutionalisierten Status markiert. Wenn ich im Folgenden Klassik untersuche, dann gehe ich auch der Frage nach, wie das demokratische Spiel im Einzelnen zu denken ist, wie also die analytisch unsichtbare Hand operiert.[68] Jedoch geht es mir nicht nur um Kanongenese. Klassik ist mehr als nur ein Prozess mit dem Kanon als teleologischem Horizont: Sie ist eine Praxis, die den Kanon beständig evaluiert, und eine, die ohne Kanon auskommt.

Die Verbindlichkeit des Kanonischen muss von einer Kanoninstanz artikuliert werden, wohingegen die Verbindlichkeit des Klassischen dort bestehen kann, wo es gar keine Kanoninstanzen gibt. Klassik kann deshalb autonom sein, während der Kanon von der Klassik abhängig ist. Das nehmen Winko, Engel und Kampmann an, selbst wenn sie die Phänomene nicht auf die Weise differenzieren, wie ich es hier vorschlage. Im Grunde aber meint Kampmann das evaluierende Klassik-Kanon-Verhältnis, wenn sie feststellt, dass den Ausschluss aus dem Kanon die mangelnde Beachtung bewirke.[69] Die Rede vom Invisible-Hand-Phänomen und ‚demokratischem Spiel' impliziert demgegenüber das prozessuale und motivierende.

Klassik ist also von der unbeschönigten Gegenwart kultureller Präsenz (auch im Pornofilm, so sehr es einige schmerzen mag) her zu denken, Kanon von einer Funktionsbehauptung und einem dahinterstehenden Ideal her. Während sich Klassik dauerhaft nicht steuern lässt, sind Forderungen nach Kanonrevisionen hinsichtlich der Repräsentation von Diversität deshalb sinnvoll, weil (gerade die universell argumentierenden) Kanones einen idealen Kulturhorizont entwerfen. Klassik und Kanon schließen einander nicht aus, da wo Klassisches kanonisch ist, besteht es aber in einem anderen Diskursmodus. Um diesen Unterschied zu markieren, schlage ich folgende Differenzierungskriterien vor:

---

[68] Allerdings ist der breite und für Winko zentrale Wertungsbegriff in der vorliegenden Studie nicht vergleichbar essenziell. Sicher sind Wertungen unterschiedlicher Art an dem Ent- und Bestehen von Klassikern beteiligt. Dennoch folgt nicht jeder Zugriff auf einen Klassiker einer Qualitäten abwägenden Entscheidung, wie sie beispielsweise die Zusammenstellung einer Lektüreliste erfordert. Setzen wir diese Art der Wertung mit einer gleich, die der spontanen Kaufentscheidung vorangeschaltet ist, sehen wir über Unterschiede hinweg, die möglicherweise von den jeweiligen Repräsentationsformen, den im jeweiligen Kultursektor geltenden systemischen Gepflogenheiten oder Zwängen vorgegeben werden. Zudem überdeckt ein allgemein gefasster Wertungsbegriff auch, dass sich bei der Auswahl unterschiedliche Kriterien kreuzen können (beispielsweise ästhetische Urteile mit ökonomischen Zwängen oder den Vorgaben des Mediums oder Materials).
[69] Kampmann, Der Kanonisierungsprozess in den Dimensionen Dauer und Reichweite 2012, S. 95.

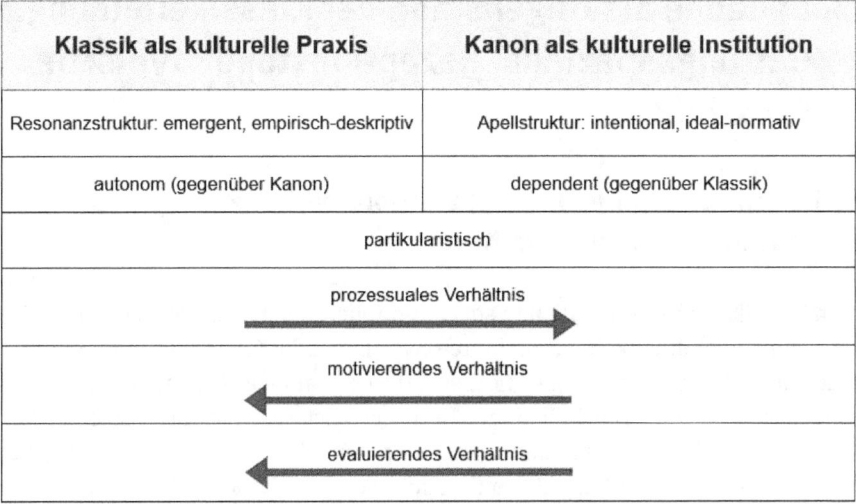

Abb. 2: Klassik und Kanon im Überblick.

In ihrem Essay *Scattered Speculations on the Question of Value* formuliert Gayatri Spivak pessimistisch: „a full undoing of the canon-apocrypha-opposition, like undoing any opposition, is impossible."[70] Mit der Differenzierung von Klassik und Kanon lässt sich zumindest die Schärfe dieser Opposition auflösen, weil Klassik als Praxis den Blick einerseits auf die Dynamiken zwischen dem Kanonisierten und Nichtkanonisierten lenkt und andererseits darauf verweist, dass Kanon nur eine Möglichkeit darstellt, wie kulturelle Geltung ‚bemessen' werden kann.

---

[70] Gayatri Chakravorty Spivak: Scattered Speculations on the Question of Value. In: Dies.: In Other Worlds. Essays in Cultural Politics. New York 1988, S. 154–176. Hier S. 154.

3 Balladen als Gegenstand der Klassikerbildung: Gattungsspezifika, Rezeptionstopoi, typische Funktionen

3.1 Applikation, Resonanz, Funktion, Wirkung: Grundannahmen zum Korpus

Um Klassik in unterschiedlichen soziokulturellen Referenzbereichen wie Nationen, Gegenöffentlichkeiten, totalitären Systemen oder Gegenkulturen zu untersuchen, bedarf es einer Vergleichsebene, die es erlaubt, die Fallanalysen aufeinander zu beziehen. Die Balladendichtung erweist sich hierfür zum einen als günstig, weil die Gattung in allen genannten Bereichen Klassiker hervorbrachte, und zum anderen, weil ihre Rezeption durch eine funktionale Stabilität geprägt ist. Die Klassik tragenden Rezeptionskategorien „Funktion", „Wirkung", „Applikation" bzw. „lebensweltliche Resonanz" weisen in dem Genre zu Diskursgewohnheiten verfestigte Rezeptionsmuster auf. Ob also die Klassikerbildung in sich herausbildenden Gegenöffentlichkeiten, in (ab)geschlossenen politischen Systemen oder in einer breiten- und gegenkulturellen Perspektive untersucht wird, in funktionaler Hinsicht erweisen sich diese Konfigurationen als an den Nationaldiskurs als paradigmatischen Referenzbereich der Klassikerbildung anschlussfähig.

Dies lässt sich mit einem Rückgriff auf Roy Sommers bereits eingeführte Dreiteilung von Wirkungsintention, Wirkungshypothese und historischer Wirkung näher erläutern. Die *historisch belegbaren Wirkungen* von Balladen leiten sich von Merkmalen ab, die im 18. Jahrhundert festgelegt und in der Produktion wie Rezeption durch das 19. Jahrhundert hindurch aufgegriffen und funktional so nachhaltig determiniert werden, dass sich die Merkmal-Funktion-Beziehung zu einem Reflex verdichtet. Diese Merkmale sind a) ein Mündlichkeitspostulat, b) die Vorstellung von Balladen als unmittelbarem Ausdruck einer ‚Volksseele' und c) eine spezifische, noch zu erläuternde Handlungsstruktur. Weil ihre Funktion diskursgeschichtlich stabilisiert ist, lässt sich vom Rückgriff auf einzelne Merkmale auf die Wirkungsintention schließen, die wiederum weiterreichende Wirkungs- und Funktionshypothesen zulässt.

3.2 Die Konstruktion der Mündlichkeit: Balladen in der Kunstwelt

Die Grundlage, auf der sich die typischen Funktionen herausbilden, ist der Balladendiskurs des 18. Jahrhunderts und insbesondere seine Entwicklung in Großbritannien und Deutschland. Die wichtigsten und nachhaltigsten Impulsgeber sind Thomas Percy und Johann Gottfried Herder. Zwar interessiert sich die literarisch gebildete Elite in Großbritannien schon Jahre, bevor die Erstauflage von Percys *Reliques of Ancient English Poetry*[1] im Jahr 1765 erscheint, für Balladen, doch die große und fälschlicherweise als *Revival* bezeichnete Mode gewinnt dem Vernehmen nach erst mit Percys Sammlung Kontur. Was zu Beginn des 18. Jahrhunderts noch in Joseph Addisons Affirmation eine tatsächlich volksnahe, unterhaltende und multimodale Gattung war – Addison spricht in den *Spectator*-Briefen von „the darling Songs of the common People" und „delight of most Englishmen"[2] –, zu der auch die als Ware angebotene Flugschrift, die *Broadside Ballad* gehörte, wird von Percy nur als mündliche Gattung im Wert geschätzt. In dieser medialen Verengung äußert sich zweierlei: zum einen die frühe Prägung im Sinne einer Naturpoesie. So schreibt er in seiner Widmung des Bandes „To the right honourable Elisabeth countess of Northumerland",[3] dass er die Sammlung in ihre Hände lege „not as labours of art, but as effusions of nature, shewing [showing] the first efforts of ancient genius and exhibiting the customs and opinions of remote ages".[4] Zum anderen zeigt sich, dass die spätere Volkspoesie zunächst als ein Elitenphänomen interessant ist. In dem die Sammlung begleitenden *Essay on the Ancient English Minstrels* identifiziert er einen höfischen Typus des Barden: „The minstrels seem to have been the genuine successors to the ancient Bards, who united the arts of Poetry and Music, and sung verses to the harp of their own composing."[5] Und weiter heißt es: „Their skill was considered as something divine, their persons were deemed sacred, their attendance was solicited by kings, and they were loaded with honours and rewards."[6] Von diesem Ausgangspunkt wird die Entwicklung der Ballade als ein Degress skizziert:

---

[1] Thomas Percy: Reliques of Ancient English Poetry. Reprint of the First Edition of 1765. Introduction and Notes Nick Groom. London 1996.
[2] Brief Nr. 85. Thursday, June 7, 1711. In: Joseph Addison: The Spectator, in Eight Volumes. Philadelphia: Printed by Tesson and Lee, for Samuel F. Bradford, no. 4, South Third Street, and John Conrad & Co. no. 31, Chesnut Street 1803, Band 2, S. 23–26. Hier S. 24.
[3] Percy, Reliques 1996, S. v.
[4] Ebd., S. vi.
[5] Ebd., S. xv.
[6] Ebd.

> The Reader will find, that the Minstrels continued down to the reign of Elizabeth; in whose time they had lost much of their dignity, and were sinking into contempt and neglect. Yet still they sustained a character far superior to any thing we can conceive as present of the singer of old ballads.[7]

Der finale Untergang dieser noblen Kaste erfolgte im 39. Jahr der Elisabethanischen Periode: „sunk so low in the public opinion, that [...] Minstrels wandering ‚abroad' were included among ‚rogues, vagabonds, and sturdy beggars'."[8]

Diese von Paula McDowell als „*de*volutionary"[9] bezeichnete Entwicklungsskizze dient der Absicherung gegenüber Zeitgenossen. Was sichergestellt werden soll, ist der künstlerische Wert der gesammelten Balladen, der sich durch die Herkunft ihrer Autoren legitimiert. Im Unterschied zur späteren Prägung als folkloristisch ist die Ballade hier eine höfische Gattung, die eine unrühmliche Abstiegsgeschichte erlebte. Indem die unbekannten Texte der Öffentlichkeit zugänglich gemacht werden, wird eine feudale Tradition des höfischen Minne- und nicht die des kommerziell-unterhaltenden Bänkelsangs rekonstruiert. An Percys *Reliques* lässt sich beobachten, dass das Interesse an Balladen genuin elitär und intellektuell war. Er selbst ist bemüht, sich nicht als Sammler, sondern als Gelehrter zu profilieren.

Zwischen den Briefen Addisons im Jahr 1711 und der Veröffentlichung der *Reliques* erneuert Thomas Blackwell die Frage nach dem Werkcharakter der homerischen Epen. 1763 wird im Anhang der *Poems of Ossian* die für die *Ossian*-Rezeption bedeutende[10] *Critical Dissertation on the Poems of Ossian* Hugh Blairs veröffentlicht, in der er, die negative Entwicklung gesellschaftlicher Kulturphasen von Jägern und Hirten hin zu Landwirtschaft und Kommerz als Grundlage nehmend, die Ossianische Dichtung den ersten beiden zuschreibt. Die Ossianische Naturpoesie zeichnet sich durch einen aufgeklärten und aristokratischen Primitivismus aus: „He [Ossian] was not only a professed bard, educated with care [...], but a warrior also; and the son of the most renowed hero and prince of

---

7 Ebd., S. xix.
8 Ebd., S. xxi.
9 Paula McDowell: „The Art of Printing Was Fatal": Print Commerce and the Idea of Oral Tradition in Long Eighteenth-Century Ballad Discourse. In: Patricia Fumerton, Anita Guerrini, Kris McAbee (Hg.): Ballads and Broadsides in Britain, 1500–1800. Farnham 2012, S. 35–56. Hier S. 36. Kursivierung i. O.
10 Vgl. Wolf Gerhard Schmidt: „Homer des Nordens" und „Mutter der Romantik". James Macphersons Ossian und seine Rezeption in der deutschsprachigen Literatur. Band 1. James Macphersons *Ossian*, zeitgenössische Diskurse und die Frühphase der deutschen Rezeption. Berlin, New York 2003, S. 191.

his age."[11] Das sind zwei wichtige Stimmen, die in Percys *Essay* nachklingen und denen sich die intellektuelle Aufwertung der mündlichen Poesie verdankt. Sie offenbaren, dass bei der Konzeption von Balladen die noch lebendige Praxis des Handels mit Flugschriften ausgeblendet oder als kommerzialisierte Abart einer nobleren, weil älteren und ursprünglicheren mündlich tradierten Form gedacht und kommuniziert wurde, was sich aus der geradezu inflationären Verwendung der Begriffe „ancient" und „reliques" ersehen lässt. Das Interesse an der Mündlichkeit bezieht seine Legitimation aus einer konstruierten und idealisierten intellektuellen Elite, die geeignet ist, als Bezugspunkt für die eigene Gegenwart zu dienen.

Mündlichkeit ist auch im deutschen Diskurs, in dem vor allem Herder als Stichwort- und Ideengeber agiert, präsent, wenngleich in modifizierter Form. Herders Interesse gilt stärker der Herkunft aus dem Volk; er vollführt im Grunde eine ethnologische Wende. Die Bedeutung, die er der mündlich tradierten Poesie zuschreibt, orientiert sich hingegen weiterhin stark an Percy. Herder wertet den Flugblatthandel nicht ausdrücklich ab, er blendet ihn schlichtweg aus. In seinem Volksliedkonzept kommt er nicht vor, weil seine Zielsetzung eine andere ist. Anders als Percy, der behauptet, die ‚alte' Kunst als solche aus der Vergessenheit zu heben, *er*hebt Herder das Volkstümliche zur Kunst, weil er in ihm die Vergangenheit kondensiert sieht. Seine Herangehensweise ist viel pragmatischer als Percys darauf abgestellt, eine genuine Dichtung und zugleich eine neue Inspirationsquelle für die zeitgenössische Literatur zu präsentieren, in der bereits jene Motive zur Geltung gebracht werden, die sich erst in der Romantik programmatisch entfalten:

> Sie lebte im Ohr des Volks, auf den Lippen und der Harfe lebendiger Sänger: sie sang Geschichte, Begebenheit, Geheimnis, Wunder und Zeichen: sie war die Blume der Eigenheit eines Volks, seiner Sprache und seines Landes, seiner Geschäfte und Vorurteile, seiner Leidenschaften und Anmaßungen, seiner Musik und Seele.[12]

Mit dieser Beschreibung ignoriert er die moralisch überlegene Rolle des Barden als Lehrer und Erzieher, die ansonsten in der deutschen *Ossian*-Rezeption hervorgehoben wurde.[13] Sich von der Opposition zwischen gebildeten Barden-Eliten und dem Volk abgrenzend, besagt Herders Idee bekanntermaßen, dass das Volk als Gemeinschaft sich im sogenannten ‚einfachen' Volk und dessen münd-

---

11 Hugh Blair: A Critical Dissertation on the Poems of Ossian, the Son of Fingal. In: Ders. (Hg.): Ossian's Fingal. Poole, New York [1792] 1996, S. 363–446. Hier S. 379.
12 Johann Gottfried Herder: Vorrede. Volkslieder. Nebst untermischten andern Stücken. Zweiter Teil. In: Ders.: Volkslieder, Übertragungen, Dichtungen. Frankfurt a. M. 1990, S. 229–248. Hier S. 230.
13 Vgl. Schmidt, „Homer des Nordens" 2003, S. 180.

lich tradierter Dichtung finden ließe. Darin klingt die aufkeimende Idee einer Nationalliteratur an, die von der Nachahmung der ausländischen Eliten zur Eigenständigkeit mit Rekurs auf das Populäre gelangen soll: „[W]en sangen die Deutsche[n]? [...] Parcivall, Melusine, Megellone, Heimonskinder, die Rolandsmärchen sinds nicht! sind Italienisch oder Französisch Gut: sollten denn von jeher die Deutschen bestimmt gewesen sein, nur nachzuahmen?"[14] Eine autochthone deutsche Literatur solle sich an der mündlichen Tradition orientieren, denn „[a]lle unpolicierte Nationen sind *singend*: und, wie denn nun ihr Gesang sei, er *ist*, und ist meistens ein Sammelplatz all ihrer *Wissenschaft, Religion, Bewegung* der Seele, *Merkwürdigkeiten* der Vorwelt, *Freuden* und *Leiden* ihres Lebens."[15] Die Ballade in Herders Verständnis tritt aufgrund eines dezidiert unartifiziellen Charakters geradezu als Anti-Kunst in den Kunstdiskurs ein:

> Die Natur hat ihnen einen Trost gegeben, den schwerlich Menschliche Künsteleien dörften ersetzen können, *Freiheitsliebe, Liebe des Müßiggangs* oder *des Taumels*: und wohin alles gewissermaße zusammenfließt, *Gesang*. Natur hat den Menschen *frei, lustig*, singend gemacht: Kunst und Zunft macht ihn eingeschlossen, mißtrauisch *stumm*.[16]

Diese Idealisierung hier so ausführlich zu zitieren ist notwendig, um zu zeigen, dass mit Herder Mündlichkeit in einem neuen Sinne verstanden wird. Die ästhetische Dimension ist bereits bei Percy gegeben: Das Innovative am Alten ist der vermeintlich formlos-mündliche Charakter, dank dem eine Poesie entstehen kann, die sich vom zeitgenössischen Dogma der Regelpoetik befreit. Dieser ästhetische Aspekt ist bei Herder nahezu unverändert, wenn er die *Ossian*-Übersetzung von Michael Denis „in wohlklingenden homerischen Hexametern" kritisiert und als Unterscheidung zwischen beiden anführt, der eine dichte „rein-objektiv", der andere „rein-subjektiv".[17] Auch Herder hat die Homer-Kontroverse vor Augen, die in Deutschland der Altphilologe Wolf, durch Blackwell beeinflusst, angestoßen hat. Doch mit der Unterscheidung von objektiver und subjektiver Dichtung erweitert er den Aspekt des Ästhetischen um die Kategorie der Unmittelbarkeit. In dieser Dichotomie wird die Volksdichtung zum unmittelbaren Ausdruck der Volksseele; zur Sprache, in der ein Volk seine Eigenheiten artikuliert.

---

14 Johann Gottfried Herder: Von Ähnlichkeit der mittlern englischen und deutschen Dichtkunst. In: Ders., Volkslieder, Übertragungen, Dichtungen 1990, S. 50.
15 Johann Gottfried Herder: Volkslieder. Viertes Buch. Nordische Lieder. Ausweg zu den Liedern fremder Völker. In: Ders., Volkslieder, Übertragungen, Dichtungen 1990, S. 60. Kursivierung und Orthografie i. O.
16 Ebd.
17 Johann Gottfried Herder: Homer und Ossian. In: Ders.: Schriften zu Literatur und Philosophie 1792–1800, hg. v. Hans Dietrich Irmscher. Frankfurt a. M. 1998, S. 71–87. Hier S. 78.

Mündlichkeit im Herder'schen Sinne der Volksnähe findet in die erste Auflage von Samuel Taylor Coleridges und William Wordsworths *Lyrical Ballads* aus dem Jahr 1798 Eingang, die im Unterschied zu den nachfolgenden Auflagen von 1800 und 1802 nicht die bekannte ausführliche (und immer ausführlicher werdende) Vorrede mit theoretischen Überlegungen enthält, sondern lediglich ein kurzes *Advertisement*. Gleich zu Beginn wird der produktionsästhetische Grundsatz erläutert: „They were written chiefly with a view to ascertain how far the language of conversation in the middle and lower classes is adapted to the purposes of poetic pleasure."[18] Dass dies antizipierend Kritikern den Wind aus den Segeln nehmen soll, wird einige Seiten später deutlich.[19] Hier zeigt sich erneut, dass die Produktion und Sammlung von Balladen in ihren Anfangsjahren von einem theoretischen Überbau flankiert wird, der Mündlichkeit als formales Strukturelement etabliert.

Um zu verstehen, welche Funktion dieser historische Diskurs hat, eignet sich der von Arthur Danto entwickelte Kunstweltbegriff. Danto beantwortet die – besonders seit der Etablierung von Pop-Art – gestellte Frage, wann Alltägliches zur Kunst werde, mit einem Verweis auf die Diskursivierung bzw. Theoretisierung. Am Beispiel der Brillo-Boxen von Andy Warhol erläutert er:

> What in the end makes the difference between a Brillo Box and a work of art consisting of a Brillo Box is a certain theory of art. It is the theory that takes it up into the world of art, and keeps it from collapsing into the real object which it is [...]. Of course, without the theory, one is unlikely to see it as art, and in order to see it as part of the artworld, one must have mastered a good deal of artistic theory as well as a considerable amount of the history of recent New York painting.[20]

Analog zu Warhols Aufstieg in den Kunstolymp ist die Entwicklung der Ballade im 18. Jahrhundert zu verstehen. Volksballaden gelten bis zum späten 18. Jahrhundert nicht als Kunstprodukte, sie werden als triviale Volksunterhaltung und massenkompatible Nachrichtenorgane von den Intellektuellen geringgeschätzt. Indem Mündlichkeit als Merkmal isoliert wird, das, im semantischen Verbund mit „Natürlichkeit" und „Ursprünglichkeit" zum Kampfbegriff der Volkspoesie verdichtet, gegen die etablierte Literatur ins Feld geführt werden kann, richtet sich der Blick auf das ‚Volk' als Träger dieser Dichtung. Dies birgt wiederum Konsequenzen sowohl für die Rezeption als auch die Produktion von Balladen.

---

18 Samuel Taylor Coleridge, William Wordsworth: Lyrical Ballads with a Few Other Poems, 1798. In: R. L. Brett and Alun R. Jones (Hg.): Wordsworth and Coleridge. Lyrical Ballads. With a New Introduction by Nicholas Roe. London, New York 3. Aufl. 2005, S. 47–161. Hier S. 49.
19 „Readers of superior judgment may disapprove of the style in which many of this pieces are executed it must be expected that many lines and phrases will not exactly suit their taste." Ebd.
20 Arthur Danto: The Artworld. In: Journal of Philosophy 19, 61 (1964), S. 571–584. Hier S. 581.

3.3 Mündlichkeit, Plurimedialität und das performative Defizit: Balladen in der Literaturwelt

Das Mündlichkeitspostulat hat gravierende Auswirkungen insbesondere auf die Geschichte der Balladenforschung, die bis heute in die für Volksballaden und -lieder zuständige Folkloristik und die für Kunstballaden und liedhafte Dichtung zuständige Literaturwissenschaft gespalten geblieben ist. Gilt die Kunst-Volk-Dichotomie in der Märchenforschung als geklärt,[21] ist die Trennung von kultur- und literaturwissenschaftlicher Perspektive in der Balladenforschung fest verankert. Historisch betrachtet, liegt der Unterschied nicht in den Phänomenen, sondern ist eine Folge des Eintritts der Balladen in die Kunstwelt.

Der Erfolg der Herder'schen Ideen führt zu einem Paradox: Mündlichkeit als Inbegriff der Ursprünglichkeit wird zum Kernkriterium der Ballade erklärt, gleichzeitig regen die Ideen eine Produktion von Balladen an, die trotz der im 18. Jahrhundert noch gepflegten mündlichen Lesekultur zunehmend schriftlich verbreitet werden und dieser schriftlichen Form ihre Breitenwirkung verdanken.[22] Mit dem Übertritt in den Kunstdiskurs geht die dem Bänkelsang noch eigene Multimodalität verloren. Als in Deutschland Gottfried August Bürgers Appell, „daß doch endlich ein deutscher Percy aufstehen, die Überbleibsel unserer alten Volkslieder sammeln, und dabei die Geheimnisse dieser magischen Kunst mehr, als bisher geschehn, aufdecken möge",[23] erhört wird und nicht nur das Sammeln, sondern das Balladenverfassen sich zur Mode auswächst, wird dieses Defizit greifbar. Es auf den Übergang von Mündlichkeit zur Schriftlichkeit zu reduzieren, wäre verkürzt, weil nicht nur das Medium wechselt, sondern die mediale Gesamtheit der Performance verloren bzw. in den Text (über)geht. Das Defizit wird strukturell kompensiert.[24] Auf diese Weise wird das vielschichtige Zusammenspiel von körperlich präsentem Sänger, Melodie und Stimme, dem vorgetragenen Text und (ggf.) Schautafel, auf der einzelne Szenen der Geschich-

---

21 Vgl. Stefan Matuschek: Es war einmal. Das Märchen als gegenwartsorientierte, dynamische Gattung. In: Fabula 1/2, 55 (2014), S. 13–25 und Stefan Neuhaus: Märchen. Tübingen 2017, S. 5–11.
22 Im Prinzip wurde dieses Problem schon von den Antiquaren erkannt: „the essence of the ballad is in the singing or the telling, [...] something which cannot, unfortunately, be recovered from the printed page" – beschreibt Edward Cowen die bereits im 18. Jahrhundert bewusste Problematik. Vgl. Edward J. Cowan: Introduction: The Hunting of the Ballad. In: Ders. (Hg.): The Ballad in Scottish History. East Linton 2000, S. 1–18. Hier S. 2.
23 Gottfried August Bürger: Aus Daniel Wunderlichs Buch. In: Ders.: Sämtliche Werke, hg. von Günter Häntzschel, Hiltrud Häntzschel. München 1987, S. 685–697. Hier S. 693.
24 Bernd Häsner, Henning S. Hufnagel, Irmgard Maassen, Anita Traninger: Text und Performativität. In: Klaus W. Hempfer, Jörg Volbers (Hg.): Theorien des Performativen. Bielefeld 2011, S. 69–96.

te dargestellt werden, sowie dem Publikum transformiert. Dabei nimmt die Erzählinstanz die Rolle des Sängers ein, Mündlichkeit wird mit Hilfe eingebauter Dialoge oder der Apostrophierung der Leserin als Kommunikationspartner fingiert, darüber hinaus können Verfahren der Blicklenkung eingesetzt oder deiktische Gesten verbalisiert werden, um die Verweisgeste auf die Schautafel zu imitieren. Letzteres kann der ‚visualisierenden' Einführung dienen wie „it is an ancyent Marinere"[25], oder als strukturierendes Merkmal eingesetzt werden wie in Bert Brechts *Kinderkreuzzug 1939*:[26] „da war ein kleiner Führer", „und da war ein Hund", „da war eine Schule", „da war auch eine Liebe", „da war auch ein Begräbnis", „und da gab es ja Wegweiser".[27] Besonders eindringlich gelingt die Simulation, wenn darüber hinaus die Handlung eine *Performance* beschreibt, wie dies in Christina Rossettis Ballade *Goblin Market* von 1859 der Fall ist, aus der ich eine längere Marktszene zitieren möchte:

> Morning and evening
> Maids heard the goblins cry:
> "Come buy our orchard fruits,
> Come buy, come buy:
> Apples and quinces,
> Lemons and oranges,
> Plump unpeck'd cherries,
> Melons and raspberries,
> Bloom-down-cheek'd peaches,
> Swart-headed mulberries,
> Wild free-born cranberries,
> Crab-apples, dewberries,
> Pine-apples, blackberries,
> Apricots, strawberries; –
> All ripe together
> In summer weather, –
> Morns that pass by,
> Fair eves that fly;
> Come buy, come buy:
> Our grapes fresh from the vine,
> Pomegranates full and fine,
> Dates and sharp bullaces,
> Rare pears and greengages,

---

25 Samuel Taylor Coleridge: The Rime of the Ancyent Marinere. In: Ders., Wordsworth, Lyrical Ballads [1798] 2005, S. 51–78. Hier S. 51.
26 Bertolt Brecht: Kinderkreuzzug 1939. In: Ders.: Werke. Große kommentierte Berliner und Frankfurter Ausgabe, hg. von Werner Hecht, Jan Knopf, Werner Mittenzwei, Klaus Detlef Müller. Band 15: Gedichte und Gedichtfragmente 1940–1956. Berlin u. a. 1993, S. 50–56.
27 Ebd. Vers 25, Vers 41, Vers 45, Vers 49, Vers 57, Vers 85.

> Damsons and bilberries,
> Taste them and try:
> Currants and gooseberries,
> Bright-fire-like barberries,
> Figs to fill your mouth,
> Citrons from the South,
> Sweet to tongue and sound to eye;
> Come buy, come buy."[28]

Die Nachahmung der wunderbaren Marktschreier erfolgt nicht in Form einer typischen Volksliedstrophe mit frei alternierendem Metrum. Der Wechsel vom Jambus zum Daktylus wird formal streng von einem im Reimschema begleitet. Im jambischen Teil reimen sich nur zweiter und vierter Vers. Der Daktylus evoziert einen dem Dreivierteltakt nachempfundenen Rhythmus, das Reimschema wechselt zu Paarreim und mehrere Verse umfassenden Epiphernfolgen. Die Mündlichkeitssimulation erfolgt durch formale, nur gelegentlich durchbrochene Strenge, die an eine Musikkomposition erinnert. Obwohl offenkundig nicht mehr der Vorstellung naiver Volkstümlichkeit verpflichtet, wirkt das Mündlichkeitspostulat auch hier nach.

Ein weiteres Verfahren, mit dem die ursprüngliche *Performance* simuliert werden kann, ist die sogenannte Indexikalisierungsstrategie. Gemeint ist, dass „nominelle, faktische oder biographische Identität zwischen textexternen und textinternen Größen postuliert" und auf diese Weise die Grenze von Text und Lebenswelt metaleptisch aufgebrochen wird.[29] Dank dieser Strategie wird die Konstruktion einer Identität von Autor und Erzählinstanz erleichtert, die dann wiederum eine verifizierende oder identifikationssteigernde Funktion als Autorität oder Vorbild erfüllen kann. Beispielhaft dafür lässt sich die Weise anführen, in der sich Oscar Wilde in seine berühmte *Ballad of Reading Gaol* einschreibt. Der autobiografische Entstehungszusammenhang von Wildes Inhaftierung wird der Lektüre zugesetzt, sobald sich der Leser für den Ursprung zu interessieren beginnt – den Zeitgenossinnen war er ohnehin bekannt. Zudem greift das Gedicht auf struktureller Ebene über die Text- auf die Lebenswelt aus, weil sich der Erzähler in das Geschehen als Beobachter einschreibt:

> I never saw a man who looked
> With such a wistful eye
> Upon that little tent of blue
> Which prisoners call the sky,

---

28 Christina Georgina Rossetti: Goblin Market. In: Dies.: The Poetical Work. With Memoir and Notes by William Michael Rossetti. New York 1904, S. 1–8. Hier S. 1.
29 Häsner et al., Text und Performativität 2011, S. 89.

> And at every drifting cloud that went
> With sails of silver by.
>
> I walked, with other souls in pain,
> Within another ring,
> And was wondering if the man had done
> A great or little thing,
> When a voice behind me whispered low,
> "That fellow's got to swing."
>
> Dear Christ! the very prison walls
> Suddenly seemed to reel,
> And the sky above my head became
> Like a casque of scorching steel;
> And, though I was a soul in pain,
> My pain I could not feel.[30]

Die Stimme markiert die Erzählerfigur als Leidensgenossen des Verurteilten. Dies trägt nicht nur zur Steigerung der Authentizität bei, sondern auch dazu, die moralische Botschaft zu verstärken. In das Mitleid des Erzählers kann der Leser sein eigenes hineinprojizieren und die damit einhergehende Kritik an der Todesstrafe und den Haftbedingungen nachvollziehen. Solche das Mündlichkeitsideal bestätigenden und fortschreibenden Strategien lassen auf eine Wirkungsintention schließen. Beide Autoren verorten sich durch die Gattungswahl in der Balladentradition, gleichzeitig sind sie bestrebt, sich als handwerklich versierte Dichterinnen auf höchstem Niveau, die das Genre haben kann, zu präsentieren.

Die Veränderung des Instanzcharakters vom Erzähler zum Sänger verdichtet sich in der Rezeption zu einem weiteren Diskurstopos: Im Bardenkonzept existiert die Spaltung von Autor und Erzähl- bzw. in diesem Fall Sängerinstanz nicht, was dazu führt, dass im Bereich der Balladendichtung vielfältige Momente der Auto- ebenso wie Heteromodellierung des Autors[31] als Barde oder Troubadour zu beobachten sind, die authentifizierend und verifizierend rezipiert werden. Äquivalent zu den mittelalterlichen Barden nimmt der Sänger verschiedene ‚Sängerrollen' ein: Er ist genialischer Künstler, Beobachter, Erzieher, Rebell, Exempel oder Autorität. Eine solche Verdichtung lässt sich schon in der *Ossian*-Rezeption nachweisen, in der dieser als „worrior and adviser, chronicler and

---

[30] Oscar Wilde: The Ballad of Reading Gaol. In: Ders.: The Complete Works of Oscar Wilde. Volume 1. Poems and Poems in Prose, hg. v. Bobby Fong, Karl Beckson. Oxford 2007, S. 195–216. Hier S. 195.

[31] In der Tat werden vor allem Männer als Barden stilisiert.

bard"[32] eingeführt wird. Der Barde wird zu einer Vermittlungsinstanz zwischen Werk und Leserin, die nicht auf Kommunikation abzielt, sondern dazu dient, das Werk bzw. dessen Botschaft zu verifizieren und auf diese Weise die Literatur in der Lebenswirklichkeit zu verankern. Deshalb wird der Autor als Barde zu einem wichtigen Konzept, wenn es um die Funktion des Community bzw. Nation Building geht.

3.4 Bardentum, Folklore, Primitivismus: Balladen in der politischen Welt

> It could not have been art fifty years ago. But there could not have been, everything being equal, flight insurance in the Middle Ages, or Etruscan typewriter erasers. The world has to be ready for certain things, the artworld no less than the real one. It is the role of artistic theories, these days as always, to make the artworld, and art, possible.[33]

Was Arthur Danto hier anspricht, ist eine konkrete Bedarfskonstellation, die dazu führt, dass bestimmte Objekte zur Kunst, in unserem Fall Balladen zu Literatur werden. Aus heutiger Perspektive zeigt die Erfolgsgeschichte der Gattung weit über das 19. Jahrhundert hinaus und in unterschiedlichen Nationalliteraturen europa- und weltweit, wie reif die Welt und bei Weitem nicht nur die Kunstwelt für eine volkstümlich verstandene Kunst war. Steve Newman findet dafür ein einprägsames Bild: „Ballads run like a radioactive dye through elite literature in the eighteenth century and beyond."[34] Der von Herder gesäte Samen keimt zunächst in der Sammlerpraxis, die sich im 19. Jahrhundert maßgeblich auf die Gebrüder Grimm stützt. Nicht nur die deutschen, auch die bekannten US-amerikanischen Korpora, darunter die aus der zweiten Hälfte des 19. Jahrhunderts stammende einflussreiche Sammlung *The English and Scottish Popular Ballads* von Francis James Child, sind dem Gedanken verpflichtet, die Volkskultur zu konservieren. Eine solche Sicht auf das Kulturgut ist von der Vorstellung der Ballade als einer Form des Community Fashioning beeinflusst: Balladen sind das Medium, in dem sich gemeinschaftliche kulturelle Identität manifestiert und ausdrückt. Deutlicher als in der sogenannten *Communalist Theory* kann die Idee einer unauflösbaren Verbindung von Mündlichkeit und primitiver Gemeinschaft nicht zum Ausdruck gebracht werden. Der Begründer Francis

---

32 Katie Trumpener: Bardic Nationalism. The Romantic Novel and the British Empire. Princeton 1997, S. 7.
33 Danto, The Artworld 1964, S. 581.
34 Steve Newman: Ballad Collection, Lyric, and the Canon. The Call of the Popular from the Restoration to the New Criticism. Philadelphia 2007, S. 1.

3.4 Bardentum, Folklore, Primitivismus: Balladen in der politischen Welt — 59

B. Gummere, Schüler des Sammlers Child, geht etymologisch informiert von der Prämisse aus, dass Balladen im Tanze entstanden seien, also tatsächlich als unverfälscht spontaner Ausdruck einer Gemeinschaft verstanden werden können. Bei Gummere lässt sich beobachten, dass das imaginierte primitive Kollektiv als Korrektiv zur eigenen Gegenwart zu verstehen ist:

> but in the vital days of the ballad, it dealt with that collective power which is now absorbed with other forces in the idea of society. Social realization in art can by no conception be called common or unclean even now, but must rather be regarded as drawing the individual out of his more sordid self; what is bad in art is really antisocial. If this is true in days when the individual has achieved such a command of the field, it must have meant everything for primitive times and for the more homogeneous community.[35]

Hier zeichnet sich ab, dass Balladen in einem weiteren Sinne performativ sind. Ihnen wird in Adaption der Herder'schen Ideen das Potenzial zugeschrieben, gemeinschaftserzeugend zu wirken. Als Exempel dafür, wie diese Performativität im Sinne eines Community Fashioning zu verstehen ist, lässt sich die Volksliedsammlung des polnischen Begründers der Ethnologie, Oskar Kolberg, betrachten. Kolberg interessiert sich in seinen *Pieśni ludu Polskiego / Liedern des polnischen Volkes* für die Texte und für die Musik, begreift Ballade und Volkslied also noch multimodal. Die Ursprünglichkeit ist ausgesprochen positiv aufgeladen: „Ich gebe die Melodie in einer unberührten Einfachheit wieder, [...] so wie sie den Lippen des Volkes entströmt ist, [...] da ich der Überzeugung bin, dass sie am mutigsten in der natürlichen, ungetrübten Reinheit ist, wie sie von der Natur angeregt wurde."[36] Aber auch bei ihm ist das eher als Lippenbekenntnis zu verstehen, denn Kolberg komponierte, wo er die Melodien nicht auftreiben konnte. Bemerkenswert ist seine Sammlung dennoch, weil sie das *Community Fashioning* um die visuelle Ebene bereichert. Im Anhang werden Beispiele regionaler Trachten angeführt, die die Lieder an konkrete Kulturvorstellungen rückbinden (vgl. Abb. 3–8):

---

[35] Francis Barton Gummere: The Popular Ballad. Cambridge 1907, S. 322.
[36] Oskar Kolberg: Pieśni ludu Polskiego [Lieder des polnischen Volkes]. Warszawa 1854, S. v–vi: „Oddaje nute w nieskażonej prostocie [...] tak jak wybiegła z ust ludu, [...] bo mam przekonanie że najdzielniejsza jest w samorodnej, niczym nie zmąconej czystości jak ją natura natchneła".

Abb. 3–8: Darstellungen volkstümlicher Trachten im Anhang von Oskar Kolberg: Lieder des polnischen Volkes.

Texte, Melodien und Trachten verschmelzen zu einer folkloristischen Idealvorstellung. In dieser Verdichtung ist das zu beobachten, was Eric Hobsbawm und Terence Ranger als die Erfindung der Tradition identifizieren.[37] Dabei geht es weniger um die Frage, inwieweit Kolbergs Sammlung tatsächlich dem postulierten ‚Reinheitsgebot' entspricht und was darin hinzugefügt, nachbearbeitet wur-

---

[37] Vgl. Eric Hobsbawm: Inventing Traditions. In: Ders., Terence Ranger (Hg.): The Invention of Tradition. New York 2012, S. 1–14.

de oder im Detail abweicht. Vielmehr liegt die Erfindung in der Geste der Präsentation selbst: Hier wird nicht nur eine Tradition, sondern das Volk selbst als identifikatorischer Bezugspunkt erfunden, als konservierte, in die Gegenwart reichende Geschichte, die mehrere Möglichkeiten der Partizipation eröffnet (Lesen, Singen, Betrachten, Nachahmen, Ausstellen, darüber Reden). Indem auf den Bildern nicht starr die Trachten abgebildet, sondern Figuren unterschiedlichen Alters und Geschlechts in kleinen alltäglichen, stark idealisierten Szenen eingefangen werden, soll die idyllische Existenz eines polnischen ‚Volkes' evident werden.

Der Schritt zum Nation Building ist von hier aus nicht mehr groß. Kolberg vermeidet den Nationenbegriff (im Polnischen wäre das „naród") und bleibt beim Volksbegriff („lud"), was angesichts der politischen Situation konsequent ist. In Europa ist die Funktion der Balladendichtung, ein nationales Bewusstsein zu wecken, insgesamt früh zu beobachten. Wie einvernehmlich sie etwa in Deutschland aufgegriffen wurde, zeigt ihre Präsenz im Bereich der Schuldidaktik. In der Vorrede zu der bis heute aufgelegten Anthologie deutscher Dichtung,[38] der selbst als Klassiker geltenden *Auswahl deutscher Gedichte für die untern und mittlern Classen gelehrter Schulen*, nach dem Initiator kurz „Echtermeyer" genannt, wird sie bereits 1836 explizit gemacht: „Der Unterricht in der Muttersprache soll [...] ihn [den Schüler] in die geistige Welt seines Volkes ein[]führen und den ideellen Reichthum desselben ihm nach und nach zum Bewußtsein [...] bringen."[39] Als in die Vergangenheit weisende Belege der gemeinschaftlichen Kontinuität und Linearität erleben Balladen, mit den Konzepten Nation, Heimat, Vaterland in Verbindung gebracht, im 19. Jahrhundert eine Konjunktur.

Die Ballade als „vaterländisches Lied" bleibt nicht auf den Schulgebrauch beschränkt, sie ist entscheidend an der Konstruktion einer deutschen nationalen Identität beteiligt.[40] An zwei Beispielen aus dem kolonialen Kontext des späten 19. und frühen 20. Jahrhunderts wird ersichtlich, welche Projektionsfläche das Volkslied für kulturelle Fragestellungen bot. Das erste ist den Erinnerungen des Schutztruppen-Offiziers H. F. Behr entnommen, der gegen einen „Araberaufstand in Deutsch-Ostafrika" kämpfte:

---

38 Zum 175-jährigen Bestehen wurde sie 2011 mit einer Neuauflage gefeiert. Allein bis 1938 erlebte sie 49 Auflagen.
39 Theodor Echtermeyer: Auswahl deutscher Gedichte für die untern und mittlern Classen gelehrter Schulen. Halle 1836, S. iii.
40 Vgl. Nils Grosch: Das „Vaterländische Lied" als Konstrukteur nationaler Identität im frühen 19. Jahrhundert. In: Ders., Beat A. Föllmi, Mathieu Schneider (Hg.): Music and the Construction of National Identities in the 19th Century. Baden-Baden 2010, S. 37–48.

> Aus dem äußern Stationshof, wo die Sudanesen einquartiert sind, tönt noch lange das Summen zahlreicher Stimmen in der rauhen arabischen Mundart, oft unterbrochen durch helles Gelächter oder die kreischende Fröhlichkeit der Weiber. Aus der Unteroffiziers-Messe schallte hin und wieder ein im vielstimmigen Chor gesungenes deutsches Volkslied zu uns herüber. Diese heimatlichen Klänge, die sich mit dem Rauschen der Palmen vermählten, wirken in der Stille der tropischen Nacht unter dem flimmernden südlichen Sternenhimmel stets ergreifend auf das Gemüth.[41]

Die Opposition zwischen dem „Summen" und Kreischen einerseits und dem Schallen eines offenbar wohlgeordneten Männerchors andererseits arbeitet den Kulturunterschied klar und mit einer impliziten Wertung heraus.

Der zweite Text stammt aus der Feder eines Oberlehrers, der mit einer aus Lehrenden unterschiedlicher Disziplinen bestehenden Expedition Afrika bereiste. Der didaktisch gefärbte Blick kann über den Paternalismus nicht hinwegtäuschen:

> In der Gesangsstunde berühren die Melodien unserer Volkslieder mit Suahelitexten zunächst recht eigenartig. Ihr Wanderlied „Safari, safari..." bringen die Jungens als unser Mailied und eines ihrer Vaterlandslieder als unsern „Hohenfriedeberger" mit einer Begeisterung zu Gehör, daß man gut tut, etwas Abstand zu nehmen. Immerhin ist es erstaunlich, den Neger, dessen monotone Lieder doch typisch sind, so melodiös singen zu hören. Unverantwortlich ist es natürlich, wenn 8 bis 10jährige Buben, die noch nicht einmal ins Deutsche übersetzen können, alle Verse von „Heil Dir im Siegerkranz" papageimäßig lernen und absingen müssen, wie ich das in einer Hinterlandschule, in Amani, erlebt habe; war es doch selbst dem schwarzen Lehrmeister nicht möglich, einen so schweren und schwülstigen Satz wie „Nicht Roß, nicht Reisige sichern" richtig aufzusagen, geschweige denn zu verstehen.[42]

Wieder die Bilder vom überbordenden – keineswegs positiv gesehenen – Enthusiasmus, eine Entfremdungserfahrung bei der Wahrnehmung des ‚eigenen' Volksliedes mit dem fremdsprachigen Text und eine – passenderweise – oberlehrerhafte Kommentierung. An die beständige Dichotomisierung „unsere" vs. „ihre" schließt sich der Kollektivsingular an, ebenso wie die Pauschalisierung der Ästhetik wiederum in der Dichotomie von „monoton" und „melodiös" aufgeht. Selbst die vermeintliche Selbstkritik am „schweren und schwülstigen Satz" kommt als versteckte Bewunderung für die Überlegenheit einer Kultur daher, die zu solch komplexen Sprachwendungen fähig ist. Am Volkslied lässt sich das gesamte Bouquet der Vorurteile und Superioritätsvorstellungen weißer Kultur entfalten. Das gilt nicht nur für die Inhalte einer Liederdichtung nach Art

---

[41] H. F. von Behr: Kriegsbilder aus dem Araberaufstand in Deutsch-Ostafrika. Leipzig 1891, S. 242.
[42] Georg Curt Richter: Eine Studienfahrt nach Deutsch-Ost-Afrika. Wissenschaftliche Beilage zum Jahresbericht der Evang. Realschule I zu Breslau. Breslau 1911, S. 47 f.

3.4 Bardentum, Folklore, Primitivismus: Balladen in der politischen Welt — 63

der *Wacht am Rhein*, in der Nationalismus und Xenophobie mit martialischem Vokabular Niederschlag finden, sondern auch für die diskursive Bedeutung der Balladendichtung selbst, die ein Kollektiv durch Abgrenzung entstehen lässt.

Die Rolle des Volksliedes respektive der Balladendichtung ist für unterschiedliche Nationalkulturen gut dargelegt. Einen Überblick verschafft der Band *Singing the Nations*,[43] in dem besonders Velle Espelands Beitrag zur Begründung eines Korpus norwegischer Lieder erhellend ist. Espeland beschreibt den Zusammenhang zwischen der Ablösung von Dänemark im Jahr 1814 und einem Bedarf, das Konzept des „Norwegischen" mithilfe der Volksliedichtung zu definieren, wie beispielhaft an der ersten Nationalhymne zu sehen ist:

> Minstrel, awaken the harp from its slumbers
> Strike for old Norway, the land of the free!
> High and heroic, in soul stirring numbers
> Clime our fathers, we strike it for thee.
> Old recollections, wake our affections,
> Each time we speak of the land and our birth,
> Hearts beating loudly, and cheeks glowing proudly,
> Honour old Norway, the crown of the earth.[44]

Der Fall Norwegens ist ein gutes Anschauungsbeispiel, um die performative Potenz von Balladen im Prozess des Nation Building zu beschreiben. Hier wird eine historische Tradition im Akt des Singens erfunden, indem der Barde aufgefordert wird, den kollektiven Erinnerungen Leben einzuhauchen. Die Funktion nationaler Selbstvergewisserung wird selbst dann erfüllt, wenn kein Korpus ‚echter' Volkslieder vorliegt, denn erst über 20 Jahre nach der Entstehung – ab 1840 – werden sie in ländlichen Gebieten gesammelt.[45]

Ein weiteres sich in den Kontext einreihendes Beispiel ist der auf der australischen Zehn-Dollar-Note abgebildete Andrew Barton Paterson. Paterson, der auch „Banjo" genannt wurde, was wiederum auf die Identifikation von Dichter und Sänger verweist, verfasste Ende des 19. Jahrhunderts Balladen, deren Handlung im australischen Hinterland angesiedelt ist. Bereits die Titel wie *The Man*

---

43 Dace Bula, Sigrid Rieuwerts: Singing the Nations. Herder's Legacy. Trier 2008. Ein Beispiel aus Osteuropa, in dem die böhmische Tradition zumindest skiziert wird, ist Dalibor Dobiáš: Michael Denis und das Bardenwesen in den Anfängen der modernen Poesie in den böhmischen Ländern. In: Achim Hölter, Stephan-Immanuel Teichgräber, Paul Ferstl: Begegnungen zentraleuropäischer Literaturwissenschaft. Norbert Bachleitner zum 65. Geburtstag gewidmet, Berlin 2021, S. 19–45.
44 Velle Espeland: Establishing a Corpus of National Songs. In: Bula, Rieuwerts, Singing the Nations 2008, S. 80–89. Hier S. 82. Espeland zitiert die Übersetzung von Latham, Text von H. A. Bjerregaard.
45 Ebd.

From Snowy Mountain, *An Idyll of Dandaloo*, *Saltbush Bill* oder *Our New Horse* deuten auf die verhandelten Themen hin. Bodenständige Lebensweise mit Flinte zu Pferd und ein starker Landschaftsbezug werden zu identitätsstiftenden Momenten der australischen Selbstkonstruktion. Der Zyklus *The Man From Snowy Mountain* wird von einem programmatischen *Prelude* eingeleitet:

> I have gathered these stories afar,
> In the wind and the rain,
> In the land where the cattle camps are,
> On the edge of the plain.
> On the overland routes of the west,
> When the watches were long,
> I have fashioned in earnest and jest
> These fragments of song.
>
> They are just the rude stories one hears
> In sadness and mirth,
> The records of wandering years,
> And scant is their worth
> Though their merits indeed are but slight,
> I shall not repine,
> If they give you one moment's delight,
> Old comrades of mine.[46]

Viele der bereits erwähnten Charakteristika treffen hier zu: die Inszenierung als Sammler und Sänger, das Natürlichkeitspostulat („fragments of songs", „rude stories", „scant is their worth", „merits [...] slight"). Besonders deutlich wird die Rolle der Landschaft für die Identifikation ausgestellt („In the land where the cattle camps are"). Die formale Ebene bestätigt den programmatischen Anspruch, indem Oralität mit Dialogizität oder Gesprächswörtern fingiert wird, wie hier in *Old Pardon, the Son of Reprieve*.

> You never heard tell of the story?
> Well, now, I can hardly believe!
> Never heard of the honour and glory
> Of Pardon, the son of Reprieve?
> But maybe you're only a Johnnie
> And don't know a horse from a hoe?
> Well, well, don't get angry, my sonny,
> But, really, a young un should know.[47]

---

[46] Andrew Barton Paterson: Prelude. In: Ders.: The Man From Snowy River and Other Verses. Reprint der University of Sydney. Sydney [1917] 1997, S. xiii.
[47] Old Pardon, the Son of Reprieve. In: Ebd., S. 10–19, hier S. 10.

3.4 Bardentum, Folklore, Primitivismus: Balladen in der politischen Welt — 65

Paterson ist zugleich Autor des wohl bekanntesten australischen Volksliedes *Waltzing Matilda*, das über die Grenzen des Landes in der Referenz von Eric Bogles Folk- und Protestsong *And the Band Played Waltzing Matilda* Karriere gemacht hat. Er ist überdies der Inbegriff des australischen Nationalbarden, wie der Kommentar des Schriftstellers Rolf Bolderwood verdeutlicht:

> It is not so easy to write ballads descriptive of the bushland of Australia as on light consideration would appear. [...] But the maker of folksongs for our newborn nation requires a somewhat rare combination of gifts and experiences. Dowered with the poet's heart, he must yet have passed his 'wander-jaehre' amid the stern solitude of the Austral waste – must have ridden the race in the back-block township, guided the reckless stock-horse adown the mountain spur, and followed the nightlong moving, spectral-seeming herd 'in the droving days'.[48]

Die Forderung nach einer Einheit von Leben und Dichtung kommt hier klar zum Ausdruck. Das mit dem Verweis auf die „Wanderjahre" artikulierte Bildungspostulat wird im Sinne der idealisierten Selbstwahrnehmung auf die Überlebensfähigkeit im Outback ausgelegt. Es ist also wieder die metaleptische Struktur, die dazu dient, die Autor=Barde-Konstruktion als Autorität für ein nationales Konstrukt hinzuziehen zu können. Über diese Funktion geraten formalästhetische Auffälligkeiten, wie beispielsweise die Personifizierung von abstrakten Konzepten und Emotionen („Pardon", „Reprieve",[49] „old Regret"[50]) gänzlich in den Hintergrund.

Im Verlauf des 19. Jahrhunderts stellt sich das Konzept des Barden zunehmend auf dessen Funktion nationaler Identitätsstiftung scharf. In der Forschung entwickelt sich daraus ein ganzes Feld, das, als *Bardic Nationalism* verschlagwortet, insbesondere im anglophonen Raum bearbeitet wird. Katie Trumpener, die als eine der ersten Wissenschaftlerinnen dazu gearbeitet hat, rekurriert auf die besondere Konstellation, die zwischen dem British Empire, Irland, Schottland und Wales als einem Netz politisch-kultureller Abhängigkeits- und Dominanzverhältnisse bestand und die im 18. Jahrhundert zu einer zunehmenden Nationalisierung beitrug.[51] Diese speiste sich aus dem Gefühl der Unterdrückung bzw. einem nationalen Gekränktsein der einzelnen Staaten, für die der Nationalismus in der Aufarbeitung der antiquarischen Volksdichtung ein Ventil fand. Trumpeners Analyse ist paradigmatisch für Arbeiten,[52] die die soziale und politi-

---

48 Rolf Bolderwood: Preface. In: Ebd, S. vii.
49 Vgl. die eben zitierte Ballade *Old Pardon, the Son of Reprieve*.
50 Man From Snowy River. In: Ebd., S. 2–6, Vers 2.
51 Trumpener, Bardic Nationalism 1997, S. 25.
52 Vgl. Francesco Crocco: Literature and the Growth of British Nationalism. The Influence of Romantic Poetry and Bardic Criticism. Jefferson, N. C. 2014.

sche Rolle des sogenannten *Bardic Revival* für die nationale Selbstglorifizierung im Kontext des Kolonialismus untersuchen.[53] In ihnen schlägt sich explizit oder implizit Benedict Andersons seit ihrer Erstveröffentlichung 1983 breit rezipierte These der *Imagined Communities* nieder. Anderson greift ebenfalls auf literarische Beispiele zurück, um die kulturelle Entstehung der zeitlichen Simultanität als Grundlage solch imaginärer Gemeinschaften zu präsentieren. Ihm ist daran gelegen, darzustellen, wie die im 18. Jahrhundert verbreiteten Medien des Romans und der Zeitung ein unsichtbares Band zwischen einander nicht bekannten Individuen zu stiften vermochten. Dieses Band umspannte zunächst eine nicht näher definierte, imaginäre Gemeinschaft; von ihr ausgehend wird jedoch die Konzeption dessen, was wir als moderne Nation kennen, überhaupt erst möglich.[54] Im Fall der Balladenrezeption wurde die zeitlich simultane Gemeinschaft in den protonationalen Gegenwarten des 18. Jahrhunderts mithilfe der kollektiven Selbsthistorisierung produziert, für die wiederum die Volkskultur mit dem Barden als ihrem personifizierten Garant ein Beleg war.

Im 20. Jahrhundert differenzierten sich die musikalische und literarische Ballade zunehmend aus. Für die deutschsprachige Literatur insbesondere nach 1945 ist eine eindeutige Abwendung von dem Konzept des Nationalbarden und damit einer auf nationale Identitätsstiftung zielenden Funktion von Balladen zu beobachten, die andernorts (etwa in Polen, wie wir noch sehen werden) nicht dieses abrupte Ende findet. In der musikalischen Tradition ab den 1960er Jahren wechselt der funktionale Modus vom Nation zum Community Building. An die Stelle der imaginierten Nation tritt die imaginierte Generation. In der Nachfolge der Protestsongs von Woodie Guthrie und Pete Seeger haben Joan Baez oder der mittlerweile zum Kanon der Weltliteratur zählende Bob Dylan den antiautoritären und revolutionären Habitus auf eine intellektuelle Ebene gehoben, was weltweit Anklang und Nachahmer fand. In dieser Tradition des Volksliedes sind ebenfalls Momente des Community Building zu beobachten wie die Tendenz der Selbsthistorisierung durch den Rekurs auf das Genre des *traditional*. Diese kommen jedoch ohne nationalistische, martialische oder xenophobe Untertöne daher; der Barde ist nunmehr der gegenkulturelle Rebell – oder zum ersten Mal die gegenkulturelle Rebellin.

---

53 Da Trumpener den Prozess der Nationalisierung im 19. Jahrhundert beleuchtet, sind ihre Untersuchungen als ideengeschichtliche Genealogien des Gemeinschaftsgedankens zu verstehen, der im Nationalgedanken kulminiert: „when and why it takes an a more systematic and militant form, and under what circumstances it can mobilize broad support". Trumpener, Bardic Nationalism 1997, S. 25.
54 Benedict R. Anderson: Imagined Communities. Reflections on the Origin and Spread of Nationalism. London, New York 2006, vgl. den Abschnitt „apprehension of time", S. 23–36.

Es ist nicht die Absicht, hier eine große Geschichte der Balladenrezeption zu erzählen, die wie alle *grands récits* scheinbar selbstverständliche lineare Zusammenhänge konstruiert und über die Vielzahl der kleinen Erzählungen und Komplexitäten hinwegtäuscht. Die grobe Skizze ist aber notwendig, um die Tradition der Balladenfunktionalisierung im Sinne der Gemeinschaftsbildung zu veranschaulichen und darüber hinaus auf einen Paradigmenwechsel hinzuweisen, dank dem das in der großen Erzählung Ausgesparte eingefangen werden kann: Die Nationalisierung des Bardentums, die sich nicht nur in England oder Deutschland, sondern unter anderem auch in Norwegen, Polen oder Australien beobachten lässt, stellt nur eine Form der Entwicklung dar. Eine andere Rezeptionsform bietet ein vom Nationalen losgelöster Gemeinschaftsbegriff, der auf Herder zurückzuführen ist. Zur Selbstvergewisserungspraxis solch anationaler Vergemeinschaftungsformen gehört eine Klassikerbildung, die analog zu der Konstituierung und Tradierung von Nationalklassikern verstanden werden kann. Diese lässt sich in Gemeinschaften beobachten, die sich auf Grundlage unterschiedlicher Parameter herausbilden können. Dazu gehören etwa eine gemeinsame Generationserfahrung, ‚ethnisch' oder kulturell konnotierte Selbst- und Fremdbilder, sozialer Status oder ein politisches Anliegen. Solche Gemeinschaften können sich als Gegenöffentlichkeiten oder Gegenkulturen formieren und sowohl national als auch transnational organisiert sein, wie dies an der jiddischsprachigen Ballade zu sehen sein wird.

Aus einem weiteren Grund ist die große Erzählung vom *Bardic Nationalism* unzureichend, wenn klassikerbildende Funktionen beschrieben werden sollen: Sie fokussiert nur die der Funktion des Community und Nation Building folgende Selbsthistorisierung von Gemeinschaften, die im Balladendiskurs des 18. und 19. Jahrhunderts etabliert wurde. Die Argumentationslinie baut auf dem formalästhetischen Kriterium der Mündlichkeit und dessen assoziativ-diskursiver Erweiterung im Natürlichkeits- beziehungsweise Ursprünglichkeitskonzept. Ich werde im Folgenden dafür argumentieren, dass auch inhaltliche Kriterien strukturbildend sind.

3.5 Das Widerfahrnis als Thema: zur Funktion der Handlungsorientierung

Eine stabile Funktion ist die moralische Orientierung, die in Vorreden zu Balladenanthologien des 19. und frühen 20. Jahrhunderts mit Blick auf eine jugendliche Zielgruppe formuliert wird. Noch bis ins 20. Jahrhundert hinein wurden Balladen für die Jugend als „Spiegel der Warnung und Belehrung" und als „Erbauung" angepriesen,[55] erfüllten also die Funktion moralischer Erziehung. Es sollte mit ihrer Hilfe nicht nur der Sinn für Gemeinschaft gestärkt, sondern auch die ethische Grundorientierung vermittelt werden. Nationalitäten personifizierend lässt sich das zuspitzen: Gleichzeitig mit der Antwort auf die Frage nach dem ‚Erscheinungsbild' der Nation wird eine auf die nach ihren ‚inneren Werten' geliefert. Die Funktion der Werte- oder Handlungsorientierung wird ebenfalls im 18. Jahrhundert festgelegt, wie dies Wolf Gerhard Schmidt an der „moraldidaktischen Funktion" des Barden im *Ossian*-Diskurs nachweist.[56] Sie bildet ferner den Subtext in der Popularitätsdebatte zwischen Schiller und Bürger. Ohne die einzelnen Argumente hier zu wiederholen, lässt sich zusammenfassen, dass Bürgers Popularitätsbegriff genau im Sinne Herders zu verstehen ist, wie die Formel von der Volksmäßigkeit als dem Siegel literarischer Vollkommenheit[57] belegt. Dass Schiller dieser Standpunkt nicht einleuchtet, hängt damit zusammen, dass er seine Gegenwart als grundsätzlicher gespalten sieht: „Unsere Welt ist die homerische nicht mehr, wo alle Glieder der Gesellschaft im Empfinden und Meinen ungefähr die selbe Stufe einnahmen. [...] Jetzt ist zwischen der *Auswahl* einer Nation und der *Masse* derselben ein sehr großer Abstand sichtbar."[58] Die geistig-sinnliche Spaltung des Menschen und die soziale Spaltung des Publikums zu überwinden, wird als Aufgabe an die Literatur herangetragen. Der Disput bleibt auf einem abstrakten Niveau; die Frage, wie die Überbrückung der Differenzen, der die Sorge Bürgers und Schillers gilt, konkret zu denken ist – ob nun *bottom up* aus der ‚Volksseele' heraus (wie bei Bürger) oder *top down* als Veredelung durch den Dichter (wie bei Schiller) –, klärt sich *a posteriori* mit der Balladenproduktion.

Ein diachroner Blick auf Balladeninhalte zeigt, dass die Themen je nach historischem oder diskursivem Kontext variieren, ihre Struktur jedoch stabil bleibt: Ob es Untote, jenseitige Kräfte, Schicksal, Natur, Tyrannen, soziale Benachteiligung, Krieg oder Technik sind – immer sind es Ereignisse, die dem individuellen Handeln entzogen bleiben, den Protagonisten *widerfahren*. Diese Art von Ereignissen hat der Philosoph Wilhelm Kamlah in seiner *Anthropologischen Philoso-*

---

55 Vgl. die schon ältere Untersuchung zu Balladenanthologien von Werner Welzig: Der Typus der deutschen Balladenanthologie. In: Walter Müller-Seidel (Hg.): Balladenforschung. Königstein/Taunus 1980, S. 294–319. Hier S. 295–297.
56 Schmidt, „Homer des Nordens" 2003, S. 180.
57 Gottfried August Bürger: Vorrede Gedichte. In: Ders.: Sämtliche Werke, hg. von Günter Häntzschel und Hiltrud Häntzschel. München: Hanser 1987, S. 717 f.
58 Friedrich Schiller: Über Bürgers Gedichte. In: Ders.: Vermischte Schriften, hg. v. Herbert Meyer (= Schillers Werke. Nationalausgabe, hg. von Julius Petersen und Herrmann Schneider. 22. Band). Weimar 1958, S. 245–264. Hier S. 247 f.

phie von 1974 mit dem Neologismus des „Widerfahrnisses" versehen und als eine menschliche Urerfahrung definiert.

> Das Kleinkind ist diesen ‚*Widerfahrnissen*' ganz ausgeliefert, so daß es von anderen beschützt, ernährt, gereinigt wird und so fort. Dann aber lernt es, durch ‚*Handlungen*' seine Bedürfnisse selbst zu befriedigen, [...] in mannigfacher Weise ‚sich selbst zu helfen'. Es wird ‚selbständig' als handelnder Mensch.[59]

Balladen haben die existenzielle Erfahrung der im Widerfahrnis codierten Handlungsohnmacht zu ihrem Sujet gemacht. Sie beziehen ihren Reiz aus dem Paradox, das Individuum in der Situation der Handlungsunfähigkeit handeln zu lassen. Die konkrete Gestalt, die das Widerfahrnis annimmt, variiert. In dieser Hinsicht lassen sich Balladen als Diskursdrehscheiben beschreiben, in denen jeweils aktuelle oder populäre Themen verhandelt werden. So entspricht der Aktualität des Volksdichtungsdiskurses ebenso die (vermeintlich) folkloristische Ausgestaltung des Widerfahrnisses: Begegnungen mit jenseitigen Kräften, unglückliche Liebe, Untreue und Eifersucht sind einige der populären Themen. Dieses Repertoire bleibt teilweise stabil, insbesondere wenn es sich um ‚Widerfahrnisklassiker' wie Tod oder Liebe handelt, die man mit Wolfgang Iser als „cardinal points of life"[60] und in diesem Sinne als universell bezeichnen kann. Einige Themen werden unpopulär, andere erfahren Konjunkturen (Schauriges, Jenseitiges) und es treten neue aktuelle hinzu. Einige Beispiele: Das Widerfahrnis des Krieges propagiert Gnadenlosigkeit dem Feind gegenüber (Theodor Körners Lieder, Ernst Moritz Arndts *Deutsches Kriegslied*), oder es zeigt gerade die dramatischen Folgen (Karl Kraus' *Der sterbende Soldat*) auch für diejenigen auf, die aus den großen Heldenerzählungen des 19. Jahrhunderts ausgespart wurden (Bertolt Brechts *Kinderkreuzzug 1939*, Erich Kästners *Handstand auf der Lorelei*). Soziale Schieflagen können für Betroffene als Widerfahrnisse wahrgenommen werden (Heinrich Heine *Die schlesischen Weber*, Conrad Ferdinand Meyers *Bettlerballade*) ebenso wie Herrschaftssysteme (Friedrich Schillers *Handschuh* oder Wolf Biermanns *Preußischer Ikarus*). Selbst scheinbar Berechenbares wie Technik (Theodor Fontanes *Die Brück' am Tay*) kann im Modus des Widerfahrnisses verhandelt werden. Dabei ist das Widerfahrnis als relational zu verstehen, denn nicht jedes Individuum ist gleichermaßen etwa einem sozialen System ausgeliefert. Balladen erzählen aber genau von jenen, die sich der Übermacht stellen müssen. Der Reiz liegt in den reduzierten Handlungsoptionen, die sich dem In-

---

59 Wilhelm Kamlah: Philosophische Anthropologie. Sprachkritische Grundlegung und Ethik. Mannheim 1984, S. 32.
60 Wolfgang Iser: Why Literature Matters. In: Rüdiger Ahrens, Laurenz Volkmann (Hg.): Why Literature Matters. Heidelberg 1996, S. 13–22, hier S. 20.

dividuum eröffnen: Will es sich seinem ‚Schicksal' nicht fügen, bleibt ihm ein häufig wirkungsloser Aktionismus.

Dass Balladen das Widerfahrnis in den Mittelpunkt der Handlung rücken und es exemplifizieren, wurde bereits früh erkannt. Eine Parodie auf dieses Stilmittel liefert etwa die polnische Ballade *Nie wiadomo co, czyli Romantyczność. Epilog do ballad / Ungewiss, was es ist, oder Romantik. Ein Epilog zur Ballade*, mit der Juliusz Słowacki die durch Adam Mickiewiczs *Balladen und Romanzen* 1822 ausgelöste Balladenmode bereits Anfang der 1830er Jahre aufs Korn nimmt.[61] Darin erschrecken zwei Individuen vor einem herannahenden Objekt, das ein Hund oder ein Teufel sein kann. Der Spannungsbogen in Erwartung des Unheimlichen wird über mehrere Strophen aufrechterhalten, bis der Hund desinteressiert vorbeiläuft und gar nichts geschieht. Die Ballade ist ein bissiger Kommentar zur eigenen literarischen Gegenwart und zugleich eine frühe Diagnose des Widerfahrnisses als eines Strukturmerkmals. Wie treffend sie ist, zeigt sich darin, dass es über einhundert Jahre später bei Günter Grass in der *Ballade von der schwarzen Wolke* erneut parodiert wird. Darin beobachtet der Erzähler, wie sich einer Henne, die in der Nähe von Gleisen ihre Eier ausbrütet, bedeutungsschwanger eine Wolke annährt. Der Spannungsaufbau läuft narrativ auf einen Höhepunkt zu und verläuft sich:

> Nein, fuhr kein Blitz
> aus der Wolke
> und reichte der Henne die Hand.
>
> Kein Habicht nicht,
> der aus der Wolke
> in makellos Federn fiel.
>
> Von links nach rechts,
> wie es die Eisenbahn tat,
> zog hin die Wolke, verkleinerte sich.[62]

Die Szene bei Grass wird nicht aus der Perspektive der Henne, sondern eines Beobachters erzählt, weshalb die Ballade als ein Metakommentar zur Lesererwartung an die Ballade verstanden werden kann. Die beiden zeitlich weit auseinanderliegenden Beispiele sind ein Hinweis auf die Kontinuität und kulturübergreifende Geltung des balladesken Widerfahrnisses.

---

61 Vgl. Kapitel 4.
62 Günter Grass: Ballade von der schwarzen Wolke. In: Ders.: Gesammelte Gedichte. Neuwied 1971, S. 95–96. Hier S. 96.

3.5 Das Widerfahrnis als Thema: zur Funktion der Handlungsorientierung — 71

Damit dieses Strukturmerkmal eine im sozialmoralischen Sinne handlungsanleitende Funktion erlangen kann, muss jedoch eine außertextuelle Wirkung unterstellt werden. Das Bindeglied, das die Wechselwirkungen von Text, gesellschaftlichen Normen und sozialem Handeln in Balladen herstellt, ist die Emotion. Die Grunderfahrung der Handlungsohnmacht ist mit wenigen, dafür aber sehr starken Emotionen wie Angst, Trauer, Wut oder Freude codiert, die wiederum in vertrauten und weithin verbreiteten Skripten aufgerufen werden: Freude über eine Geburt oder eine erwachte Liebe, Trauer über den Verlust eines geliebten Menschen, Wut über Ungerechtigkeit oder Untreue, Angst vor dem Fremden, Unbekannten oder Unheimlichen. Emotionen spielen eine wichtige Vermittlerrolle, wenn es um die Funktion von Balladen geht, einen moralischen Normen-Kompass anzubieten.

Im Anschluss an Simone Winko, die in ihrer Poetik eine Art Common-Sense-Definition aus neurowissenschaftlichen, psychologischen, soziologischen und psycholinguistischen Perspektiven vorschlägt, sind Emotionen als mentale Phänomene individuell und zugleich kulturell zu verstehen.[63] Das Wissen um emotionale Ausdrucksformen gehört zum Wissen einer Kultur. Es hat eine normierende Dimension (wir wissen also ungefähr, was ein Individuum in einer bestimmten Situation fühlt oder fühlen sollte), trägt damit zur Orientierung menschlichen Verhaltens bei und beeinflusst zugleich die Deutung der Wirklichkeit. Das bedeutet auch, dass bei der sprachlichen und insbesondere literarischen Gestaltung von Emotionen immer ein Bezug zu Emotionscodes als einem Wissen, an dem Autor und Leser partizipieren, gegeben ist. Weil Balladen ein kulturelles Wissen über Emotionen speichern und vermitteln, das in die jeweilige Lebenswelt der Leserin applizierbar ist, können sie Verhaltensnormen produzieren und reproduzieren, die für die Kohärenz kollektiver Identitäten grundlegend sind.

Dass dieses Muster des Widerfahrnisses nicht nur in historischen und nationalen Kontexten wirkt, möchte ich an einem aktuelleren Beispiel, an der Ballade *Where the Wild Roses Grow* der Band Nick Cave and the Bad Seeds erläutern. Das Lied findet sich auf einem 1996 veröffentlichten und von der Kritik gefeierten Konzeptalbum, das unter dem Titel *Murder Ballads*[64] zehn Moritaten versammelt. Zwei von ihnen sind Duette Caves mit bekannten Sängerinnen. Neben *Henry Lee* mit PJ Harvey gehört dazu eben auch *Where the Wild Roses Grow* mit Kylie Minogue. Im Grunde überlagern sich hier zwei Widerfahrnisse, wobei die Chronologie des Geschehens bewusst in die Irre führt, denn die Moritat kündigt sich

---

[63] Simone Winko: Kodierte Gefühle. Zu einer Poetik der Emotionen in lyrischen und poetologischen Texten um 1900. Berlin 2003, S. 109.
[64] Nick Cave and the Bad Seeds: Murder Ballads. Mute Records 1996.

als eine Liebesgeschichte an, die abwechselnd aus der Sicht von Opfer und Mörder erzählt wird. Obwohl das Konzeptalbum ästhetisch anspruchsvoll das eigentliche Folkgenre in den Bereich der Rockmusik überführt, wird die Volkstümlichkeit auf der Ebene des Werkes und des dazugehörigen Diskurses konstruiert. So wird etwa in Begleittexten oder Interviews immer wieder das aus den Appalachen stammende *Down in the Willow Garden*, ein *Traditional*, als Vorbild genannt.[65] Der Volksliedcharakter wird strukturell betont, indem eine in der Vergangenheit liegende, zeitlich jedoch nicht genau einzuordnende Handlung numerisch (drei Tage) aufgeteilt und die Figurenrede auf die beiden Sänger Nick Cave als namenloser Mörder und Kylie Minogue als Elisa Day verteilt wird. Die folgende Analyse belegt die Kausalität zwischen den mit Hilfe der Widerfahrnisstruktur evozierten Emotionen, der Bewertung des Geschehens und der Funktion, kollektive Identitäten zu stabilisieren und auf diese Weise Handlungsorientierung zu liefern.

„From the first day I saw her I knew she was the one" – diese erste Zeile ruft das Skript „erste Begegnung zweier Liebenden" auf; inklusive der erwartbaren Codes einer Liebes- als Initiationsgeschichte: Eine schöne Jungfrau verliebt sich in den geheimnisvollen Fremden und ist bereit, an ihn ihre Unschuld zu verlieren („He would be my first man, and with a careful hand / He wiped at the tears that ran down my face", Vers 11 f.). Dass die Geschichte eigentlich von einem unbekannten Mörder handelt, wird bereits durch das Präteritum des Refrains angedeutet, aber erst in der dritten Strophe offengelegt. Im Chorus finden sich übermäßig häufig die Diphthonge [ej], [aj] und [ou] wieder, die im Gesang am Ende der Verse zusätzlich langgezogen werden und die düster-melancholische Stimmung bestärken.

> They call me The Wild Rose
> But my name was Elisa Day
> Why they call me it I do not know
> For my name was Elisa Day

Emotionen werden als körperliche Zustände thematisiert („My trembling subsided in his sure embrace", Vers 10) und sind darüber hinaus in Symbolen wie Rose, Blume, der Farbe Rot und in Gesten wie Umarmung oder Kuss präsent. Der Code wird jedoch gebrochen, wenn es beispielsweise heißt: „For her lips were the colour of the roses / That grew down the river, all bloody and wild" (Vers 7 f.). „Bloody" and „wild" passen in das angekündigte Liebesszenario der behutsamen Entjungferung nicht hinein und deuten frühzeitig auf den eigentli-

---

[65] Vgl. hierzu das Online-Songlexikon der Universität Freiburg http://www.songlexikon.de/songs/wildrosesgrow [letzter Zugriff 8.9.2018].

chen Charakter als Moritat hin. Ebenjener wird durch die Auflösung der Chronologie im Videoclip gar nicht erst verschleiert, und wir sehen Kylie Minogue als Elisa Day von Beginn an in einer Referenz an Shakespeares Ophelia, wie wir sie von John Everett Millais' Gemälde, im Wasser liegend, kennen. Neben Rosen tauchen hier weitere Symbole auf: das weiße Kleid, das ebenso Elisas Jungfräulichkeit und Unschuld verbildlicht wie das Kreuz um ihren Hals. Diese Zusatzinformationen verstärken die moralische Dimension der Tat, weil sie die Figur auf das Attribut ‚unschuldig' und ‚christlich' festlegt. Das leistet auch die schwarze Schlange, die sich über die Jungfrau windet (vgl. Abb. 9 und 10).

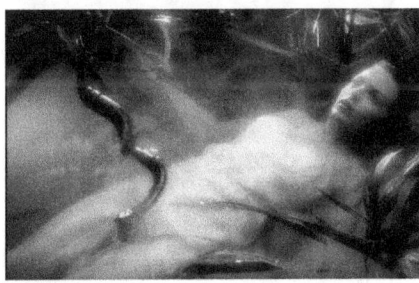
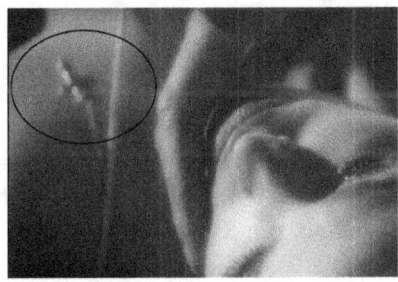

Abb. 9: Schlange als Symbol des Bösen im Videoclip zu Where the Wild Roses Grow, TC: 1:58.

Abb. 10: Kreuz als Symbol des Christentums im Videoclip zu Where the Wild Roses Grow, TC: 2:41.

Dadurch aber wird die Bedeutungsebene des Liedes nivelliert, auf der das Oscar-Wilde-Zitat „All beauty must die" das Thema archetypischer Schönheit aufruft. Mit dem Videoclip bleibt das Lied auf das mit dem Moritat-Genre eingeführte Widerfahrnis des Mordes reduziert. Das Skript, dem die Ballade folgt, ist folglich relativ einfach, und die Emotionen, die implizit präsentiert werden, entsprechen der Erwartungshaltung. Die sich daraus ergebende statische Rollenverteilung knüpft an einen allgemeinen moralischen Konsens an. Dazu gehört auch das heuchlerische Moment, das moralisch Tabuisierte und Verurteilte kulturell auszustellen.

An dem Stück lässt sich veranschaulichen, wie Emotionen als Bindeglied zwischen innertextueller Wertung und außertextueller Normbildung fungieren können. Indem auf der textuellen wie auf der bildlichen Ebene mit verbreiteten Motiven, Szenarien und Symbolen Emotionen inszeniert werden, die keiner komplexen Dekodierung bedürfen, eröffnet sich in einem sehr umfassenden und damit allgemeinen Ausmaß ein Applikationspotenzial, das wiederum die moralische Wertung mitsamt Handlungsorientierung zu vermitteln geeignet ist. Der Konsens über das Verhalten des Mörders ist innerhalb der Gemeinschaft, die hier impliziert wird (das Kreuz deutet auf eine den christlichen Werten verpflichtete), unstrittig und ihr normativer Kern wird durch die Exklusion des Abweichenden bestätigt.

Weil Protagonistinnen Situationen der Handlungsohnmacht ausgesetzt werden, sind Balladen wie ein Stresstest konzipiert: Sie exemplifizieren die moralischen Dimensionen von Handlungen in Extremsituationen menschlichen Seins. Voraussetzung hierfür ist allerdings, dass sich der moralische Horizont *und* die Rituale des Umgangs mit Widerfahrnissen nicht maßgeblich ändern. Eine Bewertung der Handlung und insbesondere der Entscheidung für Passivität oder Aktionismus im Angesicht des Widerfahrnisses wird textimmanent zwar angeboten, muss aber nicht notwendigerweise mit der Bewertung der Leserinnen übereinstimmen. Wenn wir aus heutiger Perspektive auf Schillers *Handschuh* blicken, so wird sich die emotionale Beurteilung des Widerfahrnisses kaum verändert haben: Die willkürlich und zu Unterhaltungszwecken das Leben ihres Untergebenen aufs Spiel setzende Dame ist kaum dazu geeignet, Sympathien auf sich zu ziehen. Ob man Norbert Mecklenburgs Urteil folgen möchte, die Handlung von Ritter Delorges wirke aufgrund ihrer Sinnlosigkeit entgegen der intendierten Wirkung aus heutiger Perspektive lächerlich, sei dahingestellt – Fakt ist sicher, dass diese Art des Heroismus heute zumindest ein Irritationspotenzial besitzt.[66]

Abschließend möchte ich eine für die weitere Arbeit grundlegende Minimal-Definition der Ballade vorstellen. Folgende Merkmale lege ich dabei zugrunde:
a) Narrative Struktur
b) Vers
c) Verdichtete, einsträngige Handlung
d) Durch das Widerfahrnis definierte inhaltliche Struktur
e) Performatives Potenzial (im doppelten Sinne als Aufführung/Singbarkeit und als *Community Fashioning* verstanden)

Die großen Gattungsdebatten, wie sie von Goethes Ur-Ey-Äußerung[67] befeuert wurden oder in den Überlegungen von Helmut Laufhütte zum (grundsätzlich

---

[66] Norbert Mecklenburg: Balladen der Klassik. In: Müller-Seidel, Balladenforschung 1980, S. 187–203. Hier S. 191.
[67] Johann Wolfgang Goethe: Ballade. Betrachtung und Auslegung. In: Ders.: Ästhetische Schriften 1821–1824. Über Kunst und Altertum III–IV, hg. v. Stefan Greif und Andrea Ruhlig (= Sämtliche Werke. Briefe, Tagebücher und Gespräche. Vierzig Bände, Bd. 21). Frankfurt a. M. 1987, S. 39–41. Hier S. 39.

3.5 Das Widerfahrnis als Thema: zur Funktion der Handlungsorientierung — 75

epischen) Charakter der Ballade zum Ausdruck kommen,[68] ebenso wie die rhizomartig ausgreifenden Typologien,[69] sind für die vorliegende Untersuchung nicht von Bedeutung. Das vorgeschlagene Kriterienbündel versteht sich als ein offener Minimalkonsens von Distinktionsmerkmalen. Entscheidend sind sich fort- und festschreibende Wirkungsweisen der vorgestellten Merkmale Mündlichkeit, Bardenkonzept und Widerfahrnis. Weil sich diese als Diskursgewohnheiten verfestigen, die die Balladenproduktion und -rezeption gleichermaßen beeinflussen, werden Balladen in vornehmlich drei Funktionen zu Klassikern: 1. im Sinne der künstlerischen Selbstverortung, 2. der Selbstvergewisserung eines Kollektivs im Prozess des Nation oder Community Building und 3. der (sozialmoralischen) Handlungsorientierung. Text-, zielgruppen- und zeitbedingt variierend, prägen diese Funktionen die Balladenrezeption und damit die Klassikerwerdung einzelner Vertreter der Gattung, was an dem ersten Fallbespiel des Nationalbarden Adam Mickiewicz veranschaulicht werden kann.

---

68 Hartmut Laufhütte: Die deutsche Kunstballade. Grundlegung einer Gattungsgeschichte. Heidelberg 1979.
69 Wolfgang Kayser: Geschichte der deutschen Ballade. Berlin 1936; Gottfried Weißert: Ballade. Stuttgart 2. Aufl. 1993.

4 Der Mythos des Holismus und die fragmentarische Praxis der Klassik

Die vier Fallanalysen im Hauptteil widmen sich dem grundlegenden Missverständnis des essenzialistischen Klassikbegriffs: der Vorstellung eines rezeptionsunabhängig bestehenden klassischen Wesens. Die erste beschäftigt sich mit der Diskursfigur des ‚holistischen Klassikers'. Diesem Mythos zufolge wird die kulturell hergestellte Dignität von Personen und Artefakten zur inhärenten Eigenschaft, die auf das gesamte Phänomen ausstrahlt: auf das Werk, die Biografie und die Persönlichkeit der Schaffenden. Der Klassikerstatus ist dann eine natürliche Folge dieser ‚Größe', was sich in Harold Blooms *The Western Canon* so liest:

> Greatness recognizes greatness and is shadowed by it. Coming after Shakespeare, who wrote both, the best prose and the best poetry in the Western tradition, is a complex destiny [...]. There is no cognitive originality in the whole history of philosophy comparable to Shakespeare.[1]

Das bekannte Urteil fällt in Blooms wohlkalkulierter Provokation gegen die kursierende Forderung, den aus sogenannten *Dead White European Male* bestehenden Kanon im Sinne einer pluralistischen Gesellschaft zu reformieren. Diese sieht Bloom im Zusammenhang mit einer „School of Resentment"[2], die wiederum Symptom eines chaotischen, durch die Auflösung von Werten, Normen und im Grunde der gesamten zivilisatorischen Grundlagen sich auszeichnenden Zeitalters ist. Er hat das probate Mittel im Angebot, dem Chaos durch Stabilität zu begegnen und für den etablierten Kanon[3] zu argumentieren. Warum es vor dem Zerfall nur Rettung durch Rückgriff auf kanonische Werke geben kann, ist aus dem obigen Zitat ersichtlich, in dem die Qualitäten Shakespeares als eines Ur-Klassikers[4] knapp herausgestellt werden und sich noch knapper zusammenfassen lassen: Shakespeare ist der Größte. Nicht nur der beste Schriftsteller aller Gattungen, sondern auch der Ur-Philosoph und – das führt Bloom vorher an – der Ur-Psychoanalytiker, der Freud um Jahrhunderte voraus war. Shakespeares Größe ist nicht debattierbar, sie ist einfach da und das für alle Zeit. Bloom liefert das Paradebeispiel für ein tief essenzialistisches Klassikverständnis, das sich mithilfe eines holistischen Klassikerbildes konstruiert.

---

[1] Harold Bloom: The Western Canon. The Books and School of the Ages. London 1995, S. 10.
[2] Ebd., S. 4.
[3] In den Kapiteln stellt er vier Frauen vor: Emily Dickinson, Jane Austen, Virginia Woolf und George Eliot.
[4] Vgl. ebd., Kapitel „Shakespeare. Center of the Canon".

Hier von Klassikern zu sprechen, ist insofern angebracht, als Bloom die Funktionalität des Kanonischen hervorhebt, indem er die aktuelle Krisendiagnose voranstellt. Um es auf die Termini der vorliegenden Studie zu bringen: Der westliche Kanon wird gerechtfertigt, indem er als klassisch, also für die eigene Zeit funktionstüchtig deklariert wird. Dabei inszeniert Bloom seine Diskurshoheit: Die fundamentale ästhetische Qualität kann nur von einem Experten erkannt werden. Auffällig ist in seiner Argumentation die Metonymisierung: Er feiert den Dichter als Ganzen, löst dessen Größe („Greatness") sogar vom Objekt ab und erklärt sie zu einer mit Geschichtlichkeit ausgestatteten Entität. Auf diese Behauptung folgt in redlich hermeneutischer Tradition eine ausführlichere Begründung, die sein Expertentum unter Beweis stellt. Blooms *Canon* liefert das Beispiel eines *Meta*diskurses, dessen argumentative Strategie auf einer Funktionsbehauptung begründet ist. Diese wiederum erhält ein rationales Fundament, indem sie durch die Werkexegese eines Experten belegt wird. Wir haben es hier mit einer Rechtfertigungsfigur zu tun, denn das Argument bemüht sich, die Geltung des Kanons zu bestätigen. Die endogene Logik wird greifbar: Das Kanonisierte ist vollendet, denn nur was vollendet ist, ist kanonisch. Vollendung ist indessen nur absolut zu denken, die kanonisierten Klassiker werden *in toto* zu Größen erklärt.

Die Metonymisierung ist im Klassikdiskurs immer dort anzutreffen, wo die Größe Shakespeares, Vergils, Goethes, Schillers oder Mickiewiczs abstrakt beschworen wird und die Erhabenheit als letzter Grund angeführt wird – „sublime" heißt es bei Harold Bloom, T. S. Eliot spricht beispielsweise von „maturity", Reife.[5] Eine solche Behauptung läuft letztendlich auf Metaphysik hinaus, weil das Urteil über Erhabenheit oder Reife von keinem realen Rezipienten getroffen werden kann und soll. Dass nicht nur das Urteil, sondern das Objekt selbst in überirdische Sphären gehoben wird, davon zeugt die historische Tendenz, einzelne Akteure als übermenschliche Wesen – etwa „Dioskuren", „Olympier" (Goethe, Schiller), „Propheten" (Mickiewicz, Krasiński, Słowacki) oder gemeinhin „Genius" – anzusprechen. Im Fall solch auratischer Symbolfiguren rekurrieren die Namensnennung oder die Antonomasie auf Person, Werk, Rezeption, Funktion und Status in einem.

Metonymisierung ist als Verfahren der Klassikeransprache bis heute allgegenwärtig, sie prägt den populären Gebrauch wie den Spezialdiskurs und stiftet eine eigentümliche Allianz zwischen einem von Experten reservierten Umgang mit Klassikern, der sich durch umfassende Kenntnis auszeichnet, und einem populären Gebrauch, der im Grunde keinerlei Kenntnis voraussetzt. Im Alltag begegnet sie uns in Straßennamen, auf Briefmarken und Banknoten, in Namen

---

5 Vgl. T. S. Eliot: What Is a Classic? Tradition and the Individual Talent. Kiel 1950, S. 7.

von Literaturpreisen und nicht zuletzt in den Autorinnen- und Autorengesellschaften. So gibt es eine Virginia Woolf und keine *Mrs. Dalloway* Society, eine Marcel Proust- und keine Swann-Gesellschaft, eine James Joyce- und keine *Ulysses-Stiftung* (wobei es immerhin den Bloomsday gibt, der allerdings als Ausnahme gelten kann). Metonymisierung ist das zentrale Verfahren, mit dem eine holistische Vorstellung im Umlauf bleibt.[6]

Zu beobachten ist es vorrangig im Metadiskurs, in dem der Klassikerstatus von einzelnen Phänomenen[7] bzw. das Phänomen Klassik selbst zur Diskussion gestellt werden. Um die Konstruktion des holistischen Klassikerverständnisses näher zu beleuchten, lohnt es, den Metadiskurs vom Klassikerdiskurs getrennt zu betrachten, den ich wiederum als die Gesamtheit aller Rezeptions-, Gebrauchs- oder Aneignungsformen verstehe, in und mit denen ein Klassiker entsteht.[8] Um das Verhältnis zu veranschaulichen, soll den weiteren Ausführungen ein Schaubild vorangestellt werden:

---

[6] Metonymie und Metapher werden in kognitionslinguistisch ausgerichteten Ansätzen als benachbarte Konzepte gehandelt. Eine gängige Unterscheidung, die im vorliegenden Zusammenhang adaptierbar ist, besagt, dass das metaphorische Überblendungsverfahren als eine Ähnlichkeitsbeziehung zwischen verschiedenen semantischen *frames* oder Konzeptbereichen zu verstehen ist, das metonymische dagegen innerhalb eines semantischen *frames* operiert: „metonymies involve a crossing between perspectives directed towards contiguous parts of situations and objects." Vgl. Renate Bartsch: Generating Polysemy: Metaphor and Metonymy. In: René Dirven, Ralf Pörings (Hg.): Metaphor and Metonymy in Comparison and Contrast. Berlin, Boston 2002, S. 49–74. Hier S. 49. Für die Metonymie wird deshalb geltend gemacht, dass die *domains* in einer unmittelbaren Nachbarschaftsbeziehung zueinanderstehen. Dies geht auf Roman Jakobsons Unterscheidung „the metaphoric and the metonymic poles" (1956) zurück, der unter Metapher und Metonymie Pole grundlegenden menschlichen Handelns versteht. Basis der Metapher sei Ähnlichkeit (*similarity*), Basis der Metonymie die Nachbarschaft (*contiguity*). Vgl. Roman Jakobson: The Metaphoric and Metonymic Poles. In: Dirven, Pörings, Metaphor and Metonymy in Comparison and Contrast 2002, S. 41–47 und Dirven: Introduction. In: Ebd., S. 1–38. Was sowohl für Metonymie als auch Metapher gilt, ist die Bedeutung soziopragmatischer und kultureller Faktoren. Metonymien sind also situativ in Kommunikationssituationen eingebunden. Vgl. Constanze Spieß, Klaus-Michael Köpcke: Metonymie und Metapher – Theoretische, methodische und empirische Zugänge. In: Dies. (Hg.): Metapher und Metonymie – Theoretische, methodische und empirische Zugänge. Berlin, Boston 2015, S. 1–21.

[7] Wenn beispielsweise die Geltung von Klassikern anlässlich von Jubiläen befragt wird. Ein gutes Beispiel dafür ist die Rede José Ortega y Gassets *Um einen Goethe von Innen bittend / Pidiendo un Goethe desde dentro*, weil sie eine kritische, geradezu ikonoklastische Perspektive einnimmt. Ortega y Gasset fordert zwar einen anderen als den monumentalen Goethe, konstatiert dennoch bzw. gerade deshalb die Notwendigkeit einer Einheit von Leben und Werk: „Ich sehe keine andere Möglichkeit, sein Werk für uns fruchtbar zu machen, als daß wir in einer von der gewöhnlichen abweichenden Form das Problem seines Lebens aufrollen". José Ortega y Gasset: Um einen Goethe von Innen bittend. Stuttgart 1952, S. 12.

[8] Dieser ist Gegenstand von Kapitel 7.

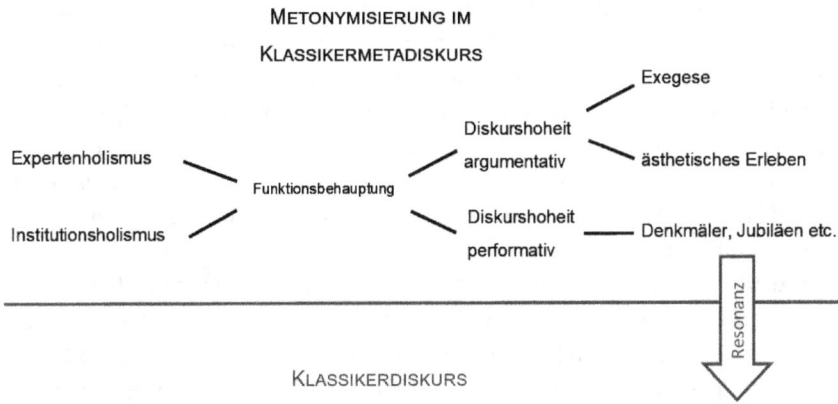

Abb. 11: Zwei diskursive Ebenen der Klassikpraxis: Der Klassikerdiskurs (unten) ist die Summe aller Handlungen, in denen ein Klassikerstatus entsteht. Der Klassikermetadiskurs ist die Summe aller Handlungen, die den Klassikerstatus zum Gegenstand haben.

Für den Moment interessiert in Abbildung 11 nur der Metadiskurs und dessen Verfahren der Metonymisierung, das Experten und Institutionen gleichermaßen anwenden. Wie bereits erläutert, wird im Klassikermetadiskurs eine Funktionsbehauptung aufgestellt (beispielsweise: „Klassiker sind ein Antidotum gegen den Zerfall der Gesellschaft"), die durch inhärente Qualitäten begründet wird („weil sie ästhetisch vollendet sind"). Um eine derartige Behauptung zu belegen, wird eine Diskurshoheit konstruiert, die entweder auf der Werkauslegung oder dem ästhetischen Erleben basiert (dazu gleich mehr). Nun ist die Metonymisierung nicht nur in einem Expertendiskurs zu beobachten (vgl. Abb. 11. „Expertenholismus"), wie wir bei Bloom sehen konnten, sondern auch, wenn eine Klassikerfunktion institutionell verbreitet wird (vgl. Abb. 11. „Institutionsholismus"). Exemplarische Träger sind kulturpolitische Institutionen, bürgerliche Ausschüsse, Autorinnengesellschaften, Komitees oder Kulturvereine, die – im 19. Jahrhundert freilich sehr viel ausgeprägter als heute – in Eigenregie oder mit Regierungsauftrag eine Funktion (beispielsweise nationaler Identitätsstiftung) von Klassikern und zwar als Ganzes behaupten.

Institutionen stützen die Funktionsbehauptung in der Regel nicht, indem sie ihre Diskurshoheit argumentativ belegen, sondern eine durch politischen Einfluss, Ansehen oder finanzielle Mittel gegebene Hoheit nutzen. Sie metonymisieren dort, wo nicht einzelne Werke geehrt, sondern Klassiker als Ganzheit konstruiert werden, was bei Denkmälern und Jubiläen der Paradefall ist. Dass dies zum Streitfall werden kann, lässt sich an der Debatte um das Heine-Denkmal im ausgehenden 19. Jahrhundert nachvollziehen. Obwohl es die beliebte *Lo-*

reley ins Zentrum stellte, stand es doch metonymisch für den jüdischen Dichter und konnte im geistigen Klima der Zeit nicht errichtet werden.[9] Der Kampf um Denkmäler nach dem Fall des Eisernen Vorhangs wie heute zeigt: Mit ihnen werden nicht einzelne Beiträge zur Geistesgeschichte oder Politik geehrt, sondern die ganze Person, deren biografische Verstrickungen (als Wegbereiter oder Befürworter des Kommunismus, Nationalsozialismus oder Kolonialismus) einen Ikonoklasmus gerechtfertigt erscheinen lassen können. Wo kulturpolitisch nationale Identifikation und übernationale Repräsentation angestrebt werden, dort wird der Klassiker *in toto* konstruiert. Dieses Vorgehen gleicht strukturell einer performativen Äußerung, weil die Größe des Klassikers ganzheitlich dort gilt, wo er gefeiert oder in Bronze gegossen wird. Die aktuell aufflammenden Debatten um Denkmäler negieren diese performative Setzung, tendieren jedoch genauso zur Metonymisierung – allerdings unter den umgekehrten Vorzeichen des intendierten Ikonoklasmus.

Der von Experten konstruierte Holismus („Expertenholismus") beweist seine Deutungshoheit demgegenüber argumentativ, d. h., es werden Belege dafür angeführt, warum das gesamte Schaffen als ästhetisch wertvoll oder von herausragender historischer Bedeutung sei. Dabei lassen sich zwei Praktiken nachweisen, mit denen diese Hoheit inszeniert wird. Dies ist zum einen die Auseinandersetzung mit Werk und Biografie, die ich hier mit einem weiten Begriff der „Exegese" bezeichne, zum anderen das unmittelbare ästhetische „Erleben". Näher betrachtet lassen sich wiederum vier im wissenschaftlichen wie im populären Klassikerdiskurs eingesetzte exegetische Praktiken nachvollziehen, mit denen holistische Bilder produziert werden. Die erste konnten wir bei Bloom beobachten, der aus der (von ihm selbst nachgewiesenen) Qualität der Werke auf eine Vollendung schließt. Die zweite besteht darin, biografische Fehltritte zu beseitigen und Unstimmigkeiten, die im Widerspruch zum Symbolwert stehen, auszuräumen. Diese Praxis ermöglicht ein hagiografisches Narrativ, in dem Werk und Person eine transzendente Einheit bilden. Die dritte umfasst Bemühungen, das Werk als Ganzes aufzuwerten, also nicht nur immer neue Deutungen der wichtigsten Texte vorzulegen, sondern jede noch so spontane Gelegenheitsdichtung, alle schriftstellerischen Jugendübungen und Skizzen als Ausdruck und Beleg der Größe zu sehen. Dies ist ein vornehmlich wissenschaftlich tradierter Holismus und eine Praxis, die sich im Anschluss an Steffen Martus als „selektionslose

---

9 Vgl. Michael Werner: Heinrich Heine. In: Etienne François, Hagen Schulze (Hg.): Deutsche Erinnerungsorte. Band 1. München 2009, S. 484–501; Paula Wojcik: Klassik als kulturelle Praxis: Modellierungs- und Popularisierungsmechanismen am Beispiel der Loreley. In: KulturPoetik 1, 18 (2018), S. 51–69.

Aufmerksamkeit"[10] verschlagworten lässt. Die vierte liegt vor, wenn durch das (exegetisch begründete) Anzweifeln ebenjener Qualitäten ein Ikonoklasmus angestrebt wird, der den Klassiker (ebenfalls als Ganzes) zu Fall bringen soll – wie soeben an dem Kampf um Denkmäler beschrieben. Gleich also, welche Intention dahintersteht: Der Klassiker ist so gesehen ein Klassiker schlechthin, wohingegen seine Fragmentierung als Missbrauch abgewertet werden kann, wie das Ute Gerhard am Beispiel der Schiller-Rezeption gezeigt hat: „Die Opposition zwischen der Popularität Schillers, die gleichsam eine ‚Zerstückelung' und Trivialisierung bedeute, und einem adäquaten Verständnis des ‚ganzen' Schillers als gewissermaßen organische Einheit ist ein zentraler Topos der Rezeptionsgeschichte."[11]

Die Exegese ist also eine Form der Argumentation, eine andere besteht darin, das ästhetische Erlebnis geltend zu machen. Notwendig dafür ist eine Rezeptionssituation, in der mit dem (ahistorischen) Klassiker eine intime Verbindung entsteht. Weil sie nur wenigen vorbehalten ist, kommt hier erneut Diskurshoheit ins Spiel. Zu beobachten ist dies bei J. M. Coetzee, der zunächst T. S. Eliots Verhältnis zu Vergil als ein Zwiegespräch charakterisiert – „a call from Virgil that seems to come to Eliot from across the centuries"[12]– und anschließend sein eigenes Bach-Erlebnis im selben Stil beschreibt: „I was being spoken to by the music as music had never spoken to me before."[13] Das wird zu einem ästhetischen Initiationserlebnis gesteigert:

> And then the afternoon in the garden, and the music of Bach, after which everything changed. A moment of revelation which I will not call Eliotic [...] but of the greatest significance in my life nevertheless: for the first time I was undergoing the impact of *the classic*.[14]

Coetzee ist nicht so naiv, dieses überirdische Erlebnis zu schildern, ohne eine mögliche soziale Ursache zu erwähnen, und fragt: „or was what was really going on at the moment that I was symbolically electing high European culture [...] as a route that would take me out of my class position in white South African society [...]?"[15] Die soziale Dimension wird jedoch unmittelbar abgewertet. Coetzee unterscheidet beide Erlebnisvarianten als „impersonal aesthetic experience"

---

10 „selektionslose Aufmerksamkeit, die sich auch für das Nebensächliche, für das zunächst abstruse Detail interessiert". „Selektionslos" wird dabei als Ideal der Betrachtung verstanden. Martus, Werkpolitik 2007, S. 2.
11 Gerhard, Schiller als „Religion" 1994, S. 11.
12 Coetzee, What Is a Classic? 1993, S 12.
13 Ebd., S. 13.
14 Ebd. Kursivierung i. O.
15 Ebd., S. 14.

und „masked expression of material interest", konstruiert also eine Hierarchie von interesselosem Kunsterlebnis einerseits und wohlgemerkt „maskiertem" materiellen Interesse andererseits. Das sozial hergestellte symbolische Kapital des Klassikers wird gegenüber einem intrinsischen Wert des Originals abgewertet. Dies gilt umso mehr, als Coetzee sich vom unbedarften Jungen in einen Musikkenner verwandelt und einen Bachexkurs anschließt, um sein Erlebnis aus dem Stoff heraus zu begründen. Offenbar war der junge Coetzee bereits prädestiniert, das umfassende Genie Bachs zu erkennen – eine Erkenntnis, die der alte Coetzee nun mit Expertenwissen untermauern kann. In diesem Essay lässt sich die Falle des Essentialismus auf einem hohen reflexiven Niveau beobachten.

Wenn es nun darum gehen wird, die holistische Vorstellung als einen diskursiv geprägten Mythos zu präsentieren, dann ist das grundsätzlich keine neue Einsicht. Es lohnt sich jedoch, sie mithilfe des grundlegenden Statusunterschieds zwischen Original und Modell aufzuarbeiten, weil sich auf diese Weise zeigt, dass die Fragmentierung auf unterschiedliche Bedarfskonstellationen reagiert und die Vielfalt der Klassikerrepräsentationen der Normalfall, keine Pathologie ist. Metonymisierung ist ein Verfahren, das Ganzheitlichkeit zwar diskursiv herstellt, der ganzheitliche Klassiker bleibt jedoch nur eine unter zahllosen Konstruktionen, die mit jeder neuen Bedarfskonstellation ins Unendliche vermehrt werden können. Um diese Varianz zu systematisieren, schlage ich drei Modelltypen vor, die ein nach Gegenstand, Anwendungsbereich und Diskurs je unterschiedlich ausgestaltetes Raster des Klassikergebrauchs bilden.

4.1 Gebrauchsformen der Klassik: ästhetisches, sozialmoralisches und politisches Modell

Die Typologie möglicher Zugriffsweisen versteht sich als eine strukturierte Bestandsaufnahme der Rezeptionsformen, in denen Balladen kulturgeschichtlich als Klassiker aktiviert und tradiert wurden und werden. Sie greift also auf die im dritten Kapitel vorgestellten Gattungsmerkmale und Rezeptionstopoi zurück. Ich möchte vorschlagen, diese Zugriffe als *ästhetische*, *sozialmoralische* und *politische* Modelle zu bezeichnen, deren Repräsentation in unterschiedlichen Anwendungsbereichen appliziert werden.[16] Ihnen entsprechen Charakteristika

---

[16] Diese Typologie ist an das Verständnis von Klassik als Diskurs anschließbar, das Sophie Picard ihrer Dissertation zugrundelegt, sie zeigt zudem die diskursübergreifenden Dynamiken. Vgl. das Kapitel „Klassik als Diskurs". In: Sophie Picard: Klassikerfeiern. Permanenz und Polyfunktionalität Beethovens, Goethes und Victor Hugos im 20. Jahrhundert. Bielefeld 2022.

und Funktionen, die jeweils andere Aspekte der Aneignung in den Mittelpunkt rücken und spezifische Geltungsbereiche markieren.

Werden Balladen in *ästhetischer Hinsicht* zu Klassikern, ist die Rezeption auf formal-inhaltliche Aspekte gerichtet. Beispielhaft hierfür ist Gottfried August Bürgers *Lenore*, deren Kernelemente wie das Thema der Liebe über den Tod hinaus, das prägnante Motiv des Wiedergängers ebenso wie die plastische Darstellung des nächtlichen Ritts in Übersetzungen und Adaptionen europaweit[17] Eingang fanden. In Polen betitelt Adam Mickiewicz die *Lenore* als „die Königin der Ballade" und schreibt über Bürger, dass dieser den Balladen jenen Charakter gegeben habe, der fortan in Deutschland als Maßstab gegolten habe.[18] Die hier mitschwingende Innovationsbehauptung ist typisch für die ästhetische Funktion: Sie untermauert Bürgers Geltung für die Gattungsgeschichte nachhaltig und wirkt sich auch auf die produktive Rezeption aus, zu der Werke wie Edgar Allan Poes *The Raven* gehören.[19] Insbesondere die Zeile „die Toten reiten schnell" entwickelte ein Eigenleben in Literatur, Musik und Malerei, seit sie in Bram Stokers *Dracula* Eingang gefunden hat.

In der intermedialen Rezeption der Malerei dominiert ebenfalls das Motiv des nächtlichen Ritts, wie im Gemälde von Ary Scheffer *Lénore. Les morts vont vite* (vgl. Abb. 12). Eines der wenigen Beispiele, die ein anderes Motiv wählen, ist Carl Oesterleys *Lenore* aus dem Jahr 1846 (vgl. Abb. 13). Das Gemälde bezieht sich auf den Generationenkonflikt, der sich in den Figuren der gottgläubigen Mutter und liebesgläubigen Tochter manifestiert.

---

17 Allein in England macht Evelyn B. Jolles in ihrer Untersuchung zur Wirkungsgeschichte 30 Übersetzungen im Zeitraum zwischen 1796 und 1892 aus. Zu den Übersetzern gehörten einflussreiche Persönlichkeiten des literarischen Lebens wie Sir Walter Scott, W. R. Spencer oder Henry James Pye. Vgl. Evelyn B. Jolles: G. A. Bürgers Ballade *Leonore* in England. Regensburg 1974, S. 7 und dies.: Ein Bestseller auf dem englischen Literaturmarkt: Bürgers (Wiedergänger-)Ballade „Lenore" (1774). In: Sigrid Rieuwerts (Hg.): Bridging the Cultural Divide: Our Common Ballad Heritage. Hildesheim 2000, S. 195–220.
18 Adam Mickiewicz: G. A. Bürger. In: Ders.: Pisma prozą. Część I. Pisma filomatyczne, estetyczno-krytyczne, opowiadania [Prosaschriften. Teil I. Filomatenschriften, ästhetisch-kritische Schriften, Erzählungen] (= Dzieła, hg. v. Julian Krzyżanowski, Stanisław Pigoń, Leon Płoszewski, Henryk Wolpe, Kazimierz Wyka. Tom V). Warszawa 1955, S. 231–233. Hier S. 232.
19 Ebenso auf russische oder polnische Autoren wie Nikolaj M. Karamsin: Raissa (1791); Wassili A. Shukowski: Ljudmilla (1808), Swetlana (1813); Tomasz Zan: Ballada Twardowski (1819); Adam Mickiewicz: Balladen und Romanzen (1822).

Abb. 12: Ary Scheffer: Lénore. Les morts vont vite (um 1830).

Abb. 13: Lithografie von Auguste Adrien Jouanin nach Carl Oesterley: Lenore (1846).

Beide Bilder stehen für ein dominant ästhetisches Interesse an der Ballade. Ihre Wirkungsintention liegt offenkundig nicht darin, den Inhalt lediglich bildlich wiederzugeben, vielmehr bieten sie eine Deutung der Geschichte an und verorten sie und sich selbst in einer Kunstströmung: Scheffer entwirft eine auf die Mittelalterfaszination rekurrierende, sich zudem mit den starken Hell-Dunkel-Kontrasten in die romantische Bildästhetik einreihende schaurige Begegnung von Dies- und Jenseits (Abb. 12), Oesterley greift dagegen stilistisch und motivisch die Renaissancemalerei auf und spart das Übernatürliche aus (Abb. 13). Für literarische und intermediale Adaptionen insgesamt gilt, dass die Rezeption in ästhetischer Hinsicht eine Interaktion mit den aktuellen Standards ist.[20]

Das zeigt auch die Diskussion der balladenspezifischen Frage der Performance seit dem 19. Jahrhundert und bis weit in die erste Hälfte des 20. Jahrhunderts hinein. Die Deklamation gehört zum Genre als Teil der künstlerischen Repräsentation, und sie muss den Inhalt in *richtiger* Weise unterstützen: „In this way the narrative mode is not merely seen as a means of telling a story; the narrative technique is not simply assessed as a device for rendering the song: it is in addition taken primarily as the basis for the correct understanding of the action."[21] Für *Lenore* gibt Bürger selbst einen Hinweis darauf, welche Rolle die Vortragsart spielt, als er die Ballade seinem Freund Heinrich Christian Boie und den Gefährten des Göttinger Hains mit den folgenden Worten ankündigt:

> Ich schicke es hier nicht mit, sondern bring es binnen acht Tagen selbst. Denn keiner von Euch allen, er deklamiere noch so gut er will, kann Lenoren aufs erstemal in ihrem Geist deklamieren; und Deklamation macht die Halbschied [Hälfte] von dem Stück aus. Daher sollt Ihr's von mir selbst das erstemal in aller seiner Gräßlichkeit vernehmen. Dann sollen Sie die Genossen des Hains in der Abenddämmerung auf ein einsames etwas schauerliches Zimmer zusammen laden, wo ich, unbehorcht und ohngestört, das Gräßliche der Stimme recht austönen lassen kann. Der jüngste Graf [Stollberg] soll, wie vor Loths seligem Weibe, davor beben.[22]

Schon zu Bürgers Zeit gibt es unterschiedliche Deklamationstheorien, die sich mit der Frage des zusätzlichen Körpereinsatzes (wieviel Schauspiel darf die Deklamation begleiten?) oder im späteren 19. Jahrhundert mit der Singbarkeit (darf

---

20 Von „Beschneidung und Assimilation des Originals" an geltende ästhetische Normen spricht Jolles, wenn es um die frühen Übersetzungen vom Ende des 18. Jahrhunderts, von einer Zielvorstellung der stilistischen und inhaltlichen Reproduktion, wenn es um die des 19. Jahrhunderts geht. Vgl. Jolles, G. A. Bürgers Ballade *Leonore* in England 1974, S. 197.
21 Flemming G. Anderson: Ballad as Narrative. Studies in the Ballad Tradition of England, Scotland, Germany, and Denmark. Odense 1982, S. 120.
22 Gottfried August Bürger: Brief vom 12. August 1773. In: Ders.: Werke und Briefe. Auswahl, hg. v. Wolfgang Friedrich, Leipzig 1958, S. 124.

die Deklamation in Gesang abgleiten?) beschäftigen.[23] Wie genau die Deklamation ausfallen soll, bleibt eine Frage des Zeit- oder Regionalgeschmacks; Melos, Prosodie, Euphonie werden je eigens definiert. Die Deklamation von Klassikern bietet ein geeignetes Feld, um diese Debatten auszutragen, und – was nicht unwesentlich ist – Schauspielerinnen die Möglichkeit, sich als besonders versiert zu präsentieren.[24] Eine dem ästhetischen Modell folgende (inter- oder pluri-)mediale Inszenierung auratisiert das Werk, Medium und ggf. die Perfomerin gleichermaßen.[25] Sie treten in eine Interaktion: Die Vorlage soll zu neuer Geltung kommen, die Adaption das mediale Potenzial bzw. das Können ausstellen. Dies ist auch im Bereich der Vertonungen zu beobachten, wie Ulrich Kühns Urteil über die *Lenore* von Franz Liszt zeigt: „Daß diese Komposition die gattungsprägende deutsche Kunstballade schlechthin zum Sujet hat, [...] verleiht ihrem paradigmatischen Charakter das volle Gewicht."[26] Die Aneignung ist ein Bekenntnis zur Kunst und ein Akt künstlerischer Selbstverortung zugleich.

Ein Aspekt, der für dieses Modell eine durchaus wichtige Rolle spielen kann, für den die *Lenore* jedoch kein glückliches Beispiel liefert, ist die Stilisierung des Autors zum Genie. Einen Status wie ihn etwa Klopstock als auratischer Übervater für die Mitglieder des Göttinger Hains besaß, erreicht Bürger nicht. Er wird eher im Schatten seiner Ballade populär. Insofern zeigt Bürgers Beispiel, dass das Kriterium der Auratisierung des Autors variabel ist.

Für einen sich im ästhetischen Modell konstituierenden Klassikerstatus ist vielmehr die (implizite oder explizite) Innovationsbehauptung maßgeblich, die bereits in Mickiewiczs und Kühns Zitat zum Ausdruck kam. Dass sie mit dem Werk eine dauerhafte Allianz eingeht, lässt sich an Balladeneinführungen belegen, die sie bis in die Gegenwart weitertragen: „Unbestreitbar ist die Entstehung der deutschen Kunstballade mit dem Namen Bürgers verknüpft, genauer mit dem Entstehungsjahr der Ballade ‚Lenore' 1773",[27] schreibt Gottfried Weißert in seinem Einführungsband und belegt sogleich den Erfolg der Innovation: „Diese Ballade hat nicht nur den Ruhm ihres Autors für viele spätere Generationen als *erstem* Balladendichter begründet, sondern die Wirkung der ‚Lenore' war in

---

23 Vgl. Ulrich Kühn: Sprech-Ton-Kunst. Musikalisches Sprechen und Formen des Melodrams im Schauspiel- und Musiktheater (1770–1933). Tübingen 2013, S. 101 ff.
24 Um 1800 profitierten die neue Gattung der Kunstballade und die Kunst der Deklamation voneinander. „Die ersten Sprecher waren Schauspieler und ihrer Mentalität kam die junge Kunstballade mit ihren stark dramatischen Zügen, der Häufung von sensationellen Effekten, entgegen." Irmgard Weinhase: Zum Vortrag der Ballade. In: Gottfried Meinhold, Baldur Neuber (Hg.): Irmgard Weinhase, Grenzgänge. Frankfurt a. M. 2011, S. 51–68. Hier S. 53.
25 In diesem Fall müsste allerdings korrekterweise von Plurimedialität gesprochen werden.
26 Kühn, Sprech-Ton-Kunst 2013, S. 231 f.
27 Weißert, Ballade 1993, S. 61.

ganz Europa derart ungeheuer, daß von ihr her die Einbürgerung dieser neuen Gattung in den verschiedenen Nationalliteraturen wesentlich bestimmt wurde."[28] Obwohl Bürger natürlich nicht der „erste Balladendichter" war,[29] konstituiert die Innovationsbehauptung nachhaltig und maßgeblich *Lenores* Status innerhalb der Literaturgeschichtsschreibung.

Der Unterschied zwischen dem ästhetischen und dem *sozialmoralischen Modell* wird ersichtlich, wenn man die Rezeption von Bürgers *Lenore* mit der von Werken Schillers und Byrons vergleicht. Das sozialmoralische Modell meint eine Gebrauchsform, in der dem Werk die Anwendbarkeit in einer außerliterarischen Wirklichkeit unterstellt wird: eine Applizierbarkeit in den eigenen Erlebnishorizont. Obwohl *Lenore* mehrere Ansätze zu einer gesellschaftskritischen oder zumindest -reflexiven Deutung bereithält (etwa kriegsbedingte Verluste, die Blasphemie der Tochter oder aber im Gegenteil den religiösen Dogmatismus der Eltern), so wird sie kaum in dieser Weise rezipiert. Schillers und Byrons Werke durchaus: Sie werden mit diesem Zugriff nicht mehr vorrangig als durch formale und inhaltliche Kriterien definiert wahrgenommen, sondern durch das Thema oder die aus ihm hergeleitete Botschaft. Im sozialmoralischen Modell nimmt das literarische Werk den Charakter eines biblischen Gleichnisses an. Es hält eine Deutungsfunktion für die Gegenwart bereit und bietet Orientierung in der Frage, für welche Werte eine Gemeinschaft einsteht und welche sie ablehnt, woraus sich wiederum Maximen des individuellen Handelns ableiten lassen. Diese Funktion kann durch zwei gegensätzliche Intentionen des sozialmoralischen Modells (noch einmal: nicht des Werks!) erreicht werden: Es wird entweder eine reflexive (Besinnung) oder eine agitatorische Wirkung (Ressentiment) beabsichtigt. Im Balladengenre erschließt sich diese Wirkungsintention vom zugrundeliegenden Widerfahrnis her, dem balladentypischen Handlungsschema.[30] Dieses Modell erfordert keinen konkreten oder korrekten hermeneutischen Zugriff, es reicht ein vager Bezug zum Thema des einzelnen Werkes oder auch zum ganzen typologisierten Œuvre.

Für Schiller lässt sich das Modell schon früh, eigentlich seit seinem Tod 1805 belegen, was Ute Gerhard in ihrer bereits erwähnten Untersuchung *Schiller als Religion* umfassend aufzeigt. Anhand von Selbstzeugnissen wie Briefen, Tagebüchern oder Zitatensammlungen zeigt sie die Applikation von Werkfragmenten in konkrete Lebensbereiche wie „Liebe", „Menschen- und Weltkunde" oder

---

28 Ebd., S. 61 f. Hervorhebung P. W.
29 Ebd., S. 62 ff. Dies wird schon früher kolportiert: Vgl. Valentin Beyer: Die Begründung der ernsten Ballade durch G. A. Bürger. Strasburg 1905; Paul Holzhausen: Die Ballade und Romanze. In: Zeitschrift für deutsche Philosophie 15 (1883).
30 Zum Begriff des Widerfahrnisses vgl. die Ausführungen in Kap 3.

„Tugend".[31] Der Werkkontext wird der ‚höheren' Idee moralischer Erziehung untergeordnet. Im 19. Jahrhundert wurde das Modell mit einer reflexiven Wirkungsintention angewendet, die zur Besinnung auf die richtigen Werte und das ‚richtige' Leben auffordert. Zur gleichen Zeit wurde Schiller in Polen ausschließlich als Freiheitsdichter rezipiert. Im Kontext der dort bestehenden Bedarfskonstellation wurde seine Dichtung als Aufruf zum Kampf um nationale Unabhängigkeit verstanden, er selbst zur Identifikationsfigur für junge, patriotisch gesinnte Dichter. Das Modell war zwar weiterhin ein sozialmoralisches, doch wechselt der Anwendungsbereich vom moralischen zum politischen Diskurs, in dem die intendierte Wirkung Agitation, nicht Reflexion war.

Bei Byron findet sich das sozialmoralische Modell im Archetypus des sogenannten *Byronic Hero*. Auch ohne *Manfred* oder ein anderes Werk gelesen zu haben, ist es möglich, diesen Typus des kompromisslosen, prometheushaften Individualisten zu erkennen und produktiv zu machen. Seine Rezeptionsgeschichte bis in die heutige Zeit offenbart ein Aktualisierungspotenzial,[32] das gerade in der Loslösung vom Text besteht, und eine Popularität, die kaum Kenntnis voraussetzt. Je nach Wirkungsintention kann der *Byronic Hero* als Exempel gegen kompromisslosen Individualismus verwendet werden. Ebenso kann jedoch ein Ressentiment gegen Spießbürgerlichkeit und Kleingeist geschürt werden – dann avanciert der *Byronic Hero* zur positiven Identifikationsfigur, etwa des genialischen Künstlers.

Sowohl bei Schiller als auch bei Byron liegt diesem Modell eine im Extremfall nur noch diffuse Vorstellung vom Kunstcharakter des Werkes zugrunde. Der Zugriff funktioniert dann über Gemeinplätze: Byron ist der mit dem antiheldenhaften, genialischen Protagonisten, Schillers Dichtung ist je nach Anwendungsbereich die mit der moralischen Botschaft oder einem Plädoyer für Freiheit. In sozialmoralischer Hinsicht rezipierte Werke bedürfen keiner genauen Kenntnis, weil der Zugriff unspezifisch auf das Thema, die zum Konzept verdichtete Figur (*Byronic Hero*) oder noch unspezifischer nur auf die abstrakte Botschaft (moralische Erziehung, Freiheit) erfolgt. Wird die Botschaft als Reflexion und ggf. daraus resultierend als Beanstandung der geltenden Ordnung oder Denkweisen wahrgenommen, kommt dem Autor eine Art Pariarolle zu (in Hannah Arendts Verständnis), weil er die Gesellschaft als Außenstehender beobachtet, reflektiert, kritisiert, ihre imaginativen Gegenentwürfe zeichnet oder das Beobachtete zu einem überindividuellen Prinzip zu transformieren vermag.

---

31 Gerhard bezeichnet diese Sprüchesammlungen als eine „Anleitung zur Applikation" und erkennt darin die interdiskursive Tendenz, Schillerlektüre zu einer Form religiöser Handlung zu funktionalisieren. Gerhard, Schiller als „Religion" 1994, S. 87–92.
32 Vgl. Atara Stein: The Byronic Hero in Film, Fiction, and Television. Carbondale 2009.

Wird die Botschaft als Agitation verstanden, stilisiert das die Autorin ebenfalls zur Nonkonformistin, zur Rebellin. Das Werk erfüllt die Funktion einer Handlungsanweisung, sei es als Verhaltenscodex, nachahmungswürdiges bzw. warnendes Exempel oder Identifikationsangebot. Verankert ist und verbreitet wird dieses Modell schwerpunktmäßig in sogenannten sozialmoralischen Ausbildungsstätten wie Schule oder Elternhaus, aber auch in Massenmedien, die – wie zuweilen behauptet wird – an die Stelle der Kirche getreten und dazu geeignet sind, moralische Werte zu propagieren und zu stabilisieren.[33]

Das *politische Modell* liegt vor, wenn dem Werk oder dessen Autor die Funktion der Diskursstabilisierung zugeschrieben wird. „Politisch" meint an dieser Stelle also *nicht* das Diskursfeld der Politik, sondern eine politisierende Gebrauchsform – eine, in der das Werk oder die Autorin selbst zum Politikum werden. Das ist tatsächlich häufig in Formen politischer oder ideologischer Funktionalisierung der Fall, weil die Modellierung dem Kriterium der Passfähigkeit zum politischen Programm, einer Ideologie oder Position folgt. Da diese Bezugnahme auch ohne das Werk, sogar ohne den vagen thematischen Zusammenhang auskommt, der für das sozialmoralische Modell noch konstitutiv ist, wird der Klassiker aufgrund seines Status herangezogen, um als Patron des jeweiligen (ideologischen) Programms zu dienen oder eine imaginäre Gemeinschaft zu autorisieren. Er stabilisiert den eigenen Diskurs, was auch für einen Gegendiskurs gelten kann, aus dem heraus ein hegemonialer Diskurs destabilisiert werden soll. Der Gebrauch kann weitgehend unideologisch sein, wie es beispielsweise im Anwendungsfeld des Bildungsdiskurses möglich, wenngleich nicht zwingend ist. Charakteristisch für dieses Modell ist die bereits erwähnte Funktionsbehauptung, die mit Blick auf die konkrete Bedarfssituation erfolgt. Die beabsichtigte Diskursstabilisierung im Sinne einer Verständigungsgrundlage wird durch Institutionalisierung und Verbreitung durch ‚offizielle' Medien erreicht (Schulbücher, Lektürelisten, Literatur- und Ideengeschichten etc.). Paradebeispiele dieses Modells lassen sich in totalitären Ordnungen finden, die sich mit Klassikern als Aushängeschildern schmücken und dabei Willkür walten lassen: *Schiller als Kampfgenosse Hitlers*[34] oder Hölderlin als Vordenker des Nationalsozialismus[35]

---

[33] „Je mehr die traditionellen Unternehmer gesellschaftlicher Solidarität wie Familie, Gewerkschaften und Kirchen an Glaubwürdigkeit und Integrationskraft verloren haben, desto stärker sind die Massenmedien zu zentralen Kommunikatoren moralischer Pflichten gegenüber den Mitmenschen geworden." Sigrid Baringhorst: Solidarität ohne Grenzen? Aufrufe zu Toleranz, Mitleid und Protest in massenmedialen Kampagnen. In: Jörg Bergmann, Thomas Luckmann (Hg.): Kommunikative Konstruktion von Moral. Mannheim 2013, S. 236–259. Hier S. 236.
[34] So der Titel einer Abhandlung von Hans Fabricius aus dem Jahr 1932.
[35] Vgl. die Materialien zur Hölderlin-Rezeption im Ausstellungskatalog Zeller, Klassiker in finsteren Zeiten 1933–1945 1983. Paradigmatisch: Band 1, S. 341.

sind besonders krasse Repräsentationen des politischen Modells im Anwendungsfeld eines politischen Diskurses.

Ein nicht ganz so offensichtliches Beispiel, das die Applikation des politischen Modells im Anwendungsbereich des literarischen Diskurses demonstriert, bietet ein Rezeptionsstrang von Ludwig Gleims *Preußischen Kriegsliedern*.[36] Lessing steuert der Ausgabe von 1758 einen *Vorbericht* bei, der die vermeintlich von „einem Grenadier" verfassten Lieder aufgrund ihrer formalen und inhaltlichen Einfachheit lobt. Diese ist für Lessing jedoch nicht ästhetischer Selbstzweck, sondern Mittel, um das eigene Literaturprogramm abzusichern: „Von dem einzigen *Tyrtäus* könnte er die heroischen Gesinnungen, den Geiz nach Gefahren, den Stolz für das Vaterland zu sterben, erlernt haben, wenn sie einem Preußen nicht ebenso natürlich wären, wie einem Spartaner."[37] Gleims Werk ist für Lessing als Politikum interessant, weil sich an ihm abstrakt Normen demonstrieren lassen, die der Idee unverfälschter Poesie entsprechen. Die formale wie inhaltliche Argumentation bleibt auf Allgemeinplatzniveau: „Alle seine Bilder sind erhaben, und all sein Erhabenes ist naiv. Von dem poetischen Pompe weiß er nichts; und prahlen und schimmern scheint er, weder als Dichter noch als Soldat zu wollen."[38] Dass hier die Idee der tatsächlichen Lektüre übergeordnet ist, bekräftigt das Betonen der angeblichen Autorschaft:

> Der Verfasser ist ein gemeiner Soldat, dem ebenso viel Heldenmut als poetisches Genie zuteil geworden. Mehr aber unter den Waffen, als in der Schule erzogen, scheinet er sich eher eine eigene Gattung von Ode gemacht, als in dem Geiste irgend einer schon bekannten gedichtet zu haben.[39]

Ursprünglichkeit, Einfachheit, Volksnähe – hier klingt die Idealvorstellung von Poesie an, die später in der Bardenmode aufgehen wird.[40] Und Lessing vollzieht tatsächlich den Rückgriff auf die Bardentradition: „Wenn ich unsern Grenadier ja mit Dichtern aus dem Altertume vergleichen sollte, so müßten es unsere Barden sein."[41] Es lohnt sich, diesen *Vorbericht* so ausführlich zu zitieren, weil sich

---

36 Zu Lessings Rolle bei der Entstehung des Bandes vgl. Winfried Woesler: Lessing als Herausgeber von Gleims ‚Kriegsliedern' und von Gleims Bearbeitung seines ‚Philotas'. In: Jochen Golz, Manfred Koltes (Hg.): Beihefte zu Editio. Tübingen 2008, S. 144–153.
37 Gotthold Ephraim Lessing: Werke 1758–1759, hg. von Gunther E. Grimm (= Werke und Briefe in zwölf Bänden, hg. von Wilfried Barner zusammen mit Klaus Bohnen, Gunther E. Grimm, Helmuth Kiesel, Arno Schilson, Jürgen Stenzel und Conrad Wiedemann. Band 4). Frankfurt a. M. 1997, S. 90–93. Hier S. 90.
38 Ebd., S. 91.
39 Ebd., S. 90.
40 Vgl. Stellenkommentar in: Ebd., S. 846–851. Hier S. 848.
41 Ebd., S. 91.

auf den wenigen Seiten mehrere Aspekte des politischen Modells aufzeigen lassen, wozu insbesondere auch die Identifikation von Autor und Werk gehört. Zur Stabilisierung des Diskurses werden Werte wie Untergebenheit, Bescheidenheit, Treue oder heroische Opferbereitschaft gelobt – allesamt sind es also auch Werte, die der Sicherung von (politischer) Macht dienen und gleichzeitig eine vergangene, ritterlich-patriarchale Utopie aufrufen. Glaubhaft steht das Werk dafür, wenn der als Autorität herangezogene Autor sie mit seiner Biografie authentifiziert. Aus diesem Impuls heraus lässt sich erklären, warum Lessing die Autorfiktion wider besseres Wissen[42] übernimmt und mit dem *Vorbericht* als Fakt zementiert. Bereits im Kontext des Siebenjährigen Krieges ist die Figur des „Barden" ideengeschichtlich auf die Funktion als Patron eines Volkes festgelegt (vgl. Kapitel 3). Die von Klopstock zum Göttinger Hain reichende Rezeption des patriotisch gefärbten Motivs[43] bekommt mit Gleims *Kriegsliedern* allerdings einen martialischen, geradezu blutrünstigen Anstrich, was Lessing kaum thematisiert. Von den Inhalten distanziert er sich später sogar, was darauf hindeutet, dass es ihm vielmehr um eine abstrakte Idee geht, als um tatsächliche Vaterlandsliebe, von der er, wie er selbst zugibt, „keinen Begriff hat".[44]

Goethe, der in *Dichtung und Wahrheit* zunächst vermerkt, „jede Nationaldichtung muss schal sein oder schal werden, die nicht auf dem Menschlich-Ersten ruht, auf den Ereignissen der Völker und ihrer Hirten, wenn beide einen Mann stehen", führt weiter aus, dass die *Kriegslieder*

> deshalb einen so hohen Rang unter den deutschen Gedichten [behaupten], weil sie mit und in der Tat entsprungen sind, und noch überdies, weil an ihnen die glückliche Form,

---

42 Dass Lessing um die tatsächliche Identität des vermeintlichen Grenadiers wusste, ist nachweisbar. Tatsächlich ermunterte er Gleim sogar zu der Sammlung. Vgl. Stellenkommentar in: Ebd., S. 846–851.
43 Vgl. Hans-Martin Blitz: „Gieb, Vater mir ein Schwert!" Identitätskonzepte und Feindbilder in der ‚patriotischen' Lyrik Klopstocks und des Göttinger „Hain". In: Hans Peter Herrmann, Hans-Martin Blitz (Hg.): Machtphantasie Deutschland. Frankfurt a. M. 1996, S. 80–122.
44 Vgl. 215. Brief an Gleim vom 16. Dezember 1758: „Der Patriot überschreitet den Dichter zu sehr und noch dazu so ein soldatischer Patriot" und er „fange wirklich an, sich vor ihm zu fürchten". Darüber hinaus stellt er am 14. Februar im 221. Brief klar: „Ich habe überhaupt von der Liebe des Vaterlandes (es tut mir leid, daß ich Ihnen vielleicht meine Schande gestehen muss) keinen Begriff." Gotthold Ephraim Lessing: Briefe von und an Lessing, hg. v. Helmuth Kiesel unter Mitwirkung von Georg Braungart und Klaus Fischer (= Werke und Briefe in zwölf Bänden, hg. von Wilfried Barner, Klaus Bohnen, Jürgen Stenzel, Arno Schilson, Axel Schmitt, Helmut Kiesel, Georg Braungart, Klaus Fischer, Ute Wahl, Markus Reppner, Antje Büssgen, Kirsten Burmeister. Band 11.1). Frankfurt a. M. 1987, S. 305 und 311.

als hätte sie ein Mitstreitender in den höchsten Augenblicken hervorgebracht, uns die vollkommenste Wirksamkeit empfinden lässt.[45]

Auch hier kommt der Bezug über Allgemeinplätze nicht hinaus, die ja keineswegs die Spezifik der Gleim'schen *Lieder* treffen. Vielmehr ist eine Art Dezisionismus zu beobachten, mit dem die von Franzosen- und Ungarnhass getränkte Dichtung als Vorreiter des balladesken Tons in der Lyrik stilisiert wird, wozu auch die Tatsache passt, dass Goethe *Des Knaben Wunderhorn* damit vergleicht.[46]

Außerhalb des gelehrten Diskurses diente diese Art der Lyrik während dieses „frühmodernen Medienkrieges"[47] als „ideologisches Bindemittel zwischen Gesellschaft, Staat und Militär".[48] Bezeichnenderweise geht der literarisch gelehrte Diskurs à la Lessing und Goethe weitaus stärker am Text und dessen Inhalten vorbei als die patriotische Agitation. Die Kriegspropaganda rekurriert auf ein sozialmoralisches Modell, denn die Rollenfiktion des soldatischen Barden ist denkbar gut dazu geeignet, „ein authentisches Kriegserleben" zu simulieren, das dem „(literatur-)politischen Ziel [folgt], den realen preußischen Hegemonialkrieg zu einem nationalen Verteidigungskrieg für ein diskursiv konstruiertes Deutschland umzuschreiben".[49] Möglich wird dies, indem ein Ressentiment gegen den ‚Feind' provoziert wird: „Unsterblich macht der Helden Tod, / Der Tod fürs Vaterland!"[50] im Kampf gegen Friedrichs Feinde. Sowohl gegen die Ungarn, denen die berüchtigten Zeilen „Aus deinem Schädel trinken wir / Bald deinen süßen Wein, / Du Ungar!"[51] gelten, als auch gegen die Franzosen, denen es

---

45 Johann Wolfgang von Goethe: Aus meinem Leben. Dichtung und Wahrheit, hg. von Klaus Detlef Müller (= Sämtliche Werke. Briefe, Tagebücher und Gespräche in vierzig Bänden, hg. von Dieter Borchmeyer et al. Band 14). Frankfurt a. M. 1986, S. 306.
46 Johann Wolfgang von Goethe: Achim von Arnim und Clemens Brentano (Hg.): Des Knaben Wunderhorn. In: Ders.: Ästhetische Schriften 1806–1815, hg. von Friedmar Apel (= Sämtliche Werke. Briefe, Tagebücher und Gespräche in vierzig Bänden, hg. von Dieter Borchmeyer et al. Band 19). Frankfurt a. M. 1998, S. 253–267. Hier S. 262: „In *Das heiße Afrika* spukt doch eigentlich nur der halberstädter Grenadier".
47 Christoph Deupmann: Der Siebenjährige Krieg in der deutschsprachigen Lyrik. In: Heinrich Detering, Peer Trickle (Hg.): Geschichtslyrik. Ein Kompendium. Band 2. Göttingen 2013, S. 547–573. Hier S. 548.
48 Ebd., S. 549.
49 Christoph Jürgensen: Geschichtslyrik der Befreiungskriege. In: Ebd., S. 667–702. Hier S. 671.
50 Johann Wilhelm Ludwig Gleim: Bey Eröffnung des Feldzuges. Aus: Preußische Kriegs- und Siegeslieder. In: Ders.: Ausgewählte Werke, hg. von Walter Hettche. Göttingen 2010, S. 79–111. Hier S. 81 f., Vers 19 f.
51 Ebd., S. 82 f. Vers 9–12.

„nicht an Mann und Pferd, / An Heldenmut gebricht[]".[52] Die divergierende Rezeption der *Preußischen Kriegslieder* deutet auf die Unterscheidung zwischen dem Modell und dem jeweiligen Anwendungsbereich hin: Das politische Modell liegt im literarischen Gelehrtendiskurs, das sozialmoralische im agitatorischen Breitendiskurs vor.

Zusammenfassend: Das Original wird in einem ästhetischen, sozialmoralischen und politischen Zugriff mit Blick auf die Bedarfskonstellation, die gattungsspezifischen modellbildenden Merkmale einbeziehend, modelliert und im jeweiligen Anwendungsbereich als Nationalklassiker, Genie, moralisches Vorbild, überirdische Autorität etc. repräsentiert. Diese Repräsentationen müssen rezipiert und appliziert, d. h. adaptiert, appropriiert, stabilisiert, problematisiert – kurzum: gebraucht werden, damit von einer Anerkennung bzw. Resonanz gesprochen werden kann. Wenn ich also im Folgenden die Modelle ausdifferenziere, dann meine ich abstrakte Zugriffstypen, die als imaginäre oder materielle Repräsentationen in den Lebenswirklichkeiten realisiert werden, was Tabelle 2 differenzierter abbildet. Die Typologie charakterisiert sowohl die Handhabe (als Kunstwerk, Botschaft, Politikum) als auch die jeweiligen Spezifika hinsichtlich der Funktion, der Stilisierung des Autors, des typischen Modus, in dem die Geltung metadiskursiv legitimiert wird, der Wirkungsintention intermedialer Adaption sowie der ideal- oder prototypischen gesellschaftlichen Bereiche, in denen die Modelle jeweils anzutreffen sind.

Tab. 2: Modell-Typologie

Modell	ästhetisch	sozialmoralisch	politisch
Klassiker interessiert als...	KUNSTWERK	BOTSCHAFT	POLITIKUM
Funktion	Vorbild, Muster	Handlungsorientierung	Diskursstabilisierung
Autor (wenn rezipiert)	Genie/Star	Identifikations-, Reflexions- oder Warnfigur	Autorität
Typischer Diskursmodus	Innovationsbehauptung	Relevanzbehauptung	Funktionsbehauptung
(Inter)mediale Verbreitung	Auratisierung von Werk und Medium	Inszenierung/Verstärkung der Botschaft	Inszenierung des Status
Prototypische Institutionen und Anwendungsbereiche	Kunst-, Literatur- und Kritikbetrieb	„Sozialisationsagenturen" (Elternhaus, Schule, Massenmedien etc.)	Kultur- und bildungspolitische Institutionen (u. a. Kanones)

---

52 Ders.: Siegeslied nach der Schlacht bey Roßbach den 5ten November 1757. In: Ebd., S. 88–96, Vers 125 f.

Mit der Typologie lässt sich im nächsten Abschnitt zeigen, wie die historisch und bedarfsspezifisch variierenden Modelle unterschiedliche Aspekte des Schaffens und/oder der Biografie fokussieren, der Klassiker also tatsächlich je nach Gebrauchskonstellation fragmentiert wird. Die Typen können auf der Ebene von Gegenständen oder Diskursen durchaus zusammenfallen: So sind im Bildungsdiskurs Praktiken zu beobachten, denen ein je unterschiedliches Modell zugrundeliegt. Dort, wo die Lehrpläne samt Lektüreauswahl beschlossen werden, ist ein politisches diagnostizierbar. In einer Unterrichtspraxis, in der die Reflexion über die Inhalte und deren gesellschaftliche Relevanz befördert wird, liegt ein sozialmoralisches Modell zugrunde, in einer Lerneinheit, in der stilistische Eigenheiten oder Epochensignaturen thematisiert werden, wiederum ein ästhetisches.[53]

4.2 Bedarfsorientierte Fragmentierung: Mickiewicz und die drei Gesichter des Nationalbarden

Adam Mickiewiczs im Polnischen verbreiteter Titel „wieszcz", was im Deutschen mit „Barde" und mit „Prophet" übersetzbar ist, markiert ein Kollektivindividuum, insofern das gesamte Werk, die Biografie sowie die kultur-, literaturgeschichtliche und politische Bedeutung zugleich angesprochen werden. Die Verschmelzung zu einer monumentalen Ganzheit war lange Zeit vorrangig auf die Funktion nationaler Selbstvergewisserung ausgerichtet: Mickiewicz wurde mit der prophetischen Gabe ausgestattet, die polnische Nation ‚herbeizusingen'; eine Aufgabe, die er nur als übermenschliches Konstrukt erfüllen konnte.

Gegen diesen Einklang möchte ich einen Dreiklang und damit einen fragmentierten Mickiewicz setzen. Es wird sich zeigen, dass in den jeweiligen Anwendungsbereichen und Bedarfskonstellationen auf unterschiedliche Weise auf Leben, Werk und kulturelle Bedeutung Bezug genommen wird. Auch wenn für das polnische Nationalverständnis offiziell das Versepos *Pan Tadeusz, albo ostatni zajazd na Litwie / Pan Tadeusz, oder die letzte Fehde in Litauen* eine wichtige Rolle spielt, soll der fragmentierende Modellierungsmechanismus hier vor allem am Beispiel des Balladendichters veranschaulicht werden.

---

[53] Weil sich die Gebrauchsweisen in den Schulen häufig überlagern und zudem die tatsächliche Handhabe aus den Vorgaben nicht zuverlässig rekonstruierbar ist, werden schulische Anwendungen nur sporadisch herangezogen.

4.2.1 Modell 1: Mickiewicz, ästhetisch

1822 ist die wichtigste Zäsur der polnischen Literaturgeschichte. In diesem Jahr erschien der Poesieband des 23 Jahre jungen, als Patriot und als Künstler revolutionär gesinnten Adam Mickiewicz. Das literaturhistorische Narrativ besagt, dass der Band mit dem Titel *Ballady i romanse / Balladen und Romanzen* die europäische Romantik in Gestalt der Ballade nach Polen brachte und die Literatur und Nation nachhaltig veränderte. Das Jahr gilt fortan als Begründungsmoment einer modernen polnischen Literatur, der Band als das Manifest der romantischen Periode.[54] Das ist nicht zuletzt der Programmatik geschuldet, die in einer Vorrede und der Ballade *Romantyczność*, die im Deutschen mit *Romantik, Das Romantische* oder *Die Erscheinung* übersetzt wurde,[55] entworfen wird. An den europäischen Trend zum Irrationalismus anknüpfend und das romantische Liebesideal zelebrierend, traf der Balladenband unmittelbar auf einen Bedarf, der sich an den Absatzzahlen ablesen lässt: Die erste Auflage von 500 Exemplaren war augenblicklich vergriffen, die zweite Auflage von 1000 Exemplaren musste im Geheimen nachgedruckt werden und verkaufte sich ebenfalls binnen kürzester Zeit.[56]

Auf den folgenden Seiten wird sich zeigen, dass das ästhetische Mickiewicz-Modell auf einer Innovationsbehauptung basiert, die von seiner Selbstdarstellung vorbereitet und von der Rezeption übernommen wurde. Zu diesem Modell gehört die Vorstellung einer Zäsur,[57] eines ästhetischen Paradigmenwechsels,

---

[54] Vgl. Maria Bojarska: Ballada Polska. Wrocław 1962, S. XLV.
[55] Von der Ballade existieren unter anderem Übersetzungen von Justinus Kerner, Juliusz Mendelson, Carl von Blankensee, Gotthilf Kohn, Albert Weiß, Carl von Pentz, Arthur Mandel. Auswahl: Adam Mickiewicz: Die Erscheinung. In: Justinus Kerner: Gesamtwerke in 4 Bänden, hg. vom Justinus Kerner-Verein in Weinsberg. 4. Band. Weinsberg 1909, S. 72–74; Adam Mickiewicz: Balladen und Romanzen. Aus dem Polnischen metrisch übertragen von Dr. Albert Weiß. Leipzig 1874, S. 7–9; Adam Mickiewicz: Romantik, übers. von Carl v. Pentz. In: Jenseits der Oder 7, 7 (1956), S. 3. Juliusz Mendelson: Das Romantische. In: Der polnische Parnaß oder eine Auswahl der schönsten Gedichte aus den vorzüglichsten polnischen Dichtern. Erste Lieferung. Kurze Gedichte von A. M. In's Deutsche übers. und hg. von Juliusz Mendelson. Heidelberg: 1834, S. 16–19; Adam Mickiewicz: Romantik. In: Czesław Miłosz: Geschichte der polnischen Literatur des 20. Jahrhunderts, übers. von Arthur Mandel. Tübingen 2013, S. 178–179; Adam Mickiewicz: Mickiewiczs poetische Meisterwerke. Übersetzung, Einleitung und Nachwort von Gotthilf Kohn. Sanok 1880–1884; Adam Mickiewicz: Sämtliche Werke. Erster Teil. Gedichte. Aus dem Polnischen übertragen von Carl von Blankensee. Berlin 1836; Adam Mickiewicz: Romantik. In: Poetische Werke. Bd. 1, übers. von Arthur Ernst Rutra. München 1919, S. 3–5.
[56] Czesław Zgorzelski: Dzieje Ballady w Polsce [Geschichte der Ballade in Polen]. In: Ders., Ireneusz Opacki: Ballada. Wrocław 1970, S. 104.
[57] Zum politischen dagegen die von Kontinuität und Fortschritt, dessen Höhepunkt der Klassiker ist.

die den Autor zum rebellischen Genie stilisiert. Insgesamt lassen sich seinen frühen Schriften zwei Strategien der Automodellierung entnehmen, die in der späteren Rezeption wirksam werden. Zum einen baut er eine alternative Klassikerlinie mit den Leuchttürmen Goethe, Schiller, Byron und Shakespeare auf und zum anderen verschweigt er Quellen, Einflüsse und gleichzeitige Entwicklungen.

a) Automodellierung und Innovationsbehauptung I: Beleuchten einer neuen Klassikerlinie (Goethe, Schiller, Byron – Mickiewicz)

In den frühen programmatischen Texten ist deutlich erkennbar, dass Mickiewicz das eigene Schaffen erstens als eine Innovation und zweitens im Kontext zeitgenössischer Größen der europäischen Literatur präsentiert. Die Vorrede *O poezji romantycznej / Über romantische Poesie*[58] zu *Ballady i romanse* und der einige Jahre später entstandene Aufsatz *Goethe i Bajron / Goethe und Byron*[59] prägen die Wahrnehmung seines Werks als ästhetischer Zäsur und Neuausrichtung der polnischen Literaturgeschichtsschreibung bis heute.[60]

Die Quellen zur Rezeption der Weimarer Klassiker und der englischen Literatur durch Mickiewicz und den um ihn bestehenden Geheimbund der Philomaten sind gut erforscht.[61] Im folgenden Abschnitt soll es deshalb nicht darum gehen, die in großen Teilen auf Deutsch zugängliche Forschung zu referieren, son-

---

58 Adam Mickiewicz: O poezji romantycznej [Über romantische Poesie]. In: Ders., Pisma prozą. Część I 1955, S. 185–204.
59 Adam Mickiewicz: Goethe i Bajron [Goethe und Byron]. In: Ebd., S. 246–254.
60 Vgl. Maria Makaruk: Współczesne wersje mitu Mickiewiczowskiego? O pracach Jarosława Marka Rymkowskiego i Zbigniewa Sudolskiego [Gegenwärtige Versionen des Mickiewicz-Mythos? Über die Arbeiten von J. M. R. und Z. S.]. In: Lidia Wiśniewska (Hg.): Mity, mitologie, mityzacje. Nie tylko w literaturze [Mythen, Mythologien, Mythisierungen. Nicht nur in der Literatur]. Bydgoszcz 2005, S. 169–179. Hier S. 171.
61 Um einige zu nennen: Zofia Ciechanowska: Mickiewicz a Goethe. In: Pamiętnik Literacki: czasopismo kwartalne poświęcone historii i krytyce 21 (1924/25), S. 92–125.; Hermann Buddensieg: Goethe und Polen. In: Mickiewicz Blätter 37 (1968), S. 1–96. Ders.: Mickiewicz und Schiller. In: Bonifacy Miązek (Hg.): Adam Mickiewicz. Frankfurt a. M., New York 1998, S. 353–378; Tadeusz Namowicz: Adam Mickiewiczs „Vorwort" zu den „Balladen und Romanzen" und die deutsche Literatur um 1800. In: Ewa Mazur-Kębłowska, Ulrich Ott (Hg.): Adam Mickiewicz und die Deutschen. Eine Tagung am Deutschen Literaturarchiv Marbach am Neckar. Wiesbaden 2000, S. 50–66; Tadeusz Namowicz: Deutsche Literatur in Polen. In: Franciszek Grucza (Hg.): Tausend Jahre polnisch-deutsche Beziehungen. Warszawa 2001, S. 170–187; Eugeniusz Klin: Die deutsch-polnischen Literaturbeziehungen in der ersten Hälfte des 19. Jahrhunderts – ein methodologischer Rückblick. In: Jan Papiór (Hg.): Polnisch-deutsche Wechselbeziehungen im zweiten Millennium. Bydgoszcz 2001, S. 165–176; Marta Kopij: Über Imitation zur Kreation. Zur Geschichte des deutsch-polnischen romantischen Kulturtransfers. Leipzig 2011.

dern die Funktion der internationalen Klassikerrezeption für die Selbstmodellierung und Selbstpositionierung herauszustellen.

In beiden Texten werden im Rahmen einer Literaturgeschichtserzählung die großen Namen Shakespeare, Goethe, Schiller und Byron als Bezugsfiguren genannt, deren Bedeutung für die jeweilige Nationalliteratur der Autor zunächst hervorhebt, um sich anschließend in ihrer Reihe selbst zu verorten. Zwar werden auch andere – vor allem deutsche – Literaturtheoretiker und Autoren (Bouterweck, die Brüder Stolberg, Bürger etc.) genannt, die in Mickiewiczs Augen den zeitgenössischen europäischen poetologischen Diskurs prägen, doch kommt ihnen nicht dieselbe herausragende Rolle zu wie den genannten. Andere Bezugsgrößen wie Herder oder August Wilhelm Schlegel, die palimpsesthaft durchgängig präsent sind, werden gar nicht genannt, worauf ich später ausführlicher eingehen werde.

Die Forschung zu Mickiewiczs Rezeption ausländischer Literatur flaute nach 1945 erkennbar ab, weil der „deutsche Einfluss" kein Thema der Nachkriegszeit und die Forschung eher bemüht war, die Eigenständigkeit und Einzigartigkeit des Nationalklassikers herauszustellen. Forschungsbeiträge, die sich dem Thema aus späterer Perspektive widmen, neigen dazu, sein Werk erneut als eine verspätete Rezeption europäischer Romantik darzustellen, was sich teilweise als eine Negation der Originalität liest: „Man muss also eine Abhängigkeit Mickiewiczs von fremden Autoren als ein unumstößliches Faktum annehmen."[62] Das wird durch die Tendenz unterstrichen, seine Werke denjenigen von Goethe gegenüberzustellen und *Hermann und Dorothea* mit *Pan Tadeusz*, *Faust* mit *Dziady*[63] zu vergleichen. Eine solche Betrachtung übersieht die gesamteuropäischen und globalen Austauschtauschprozesse, die die Literaturlandschaft seit dem 18. Jahrhundert zunehmend prägen (worauf Goethes mittlerweile ubiquitärer Weltliteraturbegriff verweist). Für die vorliegende Argumentation ist Mickiewiczs Rezeption der Werke Shakespeares, Goethes, Schillers und Byrons weniger als Nachahmung interessant denn als künstlerische Selbstverortung, die sich entscheidend auf die Wahrnehmung seines Erstlingswerks als Innovation auswirkt.[64] Mickiewicz legt mit diesen Bezugsgrößen nicht nur seine Inspirationsquellen offen, sondern mit deren Deutung auch einen Grundstein für die spätere Rezeption der eigenen Werke.

---

62 Namowicz, Adam Mickiewiczs „Vorwort" zu den „Balladen und Romanzen" 2000, S. 66.
63 Alexander Pechnik: Goethe's „Hermann und Dorothea" und „Herr Thaddäus oder der letzte Einritt in Lithauen" von Mickiewicz: eine Parallele mit Beigabe von mehreren übersetzten Auszügen aus dem letzteren Gedichte. Leipzig 1879; Hans Mayer: Mickiewicz und die Deutsche Klassik. In: Deutsche Literatur und Weltliteratur. Reden und Aufsätze. Berlin [1951] 1957, S. 91–112. Andere Perspektive bei Kopij, Über Imitation zur Kreation 2011.
64 Im Folgenden soll nur auf Schiller, Goethe und Byron eingegangen werden.

Zofia Ciechanowska zeichnet bereits 1925 anhand von Briefen nach, welche Bedeutung Schillers Werk für die Philomaten hatte. Sie beginnen Deutsch zu lernen, um Schiller lesen und übersetzen zu können, und aus ihren Briefen geht die Ungeduld hervor, dies nicht schnell genug bewerkstelligen zu können. Durch den glühendsten Verehrer Schillers, Franciszek Malewski, angespornt, lernt Mickiewicz die deutsche Sprache und liest im Frühjahr 1820 *Die Räuber* und *Maria Stuart*. Er übersetzt Schillers *Handschuh*, einige weitere Gedichte und beginnt mit der Übersetzung des *Don Carlos*, die ein Fragment bleiben wird. Im Unterschied zu seinen Mitstreitern beginnt Mickiewicz jedoch schon bald – Ciechanowska nimmt als Zeitpunkt den Herbst des Jahres 1820 an – sich für Goethe zu interessieren.[65] Dessen Schriften sind ungleich schwieriger zu beschaffen als Schillers Werke, zumal Mickiewicz gerade als Lehrer in der Provinz, in Kowno (dt. Kaunas), sein Studienstipendium abarbeitet und auf seine Wilnaer Freunde und deren Kontakte nach Leipzig angewiesen ist, um an ausländische Literatur zu gelangen.[66] Trotz der widrigen Umstände gelingt es ihm, Goethes *Götz*, *Werther* und einige Gedichte zu ergattern, die ihn so sehr beeindrucken, dass er trotz der allgemeinen Schillerverehrung neben Byron nun Goethe zum wegweisenden europäischen Autor ernennt. In seinem Aufsatz *Goethe i Bajron* attestiert der junge Dichter der europäischen Literatur eine aus Imitation resultierende Degeneration, aus der bislang nur England und Deutschland einen Ausweg durch Selbsterneuerung gefunden hätten. Dies führt er auf das fast gleichzeitige Auftreten zweier erstrangiger Genies – eben Goethe und Byron – zurück.[67] Beiden ordnet er eine Funktion zu: Goethe sei der Dichter der Vergangenheit, sein „erstes herausragendes Werk" sei *Götz von Berlichingen*, in dem er „getreu das Mittelalter abbilde" und damit das Bedürfnis „unseres Jahrhunderts" nach Geschichte noch vor Walter Scott erahne.[68] Im Unterschied zu dem Geschichtsbewussten, der sich aus dem aktuellen politischen Geschehen heraushalte,[69] sei der in einer politischen Familie aufgewachsene Byron ein Dichter der Zukunft, der mit jugendlicher Energie die Literatur erneuere. Die europäische Byronver-

---

65 Ciechanowska, Mickiewicz a Goethe 1924/25, S. 99.
66 Kopij, Über Imitation zur Kreation, S. 77.
67 „Skuteczniejszym nad wszelkie rozumowania dowodem poetyckiego usposobienia naszych wieków jest zjawienie [się] prawie jednoczesne dwóch pierwszego rzędu geniuszów: Goethego i Bajrona." Mickiewicz, Goethe i Bajron 1955, S. 247 f.
68 „Wypadkiem takowego usposobienia i dążenia, było pierwsze znakomite dzieło Goethego *Götz von Berlichingen*, w którym poeta, malując wiernie średnie wieki, odczuł potrzebę naszego wieku, potrzebę historii, i poprzedził Waltera Skota." Ebd., S. 250.
69 „Ale tej szczególniej strony Niemiec, w których oświata najbardziej się rozszerzyła, nie mieszając [się] w burzliwe działania polityczne i będąc tylko ich sceną, z drugiej strony zajęte niezmiernie starożytnościami i historią, były właśnie siedliskiem dla poety opiewającego przeszłość." Ebd., S. 249.

ehrung ist auch unter polnischen Literaturschaffenden zu dieser Zeit bereits etabliert. Die Sympathie mit dem Aufständischen Tadeusz Kościuszko, dem Urheber und Anführer eines nach ihm benannten Aufstands gegen Russland und Preußen 1794, die Byron im *Don Juan* (Canto X, v. 470–72) und in *The Age of Bronze* (II, v. 159–170) zum Ausdruck bringt, wird von den jungen Polen erwidert. Der Goethebezug bildet hingegen das genuin Herder'sche Programm ab, das Mickiewicz mit *Ballady i romanse* stillschweigend übernimmt: Mit dem Blick in die Vergangenheit sollen Volkstum und Volksseele belebt und dadurch der Grundstein für eine zukünftige Nation gelegt werden. 1822 sind es die beiden Weimarer Klassiker, die als maßgebliche Vorbilder angeführt werden. In der Vorrede *Über die romantische Poesie*[70] skizziert Mickiewicz den Charakter der neuen Literatur:

> Neue Empfindungen und Imaginationen, die nur den Barbaren eigen waren, ein sogenannter ritterlicher Geist und mit ihm verbunden Respekt und Liebe für das schöne Geschlecht, die den Griechen und Römern fremd waren, das genaue Befolgen der Gesetze der Ehre, religiöse Erhabenheit, mythische Sagen und Vorstellungen über barbarische Völker, die früheren Heiden und neuzeitlichen Christen vermischt – dies alles bildet die *romantische Welt* des Mittelalters, deren Poesie ebenfalls romantisch genannt wird.[71]

Die Entwicklung der Poesie von der griechischen über die römische und französische gipfelt in der englischen und vor allem der deutschen, die aufgrund ihrer Stellung als Nachzüglerin von allen Strömungen zehren und profitieren konnte:

> Überdies ist der Geist, der die Deutschen belebt, ein kosmopolitischer, nicht so auf ein Land oder Volk gerichtet, eher mit der ganzen Menschheit beschäftigt; durch das Zeichnen der zarteren Gefühle des Herzens wird die ritterliche Sentimentalität nahezu in die verstandesmäßige Reinheit erhoben. Die poetische Welt der Deutschen lässt sich als ideal, verstandesmäßig, von der mythischen Welt unterschieden bezeichnen; ihre Eigenschaften werden am deutlichsten in den Früchten des großen Schiller.[72]

---

[70] Adam Mickiewicz: O poezji romantycznej [Über romantische Poesie]. In: Ders., Pisma prozą. Część I 1955, S. 185–204.
[71] „Nowe uczucia i wyobrażenia, samym barbarzyńcom właściwe, tak nazwany duch rycerski i z nim połączony szacunek i miłość ku płci pięknej, Grecji i Rzymianom obcy, ścisłe przestrzeganie praw honoru, uniesienie religijne, podania mityczne i wyobrażenie ludów barbarzyńskich, dawniejszych pogan i nowoczesnych chrześcijan, pomieszane razem – oto jest, co stanowi w wiekach średnich *świat romantyczny*, którego poezja zowie się też romantyczną." Hervorhebung i. O. Ebd., S. 191.
[72] „Nadto duch ożywiający Niemców jest kosmopolityczny, nie tak skierowany ku jednemu krajowi lub narodowi, jako raczej zajmujący się całą ludzkością; w malowaniu delikatniejszych uczuć serca sentymentalność rycerska do czystości prawie podniesiona. Świat poetycki Niemców nazwać można światem idealnym, umysłowym, od świata mitologicznego różnym;

Das letzte Kapitel widmet sich der Volkspoesie [*poezja gminna*] mit besonderem Nachdruck auf Balladen und Romanzen, die Mickiewicz als *die* romantischen Gattungen schlechthin definiert. Die so entstandene alternative Erzählung kann als ein avantgardistischer Gestus gelesen werden, mit dem er sein Werk an den Beginn einer neuen polnischen Literatur setzt, die sich an anderen als den französischen Vorbildern orientiert.

b) Automodellierung und Innovationsbehauptung II: Verschleierung und inszenierte ästhetische Revolution in den *Balladen und Romanzen*

Diese Geste kommt nicht ohne Verschleierungsmomente aus. So findet es Tadeusz Namowicz geradezu auffällig, dass Mickiewicz die Einflüsse Herders verschweigt, die für sein eigenes Interesse an der Volksdichtung nicht unwesentlich sind.[73] Für die polnischen Autoren und Ethnologen bildete Herder ab 1800 einen intellektuellen Nukleus, wobei es Namowicz zufolge hauptsächlich „drei abstrahierte Problematiken"[74] seines Denkens waren, die größeren Anklang fanden: die neue Literaturvorstellung, die mit der starren Regelhaftigkeit des Klassizismus brach, das Interesse am Volkslied und die Idee des Slawentums. Diese drei Aspekte sind in der Vorrede und der darin erörterten ‚neuen' Literaturkonzeption präsent, ihr Ursprung wird jedoch ebenso wenig benannt wie Mickiewiczs polnische Einflüsse. Denn tatsächlich hatten sowohl die Debatte um romantische und klassische Poesie als auch das Interesse an Volkspoesie prominente Vorläufer in Polen. In beiderlei Hinsicht war Kazimierz Brodziński, der als der ‚polnische Herder' tituliert wurde, eine zentrale Gestalt. In seiner Schrift *O klasyczności i romantyczności tudzież o duchu polskim / Über die Klassik und die Romantik, also über den polnischen Geist* von 1818 definiert er das Romantische in ähnlicher Weise, wie es vier Jahre später Mickiewicz tun wird:

> Alles, was aus der Vergangenheit an Unschuld, Ungezwungenheit, Begeisterung jener goldenen, patriarchalen, ritterlichen Jahrhunderte erinnert, wo die Begeisterung, nicht die Berechnung im Handeln, Einfachheit, nicht Kunst in der Schönheit sich abzeichnet, macht auf uns einen romantischen Eindruck, dessen Eigenschaft eine angenehme Traurigkeit ist, wie der Nebel, Begleiter des Herbstes, da er nur die Gefühle der Erinnerung und der Sehnsucht zu erwecken vermag.[75]

---

jego cechy najdobitniej wydają się w płodach wielkiego Schillera." Adam Mickiewicz: O poezji romantycznej [Über romantische Poesie]. Ebd., S. 199.

73 Tadeusz Namowicz: Wstęp [Einleitung]. In: Johann Gottfried Herder. Wybór pism [Auswahl seiner Schriften], hg. von Tadeusz Namowicz. Wrocław 1987, S. vii–lxxxvi. Hier S. lxxiii f.
74 Ebd.
75 „Wszystko, co z przeszłości niewinność, swobodę, zapał złotych, patriarchalnych, rycerskich wieków przypomina, gdzie zapał, nie rachuba w czynach, prostota, nie sztuka w

Deutlicher noch als Mickiewicz proklamiert Brodziński den Weg zu einer eigenständigen, slawischen Literatur nicht nur über das Studium der Vergangenheit – das fordern und betreiben vor ihm bereits andere[76] –, sondern sieht in der Literaturproduktion den Weg, um den Volkscharakter aufzudecken. Er steht der europäischen Romantik keineswegs unkritisch gegenüber, das Reden über Geister und Erscheinungen hält er für Humbug. Das Feld, auf dem die polnische Literatur sich konstituieren sollte, ist in seinen Augen die Idylle (im Polnischen „sielanka") als die dem slawischen Charakter entsprechende Gattung. Alina Witkowska formuliert dazu:

> Als die Kontinuität des Nationalcharakters zum Faktum wurde, als die Eigenschaften dieses Charakters näher bestimmt und sozusagen dekodiert wurden, gab es keinen Zweifel daran, dass der Pole nicht anders als sanft, gut und idyllisch sein könne, demzufolge die Produkte der Kultur, insbesondere die Literatur, die aufs Engste mit der Expression des Geistes verbunden war, eine relevante Ähnlichkeit mit der allgemeinen Typologie des Polentums aufweisen mussten.[77]

Insofern sei Brodziński „der Mann", „der die kopernikanische Wende in Polen herbeiführte" und „den Polen ihren ästhetischen Geschmack und die Vorliebe für eine bestimmte Gattung" bewusst machte bzw. einredete.[78]

Neben Brodziński beschäftigte sich der Ethnologe Zorian Dołęga Chodakowski intensiv mit Folkloristik, sammelte Volkslieder und verfasste 1818 sein Hauptwerk *O sławiańszczyźnie przed chrzecijaństwem / Über das Slawentum vor dem Christentum*. Darin stellt er das Vordringen des neuen christlichen Glaubens in den europäischen Osten als einen Regress dar:

---

piękności się maluje, sprawia na nas romantyczne wrażenie, którego cechą jest miły smutek jak mgła, towarzyszka jesieni, bo tylko uczucie wspomnień i tęschnoty obudzać może. Piękności romantyczne są wyłącznie dla serc tkliwych i dla umysłu naturę i ducha wieków badającego." Kazimierz Brodziński: O klasyczności i romantyczności tudzież o duchu poezji Polskiej. In: Ders.: Pisma estetyczno-krytyczne [Ästhetisch-kritische Schriften], hg. von Zbigniew Jerzy Nowak (= Dzieła, hg. von Stanisław Pigoń. Band 1). Wrocław 1964, S. 3–71. Hier S. 14.

76 Alina Witkowska zeigt zahlreiche Quellen auf, aus denen sich der Slawen-Diskurs speist. Alina Witkowska: Sławianie my lubim sielanki [Slawen, wir lieben die Idylle]. Warszawa 1972, S. 5–61.

77 „Gdy ciągłość charakteru narodowego stała się pewnikiem, gdy cechy tego charakteru zostały określone i niejako skodyfikowane, gdy nie uchodziło wprost przypuszczać, że Polak być może innym niż łagodny, dobry i sielski, zatem wytwory kultury, zwłaszcza zaś literatura, najbliżej związana z ekspresją ducha, musiały wykazywać istotne podobieństwo z ogólną typologią polskości." Ebd., S. 62.

78 Vgl. ebd. und Milica Jakóbiec-Semkowa: Kazimierz Brodziński i Słowiańska pieśń ludowa [Kazimierz Brodziński und das slawische Volkslied]. Warszawa 1975.

Die Zeit wird jene Wahrheit offenbaren, dass von dem Moment an, als man uns mit Wasser begossen hatte, alle uns kennzeichnenden Eigenschaften sich abzuwaschen begannen, der unabhängige Geist wurde schwächer und uns nach fremdem Vorbild bildend, wurden wir uns selbst fremd.[79]

Chodakowskis Ideen fanden breiten Anklang und seine Sammlertätigkeit viele Nachahmer, die sich wie er selbst auf Wanderschaft und die Suche nach lebendiger Volkspoesie begaben.[80]

Aus dem engeren Kreis der Philomaten teilten vor allem Jan Czeczot und Tomasz Zan, denen Mickiewicz seinen ersten Poesie-Band widmet, das wachsende Interesse an der Folklore und verfassten selbst Balladen. Zwei in Zans Bändchen *Tabakiera / Die Tabakdose* enthaltene Balladen – *Ballada Twardowski* (1818) und *Świteź*[81] (1820) – kommen unter ähnlichen Titeln bei Mickiewicz vor, wurden jedoch der neuen Programmatik entsprechend verändert, wie ein Vergleich zwischen Zans *Ballada Twardowski* und Mickiewiczs *Pani Twardowska* zeigen kann. *Pan / Herr Twardowski* ist ein ins Ende des 16. Jahrhunderts zurückreichender Stoff, dessen Protagonist in Teilen der Faust-, in Teilen der Münchhausen-Figur ähnelt. Es ist die Geschichte eines Adeligen, der seine Seele an den Teufel verkauft und dafür – je nach Variante – Zauberkräfte oder Reichtümer erhält.[82] In Mickiewiczs humoristischer *Pani / Frau Twardowska* ist Zans Ballade als Prätext präsent. So referiert Mickiewicz implizit auf die bei Zan die ersten 193 Verse umfassende Paktschließung, wenn er den Satan knapp darauf verweisen lässt:

Wszak ze mnąś na Łysej Górze	So hast du auf dem Blocksberg
Robił o duszę zapisy;	Mir deine Seele verschrieben;
Cyrograf na byczej skórze	Den Schuldschein auf dem Ochsenfelle
Podpisałeś ty, i bisy.	Haben du und die Teufel unterschrieben.

---

[79] „Czas wyjaśni tę prawdę, że od wczesnego polania nas wodą, zaczęły zmywać się wszystkie cechy nas znamionujące, osłabiał w wielu naszych stronach duch niepodległy, i kształcąc się na wzór obcy, staliśmy się na koniec sobie samym cudzemi." Zorian Dołęga Chodakowski: O sławiańszczyźnie przed chrześcijaństwem. Kraków 1835, S. 2.
[80] Dazu gehört auch der im 3. Kapitel vorgestellte Oskar Kolberg, Pieśni ludu Polskiego 1854.
[81] Der Titel bezieht sich auf den Świteź-See, der in der Nähe von Mickiewiczs Geburtsort Zaosie im heutigen Weißrussland liegt.
[82] Die Identität von Faust und Pan Twardowski wurde in der Vergangenheit diskutiert, mittlerweile gilt es als erwiesen, dass nur eine Ähnlichkeit beider Mythen besteht. Vgl. Sonja Pähl: Der Faustmythos in der polnischen Romantik. München 2011, S. 56–63.

Miały słuchać twego rymu	Sie sollten auf deinen Reim [auf dich] hören
Ty, jak dwa lata przebiegą,	Du, wenn zwei Jahre um sind,
Miałeś pojechać do Rzymu,	Solltest nach Rom fahren,
By cię tam porwać jak swego.	Wo ich dich zu mir holen würde.[83]

Das Versprechen wird dem jungen Twardowski bei Zan zum Verhängnis. Davon überzeugt, die Stadt Rom niemals zu besuchen, geht er den Pakt ein. Als Gegenleistung erhält er ein Schloss, mit dem er seiner höhergeborenen Geliebten Malwina imponieren will. Die Krux besteht darin, dass der Grund, auf dem das Schloss steht, „Roma-nova"[84] genannt wird. Ähnlich fällt Twardowski in Mickiewiczs Variante herein: Nachdem er überzeugt davon ist, dem teuflischen Zugriff entronnen zu sein, begibt er sich in eine Kneipe, die den Namen „Rom" trägt. Im Unterschied zu Zans Ende schafft es Twardowski bei Mickiewicz, dem Teufel zu entkommen, indem er drei im Pakt festgeschriebene Wünsche einlöst. Nachdem Mephisto zwei unmöglich scheinende Aufgaben gemeistert hat, fordert Twardowski die dritte:

Jeszcze jedno, będzie kwita,	Eins noch, dann sind wir quitt
Zaraz pęknie moc czartowska;	Gleich zerbricht die teuflische Macht;
Patrzaj, oto jest kobieta	Schau, das ist eine Frau
Moja żoneczka Twardowska.	Mein Frauchen Twardowska.
Ja na rok u Belzebuba	Für ein Jahr beim Beelzebub
Przyjmę za ciebie mieszkanie	Übernehme ich für dich das Wohnen
Niech przez ten rok moja luba	Für dieses Jahr soll meine Holde
Z tobą jak z mężem zostanie.	Mit dir wie mit einem Gatten bleiben
Przysiąż jej miłość, szacunek	Schwör ihr Liebe, Respekt
I posłuszeństwo bez granic;	Und grenzenlosen Gehorsam;
Złamiesz choć jeden warunek.	Brichst du nur eine Bedingung
Już cała ugoda za nic.	So ist der Vertrag hinfällig.[85]

Vor dieser Aufgabe ergreift der Teufel, der zuvor sogar ein Bad im Weihwasser absolviert hat, die Flucht durchs Schlüsselloch. Mit dem humoristischen, volksnahen Stil und folkloristischer Motivik unterscheidet sich diese Ballade offenkundig von Zans düsterer Variante, die prägende Elemente von Bürgers *Lenore* aufweist: Auch Zan schneidet das Diskursfeld Liebe-Religion an und baut den

---

[83] Adam Mickiewicz: Pani Twardowska. Ballada. Aus: Ballady i Romanse. In: Ders.: Wiersze (= Dzieła, hg. von Julian Krzyżanowski et al. Band II). Warszawa 1955, S. 101–175. Hier S. 142–146, Vers 37–44.
[84] Tomasz Zan: Ballada Twardowski. In: Jan Czubek (Hg.): Poezja Filomatów. Tom I [Poesie der Philomaten. Band I]. Kraków 1922, S. 315–329, Vers 364.
[85] Mickiewicz, Pani Twardowska 1955, Vers 105–116.

für *Lenore* so markanten Ritt ein, bei dem die Geliebte das Unheil in Gestalt von Gespenstern kommen sieht.[86] Dem von Mickiewicz in der Vorrede ebenfalls gelobten Bürger und damit der deutschen Kunstballadentradition ist Zans frühere Ballade sichtlich näher. Bereits zur Entstehungszeit war die Vorlage nur eingeweihten Philomaten bekannt, die deren Vortrag auf Mickiewiczs Namenstagsfeier erlebt hatten. Heute ist sie nahezu vollkommen vergessen, während Mickiewiczs Version weiterhin zu den populärsten Balladen gehört, deren Anfangsvers „Jedzą, piją, lulki palą" / „Sie schmausen, trinken, rauchen Kippen" als Synonym eines festlichen Gelages in die Alltagssprache eingegangen ist.

Mickiewicz verschweigt auch die Tradition der *duma*, des spezifisch polnischen Balladenvorläufers, in dem Zan und Jan Czeczot[87] in Wilno sowie Brodziński in Warschau ein Muster für das eigene Schaffen sehen. Die Gattung wurde durch den Aufklärer Jan Ursyn Niemcewicz bekannt gemacht, der mit ihr das von den Romantikern für sich reklamierte Vorhaben verband, die polnische Sprache und Literatur zu stärken.[88] Es existieren Selbstzeugnisse, in denen Mickiewicz diese Einflüsse dezidiert benennt und bekennt, dass seine Balladen ohne Niemcewiczs und Karpińskis *duma* niemals entstanden wären,[89] doch in der Vorrede spricht er nur von ausländischen Vorbildern.

Der entwicklungsgeschichtliche Aufbau der Vorrede von der antiken Literatur bis in die europäische Gegenwart endet mit einigen Zeilen zur Ballade. Auf diese Weise wird der Eindruck erweckt, es handele sich tatsächlich um etwas in der polnischen Tradition vollkommen Neues. Dies trägt entscheidend dazu bei, dass Mickiewiczs Debüt zum Marker der modernen polnischen Literatur wird:

---

86 Zan, Ballada Twardowski, Vers 289–311.
87 Czeczot betätigte sich ebenfalls als Ethnograph, der Volkslieder und Sprichwörter sammelte. Sein Hauptwerk ist die Sammlung *Piosnki wieśniacze znad Niemna i Dźwiny, niektóre przysłowia i idiotyzmy w mowie sławiano-krewickiej z postrzeżeniami nad nią uczynionemi* [Bauernlieder von der Memel und der Dźwina, einige Sprichwörter und Idiome in der slawisch-krewischen Sprache mit eigenen Beobachtungen]. Wilno 1837.
88 Maria Żmigrodzka: „Ballady i romanse" wobec tradycji niemcewiczowskiej [Balladen und Romanzen im Angesicht der durch Niemcewicz begründeten Tradition]. In: Pamiętnik Literacki. Zeszyt specjalny w setną rocznicę zgonu Adama Mickiewicza 47 (1956), S. 122–149. Auch Maurycy Mochnacki betont die Rolle Niemcewiczs für die romantische Literatur. Maurycy Mochnacki: O literaturze polskiej w wieku dziewiętnastym [Über die polnische Literatur im 19. Jahrhundert]. Opracował i przedmową poprzedził Ziemowit Skibiński. Łódź 1985, S. 142.
89 Vgl. Żmigrodzka, „Ballady i romanse", S. 122.

[Dieser Umbruch] hat vor allem seinen großen Poeten-Gesetzgeber, dessen Werke die Richtung angeben und die Vorstellungen über die neue Literatur formen, und so gilt das Jahr der Publikation des Bändchens der Poesien Adam Mickiewiczs – 1822 – konsensuell als das Datum der Inthronisation der Romantik.[90]

Die Innovationsbehauptung wird in der produktiven, künstlerischen Auseinandersetzung aufgegriffen und erlaubt es, den Urheber als exzeptionelles Genie zu feiern. Die Automodellierung ist nämlich nur ein Segment im Bausystem des Klassikers „Mickiewicz", die ohne den Bedarf nach einer solchen Figur wirkungslos geblieben wäre.

c) **Heteromodellierung: Konsolidierung und Tradierung des ästhetischen Modells**

Das ästhetische Modell konsolidiert sich national und international etwa zur gleichen Zeit, die Wirkungsdauer allerdings ist in der In- und Auslandsrezeption sehr unterschiedlich. National finden Mickiewiczs Balladen so zahlreiche Nachahmer, dass Juliusz Słowacki, der zweite in der Rangordnung der drei polnischen Romantiker-Größen, sich bereits 1831 veranlasst sieht, mit der Ballade *Nie wiadomo co, czyli Romantyczność / Ungewiss, was es ist, oder Romantik*[91] die Mode zu kommentieren und mit diesem „Epilog zu den Balladen" die Gattung ad acta zu legen.[92] Da meines Wissens keine deutsche Übersetzung vorliegt, erlaube ich mir, sie vollständig und textgenau zu übersetzen.

Szło dwóch w nocy z wielką trwogą,	Es gingen zwei des Nachts in großer Angst,
Aż pies czarny bieży drogą.	Als ein schwarzer Hund auf sie zustrebte.
Czy to pies,	Ist's ein Hund,
Czy to bies?	Ist's ein Teufel?
Rzecze jeden do drugiego:	Sagt der eine zu dem anderen:
Czy ty widzisz psa czarnego?	Siehst du diesen schwarzen Hund?
Czy to pies, […]	Ist's ein Hund, […]

---

90 „Ma przede wszystkim swego wielkiego poetę-prawodawcę, którego utwory wyznaczają kierunek i kształtują wyobrażenie o nowej literaturze, toteż rok wydania pierwszego tomiku Poezji Adama Mickiewicza – 1822 – przyjmuje się za umowną datę intronizacji romantyzmu." Alina Witkowska: Literatura romantyzmu. Warszawa 1986, S. 62.
91 Juliusz Słowacki: Nie wiadomo co, czyli Romantyczność. Epilog do ballad. In: Ders.: Dzieła wybrane [Ausgewählte Werke], hg. von Anna Zychówna, Adam Ważyk. Tom I. Warszawa 1954, S. 16 f.
92 Die Ballade wurde bereits in Kapitel 3 erwähnt.

Żaden nic nie odpowiedział,	Keiner antwortete etwas,
Żaden bowiem nic nie wiedział.	Weil auch keiner etwas wusste.
[...]	[...]
Lecz obadwaj tak się zlękli,	Doch haben sich beide so erschreckt,
Że zeszli w rów i przyklękli:	Dass sie in einen Graben stiegen und niederknieten:
[...]	[...]
Drżą, potnieją, włos się jeży,	Sie zittern, schwitzen, ihr Haar stellt sich auf,
A pies bieży, a pies bieży.	Und der Hund naht und naht.
[...]	[...]
Bieży, bieży, już ich mija,	Er naht, naht, gleich ist er bei ihnen,
Podniósł ogon i wywija.	Hebt den Schwanz und wedelt herum.
[...]	[...]
Już ich minął, pobiegł dalej,	Schon ist er vorbei, ist weitergelaufen,
Oni wstali i patrzali.	Sie erhoben sich und schauten.
[...]	[...]
Wtem, o dziwo! w oka mgnieniu,	Dann, o Wunder! in einem Augenblick,
Biegnąc dalej, zniknął w cieniu.	Weiterlaufend verschwand er im Schatten.
[...]	[...]
Długo stali i myśleli,	Lange standen sie da und dachten nach,
Lecz się nic nie dowiedzieli.	doch klüger wurden sie nicht.
[...]	[...]

Die beiden sich in ihre Fantasie hineinsteigernden Weggefährten sind eine Spitze gegen die Literaturproduktion, in der sich seit Mickiewiczs Balladenband zahllose Geister und Meerfrauen tummelten und für die es geradezu sprichwörtlich wurde, dass an jeder Ecke das Unheimliche und Jenseitige zu lauern hatte. Leicht zu erkennen wird in Słowackis Ballade das Muster des jenseitigen Widerfahrnisses parodiert. Der Dichter sieht die Mode am Ende – die Prophezeiung tritt nicht ein.

Weder die Popularität von Mickiewiczs Balladen noch des Genres insgesamt werden im Verlauf des 19. Jahrhunderts in Polen geschmälert. International präsentiert sich das nicht so eindeutig. Für die Bekanntheit in Deutschland spielt das ästhetische Modell kaum eine Rolle, was die Geschichte eines erfolglosen Kulturtransfers unterstreicht: Mitte der 1830er Jahre übersetzt der in Stettin lebende Lehrer Carl von Blankensee die Balladen ins Deutsche, was wiederum den mit Blankensee befreundeten und ebenfalls in Stettin beheimateten Carl Loewe dazu anregt, sie zu vertonen, wodurch sie in den deutschsprachigen Raum gelangen. Dort wirken sie allerdings kaum, heute ist nicht nur der Balladenband, sondern auch der Autor in Deutschland trotz Vermittlungsbemühungen weitgehend unbekannt. Ebenso sind die Loewe-Vertonungen, die im Kontext der Polensympathie nach dem niedergeschlagenen Aufstand von 1831 entstanden waren, nahezu vollständig vergessen und wurden 1997 vermutlich erstmals seit der Uraufführung vollständig gespielt.[93] Selbst die Bearbeitung durch einen der beliebtesten deutschen Balladenkomponisten hat keinen Resonanzerfolg in Deutschland herbeiführen können, wohingegen der Barde und Revolutionär Mickiewicz durchaus besungen wurde. Die letzte Strophe von Ludwig Uhlands *Mickiewicz*-Gedicht verdeutlicht, dass der Poet als Aufständischer gefeiert wird:

> Mitten in der stillen Feier
> Wird ein Saitengriff gethan.
> Ha, wie schwillet diese Leier
> Voller stets und mächt'ger an!
> Leben, schaffen solche Geister,
> Dann wird Totes neu geboren;
> Ja, mir bürgt des Liedes Meister:
> Noch ist Polen nicht verloren.[94]

Um das ästhetische Modell zu profilieren, greife ich auf das sozialmoralische vor. Uhland besingt den Nationalbarden Mickiewicz in einer Weise, die eine Identifikation mit dem politischen Anliegen nahelegt. Die Denkfigur des Nationalbarden ist hier insofern präsent, als Mickiewicz selbstredend nicht der „Meister" der Dąbrowski-Mazurka, der heutigen Nationalhymne ist, die in den 1830er und 40er Jahren einen Siegeszug von Polen aus antrat und die Geister von Aufständischen europaweit im Kampf um nationale Selbstbestimmung beflügelte. Dass Uhland Mickiewicz das 1797 von Józef Wybicki verfasste *Lied der polnischen Legionen in Italien* mit der charakteristischen Zeile „Noch ist Polen nicht verloren" in den Mund legt, ist symptomatisch für die Wahrnehmung der polnischen Literatur im Ausland, die vorrangig als Waffe im Kampf um nationale Unabhängigkeit galt.

Kontrastiv dazu kann man das *Mickiewicz*-Gedicht von Johannes Bobrowski betrachten,[95] in dem der polnische Dichter als Identifikationsfigur und als Inspiration für das Vorhaben einer „lyrischen Enzyklopädie östlicher Erfahrungswelten" [96] fungiert. Das Gedicht enthält zahlreiche intertextuelle Referenzen unter anderem zu den *Krim-Sonetten*: „und eine Zeit der Städte / und eine der Straßen,

---

[93] Am 20.6.1997 fand das Konzert im Kulturzentrum auf Schloss Wildenburg statt, einem Zentrum für polnische Kultur und Medien in Zülpich-Bürvenich. Das Jahr lag genau zwischen den 200. Geburtstagen von Loewe (1996) und Mickiewicz (1998).
[94] Ludwig Uhland: Mickiewicz. In: Ders.: Gedichte von Ludwig Uhland. Vollständige kritische Ausgabe aufgrund des handschriftlichen Nachlasses besorgt von Erich Schmidt und Julius Hartmann. Erster Band. Stuttgart 1898, S. 465 f.
[95] Johannes Bobrowski: Mickiewicz. In: Ders.: Schattenland Ströme. Berlin 1963, S. 89 f.
[96] Vgl. Eberhard Haufe: Johannes Bobrowski, Erläuterungen der Gedichte und der Gedichte aus dem Nachlass. Stuttgart 1998, S. 78. Weiterführend vgl. Sabine Egger: Dialog mit dem

der Felssturz / Krim, vor dem Meer / Wegstaub erhob sich, der Wagen / kam durch die Steppe von Akkerman –".[97] Mickiewicz als Vertreter jener „östlichen Erfahrungswelten" dient als Bildspender für das Sehnsuchtskonzept Sarmatiens. Selbst wenn der Unabhängigkeitskampf als Thema keineswegs ausgespart wird,[98] dient die Referenz dazu, eine eigene Ästhetik zu profilieren.

Das von den *Balladen und Romanzen* eröffnete romantische Paradigma wirkt auf nahezu alle lebensweltlichen Bereiche ein, als ästhetisches Modell wird es zum Maßstab der Kunst. Dementsprechend bleibt die Ballade durch das 19. Jahrhundert hindurch Prototyp einer romantischen Gattung und erlebt einen Sujetwandel. Geschichtliches, Patriotismus, Sozialkritik finden Eingang in die Gattung; es entstehen humoristisch-satirische, sentimentale Balladendichtungen ebenso wie Moritaten. Von der polnischen Balladenforschung wird diese Mode als qualitativ minderwertig abgetan. Aussagekräftiger ist der Befund vor allem als Beleg für den Status, den Mickiewiczs Dichtung in der Forschung hält. Czesław Zgorzelski beschreibt in einem Einführungswerk die polnische Balladenproduktion ‚nach Mickiewicz' wie folgt:

> Nach den künstlerischen Resultaten dieser enthusiastischen Balladomanie sollte man lieber nicht fragen. Genauso wenig wie nach ihrer romantischen Authentizität. Mickiewiczs neuartige Wendungen abzupauschen, eine angemessene Portion Gespenster oder Wassernixen zu applizieren, hier und da Anflüge von angeblich „volksnaher" Naivität hineinzustopfen, war nicht schwer. Doch den Ton der lyrisch-epischen Aussage im balladesken Stil zu treffen, zu erfassen, worin die artistische Motivation dieses neuen Stils liegt, sich in die romantische Weise der Weltempfindung einzufühlen, das überschritt in der Regel die literarischen Möglichkeiten der jungen Balladen-Enthusiasten.[99]

Das Romantische ist mehr als nur Stil und Motiv, es ist eine Form der Weltempfindung. Am Authentizitätskriterium scheiden sich deshalb die ‚wahren' roman-

---

Fremden. Erinnerung an den „europäischen Osten" in der Lyrik Johannes Bobrowskis. Würzburg 2009, S. 450.
97 Bobrowski, Mickiewicz, Vers 9–13.
98 Vgl. Haufe, Johannes Bobrowski 1998, S. 147. Das Gedicht verweist mit den Zeilen „hören / nach einem Ruf" auf das erste Krim-Sonett. „Will ein Trug mich narren? / Ein Ruf aus Polen? ... Hier?" oder mit „der Tag / glänzend vor Zorn, einer Rüstung" auf den Epilog von *Pan Tadeusz*, in dem eine Hoffnung auf die Befreiung Polens ausgesprochen wird.
99 „O rezultaty artystyczne tej entuzjastycznej ‚balladomani' lepiej nie pytać. Podobnie jak i o jej romantyczną prawowierność. Skalkować nowe zwroty Mickiewiczowskie, zaaplikować odpowiednią porcję upiorów czy rusałek, powtykać tu i ówdzie objawy naiwności, rzekomo ‚ludowej', nie było trudno. Ale utrafić w tajemnicę tonu wypowiedzi liryczno-epickiej w stylu balladowym, pojąć, na czym w istocie rzeczy polega umotywowanie artystyczne nowego stylu, przejąć się romantycznym sposobem odczuwania świata, to przekraczało już przeważnie możliwości literackie tych młodych entuzjastów ballady." Zgorzelski, Ballada 1970, S. 106.

tischen Dichter und die bloßen Epigonen, hier klingt das Postulat des romantischen Originalgenies laut an. Am Ende des 19. Jahrhunderts wird die Ballade in der Krise gesehen, die mit einem Mangel an innovativer Kraft erklärt wird.[100] Erst der sogenannten psychologischen Ballade, wie sie Kazimierz Przerwa Tetmajer und Jan Kasprowicz schufen, wird eine Neuerungskraft attestiert. Derjenige, der es aber unumstritten vollbracht hat, die polnische Balladendichtung in neue Bahnen zu lenken, war Bolesław Leśmian (1877–1973). Vor allem sprachlich stechen seine Balladen durch eine vom Formalismus inspirierte Neologismensprache aus der Produktionsmasse der Zeitgenossen heraus.[101] Die Einordnung seiner Dichtung geht in der Frage auseinander, ob das Verhältnis zur romantischen Gattungsprägung adaptierend oder abgrenzend ist.[102] Ich möchte dafür argumentieren, dass Leśmians implizite Rezeption darin besteht, Mickiewiczs avantgardistischen Gestus aufzugreifen, worin das ästhetische Modell sichtbar wird.[103]

Aus der Wahl dieses zwar populären, jedoch in eine ästhetische Sackgasse gelangten Genres kann bereits auf Leśmians Wirkungsintention geschlossen werden. Gerade weil seine Balladen so augenfällig von der zeitgenössischen Produktion abweichen, liegt die Vermutung nahe, dass eine Auseinandersetzung mit der Tradition intendiert ist. Dafür, dass er sich neu positionieren will, spricht auch, dass er seltener die zur Norm gewordene Volksliedstrophe und stattdessen das aus der Mode geratene Distichon verwendet. Die Geste, sich vergessene Ausdrucksformen oder Vorbilder anzueignen, ist typisch für die Bemühung, eine Innovation zu inszenieren. Für Leśmian geht diese Strategie allerdings erst posthum in literarischer Anerkennung auf.[104]

---

100 Bojarska, Ballada Polska 1962, S. LVII.
101 Obwohl er, der unter dem jüdischen Namen Lesman geboren wurde, Verbindungen zu den Jungpolen pflegt (z. B. regelmäßig für die jungpolnische Zeitschrift *Chimera* schreibt), gehört er keiner Gruppierung der Zeit an. Vgl. Rochelle Heller Stone: Bolesław Leśmian. The Poet and His Poetry. Berkeley 1976, S. 2.
102 Exemplarisch hierfür Małgorzata Kowalewska: Od kontynuacji do stylizacji. Wiersze balladowe Bolesława Leśmiana wobec tradycji gatunku [Von der Kontinuität zur Stilisierung. Bolesław Leśmians balladeske Gedichte im Verhältnis zur Tradition]. In: Pamiętnik Literacki 3, 94 (2003), S. 5–26 und Piotr Szwed: „Oddaleniec". Poezja Bolesława Leśmiana wobec romantyzmu polskiego [„Der Entfernte". Bolesław Leśmians Poesie angesichts der polnischen Romantik]. Katowice 2014. Szwed schildert ausführlich die Anfänge der Leśmian-Rezeption als Romantiker in den 1920er Jahren auf S. 25–49.
103 Die mit der „Genrewahl" angestrebte Selbstverortung ist indes in der Leśmian-Forschung bislang nicht thematisiert. Für Piotr Szwed liegt der Nachdruck beispielsweise auf dem Themenkomplex der Religion. Vgl. ebd.
104 Zur verspäteten, erst Ende der 1950er Jahre einsetzenden Leśmian-Rezeption vgl. ebd., S. 1.

An zwei Beispielen, den Balladen *Piła / Die Säge* und *Gad / Das Schlangenungeheuer* aus einem Zyklus, dessen Titel *Balladen*[105] auf die genrebezogene Selbstpositionierung verweist, lässt sich das ästhetische Modell belegen. Gegenstand beider Texte ist ein romantisch geprägtes Widerfahrnis; eine Begegnung, in der sich Geschlechterdifferenz und Weltenzugehörigkeit überlagern.[106] Zunächst *Die Säge*: Ein Ungeheuer in Gestalt der titelgebenden Säge verführt einen Bauernknecht. Ihre leidenschaftliche Umarmung hat erwartbar fatale Folgen, denn wesensgemäß zerteilt die Säge den Knecht in Stücke. Er stirbt, doch die Handlung ist damit nicht am Ende angelangt, denn die abgetrennten Körperteile entwickeln ein eigenständiges Leben:

Całowała go zębami na dwoje, na troje: „Hej, niejedną z ciebie duszę w zaświaty wyroję!"	Sie küsste ihn mit ihren Zähnen entzwei, entdrei: „Hej, allerlei Seelen vermehre ich ins Jenseits aus dir!"
Poszarpała go pieszczotą na nierówne części: „Niech wam, moje wy drobiażdżki, w śmierci się poszczęści!"	Sie zerriss ihn mit Liebkosungen in ungleiche Stücke: „Euch soll, meine Kleinigkeiten, im Tod Glück widerfahren!"
Rozrzuciła go podzielnie we sprzeczne krainy: „Niechaj Bóg was pouzbiera, ludzkie omieciny!"	Sie verstreute ihn in unterschiedlichen Ländern: „Gott soll euch aufsammeln, menschliche Reste!"
„Same chciały się uciuciać w kształt wielce bywały, Jeno znaleść siebie w świecie wzajem nie umiały.	Sie wollten sich zusammenbasteln zur gewohnten Gestalt, Allein sich in der Welt wiederzufinden gelang ihnen nicht.
Zaczęło się od mrugania ległych w kurzu powiek – Nie wiadomo, kto w nich mrugał, ale już nie człowiek!	Es begann mit dem Zwinkern im Staub liegender Lider – Man weiß nicht, wer in ihnen zwinkerte, aber schon kein Mensch mehr!

---

105 Veröffentlicht 1920 im Band *Łąka / Die Wiese*. Bolesław Leśmian: Dzieła wszystkie. Warszawa 2010, S. 180–182.
106 Vgl. auch Michał Głowiński: Zaświat przedstawiony. Szkice o poezji Bolesława Leśmiana [Das imaginierte Jenseits. Skizzen über die Poesie von Bolesław Leśmian]. Warszawa 1981, S. 233.

4.2 Bedarfsorientierte Fragmentierung — 111

Głowa, dudniąc, mknie po grobli, szukając karku,	Der Kopf eilt, den Nacken suchend, dröhnend über einen Damm,
Jak ta dynia, gdy się dłoniom umknie na jarmarku.	Wie der Kürbis, der den Händen auf dem Jahrmarkt entgleitet.
Piersią, sobie przywłaszczoną, jar grabieżczo dyszy,	Aus der Brust, die sie sich aneignete, keucht räuberisch die Schlucht,
Uchem, wbiegłym na wierzchołek, wierzba coś tam słyszy!	Mit dem Ohr, das auf den Gipfel gelaufen, hört die Weide irgendetwas!
Oczy, wzajem rozłączone, tleją bez połysku,	Die Augen, getrennt voneinander, glimmen ohne Glanz,
Jedno brzęczy w pajęczynie, drugie śpi w mrowisku.	Eines summt im Spinnennetz, das andere schläft im Ameisenhaufen.
Jedna noga popod lasem uwija się w tańcu,	Ein Bein wuselt am Waldrand beim Tanze,
Druga włóczy się na klęczkach po zbożowym łańcu.	Das zweite schleppt sich kniend über's Getreidefeld.
A ta ręka, co się wzniosła w próżnię ponad drogą,	Und eine Hand, die sich in die Leere über'm Weg erhob,
Znakiem krzyża przeżegnała nie wiadomo kogo!	Mit dem Zeichen des Kreuzes segnete keiner weiß wen!

Die Liebesbeziehung als das zentrale romantische Thema wird grotesk umgedeutet. Intimität steht nicht für die überindividuelle Vereinigung, sondern wörtlich für eine Totalfragmentierung des Subjekts. Das Liebesthema kann man als Antwort auf Mickiewiczs *Balladen und Romanzen* lesen, als deren Anlass gerüchteweise eine unglückliche Liebe galt.[107] Die dort verankerte romantische Idealvorstellung fordert die Einheit von Sexualität, Liebe und Treue, was ex negativo die bekannte Ballade *Świtezianka / Das Świteź-Mädchen* vorführt. Darin versucht ein Jüngling das geheimnisvolle Mädchen, das er regelmäßig am titelgebenden Świteź-See trifft, zu einer gemeinsamen Nacht zu überreden; indes, die Schöne traut ihm nicht:

---

[107] Beispielsweise liest Juliusz Kleiner den gesamten Band als eine Verkörperung dieser unerfüllten Liebe, in der sich „Bekenntnis und Klage und Vorwurf und Erinnerung" zu einer Ganzheit fügen und diejenigen Balladen, die nicht das Liebesthema behandeln, nur als Lückenfüller fungieren. Vgl. Juliusz Kleiner: Mickiewicz. Lublin 1997, S. 332.

„Zawszeż po kniejach jak sarna płocha, Jak upiór błądzisz w noc ciemną? Zostań się lepiej z tym, kto cię kocha, Zostań się, o luba! ze mną.	„Immer im Walddickicht wie ein scheues Reh, Wie ein Gespenst irrst du in der dunklen Nacht? Bleib doch lieber bei dem, der dich liebt, Bleib, o Liebste! mit mir.
Chateczka moja stąd niedaleka Pośrodku gęstej leszczyny; Jest tam dostatkiem owoców, mleka, Jest tam dostatkiem zwierzyny".	Meine Hütte liegt unweit von hier Mitten im Haselstrauchdickicht; Es gibt dort Obst und Milch im Überfluss, Es gibt dort Wild im Überfluss."
„Stój, stój – odpowie – hardy młokosie, Pomnę, co ojciec rzekł stary: Słowicze wdzięki w mężczyzny głosie, A w sercu lisie zamiary.	„Halt, halt – antwortet sie – ungezogener Jüngling, Ich erwähne, was der alte Vater mir sagte: Einer Nachtigall Anmut in der Stimme des Mannes Und im Herzen die Absicht des Fuchses.
Więcej się waszej obłudy boję, Niż w zmienne ufam zapały, Może bym prośby przyjęła twoje; Ale czy będziesz mnie stały?"[108]	Mehr ängstigt mich eure Heuchelei, Als ich der Begeisterung traue, Vielleicht würde ich deine Bitten erhören, Aber wirst du auch standhaft bei mir bleiben?"

Der Fortgang ist leicht zu erahnen: Die Ballade folgt dem Schema der Liebesprüfung, die der Jüngling nicht besteht. Zwar schwört er Treue, wird aber bereits auf dem Rückweg von einer Wassernixe verführt. Vor Begehren besinnungslos wirft er sich ins Wasser, um dort zu erkennen, dass die Begehrte niemand anderes als die Geliebte ist, die seine Untreue mit dem Tod bestraft. Dieses Liebeskonzept deutet Leśmians *Die Säge* um. Zwar ist die Liebe authentisch und mit Sexualität belohnt, doch wird der romantische Grundgedanke einer durch Liebe zur Vollkommenheit gelangenden Individualität ins Negative verkehrt.[109]

Neben dem romantischen Liebesideal ist eine Auseinandersetzung mit Mickiewicz auf dem Feld von Natur und Genderkodierung zu beobachten. Die in *Świtezianka* grundlegende Opposition einer männlichen und die Natur zähmenden sowie einer weiblichen und die ungezähmte Natur verkörpernden Welt wird einer Revision unterzogen. Nicht ein Jäger trifft auf eine Nixe, sondern ein Bauernknecht auf eine Säge, weshalb der weibliche Part mit der Naturbeherrschung in Zusammenhang gebracht wird. Der Bauernknecht hingegen verkör-

---

108 Adam Mickiewicz: Świtezianka. Aus: Ballady i romanse. In: Ders., Wiersze 1955, S. 114–120, Vers 25–40.
109 Gudrun Voggenreiter schreibt, die Liebe ende, indem „ein Partner sich und damit sein Wertesystem aufgibt, was zu seinem Tod führt." Vgl. Gudrun Voggenreiter: Dialogizität am Beispiel des Werkes von Bolesław Leśmian. München 1991, S. 209.

pert ein Ideal unprätentiöser, bäuerlicher Idylle, das als neoromantischer Topos um 1900 in einer traditionellen Gendercodierung *en vogue* ist: Intellektuelle Städter und Künstler begeistern sich in ihren Werken wie im wahren Leben für Landmädchen.[110] Auch dieser Topos wird in *Gad* neu besetzt:[111]

Szła z mlekiem w piersi w zielony sad Aż ją w olszynie zaskoczył gad.	Mit Milch in den Brüsten ging sie in den grünen Garten Als sie im Birkenwäldchen von einem Schlangenungeheuer überrascht wurde.
Skrętami dławił, ująwszy w pół Od stóp do głowy pieścił i truł.	Umarmend würgte es sie unter Drehungen, Von Kopf bis Fuß liebkoste und vergiftete es sie.
Uczył ją wspólnym namdlewać snem, Pierś głaskać w dłonie porwanym łbem	Lehrte sie, im gemeinsamen Schlaf ohnmächtig zu werden, Die Brust mit dem an sich gerissenen Kopf zu streicheln.
I od roskoszy, trwalszej nad zgon Syczeć i wić się i drgać, jak on.	Und voller Wonne, die dauerhafter als der Tod, Zu zischen und sich zu schlängeln und zittern, wie er.[112]

Mit Darstellungstraditionen von Weiblichkeit bricht die Ballade in gleich dreifacher Weise: erstens, indem eine Schwangere (oder junge Mutter) zum erotischen Objekt wird, zweitens, indem sie sich ausgesprochen willig und unanständig den Liebkosungen hingibt – und zwar ohne zuvor Treue einzufordern – und drittens, indem sie das Angebot des Ungeheuers ablehnt, sich in einen König zu verwandeln. Leicht erkennbar ist darin die Kontrafaktur des Märchenschemas, in dem die Verwandlung den Glauben an innere Werte belohnt, was letztlich die Bedeutung der äußeren Werte (Schönheit, Status) bestätigt. Der sexuelle Akt wird als *petite mort* im Spannungsfeld zwischen Liebkosung und Verletzung, Leben und Tod, Schönheit und Gewalt, Wonne und Leid ausformuliert – ein Echo von Baudelaires *Les Fleurs du mal* und Nietzsches Konzept des Dionysischen.[113] Beide Balladen inszenieren das erotische Widerfahrnis einer Begegnung zwi-

---

110 Die in Mode gekommenen Ehen von Intellektuellen und Dichtern mit einfachen Landmädchen werden in Stanisław Wyspiańskis Drama *Wesele / Die Hochzeit* (UA 1901) karikiert.
111 Gad ließe sich als schlangen- oder amphibienartiges Ungeheuer übersetzen. Der Begriff „gad" klingt gegenüber dem biologischen „wąż" märchenhafter. Im Polnischen sind sowohl „wąż" als auch „gad" maskulin.
112 Leśmian, Dzieła wszystkie 2010, S. 165.
113 Wie für viele Schreibende der Zeit ist auch für Leśmian Nietzsche neben Bergson prägend. Vgl. Jan Zięba: Bolesława Leśmiana światopogląd nowoczesny. O eseistyce poety [Bolesław

schen dem Dies- und dem Jenseits, die Mickiewicz mit seinem Balladenband als Thema schlechthin etabliert, indem sie zu Klischees erstarrte Liebeskonzeption wie Genderrollen umcodieren und romantische Topoi wie die Idylle sexualisieren und geradezu unheimlich werden lassen.

Ich möchte die Darstellung an dieser Stelle beenden, weil die entscheidenden Aspekte deutlich geworden sein dürften: Leśmian verhandelt Bereiche wie Liebe, Erotik und Transzendenz, in denen Mickiewicz als Erneuerer und Maßstab gilt. Beide Dichter gestalten diese Bereiche ihrem Zeitgeist gemäß im Rahmen der Gattung aus, suchen dafür jeweils nach einer neuen Liebes-, Natur- und Innerlichkeitssemantik. Im Verhältnis zur Tradition lassen beide ihre Handschrift erkennen: Durch die Neologismen und Versmaße, die nicht dem geltenden Ideal der Volksdichtung entsprechen, grenzt Leśmian sich formal von der Balladentradition ab, so wie sich Mickiewicz von der Regelpoetik des Klassizismus distanzierte. Die von der Forschung so forcierte Differenz zwischen Leśmians affirmativem und abgrenzendem Verhältnis zur Romantik lässt sich dadurch auflösen, dass man seinen avantgardistischen Gestus als eine Praxis der künstlerischen Selbstverortung einordnet, die sich am Status der *Ballady i romanse* abarbeitet. Es wird also erkennbar, wie eine aktualisierende Deutung der von Mickiewicz geprägten romantischen Kernthemen sowie ein eigener Stil das ästhetische Modell des Klassikers selbst dort bestätigen, wo der Bezug implizit ist.

In der heutigen Wahrnehmung sind das sozialmoralische und politische Mickiewicz-Modell verbreiteter als das ästhetische. Doch gerade seine Marginalisierung fordert Künstlerinnen dazu heraus, sich ihm wieder zuzuwenden und neue Zugriffe, die sich nicht auf nationale und Identitätsfragen reduzieren lassen, zu finden. Als Beispiel hierfür lässt sich ein polnisches Indierock-Duo anführen, das zu Beginn seiner Karriere noch unter dem Namen Siostry Wrońskie / Schwestern Wrońskie firmierte.[114] Im Jahr 2006 war das Duo mit der Vertonung einer Ballade Władysław Broniewskis, die den Titel *Ballady i romanse* trägt und auf die ich später noch einmal zurückkomme,[115] auf einem Album vertreten.[116] Die Vertonung bezog sich also gar nicht auf Mickiewicz, sondern auf die intertextuelle Rezeption der Ballade *Romantyczność*, die Broniewski im Jahr 1945 veröffentlicht hatte. 2008 erschien dann das Debüt der Band, die sich nun selbst wie auch dem Album den Namen *Ballady i romanse* gab. Darauf ist die Broniew-

---

Leśmians moderne Weltsicht. Über die Essayistik des Dichters]. Kraków 2000, insbesondere S. 30–43. Stone, Bolesław Leśmian 1976, S. 86–108.
114 In der Tat sind die beiden Künstlerinnen Barbara und Zuzanna Wrońskie Schwestern.
115 Broniewskis Ballade wird in Kapitel 4.2.2 Abschnitt c) „Bedarfsorientierte Konsolidierung, Tradierung und Wandel des sozialmoralischen Modells" eigens behandelt.
116 Es handelt sich um eine Compilation, auf der unterschiedliche Künstlerinnen und Künstler Broniewskis Dichtung vertonten. *Broniewski* ist 2006 bei Rockers Publishing erschienen.

ski-Vertonung allerdings nicht mehr zu finden, was die Linie zum Romantiker Mickiewicz und seinem Poesieband zieht, der ungleich bekannter ist als Broniewskis Ballade. Da der Debütband als Kunstwerk interessiert, ist das ästhetische Modell rekonstruierbar: Der Mickiewicz, auf den hier Bezug genommen wird, ist der Erneuerer der polnischen Literatur, der Avantgardist. Die durch jahrzehntelange Rezeption konsolidierte Innovationsbehauptung reaktiviert die Band *Ballady i romanse*, indem sie ihr eigenes und Mickiewiczs Debüt parallel setzt. So wie er selbst eine Traditionslinie zeichnet, in der er in einer Reihe mit Shakespeare, Goethe, Schiller und Byron steht, bezieht sich das Popduo auf den Innovations- und Subversionscharakter des Erstlingswerks. Gleichzeitig ist die Provokation der hochkulturellen Deutungshoheit zu beobachten, die als Strategie offensichtlich aufgeht, wenn die überregionale Zeitung *Gazeta Wyborcza* schreibt, das Duo beziehe ihren Namen „vom wichtigsten nationalen Propheten [...], der so gar nicht mit der alternativen Musikszene in Verbindung zu bringen"[117] sei. Diese Automodellierung bietet eine Möglichkeit, das Werk als der kanonisierten Hochkultur ebenbürtig zu präsentieren.

Für die Rezeption nach 1990 ist zu beobachten, dass das ästhetische Modell in Literatur und anderen Künsten unterschiedlich präsent ist. Während Literatur ihre Romantikbezüge häufig ironisiert,[118] greift die intermediale Rezeption selbstverständlicher darauf zu. Das ließe sich damit erklären, dass eine in der Tradition der Romantik stehende Literatur sich bis zum Umbruch 1989/90 weitaus häufiger des sozialmoralischen oder politischen Modells bediente als des ästhetischen, was zu einer reaktionären oder zumindest konservativen Prägung führte. Wenn aber das Medium oder Genre, in dem der Klassiker neuinszeniert wird, als subversiv, progressiv oder wenigstens zeitgemäß gilt, kann es unmittelbar ersichtlich mit der Modellprägung brechen.[119]

Es wäre jedoch falsch, das sozialmoralische Modell grundsätzlich als anachronistisch zu erklären, weil es massenmedial selbst dort wiederbelebt wird,

---

[117] „Duetu, który zwracał uwagę już samą nietypową nazwą, zaczerpniętą – było nie było – od najważniejszego narodowego wieszcza, poety w żaden sposób niekojarzącego się przecież z muzyczną sceną alternatywną." http://www.wysokieobcasy.pl/wysokie-obcasy/1,96856, 12885248,Ballady_i_romanse__Muzyka_z_sypialni.html?disableRedirects=true [letzter Zugriff 18.5.2021], archiviert unter: https://archive.fo/aJCLW.
[118] Als Beispiel kann man die Romane *Matka Makryna [Mutter Makryna]* von Jacek Dehnel aus dem Jahr 2014 oder Ignacy Karpowicz *Balladyny i Romanse* aus dem Jahr 2011 anführen, vgl. Kapitel 4.2.2 Abschnitt c) „Bedarfsorientierte Konsolidierung, Tradierung und Wandel des sozialmoralischen Modells".
[119] Diese Einschätzung mag zwar in Bezug auf Poesievertonungen erstaunen, doch wird dieses Genre in Polen durchaus mit Begriffen wie Avantgarde in Verbindung gebracht, seit einer der bekanntesten polnischen Musiker, Czesław Niemen, Norwids und Słowackis Dichtung zum Gegenstand seiner in den 1970er Jahren weltweit populären Rockmusikexperimente machte.

wo die Aneignung auf ein ästhetisches schließen lässt. 1999 hat die polnische Regie-Ikone Andrzej Wajda Mickiewiczs Nationalepos *Pan Tadeusz* verfilmt und dem Publikum einiges abverlangt, indem er u. a. die Verssprache beibehielt. Der Erfolg gab ihm recht, denn nach einer fulminanten Premiere in Kraków, die von einer in Superlativen schwelgenden Berichterstattung begleitet wurde, wurde der Film von über sechs Millionen Zuschauern gesehen und hat bis heute seinen festen Platz im kulturellen Gedächtnis. Obwohl unstrittig als künstlerische Auseinandersetzung wahrgenommen, stellte Wajda seine Arbeit in der Öffentlichkeit völlig unironisch in die Tradition des romantischen Identitätspathos, das das sozialmoralische wie das politische Modell kennzeichnet: „Jetzt denke ich, auch wenn ich mich vielleicht irre, dass der Moment gekommen ist, um nach zehn Jahren Freiheit Antworten auf die Fragen zu finden: Wer sind wir? Wo kommen wir her? Deshalb habe ich Mickiewicz in die Hand genommen."[120] Im Unterschied zur provokativen Appropriation durch das Indierock-Duo, wird das filmische Kunstprodukt auf seine gesellschaftliche Relevanz evaluiert und zugleich in den massenmedialen Breitendiskurs integriert. Der Modell- geht mit einem Diskurswechsel einher, von dem beide Seiten profitieren: Ein – wie in diesem Fall – in den Identitätsdiskurs überführter Klassiker erscheint gesellschaftspolitisch relevant. Er dient dann nicht ‚nur' dem ästhetischen Erleben, sondern lässt darüber hinaus die imaginäre Gemeinschaft über ihre Identität reflektieren („Wer sind wir?"). Dem Identitätsdiskurs wird im Gegenzug massenmediale Aufmerksamkeit zuteil, wenn ein neues und sich derart prominent ankündigendes Kunstwerk ihn befeuert.

Möglich ist ebenso, dass die Überführung eines ästhetischen Klassikermodells aus dem Kunst- in den Identitäts- oder Nationaldiskurs kalkuliert provozieren soll. In dieser Hinsicht komplementär zum Wajda-Beispiel ist das gemeinsame musikalische Projekt der ukrainischen Band Haydamaki und des polnischen Schriftstellers Andrzej Stasiuk, das Mickiewiczs Lyrik mit einer Art ‚Kosaken-Folkrock' unterlegt. Der Albumtitel *Mickiewicz-Stasiuk-Haydamaki* (2018) deutet auf die künstlerische Selbstverortungsgeste hin, in der der Nationalklassiker, einer der derzeit populärsten polnischen Schriftsteller und die ukrainische Folkrock-Band eine selbstbewusste Trias bilden.[121] Dabei wird eine von der national-

---

120 „Teraz sądzę, choć może się mylę, ze nadszedł moment, by po dziesięciu latach wolności odpowiedzieć sobie na pytania: Kim jesteśmy? Skąd pochodzimy? Dlatego sięgnąłem po Mickiewicza." Barbara Hollender: Zajazd w kinie [Die Fehde im Kino]. In: Gazeta Wyborcza. Magazyn Świąteczny. 11. April 1998, S. 8–13. Aus den Archivbeständen des Deutschen Polen-Instituts Darmstadt. Mickiewicz Miscellen 3.2.
121 Diese Praxis der Selbstverortung lässt sich etwa auch bei der Faust-Inszenierung von Peter Stein erkennen. Das Prestigeprojekt zur Expo 2000 wurde auf DVD mit genau der gleichen Geste herausgegeben: auf dem Cover erscheinen Goethe und Stein als gleichwertige Urheber.

kulturellen abweichende transkulturelle Deutung vorgenommen. Sie wird mit der Besetzung und sprachlich realisiert, da Mickiewiczs Texte sowohl auf Polnisch als auch auf Ukrainisch vorgetragen und gesungen werden. Die Auswahl hat keine unmittelbare politische Aussagekraft: Sie reicht von Balladen wie *Upiór / Das Gespenst* oder *Alpuhara*,[122] die durchaus im identitätsbildenden Sinn gelesen werden können, bis hin zu Dichtungen, die kaum dazu geeignet sind, ein nationales Selbstverständnis zu befördern, wie *Stepy akermańskie / Die Steppe bei Akerman* aus dem Zyklus der *Krim-Sonette*. In Zeitungsinterviews, deren Titel wie „Der Prophet taugt nicht zum Territorialschutz und zur Christianisierung Europas"[123] lauten, wird mit einem kosmopolitischen Mickiewicz geradezu ein Ikonoklasmus des politischen Modells betrieben.

Gleichzeitig lässt sich am Breitendiskurs zeigen, wie die für das ästhetische Modell typische Auratisierung des Autors aktualisiert wird. Mickiewicz wird zum modernen Popstar, wenn der selbst als Starautor geltende Stasiuk im Interview bekennt:

> Man kann sagen, dass dahinter [Stasiuks Bereitschaft am Projekt teilzunehmen] auch ganz gewöhnliche Eifersucht eines Schriftstellers stand. Denn bei Mickiewicz ist alles: Wort, Rhythmus, Energie. Du kannst sagen, was du willst, aber ins Heute übersetzt, war unser *wieszcz* richtig authentisch, ein Rapper aus der Siedlung.[124]

Bestandteil des Künstlerbildes im ästhetischen Modell ist die Denkfigur der „schöpferischen Authentizität".[125] Im Unterschied zu der artefaktbezogenen markiert sie nicht die Differenz von echt/unecht oder Original/Nachahmung, sondern die Glaubwürdigkeit der Person als Künstler. So wie eine bestimmte Spielart des Hip-Hop authentisch ist, wenn die Erfahrungswelt der Musikerin tatsächlich die Siedlung ist, deren – meist drogenreichen und gewaltvollen –

---

122 Auf *Alpuhara* komme ich ausführlich im nächsten Abschnitt zu sprechen.
123 http://wyborcza.pl/7,113768,22940558,andrzej-stasiuk-o-plycie-z-haydamakami-i-mickiewiczu.html [letzter Zugriff 18.5.2021], archiviert unter https://archive.fo/7ros8. Im Interview ist das Bemühen, einen kulturell hybriden Mickiewicz zu präsentieren, ausgesprochen deutlich. Das geht dahin, dass mittlerweile als solche entlarvten Gerüchte wie Mickiewiczs angeblich jüdische Mutter als Fakt angeführt werden und sein Patriotismus (Mickiewiczs Idee des polnischen Messianismus oder seine Bemühungen um die polnische Unabhängigkeit) ignoriert wird.
124 „Ale oczywiście można powiedzieć, że stała za tym zwyczajna pisarska zazdrość. Bo u Mickiewicza jest wszystko: słowo, rytm, energia. Mów co chcesz ale na dziesiejsze pieniądze wieszczu był prawdziwiekim, takim raperem z osiedla." Ebd. Der Begriff „prawdziwek" ist doppeldeutig. Primär wird er als Bezeichnung für den Steinpilz verwendet und müsste im obigen Zitat strikt genommen mit „Echtling" übersetzt werden.
125 Vgl. Susanne Knaller, Harro Müller: Einleitung. Authentizität und kein Ende. In: Dies. (Hg.): Authentizität. Diskussion eines ästhetischen Begriffs. Paderborn, München 2006, S. 7–16. Hier S. 12.

Alltag sie in ihren Songs thematisiert, so ist es die Literatur um 1800, wenn der Dichter ein Genie ist und seine Kunst ein ‚wahrhaftiger', d. h. vom göttlichen Funken befeuerter Ausdruck seiner Individualität.[126] In diesem Sinne wird Mickiewicz bereits von seinem treuen Freund Antoni Edward Odyniec stilisiert, der ihn nach einer schöpferischen Phase als vollkommen entkräftigt beschreibt:

> Als ich am Vormittag zu ihm [Mickiewicz] kam, schlief er noch. Doch er schlief noch halb angezogen, nicht auf dem Bett, sondern auf der Matratze, die vom Bett auf den Fußboden gelegt worden war. Warum? Er konnte es selbst nicht beantworten. Ich war entsetzt, besonders über seine übermäßige Blässe. Er beruhigte mich, indem er mit einem Lächeln sagte, er habe die ganze Nacht über gedichtet.[127]

Die Analogie der ästhetischen Modelle beider Kunstwelten (Literatur um 1800 und Hip-Hop) besteht bei aller inhaltlichen Differenz darin, dass die Authentizitätsanforderung – an den Rapper wie den genialischen Dichter – als Transgression der Person zur charismatischen Künstlerfigur realisiert wird.[128] Aussagen wie die von Odyniec, die zur Fama des schöpferischen Genies beigetragen haben, sind im Diskurs der heutigen Populärkultur aktualisierbar.

Für das ästhetische Mickiewicz-Modell gilt, dass die Innovationsbehauptung vom Dichter selbst gut vorbereitet wurde. Der zeitgenössische Diskurs – also Bewunderer und Nachahmer genauso wie Gegner – hat diese Automodellierung ebenso bestätigt wie die nachträgliche Rezeption in den Sphären der Kunst und Wissenschaft. Die an Mickiewicz ausgerichtete Balladendichtung des 19. Jahrhunderts hat einzelne Topoi (insbesondere das Schema der Liebesbegegnung als Jenseits-Diesseits-Zusammenprall) bis zur Stereotypenhaftigkeit kultiviert. Wird ein solches Schema mit nur wenig Neuerungs- und Aktualisierungs-

---

126 „So spricht [...] der Geniediskurs, der den Künstler als Schöpfer feiert, dem Autor Authentizität als unausschöpfbarem, ineffablem Individuum zu." Ebd.
127 Zit. nach Zbigniew Majchrowski: Cela Konrada. Powracając do Mickiewicza. Gdańsk 1998, S. 68. Der Kontext ist die Entstehung der *Großen Improvisation*.
128 Obwohl ein historisierbares diskursives Konstrukt, wird das authentische Genie mit bemerkenswerter Penetranz kolportiert. Ein rezentes Beispiel dafür liefert der US-amerikanische Künstler Kenneth Goldsmith in seinem Manifest *Uncreative Writing*. Er spricht sich für ein ‚neues' Literatur- und Kunstverständnis im digitalen Zeitalter aus, das der Kreativitätsanforderung eine Absage erteilt und dementsprechend der Autor als „Unoriginalgenie" verstanden wird. Dass Goldsmith nicht auf den Geniebegriff verzichten will, zeigt die nachhaltige Attraktivität des darin enthaltenen Authentizitätsgedankens. Der Neologismus „Unoriginalgenie" ist ein Beispiel, wie das Authentizitätspostulat des Geniekultes aus dem 18. in das 21. Jahrhundert unter den Bedingungen der maximalen Reproduzierbarkeit des Kunstwerks hinübergerettet werden kann. Vgl. Kenneth Goldsmith: Uncreative Writing. Managing Language in the Digital Age. New York 2011. Den Begriff des „Unoriginalgenies" übernimmt Goldsmith von Marjorie Perloff: Unoriginal Genius. Poetry by Other Means in the New Century. Chicago 2012.

bestreben gefüllt, kann dies zum Krisenmoment des ästhetischen Modells werden, weil die eigentliche Modellfunktion als Muster oder Vorbild, das der künstlerischen Selbstverortung dient, die sich wiederum aus der Innovation herleitet, mit Stereotypen als dem maximal Nichtinnovativen nicht realisierbar ist. Es drohen Aufmerksamkeits- und Geltungsverlust von Seiten der Kulturschaffenden. Bolesław Leśmians Balladen führen indes vor, wie ein stereotypes Schema aufgegriffen und hinsichtlich zeitgenössischer Geltungshorizonte erneuert wird. Für das gegenwärtige Fortleben ist die intermediale Anpassung insbesondere in der Breitenkultur von Bedeutung. Dennoch sind Medium oder Genre nicht auf eine Vermittlungsfunktion reduzierbar, die den Klassiker als ‚cool' erscheinen lässt. Dominieren wie in Polen das sozialmoralische oder politische Modell, so kann eine auf künstlerische Qualitäten setzende Deutung als Subversion wirken. Die Modelle werden nicht in autarken Sphären oder Diskursen gepflegt, sondern es ist vielmehr die Pluralisierung und daraus ggf. erwachsende Konkurrenz der Deutungen, die eine Langzeitpräsenz des Klassikers gewährleistet.

4.2.2 Modell 2: Mickiewicz, sozialmoralisch

In den Massenmedien funktionieren Klassiker nach einer Logik des individuellen Nutzens für möglichst viele, weshalb dort besonders häufig ein sozialmoralisches Modell erkennbar wird. Wie lässt sich dieses Modell beschreiben? Welche Merkmale sind charakteristisch und welchen Mickiewicz präsentiert es uns? Es basiert auf der Identifikationsfigur des sogenannten „romantischen Freiheitshelden" und dessen Applikation als kollektive Welthaltung. Maßgeblich dafür ist ein in der polnischen Literatur neuer Menschentypus, ein Individualist Byron'scher Prägung, der für sein Gefühl und seinen Patriotismus bis in den Tod zu gehen bereit ist. Anhand der *Oda do młodości / Ode an die Jugend*, der Ballade *Romantyczność / Romantik* sowie des epischen Gedichts *Konrad Wallenrod* lassen sich das sozialmoralische Modell, dessen Gleichnischarakter sowie die Funktion als Exempel und Reflexionsmedium konturieren.

a) Auf dem Weg zum romantischen Freiheitshelden: *Ode an die Jugend*, *Romantik* und die Entstehung einer Generation

Oda do młodości / Ode an die Jugend ist das Werk, das Mickiewiczs Ruf begründete, der Dichter einer neuen, jungen Generation zu sein. Das Gedicht stammt vom Ende des Jahres 1820 und ist ähnlich programmatisch angelegt wie *Romantik*, das nur wenige Wochen später, Ende Januar 1821, verfasst wurde. Während *Romantik* sowohl für eine neue Welthaltung steht als auch formal als innovativ gilt, wird die *Ode an die Jugend* aufgrund der Form als der Ästhetik des Klassizismus verhaftet angesehen. Die Annahme, Mickiewiczs Dichtung habe sich von den klassizistischen Formen der Aufklärung weg und zu den volkstümlichen der Romantik hin *weiter*entwickelt, ist allerdings bereits das Resultat einer Typologisierung im Sinne der Dichotomie von Klassik und Romantik. Für die Rezeption ist *Ode an die Jugend* wichtig, weil sie den Generationskonflikt, der fortan Mickiewiczs Ruf prägen wird, etabliert:

Bez serc, bez ducha, to szkieletów ludy;	Herzlos, seelenlos, das sind der Völker Skelette;
Młodości! dodaj mi skrzydła!	Jugend! verleihe mir Schwingen!
Niech nad martwym wzlecę światem	Dass ich mich über die tote Welt erheben kann
W rajską dziedzinę ułudy:	In die paradiesischen Gefilde der Illusion:
Kędy zapał tworzy cudy,	Wo der Eifer Wunder vollbringt,
Nowości potrząsa kwiatem	Das Neue an der Blume rüttelt,
I obleka w nadziei złote malowidła.	Und in der Hoffnung goldene Bilder hüllt.[129]

Der Antagonismus von Jung und Alt verbindet sich mit einem wenig schmeichelhaften Urteil über die Vätergeneration: herz- und seelenlos, Bewohner einer toten Welt. Hinzu kommen Egoismus und ein beschränkter Blick. Die in der ersten Strophe heraufbeschworene Kraft der Jungen wird im weiteren Verlauf pathetisch entfaltet:

Dzieckiem w kolebce kto łeb urwał Hydrze,	Wer als Kind in der Wiege die Hydra köpfte,
Ten młody zdusi Centaury,	Der wird als Jüngling Zentauren würgen,
Piekłu ofiarę wydrze,	Der Hölle wird er das Opfer entreißen,
Do nieba pójdzie po laury.	Im Himmel Lorbeeren ernten.
Tam sięgaj, gdzie wzrok nie sięga;	Reiche hin, wohin das Auge nicht mehr reicht;
Łam, czego rozum nie złamie:	Zerbrich, was der Verstand nicht brechen kann:
Młodości! orla twych lotów potęga,	Jugend! adlergleich ist die Macht deiner Flüge,
Jako piorun twoje ramię.[130]	Einem Blitz gleicht dein Arm.

Das Pathos vermag ein Ressentiment zu schüren. Die agitatorische Wirkungsintention lässt sich an der antithetischen Darstellung von Stärke vs. Schwäche, Fantasie und Schaffenskraft vs. Fantasielosigkeit und Degenerierung sowie am martialisch-heroischen Vokabular ablesen.

In *Romantik* weicht das Pathos einem neuen Volkston. Gleichzeitig wird die Wir-Ihr-Struktur konkretisiert, weil die romantische Welthaltung zum Generationsmerkmal wird. Die Idealisierung der eigenen Generation wird mit einer Rationalismuskritik verbunden, die mithilfe numinoser und folkloristischer Motive

---

[129] Adam Mickiewicz: Oda do młodości [Ode an die Jugend]. In: Ders., Wiersze 1955, S. 73–75, Vers 1–7.
[130] Ebd., Vers 44–51.

entfaltet wird. Der Handlungsrahmen ist schnell aufgeschlüsselt: Ein Mädchen namens Karusia wird auf dem dörflichen Marktplatz von Visionen ihres verstorbenen Geliebten, Jasio, heimgesucht. Ihren nach außen hin wahnhaft wirkenden Zustand beobachtet und kommentiert eine Menschentraube, die sich in zwei Lager teilt: einen namenlosen alten Mann sowie den Erzähler, der sich als die Stimme des Volkes versteht. Ein folkloristisches Setting (Dorfplatz, einfaches Mädchen, Dorfbevölkerung) wird mit dem *Lenore*-Thema der den Tod überdauernden Liebe verbunden. Damit ist schon das Grundsätzliche beschrieben, denn die Ballade besteht im Wesentlichen aus dem Meinungsaustausch beider Parteien. Zur Debatte steht die Frage der richtigen Welterkenntnis, die sich am Umgang mit dem Tod des Geliebten (als einem geradezu mustergültigen Widerfahrnis) entzündet. Karusia akzeptiert den Verlust nicht und tritt mit Jasio in Verbindung, was im Dorf kaum Verwunderung auslöst. Vielmehr akzeptieren die Bewohner, die als „einfache Leute" eingeführt werden, die Ursache für den Wahn des Mädchens selbstverständlich:

„Mówcie pacierze! – krzyczy prostota –	„Fangt an zu beten! – rufen die einfachen Leute –
Tu jego dusza być musi.	Hier muss seine Seele sein.
Jasio być musi przy swej Karusi,	Jasio muss bei seiner Karusia sein,
On ją kochał za żywota!"[131]	Er liebte sie zu Lebzeiten!"

Diese Deutung der Ereignisse wird in Frage gestellt, als sich aus der Gruppe der Umstehenden die Stimme eines alten, offenbar nicht dazugehörenden Mannes erhebt und das Volk zurechtweist, woraufhin sich der Erzähler als Sprachrohr der Menge einschaltet:

„Słuchaj, dzieweczko!" – krzyknie śród zgiełku	„Höre, Mädchen!" – ruft in den Trubel Ein Alter, und sagt zum Volke:
Starzec, i na lud zawoła:	
„Ufajcie memu oku i szkiełku,	„Vertraut meinem Auge und Glas,
Nic tu nie widzę dokoła.	Nichts sehe ich hier rundherum.
Duchy karczemnej tworem gawiedzi,	Geister sind Schenkenpöbles Geschöpfe,
W głupstwa wywarzone kuźni.	Das an eingemachten Blödsinn glaubt.
Dziewczyna duby smalone bredzi,	Das Mädchen faselt Unfug,
A gmin rozumowi bluźni."	Und das Volk beleidigt den Verstand."
„Dziewczyna czuje, – odpowiadam skromnie –	„Das Mädchen fühlt, – entgegne ich bescheiden –
A gawiedź wierzy głęboko;	Und das Volk glaubt tief;

---

[131] Adam Mickiewicz: Romantyczność. Aus: Ballady i romanse. In. Ders., Wiersze 1955, S. 105–107, Vers 48–51.

Czucie i wiara silniej mówi do mnie	Gefühl und Glauben sprechen stärker zu mir
Niż mędrca szkiełko i oko.	Als des Weisen Glas und Auge.
Martwe znasz prawdy, nieznane dla ludu,	Du kennst nur tote Wahrheit, unbekannt dem Volke
Widzisz świat w proszku, w każdej gwiazd iskierce.	Siehst die Welt im Staub, in jedem Funken der Sterne.
Nie znasz prawd żywych, nie obaczysz cudu!	Kennst lebendige Wahrheit nicht, wirst keine Wunder bezeugen!
Miej serce i patrzaj w serce!"[132]	Hab ein Herz und schau ins Herz!"

Für Mickiewiczs Zeitgenossen war es wohl offensichtlich, dass sich hinter dem alten Mann mit dem Vergrößerungsglas der einflussreiche Warschauer Aufklärer Jan Śniadecki verbarg, der bereits 1819 mit dem Klassizismus scharf gegen eine romantische Poesie polemisierte, wie sie Brodziński in seinem Aufsatz noch hypothetisch behandelt hatte.[133] Wie Thomas Grob feststellt, schreibt Mickiewicz Śniadecki in seine Ballade für immer ein: Er wird zum Sinnbild des Gegners, von dem sich die romantische Jugend abgrenzen kann.[134] Es liegt nahe, die Ballade als ein Gleichnis zu lesen, denn die Geschichte steht für den Widerstreit zweier Weltmodelle. Die Sympathien werden klar durch eine bis in soziale Sphären reichende Oppositionsbildung gelenkt (der einer intellektuellen Elite zugehörige „Weise" vs. das „einfache Volk"): Während der Aufklärer die Dorfbewohner überheblich zurechtweist und ihre Denkungsart diskreditiert, antwortet der Erzähler „bescheiden". Die Attribute „Glas", „Auge" und „Verstand" werden gegenüber „Herz", „Gefühl" und „Glauben" der lebensfernen Sphäre zugeschrieben (abstrakte Anschauung als „tote Wahrheit") und verstandesgeleitete Induktion („Siehst die Welt im Staub") gegen emotionale Evidenz („Schau ins Herz") ausgespielt.

Für die zu einer Seite hin affirmierende und zu anderer abgrenzende Geste den Begriff des Ressentiments zu wählen, ist insofern hilfreich, als mit ihm die emotionale Dimension des sozialen Handelns angesprochen wird, die für die agitatorische Wirkung eines sozialmoralischen Modells konstitutiv ist.[135] Für

---

132 Ebd., Vers. 54–70.
133 Jan Śniadecki: O pismach klasycznych i romantycznych [Über klassische und romantische Schriften]. In: Julian Krzyżanowski, Zdzisław Libera, Ewa Warzenica (Hg.): Polska Krytyka Literacka [Polnische Literaturkritik] (1800–1918). Materiały. Tom I. 1819. Warszawa 1959, S. 152–164.
134 Thomas Grob: Romantische Phantasie, die Phantastik der Ballade und die Frage nach dem ‚Anfang' der polnischen Romantik. In: Ders., Alfred Gall, Andreas Lawaty, German Ritz (Hg.): Romantik und Geschichte. Wiesbaden 2007, S. 250–276. Hier S. 267.
135 Die Idee, das Ressentiment und aus ihm resultierend die Rachsucht als eine das soziale Handeln von kollektiven Akteuren grundlegend lenkende Emotion zu bestimmen, geht auf den Emotionssoziologen Jack M. Barbalet zurück, der als prototypisches Beispiel die afroamerika-

diese Lesart spielt das Widerfahrnis eine zentrale Rolle. Wie bereits erläutert, besteht seine Eigentümlichkeit darin, den Protagonisten in Situationen prinzipieller Handlungsunfähigkeit handeln zu lassen. Indem der Text lenkt, ob die Wahl einer der Optionen (Schicksalsergebenheit oder Auflehnung) mit Sympathie oder Ablehnung bedacht wird, entsteht eine Wertung, die für die außerliterarische Lebenswirklichkeit applizierbar ist, weil sie entweder bestehende Normen unterstreicht oder kritisiert. Wird die Entscheidung als moralisch richtig gewertet, so richtet sich das Ressentiment gegen das ‚Widerfahrnis' (das gesellschaftspolitische System, technische Neuerungen, soziale Bedingungen, herrschaftliche Willkür etc.). Gilt sie als moralisch falsch, richtet es sich gegen die Handelnden bzw. ihre Motive (fehlende Demut, falsche Motive wie Gier oder Eitelkeit). Weil Normen kollektiv verhandelt werden, sind sie eine Säule gemeinschaftlich gedachter Identitäten.[136] Balladen können zu Akteuren solcher Verhandlung werden, indem sie mit emotionalen Codes, die in den jeweiligen Gesellschaften bzw. Öffentlichkeiten weitgehend stabil sind, die Bewertung einer Handlung beeinflussen.

Genau dies geschieht in *Romantyczność*, indem der Wertewandel zum eigentlichen Gegenstand der Ballade wird. Das Paar lehnt sich gegen den Tod auf, indem es die Grenze zwischen Dies- und Jenseits überwindet. Die Wahl der Handlungsoption wird demonstrativ diskutiert, wobei die unterschiedlichen Bewertungen als Welthaltungen mit realweltlicher Entsprechung inszeniert werden. Das Ressentiment richtet sich also gar nicht auf das Geschehen, sondern auf dessen Bewertung innerhalb der Diegese, wodurch es zu einer Umcodierung des aufklärerisch geprägten Werturteilsystems kommt.

Dass der Frontalangriff durchaus als solcher aufgefasst wurde, belegen die Reaktionen der Gelehrten aus Warschau. Das Urteil, mit dem die Kampfansage

---

nische Bürgerrechtsbewegung anführt: Erst aus dem Ressentiment gegen die weißen Unterdrücker entstand ein aktiver Widerstand. Vgl. Jack Barbalet: Emotion, Social Theory, and Social Structure. A Macrosociological Approach. Cambridge 1998. Kapitel 3, „Class and resentment", S. 62ff sowie Kapitel 6, „Rights, resentment, and vengefulness", S. 126 ff.

136 Sie entstehen, indem verschiedene elementare Unterschiede, die Kollektivgrenzen konstituieren, miteinander in Beziehung gesetzt werden. Bernhard Giesen beschreibt kollektive Identität wie folgt: „Die Konstruktion einer Grenze wird um so nachdrücklicher ausfallen, je stärker der elementare Unterschied zwischen innen und außen mit anderen Differenzen in einem semantischen Feld angereichert und von ihnen gestützt wird. [...] Solche zentralen Unterschiede, die eine Vielzahl von Differenzen bündeln, nennen wir Codes. Codes koppeln zumeist mehrere elementare und früh erlernte Unterschiede auf eine handlungswirksame Weise. Die Koppelung an den Unterschied zwischen Gewünschtem und Verbotenem hat in der Regel eine solche Handlungsorientierung zur Folge – selbst wenn, wie im Fall räumlicher Unterscheidungen, der Unterschied selbst noch keine Bewertung enthält." Bernhard Giesen: Kollektive Identität. Frankfurt a. M. 2006, S. 25 f.

aus der Provinz als „litauischer Blödsinn" [„brednie litewskie"] bezeichnet wurde, stellt noch die mildere Form der Kritik dar. Insbesondere der Dichter und Kritiker Kajetan Koźmian geht mit Mickiewicz hart ins Gericht: Dieser sei ein „Verrückter, der aus einem Irrenhaus entlassen wurde", seine Fantasie von „dreckigen litauischen Waschweibern" beflügelt, seine Poesie „niederträchtig, elend, dreckig, dunkel; alles vielleicht krimsisch, türkisch, tartarisch aber nicht polnisch".[137] Er sieht in dem jungen Dichter einen Verführer und Verderber der Jugend, das Vehikel dazu sei die *Ode an die Jugend*:

> Leider hat die gottlose Lehre, die den Jungen von Mickiewicz mit seiner *Ode an die Jugend* eingepflanzt wurde, bereits vom Herz und Verstand der unreifen Schüler Besitz ergriffen. Schon sind sie überzeugt, sie seien die eigentliche Nation, sie seien fähig mit einem Gesellschaftsumbruch das Land zu erlösen, und die Väter – seien nichts oder ein Hindernis.[138]

Koźmian erkennt das agitative Potenzial. Mickiewiczs Reaktion wiederum ist insofern interessant, als sie einen Widerstand gegen diese sozialmoralisch fokussierte Lesart ausdrückt. Der Unmut über die mangelnde Würdigung äußert sich in der Vorrede zur russischen Ausgabe seiner *Poesie*, in der er seine „Warschauer Kritiker und Rezensenten" scharf ins Visier nimmt und sich nicht scheut, sie der Lächerlichkeit preiszugeben. Dem vom Herausgeber der *Polnischen Bibliothek*, Franciszek Salezy Dmochowski, formulierten und eigentlich harmlosen Vorwurf, seltsame und wenig unbekannte arabische und persische Begriffe verwendet zu haben, begegnet er mit dem Verweis, diese seien „so oft in den Werken Goethes, Byrons, Moores verwendet und erklärt worden, dass es für einen europäischen Leser eine Schande [sei], sie nicht zu kennen."[139] Bedenkt man,

---

137 Kajetan Koźmian: List K. Koźmiana do F. Morawskiego. März 1827. [Brief K. Koźmians an F[ranciszek] Morawski]. In: Witold Billip (Hg.): Mickiewicz w oczach współczesnych [Mickiewicz in den Augen der Modernen]. Wrocław 1962, S. 334–335. „Wszystko bezecne, podłe, brudne, ciemne; wszystko może krymskie, tureckie, tatarskie, ale nie polskie", S. 334. „Mickiewicz jest półgłówek wypuszczony ze szpitala szalonych"; „Mickiewicza niesforny zapał rozdmuchały brudne litewskie pomywaczki", S. 335.

138 „Ale niestety, już bezbożna nauka, wszczepiona w młodzież przez Mickiewicza Odą jego do młodości, chwyciła się niedojżałych żaków serca i umysłu. Już dzieci uprzedziły się, że one są jedynym narodem, one są zdolne przewrotem towarzystwa kraj zbawić, a ojcowie – niczym lub przeszkodą." Kajetan Koźmian: Pamiętniki. Band III. Einführung und Kommentar Juliusz Willaume, hg. von Artur Kopacz. Wrocław 1972, S. 88.

139 „Przytoczone wyrazy arabskie lub perskie tyle razy w dziełach Getego, Byrona, Mura użyte i objaśnione były, że o nich czytelnikowi europejskiemu wstyd nie wiedzieć." Adam Mickiewicz: O krytykach i recenzentach warszawskich [Über die Warschauer Kritiker und Rezensenten]. In: Ders., Pisma prozą. Część I 1955, S. 255–274. Hier S. 259. Mickiewicz stellt auch die Frage, wie genau man solche Begriffe dem Polnischen, „der Sprache der Sarbiewskis, Kocha-

dass Dmochowskis Kritik keineswegs vernichtend ist, er sogar das Talent des jungen Dichters hervorhebt, wie im Übrigen sehr viele der „Kritiker und Rezensenten" sich durchaus wohlwollend über das Werk äußerten, so kann Mickiewiczs Scharfzüngigkeit nur Abgrenzung zum Ziel haben. Nach dem Vorbild der *Querelle des Anciens et des Modernes* wird ein erbitterter Kampf um mehr als ein neues ästhetisches Programm, um eine neue polnische Kultur inszeniert. Den literarischen Boden und zugleich den Anwendungsbereich des Kunstdiskurses verlässt die Inszenierung alsbald, und somit wechselt das Modell vom ästhetischen zum sozialmoralischen. Dieses greift wiederum auf die Lebenswelt aus, wenn das romantische Paradigma als verbindliche Welt- und Werthaltung appliziert wird.

Wie gravierend dessen Wirkung auf die polnische Kultur gesehen wurde, lässt ein Zitat des Philosophen und Publizisten Franciszek Krupiński erkennen, das die in *Romantyczność / Romantik* ausgesprochene Ablehnung der empirischen Wissenschaft als allgemein fortschrittshemmend kritisiert:

> halten wir fest, dass die Romantik zwar Einfluss auf die Entwicklung der Poesie hatte, sich aber negativ auf die Entwicklung der Wissenschaft und den Lauf der gesellschaftlichen Angelegenheiten auswirkte. Und wie das? Zuallererst durch übermäßiges Anschlagen der Gefühlssaite und zum zweiten (was das Ergebnis des ersteren ist), durch das Missachten des Verstandes.[140]

Hier scheint die heute noch geläufige pejorative Verwendung des Begriffs hindurch: Die Romantik habe aus den Polen einen Haufen schwärmerischer und weltabgewandter Poeten gemacht, die für Wissenschaft und Realpolitik ungeeignet seien.

Sowohl die *Ode an die Jugend* als auch *Romantik* inszenieren den Antagonismus von einerseits Jugend, die mit Fantasie, formaler Innovation, Gemeinschafts- und letztendlich Nationalgefühl einhergeht, und andererseits der Vätergeneration, die für Regelpoetik, Egoismus und politische Fremdherrschaft steht.

---

nowskis, Śniadeckis, Twardowskis" näher bringen solle, und verlacht Dmochowski, der in einem Text Peleus, Achilles' Vater, als Herrscher eines kleinen Landkreises in Thessalien bezeichnete und damit „einen der mächtigsten Herrscher des heldenhaften Griechenlands zu unserem Kreisvorsitzenden machte". Vgl. ebd.

140 „utrzymujemy, że romantyzm u nas chociaż oddziałał dodatnio na rozkwit poezji, jednak wpłynął bardzo ujemnie na rozwój nauki i bieg spraw społecznych. A to znów jakim sposobem? Oto najprzód przez nadmierne wytężenie struny uczuciowej, a po wtóre (co już z pierwszego wynikiem), przez lekceważenie rozumu." Franciszek Krupiński: Romantyzm i jego skutki [Romantik und ihre Folgen]. In: Janina Kulczycka-Saloni (Hg.): Programy i dyskusje literackie okresu pozytywizmu [Literarische Programme und Diskussionen aus der Zeit des Positivismus]. Wrocław 1985, S. 146–160. Hier S. 148 f.

Das eigentlich poetologisch begründete und in der Rezeption auf die Ebene des sozialen Handelns gehobene Ressentiment hat weitreichende Folgen für das Verständnis der polnischen Romantik und ist ein entscheidender typologischer Bestandteil der Repräsentation des „romantischen Freiheitshelden".

Im 19. Jahrhundert wird der Antagonismus verfestigt, wozu unter anderem der Literaturtheoretiker Maurycy Mochnacki beiträgt,[141] der 1825 in der Zeitschrift *Dziennik Warszawski / Die Warschauer Tageszeitung* schreibt:

> Seit einigen Jahren haben nicht nur die Schriften, sondern auch die Stimmen der gelehrten Meinung diesen Kampf geteilt; alte Überzeugungen wurden erschüttert und die Werke einiger junger Schriftsteller (die vom ausgetretenen Pfad abgewichen sind) wurden mit Wohlgefallen aufgenommen, sie scheinen eine Revolution des Geschmacks und die Notwendigkeit anzukündigen, die vielleicht wichtigste Frage in Sachen einer Nationalliteratur zu entscheiden.[142]

Mochnacki betont, dass diese *Querelle* letztendlich die Zukunft der polnischen Nationalliteratur und Nation entscheiden würde. In seinem Hauptwerk *O literaturze polskiej w wieku dziewiętnastym / Über die polnische Literatur im 19. Jahrhundert*,[143] das 1830 erscheint, heißt es: „In dieser [...] vor unseren Augen *improvisierten* [romantischen] Literatur drückt sich der Geist der Geschichte unseres Landes aus, der Geist des alten Polens."[144] Weil die Generationsfrage auf Konfrontation zugespitzt ist, wird die polnische Romantik allen Interferenzen mit dem Vorangegangenen zum Trotz als eine Oppositionsbewegung rezipiert.[145]

---

141 Was insofern interessant ist, als Mochnackis Romantikverständnis von den deutschen philosophischen und ästhetischen Schriften geprägt ist und sich damit von dem Mickiewiczs unterscheidet. Für dessen Romantikpostulat besaß die deutsche Philosophie – Kant, Fichte oder Schelling – keine Bedeutung, sie war in der Provinz auch kaum bekannt.
142 „Od kilku lat nie tylko pisma, lecz i głos uczonej opinii w Polszcze podzielił tę walkę; dawne mniemania doznały wstrząśnienia, a twory kilku młodych pisarzy (którzy zboczyli z utartej drogi) przyjęte z upodobaniem, zdają się zapowiadać rewolucję w smaku i potrzebę rozstrzygnięcia najważniejszego może, w sprawie literatury narodowej, zapytania." Maurycy Mochnacki: O duchu i źródłach poezji w Polszczę [Über den Geist und Ursprung der Poesie in Polen]. In: Zbigniew Przychodniak, Jacek Kubiak, Elżbieta Nowicka (Hg.): Pisma krytyczne i polityczne [Kritische und politische Schriften]. Kraków 1996, S. 49–86. Hier S. 51.
143 Mochnacki, O literaturze polskiej w wieku dziewiętnastym 1985.
144 Ebd., S. 111. „W tej, że tak powiem, wobec nas, przed naszymi oczami *improwizowanej* literaturze wyraża się duch dziejów krajowych, duch starej Polski." Hervorhebung i. O.
145 Eine der profundesten Kennerinnen der polnischen Romantik, Maria Janion, schreibt deshalb, für die polnische Romantik hätte es in den ersten drei Dezennien des 19. Jahrhunderts nie die Möglichkeit einer „solchen nichtantagonistischen Entwicklung der klassisch-romantischen Literatur [gegeben], wie es sie in Deutschland gab". Maria Janion: Gorączka romantyczna [Das romantische Fieber]. Warszawa 1975, S. 30.

b) *Konrad Wallenrod* oder die Geburt des romantischen Freiheitshelden aus dem Ressentiment

Konrad Wallenrod gilt in mehrfacher Hinsicht als ein Schlüsselwerk, wenngleich sich Mickiewicz davon distanzierte.[146] Zum einen stellt es den Übergang dar in der Wahrnehmung vom Dichter mit dem Anliegen einer ästhetischen Erneuerung zum heimlichen Initiator des Novemberaufstands und politischen Idol. Zum anderen wird mit der Figur des radikalen Freiheitskämpfers Konrad ein nachhaltig wirkendes Narrativ geschaffen, demzufolge im Kampf um die Freiheit Aufopferung und Verrat zu befürworten sind.[147] Das historische Versepos greift das folkloristische Moment auf, indem es in Herder'scher Tradition das Volkslied mit der Volksseele in Verbindung bringt.

Der als Kind vom Großmeister des deutschen Ordens entführte Held Walter, der sich erst später Konrad nennen wird, hat als Erwachsener seine Ursprünge vergessen, bis er auf einem Schlachtfeld ein litauisches Volkslied hört. Da bricht sein eigentliches – slawisch-patriotisches – Wesen hervor, und er entscheidet sich fortan für den Freiheitskampf gegen die Deutschen.[148] Den eigenen Tod vortäuschend, nimmt er die Identität des tatsächlich gefallenen Konrad Wallenrod an und lässt sich zum Großmeister des deutschen Ordens mit dem geheimen Ziel küren, diesen von innen heraus zu zerstören. Sobald er trinkt oder ein Lied hört, ist diese Doppelidentität gefährdet. Dann gerät er in sentimentale oder aggressive Zustände, und es ist, als wolle sein slawisches Wesen unter der Maske des Deutschen hervorbrechen:

> wenn ihn Langeweile oder Kummer marterten / suchte er Trost im heißen Getränk / Und dann schien er sich in eine neue Gestalt zu verwandeln / dann sein blass' und streng' Gesicht / zierte eine fieberhafte Röte; / [...] aus der Brust entweicht klagend ein Seufzer / und das Lid dehnt sich unter der Träne, / die Hand sucht die Laute, den Lippen entströmen Lieder, / Lieder in einer fremdländischen Sprache.[149]

---

146 Jarosław Marek Rymkiewicz: Mickiewicz. Encyklopedia. Warszawa 2001, S. 227.
147 Vgl. Eligiusz Szymanis: Adam Mickiewicz. Kreacja autolegendy [Kreation einer Autolegende]. Wrocław 1992, S. 118 f.
148 In die Handlung ist auch eine Liebesgeschichte eingebaut. Nach seiner Flucht nach Litauen vermählt sich Konrad mit der schönen Aldona. Doch der Hass auf die Deutschen ist stärker als die Liebe und so verlässt er die Geliebte, um den verräterischen Plan auszuführen. Für seine Tat wird er zum Tode verurteilt. Der Vollstreckung entgeht er, indem er sich vergiftet.
149 „Gdy go dręczyły nudy lub zgryzoty, / Szukał pociechy w gorącym napoju; / I wtenczas zdał się wdziewać postać nową, / Wtenczas twarz jego, bladą i surową, / Jakiś rumieniec chorowity krasił; / [...] Z piersi żałośne westchnienie ucieka / I łzą perłową nabrzmiewa powieka, / Dłoń lutni szuka, usta pieśni leją, / Pieśni nucone cudzoziemską mową." Adam Mickiewicz: Konrad Wallenrod. In: Ders.: Powieści poetyckie [Verserzählungen] (= Dzieła, hg. von Julian Krzyżanowski, Stanisław Pigoń, Leon Płoszewski, Henryk Wolpe, Kazimierz Wyka. Band II). Warszawa: Czytelnik 1955, S. 67–138. Hier S. 75, Vers 78–89.

Das Motiv des Volkslieds taucht im Werk noch einmal in der zweiten zentralen Figur des Wajdelota – deutsch auch Waidler – auf, eines alten Mannes in unübersehbar litauischer Kluft, der als Barde mit prophetischer Gabe auftritt.[150]

Der Handlungsrahmen etabliert eine Freund-Feind-Struktur, die geeignet ist, Ressentiments zu schüren. Der vor dem Novemberaufstand verfasste Text trifft auf eine konkrete Bedarfssituation. Die unter russischer Besatzung leidende junge Generation sucht nach einer Handlungsorientierung, die *Konrad Wallenrod* liefert: Selbstopfer für die Freiheit, denn Konrad stirbt für die Rache am Feind. Dass sich das sozialmoralische Modell von *Konrad Wallenrod* früh durchsetzte, legen Zitate nahe, die während des Novemberaufstandes auf Warschauer Mauern erschienen.[151] Daran lässt sich zudem beobachten, wie sich ein Kollektiv konstruiert, indem es das Handeln des Protagonisten moralisch – in dem Fall positiv – bewertet: Konrads hinterhältiger Kampf wird zum Vorbild und identitätsstiftenden Exempel der jungen Aufständischen. Dieses Modell scheitert zunächst zusammen mit dem Aufstand. Mickiewicz hat, derzeit im Pariser Exil, nicht daran teilgenommen. Das gibt Anlass zu Spott, den besonders bissig der bereits erwähnte Kajetan Koźmian formuliert:

> Hatte die Kościuszko-Revolution seinen Tyrtaios in Niemcewicz, der neben dem Anführer sang, ermutigte, kämpfte, mit ihm sein verwundetes Los, Gefangenschaft und Gefängnis teilte. So hatte die letzte Revolution seinen Minstrel oder Barden, oder vielmehr seinen Thersites, der mit seinem Wallenrod und seinen Balladen in der Hand umherschlich und beim ersten Ausbruch [...] weglief.[152]

Mickiewicz wird nicht als Künstler, vielmehr als Agitator wahrgenommen. Doch wie kommt es zu dieser semantischen Verengung auf die Botschaft, warum

---

150 Der prophetische Barde Wajedelota ist eine in der slawischen Legendenbildung bekannte Figur. Mickiewiczs Wajdelota ähnelt der Figur des Wernyhora, des ukrainischen Volkssängers und Sehers, die in der Romantik ebenfalls wiederentdeckt und populär gemacht wird. Zum Beispiel in Julisz Słowackis Drama *Salomes silberner Traum* (1843), im Gemälde des Nationalmalers Jan Matejko (1883/84), in Stanisław Wyspiańskis Drama *Wesele/ Die Hochzeitsfeier* (1901) oder im Stück *Pieśń Wernyhory / Wernyhoras Lied*, das der Avantgarde-Musiker Czesław Niemen aus Słowackis Drama vertonte (Idée fixe 1978. Polskie Nagrania Muza).
151 Szymanis, Adam Mickiewicz 1992.
152 „Miała rewolucja Kościuszki swego Tyrteusza w Niemcewiczu, co obok wodza śpiewał, zachęcał, walczył, wraz z nim raniony podzielił jego los, niewolę i więzienie. Miała ostatnia rewolucja swego minstrela czy wajdelote, a raczej Tersyta, co ze swoim Wallenrodą i balladami w ręku włóczył się, a na pierwszy wybuch w krymskim hylacie uciekł i wałęsając się poza granicą, z wściekłą a niedołężną zemstą śpiewając jadem i zuchwałością zaprawione pieśni, szczekał w nich na wszystko, co tylko towarzystwo ludzkie czci i szanuje i przesyłając bezbożne bazgraniny do kraju ileż nowych nie narobił ofiar." Koźmian, Pamiętniki [Tagebücher]. Band III 1972, S. 362f.

funktioniert das mithilfe von Prolepsen und mehreren diegetischen Ebenen konstruierte Versepos so gut als Gleichnis, aus dem sich eine Handlungsorientierung herauslesen lässt?

Die Schlüsselfiguren Konrad und Wajdelota kennen die unmittelbar identitätsstiftende Kraft von Liedern. Sie ist kein rationaler Prozess, in dem kulturelle Herkunft bewusst gehalten und gepflegt wird, denn Konrad ist sich seiner Wurzeln zunächst nicht bewusst. Die Lieder sind ein Ruf, und er folgt ihm mit allen Konsequenzen. Die Balladen haben die strukturelle Aufgabe, das Geschehen, das für die Protagonisten verschlüsselt bleibt,[153] für die Leserinnen offenzulegen. Sie erläutern die Vorgeschichten einzelner Figuren genauso wie Konrads unerklärliches Verhalten, und sie skizzieren das kommende Geschehen vor. Innerhalb der Diegese bleiben sie ohne unmittelbare Funktion. Dadurch entsteht eine komplexe Schachtelstruktur, in der die Balladen mit einem impliziten Leser kommunizieren.

Zentral für die Typologisierung des romantischen Freiheitshelden ist die Ballade von *Alpuhara*, eines Landstrichs in den Bergen (Las Alpujarras), um dessen Freiheit der maurische König Almanzor gegen die Spanier kämpft. In der Aussichtslosigkeit des Kampfes dient ihm eine Verzweiflungstat als letzter Ausweg: In Grenada steckt sich Almanzor mit der dort grassierenden Pest an, ergibt sich den Alpuhara besetzenden Spaniern und gibt die Krankheit an sie weiter, woraufhin ihr das ganze spanische Heer erliegt.[154] Die Sympathien werden dabei klar verteilt, denn die zunächst überlegenen Spanier zeigen sich nicht etwa als edle Sieger, sondern als machttrunkene Barbaren:

Hiszpan na świeżej zamku ruinie,	Der Spanier in der frischen Ruine des Schlosses
Pomiędzy gruzy i trupy,	Zwischen den Trümmern und Leichen
Zastawia ucztę, kąpie się w winie,	Richtet ein Festgelage aus, badet im Wein,
Rozdziela brańce i łupy.[155]	Teilt die Kriegsgefangenen und die Beute.

Das Mitgefühl trifft den Underdog Almanzor und seine Handvoll Mauren, die bis zum letzten Mann ihre Festung verteidigen. Auf die Spanier wird das Ressentiment projiziert – nur in dieser Konstellation wird es überhaupt möglich, den Hinterhalt gutzuheißen. Diese Deutung des Handlungsschemas ist nicht selbstverständlich, sondern vielmehr vor dem realpolitischen Horizont zu verstehen. Die Konstellation zu Beginn des 19. Jahrhunderts wird in der historischen Hand-

---

153 Konrads Gefolgsleute sehen durchaus, dass mit ihrem Großmeister etwas ‚nicht stimmt', er in seltsame Zustände verfällt, und auch die Figur des Wajdelota wird durchaus als merkwürdig registriert.
154 Mickiewicz, Konrad Wallenrod 1955, S. 117–120, Vers 645–677.
155 Ebd., S. 118, Vers 662–665.

lung abgebildet. Der Stoff, der Kampf des multiethnischen Königreichs Litauen gegen den deutschen Kreuzritterorden, ermöglicht eine Reflexion der eigenen politischen Situation. Mit der Ballade *Alpuhara* wird diese Struktur wiederholt: Auf der metadiegetischen Ebene wird die letzte Phase der Reconquista, der Kampf um Grenada beschrieben, um Konrads List anzukündigen und zu rechtfertigen. Das Ganze ist mit der Struktur einer Matroschka-Puppe vergleichbar: Die Geschichte vom Kampf um die Unabhängigkeit wird auf einen zunehmend kleiner werdenden Rahmen übertragen, historisch immer weiter nach hinten versetzt und stetig vereinfacht. Und so wie die kleinste Puppe meist nur noch durch Farbkleckse andeutet, was bei der größten noch ausdifferenziert Kleidung und Mimik waren, so reduziert und abstrahiert Mickiewicz in der Ballade *Alpuhara* die komplexe historische Situation zu einer plakativ-manichäischen. Die Ballade ermöglicht es, die Geschichte auf das Wesentliche – die Botschaft – zu profilieren: Der Grundkonflikt wird vereinfacht, das Handeln des Helden als wegweisend glorifiziert. Für den Typus des romantischen Freiheitshelden spielt erneut das Widerfahrnis eine entscheidende Rolle. Die Tat hat einen existenzialistischen Anstrich, weil – wie wir als Leserinnen wissen können – Andalusien letztendlich in die Hände der Spanier gefallen ist. Almanzors Selbstopfer hat die Mauren nicht siegen lassen, dafür war es längst zu spät, aber es hat dem Besatzer geschadet und die Toten gerächt. Dieser Aktionismus ist das Kennzeichen des romantischen Freiheitshelden. Die beiden Aufstände von 1831 und 1863 waren von diesem Gedanken genauso durchdrungen wie der Warschauer Aufstand von 1944.

Zwar hat sich Mickiewicz von seinem Werk distanziert, weil er nach der Niederlage des Novemberaufstands an die Erfüllung dieser nationalen Freiheit nicht mehr glaubte bzw. sie in eine metaphysische Sphäre verschob. Doch ist es der in *Konrad Wallenrod* propagierte Heldentypus, mit dem Polen in der Selbst- und Fremdwahrnehmung fortan identifiziert werden würde. Die große Solidarität, die der Aufstand aufseiten deutscher Dichter erfuhr, manifestiert sich in den sogenannten Polenliedern, zu denen Uhlands im vorigen Abschnitt zitiertes Gedicht *Mickiewicz* zählt. Sie prägen den Typus des romantischen Freiheitshelden mit, gerade weil sie ihn aus der Distanz heraus besingen und die Typologie festigen: Die Polen, das sind die Freiheitskämpfer, die es auch ohne Erfolgsaussicht mit einer Übermacht aufnehmen.

c) Bedarfsorientierte Konsolidierung, Tradierung und Wandel des sozialmoralischen Modells

„Das Wort wurde Fleisch und Wallenrod wurde Belvedere"[156] – so lautete der Überlieferung nach eine verbreitete Parole nach der Erstürmung des Warschauer Belvedere-Palastes, die am 29. November 1831 den Beginn des Aufstandes markierte und eine manifeste Applikation von Literatur in die Lebenswirklichkeit ist.[157] In diesen Worten zeigt sich die Bedeutung des Mickiewicz'schen Helden für das Streben nach nationaler Unabhängigkeit. Die Referenz zum Johannesevangelium verweist auf die quasireligiöse Funktion des Werks. Wie Maria Janion in ihrer Arbeit über den langen Schatten Konrad Wallenrods herausstellt, wird die Figur zu einer typologischen Selbst- und Fremdzuschreibung. Wer bereit ist, alles – Liebe, moralische Prinzipien, das eigene Leben – für die Freiheit zu opfern, ist ein Wallenrod; Wallenrodismus ist eine Gesellschaftsdiagnose.[158]

Konrad wird wie Jesus zum Vorbild und Heilsbringer, was ein beachtlicher Resonanzerfolg des sozialmoralischen Modells ist. Dirk Uffelmann spricht diesbezüglich von einem performativen Charakter der polnischen Romantik, deren Postulate sich in der Welt manifestierten.[159] So gab beispielsweise der Begründer der Zweiten Volksrepublik Józef Piłsudski an, sich in seinem Kampf um die nationale Unabhängigkeit von der polnischen Romantik inspirieren zu lassen, sodass ihn, der nie schriftstellerisch in Erscheinung trat, Zeitgenossen mehr als Dichter denn als Staatsmann sahen.[160] Eine solche lebensweltliche Geltung war

---

156 Der Ausspruch „Słowo stało sie ciałem a Wallenrod Belwederem" wird einem der Verschwörer der Belvedere-Gruppe, Ludwik Nabielek, zugeschrieben. Vgl. Norman Davies: Im Herzen Europas. Geschichte Polens. München 2000, S. 199.
157 Schlussfolgert ebenfalls Davies. Vgl. ebd.
158 Maria Janion: Życie pośmiertne Konrada Wallenroda [Konrad Wallenrods Leben nach dem Tod]. Warszawa 1990.
159 In dieselbe Richtung weist die titelgebende Frage von Tomasz Kizwalter: Czy Mickiewicz stworzył naród Polski? [Hat Mickiewicz das polnische Volk erschaffen?]. In: Przegląd humanistyczny 4 (1999), S. 45–60. In dem Zusammenhang ließe sich auch die Konzeption der Romantik als „Handlungsmodell" anführen, wie sie im Jenaer DFG-Kolleg „Modell Romantik" erforscht wird. Genuin literarische Modelle, als funktionale Repräsentationen durch ihren Doppelcharakter aus „Abbildung und Konstruktion" definiert, sind demnach (in unterschiedlichen Abstraktionsstufen) in alltäglichen Handlungen wie beispielsweise dem Konsumverhalten zu beobachten. Auch im politischen Handeln können solche Modelle ausgemacht werden, wie die Mickiewicz-Rezeption mustergültig belegt. Vgl. hierzu den Sammelband Stefan Matuschek, Sandra Kerschbaumer: Romantik erkennen – Modelle finden. Paderborn 2019. Romantische Liebe als Deutungs- und Handlungsmodell untersucht Sandra Kerschbaumer: Immer wieder Romantik. Modelltheoretische Beschreibungen ihrer Wirkungsgeschichte. Heidelberg 2018, S. 65–89.
160 Maria Janion: Do Europy. Tak, ale razem z naszymi umarłymi [Nach Europa. Ja, aber gemeinsam mit unseren Toten]. Warszawa 2000, S. 24.

Maria Janion zufolge noch zwei Mal zu beobachten: Nach der Revolution Piłsudskis sieht sie den Warschauer Aufstand von 1944 sowie die Solidarność-Bewegung als die drei Kulminationen der Romantik im 20. Jahrhundert.[161]

Das sozialmoralische Modell konstituiert eine Wertegemeinschaft: Die Protagonisten werden als Vorbilder oder Reflexionsinstanzen richtungsweisend für den moralischen Kompass, der zugleich festlegt, welches Verhalten kollektiv abgelehnt oder stigmatisiert werden soll. Der innovative Aspekt ist für diese Deutung unbedeutend. Wie weitreichend die mit dem sozialmoralischen Modell verbreitete romantische Prägung des Freiheitskampfes und wie wirksam dieser vom Typus des romantischen Freiheitshelden inspirierte Freiheitsbegriff bis heute ist, belegt das *Universallexikon der polnischen Sprache*, wo es zum Lemma Freiheit noch Anfang des 21. Jahrhunderts heißt:

> Unabhängigkeit [niezależność], Unabhängigkeit [niezawisłość] eines Staates von anderen Staaten in innenpolitischen Angelegenheiten und außenpolitischen Angelegenheiten; Unabhängigkeit [niepodległość], Souveränität: Freiheit verteidigen, bewahren. Ein Land, das die Freiheit verlor, erlangte. Freiheit des Vaterlandes, des Landes.[162]

Freiheit ist in erster Linie die politische oder nationale Unabhängigkeit, für die das Polnische eine Fülle von synonymen Begriffen kennt; Freiheit als individueller Zustand spielt demgegenüber kaum eine Rolle. Schon der polnische Nobelpreisträger Czesław Miłosz kritisierte diese Dominanz des Kollektiven über das Individuelle, als er feststellte, die Romantik habe den Polen erfunden und den Menschen darüber vergessen.[163]

Dass sich die Repräsentation des romantischen Freiheitshelden etablieren konnte, ist nicht selbstverständlich, denn gerade die für dessen Verbreitung zuständigen Sozialisationsagenturen wurden weitgehend durch die Besatzungsmächte kontrolliert. Die romantische Literatur hatte nach der dritten Teilung von 1795 unter der Besatzung durch Preußen, Österreich und Russland das 19. Jahrhundert hindurch erhebliche Schwierigkeiten, in einen Schulkanon aufgenommen zu werden. Unter allen drei Besatzungsmächten sollten die Zöglinge zu loyalen, an die jeweilige Besatzerkultur assimilierten Staatsbürgern herange-

---

161 Ebd., S. 22–25.
162 „Wolność: niezależność, niezawisłość jednego państwa od innych państw w sprawach wewnętrznych i stosunkach zewnętrznych; niepodległość, suwerenność: Bronić, strzec wolności. Kraj który utracił, odzyskał wolność. Wolność ojczyzny, kraju." Stanisław Dubisz (Hg.): Uniwersalny słownik języka polskiego. Bd. 4 t–ż. Warszawa 2003, S. 491.
163 Auch Witold Gombrowicz moniert diese Dichotomie, die durch die messianische Erzählung begründet wurde. Vgl. Janion, Do Europy 2000, S. 20.

zogen werden.[164] Zwar gab es wiederholt Versuche von patriotisch gesinnten Beamten, Texte der Romantiker in die Schulbücher zu schmuggeln, allerdings hielten sich diese dort in der Regel höchstens zwei Auflagen lang, bevor sie von der Zensur beseitigt wurden.[165] Eine Ausnahme bildeten einige Balladen und Sonette Mickiewiczs, die noch vor der Revolution von 1831 in den Schulkanon aufgenommen wurden. Ihre Funktion war rein literaturdidaktisch, weil an ihnen klare Gattungsmerkmale festgemacht werden konnten – naheliegenderweise wurde das politisch ungefährliche ästhetische Modell favorisiert.[166] Doch der Bedarf nach einer Identifikationsfigur, wie sie der Freiheitsheld bot, war so groß, dass Wege der Verbreitung und Konsolidierung gefunden wurden.

Eine dem sozialmoralischen Modell entsprechende, die patriotische Botschaft untermauernde und verbreitende Lesart wurde in konspirativen Treffen außerhalb des offiziellen Unterrichts gepflegt. Diese klandestine Lektüreform entwickelte sich im 19. Jahrhundert sehr erfolgreich an der Zensur und den Institutionen der regierenden Mächte vorbei. Im Unterschied zu den russischen Besatzungsgebieten, in denen es eine kategorische – wenngleich vielfältig umgangene – Zensur für alle nach 1831 entstandenen Werke gab,[167] existierten in den preußischen unterschiedliche Gesellschaften, die eine systematische Verbreitung der Werke außerhalb von Schulen beförderten: Die Gesellschaft der Han-

---

164 Der Literaturunterricht wurde in dieser Hinsicht funktionalisiert: Polnische Literatur wurde zwar gelesen, aber nur Literatur, die, Mieczysław Inglots Unterscheidung folgend, einem moralistischen oder traditionalistischen Modell gehorchte. Dies waren vor allem Schriften des Renaissancedichters Jan Kochanowski und von Klassizisten, die national indifferenten Inhalts waren, meistens den Respekt vor der Obrigkeit (Gott, Eltern, Gesetzgeber) propagierten oder historische Gegebenheiten schilderten. Obwohl es auf den ersten Blick kontraintuitiv wirken kann, Schüler mit Darstellungen vergangener polnischer Größe zu konfrontieren, so hatte die Lektüre dieser Texte die Funktion, Schülern ein System vor Augen zu führen, in dem Gehorsam gegenüber der Obrigkeit positiv dargestellt wurde. Eine weitere Rolle spielte Literatur als eine Art Heimatkunde: Schüler sollten heimische Pflanzen, Landschaften und Gegenden kennenlernen. Vgl. Mieczysław Inglot: Polska kultura literacka w edukacji szkolnej w okresie romantyzmu [Polnische literarische Kultur in der Schulbildung in der Zeit der Romantik]. In: Ders.: Wieszcz i pomniki: w kręgu XIX- i XX-wiecznej recepcji dzieł Adama Mickiewicza [Der Prophet und seine Denkmäler. Zur Rezeption von A. M. Werken im 19. und 20. Jahrhundert]. Wrocław 1999, S. 7–22.
165 Ebd., S. 12.
166 Viel später allerdings, denn solche Unterrichtsempfehlungen wurden noch in den 30er Jahren gegeben. Vgl. Henryk Gradkowski: Mickiewicz w polskiej szkole XIX i pierwszej połowy XX wieku: strategie lektury i style odbioru [Mickiewicz in der Schule in Polen im 19. und in der ersten Hälfte des 20. Jahrhunderts. Strategien der Lektüre und Rezeptionsstile]. Jelenia Góra 2001.
167 Krzysztof Kopczyński: Mickiewicz i jego czytelnicy [Mickiewicz und seine Leser]. Warszawa 1994, S. 15.

dels- und Handwerksjugend, die Katholische Lehrlingsgesellschaft, Sportvereine ebenso wie Musikvereine pflegten den Mickiewiczkult, der sich zwischen den 40er und 60er Jahren des 19. Jahrhunderts entwickelte.[168]

Obwohl der Bedarf nachweislich existierte, war es durchaus selbst unter Zeitgenossen umstritten, ob gerade Konrad Wallenrod sich als Vorbild eignete. Juliusz Słowacki polemisiert 1841 in seinem Versepos *Beniowski* gegen den Verräter-Helden:

Wallenrodyczność czyli Wallenrodyzm	Wallenrodheit, also Wallenrodismus
Ten wiele zrobił dobrego – najwięcej!	Dieser hat viel Gutes bewirkt – am meisten!
Wprowadził pewny do zdrady metodyzm,	Führte eine gewisse Methodik in den Verrat ein,
Z jednego zrobił zdrajców sto tysięcy.	Aus einem Verräter machte er hunderttausend.[169]

Aus Słowacki spricht nicht nur das verletzte Ego eines Dichters, dessen Werke von der Kritik und der Polonia im Pariser Exil schlechter aufgenommen wurden als die seines ewigen Kontrahenten Mickiewicz. Es wird darüber hinaus das sozialmoralische Modell evaluiert. Słowacki stellt ironisch infrage, ob Ressentiment als Movens und Rache als Ziel des gesamtgesellschaftlichen Handelns vertretbar seien. Auf lange Sicht gesehen hatte Słowacki der Geltung Wallenrods allerdings nichts entgegenzusetzen, der Freiheitsheld prägte das kollektive Selbstverständnis nachhaltig.

Krisenanfällig konnte dieses Angebot erst werden, als sich die Bedarfssituation änderte, was mit der Souveränität der *Rzeczpospolita* im Jahr 1918 der Fall zu sein schien. Dies war bis dahin der größte Triumph des romantischen Freiheitshelden, der freilich die Gefahr barg, seine größte Krise zu werden. Das Ressentiment verlor sein Ziel, denn es gab keinen Besatzer als existenziellen Feind. Und so schreibt der Mitbegründer der legendären Gruppe Skamander[170] Antoni Słonimski 1919 angesichts der erfüllten Prophezeiung und der daraus resultie-

---

[168] Magdalena Piotrowska: Zanim „te księgi zbłądziły pod strzechy", czyli od odbiorcy elitarnego ku odbiorcy popularnemu [Bevor „diese Bücher sich unter die Strohdächer verirrten" oder vom elitären zum populären Empfänger]. In: Krystyna Ratajska, Maria Berkan-Jabłońska (Hg.): Mickiewicz wielu pokoleń twórców, badaczy i czytelników [Mickiewicz vieler Generationen Schaffender, Forscher und Leser]. Łódź 2007, S. 206–216. Hier S. 208.
[169] Juliusz Słowacki: Beniowski. Poema. In: Ders.: Poematy (= Juliusz Słowacki. Dzieła wybrane, hg. von Julian Krzyżanowski. Tom II). Warszawa 1979, S. 77–203. Hier S. 102.
[170] Gemeinsam mit Julian Tuwim, Jarosław Iwaszkiewicz, Jan Lechoń, Kazimierz Wierzyński begründete Literatengruppe, die durch Auftritte in literarischen Kabaretts und erfolgreiche Zeitschriften populär war. Ziel war es, die polnische Literatur nach 1918 von der Indienstnahme in nationaler Sache zu befreien, eine lebensbejahende, vitalistische Poesie zu propagieren und den Dichter zum Alltagsmenschen zu erklären. Vgl. Francesca Fornari: Literatura dwudziestolecia miedzywojennego [Literatur der Zwischenkriegszeit]. In: Luigi Marinelli (Hg.): Historia

renden romantischen Euphorie in seinem Gedicht *Czarna wiosna / Der schwarze Frühling* die Zeilen „Vaterland mein frei, frei... / So werfe ich Konrads Mantel von meinen Schultern".[171] Die befreite Nation braucht keinen romantischen Freiheitshelden mehr:

Odrzucam oto płaszcz Konrada	Ich werfe also Konrads Mantel von mir
Niewola ludów nie roznieca	Der Völker Unfreiheit entzündet keine
Płomienia zemsty. – Pusta heca!	Flammen der Rache. – Leeres Spektakel!
Gdzie indziej żagiew moja pada!	Woanders fällt meine Brandfackel![172]

Das romantische Nationalpathos liefert keine Lösungen für aktuelle Probleme. Und dennoch wird das Modell – wenn man Janion folgt – noch zwei Mal für neue Bedarfskonstellationen aktualisiert werden. Doch auch sie sieht das Ende 1990: „Wir sind Zeugen eines grausamen Paradoxons", schreibt Janion, „die erreichte Unabhängigkeit, zu der die Allmacht der Romantik im sichtbaren Maße beitrug, entzieht ihr nun die Grundlage ihrer Wirkung".[173]

Dieses Diktum kann nicht für die Romantikrezeption als Ganzes uneingeschränkt gelten, denn die andauernde Wirkung ist am Revival der slawischen Folklore ebenso erkennbar wie daran, dass die *szlachta* als ein historisches Vor- und Wunschbild eine weiterhin erfolgreiche Bezugsgröße ist.[174] Der Kultur des Sarmatismus, der sogenannten Schlachtzitzen, hat Wajdas Verfilmung von *Pan Tadeusz* neue Beliebtheit verschafft. Sie manifestiert sich in der Warenkultur (z. B. Vodkasorten *Pan Tadeusz* und *Soplica*, die nach den Figuren benannt sind) und darüber hinaus: Den Abschluss von Wajdas Film bildet eine Hochzeit, auf der die streitenden Parteien und unterschiedlichen sozialen Schichten zusammen-

---

literatury polskiej [Polnische Literaturgeschichte], übers. von Monika Woźniak. Wrocław 2009, S. 306–345. Hier S. 310–315.
171 „Ojczyzna moja wolna, wolna... Więc zrzucam z ramion płaszcz Konrada." Antoni Słonimski: Czarna wiosna [Schwarzer Frühling]. In: Ders.: Poezje. Warszawa 1955, S. 108–121. Hier S. 117.
172 Ebd., S. 118.
173 Janion, Do Europy 2000, S. 27.
174 Beispielhaft war dafür die Präsentation beim Eurovision Song Contest 2014 mit dem Lied *My słowianie (Wir Slawen)*. Folkloristische Motive wurden mit einem einfachen Beat unterlegt, im dazugehörigen Videoclip zusätzlich mit viel nackter Haut und anzüglichen Einstellungen aufgearbeitet. Dieser *folkloristic turn* lässt sich auch in einzelnen Regionen beobachten, in denen Feste wiederbelebt, Mundarten und lokale Literatur entdeckt und – folgt man Robert Traba – mit dem Ziel gepflegt werden, „zwischenmenschliche Bande", also die kollektive, regionale Identität zu stärken: „Renaissance von lokalen Traditionen im Ermland und in Masuren, bei den Schlesiern und den Kaschuben zeigt ihre Früchte in der Rückkehr uralter Feste, der Pflege von Dialekten und Literatur und damit auch die Stärkung zwischenmenschlicher Bande". Robert Traba: Walka o kulture [Kulturkampf]. In: Przegląd Polityczny 75 (2006), S. 46–53.

kommen. Im Roman symbolisiert sie die nationale Vereinigung, im Film wird dies durch eine Polonaise bekräftigt, die der international bekannte Wojciech Kilar für den Film komponierte. Der Tanz hat eine lange Tradition auf polnischen Schulabschlussbällen: Bis 1999 wurde die Version von Michał Ogiński (1794) gespielt, durch die Popularität von Wajdas *Pan Tadeusz* wurde diese durch die Filmmusik Kilars ersetzt, sodass nun jede Abiturientin in Polen an der idealisierten Vergangenheit teilhat, die sie mit einschlägigen Filmbildern imaginativ füllen kann.

Die Mickiewicz'sche Landadelskultur, eine patriarchale Gesellschaft mit klaren ethischen Überzeugungen und einem Sinn für das Gemeinwohl ausgestattet, ist eine kollektive Phantasmagorie, die als vermeintlich historische Referenz dem kulturellen Selbstverständnis dient. Der Sarmatismus ist nicht nur eine gesamtgesellschaftliche Selbstdeutungsfigur, wie Tomasz Plata in seinem 2017 erschienenen Buch *Pośmierne życie romantyzmu / Das posthume Leben der Romantik* erläutert,[175] er ist darüber hinaus Gegenstand einer Aneignungspraxis, die vom Interieur und Speiseangebot von Restaurants über Werbung und Supermärkte (z. B. die Kette „Polska Chata") bis hin zur Architektur und Popmusik reicht. Es sind vor allem die Konsumkultur und die Massenmedien, die nach wie vor selbstverständlich diese Selbstdeutung verbreiten.[176]

Angesichts dessen hat Janion Unrecht, vom Bedeutungsverlust der Romantik in Polen zu sprechen, denn die nun primär massenmediale Öffentlichkeitskonstruktion mithilfe von Identifikations- und Ressentimentsexempeln funktioniert ungebrochen, aufgrund der Reichweite vermutlich sogar besonders wirkungsvoll. Janion hat aber recht, dass der Typus des romantischen Freiheitshelden als nationale Identifikationsfigur nicht mehr selbstverständlich ist. Sie verwendet den Begriff „obrząd", was in etwa „Brauch" bedeutet, und meint, dass die Gleichsetzung polnischer Identität mit dem romantischen Freiheitshelden nicht mehr traditio-

---

175 Damit widerspricht er der geläufigen Meinung, nur die politische Rechte tradiere die messianische Erzählung der Romantik, und er sieht in Aussagen und Gesten des bürgerlichen Lagers, genauso wie im Protest der künstlerischen wie politischen Linken, die sich traditionskritisch gibt, Indizien für die kulturelle Verankerung und bleibende Wirkung der Romantik. Tomasz Plata: Pośmiertne życie romantyzmu [Das Nachleben der Romantik]. Warszawa 2017.

176 Doch auch in der intellektuellen Kultur bleibt das Bemühen, die gewohnt romantische Deutung zu erhalten und zu pflegen, erkennbar. Anna Wolff-Powęska analysiert die unter polnischen Historikern im In- und Ausland verbreitete Tendenz, Kritik an der romantisch-patriotischen Tradition heute mit der Propaganda Volkspolens zu vergleichen: „Im Kampf um die Rehabilitierung der romantischen Tradition vergleicht er [Andrzej Nowak, Historiker, radikaler Aufspürer von historischen Eskapisten in der Vergangenheit] die ‚Propaganda' der Dritten Republik mit der Propaganda Volkspolens. Beide hätten ‚dem historischen Gedächtnis Unrecht getan', indem sie es auf das Abstellgleis gestellt hätten." Anna Wolff-Powęska: Geschichtspolitik. Die polnischen Auseinandersetzungen um Geschichte und Gedächtnis. Aus dem Polnischen übers. von Rainer Mende. In: Jahrbuch Polen (2007), S. 207–219. Hier S. 211.

nell-unhinterfragt in allen Teilen der Gesellschaft geschieht. Die Wahl der Romantik als Identitätsangebot und die Frage danach, welches Konzept für welche konkrete Situation brauchbar ist, verlangen gegenwärtig nach Begründungszusammenhängen, die sich jenseits tradierter Automatismen bewegen.

Allerdings ist nicht erst heute das sozialmoralische Modell auch jenseits des Identitäts- und Nationaldiskurses zu beobachten. Die Verlagerung der Wirkungsabsicht von Aktivismus zu Reflexion belegt bereits der unmittelbar nach dem Zweiten Weltkrieg entstandene Text *Ballady i romanse*[177] von Władysław Broniewski, in dem Mickiewiczs Ballade *Romantik* ein Referenzpunkt ist:

„Słuchaj dzieweczko!" Ona nie słucha...	„Höre Mädchen!" Sie will nicht hören...
„To dzień biały, to miasteczko..."	„Dies ist heller Tag, dies ein Städtchen..."
Nie ma miasteczka, nie ma żywego ducha,	Es gibt kein Städtchen, keine lebende Seele,
po gruzach biega naga, ruda Ryfka,	in den Trümmern läuft die nackte, rothaarige
trzynastoletnie dziecko.	Ryfka,
	ein dreizehnjähriges Kind.
Przejeżdżali grubi Niemcy w grubym tanku.	Es fuhren dicke Deutsche in einem dicken
(Uciekaj, uciekaj Ryfka!)	Panzer vorbei.
„Mama pod gruzami, tata w Majdanku..."	(Lauf weg, lauf weg, Ryfka!)
Roześmiała się, zakręciła się, znikła.	„Mama unter Trümmern, Papa in Majdanek..."
	Sie lachte, drehte sich im Kreise, verschwand.
I przejeżdżał znajomy, dobry łyk z	Und es fuhr ein Bekannter, reicher Bürger[178]
Lubartowa:	aus Lubartów:
„Masz, Ryfka, bułkę, żebyś była zdrowa..."	„Hier hast du, Ryfka, ein Brötchen, damit du
Wzięła, ugryzła, zaświeciła zębami:	gesund bleibst..."
„Ja zaniosę tacie i mamie."	Sie nahm es, biss ab, strahlte:
	„Ich bringe es Papa und Mama."

---

177 Władysław Broniewski: Ballady i romanse. In: Ders.: Poezje zebrane. Band 2: 1926–1945, hg. von Feliksa Lichodziejewska. Toruń 1997, S. 259 f.
178 Der polnische Ausdruck „dobry łyk" ist nicht einfach zu übersetzen und überdies aus der Alltagssprache verschwunden. Das Lexikon der polnischen Mundarten führt mehrere Bedeutungen an. So kann es sich hierbei um einen „trinkenden Stadtbewohner" handeln („łyk" heißt im Polnischen „Schluck"). Es gibt jedoch Verweise auf einen sozialen Status, der zwischen „szlachta" und „chłopi" anzusiedeln ist. Dazu passt auch, dass der Ausdruck auch für Juden verwendet wurde. Der Ausdruck „Bürger" gibt es am ehesten wieder, wobei es dem Lexikon nach „mieszczanin-rolnik" bedeutet – also ein landwirtschaftlich tätiger Stadtbewohner wäre. Hierbei handelt es sich um Bezüge zu sozialen Identitätskonstruktionen, die spezifisch mit der polnischen Geschichte und Wirtschaft im Zusammenhang stehen und unterschiedliche hybride Formationen wie „chłop-robotnik" (Arbeiterbauer), „gospodarz" (Hof- bzw. Hausbewirtschafter) etc. kennen. Vgl. „łyk" in Jan Karłowicz: Słownik gwar Polskich. Tom trzeci. L do O [Lexikon polnischer Mundarten. Band drei. L bis O]. Kraków 1974, S. 85 f. Für Hinweise danke ich auch Anna Szymelda.

Przejeżdżał chłop, rzucił grosik,	Es fuhr ein Bauer vorbei, warf ihr einen
przejeżdżała baba, też dała cosik,	Groschen zu,
przejeżdżało dużo, dużo luda,	es fuhr eine Bäuerin vorbei, gab auch etwas
każdy się dziwił, że goła i ruda.	es fuhr viel, viel Volk vorbei
	jeder wunderte sich, dass sie nackt und
	rothaarig war.
I przejeżdżał bolejący Pan Jezus,	Und es fuhr der leidende Herr Jesus vorbei,
SS-mani go wiedli na męki,	SS-Männer führten ihn in die Qualen,
postawili ich oboje pod miedzą,	sie stellten beide am Feldrain auf,
potem wzięli karabiny do ręki.	dann nahmen sie ihre Gewehre zur Hand.
„Słuchaj, Jezu, słuchaj, Ryfka, sie Juden,	„Höre, Jesus, höre, Ryfka, *sie Juden*,
za koronę cierniową, za te włosy rude,	für diese Dornenkrone, für diese roten Haare,
za to, żeście nadzy, za to, żeśmy winni,	dafür, dass ihr nackt seid, dafür, dass wir
obojeście umrzeć powinni."	schuldig sind,
	solltet ihr beide sterben."
I ozwało się Alleluja w Galilei,	Und es ertönte ein Halleluja in Galiläa,
i oboje anieleli po kolei,	und beide wurden engelsgleich nacheinander,
potem salwa rozległa się głucha...	dann ertönte eine dumpfe Salve...
„Słuchaj, dzieweczko!" ...Ona nie słucha...	„Höre, Mädchen!" ... Sie will nicht hören ...

Władysław Broniewskis *Ballady i romanse* erschien 1945 in dem Band *Drzewo rozpaczające / Trauernder Baum* kurz nach der Rückkehr des Autors von der letzten Station seiner Kriegsreise im Nahen Osten.[179] Die Tradition der polnischen Romantik ist manifest: Der Titel *Ballady i romanse* bezieht sich auf Mickiewiczs Erstlingsband, die ersten Verse „Höre Mädchen!" Sie will nicht hören...

---

179 Will man einem deutschen Leser die Bedeutung dieses Dichters innerhalb der polnischen Literaturlandschaft in der ersten Hälfte des 20. Jahrhunderts näherbringen, so lässt sich eine Stilblüte anführen, die die kritische Ausgabe seiner gesammelten Poesie einleitet: „Władysław Broniewski ist ein außergewöhnlich populärer und anerkannter, aber kein sehr bekannter Dichter" („Władysław Broniewski jest poetą niezwykle popularnym i uznanym, ale nie bardzo znanym"). Feliksa Lichodziejewska: Wstęp. In: Broniewski, Poezje zebrane 1997, S. 5–20. Hier S. 5.) Die Herausgeberin meint damit das nur bruchstückhaft zugängliche Werk. Doch auch die Person des Autors scheint noch biografischer Aufarbeitung zu bedürfen, wie das Bändchen *Der unbekannte Władysław Broniewski* nahelegt. Vgl. Jacek Kajtoch: Władysław Broniewski nie znany. Kraków 1992. Tatsächlich wurden Leben und Werk des Schriftstellers stark von der kommunistischen Zensur zurechtgestutzt, sodass er einigen trotz häufig patriotischer Inhalte als ein rein systemkonformer Dichter gilt. Beispiel für eine solche Deutung des Dichters: Artur Sandauer: Poeci trzech pokoleń [Dichter dreier Generationen]. Staff, Tuwim, Słonimski, Iwaszkiewicz, Broniewski, Przyboś, Gałczyński, Jastrun. Warszawa 1955, S. 95. Gleichzeitig aber finden sich in Broniewskis Werk zahlreiche Gedichte mit einem romantisch-revolutionären Gestus, die um die Verteidigung der polnischen Unabhängigkeit kreisen, um die er selbst an der Seite Józef Piłsudskis gekämpft hat.

/ Dies ist heller Tag, dies ein Städtchen..." sind ein wörtliches Zitat aus der bereits bekannten Ballade *Romantyczność*. Über diese Verse hinaus liegt vor allem die Motivähnlichkeit des umnachteten Mädchens vor, das sich in einer Fantasiewelt bewegt. Abgesehen davon unterscheiden sich die Balladen fundamental, weil Broniewskis Ballade die Kriegsverbrechen der Deutschen thematisiert. Der intertextuelle Bezug konstruiert ein sozialmoralisches Modell, dessen Anwendungsbereich sich von der Konstituierung eines romantischen Weltzugangs zur Anprangerung der Barbarei und Vermittlung humanistisch-christlicher Werte verschiebt. Der traumatische Verlust wird als Widerfahrnis zur Referenz zwischen den Texten. Der Zustand des jüdischen Mädchens Ryfka ist auf den Tod ihrer Eltern zurückzuführen, mit denen sie in der Fantasiewelt zusammenkommt. Das Ressentiment richtet sich gegen Ryfkas Mörder, die Jesus und Pars pro Toto das christliche Wertesystem auf dem Gewissen haben. Erneut lässt sich die Analogie zum Gleichnis beobachten, weil vom Konkreten ausgehend abstrakt über das Wesen der Barberei reflektiert wird, indem die rothaarige Jüdin Ryfka und Jesus gemeinsam hingerichtet werden. Vor dem Hintergrund der messianischen Idee Polens als Christus der Nationen ist dieses Nebeneinander provokativ und bringt einen verdrängten Mickiewicz ans Tageslicht: einen Dichter, für den das Nationale nicht nationalistisch und dessen Vision eines freien Polens die eines multiethnischen Landes war.[180]

Ein aktuelleres Beispiel des sozialmoralischen Modells im Anwendungsfeld der Literatur ist der 2010 erschienene Roman *Balladyny i romanse* von Ignacy Karpowicz.[181] Der Titel ist ein Amalgam aus dem des Poesiebandes und des romantischen Märchendramas *Balladyna* von Juliusz Słowacki. Karpowicz entwirft das Bild der polnischen Gesellschaft nach der Transformation von 1989/1990. Der mit einem der wichtigsten polnischen Literaturpreise, *Paszport Polityki*, ausgezeichnete Roman bietet in einem Handlungsstrang das Panorama einer ‚normal' gestörten Gesellschaft. Die Figuren sind keine Freiheits- oder Byron'schen Helden, sondern Exempel des Scheiterns; kein erhabenes Bild des Polnischseins, kein messianischer Gedanke. Eine ehemalige Krankenschwester und alternde Jungfer bringt einen Patienten aus Mitleid um, ihre Nichte Anna ist Nym-

---

180 „Die Polonität eines Schriftstellers, der als Staatsbürger dazu verpflichtet ist, sein Vaterland zu verteidigen, war für Mickiewicz ohnehin nicht primär die Frage seiner Sprache, sondern der geistigen Haltung". Andreas Lawaty: Zur romantischen Konzeption des Politischen: Polen und Deutsche unter fremder Herrschaft. In: Gall et al., Romantik und Geschichte 2007, S. 21–59. Hier S. 43.
181 Karpowicz, Balladyny i romanse 2010.

phomanin und der Jogginganzugträger (*dresiarz*)[182] Janek ein jugendlicher Krimineller. Das balladeske Widerfahrnis ist die zwischen ihm und der Krankenschwester sich entwickelnde Liebesbeziehung, die allerdings nichts mit der romantischen Idealvorstellung gemein hat.[183] Mit dem zweiten Handlungsstrang betritt der Text metaphysische Gefilde, denn es geht um nicht weniger als den Tod der alten Götter, die durch Kommerz und Pop ersetzt werden. Die Alten lassen sich jedoch nicht so einfach vergessen und beschließen, auf die Erde hinabzusteigen, ausgerechnet nach Polen. Der so entstehende *Clash of Cultures* zwischen dem Jenseits und dem Diesseits, den alten und den neuen Göttern, einer alten und neuen Welt bezieht sich als romantische Referenz auf den Erfahrungshorizont polnischer Autoren, die, wie der 1976 geborene Karpowicz, die Kommerzialisierung von Alltag und Gesellschaft in einem beschleunigten Tempo erlebten (Stichwort: Turbokapitalismus). Eine Polarisierung bleibt jedoch aus, weil es niemanden gibt, gegen den sich ein Ressentiment richten könnte. Das ist der Bruch mit der zweiten romantischen Referenz, dem Märchendrama *Balladyna* von 1839. Die Geschichte der macchiavellistischen Titelheldin verhandelt in Shakespeare'scher Manier Machtstreben und individuelle Schuld. Obwohl Balladyna für die Morde an Schwester, Ehemann und Mutter bestraft und die moralische Ordnung wiederhergestellt wird, gibt es kein *Happy End*. Einsicht und Läuterung bleiben aus, weshalb das Drama umso mehr dazu geeignet ist, mit der Ablehnung des skrupellosen Handelns die gemeinsamen moralischen Leitlinien zu bestätigen. Karpowiczs Roman schürt dagegen kein Ressentiment, weil alle Figuren – selbst die Götter – ambivalent sind und die Gegenwart gar keine Optionen für moralisch richtiges Handeln eröffnet.

Da der Band *Ballady i romanse* im Vergleich mit manch anderem der Mickiewicz'schen Werke, die zu patriotischen Aushängeschildern wurden, weniger belastet ist, lassen die darin enthaltenen Gedichte eher alternative Applikationsmöglichkeiten zu – auch im Breitendiskurs. Unter der Überschrift „Powrót taty / Die Rückkehr des Vaters" startete die polnische linksliberale Tageszeitung *Gazeta Wyborcza* 2007 eine Umfrage,[184] auf die ein von der Zeitung eingerichteter Diskussionsblog sowie eine Aktion in Zusammenarbeit mit dem Radiosender Ra-

---

182 Der Begriff kommt von „dresy", was Jogginganzug bedeutet, und stereotypisiert ein bestimmtes – prekäres, bildungsfernes und in Plattenbauten lebendes – Milieu junger Männer, die sich damit kleiden.
183 Jerzy Jarzębski liest sie als eine wiederhergestellte Kommunikation zwischen den Generationen, die durch 1989 einen Bruch erfuhr. Jerzy Jarzębski: The Conflict of Generations in Contemporary Polish Prose. In: Ursula Phillips, Knut Andreas Grimstad, Kris van Heuckelom (Hg.): Polish Literature in Transformation. Münster 2013, S. 25–33.
184 Proponujemy narodową terapię. „Powrót taty". https://wyborcza.pl/1,75248,4698807.html [letzter Zugriff 18.5.2021], archiviert unter https://archive.fo/8z4IE.

dio FM folgten.[185] Darin wurde thematisiert, wie wenig polnische Väter an der Erziehung ihrer Kinder partizipieren. Der Titel verweist auf eine populäre Ballade,[186] die ebenfalls in Mickiewiczs Debütband enthalten ist. Der titelgebende Vater, der auf dem Nachhauseweg von einer Räuberbande entführt wird, spielt darin eine nur marginale Rolle. Die eigentliche Handlung entwickelt sich zwischen den Kindern und dem Räuberhauptmann. Zufällig wird dieser durch nichts zu erweichende Schurke Zeuge, wie die Kinder im Wald für die Wiederkehr beten, und ist von der kindlichen Inbrunst so gerührt, dass er den Vater, den er zu töten beabsichtigte, ziehen lässt. Die Zeitung deutet das Widerfahrnis als Gesellschaftsdiagnose um, indem sie das religiöse Moment zurücknimmt. Anstatt um die Macht des reinen Glaubens geht es um die Absenz der Väter in der polnischen Gesellschaft. Der Vater, der bei Mickiewicz auszieht, um den Lebensunterhalt der Familie auf Reisen zu verdienen, wird zur Schlüsselfigur moderner Gesellschaftsdiagnostik, die wartenden Kinder zur Reflexionsfigur, mit deren Hilfe sich als pathologisch empfundene Familienstrukturen beleuchten lassen.

Im Roman wie im Zeitungsblog ist mit der Verschiebung vom Agitatorischen zum Reflexiven ein Funktionswandel des sozialmoralischen Modells zu beobachten. Zwar wird immer noch implizit die Frage verhandelt, wofür eine Gemeinschaft steht und was sie ausmacht, doch geschieht dies ohne Polarisierung und ohne abschließende Antworten.

4.2.3 Modell 3: Mickiewicz, politisch

Wenn Mickiewicz als „Goethe der Polen" oder „der erste Pole"[187] tituliert wird, dann lässt sich daran das politische Modell ablesen. Mit solcherlei Anreden werden Status und Funktion performativ gesetzt: Mickiewicz wird zur Verständigungsfigur der nationalen Kommunikation, zur Autorität, auf die sich der Nationaldiskurs berufen kann. Liefert das sozialmoralische Modell Handlungsorientierung, so stabilisiert das politische Diskurse.

---

185 https://wyborcza.pl/1,76842,4743506.html [letzter Zugriff 18.5.2021], archiviert unter https://archive.fo/lxdIX.
186 Adam Mickiewicz: Powrót taty. Aus: Ballady i romanse. In: Ders., Wiersze 1955, S. 125–128. Magdalena Piotrowska beschreibt die Ballade als einen „Theaterbestseller" [„Wręcz bestsellerem teatralnym stała się ballada Powrót taty"]. Vgl. Piotrowska, Zanim „te księgi zbłądziły pod strzechy" 2007, S. 214.
187 Zdzisław Krasnodębski: Mickiewicz' Europa – zur Einführung. In: Ders., Stefan Garsztecki (Hg.): Sendung und Dichtung. Hamburg 2002, S. 7–16. Hier S. 7.

Dieser Klassikergebrauch tendiert besonders zur Metonymisierung, bei der die Chiffre „Mickiewicz" das Werk, die Biografie und den Status umfasst. Diese Metonymisierungstendenz entspricht dem Bedarf insofern, als der literarisch argumentierende Nationaldiskurs nicht nur einen Dichter oder eine individuell applizierbare Identifikationsfigur, sondern eine überindividuelle Autorität benötigt. Um auf die Eigenheiten des politischen Modells einzugehen, eignet sich das Beispiel Mickiewicz in besonderer Weise, weil der politische Gebrauch den beiden anderen zeitlich deutlich nachgestellt ist. Die Jahrzehnte, die zwischen Klassikerwerdung und Kanonisierung vergehen, lassen die Differenz der Praktiken erkennbar werden.

Das politische Modell basiert auf Abwägungen und Entscheidungen, und dieser dezisionistische Charakter ist konstitutiv für Kanonbildungsprozesse jeglicher Couleur. Das widerspricht nicht grundsätzlich der Idee vom Kanon als Invisible-Hand-Phänomen, denn tatsächlich sind die der Auswahl vorgelagerten Prozesse häufig emergent.[188] In Mickiewiczs Fall ruht das politische Modell und die ihm inhärente Repräsentation als Nationalschriftsteller auf den bereits etablierten Gebrauchsweisen in ästhetischer und sozialmoralischer Hinsicht. Die Popularität seiner Dichtung, ihre gemeinschaftsstiftende Wirkung und die Reichweite ihrer patriotischen Botschaft wurden zu Kriterien für die Entscheidung, gerade ihm die führende Rolle im Identitätsdiskurs Polens zuzuschreiben. Dem prozessualen Verhältnis von Klassik und Kanon folgend, beobachten wir eine Ratifizierung des Klassikerstatus.

Ist für das ästhetische Modell die Innovationsbehauptung als diskursiver Modus charakteristisch, für das sozialmoralische eine lebensweltliche Relevanzbehauptung, so ist es für das politische eine sich selbst erfüllende Funktionsbehauptung: Dass Mickiewicz die Funktion als nationale Autorität erfüllt, bedarf keiner weiteren Beweisführung, wird mit jedem Sprechakt, jeder nach ihm benannten Institution,[189] jedem Denkmal, Straßennamen und Jubiläum neu gesetzt. Argumente dafür werden deshalb, wenn überhaupt, nur eklektisch als aus dem Kontext losgelöste Werkzitate oder biografische Anekdoten angeführt.

In Mickiewiczs Rezeptionsgeschichte gibt es eine konkrete historische Situation, in der das politische Modell die öffentliche Bühne betritt. Als man 1890 seinen Leichnam aus Paris, wohin er nach dem Tod 1855 in Konstantinopel zunächst gebracht wurde, nach Krakau überführte, um ihn dort in der Gruft der Könige auf dem Wawel beizusetzen, sorgte dies für einen patriotischen Gefühls-

---

188 Vgl. hierzu Kapitel 2: „Zum Verhältnis von Klassik und Kanon".
189 Das Pendent zum Goethe-Institut ist das „Instytut imienia Adama Mickiewicza", die Universität Posen heißt offiziell „Uniwersytet Adama Mickiewicza".

taumel in der Gesellschaft.[190] Die hohe Symbolkraft der Beisetzung erregte enorme Aufmerksamkeit, der eine Flut kommerzieller, künstlerischer und wissenschaftlicher Produktionen folgte.

Die performative Geste kennzeichnet insbesondere die Begräbnisreden. Einer der Hauptredner, der Geistliche und Rektor der Jagiellonen-Universität Krakau Władysław Chotkowski, produziert eine Ämterhäufung, die keinerlei Bezug zum realweltlichen Dichter oder dessen Werk besitzt, ihn jedoch als Autorität stilisiert: Als „König" / „król" „Führer" / „wódz", „Heerführer" / „hetman" wird Mickiewicz in einem Atemzug bezeichnet, mehr noch als

> der Hohepriester und der Hüter des ewigen Feuers, das aus den alten erhaltenen Zeiten, wie in der ‚Bundeslade zwischen den jungen und den vergangenen Tagen', den unauflösbaren Knoten unserer Einheit, das Band unserer Kraft und die treibende Kraft unserer Rettung bildet. [...] Er ist der Sänger unseres nationalen Ruhms, unserer Trauer und unserer Klagen Widerhall, Spiegel unseres Volkes, weil sich das Volk in seinen Liedern spiegelt und in ihnen das wiederfindet, was es fühlt, denkt, was es schmerzt.[191]

Die Funktion als nationale Autorität wird wortgewaltig heraufbeschworen. Das Werkzitat aus *Konrad Wallenrod* („Bundeslade zwischen den jungen und den vergangenen Tagen") wird willkürlich in den Behauptungsstrom eingeflochten und wirkt verifizierend. Das funktionalistische Credo *Form follows function* erlebt im politischen Modell eine maximale Steigerung, weil die Beweislast, dass die Form der Funktion entspricht, nicht erbracht, sondern rhetorisch durch Postulate gesetzt wird.

Die Rhetorik evoziert eine Apotheose des Dichters, was intermedial und vor allem visuell – beispielsweise in Form sogenannter Nekroinszenierungen – untermauert wird. Auf dem Gemälde *Apotheose des Propheten* von Tomasz Lisiewicz, dessen Fragmente auf Postkarten, Medaillons, Uhren und Statuen verbrei-

---

190 Es mag verwundern, dass dies in einem besetzten Land möglich war. Seit dem Aufstand von 1846 gegen die österreichischen Machthaber wurde die Republik Krakau/Kraków wieder als Großherzogtum Krakau an Österreich-Ungarn angeschlossen. Ab 1868 bestand weitgehende Selbstverwaltung mit polnischer Unterrichts- und Amtssprache, polnischem Statthalter und Minister für Galizien in Wien sowie regem geistigem Leben (polnische Universitäten in Lemberg/Lwów und Krakau).
191 „Kapłan i stróż znicza wiekuistego, który z dawnych przechownych wieków, jak ‚w arce przymierza między młodszemi i dawnemi laty' stanowi węzeł nierozerwalny naszej jedności, spójnę siły i dźwignię ratunku. [...] To piewca narodowy naszej chwały, naszej żałoby i skarg naszych odgłos, ducha narodu naszego zwierciadło, bo w pieśniach jego przegląda się naród, odnajduje to co czuł, co myślał, co bolał." Władysław Chotkowski: Mowa przy sprowadzeniu zwłok Adama Mickiewicza powiedziana w czasie nabożeństwa w Katedrze na Wawelu dnia 4 lipca 1890 roku [Rede anlässlich Mickiewiczs Begräbnis gehalten während der Messe in der Kathedrale von Wawel am 4. Juli 1890]. In: Przegląd Polski (1890), S. 181–196. Hier S. 181 f.

tet wurden, ist der Verstorbene umringt von den Figuren seiner Werke (vgl. Abb. 14). Hinter dem Kopfteil seines Bettes sitzend, schaut Konrad Wallenrod düster drein, über das Fußteil beugt sich der Barde Wajdelota, aus dem rechten Rand schwebt die verlorene Seele eines Mädchens aus dem ersten Teil der *Ahnenfeier* hinein, begleitet von zwei Engeln, die im dritten Teil auftreten – allesamt in der Mode der sarmatischen Landadelskultur gewandet. Ein so in Szene gesetztes Postulat bedarf keiner weiteren Ausführung: In den Kreis seiner unsterblichen Figuren wird nun ihr Schöpfer aufgenommen. Das Gemälde und seine Verbreitung sind Beleg dafür, dass die Funktionsbehauptung lebensweltliche Resonanz erfährt.

Der Dichter als Barde wird zum nationalen Emblem und zur vox populi, das stellt Francesco Crocco in seiner Untersuchung *Literature and the Growth of British Nationalism* fest.[192] Das politische Modell des polnischen Nationalklassikers projiziert diese Funktion auf eine metaphysische Ebene: Der Barde wird zum Propheten. Zentral für diese Wahrnehmung ist der Dramenzyklus *Die Ahnenfeier*. Mit ihm wird eine neue Prägung des sozialmoralischen Modells etabliert, die in und mit dem politischen Modell zum dominanten Deutungsangebot der polnischen Romantik wird.

Abb. 14: Tomasz Lisiewicz: Apotheose des Propheten (1894).

---

192 Vgl. Crocco, Literature and the Growth of British Nationalism 2014, S. 25.

a) Vom Barden und Freiheitshelden zum Propheten: *Die Ahnenfeier* als Argument

1897 formuliert Józef Kallenbach in seiner vielgelesenen zweibändigen Mickiewicz-Biografie normativ:

> Das polnische Volk muss sich mit Mickiewicz messen. Er ist das Beispiel und das Maß für Geist und Herz, das uns von Gott gesandt wurde. Und wenn unsere Nation diesen unsterblichen Koloss im Ganzen umarmen, ihn durchdringen und in ihm wiedergeboren wird, dann wird der Geist des *wieszcz* frohlockend das Lied anstimmen, dem Schöpfer dankbar die unsterblichen Worte sagen: *Ich und das Vaterland sind dasselbe.*[193]

„Ich und das Vaterland sind dasselbe", diese Worte spricht in der *Ahnenfeier* der wiedergeborene Protagonist, und diese Worte werden nun dem Patron des polnischen Volkes Mickiewicz in den Mund gelegt. In Kallenbachs Zitat wird das im sozialmoralischen Modell angelegte agitative oder reflexive Potenzial normativ umgedeutet. Vom Beobachter oder Rebell wird der Autor nun zur überirdischen Autorität, die den Nationaldiskurs stabilisiert. Dass Kallenbach sein Zitat der *Ahnenfeier* und nicht etwa dem Nationalepos *Pan Tadeusz* entnimmt, zeugt von der Wirkung dieses Dramenzyklus, der Mickiewiczs Rezeption als Prophet der Nation untermauerte, im deutschen Sprachraum allerdings kaum (noch weniger als *Pan Tadeusz*, das kaum bekannt ist) rezipiert wurde.

Über den Dramenzyklus als Ganzheit Aussagen zu treffen, ist insofern nicht ganz einfach, als er unvollendet geblieben ist, zudem über einen längeren Zeitraum hinweg, dabei keineswegs chronologisch entstand und in seiner Heterogenität die veränderten politischen Ereignisse ebenso spiegelt wie die individuelle Entwicklung des Autors. So steht der zuerst entstandene und im zweiten Band der *Poesie* 1822 erschienene, als „Zweiter" titulierte Teil noch ganz in der Tradition der *Ballady i romanse*, woran u. a. das vorangestellte Motto aus Shakespeares *Hamlet* keinen Zweifel lässt: „There are more things in Heaven and Earth, / Than are dreamt of in your philosophy."[194] Der Teil besteht aus einer in Versen gehaltenen Wechselrede zwischen dem die Ahnen herbeirufenden Zeremonienmeister (*Guślarz*), den Geistern und dem Chor der Dorfbewohner, die den heidnischen Brauch der Ahnenfeier pflegen, einen Festschmaus, nach dem

---

[193] „Naród Polski musi duchowo dorastać do Mickiewicza. On naszym wzorem i miarą serca, wykreśloną nam od Boga. A kiedy naród nasz obejmie z czasem ten kolos wiekowy, przeniknie go i wcieli się weń, wtedy rozraduje się duch wieszcza, zanuci już pieśń szczęśliwą i z wdzięcznością dla Stwórcy powtórzy te nieśmiertelne słowa: *Ja i Ojczyzna to jedno.*" Józef Kallenbach: Adam Mickiewicz. Zwei Bände. Band 2. Wrocław, vierte erweiterte Auflage 1926, S. 484 f. Kursivierung i. O.

[194] Adam Mickiewicz: Dziady. Poema. Część II [Die Ahnenfeier. Teil II]. In: Utwory dramatyczne (= Dzieła, hg. von Julian Krzyżanowski et al. Tom III.). Warszawa 1955, S. 7–37. Hier S. 13.

die Überreste für die Toten vergraben werden.[195] Die erscheinenden Geister repräsentieren drei Typen: solche, die unschuldig gestorben sind, solche, die Grausamkeit auf sich geladen haben, und solche, die aus Leichtfertigkeit Verfehlungen begangen haben. Als Übergang zum vierten Teil, der nahezu zeitgleich mit dem zweiten entstand,[196] ist die Erscheinung eines schweigenden Gespensts gedacht, das vage auf Goethes *Werther* referiert. Im vierten Teil entwickelt sich diese Andeutung zur eigenständigen Geschichte des Eremiten Gustaw. Nachts erscheint er bei seinem ehemaligen Lehrer, einem aufklärerisch gesinnten Pastor, und beklagt seine an gesellschaftlichen Konventionen zerbrochene Liebe. Im weiteren Verlauf gibt er sich als Geist eines Selbstmörders zu erkennen. Gustaws Anliegen – und hier wird die Programmatik der Ballade *Romantik* nochmals aufgegriffen – besteht darin, den Rationalismus des Priesters anzuprangern, der die Ahnenfeier und damit eine Tradition verbot, die die Kommunikation zwischen den Toten und den Lebenden ermöglichte. In beiden Teilen tauchen folkloristische Motive sowie die Dichotomie einer die Ganzheit des Universums schädigenden diesseitsorientierten Vernunft und eines das Übersinnliche inkludierenden holistischen Universumsentwurfs auf.

Dem zehn Jahre später, 1832, veröffentlichten dritten Teil liegt ein erweiterter Formanspruch zugrunde, denn Mickiewicz bedient sich einer offenen Dramenform und greift nicht mehr auf den folkloristischen Ton seiner frühen Poesie zurück. Der Bezug bleibt noch paratextuell und motivisch mit dem Titel sowie im Aufeinandertreffen von Dies- und Jenseits bestehen, das mit dem handlungstragenden Wiedergängermotiv aufgerufen wird.[197] Das Liebesthema der beiden aufgrund des Entstehungsortes als *Wilnaer Ahnenfeier*[198] bezeichneten Teile weicht in der sogenannten *Dresdener Ahnenfeier* der Beschäftigung mit der nationalen Sache. Darin verankert Mickiewicz einen Exkurs (*Ustęp*[199]), in dem er, seine eigenen Russland-Erfahrungen der Jahre 1824 bis 1829 thematisierend, scharf mit dem zaristischen Russland ins Gericht geht und den er mit einem Solidaritäts-Gedicht an seine russischen Dekabristen-Freunde abschließt (*Do przyjaciół Moskali*[200]).

---

195 „Dziady" bdeutet allerdings auch Großväter oder Greise.
196 Der erste Teil bleibt ein Fragment und wird erst posthum 1860 veröffentlicht.
197 Von dem her Maria Janion eine Mentalitätsgeschichte entwickelt hat, die in Auszügen auch ins Deutsche übersetzt wurde. Maria Janion: Die Polen und ihre Vampire. Studien zur Kritik kultureller Phantasmen, hg. und übers. von Magdalena Marszałek, Bernhard Hartmann, Thomas Weiler. Berlin 2014.
198 Diese werden gelegentlich auch als *Wilnaer-Kowner Ahnenfeier* bezeichnet.
199 Mickiewicz, Dziady 1955, S. 127–264.
200 Ebd., S. 265–305. Do przyjaciół Moskali, S. 306–308.

Dennoch ist die *Ahnenfeier* nicht nur als „eine zum Mythos erhobene Abrechnung mit dem Zarismus und seiner Despotie"[201] wirkungsgeschichtlich bedeutend. Grundsätzlich etabliert Mickiewicz hier den messianischen Gedanken, die Idee von der Märtyrerrolle Polens, die er gleichzeitig in den *Księgi narodu polskiego i pielgrzymstwa polskiego / Büchern des polnischen Volkes und der polnischen Pilgerschaft* (1832 in Paris veröffentlicht) entwickelt. Die wichtigsten Figuren sind in diesem Teil der in einer Klosterzelle gefangene Gustaw, der, von den Wachen getötet, als Konrad wiedergeboren wird, und ein Priester namens Piotr. Der Wiedergänger Konrad, der „polnische Prometheus,"[202] ist ein stolzer, patriotischer, doch auch überheblicher Dichter, der Gott in dem zentralen Abschnitt *Wielka Improwizacja / Große Improvisation* herausfordert:

> Ich würde meine Nation als ein lebendiges Lied erschaffen,
> Und ein größeres Wunder als du vollbringen,
> Ich würde ein glückliches Lied singen![203]

Das eigentliche heilsgeschichtliche Narrativ des leidenden Volkes, das zur Grundlage des Messianismus wird, vertritt der Priester. Er entwirft eine Vision, die den Weg zur Freiheit nicht im Kampf sieht, sondern metaphysisch umdeutet. Das ist 1832 eine Antwort auf den gescheiterten Novemberaufstand und die ‚Große Emigration' polnischer Künstler und Intellektuellen vor allem nach Frankreich. Gleichzeitig verleiht das Drama dem rückwärtsgewandten *Bardic Nationalism* eine prospektive Dimension. Aus dem Barden Mickiewicz wird der Prophet, der nicht die vergangene Größe besingt, sondern die zukünftige Rolle Polens in der Welt prophezeit.

Aus dieser Deutung kann Juliusz Kleiner sein Mickiewiczbild beziehen. Es bekam im Krisenjahr 1968 mit der „Affäre ‚Dziady'", wie die FAZ titelte,[204] neue Aktualität, die in einer Studierendendemonstration vor dem Adam Mickiewicz-Denkmal in Warschau gipfelte. Diese richtete sich gegen die Absetzung einer *Ahnenfeier*-Inszenierung von Kazimierz Dejmek, die wegen antisowjetischer Anspielungen vom Spielplan des Nationaltheaters verbannt wurde. Weil auf die da-

---

201 Karl Dedecius: Adam Mickiewicz. Idee und Idol einer Nation. In: Rolf-Dieter Kluge (Hg.): Von Polen, Poesie und Politik. Adam Mickiewicz 1798–1998. Tübingen 1999, S. 11–32. Hier S. 18.
202 Brigitte Schultze: Prometheus in Polen. Nationalisierung und Internationalisierung des Mythos um 1900. In: Udo Schöning, Beata Weinhagen, Frank Seemann (Hg.): Internationalität nationaler Literaturen. Göttingen 2000, S. 239–265.
203 „Ja bym mój naród jak pieśń żywą stworzył, / I większe niżli Ty zrobiłbym dziwo, / Zanuciłbym pieśń szczęśliwą!" Mickiewicz, Dziady 1955, S. 163, Vers 167–169.
204 Angela Nacken: Affäre „Dziady". Protest polnischer Schriftsteller. FAZ vom 23.2.1968. Aus den Archivbeständen des Deutschen Polen Instituts Darmstadt. Mickiewicz Miscellen 3.2.

durch ausgelösten Unruhen unter anderem eine staatlich orchestrierte antisemitische Hetzkampagne folgte,[205] brannte sich das Ereignis im kulturellen Gedächtnis ein. Nachhaltig bestätigt die Subversion die Symbolwirkung des Stückes.[206]

Ein rezenteres Beispiel für die Applikation des politischen Modells ist eine Äußerung des Vorsitzenden der derzeit regierenden Partei *Prawo i Sprawiedliwość* (PiS), Jarosław Kaczyński. Er kolportiert das messianische Narrativ mit den Worten

> Wenn wir auf Europa blicken, dann ist es ein Bild der untergehenden Zivilisation. Polen muss jene absolut herausragende Rolle spielen, über die vormals die Dichter sprachen und die nicht realisierbar schien. Polen wird in unseren Augen. Es erfüllt die Rolle, von der Mickiewicz, Słowacki schrieben.[207]

Modelltypisch bleibt die Krisendiagnose allgemein und offen, welche „Worte" gemeint sind. Wo eine sachliche Verbindung zwischen ihnen und dem Flugzeugunglück von Smoleńsk liegt, in dessen Kontext Kaczyńskis Bemerkung fällt, führt er nicht aus. Die romantischen Klassiker werden metonymisch als Autorität herangezogen, um die eigene Position auf der richtigen Seite der Geschichte zu markieren und das politische Handeln zu legitimieren.

Kleiners wie Kaczyńskis Beispiele zeigen: Das politische ist ein Metamodell. Es ratifiziert bestehende Deutungsangebote, indem es auf Repräsentationen anderer Modelle (eklektisch) zugreift und sie nutzt, um die jeweiligen Diskurse zu stabilisieren. Prägt wie in diesem Fall die Metonymisierung das Modell, wird der Dichter zur Verifikationsinstanz. Seine Autorität erfordert ein hohes Maß an Kohärenz zwischen Funktion und Biografie.

---

205 Die Partei reagierte, indem sie die an der Aktion beteiligten Studenten Adam Michnik und Henryk Szlajfer von der Universität suspendierte, worauf es erneut zu Ausschreitungen in ganz Polen kam. Die jüdische Herkunft von Michnik und Szlajfer wurde von der Gomułka-Regierung für eine antisemitische Kampagne instrumentalisiert, in deren Verlauf nahezu alle nach dem Holocaust verbliebenen oder wiedergekehrten polnischen Juden auswanderten.
206 Was im Sinne des evaluierenden Klassik-Kanonverhältnisses zu verstehen ist.
207 „Jeżeli spojrzeć na dzisiejszą Europę, (...) to jest to obraz upadku cywilizacji. Można to cofnąć. Polska może i musi odegrać zupełnie niezwykłą rolę, o której kiedyś mówili poeci, a która wydawała się nierealna. Ona dziś staje na naszych oczach. Polska wchodzi w rolę, o której pisali Mickiewicz, Słowacki." Zitat von Jarosław Kaczyński aus einem Interview für den Sender Radio Maryja vom 27.7.2017. Vgl. Transkription des Gesprächs auf https://wpolityce.pl/polityka/350799-relacja-jaroslaw-kaczynski-w-rozmowach-niedokonczonych-decyzja-prezydenta-to-powazny-blad-idziemy-do-przodu [letzter Zugriff 18.5.2021], archiviert unter https://archive.fo/83oBA.

b) Bedarfsorientierte Kohärenz: Zur Identität von Dichter und Werk

Für den Anwendungsbereich des Nationaldiskurses ist die Person des Autors von nicht zu unterschätzender Bedeutung. Dies gilt nicht für alle Anwendungsbereiche des politischen Modells, denn die Konsolidierung eines universitären Kanons kann ohne biografische Argumente auskommen, es sei denn, sie sind wichtig, um beispielsweise eine geschlechter- und kulturbezogene Diversität zu sichern. Der eingangs zitierte Kallenbach verwendet eine Spielart des biografischen Arguments, indem er Mickiewicz die Worte seines Helden Konrad in den Mund legt: „Ich und das Vaterland sind dasselbe / Man nennt mich Million – weil für Millionen / liebe ich und leide Qualen" (Vers 259–261).

Die Verschmelzung von Dichter und Protagonist stattet die historische Person mit fiktionalen Elementen der Dichtung aus, die die Funktion als Autorität stärken. Dazu passt Kallenbachs Hinweis darauf, dass Mickiewicz sich von der moralisch wenig erhabenen Figur des dem Alkohol zugeneigten Verräters Wallenrod distanzierte. Er habe diesen in einem inneren Kampf besiegt und reifte dadurch zu einer jesusgleichen Figur: „Die Liebe wuchs in seinem Leben von einer polnischen zu einer allgemeinmenschlichen. Konrad, den nach Rache Dürstenden, besiegte er in sich, und mit dem grausamen Feind wollte er das Brot der Freiheit brechen."[208] Das Motiv der Metamorphose, das so kennzeichnend für Mickiewiczs *Ahnenfeier* ist, wird auf seine Person um- und christlich ausgelegt.

Die Vermischung von Autor und Protagonist, Werk und Leben, die im Kontext der Hagiografie des 19. Jahrhunderts etabliert wurde, hielt sich hartnäckig. Stanisław Wyspiański kommentiert seine Inszenierung der *Ahnenfeier* von 1901, dass nicht wenige irritiert sein dürften, wenn es nicht Mickiewicz, sondern ein Künstler wäre, der die Worte „Ich und das Vaterland sind dasselbe" spräche.[209] Dementsprechend wird der Gustaw/Konrad-Darsteller nach Vorbild eines bekannten Mickiewicz-Porträts von Walenty Wańkowicz charakterisiert (vgl. Abb. 15), worauf Frisur, Haarfarbe, Umhang (vgl. Abb. 17) und Krawattenschal (in Abb. 16 offen) hinweisen.[210] Das Gemälde *Mickiewicz na Judahu skale / Mickiewicz auf dem Ajudah-Felsen* geht auf einige Zeilen des Gedichts *Ajudah* zurück:

---

[208] „Miłość jego wciągu życia rosła z polskiej nad wszechludzką. Konrada, chciwego zemsty, zwyciężył w sobie, a z wrogiem okrutnym przełamać się chciał chlebem wolności." Kallenbach, Adam Mickiewicz 1926, Band 2, S. 483.
[209] „niejednego by to raziło [...], gdy nie Mickiewicz, lecz artysta woła: ,Ja i Ojczyzna to jedno'". Stanisław Wyspiański: Inscenizacje (= Dzieła zebrane, hg. von Leon Płoszewski, Stefan Góra, Aniela Łempicka, Jerzy Skórnicki, Zofia Skrzatówna. Band XII). Kraków 1961, S. 240.
[210] Majchrowski: Cela, Konrada 1998, S. 64.

Lubię poglądać wsparty na Judahu skale,
Jak spienione bałwany to w czarne szeregi
Ścisnąwszy się buchają, to jak srebrne śniegi
W milijonowych tęczach kołują wspaniale[211]

Oft wie geblendet fast die Augen mir erstarben
Sah, an den Fels von Judah lehnend, ich das Schäumen
Der Wogen, die sich bald zu schwarzen Bergen bäumen,
Bald blitzen grell wie Schnee in tausend bunten Farben[212]

Abb. 15: Walenty Wańkowicz: Mickiewicz na Judahu skale (1827/28).

Abb. 16: Szene aus der Dresdener Ahnenfeier, Gustaw-Konrad und die Engel, Inszenierung von S. Wyspiański. UA im Stadttheater Krakau, 31. Oktober 1901.

---

211 Mickiewicz, Adam: Ajudah. Aus: Sonety Krymskie. In: Ders., Wiersze 1955, S. 257–280. Hier S. 276, Vers 1–4.
212 Übersetzt von Martin Remané. In: Adam Mickiewicz: Lyrik, Prosa. Polnisch und deutsch. Leipzig 1978, S. 123.

Abb. 17: Andrzej Mielewski als Gustaw-Konrad. Die Unterschrift ist ein Zitat aus dem Zweiten Teil der Ahnenfeier: „Denn hört und berücksichtigt es wohl / das gemäß dem göttlichen Gebot / wer lebend nur einmal im Himmel war / der findet nach dem Tod den Weg dorthin nicht sofort." Inszenierung von S. Wyspiański. Foto: Adolf Walewski, Teatr Miejski, Kraków, 31.10.1901.

Diese Gleichsetzung ist kein Einzelfall; Kallenbach kann sich also auf eine längere Tradition beziehen. Eine Radierung von Bronisław Zaleski versetzt Walenty Wańkowiczs früheres, 1823 für den zweiten *Poesie*-Band entstandenes Mickiewicz-Porträt (Abb. 19) vor den Hintergrund jener Gefängniszelle, in der Gustaw sich in Konrad verwandelt (vgl. Abb. 18). Mickiewicz-Konrad ist vor der Inschrift zu sehen, die die Metamorphose im Prolog der *Ahnenfeier* vorwegnimmt: „D.O. M. GUSTAVUS OBIIT M.D.CCC.XXIII CALENDIS NOVEMBRIS. HIC NATUS EST CONRADUS M. M.D.CCC.XXIII CALENDIS NOVEMBRIS."[213]

---

[213] Mickiewicz, Dziady 1955, S. 133.

Abb. 18: Bronisław Zaleski: Mickiewicz als Konrad (1823).

Abb. 19: Walenty Wańkowicz: Fontispiz im Poesie-Band (1823).

Abb. 20: Mickiewicz-Porträt von Leopold Horowitz nach einer Daguerrotypie von 1846 (1888).

Abb. 21: Stefan Żechowski: Große Improvisation (1957).

Auch Stefan Żechowski wählt für die Zeichnung *Große Improvisation* eine verbreitete Darstellung des schon älteren Mickiewicz (vgl. Abb. 20) und adaptiert die charakteristische Schifferkrause und das ungebändigte Haar für seine Konrad-Darstellung (vgl. Abb. 21).

Michał Masłowski bezeichnet diese Identifikation des Protagonisten mit dem Dichter als eine bereits von Mickiewicz intendierte „autobiographische Verifizierung", die aus dem literarischen einen kulturellen Helden – und ein Vorbild – mache.[214] Doch das politische Modell geht über die Identifikationsfunk-

---

214 „Bohater Mickiewicza istotnie został – dzięki ‚uwiarogodnieniu biograficznemu' – bohaterem kulturowym, tzn. wzorem zachowań." Michał Masłowski: Problemy tożsamości. Szkice

tion weit hinaus. Der Klassiker ist eine Autorität, die metaphysisch überhöht als Prophet oder im säkularen Gewand des Anführers auftritt. Dass hierfür ausgerechnet Konrad gewählt wird, entspricht dem Eklektizismus und der Kontingenz des politischen Modells: Auf die Figurenkonstellation des Dramas blickend, lässt sich nicht nachvollziehen, warum Mickiewicz mit dem häretischen Protagonisten gleichgesetzt wird, der kaum zum frommen Katholiken, der grundlegenden Referenz des polnischen Identitätsdiskurses, taugt. Doch das Zitat „Ich und das Vaterland sind dasselbe" prädestiniert die Gleichsetzung, bekräftigt die Funktion als nationale Autorität und stabilisiert den Nationaldiskurs vielfältig, weil es polyfunktional einsetzbar geradezu unerschöpfliches Instrumentalisierungspotenzial birgt.

Die modellbedingten Autorenrepräsentationen lassen sich wie folgt abgrenzen: Im ästhetischen Modell tritt die Autorin als Genie auf, im sozialmoralischen als Reflexions-, Identifikations- oder Warninstanz und im politischen als unumstößliche Autorität. Den ersten beiden Modellen ist ein individualistisches Moment eingeschrieben. Im Unterschied dazu erfordert das politische Konformität. Die Biografie muss kohärent mit den Postulaten und Idealen des jeweiligen diskursiven Mainstreams sein. Das passiert im Nationaldiskurs zuweilen extrem (à la „der vaterländische Goethe"), doch beweist die gemäßigtere Stilisierung Gleims zum anonymen Soldaten-Dichter, dass auch im Kunstdiskurs das politische Modell eine biografische Verifizierung einfordern kann. Das Bild, das auf diese Weise geschaffen wird, hat den entscheidenden Vorteil, einfach und interessant zu sein: Literaturwissenschaftliches Basiswissen wie die Unterscheidung von Autor, Erzählinstanz und Figur ist irrelevant. Auf den Dichter werden die Taten und Erlebnisse der Figur projiziert, er erscheint dadurch ‚mehr' zu sein als ein sterblicher Mensch. Reduzierte Komplexität, Schematismus, Formelhaftigkeit und Spannung machen den Klassiker popularisier- weil an divergierende Kontexte anschließbar.

Die Funktionsbehauptung wird vielfach aufgegriffen: Als Nationalprophet wird Mickiewicz in der Gruft der Könige beigesetzt, auf Sockel gestellt und mit Feiern geehrt. Im 19. Jahrhundert wurden an Kinder gerichtete und im volksnahen Ton gehaltene Erzählungen über das Leben und Wirken des Propheten in günstigen Drucken als Kalendergeschichten, Broschüren oder in Zeitschriften veröffentlicht.[215] Ein verbreitetes Ritual waren (und sind es bis heute) die im 19. Jahrhundert entstandenen Abendfeiern zu Ehren des Dichters (*wieczornica*), auf denen Gedichte deklamiert und mit Blumengirlanden geschmückte Mickie-

---

mickiewiczowskie i (post)romantyczne [Probleme der Identität. Skizzen zu Mickiewicz und der (Post)Romantik]. Lublin 2006, S. 42.
215 Ebd., S. 209.

wicz-Porträts aufgestellt wurden, was den Veranstaltungen den Charakter von Begräbnisfeiern gab. Darauf, dass die Kohärenz von Leben und Werk auf diese Weise noch in die jüngere Vergangenheit hinein tradiert wurde, verweist eine schulische Abendfeier zu Mickiewiczs 200. Todestag im Jahr 2005 unter dem Motto „Das Leben von der Poesie geschrieben" / „Życie pisane poezją".[216] Die lebensweltliche Resonanz stärkt das notwendige Bild: „Vor dem Leser und Hörer erschien der Prophet als ein feuriger Patriot und frommer Christ."[217]

Auch das ist eine Form des Holismus – eine, in der ein geradezu prämodernes, weil entindividualisiertes, nichtfragmentiertes, sondern maximalkohärentes Dichter-Subjekt entsteht. Es deckt den Bedarf nach einer säkularisierten Gottesfigur. Der Anforderung, den Nationaldiskurs zu autorisieren, entsprechen weder der aufsässige Rebell noch der innerlich dissonante Künstler, weshalb sich die Hagiografie als narrativer Modus im politischen Modell durchsetzt.

c) Wettstreit der Repräsentationen: Biografismus zwischen Hagiografie und Skandalisierung

Die Stilisierung Mickiewiczs zur übermenschlichen Autorität wurde mit einer früh einsetzenden Hagiografie gut vorbereitet. Schon die erste von Sohn Władysław verfasste Biografie verschweigt Fakten aus dem Leben des Vaters, die in seinen Augen den Ruf des Propheten hätten gefährden können.[218] Andere Beispiele früher biografischer Arbeit weisen eine ähnliche Tendenz zur „Kultbildung"[219] auf, wie zwei Artikel belegen, die in einer Posener Zeitschrift 1842 erschienen.[220] Die zu jener Zeit aufgrund mangelnder Vorbilder und Quellen durchaus von Pioniergeist gekennzeichneten Beiträge überhöhen Mickiewicz

---

216 Alina Radecka: Wieczornica w 150. rocznicę śmierci Adama Mickiewicza w Centrum Kształcenia Ustawicznego w Toruniu [Abendfeier anlässlich des 150. Todestages von Adam Mickiewicz im Zentrum für lebenslange Bildung in Torn]. In: Zbigniew Paweł Kruszewski, Józef Półturzycki (Hg.): Adam Mickiewicz 1798-1855-2005: wielkość, tradycja, pamięć [Größe, Tradition, Erinnerung]. Płock 2006, S. 161-164. Hier S. 162.
217 „Przed czytelnikiem i słuchaczem jawił się wieszcz jako gorący patriota i nabożny chrześcijanin." Piotrowska, Zanim „te księgi zbłądziły pod strzechy" 2007, S. 210.
218 Vgl. die vierbändige Biografie von Władysław Mickiewicz: Żywot Adama Mickiewicza podług zebranych przez siebie materyałów oraz z własnych wspomnień opowiedział Władysław Mickiewicz [Das Leben A. M.s nach eigenhändig gesammelten Materialien und eigenen Erinnerungen erzählt von Władysław Mickiewicz]. Poznań 1890.
219 Vgl. Stefan Kawyn: Dzieciństwo wróżebne Mickiewicza w biografii Antoniego Małeckiego [Mickiewiczs prophetische Kindheit in der Biografie von Antoni Małecki]. In: Pamiętnik Literacki: czasopismo kwartalne poświęcone historii i krytyce 38 (1948), S. 476-485.
220 Antonii Małecki: O życiu i pismach Mickiewicza [Über das Leben und Werk von Adam Mickiewicz]. In: Orędownik Naukowy 31/32 (1842).

bereits zu Lebzeiten, wenn sie über den Klassiker wohlgemerkt als Kind berichten:

> Mickiewicz erkannte, was es bedeutet, ein Dichter zu sein, und verstand, wie sich heilige, göttliche Poesie offenbaren muss. Er sah, dass Poesie makellose Priesterschaft ist, die sich nicht zu flachen, niedrigen Zwecken herablassen darf, dass der Dichter Priester des Volkes ist – sein Organ und seine Stimme zu Gott und zu den Nachfahren. Denn wer kann das Volk mit der reinen, heiligen Flamme der Vaterlandsliebe erwärmen, wer kann ihm ein Lied über die Zukunft singen, wer offenbart und erhellt ihm die künftigen Geschicke, wenn nicht der Priester-Dichter.[221]

Der Prämisse, dass Mickiewicz bereits als Kind genialische Züge besaß, folgt die weitere Beschreibung seines Lebens und zeichnet einen begnadeten und auserwählten Dichter. Indem alle Einzelheiten des Lebens zu einer „monumentalen Ganzheit"[222] gebündelt werden, lässt sich eine Metonymisierung im hagiografischen Verfahren beobachten. Diese Tradition behauptete sich bis ins 20. Jahrhundert.[223]

Zu dieser Zeit lässt sich allerdings beobachten, dass das Funktionspostulat des politischen Modells kritikanfällig wird, weil die wiederkehrende Tugenderzählung nicht nur Lücken und Inkonsistenzen aufweist, sondern auch hinsichtlich aufmerksamkeitsökonomischer Kriterien nicht nachhaltig ist. Eine wirksame Praxis, um neue Aufmerksamkeit zu generieren, ist die Strategie der Skandalisierung. Die Mickiewicz-Repräsentation „Patriot und Christ" erwies sich in der Langzeitperspektive als undynamisch und neu entstehenden Bedarfskonstellationen nicht angemessen. Neben der Historizität stellt die zunehmende Pluralisierung moderner Gesellschaften eine Herausforderung an die Geltung einzelner Repräsentationen dar. Die vom Nationaldiskurs entworfene imaginäre Gemeinschaft integriert Klassen, Milieus, Geschlechter, Generationen und individuelle Lebensentwürfe. Die Klassikerrepräsentation muss die Leistung erbringen, unter dem Dach der Nation gesellschaftliche Differenzen einzuebnen bzw. ihre Bedeu-

---

221 „Pojął Mickiewicz, co to być poetą i zrozumiał, jak się ma objawiać święta, boska poezja. Widział, że poezja jest kapłaństwem niepokalanym, którego do płaskich, niskich celów nagiąć się nie godzi, a poeta kapłanem ludu – organem i głosem onegoż do Boga, do potomności. Bo i ktoż potrafi naród zagrzać czystym, świętym płomieniem miłości ojczyzny, kto mu nuci pieśń o przeszłości, kto mu przyszłe losy odsłania i rozjaśnia, jeżeli nie kapłan-poeta!" Ebd., S. 254.
222 „Wniosłą wydała się Małeckiemu postać Mickiewicza; obraz jego zyskiwał odpowiednią tonację patetyczną, wiążącą wszystkie szczegóły życia poety w całość monumentalną. Kapłan poezji polskiej musiał mieć dzieciństwo namaszczone charyzmą niezwykłości." Kawyn, Dzieciństwo wróżebne Mickiewicza 1948, S. 485.
223 Vgl. etwa Artur Górski: Monsalwat: Rzecz o Adamie Mickiewiczu [Monsalwat. Zur Sache Mickiewiczs]. Kraków 1908; Kallenbach, Adam Mickiewicz 1897; Józef Tertiak: Adam Mickiewicz w świetle nowych źródeł 1815–1821 [A. M. im Licht neuer Quellen]. Kraków 1917.

tung zugunsten des Gemeinschaftsgedankens zu schmälern. Ein Widerstand dagegen lässt sich beobachten, wenn gesellschaftliche Akteure um die Deutungshoheit des Klassikers kämpfen.

Die im 19. Jahrhundert entstandenen Nationalklassikerbiografien waren eine dankbare Fundgrube für Skandale, mit deren Hilfe neuen Mickiewicz-Deutungen Aufmerksamkeit verschafft werden konnte.[224] Gerade weil biografische ‚Makel' verdeckt wurden, richtete sich ein boulevardhaftes Interesse auf eventuelle Leerstellen, zu lüftende Geheimnisse und das potenziell Skandalöse. In der Regel handelte und handelt es sich bis heute bei den Enthüllungen um nur geringfügige Normverletzungen, die erst als Kontrast zur Hagiografie wirken.

Zu beobachten ist dies an einem Skandal, der als Überdrussreaktion gegen den zum Heiligen stilisierten und geglätteten Klassiker im Kunstdiskurs seinen Anfang nahm. Die Einführung zur Werkausgabe in der Reihe *Bibliothek der Meisterwerke der Literatur*, die der für seine Polemiken bekannte Jungpole[225] Tadeusz Żeleński (genannt „Boy") verfasste, löste seinerzeit einen Sturm der Entrüstung aus.[226] Darüber, dass mit dem 1928 entstandenen Text *Mickiewicz a my / Mickiewicz und wir* der Klassiker auf seine aktuelle Geltung evaluiert werden sollte, klärt bereits die Titelwahl auf. Boy passt den Klassiker dem rezipierenden „wir" an, indem er den Menschen „Mickiewicz" hinter dem Propheten darzustellen beabsichtigt und dabei vor allem dessen Liebesleben ins Visier nimmt. In seinem Essayband *Brązownicy*[227] – der Titel könnte annährend als „Bronzeschmiede" übersetzt werden und ist als eine polemische Spitze gegen den wörtlichen und metaphorischen Denkmalskult zu verstehen – nimmt Boy zum gegen ihn erhobenen Vorwurf der Häresie Stellung:

> die Figur Mickiewicz fesselte mich; zugleich festigte sich meine Überzeugung – die ich bereits in meiner Einleitung formulierte –, dass von allen unseren Großen er am wenigs-

---

224 Dass der Kampf um Anerkennung als ein Kampf mit massenmedialen Mitteln um die knappe Ressource Aufmerksamkeit ausgetragen wird, darauf verweist Kristina Nolte, Der Kampf um Aufmerksamkeit 2005, S. 47.
225 Junges Polen, „młoda Polska", ist die Bezeichnung einer vor allem die Bereiche Literatur und Malerei umfassenden Kunstströmung, die um die Jahrhundertwende (etwa von 1890 bis 1918) bestand. Sie zeichnet sich durch einen avantgardistischen Gestus aus, mit dem sie den vorangegangenen Positivismus ablehnt, durch die Partizipation an der in Europa existierenden Vielfalt der Stile (Symbolismus, Expressionismus) aber auch durch eine Hinwendung zur Romantik, die mit den neu erwachenden Hoffnungen auf eine Unabhängigkeit zusammenhing. Zu ihr wird auch der bereits erwähnte Stanisław Wyspiański gezählt.
226 Tadeusz (Boy) Żeleński: Mickiewicz a my [Mickiewicz und wir]. In: Ders.: Brązownicy i inne szkice o Mickiewiczu [Bronzeschmiede und andere Skizzen über Mickiewicz], hg. von Henryk Markiewicz. Warszawa 1956, S. 29–61.
227 Tadeusz (Boy) Żeleński, Brązownicy [Bronzeschmiede]. In: Ebd., S. 62–80.

ten bekannt ist. Zur Gottheit stilisiert, vereinfacht und nach allen Seiten zurechtgezupft, verliert er [...] seine Vieldimensionalität, seine Tiefe und Unmittelbarkeit, die aus ihm eine Grube an Überraschungen und Rätseln machen. Er ist mehr Standarte denn Mensch geworden.[228]

Die blank geschliffene Fassade erfüllt für den Künstler, der eine in seine Lebenswirklichkeit applizierbare Identifikationsfigur und keinen Heiligen sucht, nicht die gewünschte Funktion. Der Ikonoklasmus – dafür ist der von Boy vorgenommene Sturz des ‚Propheten' paradigmatisch – bedeutet deshalb keinesfalls die ultimative Abschaffung eines Klassikers, sondern bezeugt lediglich den Angriff auf *ein* Modell oder auch nur *eine* Repräsentation. In diesem Fall wird die Disfunktionalität der im politischen Modell etablierten Hagiografie für den Bedarf eines Künstlers deutlich. Zugleich wird die Repräsentation mit Fehlern und Abgründen zur Alternative. Dass Boys Engagement aus dem Bedarf nach einer im Rahmen der eigenen Erfahrungswelt applizierbaren Künstlerfigur hervorgeht, deutet die Parallele an, die er zu François Villon zieht:

> Welch ein Glück, dass uns die Vorsehung nicht mit einem Dichter wie Villon bestrafte! [...] War er degeneriert oder nur ein einfacher Verbrecher – das sind Fragen, die sich um einen der größten Dichter in Frankreich ranken. [...] Das dunkle Leben Villons – es ist ein integraler Teil seiner Poesie.[229]

Wie bereits an den Beispielen Poe und Hölderlin demonstriert, sind es gerade die ‚dunklen' Momente der Biografie, die das künstlerische Genie zu bestätigen scheinen und zu Identifikationsfiguren prädestinieren.

Unter den möglichen Schauplätzen, auf denen Klassikerbilder ausgehandelt, skandalisiert und vermarktet werden, ist Liebe ein Evergreen. Das Liebesleben von Dichtern wird selbst in den Fällen ausgeschmückt, wo es tatsächlich eher als normallangweilig gelten kann – man denke an Domink Grafs Ménage-à-

---

[228] „figura Mickiewicza przykuwała mnie; zarazem coraz bardziej umacniałem się w przekonaniu – wyrażonym już w mojej *Przedmowie* – że ze wszystkich naszych wielkich jest on najmniej znany. Ucharakteryzowany na bożka, upraszczany i naciągany na wszystkie sposoby, traci on – dla ogółu przynajmniej – swą wieloplanowość, swoją głębię i bezpośredniość, które go czynią kopalnią niespodzianek i zagadek. Stał się raczej sztandarem niż człowiekiem." Ebd., S. 65.

[229] „Cóż za szczęście, że nas Opatrzność nie pokarała takim poetą jak Villon! Świeżo miałem w ręku nową literaturę Villonowską: *La psychose de Villon* itd. Czy był degeneratem, czy tylko zwykłym opryszkiem – oto pytania, jakie padają dokoła jednego z największych poetów Francji. I ileż straciłaby jego słynna *Ballada wisielców*, gdybyśmy nie wiedzieli, że była napisana przez storturowanego na śledztwie poetę niemal u stóp szubienicy, która go cudem ominęła. Ponure życie Villona – to integralna część jego poezji." Ebd., S. 67.

trois-Inszenierung der Liebeswirren des jungen Schiller[230] – oder dort, wo es faktisch kaum nachgeprüft werden kann, wie in John Maddens Darstellung der Liebesperipetien des jungen Shakespeare.[231] Im Rahmen heutiger moralischer Normen trägt ein Film über Goethes mögliche Männer(vor)lieben und Polysexualität dazu bei, neues Interesse am Klassiker bzw. in dessen Windschatten am Filmprojekt selbst zu erwecken.[232] Um Mickiewicz ranken sich ebenfalls Gerüchte über Liebschaften oder uneheliche Kinder, die besonders in den Massenmedien Resonanz finden. Es werden biografische Details ausgewählt, mit Werkzitaten belegt und zu einer neuen biografischen Erzählung eines menschlichen – besonders leidenschaftlich liebenden – Dichters verwoben.

Begründet wurde auch dieses Skandalnarrativ durch *Ballady i romanse*, als dessen Adressatin Mickiewiczs ehemalige Geliebte Maryla Wereszczakówna zu erkennen war. Der Ruf als romantischer Liebhaber resultierte aus dem pikanten Umstand, dass die Liebesbeziehung unmittelbar vor Marylas Verlobung mit dem Grafen von Puttkamer bestand. Das eröffnete Raum für Spekulationen darüber, ob die Beziehung zu Mickiewicz tatsächlich beendet wurde oder es zu einer geheimen Affäre oder gar unehelichen Kindern kam. Bis in die Gegenwart hinein wird dieser Topos aktualisiert. Typisch ist ein Bericht, der 1998 in einer der größten Tageszeitungen Polens, der *Rzeczpospolita*, erschien. Darin wird die Abneigung gegen Ehe und Langzeitbeziehung beschrieben, die Mickiewicz sein Leben lang gehegt haben soll.[233] Dies wird bildlich von einem Reigen von Frauen unterstrichen, die eine Rolle in Mickiewiczs Leben gespielt haben. 1998 ist dies keine große Skandalisierung, vielmehr steht eine sexuelle Enttabuisierung ganz im Einklang mit der gesellschaftlichen Entwicklung und die Beliebtheit bei Frauen verleiht Mickiewicz auch posthume Attraktivität. Bemerkenswerter ist, dass Redakteure offenbar der Meinung sind, ein solcher Bericht könnte im Kontext des 200. Geburtstagsjubiläums geeignet sein, um Aufmerksamkeit zu erregen. Erklären lässt sich dies nur mit den Nachwirkungen der jahrzehntewährenden Hagiografie, der anhaltenden Funktion als Nationaldichter und dem konservativen Profil der Zeitung. Die Boulevardzeitung *Super Express* ist weniger subtil, wenn

---

230 Geliebte Schwestern. Regie: Dominik Graf. D 2014.
231 Shakespeare in Love. Regie: John Madden. GB/USA 1998.
232 Männerfreundschaften. Regie: Rosa von Praunheim. D 2018.
233 Anna Frajlich: Kochajmy sie, ale tak – z osobna. In: Rzeczpospolita vom 21./22. November 1998, Rubrik Plus Minus. Aus den Archivbeständen des Deutschen Polen-Instituts Darmstadt. Mickiewicz Miscellen 3.2.

sie ausgerechnet in der Weihnachtsausgabe unter dem Titel „Was der Prophet zeugte" Gerüchte über Seitensprünge und uneheliche Kinder ausbreitet.[234]

Wenn diese Formen der Aktualisierung aus dem Jahr 1998 neben die Aussage des Skandalregisseurs Rosa von Praunheim aus dem Jahr 2018 gestellt werden, Goethe sei polysexuell und hätte es auch mit rasierten Affen getrieben,[235] wird ersichtlich, dass der kalkulierte Tabubruch in der Klassikermodellierung den gesellschaftlichen (Liebes-)Diskursen angepasst ist und deshalb der Umgang mit Klassikern Aufschluss über die rezipierenden Gesellschaften liefert.

Kulturspezifischer als das ubiquitäre Diskursfeld der Liebe sind deshalb die Spekulationen um Mickiewiczs vermeintlich jüdische Herkunft.[236] In der *Dresdener Ahnenfeier* kündigt der Priester Piotr die Ankunft des Messias mit den folgenden Worten an:

Wskrzesiciel narodu, –	Der Erwecker der Nation!
Z matki obcej; krew jego dawne bohatery,	Aus fremder Mutter; sein Blut vergangene Helden,
A imę jego będzie czterdzieści i cztery.[237]	Und sein Name wird sein vierzig und vier.

Die Zahl 44 fasziniert fortan die Forschung, die um die Frage kreist, wer sich hinter dieser Prophezeiung verstecke. Die Vermutung, es sei ein kabbalistischer Code, weist bereits auf das Judentum hin.[238] Die Zeile „aus fremder Mutter" wiederum liefert den Anstoß, um sich mit der Familie des Dichters näher zu befassen. Bereits Ende der 1930er Jahre wurde die These aufgestellt, Mickiewiczs Mutter müsse Jüdin gewesen sein. Der selbst aus einer Familie jüdischer Maskilim

---

234 Bogdan Maciejewski: Co wieszcz napłodził [Was der Prophet zeugte]. In: Super Express 24.–26. Dezember 1998, S. 16. Aus den Archivbeständen des Deutschen Polen-Instituts Darmstadt. Mickiewicz Miscellen 3.2.

235 Vgl. Trailer zum Film *Männerfreundschaften*. TC: 1:05–1:12. Vgl. https://www.youtube.com/watch?v=29dPwJ8zbdE [letzter Zugriff 18.5.2021], archiviert unter https://archive.fo/wxR3m.

236 Einen Überblick über die Forschung zu Mickiewicz und Judentum bietet Krzysztof A. Makowski: Wątek żydowski w badaniach nad Mickiewiczem [Das jüdische Thema in der Mickiewicz-Forschung]. In: Zofia Trojanowiczowa, Zbigniew Przychodniak (Hg.): Księga Mickiewiczowska. Patronowi uczelni w dwusetną rocznicę urodzin 1798–1998 [Das Mickiewicz-Buch. Dem Patron der Hochschule zum zweihundertsten Geburtstag]. Poznań 1998, S. 419–450.

237 Mickiewicz, Dziady 1955, S. 190, Vers 22–24.

238 Die Frage, was sich hinter der Zahl vierundvierzig verbirgt, trieb Generationen von Forscherinnen um. Juliusz Kleiner nimmt eine kabbalistische Deutung der Zahl vor, die er in der Adaption der Prophetenvorstellung aus der jüdischen Messiashoffnung und Mickiewiczs bereits 1832 bestehendem Interesse an Mystik – beispielsweise Kontakten zu den russischen Martinisten – begründet sieht. Kabbalistisch gelesen, ergab die Zahl 44 die hebräischen Buchstaben *mem* und *dalet*, die unter anderem stellvertretend für Adam (allerdings auch Czartorycki) gelesen wurden. Kleiner, Mickiewicz 1997, S. 432–435.

stammende Mateusz Mieses formuliert den Titel seiner Untersuchung dazu entsprechend provokativ *Polen – Christen jüdischer Herkunft* (1938), was wiederum im Kontext einer konkreten Bedarfssituation, nämlich als Reaktion auf den auch in Polen in dieser Zeit zunehmend erstarkenden Antisemitismus zu verstehen ist. 1990 erscheint das Buch *Z matki obcej–* / *Aus fremder Mutter–* der in den USA lebenden Literaturwissenschaftlerin Jadwiga Maurer, das die These neu auflegt.[239] Die zuletzt darauf folgende Aufregung, die bis heute das Ausmaß eines in Internetforen kursierenden modernen Mythos angenommen hat, ist nur mit Mickiewiczs Rolle als Bereiter einer sich als katholisch verstehenden polnischen Identität und mit einem immer noch problematischen Verhältnis zum Judentum zu erklären.

2000 merkt man der Überschrift in einem Magazin der nationalkonservativen *Rzeczpospolita* die Erleichterung über die Erkenntnis an: „Und doch ‚Aus polnischer Mutter'", heißt es dort. Die tatarische Großmutter, deren Existenz der Artikel gleichzeitig als erwiesen sieht, scheint weniger problematisch.[240] Die Endgültigkeit dieser Erkenntnis bestätigt sich angesichts des im Netz fortgeführten Deutungskampfes allerdings nicht.[241]

Die bedarfsorientierte Aktualisierung von Klassikern erfolgt als ein öffentliches Verhandeln verschiedener Klassikerrepräsentationen und -modelle, die ihre jeweilige Funktionalität und Deutungshoheit behaupten. Die beständige Reibung konkurrenzfähiger – also auf unterschiedliche, häufig parallel bestehende Bedarfskonstellationen reagierender – Repräsentationen begründet ihre Langzeitpräsenz. Gegen die landläufige Meinung bedeutet das Stürzen einzelner Klassikerrepräsentationen deshalb nicht, dass sie an Geltung verlieren. Dass nicht nur verdeckt und begradigt, sondern mit voyeuristischer Lust (vermeintliches) Geheimnis um Geheimnis decouvriert wird, verhilft zu neuer Aufmerksamkeit und bestätigt die Attraktivität, Aktualität und Geltung des Klassikers.

---

239 Jadwiga Maurer: „Z matki obcej–". Szkice o powiązaniach Mickiewicza ze światem Żydów [„Aus fremder Mutter–". Skizzen über die Verbindungens M.s mit der jüdischen Welt]. London 1990.
240 Janusz Odrowąż-Pieniążek: A jednak „Z matki Polki". In: Rzeczpospolita. Plus Minus, 5.–6.Februar 2000. Aus den Archivbeständen des Deutschen-Polen Instituts Darmstadt. Mickiewicz Miscellen 3.2.
241 Vgl. etwa das Portal Super-Geschichte, das 2020 erneut die Frage „Warum konnte Mickiewicz ein Jude sein?" beantworten zu müssen meint. Vgl. Chłostanie wieszczem. Dlaczego Mickiewicz „mógł być" Żydem? https://superhistoria.pl/xix-wiek/132871/chlostanie-wieszczem-dlaczego-mickiewicz-mogl-byc-zydem.html [letzter Zugriff 13.6.2022], archiviert unter https://archive.ph/Ozpz7.

4.3 Fragmentarismus der Klassik (Schlussbemerkungen)

Die drei Modelle, das ästhetische, sozialmoralische und politische, greifen auf je unterschiedliche Aspekte des Werks, in je unterschiedlicher Weise auf die Figur des Autors sowie auf je unterschiedliche Rezeptionslinien zurück und lassen auf diese Weise divergierende Klassikerrepräsentationen entstehen. Zusammengefasst konkurrieren in der Wahrnehmung des polnischen Nationalklassikers Mickiewicz der geniale Erneuerer der polnischen Literatur und Kultur, der um jeden Preis für die nationale Unabhängigkeit kämpfende romantische Freiheitsheld und der übermenschliche Prophet. Diese Repräsentationen reagieren auf unterschiedliche Bedarfskonstellationen, in denen sie die Funktion der künstlerischen Auseinandersetzung und Selbstverortung, der Handlungsorientierung oder der Diskursstabilisierung erfüllen. Mit den Modellen korreliert synchron wie diachron eine Vielzahl an Bedarfskonstellationen, und die Repräsentationen werden entsprechend den jeweiligen Anwendungsbereichen, Diskursen, historischen Kontexten oder kulturellen Milieus inhaltlich unterschiedlich besetzt. Dieser Pluralismus bedeutet kein falsches Verständnis, keinen als trivial zu verurteilenden Gebrauch,[242] vielmehr prägt er Klassik.[243] An der Vielfalt der Repräsentationen wird die Polyfunktionalität des Klassikers ersichtlich.

Mickiewicz als Ganzheit wird als diskursive Notwendigkeit vor allem im Anwendungsbereich des Nationaldiskurses konstruiert. Die Metonymisierung ist lediglich als eine zur Fragmentierung komplementäre Praxis zu begreifen – als analytische Größe eignet sich das holistische Klassikerverständnis nicht. Wie eklektisch und kontingent die Konstruktionen sind, offenbart sich besonders dort, wo die Repräsentationen derart divergieren, dass sie in offene Konkurrenz

---

242 Als Gipfel der Trivialität könnte dementsprechend der Klassikerkitsch gesehen werden, der im vorliegenden Kapitel nicht erörtert wurde. Für Mickiewicz könnte jedoch die Bedeutung von Kitsch im Kontext der Klassikerkonstituierung und -konsolidierung bestätigt werden, die Matteo Colombi und Stephan Krause für Sandor Petöfi und Jan Hynek Machá herausgearbeitet haben. Vgl. Matteo Colombi, Stephan Krause: Romantische Klassiker – Figuren des Überschusses? Eine bohemistisch-hungarologische Annäherung. In: Wojcik et al., Klassik als kulturelle Praxis 2019, S. 171–203. Hier insbesondere S. 178 und S. 186–188.

243 Im wissenschaftlichen Zugriff ist insofern eine Besonderheit zu beobachten, als er aus einer Metaperspektive die Modelle selbst zum Gegenstand der Analyse machen kann. Zunehmend kommt die Forschung diesem Anspruch auch nach, indem sie populär- und gegenkulturelle Gebrauchsweisen integriert und eine breite Lücke in der Nationalklassikerrezeption schließt. Der wissenschaftliche Diskurs weist aber selbst dort eine Tendenz zur Metonymisierung auf, wo er sich dem Klassiker erschöpfend widmet. Im Bereich des literaturwissenschaftlichen Spezialdiskurses, der in Polen eine als „Mickiewiczologie" bezeichnete Praxis herausgebildet hat, wird der Anspruch formuliert, sich einen Begriff vom ‚ganzen' Mickiewicz zu machen.

zueinander geraten. Genau in diesem Wettstreit bleibt der Klassiker präsent. Unterschiedliche Modelle können einander ebenso gegenseitig legitimieren. Um ein als klassisch geltendes Werk gesellschaftlich relevant erscheinen zu lassen, ziehen Medien oder Werbung das sozialmoralische Modell heran und übersetzen es in die aktuellen Lebens- und Erfahrungswelten der Rezipientinnen.

Der Holismus ist eine der vier Säulen des essenzialistischen Klassikbegriffs; eine Diskursfigur, die Faktizität beansprucht und diese dort erlangt, wo sie auf Resonanz trifft. Er ist vor allem metadiskursiv nachvollziehbar, wenn er Gemeinschaften, politische Ideen, Weltdeutungen oder die Geltung des Klassikers selbst legitimiert. Die Praxis zeigt sich demgegenüber fragmentaristisch und widerlegt gemeinsam mit dem Mythos die essenzialistische Kausalitätsidee: Die Mehrzahl der Gebrauchsweisen ist nicht qualitätsorientiert, viele sind noch nicht einmal am Inhalt interessiert – dennoch schreiben sie die Geltung fort. Diese Beobachtung soll als Ausgangspunkt dienen, um den Blick vom Phänomen des Nationalklassikers auf Klassiker anderer Referenzbereiche zu wenden und weitere Mythen auf den Prüfstand zu stellen.

5 Der Mythos des Universalismus und die partikularistische Praxis der Klassik

Werke, die sich dem Thema Bildung widmen, vermitteln den Eindruck, Klassikerkenntnis sei unabdingbar für ein Grundverständnis zivilisierten Zusammenlebens und mitunter des Menschseins schlechthin. Auch wenn ein solches Bildungspathos in jüngerer Zeit nicht mehr selbstverständlich ist, so ist es zu einer Diskursfigur geworden, die durchaus unironisch zitiert wird. 2002 postuliert der Altphilologe Manfred Fuhrmann im Reclam-Band *Bildung*: „[E]s geht bei diesen Fragen [der Bildung] um Europas kulturelle Identität".[1] In den USA wurde das emphatische Verständnis zur Waffe im Kampf zwischen konservativen und liberalen Fronten. Ein eindrückliches Zeugnis legt Allan Blooms *The Closing of the American Mind* ab. Bloom, ehemals Professor für Philosophie an der Cornell University, beschwört eine kulturelle Bedrohung der USA durch liberales Denken herauf, die er im Relativismus kulminieren sieht. Dieser führe zum titelgebenden, im Deutschen als „Untergang" übersetzten „Closing" des amerikanischen Geistes, weil mit dem Geltungsverlust des Hochkulturellen sich eine schädliche Populärkultur ungehindert ausbreite. Blooms Haltung ist nicht nur kulturkritisch, sondern auch dezidiert universalistisch, denn ihm zufolge geben nur Klassiker Auskunft über den gesamten Horizont dessen, was Menschsein ausmacht.[2] Der von ihm attestierte Niedergang der Lesekultur ist deshalb auch der Niedergang des Bewusstseins für das große Ganze:[3]

> These students will assiduously study economics or the professions and the Michael Jackson costume will slip off to reveal a Brooks Brothers suit beneath. They will want to get ahead and live comfortably. But this life is as empty and false as the one they left behind. [...] This is what liberal education is meant to show them. But as long as they have the Walkman on, they cannot hear what the great tradition has to say.[4]

Die Kenntnis von Klassikern (denn die meint er mit „great tradition") mache den Unterschied zwischen richtigem und falschem Leben aus. Die Diagnose des gesellschaftlichen Zerfalls, gegen den Klassiker als universell einsetzbares Antido-

---

1 Manfred Fuhrmann: Bildung. Europas kulturelle Identität. Stuttgart 2002, S. 74.
2 „,Who am I?,' the powerful urge to follow the Delphi command, ,Know thyself,' which is born in each of us, means in the first place ,What is man?'" Auf diese Frage könne die liberale Bildungspolitik keine Frage liefern, sondern die Kenntnis der Klassiker. Allan Bloom: The Closing of the American Mind. New York 1987, S. 21.
3 Das wird etwa dort deutlich, wo er seinen Studierenden eine Nettigkeit attestiert, die kein Bewusstsein von Moral beinhaltet. Kapitel *Relationships*, Ebd., S. 82–87.
4 Ebd., S. 81.

tum angeführt werden, ist, zumindest in der Allgemeinheit behauptet, ein ebenfalls universalistisches Denkmuster, das sich durch die ältere und neuere Geschichte des Nachdenkens über Klassik nachvollziehen lässt.

Die konservative Instrumentalisierung hat das Bekenntnis zu Klassikern verdächtigt werden lassen. Wenn wir historisch weiter zurückblicken, taucht Universalismus in der Denkfigur einer grundsätzlichen Erhabenheit durchaus auch in anderen Kontexten auf. Der polnische Dichter Zbigniew Herbert beantwortet 1961 die Frage *Warum Klassiker*[5] so:

1	1
w księdze czwartej Wojny Peloponeskiej Tukidydes opowiada dzieje swej nieudanej wyprawy	im vierten Buch des Peloponnesischen Krieges erzählt Thukydides die Geschichte seiner misslungenen Reise
pośród długich mów wodzów bitew oblężeń zarazy gęstej sieci intryg dyplomatycznych zabiegów epizod ten jest jak szpilka w lesie	zwischen den langen Reden der Anführer Schlachten Belagerungen Seuchen engmaschigem Netz aus Intrigen diplomatischen Bemühungen ist diese Episode wie eine Nadel im Wald
kolonia ateńska Amfipolis wpadła w ręce Brazydasa ponieważ Tukidydes spóźnił się z odsieczą	die Athener Kolonie Amphipolis fiel in die Hände von Brasidas weil Thukydides sich mit dem Entsatz verspätete
zapłacił za to rodzinnemu miastu dozgonnym wygnaniem	er bezahlte dafür der heimatlichen Stadt mit ewiger Verbannung
exulowie wszystkich czasów wiedzą jaka to cena	Exilanten aller Zeiten wissen um diesen Preis
2	2
generałowie ostatnich wojen jeśli zdarzy się podobna afera skomlą na kolanach przed potomnością zachwalają swoje bohaterstwo i niewinność	Generäle der letzten Kriege wenn sich eine ähnliche Affäre ereignet jammern auf Knien vor der Nachkommenschaft loben ihren Heldenmut und Unschuld
oskarżają podwładnych zawistnych kolegów nieprzyjazne wiatry	beschuldigen Untergebene neidische Kameraden widrige Winde

---

5 Zbigniew Herbert: Dlaczego klasycy. In: Ders.: Napis. Wrocław 1999, S. 57 f.

5 Der Mythos des Universalismus und die partikularistische Praxis der Klassik — 165

Tukidydes mówi tylko	Thukydides sagt nur
że miał siedem okrętów	dass er sieben Schiffe hatte
była zima	es Winter war
i płynął szybko	und er schnell fuhr
3	3
jeśli tematem sztuki	wenn das Thema der Kunst
będzie dzbanek rozbity	ein zerbrochener Krug sein wird
mała rozbita dusza	eine kleine zerbrochene Seele
z wielkim żalem nad sobą	die großes Mitleid mit sich selbst fühlt
to co po nas zostanie	dann ist das, was nach uns bleibt
będzie jak płacz kochanków	wie das Weinen von Liebenden
w małym brudnym hotelu	in einem kleinen dreckigen Hotel
kiedy świtają tapety	wenn die Tapeten dämmern

Die Antwort ist scheinbar pragmatisch: weil die Kunst sie braucht, um von höheren Idealen und moralischer Größe erzählen zu können. Darin manifestiere sich ihr gestalterisches Potenzial, will sie nicht wie der Faun in Gessners Idylle einen zerbrochenen Krug beweinen – das Vergangene, Unerreichbare und Unabwendbare. Aus Herbert spricht die Überzeugung von Klassikern als Erhabenheitsutopie gegen Kleingeist, Feigheit, Egoismus – die Barbarei der Realität, die ihm in Gestalt der vergangenen Weltkriege begegnete. „To Herbert", schreibt J. M. Coetzee, „the opposite of the classic is not the Romantic but the barbarian; furthermore, classic versus barbarian is not so much an opposition as a confrontation."[6] So unterschiedlich die nationalen und historischen Kontexte der drei hier angeführten Beispiele sind, sie alle verstehen Klassik im Sinne der *eruditio*, der Entrohung. Universalistisch ist dieses Verständnis, weil es maximal generalisiert: Klassiker als abstraktes Ganzes sind unhinterfragbar das zivilisatorisch-humanistische Prinzip.

Ein weiteres Beispiel, das sich historisch noch weiter zurückliegend in dieser Reihe verorten lässt, ist T. S. Eliots Essay *What Is a Classic?* Der ursprünglich als Rede konzipierte Text aus dem Jahr 1944 gruppiert die europäische Literaturgeschichte um Vergil:

> In the whole European literature there is no poet who can furnish the text for a more significant variety of discourse than Virgil. The fact that he symbolises so much in the history of Europe, and represents such central European values, is the justification for our founding of a society to preserve his memory.[7]

---

6 Coetzee, What is a Classic? 1993, S. 20.
7 Eliot, What is a Classic? 1950, S. 5.

Dass Eliot mit Vergil einen „universellen" Klassiker ins Feld führt und ihn von anderen abgrenzt, die als klassisch nur „in relation to other literature in its own language or [...] of a particular period"[8] zu bezeichnen sind, hat mit der unmittelbaren Kriegserfahrung zu tun. Ohne diese explizit zu benennen, nur, wie es wiederum Coetzee kommentiert, „oblique, understated, in his best British manner" den historischen Kontext als „accidents of the present time" bezeichnend,[9] argumentiert Eliot mit dem universalistischen Klassikerbegriff gegen die Erfahrung des nationalen Provinzialimus.

Was Fuhrmann, Bloom, Herbert und Eliot verbindet, ist der Glaube, dass Klassiker aufgrund ihrer fundamentalen Geltung die Funktion der Krisenbewältigung durch Norm- und Handlungsorientierung erfüllen könnten. Darin kommt der schon bekannte Essentialismus zum Ausdruck, die Überzeugung also, dass es objektive und ahistorische Qualitäten gebe, deren geradezu notwendige Folge der Klassikerstatus sei. Diese Vorstellung impliziert einen maximal gedachten Rezeptionskreis, eine wenn nicht allumfassende, so doch vom jeweiligen Standpunkt aus maximal gedachte Geltung und damit einen sachlichen Universalismus, der sich als hartnäckiger Mythos des Klassikkonzepts hält.

Der sachliche Universalismus wird in neueren Ansätzen mit einem geografischen verbunden. Zwar sind Pascale Casanovas und Franco Morettis Überlegungen zur Weltliteratur von jeglicher Klassikerromantik, wie wir sie eben gesehen haben, befreit, dennoch entspringen aus dem Geist ihrer Universalismuskritik universalisierende Welt- und Literaturdeutungen. Obwohl insbesondere Casanovas *La République mondiale des lettres* kritisiert wurde und bis heute wird[10], ist es zum Referenzwerk der Weltliteraturforschung geworden. Bourdieus Idee des literarischen Feldes als Grundlage nehmend, beschreibt die Autorin das weltliterarische als eine Arena, auf der Verteilungskämpfe ausgetragen werden. Die Chancen sind von vornherein ungleich verteilt: Das höchste kulturelle Kapital liege in den Ländern, die sich im 18. und 19. Jahrhundert als Literaturnationen etabliert haben: Frankreich, Großbritannien und Deutschland. Sie prägen den sogenannten Greenwich Meridian als Standard, an dem die Basisunterscheidung der Literaturbewertung „modern und universell" vs. „anachronistisch und provinziell" entstehe. In zeitlicher Perspektive entfernen sich die historisch werdenden Werke von dem sich beständig aktualisierenden Meridian und verlieren an Geltung: „The modern work is condemned to become dated unless, by

---

8 Ebd., S. 7.
9 Coetzee, What Is a Classic? 1993, S. 7.
10 Zuletzt grundlegend: Frank Zipfel: Weltliteratur(en) und die Weltrepublik der Literatur. Überlegungen zu den Voraussetzungen von Weltliteratur-Diskursen. In: Dieter Lamping, Galin Tihanov (Hg.): Vergleichende Weltliteraturen. Stuttgart 2020, S. 19–40.

achieving the status of a classic, it manages to free itself from the fluctuations of taste and critical opinion. [...] Literarily speaking, a classic is a work that rises above competition and so escapes the bidding of time."[11] Das ist eine sehr nah an Gadamer gebaute Argumentation, die Klassik aus der Historizität hinausdenkt, auch wenn sie auf den Rezeptionsakt verweist.[12] Die zeitliche Perspektive lassen wir zunächst beiseite und widmen uns weiterhin der Geltung in ihrer sachlichen und geografischen Reichweite. Klassiker definieren für Casanova letztendlich, was wir als Literatur akzeptieren: „The classic incarnates legitimacy itself, which is to say what is recognized as constituting *Literature*; what, in serving as a unit of measure, supplies the basis for determining the limits of that which is considered to be literary."[13] Bei der sachlichen Dimension bleibt es nicht, denn Klassiker vermögen sich auch einer räumlichen Ungleichheit zu entziehen.[14] Auch in Franco Morettis *Conjectures of World Literature* heißt es: „World-Literature: one and unequal."[15] Ungleichheit erzeugt die Hierarchie von Zentrum und Peripherie in einem literarischen System, „which is different from what Goethe and Marx had hoped for, because it's profoundly unequal".[16] Diese Einsicht ist maßgeblich davon bedingt, wie Literatur grundsätzlich im globalen Maßstab gedacht wird.

Eine Weltliteratur als *die* Weltliteratur zu setzen, geschieht ohne Bewusstsein für sachliche oder räumliche Geltungshinsichten. Wie relativ zum (geografischen wie historischen) Standpunkt die Überlegungen in Wirklichkeit sind, zeigen Forschungsansätze, die sich mit sozialistischer oder kommunistischer Weltliteratur befassen. So orientieren sich Katerina Clark und Rossen Djagalov in unterschiedlichen Beiträgen an Casanova, wenn sie auf die Existenz einer „Soviet Republic of Letters" verweisen.[17] Dieses aus dem Grundgedanken der Kommunistischen Internationalen hervorgegangene Projekt ließe sich in direkter Konkurrenz zu Casanovas Greenwich Meridian sehen: „The idea of presiding over a world-class literature, of establishing a new ‚Greenwich meridian,' guided a lot of Soviet literary policy during the 1930s, both internally and international-

---

11 Casanova, World Republic of Letters 1999, S. 92.
12 „Only in this way a modern work can be rescued from aging, by being declared timeless and immortal." Ebd.
13 Ebd.
14 „In literary terms, a classic stands above temporal competition (and spatial inequality)." Pascale Casanova: Literature as a World. In: New Left Review 31 (2005), S. 71–90. Hier S. 76.
15 Franco Moretti: Conjectures on World Literature. In: New Left Review 1 (2000), S. 54–68. Hier S. 55.
16 Ebd., S. 56.
17 Rossen Djagalov: The Red Apostels: Imagining Revolutions in the Global Proletarian Novel. In: Slavic and East European Journal 61, 3 (2017), S. 396–422. Hier S. 398.

ly."[18] Diese Republik basiere auf gänzlich anderen Vorannahmen. Zum einen gelten die Marktmechanismen nicht, die Casanova als Motor profiliere:

> The Soviet Union would be prosecuting a "world literature" based in a postmarket social order. It sought to establish a new world literature explicitly to rival the capitalist and thereby to achieve symbolic hegemony throughout the world as a facilitator of ideological hegemony and, ultimately, of a new sociopolitical order.[19]

Da zum anderen auch die vermeintlich allgemeingültigen ästhetischen Kriterien relativ sind und statt Autonomieanspruch der ideologische Gehalt zum Maßstab werden kann, straft die Sowjetische Republik der Weltliteratur Casanovas universalistische Konzeption Lügen.

Literarische Klassiker sind nicht nur in der Perspektive je gegenwärtig dominierender und vielleicht sogar tatsächlich global ausstrahlender ästhetischer Maßstäbe zu denken, sondern in konkreten Rahmen von sprachlich, kulturell oder sachlich definierten Geltungsbereichen. Die Begriffsverwendung markiert dies beständig, wenn von Science Fiction-, Kinderbuch- oder Krimi-Klassikern gesprochen wird. Auch sie repräsentieren und prägen Vorstellungen, aber eben die über das jeweilige Genre und nicht schlechthin. Mithilfe des universalistischen Klassikerverständnisses sind diese Partikularismen nicht zu erfassen, weil es alles literarische Schaffen nur im Verhältnis zu einem idealen Zentrum und vom Standpunkt eines zeit- und ortenthobenen Rezipienten begreift. Die jeweiligen Genreklassiker ließen sich weiter – etwa nationalkulturell – ausdifferenzieren. So ist Andrzej Sapkowskis *Wiedźmin*-Saga (*The Witcher*) der Klassiker einer sehr kleinen Sparte: der polnischen Fantasyliteratur. Anstatt sich zum Anwalt marginalisierter Literaturen zu machen, die mit einem zentralistischen Weltliteraturparadigma erst als solche konstruiert wurden, lassen sich mit einem Blick auf das jeweils Partikulare Praktiken analysieren, die weniger von Anpassung an einen Maßstab als vom kulturellem Selbstbewusstsein und/oder ästhetischer Innovation zeugen. Literaturgeschichten und Kompendien, die Klassiker verdrängter Literaturen[20] oder spezifischer Bereiche wie der queeren[21] oder

---

18 Katerina Clark: The Soviet Project of the 1930s to Found a „World Literature" and British Literary Internationalism. In: Modern Language Quarterly 80, 4 (2019), S. 403–425. Hier S. 404.
19 Ebd., S. 405.
20 Vgl. etwa Ernest M. Emenyonu: African Literature in African Languages. The Literary History of the Igbo Novel. New York 2020.
21 Vgl. etwa Hugh Stevens: The Cambridge Companion to Gay and Lesbian Literature. Cambridge, New York 2011.

interkulturellen Literatur[22] zum Gegenstand haben, machen es vor. Der partikularistische Klassikbegriff vermag die Diversität eines (welt-)literarischen Feldes einzufangen. Wenn wir Stefan Matuscheks Plädoyer für eine „sachliche Begrenzung" als eine „funktionale Präzisierung", die anzeige, „wofür genau ein Klassiker Maßstäbe setzt", mit einem standortbedingten Relativismus zusammendenken, werde der Klassikbegriff, wie es weiter bei ihm heißt, „zum belastbaren literatur- und kulturwissenschaftlichen Erkenntnisinstrument".[23] Es lohnt sich also, dem Universalismus-Mythos mit einem Partikularismus des Klassischen zu begegnen.

5.1 Die Jiddische Ballade als partikulares Feld

Das jiddische ist – oder vielmehr war – ein literarisches Feld mit eigenen Netzwerken, Institutionen, Publikationsorganen und geografischen Zentren weltweit. Anstatt auf London, Berlin, Paris müssen wir nach Wilno, Warschau, New York blicken, später auch nach Israel und Montreal, wenn wir dieses spezifische weltliterarische Netz aufspannen wollen. Die jiddische Dichtung bildet darin ein Subfeld; ihm entspringen Klassiker, die in keinem anderen Geltungsbereich diesen Status behaupten können. Und dennoch gibt es sie: Bezugspunkte der jiddischen Ballade, die zuverlässig dort auftauchen, wo eine neue Aufnahme jiddischer Lieder erscheint oder wo über die jiddische Lyrik geforscht wird. An ihrem Beispiel wird der folgende Abschnitt diskutieren, wie Klassikerbildung als partikularistische Rezeptionspraxis zu denken ist, und dabei drei zentrale Aspekte berücksichtigen: 1. die Bedarfskonstellation, 2. die Öffentlichkeit als Träger der Klassikerpraxis und 3. die Eigenheiten der Handlungsebene, auf der diese Praxis zu verorten ist.

5.2 Bedarfskonstellation: das Jiddische als Literatursprache um 1900

„Nur in seinem Volke ist der Mensch Mensch"[24] – diese Losung erscheint am 2. August 1907 unter dem Titel „Nationale Autonomie" in der Wiener *Neuen Zei-*

---

[22] Vgl. etwa Carmine Chiellino, Szilvia Lengl: Interkulturelle Literatur in deutscher Sprache. Zehn Autorenporträts. Bern u. a. 2015 oder für den frankophonen Raum Oana Sabo: The Migrant Canon in Twenty-First-Century France. Lincoln 2018.
[23] Matuschek, Von nicht zeitlich, doch sachlich begrenztem Wert 2019, S. 32.
[24] Nathan Birnbaum: Nationale Autonomie. In: Neue Zeitung 8 (2.8.1907), S. 1.

tung. Herausgeber des nur zwei Jahre bestehenden Blattes ist Nathan Birnbaum, abtrünniger Zionist, der ein Jahr später zum Initiator der *Czernowitzer Konferenz für die jüdische Sprache* wird. Die Konferenz ist insofern wegweisend, als die anwesenden Sprachforscher, Ethnologen und Schriftsteller[25] das Jiddische zwar nicht als die einzig gültige,[26] aber immerhin als *eine* Nationalsprache deklarieren. Der Anerkennungsakt ist zwar weitgehend symbolisch, doch ein wichtiges Moment für das Selbstverständnis einer europäischen jüdischen Gemeinschaft, die zu dem Zeitpunkt weder politisch noch kulturell wirklich souverän ist. Das Bedürfnis danach wird indes als existenziell erlebt, wie Birnbaums Slogan unterstreicht.

Der Aufgabe, eine imaginäre Gemeinschaft zu schaffen, kommt die *Neue Zeitung* nach, indem sie das geografisch entfernte Geschehen an den östlichen Rändern der Monarchie der deutschsprachigen Leserschaft vermittelt. Das Blatt spiegelt deshalb die gesellschaftspolitische Konstellation, in der das Jiddische einen Aufschwung erlebt, und ist zugleich ein Akteur, der diesen mitverantwortet, indem es den Bedarf nach einer kulturellen Eigenständigkeit formuliert und ihn aus der gesellschaftspolitischen Situation heraus begründet. Berichte über politische Erfolge wie Rückschritte tragen dazu bei. So werden beispielsweise die als bahnbrechend wahrgenommenen Wahlen des österreichischen Reichsrats von 1907 ausführlich thematisiert, die auf das sich verstärkende nationale Selbstbewusstsein ethnischer Minoritäten der Doppelmonarchie (neben den Juden Slowaken, Ruthenen, Tschechen, Ukrainer) reagierten und zugleich die Einführung eines allgemeinen Wahlrechts markierten.[27] Gleichzeitig bekommt die Unterdrückung der jüdischen, aber auch ruthenischen Minderheit durch den polnischen Landadel, der gemeinsam mit den Ungarn und Österreichern zu den hegemonialen Kräften gehörte, einen großen Raum. Die Beschreibung der Missstände verknüpft sich mit kämpferischen Forderungen nach kultureller Emanzipation, wie im Beitrag *Unser Haß gegen das Polentum*:

---

25 Bis auf einzelne Ausnahmen waren die Teilnehmer männlich.
26 Nach feurigen Debatten verlieren die in der Unterzahl anwesenden Jiddischisten den Kampf gegen die Anhänger des Hebräischen bei der Frage, welche der beiden Sprachen *die* Nationalsprache ist und welche nur *eine* Nationalsprache sein soll. Vgl. Helmut Dinse, Sol Liptzin: Einführung in die jiddische Literatur. Stuttgart 1978, S. 111.
27 Vgl. zu Birnbaums auch aktivem politischen Engagement in den Wahlen Jess Olson: Nathan Birnbaum and Jewish Modernity. Architect of Zionism, Yiddishism, and Orthodoxy. Stanford 2013, S. 158–176.

> Daß wir uns wehren müssen. Hart sein! Nicht ein Jota von dem, was wir für unsere nationale Selbständigkeit brauchen, nachlassen. Unseren beiden nationalen Sprachen die Stellung erkämpfen, auf die sie und wir je nach dem Grade ihrer Verkehrs- und Kultur-Bedeutung Anspruch haben.[28]

Die Bedeutung einer durch Sprache repräsentierten eigenständigen Kultur kann in diesem Kontext nicht hoch genug eingeschätzt werden. Dass sie auf die Formel gebracht wird, Kultur sei überlebensnotwendig,[29] ist mehr als Pathos: Dekrete, die auf Hebräisch oder Jiddisch geführte und/oder unterschriebene Dokumente für ungültig erklärten,[30] entzogen ganzen Bevölkerungsteilen die Möglichkeit wirtschaftlicher, administrativer und juristischer Partizipation. Spivaks metaphorische Rede von der Stimmlosigkeit, die sie mit der Titelfrage ihres bekannten Essays *Can the subaltern speak?* etabliert hat, beschreibt die Situation nahezu wörtlich, denn die offizielle Ablehnung bedeutet einen radikalen Verlust der Teilhabe. Während staatlicherseits versucht wurde, die ohnehin nicht besonders intensiv ausgebauten und prestigeträchtigen Vernakularsprachen zurückzubauen, formierte sich ein Widerstand, der von langer Hand die Standardisierung des Jiddischen und eine darin verfasste Literatur anstrebte.[31]

Diese Bemühungen sind nicht nur eine Reaktion auf die politische Marginalisierung und Unterdrückung. Das Interesse am Jiddischen wird auch im innerjüdischen Diskurs erkennbar, allerdings nicht einheitlich. Zionisten lehnen es ab, weil sie darin ‚nur' einen deutschen Dialekt sehen und jüdische Eigenständigkeit im Hebräischen verwirklicht wissen wollen.[32] Unter die Befürworter wiederum mischen sich Stimmen, die in die Sprache Gegenentwürfe des modernen Lebens projizieren, wie der Essay *Großstadtunkultur und die Juden* von Alfred Lemm, der in der Monatsschrift *Der Jude* erschien. Soziale Kälte und urbane Degenerierung als Bedrohungen der „westjüdischen Seele" seien typisch für die Großstädte, die deutschen Juden zu deutsch, nur die Juden Osteuropas „auf

---

[28] Nathan Birnbaum: Unser Haß gegen das Polentum. In: Neue Zeitung 3 (28.6.1907), S. 1.
[29] Ders.: Gedanken über Kultur. In: Neue Zeitung 2 (21.6.1907), S. 2.
[30] Vgl. ders.: Das Recht auf seine Sprache. In: Neue Zeitung 5 (11.7.1907), S. 2f.
[31] So gab es schon vor der Czernowitzer Sprachkonferenz Versuche, das Jiddische orthografisch zu vereinheitlichen, um ihm durch Normierung mehr Dignität zu verleihen, wie der Bericht über die Forderung eines Kongresses für jüdische Orthografie zeigt. Nathan Birnbaum: Schriftliche Kongress für jüdische Orthographie. In: Neue Zeitung 6 (17.7.1907), S. 4.
[32] Hans Peter Althaus: Ansichten vom Jiddischen. Urteile und Vorurteile deutschsprachiger Schriftsteller des 20. Jahrhunderts. In: Walter Röll, Hans-Peter Bayerdörfer (Hg.): Auseinandersetzungen um jiddische Sprache und Literatur. Jüdische Komponenten in der deutschen Literatur – die Assimilationskontroverse (= Akten des VII. Internationalen Germanisten-Kongresses Göttingen 1985: Kontroversen, alte und neue, hg. von Albrecht Schöne. Band 5). Tübingen 1986, S. 63–71. S. 65.

dem Wege zu einem selbständigen Geist" (wenn man sie nur ließe).[33] Diese Sichtweise geht einen Schulterschluss mit Exotisierungstendenzen ein, denen ebenfalls Skepsis entgegenschlug.

Wie schwer es war, sich angesichts dieser innerjüdischen Dissonanzen einerseits und dem sich seit der Wirtschaftskrise von 1873 immer stärker konsolidierenden Antisemitismus andererseits auf ein Selbstverständnis zu einigen, verdeutlicht die Rezension eines Sonderhefts über das Ostjudentum der (zu diesem Zeitpunkt noch liberalen) Kulturzeitschrift *Süddeutsche Monatshefte* aus dem Jahr 1916. Der Verfasser moniert das einseitige Bild, das auf der Darstellung eines sich formierenden politischen wie kulturellen Selbstbewusstsein zugunsten „eine[r] bedauernswerte[n] Masse, die nach dem Licht der westeuropäischen Emanzipation dürstet"[34], verzichte. Die über mehrere Spalten sich ausbreitende Kritik nimmt zum Schluss eine unerwartete Wendung, wenn die Tatsache, dass ein solches Sonderheft überhaupt erscheine, geradezu devot als bemerkens- und lobenswert vermerkt wird:

> so ist es in der Tat sehr dankenswert, daß plötzlich so viel guter Wille vorhanden ist, den bisher so arg vernachlässigten und stiefmütterlich behandelten Ostjuden eine gerechtere Beurteilung widerfahren zu lassen. Wir müssen anerkennen, daß von diesem Gesichtspunkt aus der Gedanke eines Ostjudenheftes eine schöne und bedeutende Äußerung deutschen Objektivitätsstrebens ist.[35]

Die Zwickmühle, in der sich jüdische Intellektuelle in den ersten drei Jahrzehnten des 20. Jahrhunderts befanden, bestand in der Überzeugung, Anerkennung selbstbewusst einfordern und gleichzeitig für jede Aufmerksamkeit dankbar sein zu müssen, die nicht eindeutig antisemitischer Natur war. Diese Positionen zusammengenommen, scheint es fast kontraintuitiv, von einer Bedarfskonstellation zu sprechen. Schließlich waren die Lebensbedingungen und Kulturformen der sogenannten Ost- und Westjuden, der jüdischen Stadt- und Landbevölkerung, der Assimilierten und Orthodoxen grundlegend unterschiedlich, die politischen Ziele der Zionisten oder Bundisten, Jiddischisten oder Hebräischisten teilweise einander widersprechend. Es ist jedoch diskursgeschichtlich durchaus korrekt, eine Bedarfskonstellation anzunehmen, aus der die Klassiker der jiddischen Ballade geboren wurden, weil dennoch ein gemeinsames Interesse erkennbar ist: der Wille, angesichts heraufbeschworener Ängste vor Identitätsverlust einerseits und Diskriminierung andererseits eine nationalkulturelle Eigenart konturiert und anerkannt zu wissen. Da hierfür territorial oder politisch

---

33 Alfried Lemm: Großstadtunkultur. In: Der Jude, 1, 5 (August 1916), S. 319–326. Hier S. 324.
34 M. M.: Ostjuden. In: Der Jude 1, 1 (April 1916), S. 62–63. Hier S. 62.
35 Ebd., S. 63.

argumentierende Konstruktionen ungeeignet waren, wurde die Sprache zum zentralen Politikum. Auf dieser Basis bildete sich eine Gegenöffentlichkeit heraus, in der Literatur produziert, rezipiert und diskursiviert wurde.

5.3 Die jüdische Öffentlichkeit

Nathan Birnbaums *Neue Zeitung* beinhaltet eine Rubrik, die „Aus der jüdischen Öffentlichkeit" betitelt ist und kurze Berichte über den „österreichischen zionistischen Parteitag" oder über eine „Festkneipe der jüdisch-akademischen Verbindung" enthält. Da sich die *Neue Zeitung* insgesamt Themen des jüdischen Lebens widmet, wirkt diese Rubrik auf den ersten Blick tautologisch, auf den zweiten belegt sie jedoch die Existenz organisatorischer Strukturen. Indem hauptsächlich Amtsvertreter vorgestellt und Anwesende von Parteitagen und Festlichkeiten aufgezählt werden, entsteht das Bild einer institutionell versicherten Gemeinschaft. „Jüdische Öffentlichkeit" ist ein Begriff, mit dem die *Neue Zeitung* Konzepten wie „jüdisches Leben" oder „jüdische Kultur" ein offizielles Gerüst zugrunde legt.

Institutionen und Medien lassen eine *Imagined Community* real werden. Das wird umso wichtiger dort, wo ein nationalstaatlicher Apparat, der politische Einheit signalisierte, fehlt. Für die jüdischen Emazipationsbemühungen der ersten Jahrzehnte des 20. Jahrhunderts gilt das genauso wie für die polnische oder deutsche Nationenbildung im 19. Jahrhundert.[36] Dank des institutionellen Rückgrats entsteht performativ eine Gemeinschaft, die im vorliegenden Fall Merkmale einer Gegenöffentlichkeit trägt: Sie ist relational zu einer Öffentlichkeit zu denken und will diese beeinflussen.[37] Die Notwendigkeit, die Situation vor allem in den östlichen Gebieten zu ändern, in denen politische Diskriminierung offenkundig ist, wird flächendeckend thematisiert. Neben der *Neuen Zeitung* widmen sich zahlreiche andere (u. a. jiddischsprachige) Presseorgane der osteuropäischen jüdischen Kultur.[38] Die reiche Presselandschaft trägt dazu bei, dass das Ostjudentum als Teil des europäischen Judentums und das Jiddische als eine identitätsstiftende Sprache wahrgenommen werden. Einen Meilenstein in diesen Bemühungen stellt sicherlich die Gründung des YIVO 1925 in Wilna dar. Die bis heute als *Institute for Jewish Research* in den Vereinigten Staaten existieren-

---

36 Hobsbawm, Inventing Traditions 2012, S. 1–14.
37 Wimmer, Jeffrey: (Gegen-)Öffentlichkeit in der Mediengesellschaft. Analyse eines medialen Spannungsverhältnisses. Wiesbaden 2007, S. 237.
38 Allein für Berlin der 20er Jahre listet Marion Neiss über dreißig nur jiddischsprachige Zeitschriften auf. Vgl. Marion Neiss: Presse im Transit. Jiddische Zeitungen und Zeitschriften in Berlin von 1919 bis 1925. Berlin 2002, S. 221 f.

de Einrichtung, die 1940 nach New York übersiedelte, hieß ursprünglich *Yiddischer vissenschaftlicher oinstitut* und widmete sich der Erforschung und dem Erhalt der jiddischen (Volks-)Kultur Osteuropas.

Klassiker statten eine Gemeinschaft mit Kultur und Geschichte aus und sind zugleich auf ihre organisatorischen Strukturen angewiesen, die ihre Geltung manifest machen. Selbst in jenem engen Rahmen, der die beschriebene Öffentlichkeit konturiert, ist ein Konsens nämlich nicht selbstverständlich. Denn obwohl die Institutionen und Medien vorgeben, Einheit zu repräsentieren, ist das faktische Bild nur schwer mit dem von Jürgen Habermas entworfenen Ideal zusammenzubringen. Das gilt ebenso für die Rezeptionsvorlieben: Die nach Assimilation strebenden oder bereits assimilierten deutschen Juden partizipierten beispielsweise am bürgerlichen Klassikerkult.[39]

Nicht nur der Unterschied zwischen den assimilierten und den auf nationale Eigenständigkeit pochenden Identitätsentwürfen musste eingefangen werden, es galt zudem, die geografische Heterogenität zu überwinden. Das ist ein weiteres Merkmal dieser Öffentlichkeit: Für die europäischen Juden, die den zionistischen Ideen eines künftigen Judenstaates gegenüber kritisch eingestellt waren, bot eine gemeinsame Literatur die Möglichkeit, sich als Gemeinschaft auch transnational zu konstituieren und galizische, sowjetische, polnische, deutsche, französische, englische sowie US-amerikanische jüdische Bürger einzubeziehen. Das war im Fall des Jiddischen insofern plausibel, als der transnationale Charakter für die Sprache selbst reklamiert werden konnte, wie es Kafkas Rede über das Jiddische von 1912 deutlich macht:

> Er [der Jargon, PW] besteht nur aus Fremdwörtern. Diese ruhen aber nicht in ihm, sondern behalten die Eile und Lebhaftigkeit, mit der sie genommen wurden. Völkerwanderungen durchlaufen den Jargon von einem Ende bis zum anderen. Alles dieses Deutsche, Hebräische, Französische, Englische, Slawische, Holländische, Rumänische und selbst Lateinische ist innerhalb des Jargon von Neugier und Leichtsinn erfaßt, es gehört schon Kraft dazu, die Sprachen in diesem Zustande zusammenzuhalten.[40]

Kafkas Position ist die eines Außenstehenden, der die Sprache einerseits abwertend als „Jargon" bezeichnet, andererseits jedoch ihren integrativen Charakter

---

[39] Wilfried Barner: Von Rahel Varnhagen bis Friedrich Gundolf. Juden als deutsche Goethe-Verehrer. Wolfenbüttel, Göttingen 1992; Willi Jasper: Deutsche Juden als Goethe-Verehrer – eine ‚faustische' Beziehungsgeschichte. In: Jochen Golz, Justus H. Ulbricht (Hg.): Goethe in Gesellschaft. Köln 2005, S. 113–122; Peter Varga: Goethes Judenbild und das Goethebild der Juden. Goethes Verhältnis zum Judentum: Aktuelles und Historisches. In: Gutjahr, Segeberg, Klassik und Anti-Klassik 2000, S. 185–194.
[40] Franz Kafka: Einleitungsvortrag über Jargon. In: Ders.: Beschreibung eines Kampfes, hg. von Hans-Gerd Koch. Frankfurt a. M. 2004, S. 149–153. Hier S. 150.

bewundert. Der Topos des Kosmopolitischen taucht in der Bezeichnung „Jiddischland" auf, die auf der bereits erwähnten symbolisch gewordenen Czernowitzer Konferenz geprägt wurde und den transnationalen Charakter der jiddischsprachigen Gemeinschaft zum Ausdruck bringen sollte. Das Handlungsfeld der jiddischen Literatur wurde weder nationalkulturell noch territorial abgesteckt.

5.4 Die Handlungsebene der jiddischen Ballade

Da es mir im Folgenden um den Klassiker der jiddischen Ballade gehen wird, will ich nur am Rande die Klassikerkonstituierung in anderen Bereichen jiddischer Literatur ansprechen, zumal diese bereits gut dargelegt ist.[41] Die Rede von der jiddischen Klassik meint einen Neubeginn, in ihr spiegelt sich also die bereits eingeführte Innovationsbehauptung. Den Bruch mit der vorangegangenen Tradition beschreibt Tilo Alt: „Für die Klassiker (besonders Perez) war ja die alte jiddische Literatur genauso viel wert wie für Friedrich II. von Preußen das Nibelungenlied."[42] Bekanntermaßen hielt der Monarch das später zum wichtigsten deutschen aufgestiegene Epos für keinen Schuss Pulver wert und hätte es gerne „dem Staube der Vergessenheit" überlassen, wie er 1784 an den *Nibelungen*-Herausgeber Christian Heinrich Müller schreibt. Auch die jiddischen Schriftstellerinnen zeigen sich zukunftsorientiert und wollen eine Literatur, die Weltniveau besitzt. Gleichzeitig braucht sie eine eigene Tradition, die ihr Gewicht verleiht. Jizchok Lejb Perez stellt deshalb nur rhetorisch die Frage „vos felt undzer literatur?", denn die Antwort ist erwartbar: „tsum alem ershtn – traditsye".[43] Es geht Perez um eine säkulare nationale Literaturgeschichte. Sie wird von Scholem Alejchem begründet, als dieser den 1836 geborenen Mendele Mojcher Sforim zum Großvater der jiddischen Literatur und sich selbst zu dessen Enkel erklärt. Im Hinblick auf die nur 20 Jahre, die die Geburtstage beider Schriftsteller trennen, sollte die Generationsbezeichnung wohl zusätzlich historisieren. Damit ist das Klassiker-Dreigestirn Mendele Mojcher Sforim, Jizchok Lejb Perez und Scholem Alejchem aus dem Bedarf nach kultureller Emanzipation geboren.[44]

---

41 Vgl. den Überblick von Dinse, Liptzin, Einführung in die jiddische Literatur 1978.
42 A. Tilo Alt: Die ideologische Komponente der jiddischen Literatur und die Frage der Modernität. In: Röll, Bayerdörfer, Auseinandersetzungen um jiddische Sprache und Literatur 1986, S. 72–80. Hier S. 76.
43 Zit. nach Ebd., S. 77.
44 Vgl. das Kapitel „Klassiker" bzw. „klasycy" in Chone Shmeruks Geschichte der jiddischen Literatur. Chone Shmeruk: Historia literatury jidysz [Geschichte jiddischer Literatur]. Zarys. Wrocław 2007, S. 88–101.

Die Ballade ist in der Literaturszene etabliert, denn diejenigen Autoren, die man gemeinhin als den „klassischen Höhepunkt"[45] beschreibt, bedienen die Gattung selbstverständlich. Ähnlich wie dies im 18. Jahrhundert in Deutschland oder England war, entsteht um die jiddischsprachige Ballade ein umfangreicher poetologischer Diskurs. Stärker noch als der deutsch- und englischsprachige vermischt er die Bereiche Literatur, Musik und Folklore. Balladen erscheinen in als Literatur gedachten Anthologien und zugleich in Gesangbüchern. Besonders in der Frühphase ist noch kein Bewusstsein der späteren Ausdifferenzierung zu beobachten. Im Vorwort zur zweiten Ausgabe der ersten wissenschaftlichen[46] Sammlung *Jüdischdeutsche Volkslieder aus Galizien und Russland* aus dem Jahr 1891 (erste Ausgabe 1884) plädiert der Herausgeber Gustaf Hermann Dalman ganz selbstverständlich dafür, nicht nur die Geschichte, sondern auch die Gegenwart der jiddischen (bei Dalman: jüdisch-deutschen) *Literatur* zu beachten, weil sie die Funktion der Kulturvermittlung erfülle:

> Wenn ein Dichter, dessen Lied in den Volksmund übergeht, das erste Recht hat, als Dolmetscher der Empfindungen seines Volks betrachtet zu werden, so erheben die Dichtungen, von denen wir hier eine kleine Auswahl mitteilen, begründeten Anspruch auf das Interesse aller derer, welchen es um wahrheitsgemässe Kenntnis des Judentums zu thun ist.[47]

Kategorial gehören Volkslieder in dieser frühen diskursiven Prägung ganz natürlich zur Literatur, doch das Zitat verdeutlicht noch mehr: Bereits jetzt geht es nicht nur um Selbstverständigung innerhalb einer jüdischen literarischen Öffentlichkeit, sondern um einen kulturhermeneutischen Anspruch, in den kulturelle Öffnung als Arbeit gegen das antisemitische Vorurteil eingeschrieben ist. Das Volkslied wird zum Argument gegen Richard Wagners berüchtigte Abhandlung *Über das Judenthum in der Musik*, die erstmals 1850 erschien, stark rezipiert erst in der Version von 1869 wurde. Der Übersetzer und Literaturhistoriker Alexander (Aron) Eliasberg schreibt 1913:

> Unsere Aufgabe ist es daher, den Beweis zu führen und zu liefern, daß das jüdische Volksgenie auf dem Gebiete der Musik unerschöpfliche Reichtümer geschaffen hat, die aber leider bislang so gut wie unerforscht geblieben sind. Kein Zweifel, daß auch das jüdische

---

45 Dinse, Liptzin, Einführung in die jiddische Literatur 1978, S. 91.
46 Philip Vilas Bohlman: Jüdische Volksmusik. Eine mitteleuropäische Geistesgeschichte. Köln 2005, S. 35.
47 Gustaf H. Dalman: Vorwort. In: Jüdischdeutsche Volkslieder aus Galizien und Russland (Schriften des Institutum Judaicum 12). 2. Ausgabe. Berlin 1891, S. III–IV. Zit. nach Bohlman, Jüdische Volksmusik 2005, S. 35–39. Hier S. 36 f.

Volkslied, gleich dem deutschen, als Erzeugnis jahrhundertealter historischer Volkserlebnisse, vom Geiste seines Meisters getragen und beseelt ist.[48]

Deutlich ist die Forderung nach einem jüdischen Percy, Herder oder Brodziński herauszuhören, die die Basis für eine wissenschaftliche Auseinandersetzung schaffen würden. Doch nicht nur die Grenze zwischen Lied und Literatur verschwimmt, zwischen Volkslied und der sogenannten klassischen Musik wird sie ebenso brüchig. Max Brod stellt etwa ungezwungen eine Verbindung zwischen Mahler und Folklore her. Mahler, das „wohl [...] größte jüdische Kunstgenie der Neuzeit" habe, so Brod, „ganz einfach aus demselben unbewußten Urgrund seiner jüdischen Seele so und nicht anders musizieren" müssen, „aus dem die schönsten chassidischen Lieder, die er wohl nie gekannt hat, entsprossen sind".[49]

An anderer Stelle habe ich dafür argumentiert, dass sich zwischen der Diskursivierung einerseits und Produktion der jiddischen Balladen andererseits eine programmatische Diskrepanz offenbart.[50] Die Literatur wird als exogen konzipiert, denn sie soll gleichberechtigt unter anderen europäischen Literaturen gelten. Ihre ideengeschichtliche Fundierung ist dagegen endogen gedacht: Der an Herders Argumenten geschulte Diskurs besteht auf der Besonderheit einer jüdischen Kultur, eines „Volksgenies", wie es bei Eliasberg heißt. Das betont ebenfalls Heinrich Berl in einem Beitrag *Das Judenthum in der abendländischen Musik*:

> Es gibt aber noch eine Quelle der Erneuerung, wenigstens für das Judentum: das *chassidische Lied*. Wie die östliche Kultur plötzlich hereingebrochen ist in das westliche Judentum, so auch sein wesentliches Glied: das Lied. Im chassidischen Lied ist die primäre Musikalität des jüdischen Volkes aufgestanden und hat so Echtes und Ursprüngliches geschaffen, wie es nur aus der Mitte eines Volkes herauswachsen kann, das Leben und Herz in sich trägt. Es ist dies ein wichtiges Zeichen für die musikalische Anlage der Juden.[51]

Eine weitere Problematik dürfte deutlich geworden sein: Es bedarf einer Literatur, die ihre Dignität aus der Geschichte zieht, die zugleich jedoch modern (sä-

---

[48] Alexander Eliasberg: Die jüdische Gemeinschaft. Reden und Aufsätze über zeitgenössische Fragen des jüdischen Volkes, hg. von Dr. Ahron Eliasberg. Band 3: Das jüdische Volkslied. Berlin 1913. S. 1 f.
[49] Max Brod: Jüdische Volksmelodien. In: Der Jude 5, 1 (1916/1917), S. 344–345.
[50] Paula Wojcik: Der Antisemitismusdiskurs in jiddischsprachigen Balladen aus Osteuropa. In: Hans-Joachim Hahn, Olaf Kistenmacher (Hg.): Beschreibungsversuche der Judenfeindschaft II. Antisemitismus in Text und Bild – zwischen Kritik, Reflexion und Ambivalenz. Berlin 2019, S. 333–353.
[51] Heinrich Berl: Das Judentum in der abendländischen Musik. In: Der Jude 8, 6 (1920/21), S. 495–505. Hier S. 504. Hervorhebung i. O.

kular und den europäischen Standards entsprechend) ist, weshalb neue ‚alte' Bezugspunkte gesucht werden. 1901 leiten die Herausgeber Schaul Ginsburg und Marek Pesach ihre kulturgeschichtlich bedeutende[52] Sammlung *Jüdische Volkslieder in Rußland* mit dem Hinweis auf Herders Verdienst ein, der „mit seinen Stimmen der Völker [in Liedern] auf die Volkspoesie als die wichtigste Quelle für das Begreifen der Volkspsyche hinwies".[53] Die Frage der Tradition wird umschifft, indem die Dorfkultur zu ihrem Speicher erklärt wird: „Wir begnügen uns mit dem Hinweis, dass viele dieser Lieder nach Sprache und Inhalt ohne Zweifel die Spuren hohen Alters tragen."[54] Erneut wird der Rezeptionstopos aufgegriffen, zu dem sich im 19. Jahrhundert die Herder'sche Idee einer im Volkslied konservierten Volksseele diskursiv verdichtet (vgl. Kapitel 3).

Das Handlungsfeld der jiddischen Ballade präsentiert sich insgesamt heterogen und in den theoretischen Vorannahmen spannungsreich. Die Akteure tragen je nach ihrem geografischen oder ideologischen Standpunkt unterschiedliche Erwartungen an die Gattung heran. Und bei allem kulturellen Selbstbewusstsein, das sie nach außen zu vermitteln suchen, wird das Interesse an dem jiddischen Volkslied immer apologetisch flankiert:

> Vielfach stößt man auf Argwohn und Scheu, bei nicht wenigen auf geringschätzige Abweisung, bei manchem „Gebildeten" geradezu auf Widerstand. „Wozu diese Chederunarten konservieren? Wozu Aberglauben publizieren, diese Ghettomanieren glorifizieren?" Gewisse Kreise schämen sich solcher Erinnerungen an die eigene Vergangenheit.[55]

Ist die jiddische Ballade als einheitliches Phänomen schwer zu definieren und zu erfassen, weil sie an einer extrem durchlässigen Diskursschwelle zwischen Literatur und Musik angesiedelt wird, so ist die hinter ihrer Konzeptualisierung

---

52 Bohlman bezeichnet die Sammlung als Standardwerk und beschreibt die Bedeutung wie folgt: Nicht nur bietet die Sammlung mit ihren 376 Liedern eine nicht zuvor präsentierte Fülle von Liedtexten, sondern die Lieder stammen auch aus einem aktuellen kulturellen Kontext, aus der Dorfkultur der osteuropäischen Juden. Unmittelbar nach ihrem Erscheinen 1901 hat die Sammlung geradezu revolutionär zur geistigen Annäherung an die jüdischen Gemeinden in Ost- und Mitteleuropa beigetragen. Bohlman, Jüdische Volksmusik 2005, S. 59.
53 Schaul M. Ginsburg, Pesach S. Marek: Einführung. In: Jüdische Volkslieder in Rußland, gesammelt und herausgegeben und mit einer Einführung vom S. M. Ginsburg und P. S. Marek. Mit Beilage eines bibliographischen Verzeichnisses der Liedersammlung in jüdischer Umgangssprache im Asiatischen Museum der Kaiserlichen Akademie der Wissenschaften zusammengestellt von S. E. Wiener. St. Petersburg, Wodschod 1901. S. II–XXX. Aus dem Russischen übers. von Franziska Pietsch-Stockhammer. Zit. nach Bohlman, Jüdische Volksmusik 2005, S. 61–76. Hier S. 61.
54 Ebd., S. 65.
55 Max Grunwald: Jüdische Volkskunde. In: Jerubaal 1 (1918/1919), S. 162–164. Zit. nach Bohlman, S. 118.

stehende Idee von ihren Grenzen her scharf zu konturieren. Die Beschäftigung mit dem jiddischen Volkslied wendet sich 1. gegen innerjüdische assimilatorische Tendenzen, die sich von der Tradition abwenden bzw. diese als minderwertig deklarieren, 2. gegen antisemitische Tendenzen, die das osteuropäische Judentum belächeln oder dämonisieren, 3. gegen antisemitische Tendenzen, die dem westeuropäischen assimilierten Judentum eine eigene Kunst (oder authentische Kunstfähigkeit) absprechen, und 4. gegen traditionalistisch-orthodoxe Tendenzen, die eine modern-säkulare und populäre jiddischsprachige Literatur schlicht nicht vorsehen. Innerhalb dieser Grenzlinien etabliert sich die literarische wie musikalische Ballade als ein Handlungsfeld, das sich einerseits als eigenständige Kunst transnational als anschluss- und wettbewerbsfähig präsentiert und andererseits an dem von Walter Benjamin kritisierten Zusammenhang von Schicksal und Charakter[56] als einer historisch geformten, kulturell-wesenhaften Eigenheit festhält. Solidarisch zeigen sich beide Anliegen darin, die jüdische Spezifik aufzuwerten, wie dieses Zitat aus dem beliebten *Blau-Weiß-Liederbuch* der jüdischen Wanderjugend von 1918 verdeutlicht:

> Denn was in der ersten Auflage nur ein Versuch schüchterner Romantik, ein tastendes Bemühen um die Wiederbelebung des jüdischen Volksliedes für die westliche Judenheit war, das ist heute ein Ausdruck unserer eigensten Wesensart geworden.[57]

Diesen „Ausdruck [...] eigenste[r] Wesensart" repräsentieren ihre Klassiker.

5.5 Klassiker der jiddischen Ballade

Für die Rezeption und Konstituierung von Klassikern einer jiddischen Ballade hat das weitgehend freie Flottieren zwischen Musik und Literatur insofern Konsequenzen, als die Ausdifferenzierung mit der Zeit voranschreitet und sich in heutiger Perspektive verschiedene Disziplinen herauskristallisieren, deren Entstehung auf einen und denselben Diskurs zurückzuführen ist. Insgesamt lassen sich drei Bereiche ausmachen, in denen die jiddische Ballade bis heute tradiert wird. Sie tritt auf als 1. jiddischsprachige Musik, die heute im Grunde in der Klezmer-Szene aufgegangen ist (die wiederum teilweise der Weltmusik-Szene zuzu-

---

[56] Benjamin, Walter: Schicksal und Charakter. In: Ders.: Gesammelte Schriften Bd. II. 1: Aufsätze, Essays, Vorträge. Hg. von Rolf Tiedemann u. Hermann Schwepphäuser. Frankfurt a. M. 1991, S. 171–179.
[57] Bundesleitung des Blau-Weiß Bund für jüdisches Jugendwandern in Deutschland (Hg.): Blau-Weiß-Liederbuch. Musikalisch bearbeitet von Leo Kopf. Zweite völlig umgearbeitete und stark vermehrte Auflage Berlin 1918, S. I–II (unpaginiert).

rechnen ist), 2. ursprünglich jiddischsprachige Lieder, die heute als englischsprachige bekannt sind, und 3. literarische Balladendichtung, zu der der philologische Diskurs gehört. Die Klassikerbildung in den ersten beiden Bereichen verdeutlicht die Bedeutung der Sprache für die Frage des Partikularismus, weshalb ich sie in einem kurzen Exkurs umreißen möchte.

Klezmer heute steht im Ruf, nostalgische, idyllische und exotische Fantasien vom vergangenen europäischen Judentum zu bedienen,[58] obwohl es weltweit Künstler gibt, die sich der Musik mit hohem Anspruch und auf hohem Niveau widmen.[59] Zwar ist Klezmer im eigentlichen Sinne als Musik ohne Gesang zu verstehen (von Hebr. *klej semer* = ohne Stimme), doch hat sich die Bedeutung vom Ursprung entfernt, ausgedehnt und ausdifferenziert. Ein heute in diesem Zusammenhang kaum mehr relevanter Bereich, in den vor allem das jiddischsprachige Protestlied Eingang fand, war seit den 1960er Jahren im Repertoire von genuin deutschsprachigen Liedermachern in der Folkbewegung verortet, in dem es – etwas vereinfacht zusammengefasst – als antifaschistische Demonstration (DDR) oder der nachträglichen Solidarisierung mit dem jüdischen Widerstand im Kontext der Vergangenheitsbewältigung (BRD) diente. Mordechai Gebirtigs *S brent! (briderlech, s brent)* (1938) oder Hirsch Glicks als Partisanenlied berühmt gewordenes *Sog nit kejnmol* (1943) wurden etwa von dem 1966 verstorbenen Begründer des seinerzeit bekannten Folkfestivals auf Burg Waldeck, Peter Rohland, oder der ostdeutschen Gruppe Aufwind interpretiert und gehören immer noch zu den Klassikern des jiddischsprachigen Liedes.[60]

Die Klezmer-Szene ist mittlerweile institutionell gut mit sogenannten Klezcamps und Festivals etabliert, wird zudem von kulturfördernden Institutionen unterstützt.[61] Es ist eine weitgehend geschlossene, tendenziell eher nicht mainstreamtaugliche Szene. Die Popularität ihrer Klassiker verdankt sich einer stabilen Zielgruppe und Infrastruktur. Auch der Bereich des Folk, in dem jiddischsprachige Balladen noch zum Repertoire gehören, ist regional begrenzt (in Israel vor allem von der Grande Dame des Folk Chava Alberstein repräsentiert) oder eine Sparte im breiteren Repertoire einzelner Künstler.[62] Nur in diesen eher eng umrissenen Bereichen gelten *S brent!* oder *Sog nit kejnmol* als Klassiker.

---

58 Vgl. Rita Ottens, Joel Rubin: Klezmer-Musik. München 2003. S. 285–308.
59 Vgl. Ulrike Klausmann: Alan Bern und das Klezmer-Revival. In: Claus Leggewie, Erik Meyer (Hg.): Global Pop. Bonn 2017, S. 117–124.
60 Sie sind etwa in den einschlägigen Sammlungen enthalten wie Vevel Pasternak: The Jewish Fakebook. Owings Mills, Md. 1997.
61 Vgl. Klausmann, Alan Bern und das Klezmer-Revival 2017.
62 Z. B. veröffentlichte das Duo Zupfgeigenhansl ein Album mit jiddischsprachigen Liedern. Zupfgeigenhansl: Jiddische Lieder ('ch Hob Gehert Sogn) 1979.

Anders sieht dies in dem zweiten Bereich des anglisierten jiddischen Liedes aus. Zwei weltbekannte Lieder sind Kompositionen für Musicals. *Dona, Dona*, ursprünglich jiddisch als *Dana, Dana* 1940 für das Musical *Esterke* komponiert, wurde in einer von Joan Baez interpretierten – anglisierten – Version populär und fand im Nachgang viele prominente Interpreten. Innerhalb der Folkszene wird es auf Englisch tradiert, auf den jiddischsprachigen Ursprung wird höchstens hingewiesen.[63]

Das 1932 für das jiddische Musical *Men ken leben nor men lost nischt / Man könnte leben, nur lässt man uns nicht* von Sholom Secunda komponierte *Bei mir bistu schejn* zählt ebenfalls zu Klassikern des ‚jiddischen' Liedes.[64] Auch das Stück wurde, bis auf die Titelzeile, anglisiert[65] und von den Andrew Sisters eingesungen, im Kontext der Musical-Mode zum Hit, der von Größen wie Ella Fitzgerald oder Judy Garland interpretiert wurde. Während des Zweiten Weltkriegs wurde es in Nazideutschland von der beliebten schwedischen Sängerin Zarah Leander unter dem germanisierten Titel *Bei mir bist du schön* vertrieben. Heute gilt es als Jazz-Standard. Der Sprachwechsel der beiden Lieder beförderte ihre Popularität und ihre Präsenz. Ist die Klezmer-Szene, selbst wenn transnational organisiert, so doch im Hinblick auf die Öffentlichkeit begrenzt, erfreuen sich die englischsprachige Folk- oder Jazz-Swing-Szene einer breiteren Hörerschaft, die sich durch regelmäßige Revivals erneuert und gegebenenfalls vergrößert.[66] Lieder, die einen Sprachwechsel ins Englische vollzogen haben, besitzen einen Vorteil im ‚Reichweitenwettbewerb' der Klassiker: Ihre jiddischsprachigen Konkurrenten sind auf einen engen Rezeptionskreis beschränkt, die Dominanz des Englischen im Musikbusiness erschließt den anglisierten einen potenziell globalen – das stimmt selbst für die als universal geltende Sprache der Musik.

Der Titel des ‚Prinzen der jiddischen Ballade' ist allerdings bis heute einem Dichter vorbehalten, Itzik Manger. Die Beerdigung des Autors wurde 1969 in Israel mit einem Staatsakt gefeiert, ein anerkannter Lyrik-Preis dort nach ihm benannt, bis heute erscheinen Erinnerungen an ihn, Biografien und Ausgaben sei-

---

63 Auch im Jewish Fake Book mit englischen Lyrics. Vgl. Pasternak, The Jewish Fakebook 1997, S. 115.
64 Ebd., S. 96.
65 Wie auch *Dona, Dona* von Sammy Cahn und Saul Chaplin anglisiert.
66 Solche Revivals wie etwa das letzte größere im Genre des Swing, das populäre Stars der Szene wie Roger Cicero oder Michel Bublé sowie Swing-Alben von Popgrößen wie Robbie Williams hervorbrachte, vermitteln das Genre an breitere Rezeptionskreise. Die Musik wird nicht nur von Sparten- und Kultursendern, sondern auch im sogenannten Mainstream gespielt, hat finanziell potente Musiklabels hinter sich, wird dementsprechend vermarktet und gelangt in die Media Control Charts. Im Zuge solcher Genre-Revivals werden auch die Klassiker wieder häufiger gespielt.

ner Werke. Kaum ein Dichter jiddischer Sprache, sieht man von Scholem Alejchem und Isaak Bashevis Singer ab, bekommt so viel Aufmerksamkeit. Mangers Leben und Werk sind mittlerweile gut aufgearbeitet, was einem in den letzten Jahren steigenden philologischen Interesse an einzelnen Akteuren[67] ebenso wie der jiddischen Dichtung insgesamt[68] zu verdanken ist. Es lassen sich darüber hinaus Versuche verzeichnen, Mangers Leben und Werk einer größeren Öffentlichkeit zu vermitteln; sein Status als ‚Prinz der jiddischen Ballade' autorisiert das Interesse stets aufs Neue. Die kürzlich erschienene umfang- und kontextreiche Biografie sowie ein neu herausgegebener Band seiner Gedichte wurden in Deutschland und der Schweiz in allen großen Zeitungen rezensiert.[69]

Für die Klassikerwerdung Mangers hat die Phase 1933–1945 unmittelbare Bedeutung. Vor dem Zweiten Weltkrieg erfuhr er zwar bereits Anerkennung, galt als ein bemerkenswerter und vielgelesener Vertreter der jiddischsprachigen Balladendichtung.[70] Es wäre jedoch falsch, ihn innerhalb dieser Bedarfskonstellation als ‚Klassiker' zu bezeichnen, weil es keinen Konsens im Hinblick auf seine führende Rolle in der jiddischsprachigen Literatur- oder Lyrikszene gegeben hat. Im transnationalen Jiddischland war Manger einer von vielen, galt als eine erfolgreiche Dichterstimme. Ein weiterer – und nicht zu unterschätzender – Grund ist, dass bis auf wenige Ausnahmen keine Historisierungsbemühungen nachzuweisen sind, die von einer Langzeitpräsenz oder vom kulturellen Wert einzelner Werke oder Akteure zeugen könnten. Sie ist ein literarisches Feld im Werden.

Mit der Shoah, dem Kriegsende und der Entstehung des Staates Israel veränderte sich die Bedarfskonstellation grundlegend: Die ostjüdische Volkskultur wurde großenteils vernichtet und deshalb bereits unmittelbar nach 1945 historisiert. Erst das dem Vergänglichkeits- entspringende Geschichtsbewusstsein lässt einen Wettbewerb der Repräsentanten entstehen, aus dem Manger als Sieger

---

67 Etwa die bereits zitierte Biografie des Initiators der Czernowitzer Sprachkonferenz: Olson, Nathan Birnbaum and Jewish Modernity 2013.
68 Vgl. Armin Eidherr: Sonnenuntergang auf eisig-blauen Wegen. Zur Thematisierung von Diaspora und Sprache in der jiddischen Literatur des 20. Jahrhunderts. Göttingen 2012; Dovid Katz: Words on Fire. The Unfinished Story of Yiddish. New York 2004.
69 Efrat Gal-Ed: Niemandssprache. Itzik Manger, ein europäischer Dichter. Berlin 2016. Besprechungen in: Süddeutsche Zeitung (29.11.2016); Neue Züricher Zeitung (13.7.2016); Frankfurter Allgemeine Zeitung (21.6.2016); Die Welt (26.3.2016); Itzik Manger: Dunkelgold. Gedichte: jiddisch und deutsch. Mit Umschrift des Jiddischen, übers. von Efrat Gal-Ed. Berlin 2004. Besprechungen in: Die Zeit (21.7.2005); FAZ (1.7.2005); NZZ (5.10.2004).
70 Olga Zienkiewicz führt ihn in ihrer Analyse *Was wurde auf Jiddisch gelesen?* auf, für die sie die Bibliothek des Jüdischen Historischen Instituts ausgewertet hat. Olga Zienkiewicz: Co się czytało w jidysz? In: Ewa Geller (Hg.): Jidyszland: polskie przestrzenie [Jiddischland: polnische Dimensionen]. Warszawa 2008, S. 142–156. Hier S. 145.

hervorgeht. Dies geschieht, weil ihn seine Lyrik ebenso wie seine Selbststilisierung zum Troubadour als einen authentischen und selten gewordenen Vertreter[71] der bedrohten ostjüdischen Kultur erscheinen lassen, für die die Gattung der Ballade repräsentativ geworden ist.

Manger war Teil jener Öffentlichkeit, die sich in den ersten Jahrzehnten des 20. Jahrhunderts um die Förderung der jiddischen Sprache und Literatur bemühte, allerdings als einer der Nachgeborenen. Die Czernowitzer Sprachkonferenz von 1908 erlebt der 1901 geborene als „barfüßiger Herumtreiber in den Straßen von Czernowitz" und schreibt ihr in seinen Erinnerungen jene Bedeutung zu, die sie für die auf Jiddisch Kulturschaffenden mit der Zeit erlangte: „Es war ein erhabener Moment im Leben eines Volkes, seiner Sprache und seiner Literatur."[72] Aus seinem vor dem Zweiten Weltkrieg entstandenem Werk ist heute vor allem die Ballade *Oyfm weg stet a boim* bekannt.[73] Darin zeigt ein Kind Mitleid mit einem im Winter kahlen und einsamen Baum und beschließt, ein Vogel zu werden, um ihm Gesellschaft zu leisten. Die überprotektionistische Mutter kleidet es jedoch so warm ein, dass der Vogel unfähig wird zu fliegen.

Chejb di fligl. Ss'is mir schwer,	Heb' die Flügel – 's so schwer,
zu fil, zu fil sachn	zu viel, zu viel Sachen
hot di mame ongetan	hat die Mutter angetan
dem fejgele dem schwachn.	dem Vögelchen, dem schwachen.
Kuk ich trojerik mir arajn	Blick ich traurig unverwandt
in der mamess ojgn:	in der Mutter Augen:
Ss'hot ir libschaft nischt gelost	Es hat ihre Liebe mich nicht gelassen
wern mich a fojgl.	ein Vogel zu werden.[74]

Die Ballade entsteht 1931 und erscheint 1938 in der *Naje Folkszajtung* unter dem Titel *Itzik Manger – a fogl*. Das bei Manger immer wiederkehrende Motiv des Vogels symbolisiert hier in traditioneller Weise Freiheit, die dem Kind durch die Mutter versagt bleibt.[75] Es ist möglich, die Ballade als Kinderlied zu interpretieren beziehungsweise darin entweder eine an den (profanen) Verbindlichkeiten

---

71 Der oben genannte Mordechai Gebirtig und der ebenfalls populäre Balladendichter Marek Warschawski wurden während des Zweiten Weltkriegs ermordet.
72 Itzik Manger: Mein Weg in der jiddischen Literatur. In: Ders.: Ich, der Troubadour. Lieder, Balladen und Prosa, übers. von Andrej Jendrusch, Alfred Margul-Sperber, Hubert Witt. Berlin 2012, S. 143–147. Hier S. 145.
73 Sie ist in der Vertonung von P. Laskovski in Gitarrenbüchern und Anthologien zu finden, es existieren Übersetzungen ins Deutsche, Englische und Polnische.
74 Manger, Dunkelgold 2004, S. 371. Übersetzung P. W.
75 Sigrid Jørgensen: Itzik Manger und seine Vögel. In: Walter Röll, Simon Neuberg (Hg.): Jiddische Philologie. Tübingen 1999, S. 273–284. Hier S. 273.

des menschlichen Daseins scheiternde Transzendenzsehnsucht oder ein durch den Ballast der Herkunft zum Erliegen gekommenes Emanzipationsbemühen zu erkennen. Allerdings wurde sie nach dem Krieg durch Berichte, die besagten, das Lied sei von den Teilnehmern des Warschauer Ghetto-Aufstands gesungen worden, zum Protestlied umgedeutet.[76] In der Rezeption gehen die sentimentale folkloristische Motivik und die Themenkomplexe Einsamkeit und Freiheit eine Allianz mit dem historischen Narrativ des politischen Freiheits- und Überlebenskampfes ein.

Das heutige Interesse[77] ist überschattet von Mangers Persönlichkeit und trägt zuweilen legendenbildende Züge. Efrat Gal-Ed versucht in ihrer kritischen Biografie, ein realistisches Bild zu zeichnen, doch auch sie arbeitet sich an dem Narrativ des *poète maudit* ab. Manger ist ein gutes Beispiel für die Unterscheidung von Original und Klassiker. Der Zugriff auf das ‚Original' ist kaum möglich, da die noch vorhandenen Dokumente in einer heute kaum mehr gesprochenen und gelesenen Sprache verfasst, überdies nicht vollständig katalogisiert und zugänglich sind.[78] Das Manger-Bild ist eine sich aus Erinnerungen von Zeitgenossen speisende Repräsentation – in Calvinos Worten die Staubwolke der Rezeption –, in der sich retrospektiv der Status der letzten Lebensjahre und die Legendenbildung mit Fakten zu einer charismatischen Persönlichkeit verweben. Zudem wirkt die Automodellierung nach, die ihn als unbestechlich authentisch stilisiert, wie in *Ich, der Prinz* aus dem Zyklus *Laterne im Wind* (1933):

Ich, der prinz un der zigajner, sog:	Ich, der Prinz und der Zigeuner sag:
Far ajere tojern schtej ich greif.	Vor euren Toren stehe ich bereit.
In majn zimbl schloft a kinigrajch,	In meiner Zimbel schläft das Königreich,
woss zankt un wet schtarbn nicht-gekrojnterhejt.	das flackert und sterben wird ungekrönterweis.
Ss'is genug, as der filister mitn plich	Genug, wenn der Philister mit der Glatze
soll sogn durchn fenzter fun sajn wile	wird aus dem Fenster seiner Villa rufen
„schejn!"	„Schön!"
As ich so zerschmetern dem zimbl on der want	Da zerschmetter ich die Zimbel an der Wand
un zerbajssn bis blut di lipn mit di zejt	und beiß mir blutig die Lippen mit den Zähnen.
[...]	[...]
Der schturem hot sajn nest, un ich, majn got,	Der Sturm, er hat ein Nest, doch ich, mein Gott,
wu soll ich wedn izter meine trit?	wohin jetzt meine Schritte wenden?
As ale fejgl hot der harbst getojit	Da der Herbst alle Vögel getötet hat
	Und Würmer das Gold des Liedes fressen.

---

76 Ebd., Jørgensen, Itzik Manger und seine Vögel 1999, S. 277.
77 Itzik Manger: Der Prinz der jiddischen Ballade. Gedichte, hg. von Helmut Braun. Aachen 2012. Manger, Ich, der Troubadour 2012.
78 Vgl. Notizen von Efrat Gal-Ed zu ihrer Arbeit. Gal-Ed, Niemandssprache 2016, S. 17.

Un ss'fressn di werem ojf doss gold fun di lid.	Vielleicht in Mutters Krankenbett,
Efscher zu majn mamess krankn-bet,	wo sie schon liegt das dritte Jahr gelähmt?
wu si ligt schojn doss dritte jor gelemt?	Nur wie kann ich treten auf die Schwell,
Nor wi ken ich tretn ojf der schwel,	hab ich doch ihre Lieb zertreten und beschämt.
as ch'hob ir libe zertretn und farschemt.	
————————————————	————————————————
QUO VADIS, MANGER?	QUO VADIS, MANGER?[79]

Manger schreibt sich in seine Lyrik ein, authentifiziert sie zugleich mit einer Dichterfigur, die den ewigen Troubadour, den Luftmenschen am Rande der Gesellschaft verkörpert. Themen der Heimatlosigkeit und Einsamkeit verweben sich mit der Selbstdarstellung als unbestechlicher Volksdichter. Sein Schema, das Elend, Trauer und Einsamkeit nicht überwindet, sondern aneignet und dichterisch überhöht, kehrt in vielen Gedichten wieder. Es ist ein Bekenntnis zum Ostjudentum, das sich sowohl dem Klischee der exotischen Idylle als auch der barbarisch-rückständigen Gegenwelt selbst dann entzieht, wenn es einzelne tradierte Motive aufnimmt.

Das gängige biografische Narrativ geht so: Der rumänische Schneidersohn entscheidet sich für ein Leben als Bohemien, widmet sich ganz der Dichtung und unterstreicht das habituell, indem er übermäßigen Alkoholkonsum, schlabbrige Kleidung, Hut und Wanderstock zu seinen Markenzeichen macht. Fühlt er sich nicht genug geschätzt, ätzt er vor allem betrunken (und betrunken soll er häufig gewesen sein) heftig – privat wie in öffentlichen Stellungnahmen – gegen einzelne Personen oder Institutionen, die er in einer Verschwörung gegen sich beziehungsweise gegen gute jiddische Literatur wähnt. In Mangers Fall ist ein Urteil darüber, was Fakt und was historisch gewachsener *Fake* ist, weitgehend unmöglich. Die Grenze verwischt umso mehr, als Manger gezielt Fehlinformationen in zeitgenössischen Lexika und Interviews gestreut hat, die seine Selbstdarstellung untermauern sollten.[80] Dass diese Strategie aufging und seine Autokreation lanciert wurde, zeigt sich etwa in Rose Ausländers *Dichterbildnis. Itzik Manger* aus dem Jahr 1933:

---

[79] Manger, Dunkelgold 2004, S. 61 und S. 63.

[80] 1927 schreibt das *Lexicon of Yiddish Literature, Press, and Philology* über Manger: „manger, itzik (1900–) Born in Berlin as the son of a tailor, an immigrant from Romania. Came to Jassy at age fourteen where he learned Yiddish and until very recently, worked at his [tailor's] trade." Roskies und Wolf sind überzeugt, dass Manger selbst den Eintrag beeinflusste. In einem Interview aus dem Jahr 1928 behauptete er, in einem Zugwaggon zur Welt gekommen zu sein, und dass diese erste Transitsituation den Wanderdämon in ihm geweckt habe. David G. Roskies, Leonard Wolf: Introduction. In: Dies. (Hg.): The World According to Itzik. Selected Poetry and Prose: New Haven 2008, S. xiii–xlvi. Hier S. xiv.

> Die Schenke ist sein liebster Aufenthalt.
> Er küßt den goldnen Wein wie eine Braut.
> Sein Rausch ist voller Wege wie ein Wald,
> in dessen Dickicht ewiges Dunkel blaut.
>
> Aus seinen Augen fallen Sterne, die
> ein Gott verschwenderisch vom Himmel nahm.
> Auf seiner Stirne singt die Melodie
> des Vogels, der einst aus dem Süden kam.
>
> Zerlumpt und schmierig ist sein Rock, sein Hemd.
> Er zecht mit Tod und Nacht und Hur und Laus. –
> Vom Meere der Gesichte überschwemmt,
> strömt er, den Mond im Arm, verzückt nach Haus.
>
> Gespenster folgen seinem wilden Ritt
> und werfen Schlangen in sein schwarzes Haar.
> Doch vor ihm wie ein Stern erglänzt der Schritt
> der auferstandenen Frau, die ihn gebar.[81]

Dieses Bild nährt den Kult um seine Person. In den Erinnerungen von Mangers Freund, Alfred Kittner, heißt es äquivalent dazu:

> Tagsüber, in welcher Stadt er auch weilen mochte, von Schenke zu Schenke bummelnd, stets einen Bierkrug, ein Schnapsglas, eine Weinflasche vor sich auf dem Tisch, nachts – phantasierend, skandierend – auf einer Parkbank liegend oder auf der Landstraße dahinschlendernd, kam er tagelang nicht aus den Kleidern, durch die „der Wind bellte".[82]

Der Autor als authentisches, charismatisches Genie gehört zum ästhetischen Modell, das ließ sich bereits bei Mickiewicz beobachten. Die Auto- und Fremdmodellierung bereiten den Boden für die Identifikation des Dichters mit seiner Dichtung, die ein passendes Narrativ für Literaturhistoriker bietet. Diese autobiografische Verifizierung nutzen die Herausgeber von Mangers Werk, David Roskies und Leonard Wolf, wenn sie ihn rückblickend aus der Masse jiddischsprachiger Dichter seiner Zeit hervorheben.

> Among a somewhat younger generation of writers, however, only one created a corpus of ballads and Bible poems so seamless that they might have been written by the anonymous "folk"; a body of autobiographical fiction so innocent and playful as to make the Jewish

---

81 Rose Ausländer: Dichterbildnis Itzik Manger. Zunächst 1933 in der Allgemeinen Zeitung, Czernowitz erschienen. In: Dies.: Die Erde war ein atlasweißes Feld. Gedichte 1927–1956 (= Gesammelte Werke in sieben Bänden, hg. von Helmut Braun. Bd. 1). Frankfurt a. M. 1985, S. 105.
82 Alfred Kittner: Erinnerungen an den Poeten Itzik Manger. In: Manger, Ich, der Troubadour 2012, S. 5–14. Hier S. 6.

child into a harbinger of hope; and satires that carried such a punch, they could stave off the fear of destruction. His name was Itzik Manger.[83]

Dieses Urteil über Mangers historischen Stellenwert aus dem Jahre 2008 liest sich verblüffenderweise nahezu 70 Jahre zuvor, in der 1940 erschienenen und 1974 erneut abgedruckten Geschichte der jiddischen Literatur von Abraham Aaron Roback, ähnlich:

> Without exhausting the list of Yiddish writers in Rumania, let us single out one who, without exception, may be considered the foremost Yiddish balladist and most likely one of the two or three chief living representatives of this poetic form in the world – Itzik Manger.[84]

Robacks Literaturgeschichte ist interessant, weil sie schon 1940 eine Historisierung der jiddischen Literatur Osteuropas unternimmt. Dies wiederum verweist darauf, dass das Bewusstsein der Bedrohung bereits vor 1945 präsent war, was die Entscheidung belegt, die ostjüdische Kultur in Gestalt des YIVO ebenfalls ab 1940 jenseits des Ozeans in den USA zu konservieren. Zu der Zeit wird Manger eine Anerkennung zuteil, die nach dem Krieg, als sich die Ballade zudem führenden Lyrik-Paradigma entwickelt, den Klassikerstatus begründet.

Mangers Status wird mit der deutlicher werdenden Vision der Bedrohung geradezu im Sinne einer *Selffulfilling Prophecy* übernommen und tradiert: Was er mit seiner Automodellierung vorbereitet, nehmen die zeitgenössische und spätere Rezeption auf, sobald sich ein historisches Bewusstsein entwickelt. Um den Partikularismus der Klassik zu diskutieren, stellt der selbsternannte Troubadour ein Paradebeispiel dar. Er agiert in einem weitgehend geschlossenen Kultursektor, von dem selbst jüdische Schriftsteller nichtjiddischer Sprache kaum Notiz nehmen.

5.5.1 Bedarfskonstellation vor 1945

Die Ballade galt als moderne Gattung, nachdem sie von der New Yorker Dichtergruppe Di Junge, die sich von den sozialkritischen Anliegen der sogenannten *Sweatshop Poets* abgrenzte, wiederentdeckt wurde.[85] Die Gruppe nutzte Balladendichtung als Spielfeld für Form- und Sprachexperimente. Davon inspiriert, gab Manger 1926 noch in Rumänien seinen ersten eigenen Band *Stern oyfn dach*

---
83 Roskies, Wolf, Introduction 2008, S. xiii.
84 Abraham Aaron Roback: The Story of Yiddish Literature. New York 1974, S. 329.
85 Roskies, Wolf, Introduction 2008, S. xxvii.

heraus. Dieser wurde vor Ort zwar kaum wahrgenommen, dafür in New York und Warschau als den wichtigen Zentren jiddischsprachiger Literatur.[86] Der große Erfolg kam jedoch erst mit der Umsiedlung nach Warschau im Jahr 1929. Die dortige jiddischsprachige Literaturszene bedingte seinen Erfolg, weil sie ausdifferenziert genug war, um eine eigene Nische zuzulassen. Manger beschränkte sich zwar nicht auf die Form der Ballade, verfasste, und im höheren Alter zunehmend, Prosa und Sonette, doch die Gattung blieb sein Markenzeichen. An diesem arbeitete er frühzeitig und zeigte sich umtriebig.

Unmittelbar nach der Umsiedelung gründete er die Zeitschrift *Gezeilte werter / Wenige Worte* (bei nur vier Seiten Umfang ist der Titel Programm), in der er seine Literaturvorstellung präsentieren konnte. Er gestaltete den Literaturdiskurs mit, in dem er brillieren wollte und spezialisierte sich zunehmend auf die Ballade. Ihr widmete er leidenschaftliche Vorträge, die Titel voller Pathos tragen: *di balade – di visia funs blut / Die Ballade – die Vision des Blutes*[87] ist eine poetologische Epiphanie, die jedoch nicht ethnisch konnotiert ist (wie es die Erwähnung des Blutes nahelegen könnte): „Das is das schrekleche derzn [Anblick] bajm breg [Rand] fun nacht, toit, shigoen [Irrsinn]. Das is di wilde misterie, was dremlt [schlummert] in undzer eksaltirten blut – di balade."[88] Der Bilderreichtum wurde den Überlieferungen zufolge performativ untermalt. Manger soll ein begnadeter Redner gewesen sein, der bis ins hohe Alter hinein sein Publikum fesseln und mitreißen konnte.

Die Strategien der Automodellierung gingen auf. 1932 schreibt Alfred Margul-Sperber im deutschsprachigen *Czernowitzer Morgenblatt*: „Itzchok Manger ist der Prinz der schwarzen Blume unserer Poesie: der Ballade".[89] Es ist zwar nicht geklärt, ob der bis heute geläufige Titel ihm mit diesem Artikel verliehen wurde. Es zeichnet sich jedoch ab, dass Manger den Platz, den er sich im Feld der jiddischen Dichtung auserkoren hatte, erfolgreich besetzen konnte. Dabei ist

---

86 In der US-amerikanischen anarchistischen Zeitung (Jitzchok Horowitz: Mangers shtern oyfn undzer dakh. In: *Fraye arbeyter shtime. Jubilej Samelbuch* 1929), dem ebenfalls in New Yorker herausgegebenen Blatt *Di woch* (Kadia Molodowsky am 16/17. Januar 1930) und der Warschauer *Naje folksszeitung* (Melech Ravitch: Die rehabilitacje fun die lewone am 13.12.1929). Alle loben das Buch als „modern" (Horowitz) und „originell" (Ravitsch). Vgl. Gal-Ed, Niemandssprache 2016, S. 225 f.
87 Diesen Vortrag hält Manger mehrere Male. Die Version, auf die hier Bezug genommen wird, erscheint in der Zeitschrift *Literarische Bleter* 1929, H. 1 und wurde unverändert abgedruckt in Itzik Manger: Schriftn in Prose. Tel Aviv 1980. Vgl. Gal-Ed, Niemandssprache 2016, S. 160.
88 Original in hebräischen Lettern in Gal-Ed: Niemandssprache 2016, S. 161. Übersetzung: „Das ist der Anblick am Rand der Nacht, des Tods, des Wahnsinns. Das ist das wilde Mysterium, das in unserem exaltierten Blut schlummert – die Ballade", ebd., S. 163. Transkription P. W.
89 Vgl. ebd., S. 165, Fußnote 46.

die doppelt auf Abgrenzung vom Bestehenden und Herstellen neuer Kontinuitäten ausgerichtete Selbstpositionierung beobachtbar, die Teil von Mickiewiczs Automodellierung war.

In seiner Zeitschrift präsentiert er sich als eine neue Avantgarde, indem er sich einerseits in den Kontext der europäischen Literatur einschreibt, und andererseits mit dem jiddischsprachigen Literaturbetrieb abrechnet. Es geht weniger um Abgrenzung von den Klassikern Sforim, Perez oder Alejchem, sondern von Zeitgenossen wie der radikal avantgardistischen Gruppe Di Chaljasstre[90] / Die Bande. Seine eigene Vorstellung orientiert sich am Versprechen der Volksdichtung. Für ihn ist und bleibt die Tradition als ein im säkularen Sinne verstandener religiöser Bezug wichtig. Di Chaljasstre hingegen nimmt sich die Dadaisten, die russischen (Hyläa-Gruppe) und italienischen (Filippo Tommaso Marinetti) Futuristen zum Vorbild, will ihre Poesie vom Kultur- und Vergangenheitsbezug befreien. Die sachliche Differenz wird jedoch polemisch überspitzt: Auf ein Manifest des Chaljasstre-Mitglieds Melech Ravitch *Di naje, di nakete dichtung. Sibn tezisn / Die neue, die nackte Dichtung. Sieben Thesen*, die in der Zeitschrift *Albatros* erscheint, antwortet Manger spöttisch, er werde Ravitch „Höschen und Hütchen für [seine] nackten Gedichte kaufen."[91] Es ist eine Reaktion, die im Hinblick darauf, dass die Warschauer Avantgarde-Szene wohlwollend über Manger urteilte, als Selbstpositionierung auszulegen ist.

Mangers Vorbilder stammen vor allem aus dem deutschsprachigen Raum: Er lobt Arnims und Brentanos *Wunderhorn*, Bürger, Goethe, Heine und Rilke. Dennoch wäre es verfehlt, seine Literatur als Mimikry der deutschsprachigen zu sehen. Er nimmt Motive der ostjüdischen Kultur auf, grenzt sich jedoch von exotisierenden Tendenzen ab, wie sie beispielsweise die deutschsprachige als „Ghettoliteratur" bekannte Erzählliteratur von u. a. Karl Emil Franzos oder Leopold Kompert aufweist.[92] Als aufsehenerregend wird die biblische Balladendichtung wahrgenommen, in der er den Figuren menschliche Schwächen und Emotionen einschreibt und an ihrem Beispiel die Zerrissenheit des modernen Judentums thematisiert. Der Zyklus *Khumesh-lider. Midrasch Itzik / Fünfbuch-Gedichte. Die Auslegung Itziks* (1935) löst einen Skandal aus, weil ihm von Seiten der religiösen Kreise in Polen vorgeworfen wurde, die Patriarchen und Matriar-

---

90 Hauptzeit 1921–1924. Mitglieder u. a. Uri Zvi Grinberg, Melech Ravitch, Perez Markish. Vgl. Eidherr, Sonnenuntergang auf eisig-blauen Wegen 2012, S. 157.
91 Vgl. Brief an Ravitch. Zit. nach Gal-Ed, Niemandssprache 2016, S. 231.
92 Seine Dichtung wird im Kontext einer galizischen Neoromantik gesehen. Diese verschränkte „zeitgenössiche Elemente thematisch und formal mit historischen: europäische Ballade und jiddisches Volkslied, Motive der jüdischen Tradition und moderne Perspektiven, Groteskes und Lyrisches." Efrat Gal-Ed: Shtern oyfn dach. In: Dan Diner (Hg.): Enzyklopädie jüdischer Geschichte und Kultur: Band 5: Pr Sy. Stuttgart 2014, S. 477–482. Hier S. 480.

chinnen zu verhöhnen.⁹³ Die Ballade *di muter ssore hot a schwer gemit / Der Mutter Sara ist schwer ums Herz* leuchtet beispielsweise intensiv Saras Hadern mit dem Schicksal ihres Sohnes aus. *Awrom owinu scharft doss messer / Abraham unser Vater schärft das Messer* fokussiert stärker Abrahams Verhältnis zu Gott:

un kejnehore wie er waksst,	Und toi, toi, toi, wie schön er wächst,
er grejcht schojn bis di kni,	Er reicht schon bis zum Knie,
un wi chejnewdik er sogt:	und wie anmutig er sagt:
„mamelju, will pi-pi."	„Mamale, will Pipi."
nor wos ist mit awrumtschen hajnt?	Nur, was ist heut mit Awrumtschen?
er sizt im hojf alejn	Er sitzt im Hof allein
un schaft fun sint noch waremess	und seit dem Abendbrot er schärft
doss messer ojf a schtejn	das Messer auf dem Stein
ss'zitert im di groe bord	Es zittert ihm der graue Bart
un er murmelt modne rejd:	und er flüstert seltsame Worte:
„willst mir tun a bitske, got?	„Willst einen Streich mir spielen, Gott?
is mejle, ich bin grejt."⁹⁴	Na, wenn schon, bin bereit,"⁹⁵

Mangers Dichtung ist insofern fortschrittlich, als sie das biblisch Erhabene volkstümlich umdeutet, einfache Alltagssprache verwendet („mamelju, will pipi"), Sakrales und Profanes kombiniert. Radikal zeigt er sich in der Überzeugung, dass die jiddische zur Weltliteratur gehöre. Er will das Partikulare an das Universale der Literatur angeschlossen wissen: Jiddische Literatur muss sich an ihrer „Zugehörigkeit zur Welt messen", schreibt er in seiner Zeitschrift *Gezejlte Werter* 1929.⁹⁶ Die Wahl der Themen und Motive aus der jüdischen Tradition wie das Festhalten am Jiddischen belegen jedoch, dass dieses ‚Messen' gerade nicht in dem Sinne gemeint ist, dass die Literatur in einer globalen aufgeht. Im Gegenteil unterstreicht Manger ihre Eigenständigkeit, indem er sich selbstbewusst und authentisch als jiddischer Volksdichter stilisiert, der die Tradition auf ein modernes Niveau zu heben vermag.

---

93 Ebd.
94 Manger, Dunkelgold 2004, S. 85 und 347.
95 Ebd. S. 85.
96 „Wir [willn] mestn di moderne jidische literatur, dos moderne jidische teater un di moderne jidische kunst an seiner scheikhes zu der welt" [„Wir wollen messen die moderne jiddische Literatur, das moderne jiddische Theater und die moderne jiddische Kunst an ihrer Zugehörigkeit zu der Welt"]. In: Gezeilte werter 1929, 1. und 2. August. Zit. n. Gal-Ed, Niemandssprache 2016, S. 41. Transkription und Übersetzung P. W.

In den 1930er Jahren, die er in Warschau verbrachte, konsolidierte sich sein Ruf weltweit.[97] Seine Arbeiten und deren Rezensionen erscheinen in den mittlerweile zahlreichen jiddischen Kulturzeitschriften, Manger wird mit ersten Preisen ausgezeichnet.[98] 1938 folgt ein Schicksalsjahr, weil ihm im Zuge der antijüdischen Politik Rumäniens die Staatsbürgerschaft entzogen und er als Staatenloser gezwungen wurde, seine Interimsheimat Polen zu verlassen. Zwar erlebte er wegen der Ausweisung den Kriegsbeginn in Paris und überlebte letztendlich in England, doch waren diese Jahre von materieller Entbehrung und psychischen Krisen unter anderem deshalb gekennzeichnet, weil er im Exil kaum Publikum fand. Nach dem Krieg erlebte seine Dichtung in den neuentstandenen Zentren der jiddischen Kultur eine neuerliche Hochphase. Hier erst kristallisiert sich seine Rolle als Klassiker der jiddischen Dichtung heraus.

5.5.2 Bedarfskonstellation nach 1945

Die veränderte Welt des Judentums nach der Shoah wirkte sich ambivalent für den Dichter aus. Von seinen Biografen wird ihm literarisches Verstummen attestiert, gleichzeitig erfuhr er Anerkennung in bis dahin nicht gekanntem Ausmaß. Der 1948 noch in London herausgegebene Gedichtband *Der Schnajder-Geseln Notte Manger singt / Der Schneidergeselle Notte Manger singt*, mit dem er seinem ermordeten Bruder ein Denkmal setzt, war ein Verkaufs- und Rezensionserfolg, wenngleich sich kritische Stimmen unter die der Rezensenten mischten.[99] Insbesondere wurde moniert, dass der Stil, die Motivik und der Ton zu sehr in der bekannten Manger-Ästhetik verhaftet geblieben seien. Die Kritik lässt sich mit Blick auf Werke wie das Sonett *Kalikem / Krüppel* nachvollziehen:[100]

Di bidne kalikem von ale jor-iaridn	Die armen Krüppel aller Jahrmärkte
Mit drimbes, harmonikes, balalajkes	Mit Zimbeln, Harmonikas, Balalajkas
Mit got oyf di lipn, legendes, meysiot, bajkes	Mit Gott auf den Lippen, Legenden, Geschichten, Märchen / Fordern von mir, dass
Monen fun mir, as ich sol sie lidn.	ich soll sie liedern [in Lieder setzen]

---

97 So hat er als einziger Mitarbeiter aus Polen einen Vertrag mit dem Jewish Daily Forward aus New York, für den er wöchentlich Artikel verfasst. Vgl. Jørgensen, Itzik Manger und seine Vögel 1999, S. 277.
98 Preis des Zentralkomitees des BUND 1937. Vgl. Gal-Ed, Niemandssprache 2016, S. 372.
99 Ebd., S. 522.
100 Ebd., S. 521.

Si schtromen zu mir in ganze khoptes, shejkes Mit joterndim wundn, mit trifendike oygn A kranker himn fun „nischt gestojgn, nischt gefloign"[101] Mit drimbes, harmonikes, balalajekes	Sie strömen zu mir in ganzen Banden, Gangs Mit eiternden Wunden, mit triefenden Augen Eine kranke Hymne von Unsinn Mit Zimbeln, Harmonikas, Balalajkas
O brider meine, ritert fun ale sibn noitn Nachtikert in hakadeschen, schtarbert hinter plojtn Visje fun mejne frieste kinder-jorn –	O meine Brüder, Ritter von allen sieben Nächten Nächtigende in Unterschlüpfen, Sterbende hinter Zäunen / Vision von meinen frühesten Kinderjahren –
Ir schtromt, ir schtromt zu mir in ganze schejkes Mit drimbes, hamonikes, balalajkes – Wos is mejn solo antkegn ajere korn?[102]	Ihr strömt, ihr strömt zu mir in ganzen Gangs Mit Zimbeln, Harmonikas, Balalajkas – Was ist mein Solo gegen eure Chöre?

Es ist hier der gleiche, die eigenwillige Schönheit und Vitalität des Unvollkommenen, Verarmten, Verstümmelten und Hässlichen feiernde Ton, den er in seiner Dichtung von Beginn an etabliert hat.

Den Erfolg nach 1945 hatte Manger nicht zuletzt der Legendenbildung um seine Persönlichkeit zu verdanken. Ihm eilt eine Fama voraus, die Zuschauer und Leserinnen lockt. In Paris hielt er vor begeistertem Publikum einen Vortrag unter dem Titel *Das Volk lacht* im überfüllten Théâtre Lancry, auf den weitere zu seinen Stammthemen Volks- und Balladendichtung folgten.[103] Als er endlich nach New York eingeladen wurde, wo man ihn wegen seiner Ausfälle gegen den New Yorker Kulturbetrieb jahrelang geschasst hatte, wird der vom *Nazjonaler Arbeter Farband* organisierte Abend zum überwältigenden Erfolg mit über 1500 Gästen, wobei die tatsächliche Nachfrage wesentlich höher war. Auch hierauf folgte weitere Aufmerksamkeit: Radiosendungen, Interviews und Auftritte.[104]

Paradoxerweise war das neu erwachte Interesse auf die weltweit drastisch reduzierte Leser- und Hörerschaft zurückzuführen, deren kulturelles Band umso fester geschnürt war. Der folkloristische Ton traf weitgehend alternativlos den Nerv der neuen Diaspora. Es war Mangers lebenslange Inszenierung als ostjüdischer Troubadour, die ihn zum überzeugendsten Repräsentanten der osteuropäischen jüdischen Poesie werden ließ. Ein Satz von Mangers jahrelangem Freund Mani Leib, anlässlich eines New Yorker Empfangs geäußert, lässt sich

---

[101] Idiomatisch für Nonsense.
[102] Hebr. Gal-Ed, Niemandssprache 2016, S. 520 Aus dem Zyklus *Der Schneidergeselle Notte Manger singt*, London 1948. Transkription und Übersetzung P. W.
[103] Ebd., S. 535
[104] Vgl. ebd., S. 561.

als Schlüssel zum Verständnis der Manger'schen Popularität verstehen:[105] „Itzik ist der Held unserer Ballade – mein idealer Poet, der durch Wunder aus den zerstörten jiddischen Straßen gerettet wurde."[106] Die Vorkriegsballaden machen das Verlorene wieder lebendig oder thematisieren den Verlust, wie in *Ich, der Troubadour* aus dem bereits erwähnten Zyklus *Laterne im Wind* (1933):

Ikh der trubadur, der wint un die hur,	Ich der Troubadour, der Wind und die Hure,
mir stejen bejm tunkelen nacht-lamtern	wir stehen bei dunkler Nachtlaterne
un winken mit roite tinlekh: Adieu,	und winken mit roten Tüchern: Lebwohl,
du undzer shlim-masel, undzer stern!	zu unserem Unglück, zu unserem Sterne!
Mir gejen ojf tomid awek fon danen,	Auf immer gehen wir jetzt von hier fort,
nokh ejder der korn is zejtik geworn,	noch ehe der Roggen zur Reife gekommen,
nokh ejder di blumen weln farvajnen.	noch ehe die Blumen im Feld sind verdorrt.
Ikh der trubadur, der wint aun die hur,	Ich der Troubadour, der Wind und die Hure,
mir habn di shejnkejt ajn keler geborn.	wir haben die Schönheit im Keller geboren.
Izt shtejen mir ale farmatert un mid	Jetzt stehen wir alle ermattet und müd
fon ojgenem guf, fon di shtern, dem lid,	vom eignen Körper, den Sternen, dem Lied,
awek zu di tunkele un shtilere toiern,	und ziehen zu dunkleren, stilleren Toren,
nokh ejder der korn is zejtik geworn,	noch ehe der Roggen zur Reife gekommen,
nokh ejder der haber is zejtik zum shnit.	noch ehe der Hafer bereit ist zum Schnitt.
Un efscher wi stile un bleiche ikonen	Als wären wir stille und bleiche Ikonen
in weiße september-nacht woln mir stejn,	in weißer Septembernacht, wollen wir stehen,
in ajere winkln, nisht gesen un alejn,	am Straßeneck, einsam, von keinem gesehen,
un mit trojrike finger klapn, dermonen,	mit pochenden Fingern nur traurig erinnernd,
az undzere lebns haben farblit,	an unsere Jahre und wie sie verblüht,
nokh ejder der korn is zejtik geworn,	noch ehe der Roggen zur Reife gekommen,
nokh ejder der haber is zejtik zum shnit.	noch ehe der Hafer bereit war zum Schnitt.
Un ir wet dos stilste wort bald derhern	Schon bald werdet ihr das leise Wort hören
un sizn farshotnt, fartrakht, wi nisht hi,	es lässt euch versteinern und sinnen, wie nie,
un ojber ejkh voln zebrenen sikh shtern	und über euch werden sich Sterne verzehren
un faln vet ir mit farcht ojf di kni –	aus Furcht und aus Ehrfurcht fallt ihr auf die Knie –
for di, for die, for ale di,	für die, für sie alle, für alle die,
wos sejere lebns haben forblit,	denen das Leben so rasch ist verblüht,
nokh ejder der korn is zejtik geworn,	noch ehe der Roggen zur Reife gekommen,
nokh ejder der haber is zejtik zum shnit.[107]	noch ehe der Hafer bereit war zum Schnitt.[108]

---

105 Mani Leib steht auch Mangers Poetik nahe, verfasst selbst im Volkston der Romantik gehaltene Balladen, Lieder und Sonette. Vgl. Dinse, Liptzin, Einführung in die jiddische Literatur 1978, S. 127.
106 Manuskript der Rede im Manger-Archiv der National Library of Israel. Zit. nach Gal-Ed, Niemandssprache 2016, S. 61.
107 Transkription P. W.

Der Ich-Erzähler verortet sich wie in dem oben zitierten Sonett *Kalikem* in der Gesellschaft der Vergänglichen (wint) und der Abtrünnigen (hur), ist mit ihm in Hässlichkeit und Unglück vereint. Es sind Bilder des rückständigen, von Armut und Krankheit gezeichneten Ostjudentums. Manger bricht damit, indem er im Sinne eines *Cultural Embracement*[109] das negativ Konnotierte zu einem eigenen ästhetischen Ideal umwertet („mir habn di sheynkeyt ayn keler geboyrn"). Die von diesen Bildern ausgehende Attraktivität kann für die neu entstandene Situation reproduziert werden, weil sie auf zweierlei Weise gelesen werden können: als Bejahung der eigenen Kultur und zugleich als ein nostalgisch gefärbter Blick auf das Ephemere. Das in der Ballade besungene Widerfahrnis der Vergänglichkeit wird durch die refrainartig sich wiederholenden letzten Strophenzeilen „nokh ejder der korn is zejtik geworn / nokh ejder der haber is zejtik zum shnit" gesteigert. Nicht das reife, gelebte Leben kommt ans Ende, sondern tragischerweise jenes, das seinen Höhepunkt, seine Blüte noch nicht erreichte. Der Abschied von einem entbehrungsreichen Dasein („Adieu, du undzer shlim-masel, undzer stern!") kann sich auf das Leben, die Heimat oder das Schicksal beziehen. Entscheidend sind die Emotionen, die mithilfe von vertrauten Skripten evoziert werden sollen: Die Abschiedshandlung „un winken mit roite [roten] tinlekh [Tüchern]: Adieu" impliziert Trauer und Melancholie und lässt die Frage, wovon der Abschied erfolgt, nebensächlich erscheinen. Die mit dem Bild der bleichen Ikonen hervorgerufene gespenstische Grundstimmung wird durch die Oxymora der weißen Septembernacht und der dunklen Laterne verstärkt; das rote Tuch nimmt sich wie ein Leuchtsignal der Trauer aus. Dass diese so eindringlich um Tod, Vergänglichkeit und Abschied kreisende Dichtung, die in der letzten Strophe in einer Fürbitte kulminiert („for di, for die, for ale di / vos sejere lebns haben forblit"), nach dem Zweiten Weltkrieg eine neue Aktualität gewinnt, ist leicht vorstellbar.

Die jiddischsprachige Öffentlichkeit der Vorkriegszeit konstituierte sich im Diskursfeld innerjüdischer Spannungen zwischen assimilierten, zionistischen wie orthodoxen Positionen und einem traditionsbewussten säkularen Judentum, zwischen dem in Ost und West zunehmenden und zunehmend salonfähiger werdenden wie gewalttätiger sich äußernden Antisemitismus sowie romanti-

---

108 Original in hebräischen Lettern und Übersetzung von Andrej Jendrusch in: Manger, Ich, der Troubadour 2012, S. 22 und S. 23.
109 Dieses ist als eine aufwertende Haltung gegenüber Kulturspezifika zu verstehen, „[which] goes beyond the approval or acceptance of a past or current cultural element to celebrate, valorizing and championing that product, practice or meaning and its underlying values". Anna E. Tan, David A. Snow: Cultural Conflicts and Social Movements. In: Donatella della Porta, Mario Diani (Hg.): The Oxford Handbook of Social Movements. Oxford 2015, S. 513–533. Hier S. 517.

sierenden und exotisierenden Bildern des Ostjudentums. Die Kunst, die dieser diskursiven Öffentlichkeit entsprang, verstand sich als grundlegend progressiv, was sich nach dem Zweiten Weltkrieg radikal änderte. Zwar existierte noch eine lebendige Kulturszene, doch zeugen Bemühungen wie die Einführung von Jiddischkursen in Colleges bereits von einem Bewusstsein, dass die jiddische Kultur in die Nachkriegszeit hinübergerettet und bewahrt werden müsse. Der 1978 an Isaak Bashevis Singer verliehene Nobelpreis ist ein nochmals intensivierter Nachklang dieses Bewusstseins in der breiten Öffentlichkeit, die ebenfalls realisiert, dass mit den letzten Protagonisten eine Kultur stirbt. Die Öffentlichkeit nach 1945 vereint das gemeinsame Anliegen, dieses drohende Ende abwenden zu wollen. In diesem Kampf sind die überlebenden Dichter Osteuropas willkommen, zumal solche wie Manger, die sich als Repräsentanten, als Stimme des untergegangenen Volkes verstehen und zu präsentieren wissen.

Es lässt sich also ein Modellwechsel beobachten: In ästhetischer Hinsicht war Manger zwar einer der tonangebenden und durchaus populären Dichter. Als Klassiker lässt er sich erst in der Nachkriegskonstellation bezeichnen und in seiner Repräsentation ist zunächst das sozialmoralische Modell erkennbar. Der Dichter als Exempel der verlorenen Welt und seine Dichtung, die diese besingt, machen im Angesicht der traumatischen Erfahrung ein habituelles Angebot: Solidarität mit der Kultur, Melancholie im Angesicht ihres Verlusts, doch ebenso ein Trotz, sie weiterleben zu lassen. Hier wird abermals ersichtlich, dass eine „distanzierte" Lesart für das sozialmoralische Gebrauchsmodell nicht ausschlaggebend ist. Dass Mangers Dichtung nicht für den Fall des Holocausts verfasst wurde, diesen gar antizipiert hätte, spielt für die Rezeption kaum eine Rolle. Das ganze Œuvre wird auf eine Botschaft, ein Thema zugespitzt und an den aktuellen Bedarf angepasst. Nach dem Pariser Auftritt schreibt die Zeitung *Undzer Schtime* „Gelungene Manifestation jiddischer Kultur mit Itzik Manger", nachdem Manger im Vortrag das Volk zum größten Dichter erklärt hat.[110] Dass dieses Volk und seine Kultur noch da sind, ist die Botschaft, für die Mangers Dichtung steht. Sein Status resultiert aus dem Bedarf nach einer Dichterfigur, die eine imaginäre Gemeinschaft zu repräsentieren vermag. Dafür steht der Dichter wie keiner seiner Zeitgenossen, wird deshalb zum Klassiker. Das mag zynisch klingen, jedoch weist es mit aller Schärfe auf die Korrelation von partikularer Öffentlichkeitskonstellation, Bedarfssituation und Klassikerbildung hin. Nach 1945 ist der Blick nicht mehr progressiv darauf gerichtet, der jiddischen Literatur zu Weltgeltung zu verhelfen, sondern darauf, sie als Tradition und Reminiszenz eines vergangenen Lebens zu bewahren.

---

110 Gal-Ed, Niemandssprache 2016, S. 536.

Die Idealisierung des osteuropäischen Judentums lässt sich in den Jahrzehnten nach dem Krieg gut beobachten, was sich an einem zweiten Exkurs zum Wandel des Shtetl-Topos belegen lässt. Dieses wird nach 1945 geradezu zur Ikone des untergegangenen Ostjudentums stilisiert. Daran hat aufgrund der immensen Reichweite und des durchschlagenden Erfolgs das Musical *Fiddler on the Roof* bzw. *Anatevka* einen nicht zu unterschätzenden Anteil. Das Anatevka der Vorlage, Scholem Alejchems *Tewje, der Milchmann / Tevje, der milchiger*,[111] ist als ein Laboratorium der Moderne konzipiert, in dem sich Tradition und Fortschritt begegnen. Es werden zwar jüdische Traditionen hinterfragt, doch deren Destabilisierung hat nichts spezifisch Jüdisches, weil sie das Ergebnis eines Generations- und Gesellschaftswandels ist, der sich global abzeichnet. Das neue Wirtschaftssystem mit seinem Aktienwesen, die politischen Unruhen oder der japanische Krieg hinterlassen ihre Spuren im Shtetl. Dieses Anatevka ist ein offener Ort, das Musical-Anatevka ist hingegen ein in bezaubernder Weise rückständiger und bedrohter Gegenort, in dem die Zeit stehengeblieben zu sein scheint. Das Musical funktioniert in der Gegenüberstellung von geschlossener ländlicher und traditioneller Idylle und deren Nichtexistenz. Die Logik des radikalen Bruches geht nur auf, weil das ostjüdische Leben überzeichnet wird. Das Musical ist deshalb symptomatisch für einen umfassenderen Wahrnehmungswechsel. Dass die jiddischsprachige Literatur mit idealisierten Lebenswelten in Verbindung gebracht wird, ist zwar eine Verengung, sie macht Manger jedoch zu ihrem idealen Repräsentanten nicht nur für die jüdische Öffentlichkeit.

Als Beispiel dafür lässt sich ein Heft der polnischen Zeitschrift *Literatura na Świecie / Literatur der Welt* anführen, das sich jüdischer Literatur widmet. Als deren Vertreter werden die drei bekannten Klassiker und Manger vorgestellt – allesamt jiddischsprachige Dichter. Der einleitende Essay flankiert die Auswahl, indem er die bekannte Unterscheidung zwischen einem ‚ursprünglichen' und einem ‚entfremdeten' Judentum aufgreift, was die Illustrationen, die in Chagall'scher Manier folkloristische Anatevka-Welten heraufbeschwören, zusätzlich unterstreichen.[112] Die Aufwertung der ostjüdischen Literatur- wie Denktradition ist durchaus politisch zu verstehen. Nach 1968, also nachdem im Zuge antisemitischer Propaganda die meisten der noch verbliebenen Juden aus Polen vertrieben wurden und das Verhältnis zu Israel angespannt war, wurde die ohnehin kaum sichtbare jüdische Kultur geradezu unsichtbar. Das galt selbstredend auch für die Literatur, die in der *Literatura na Świecie* erst 1984 ein eigenes Sonderheft

---

111 Szolem Alejchem: Tewje, der Milchmann, übers. von Alexander Eliasberg und Maksymilian Reich. Mit Lithographien von Anatoli L. Kaplan, hg. von Hans Marquardt. Leipzig 1987.
112 Salomon Belis-Legis: Szkic do autoportretu [Skizze zu einem Autoporträt], übers. von Michał Friedmann. In: Literatura na Świecie 12, 161 (1984), S. 3–26.

bekam. Der Fokus auf jiddische Literatur ist politisch unverfänglich, weil sie nicht Israel repräsentiert, sondern Lebenswelten, die es im Publikationsjahr längst nicht mehr gibt.

Es wäre jedoch verkürzt, die Rolle der Klassiker jiddischer Literatur nach 1945 auf ihre Funktion im nichtjüdischen Diskurs zu begrenzen, das wird nirgendwo so klar wie in dem politisch neu entstandenen *Eretz Israel*. War das Bewusstsein eines möglichen Endes der europäischen jüdischen Kultur in den Zentren der Diaspora lebendig, so war die Konstellation in Israel, auf die der sich seit 1958 dort wiederholt aufhaltende Manger traf, von einem Neuanfang geprägt. Hier galt er als bedeutender Dichter, als ein lebender Klassiker der jiddischsprachigen Literatur: „Mangers Besuch ist vom ersten Tag an ein Presseereignis. Die israelischen Zeitungen berichten darüber in Hebräisch, Jiddisch, Rumänisch, Polnisch und Deutsch, die jiddische Presse weltweit."[113] Obwohl er weder dem sozialistischen noch dem revisionistischen Zionismus anhing, wurde er von politischen Kadern hofiert, denn eine jüdische Kultur war Staatsagenda und er ihr überzeugendster Repräsentant.

Die Alte-Welt-Nostalgie, für die seine Dichtung gefeiert wurde war allerdings nur bedingt gerne gesehen. Die revisionistische Zeitung *Herut* drückte etwa die Hoffnung aus, Manger möge nicht die Vergangenheit lebendig machen, sondern besser die Zukunft gestalten.[114] In den Anfangsjahren Israels wurde Kultur unterschiedlich funktionalisiert. Einerseits sollte sie als Grund dienen, auf dem ein neues Leben erblühen konnte. Andererseits war sie Ausdruck innerkultureller Abgrenzungsbestrebungen. Mit der *Alija* orientalischer Juden aus Marokko, Irak, Iran und dem Jemen griff in Israel eine Angst vor der Levantisierung um sich.[115] Nationalistisch gesinnte ehemalige Osteuropäerinnen, die zu der Zeit die Mehrheit in Israel ausmachten, waren deshalb bestrebt, die ashkenasische gegen die sefardische Kultur zu verteidigen. Dazu gehörten auch Bemühungen, in den ersten Jahren nach der Staatsgründung Jiddisch zur Nationalsprache Israels zu erklären. Da der jüdische Staat sich als Einheit präsentieren wollte und auf Kollektivismus als Staatsdoktrin setzte,[116] hatte der ashkenasische Kulturseparatismus wenig Chancen. Das Hebräische konnte auch für die zugewanderten

---

113 Gal-Ed, Niemandssprache 2016, S. 638.
114 Herut, 16. Mai 1958. Organ der gleichnamigen, von Menachem Begin gegründeten Partei, vgl. ebd., S. 632.
115 Reinhard Wiemer: Kultur und kulturelle Entwicklung in Israel. In: Udo Steinbach, Rüdiger Robert (Hg.): Der Nahe und Mittlere Osten. Politik, Gesellschaft, Wirtschaft, Geschichte, Kultur. Opladen 1988, S. 626–636. Hier S. 632.
116 Der Versuch, „alle dem Kollektivismus schädlichen Bewegungen zu unterdrücken", führte auch zu der kuriosen Entscheidung, den Beatles die Einreise zu verbieten, und manifestierte sich in Ben Gurions lebenslanger Ablehnung des Fernsehens. Vgl. Michael Brenner: Israel.

Juden Identifikation stiften, die kein Jiddisch sprachen und für die eine vergangene ostjüdische Welt kein Bezugspunkt war.[117] Das Jiddische wurde in dieser Hinsicht zu einer Festung im Kampf um das israelische Selbstverständnis. Der Streit reichte auf israelischem Boden historisch weiter zurück, seine Vorzeichen änderten sich jedoch radikal: Noch vor der Staatsgründung wurde in Tel Aviv von einer zionistischen Vereinigung eine Feier zum 20. Jahrestag der Czernowitzer Sprachkonferenz organisiert, die von militanten Mitgliedern des Vereins zum Schutze der hebräischen Sprache gestürmt wurde.[118] 1928 galt das Jiddische als Zukunft, im neuen Staat wird es zum Anachronismus. Trotzdem scheint die Figur des ostjüdischen Troubadours in diese Bedarfskonstellation hineinzupassen. Dabei lässt sich allerdings das politische Modell erkennen, denn das Interesse richtet sich auf einen Neuanfang, und die neue Literatur soll ihre Dignität aus der Tradition beziehen, für die wiederum Manger der Gewährsmann ist.

Diese Funktion erzeugt eine Resonanz, die sich in der Rezeption seiner Werke niederschlägt: Als der ebenfalls aus Rumänien stammende Komponist Dov Seltzer Mangers *The Megilla* zu einem Musical verarbeitet, erlebt dieses nach seiner Uraufführung in kurzer Zeit 450 weitere, wird in fünf weiteren Bearbeitungen unter anderem auf dem Broadway aufgeführt, drei Mal verfilmt und machte Jerry Bocks *Fiddler on the Roof* Konkurrenz. Diese unübersehbare Popularität wird institutionell ratifiziert, was die offizielle und bereits zu Lebzeiten einsetzende Kanonisierung belegt. Einige Jahre vor seinem Tod wird ein Manger-Festival organisiert, auf dem die wichtigsten israelischen Dichter seine Balladen vortragen. Der mit 10.000 israelischen Pfund[119] dotierte Staatspreis für jiddischsprachige Dichtung wird noch vor seinem Tod konzipiert und zum ersten Mal 1970, ein Jahr nach seinem Tod, verliehen. Die Entscheidung, den Preis nach Manger zu benennen, wurde einstimmig mit seiner Bedeutung als Volksdichter gerechtfertigt.[120] Die Volksballade ist der Maßstab jiddischsprachiger Lyrik schlechthin.

An der Tatsache, dass dieser prestigeträchtige Preis im Jahr 2000 wieder abgeschafft wurde, lässt sich ablesen, dass die Bedarfssituation sich erneut verändert hat. Auch das von Spendengeldern in der Jüdischen National- und Universi-

---

Traum und Wirklichkeit des jüdischen Staates: von Theodor Herzl bis heute. München 2016, S. 154.
117 Jaakow Erwin Palmon: Israel sucht den Weg in die Zukunft. Wirtschafts- und Gesellschaftsprobleme des Staates der Juden. Leer 1966, S. 60.
118 Palästina, Nr. 11, Wien-Leipzig 1928, zit. nach Arnim Eidherr: Hundert Jahre Czernowitzer „Jüdische Sprachkonferenz" 1908. Die Konferenz und ihre Wirkung. http://david.juden.at/2008/78/13_eidherr.htm [letzter Zugriff 11.3.2022], archiviert unter https://archive.ph/q5icD.
119 Auch israelische Lira. Die bis zur Einführung des Schekel 1980 gültige Währung, die sich im Verhältnis von 1:1 zum britischen Pfund verhielt.
120 Vgl. Gal-Ed, Niemandssprache 2016, S. 708–711.

tätsbibliothek in Jerusalem (seit 2010: Israelische Nationalbibliothek) eingerichtete Manger-Zimmer wurde im Jahr 2009 aufgelöst.[121] Jiddisch hat an Bedeutung für die israelische Kultur eingebüßt, ist nur in orthodoxen Enklaven wie dem Jerusalemer Viertel Me'a She'arim zu hören. Manger gilt heute dementsprechend abwechselnd als ‚berühmter' oder ‚unbekannter' Dichter.

Die nach 1945 präsente Sorge, dass die jiddische Kultur untergehen könnte, erwies sich in den unmittelbar folgenden Jahrzehnten als unbegründet. So zeigt Magdalena Ruta in ihrer Studie zur jiddischen Literatur in der Volksrepublik Polen, dass bis 1968, also dem bereits erwähnten Exodus, jiddischsprachige Literatur verfasst wurde und eine sie vertreibende Infrastruktur etabliert war.[122] Die gegenwärtige Situation ist anders. Das liegt nicht zuletzt daran, dass die Implementierung des Hebräischen überaus erfolgreich war und neben dem Jiddischen rund 40 weitere Sprachen vollständig verdrängte oder sie nach wie vor gefährdet.[123] Die Prognosen für das Weiterbestehen fallen vorsichtig optimistisch bis düster aus: Es gibt Hoffnungen auf ein Revival, die sich aus der Erfahrung der Wiedergeburt des Hebräischen speisen,[124] verbreiteter ist allerdings die Rede von den letzten Mohikanern, die das Jiddische am Leben halten.[125] Für den Klassiker der jiddischen Ballade würde es bedeuten, dass er auf unbestimmte Zeit seinen Platz im Speichergedächtnis einnehmen muss oder sich seine Geltungshinsicht weiter schmälert.

5.6 Partikularismus der Klassik (Schlussbemerkungen)

Der universalistische Fehlschluss beginnt mit der Annahme einer maximalen Reichweite und sachlichen Geltung. Es ist ein Geltungshorizont, der implizit in der Rede von Klassikern entworfen wird. Der Europäer Manfred Fuhrmann nimmt als maximale Reichweite Europa an und entwirft aus dieser Annahme die maximal wirkungsstärkste Funktionshypothese: Klassiker seien die Säulen des

---

121 Vgl. ebd., S. 17 f.
122 Magdalena Ruta: Bez Żydów? Literatura jidysz w PRL o Zagładzie, Polsce i komunizmie [Ohne Juden? Jiddische Literatur in der PRL über den Holocaust, Polen und den Kommunismus]. Kraków, Budapeszt 2012.
123 B. Spolsky, E. Shohamy: Hebrew After a Century of RLS Efforts. In: Joshua A. Fishman (Hg.): Can Threatened Languages Be Saved? Clevedon 2001, S. 350–363. Hier insbesondere S. 359 f.
124 Vgl. dazu Eidherr, Sonnenuntergang auf eisig-blauen Wegen 2012, S. 313.
125 Das verdeutlicht Dovid Katz an dem Verschwinden der jiddischen Community in Montreal, das ein Zentrums säkularer jiddischer Kultur bis in die 2000er Jahre hinein war. Vgl. Katz, Words On Fire 2004, S. 349 f.

Kontinents.[126] Viel unspezifischer ist der Horizont bei Allan Bloom, Zbigniew Herbert oder bei T. S. Eliot. Die Klassikerauswahl von Bloom und Eliot weist sie höchstens als Vertreter einer dominant männlichen, weißen und westlichen Kultur aus. Casanova und Moretti reflektieren den Standort ebenso wenig und entwerfen einen globalen Geltungshorizont. Klassiker werden in diesen Beispielen zu Prinzipien. Hat Fuhrmann die kulturellen Wurzeln Europas vor Augen, Casanova und Moretti Literatur schlechthin, so rührt das Klassische bei Bloom an das Allgemein- und Ur-Menschliche. Und auch Eliot und Herbert universalisieren, indem sie in Klassikern das Nichtbarbarische, Nichtnationalistische, kurzum: das prinzipiell Gute kondensiert sehen. Diese abstrakte Bestimmung macht es ungeachtet des kulturellen und zeitlichen Kontextes leicht, sich zu dem so auftretenden Klassischen – in der Regel affirmativ – ins Verhältnis zu setzen. Gleichzeitig sind diese Funktionen nichtssagend. Sie operieren mit abstrakten, pathetischen Begriffen, die einerseits bedeutungsschwanger genug sind, um emotional zu involvieren, und die andererseits bedeutungsleer genug sind, um an jeden (von den Autoren) vorstellbaren lebensweltlichen Horizont anknüpfbar zu sein. Klassikerlektüre ist religiöses Erleben, eine Offenbarung, die unspezifische Wahrheiten näherbringen oder moralisch erbauen kann. Es sind gerade diese mangelnde Spezifik und Standortreflexion, das laudativ hochgejubelte, selbstverliebt wirkende Verständnis der eigenen Kultur sowie die Anmaßung, in Universalien zu schwärmen und daraus einen normativen Kanon für ‚die Menschheit' herzuleiten, die dieses universalistische Klassikerverständnis insbesondere in partikularer Perspektive der *Gender* oder *Postcolonial Studies* so anfällig für Kritik gemacht haben.

Um das Phänomen Klassik zu verstehen, muss das Verhältnis von Normativität und Geltung neu ausgelotet werden. Das gelingt nur, wenn statt universalem Adressatenkreis und abstraktem Geltungspathos konkret Geltungshinsichten bestimmt werden. Auch Shakespeares Geltung hat Grenzen, die sachlich zu definieren sind. Er ist ein Klassiker der (Welt-)Literatur und des Theaters. Ein Klassiker der Biomedizin ist er nicht (selbst wenn Harold Bloom ihm die Funktion zuschreibt, den Menschen erfunden zu haben).[127] Das klingt polemisch, aber sich dies bewusst zu machen, schützt davor, die normative Dimension des Klassischen mit einer transzendentalen Geltung zu verwechseln. Die Normativität entsteht nur im Junktim mit der faktischen Geltung, und diese ist sachlich, geografisch und zeitlich begrenzt zu denken.

Der partikularistische Klassikbegriff vermag genau dies wiederzugeben. Klassiker bilden sich in konkreten Bedarfskonstellationen heraus, die sich wie-

---

126 Fuhrmann, Bildung 2002, S. 74.
127 Vgl. Harold Bloom: Shakespeare. The Invention of the Human. New York 1999.

derum innerhalb der Parameter von Öffentlichkeit, Zeit, Raum und – wie wir gesehen haben – den darin verankerten ästhetischen, politischen und kulturellen Diskursen – konstituieren. Die Konstellation, die zur Entstehung des literarischen Feldes der jiddischen Ballade führte, ließ sich sehr konkret umreißen. Die jüdische jiddischsprachige Öffentlichkeit hat in einer Situation gesellschaftlicher Marginalisierung in Europa um 1900 die jiddischsprachige Dichtung zum Sprachrohr gewählt und auf die traditionelle Vorstellung der Volksdichtung zurückgegriffen. Die jüdische Nachkriegsöffentlichkeit, die vor allem in den USA, Kanada und Israel angesiedelt war, hat, unter dem Eindruck der Shoah stehend, die osteuropäische Dichtung als eine Reminiszenz der alten Welt und eine Demonstration des Widerstands gegen deren Vernichtung sowie als Exempel einer eigenständigen jüdischen Kultur rezipiert. Dies ist die Konstellation des Klassikers der jiddischen Ballade, Itzik Manger.

Der Partikularismus der Klassik zieht eine Konsequenz nach sich, die im essenzialistischen Klassikbegriff nicht vorgesehen ist: Klassiker können aufhören, Klassiker zu sein. So paradox es klingen mag, wenn man ausgerechnet „Langlebigkeit" zum Kriterium der Klassik macht. Doch ist Langlebigkeit nicht mit Unsterblichkeit zu verwechseln. Wenn der Klassikerstatus nicht mehr an Eigenschaften festgemacht wird, sondern von einer Bedarfskonstellation abhängig ist, so muss damit gerechnet werden, dass er dauerhaft aus dem Funktions- ins Speichergedächtnis übergeht. Dies kann – wie in dem vorliegenden Fall – mit dem Verschwinden der Klassiker tragenden Öffentlichkeit verbunden sein. Es ist aber möglich, dass die politischen Vorzeichen und mit ihnen die Bedarfskonstellation wechseln, unter denen ein Klassiker galt, was das folgende Kapitel zeigen wird.

6 Der Mythos der Zeitenthobenheit und die Zeitlichkeit der Klassik

Bislang wurde Klassik als interessenabhängige Fragmentierung sowie als öffentlichkeitsabhängige und sachliche Partikularisierung untersucht. Auf den kleinsten Nenner gebracht, zeichnete sich dabei ein durch gemeinsame Interessen und Erwartungen verbundenes Kollektiv als Träger der kulturellen Praxis ab. Eine solche Interessengemeinschaft ist zeitlich definiert: Zivilisationen, Gesellschaften und Kulturen können vergehen, Gleiches gilt für kulturelle Bewegungen oder Gruppierungen mit politischen Anliegen. Als klassisch gilt hingegen gerade das, was sich dem Malstrom der Zeit gegenüber als widerständig erweist. Zeitlichkeit ist deshalb eine Herausforderung der Klassikforschung. Die Normativität entsteht aus der Langzeitpräsenz, die als das Zeitwiderständige wahrgenommen wird;[1] das Geheimnis der Zeitenthobenheit auratisiert das Klassische. Wie aber lässt sich der Widerstand gegen Obsoleszenz als kulturelle Praxis denken?

Für den hartnäckigen Mythos der Zeitenthobenheit ist vor allem Hans-Georg Gadamer verantwortlich, auf den bis heute Bezug genommen wird, wenn von Klassik die Rede ist. Ein Beispiel aus der Weltliteraturforschung wurde im vorangehenden Kapitel an Pascale Casanovas Klassikdefinition diskutiert. Nachdem dort die universalistischen Vorannahmen hinsichtlich der geografischen und sachlichen Geltung diskutiert wurden, widmet sich dieses Kapitel der Zeit. Obwohl Casanova und Gadamer Jahre und Literaturverständnisse trennen, ist die *longue durée* für beide ein unhintergehbares Merkmal: „a classic stands above temporal competition" – heißt es bei Casanova. Gadamers Überlegungen dazu weisen in eine vergleichbare Richtung:

> Was klassisch ist, das ist herausgehoben aus der Differenz der wechselnden Zeit und ihres wandelbaren Geschmacks – es ist auf eine unmittelbare Weise zugänglich, nicht in jener gleichsam elektrischen Berührung, die hin und wieder eine zeitgenössische Produktion auszeichnet und in der die Erfüllung einer alles bewußte Erwarten übersteigenden Sinn-Ahnung augenblickshaft erfahren wird. Vielmehr ist es ein Bewußtsein des Bleibendseins, der unverlierbaren, von allen Zeitumständen unabhängigen Bedeutung, in dem wir etwas ‚klassisch' nennen – eine Art zeitloser Gegenwart, die für jede Gegenwart Gleichzeitigkeit bedeutet.[2]

---

[1] Die Tatsache, dass als „Klassiken" bezeichnete Epochen historisch verankert sind, wird in diesem Verständnis zu einem aus der Spannung zwischen Historizität und Normativität entstehenden Paradox. Vgl. Wilhelm Voßkamp: Normativität und Historizität europäischer Klassiken. In: Ders. (Hg.): Klassik im Vergleich. Stuttgart 1993, S. 5–8. Hier S. 5.
[2] Gadamer, Hermeneutik I 1990, S. 293.

Gadamers Definition ist richtig und falsch zugleich. Richtig ist die Annäherung an das Phänomen von dem Begriff der Gegenwart her. Klassisch im empirischen Sinne sind Phänomene nur im Hinblick auf ihren Gegenwartsbezug. Damit aber ist seine Definition auch grundlegend falsch. Denn die Gegenwärtigkeit des Klassischen besteht nicht in der Unwandelbarkeit, sondern in der Anpassung an sich historisch wandelnde Horizonte. Einen dafür paradigmatischen Fall veranschaulicht der britische Literaturwissenschaftler und Klassikforscher Frank Kermode in seinem Essayband *Forms of Attention*. Darin untersucht er den Fall Botticellis, der für Jahrhunderte vergessen und erst Mitte des 19. Jahrhunderts wiederentdeckt wurde, und verweist auf den Geschmackswandel als Ursache:

> There persisted, in the sixties, a widely shared opinion which must seem surprising to us, that Botticelli limited his appeal by preferring ugly women. A solid history of painting published in the decade described these women as 'coarse and altogether without beauty.'[3]

Dieses Geschmacksurteil wurde durch die Präraffaeliten revidiert: „what had hitherto been called clumsiness was now transformed into a ‚faint and almost painful grace,' and those ugly faces took on a ‚somewhat lean and fleshless beauty, worn down it seems by some sickness or natural trouble.'"[4] Von einem gegenüber Leonardo da Vinci und Michelangelo als rückständig geltenden, vergessenen Maler[5] wird Botticelli zu einem Vorreiter der Moderne, zur Eminenz der Malerei.[6] Kermode betont, dass die Entdeckung mit einer Wertzuschreibung einhergeht, die sich am aktuellen Bedarf orientiert: „Opinion [...] required, at this modern moment, a certain kind of Renaissance art; Botticelli along with some contemporaries – though first among them – provided it."[7]

Um noch einmal zu Gadamer zurückzukehren, so demonstriert das Beispiel, dass das Bewusstsein des „Bleibendseins" von Phänomenen, die wir klassisch nennen, nicht darin gründet, dass sie der „historischen Kritik" standhalten, weil ihre „geschichtliche Herrschaft, die verpflichtende Macht ihrer sich überliefernden und bewahrenden Geltung, aller historischen Reflexion schon vorausliegt und sich in ihr durchhält",[8] wie es in seiner bekanntesten Klassikdefinition heißt. Das „Bleibendsein" hängt vielmehr mit der jeweils historisch verankerten Brauchbarkeit, also einer in konkreten historischen Kontexten erfolgenden funktionsorientierten Evaluation zusammen. Die Gegenwart von Klassikern ist

---
3 Frank Kermode: Forms of Attention. Chicago, London 1987, S. 4.
4 Ebd.
5 Ebd., S. 1.
6 Ebd., S. 6.
7 Ebd.
8 Gadamer, Hermeneutik I 1990, S. 292.

deshalb gerade nicht zeitlos zu nennen, sondern, um einen etwas unschönen Neologismus zu verwenden, zeitvoll. Für ihre Geltung ist die je gegenwärtige Bedarfskonstellation Voraussetzung; weil sie auf ihre Gegenwart reagieren, sind Klassiker gewissermaßen ‚erfüllt' davon. Ihre Aktualisierungen spiegeln den historischen Gebrauchskontext wider, geben Auskunft über die sie gebrauchenden Kollektive. Wer „Zeitlosigkeit" als eine „Weise geschichtlichen Seins"[9] für Klassiker in Anspruch nimmt, der vertritt einen essenzialistischen Klassikbegriff, weil er eine Geltung unterstellt, die nur metaphysisch denkbar ist.

Der profilierteste Erneuerer der Klassikdebatte im deutschsprachigen Raum, Wilhelm Voßkamp, beschreibt das Verhältnis der „Normativität, Zeitresistenz" in Spannung zur Rekonstruierbarkeit als historische Phänomene.[10] Wenn wir jedoch annehmen, dass Normativität kein Widerstand gegen den Wandel ist, dann lässt sich dieses Verhältnis nicht als Spannung, sondern als gegenseitige Ermöglichung begreifen. Die „Operationen, die ‚Klassik' entstehen lassen", also ihre Normativität bestätigen und verstärken,[11] sind aktualisierend. Weil diese Operationen ausbleiben können, ist Langlebigkeit nicht mit Unsterblichkeit zu verwechseln. Ändern sich die Trägerkonstellationen oder Bedarfshorizonte radikal, ist es möglich, dass Klassiker ihre Geltung verlieren und nur noch als Klassiker einer vergangenen Ära oder Gemeinschaft gelten. Solche funktionsuntauglichen Klassiker sind im Speichergedächtnis verankert.[12] Das Beispiel Itzik Mangers zeigt, dass dies geschehen kann, wenn eine Sprachgemeinschaft verschwindet. Paradebeispiele radikal veränderter Bedarfshorizonte sind vergangene totalitäre Systeme, deren innere ideologische Kohärenz mithilfe von Klassikern gestiftet wurde. Da die Bindung häufig geradezu symbiotisch zwischen Klassiker und jeweiliger Ideologie besteht, ist eine Aktualisierung jenseits dieser Ideologie selten und schwierig. Das gilt selbst für Autoren, die sich einer Ideologie gar nicht verschrieben haben, sondern von offizieller Seite in einem totalitären Staat gewürdigt wurden: Die Tatsache, dass Goethe und Schiller sowohl im Dritten Reich als auch in der DDR verehrt wurden, ließ sie für die 68er-Generation mindestens suspekt erscheinen. Mehr Substanz haben Vorbehalte gegen Wagner, zu dessen NS-Rezeptionsgeschichte antisemitische Ausfälle hinzukommen, die ihn bis heute genauso verdächtig machen wie Heidegger.

Die wieder aufgeflammte Heidegger-Debatte veranschaulicht, mit welchen (moralischen) Argumenten für ein verordnetes kulturelles Vergessen gestritten werden kann, wenngleich vermutlich selbst die schärfsten Kritiker nicht wirk-

---

9 Ebd., S. 295.
10 Vgl. Voßkamp, Normativität und Historizität europäischer Klassiken 1993, S. 6.
11 Ebd., S. 7.
12 Vgl. Assmann, Speichern oder Erinnern? 2001, S. 20–22.

lich eine Dekanonisierung, sondern vielmehr eine kritische Reflexion fordern. Die zuletzt der Öffentlichkeit zugänglich gemachten Briefe an seinen Bruder Fritz ebenso wie die als *Schwarze Hefte* bekannten Denktagebücher wiesen ihn als Überzeugungstäter aus, so der Tenor der feuilletonistischen Verurteilung.[13] Besonders betont wird, dass der in den *Schwarzen Heften* noch seinsphilosophisch überhöhte Antisemitismus in den Briefen ganz unverhohlen zutage trete[14] und der „politisch bestens informierte Freiburger Professor ein früher und leidenschaftlicher Anhänger des Nationalsozialismus"[15] sei. Für Wagner lässt sich noch geltend machen, dass er den Antisemitismus ohne ein Bewusstsein für die fatalen Folgen haben zu können, rezipiert und befeuert hat. Heidegger lässt sich dadurch nicht entschuldigen, weil ihm retrospektiv abverlangt wird, die Implikationen und möglichen Folgen erkannt haben zu können. Da Wagner bereits 1883 verstorben ist, muss sich seine Rezeption nicht die Frage nach seinem Verhältnis zum NS-Regime stellen. Aus ihm kann man keinen geistigen Kollaborateur machen, aus Heidegger durchaus. Dass Heidegger nicht aus dem Kanon der Philosophie gestrichen wird, liegt vermutlich daran, dass er als Philosoph nicht in unmittelbarer Weise mit der NS-Ideologie in Zusammenhang zu bringen ist und seine Schriften nie maßgeblich die nationalsozialistische Politik legitimiert haben. Anders gesagt: Die Rezeption seines Werkes ist nicht auf den Leumund des Autors angewiesen. Das lässt sich *mutatis mutandis* vom Feld der Wissenschaft auf die hier vorgestellte Modell-Systematik in den Künsten übertragen. Solange die wissenschaftliche Heidegger-Rezeption dem ästhetischen Modell folgt, in dem der Autor zwar gefeiert werden kann (in Heideggers Fall als ein kauziger Exzentriker), jedoch nicht biografisch eine Funktion als Vorbild oder Autorität verifizieren muss, wie dies im sozialmoralischen und politischen Modell der Fall wäre, lässt sich das Werk rezipieren, wenn die Biografie problematisch ist. Das trifft ebenfalls auf Wagner zu: Als Antisemiten muss man ihn nicht mögen. Dass er unter dem Hitler-Regime verehrt wurde, kann man ihm nicht vorwerfen. Seine Musik kann man jedoch rezipieren, ohne an Antisemitismus zu denken. Setzte sich ein Verständnis seiner Werke durch, das den Antisemitismus zum dominanten Deutungshorizont erklärte,[16] könnte sich die Rezeptionssituation ändern. Die Tatsache, dass Wagner in Israel kaum und wenn doch, so für Aufsehen sorgend aufgeführt wird, belegt, dass im dortigen kulturellen

---

13 Vgl. z. B. https://www.zeit.de/2016/43/nationalsozialismus-martin-heidegger-briefwechsel-bruder [letzter Zugriff 20.5.2021], archiviert unter https://archive.fo/Qjxgq.
14 Ebd.
15 Ebd.
16 Was ihnen etwa Marc A. Weiner attestiert. Vgl. Richard Wagner and the Anti-Semitic Imagination. Lincoln, London 1995.

Gedächtnis ein negativ besetztes sozialmoralisches Modell gilt, das das ästhetische überschattet.

Als ein Musterbeispiel, bei dem das politische Engagement zu einer weitgehenden Verbannung aus dem Funktionsgedächtnis führte, kann Johannes R. Becher gelten, der sich, zunächst expressionistischer Dichter und Exilant, zunehmend opportunistisch und erfolgreich in der DDR-Politik engagierte. In einem Aufsatz argumentiert Walter Schmitz dafür, Becher als klassischen Nationalschriftsteller zu bezeichnen, dessen „Selbstdeutungsmodell"[17] als Nachfolger Goethes[18] und Repräsentant seiner Epoche[19] in der Rezeption stabilisiert wurde. Schmitz deutet Bechers kulturpolitisches Engagement hinsichtlich der Rolle als Nationalschriftsteller, der sich im Staatsaufbau engagiert zeigen müsse.[20] Das, was Schmitz als Selbstdeutungsmodell bezeichnet, das also, was wir bei Mickiewicz und Manger als Automodellierung kennengelernt haben, muss jedoch zeitlich aufgegriffen, bestätigt, „stabilisiert", wie Schmitz es nennt, werden. Und ein Blick auf die DDR-Rezeption Bechers muss Schmitz in seiner Einschätzung recht geben. Der im Zweiten Weltkrieg – wie Becher selbst – exilierte und in die DDR zurückgekehrte, dort politisch aktive Funktionär und Schriftsteller Alexander Abusch tituliert Becher in einem Aufsatz als „Dichter der Nation".[21] Dieser Titel ließe sich schlicht auf Bechers Rolle als Dichter der DDR-Nationalhymne zurückführen, doch geht mit ihm eine Funktionszuschreibung einher, die aufgegriffen und ausgeweitet wird. In einem Lehrbuch zu Bechers Leben und Werk, das in der Reihe *Schriftsteller der Gegenwart* im Verlag Volk und Wissen erschien, wird die Funktion zum Deutungsinstrument für Bechers Leben und Schaffen. Für seine Exiljahre 1933–1945 wird ihm nachgesagt, „Dichtung für Deutschland" verfasst zu haben, in der er bereits „einen Menschentyp vor Augen" hatte, „der die Zukunft eines anderen Deutschland verbürgt".[22] Dort wird er mit dem in der DDR kulturpolitisch geschätzten Heine verglichen.[23] Aus dieser Darstellung folgt zwangsläufig seine Rolle als „Erzieher des Volks und Dichter

---

17 Walter Schmitz: Johannes R. Becher – der ‚klassische Nationalautor' der DDR. In: Günther Rüther (Hg.): Literatur in der Diktatur 1997, S. 303–342. Hier S. 313.
18 Ebd., S. 312.
19 Ebd., S. 305.
20 Ebd., S. 334. Gegen diese eindeutige Einschätzung argumentiert Jens-Fietje Dwarfs als direkten Respons auf Schmitz, dem er Anachronismus vorwirft. Allerdings bleibt die Argumentation unklar, denn Dwarfs bezieht sich nur auf Becher und dessen Werk, nicht aber auf die Rezeption, die für den Status als Klassiker aufschlussgebend ist. Vgl. Jens-Fietje Dwarfs: Johannes R. Becher – der „klassische Nationalautor" der DDR? In: Lothar Ehrlich, Gunther Mai, Ingeborg Cleve (Hg.): Weimarer Klassik in der Ära Ulbricht. Köln 2000, S. 175–184. Hier S. 176.
21 Alexander Abusch: Johannes R. Becher. Dichter der Nation und des Friedens. Berlin 1953.
22 Horst Görsch: Johannes R. Becher. Leben und Werk. Berlin 1967, S. 63.
23 Ebd., S. 65.

der Nation" für die Jahre 1945–1958. Dass diese Meinung in der Zeit weitgehend geteilt wurde, darauf verweist der umfangreiche und großformatige Band *Johannes R. Becher. Bilderchronik seines Lebens.* Er macht das kulturelle ‚Gewicht' des Dichters materiell evident und lässt in der Inszenierung von Bechers Leben erste Anzeichen einer „selektionslosen Aufmerksamkeit" erkennen.[24] Becher kann heute ein Klassiker genannt werden, jedoch nur mit dem dazugehörigen Hinweis auf die historische Bedarfskonstellation der DDR.

In Analogie zu Becher möchte ich einen anderen Klassiker auf Zeit vorstellen, Börries von Münchhausen, den beliebtesten und meistverkauften Balladendichter des Dritten Reiches.

6.1 Börries von Münchhausen als Klassiker

In der Forschung wird Börries, Baron von Münchhausen in der Regel im Zusammenhang mit der Gleichschaltung der Sektion für Dichtung der Preußischen Akademie der Künste genannt.[25] Als Dichter ist der adelige Jurist nach dem Zweiten Weltkrieg, dessen Ende mit seinem Selbstmord zusammenfiel, nahezu gänzlich in Vergessenheit geraten, obwohl seine Balladen immer noch in durchaus namenhaften Anthologien vorkommen. So nimmt 2005 Marcel Reich-Ranicki zwei davon (*Bauernaufstand* und *Jenseits*) in seinen Kanon auf.[26] Auch in Wulf Segebrechts 2012 veröffentlichter Sammlung deutscher Balladen tauchen die Münchhausen-Balladen *Die Wunderwirkung der Latinität* und *Der Todspieler* auf.[27] Es handelt sich hierbei jedoch um Einzelfälle, die nicht annähernd die Bedeutung fortschreiben, die er für das Verständnis der Gattung im deutschen Sprachraum der ersten Hälfte des 20. Jahrhunderts besaß. Es wäre völlig verfehlt, Münchhausen aus heutiger Perspektive einen Klassiker zu nennen. Es ist jedoch berechtigt, von ihm als einem Klassiker im Präteritum zu sprechen.

Anteil daran, dass Münchhausen im literarischen und wissenschaftlichen Diskurs vergessen wurde, hat sicherlich die Tatsache, dass er als Kulturpolitiker regimekonform war und nationalkonservative Ansichten vertrat, obwohl er sich von dem aggressiven Ton vieler Zeitgenossen distanzierte und der Gesinnung

---

24 Martus, Werkpolitik 2007.
25 Umfassendere Passagen zu Münchhausen finden sich vor allem bei Werner Mittenzwei: Die Mentalität des ewigen Deutschen. Nationalkonservative Dichter 1918–1947 und der Untergang einer Akademie. Leipzig 2003.
26 Marcel Reich-Ranicki: Der Kanon. Die deutsche Literatur – Gedichte. Band 5: Stefan George bis Kurt Tucholsky. Frankfurt a. M., Leipzig 2005, S. 62 und 63.
27 Wulf Segebrecht: Deutsche Balladen. Gedichte, die dramatische Geschichten erzählen. München 2012, S. 273–275 und 287–292.

nach, dem Lager der völkischen Bildungsbürger[28] zuzurechnen ist. Die spärliche Forschung, die den Dichter überhaupt thematisiert, erwähnt vor allem, dass er „ein verhängnisvoll wirksames Monopol für die Theorie dieser Textart [der Ballade] behaupten"[29] konnte. Thomas Schneider wirft ihm deshalb eine „Instrumentalisierung"[30] der Ballade im Sinne der NS-Ideologie vor.

Es stellt sich die Frage, nach welchen Kriterien es gerechtfertigt ist, Münchhausen als einen Klassiker zu behandeln. Im Unterschied zu Johannes R. Becher wurde er niemals als ein ‚Nationaldichter' wahrgenommen, obwohl er das Bedürfnis nach einer nationalkonservativen Dichtung stillte. Seine „heroische[n] und heitere[n] Klänge"[31] erwiesen sich in der durch Krieg, politische und kulturelle Umwälzungen gezeichneten Weimarer Republik als enorm passfähig. Im Nazideutschland wurde er zum Kulturpolitiker und schließlich als Autor von höchster Stelle geadelt – beides lässt ihn für die Zukunft kaum reaktivierbar erscheinen. Dennoch fiel seine Dichtung nicht mit dem Ende des Krieges einer moralischen Zensur zum Opfer. Viel entscheidender waren die seit dem Ende des Dritten Reiches nach und nach verschwindenden Applikationsmöglichkeiten, die mit veränderten Gesellschafts- und insbesondere den Männlichkeitsentwürfen einhergingen.

Münchhausens literarische und literaturpolitische Geltung währte also rund fünfzig Jahre. In dieser Zeit gelang es ihm, sich durch geschickte Automodellierung im Balladendiskurs zu positionieren und dort erfolgreich die Gattung zu repräsentieren. Der Titel als „Meister der Ballade" stand in der breiten Wahrnehmung nur ihm zu, er war einer der erfolgreichsten Dichter und seine Popularität übertraf die bis dahin als Balladengroßmeister geltenden Goethe, Schiller, Uhland oder Fontane. Er wurde für unterschiedliche Bedarfsfälle funktionalisiert: Im Ersten Weltkrieg bestärken seine Balladen das soldatische Ideal eines ritterlichen Kämpfers. Im Nationalsozialismus propagierten sie Geschichtsbewusstsein, Volksnähe, konservative und rassistische Gesellschaftsvorstellungen und verhalfen so, das gewünschte Bild der deutschen Literatur im Sinne kulturpolitischer Propaganda zu stabilisieren. Rund 50 Jahre lang gelang es ihm, der kultu-

---

[28] Thomas Vordermeyer: Bildungsbürgertum und völkische Ideologie, Berlin u. a. 2016, S. 68 f.
[29] Hartmut Laufhütte: Die Nibelungen in Balladen des 19. und 20. Jahrhunderts. In: Hans Krah (Hg.): Die Nibelungen. Passau 2015, S. 97–115. Hier S. 106.
[30] Thomas F. Schneider: „Heldisches Geschehen" und „reiner blaublonder Stamm". Die ‚Erneuerung' der Ballade und ihre Instrumentalisierung durch Börries von Münchhausen (1874–1945), seit 1898. In: Edward Białek, Hubert Orłowski (Hg.): Literatur im Zeugenstand. Frankfurt a. M. 2002, S. 541–562.
[31] Bericht über einen Auftritt Münchhausens. Neue Mannheimer Zeitung, 26.11.1940. Aus dem Goethe-Schiller-Archiv (im Folgenden GSA), Sammlungsstücke 69/6503.

rellen Obsoleszenz zu widerstehen. Im Vergleich mit vielen Klassikern ist das zwar eine Langzeitpräsenz im Diminutiv, doch – und das rechtfertigt es, Münchhausen als Klassiker zu bezeichnen – besteht sie darin, dass sein Werk für die sich in dieser Zeitspanne eröffnenden und wandelnden Bedarfshorizonte aktualisiert wurde. Wir können also beobachten, dass der Dichter in dieser Zeit offenbar bereits einen Grad an Verbindlichkeit erreicht hatte, der eine Aktualisierung in einem veränderten Bedarfskontext begünstigte.

Da Münchhausen nur wenigen bekannt sein dürfte, möchte ich einige grundlegende Bemerkungen zu ihm bzw. seiner Rezeption machen. Die überschaubare Menge an Darstellungen, die es von ihm, sei es von Seiten der Forschung, sei es von Seiten engagierter Hobbybiografen, gibt, prägen vier Topoi:

1. Antisemitismus: Münchhausens frühes Verhältnis zum Judentum wird häufig beleuchtet, wenn es darum geht, den Dichter zu rechtfertigen. Aufschlussreich ist der Wikipedia-Artikel, in dem seinen jüdischen Beziehungen überdurchschnittlich viel Platz eingeräumt wird.[32] Die Jugendfreundschaft mit dem Maler Ephraim Lilien soll die spätere ideologische Konformität relativieren. Zitiert wird darüber hinaus, wie er sich in Privatbriefen vom Antisemitismus distanzierte, obwohl diese Aussagen bei näherer Betrachtung nur klar antisemitische flankieren. Geht es darum, Münchhausens NS-Konformität herauszustellen, so wird vor allem auf einen Brief hingewiesen, den er 1911 an Adolf Bartels schrieb und in dem er sich von seinem Erstlingswerk, das eine jüdische Thematik besaß, distanzierte. Zudem werden seine Pläne, eine Geheimgesellschaft zur Zurückdrängung des Judentums zu gründen, in dem Zusammenhang erwähnt.[33]
2. Rolle als Kulturpolitiker: 1933 wurden Münchhausen und seine Gefährten des zuvor gegründeten Wartburgkreises auf die frei gewordenen Stühle der ideologisch ‚bereinigten' Dichterakademie berufen, er selbst zum Präsidenten ernannt. Apologetisch wird behauptet, er habe versucht, die Akademie vor Goebbels' Einfluss zu bewahren. Kritisch wird betont, dass er entscheidend an ihrer Gleichschaltung mitwirkte, indem er Dichter auszuschließen half. In diesen Kontext gehört die vielfach beschriebene Denunziation Gottfried Benns als Juden.[34] Weil er auf Hitlers Gottbegnadeten-Liste gesetzt wurde, wird er für die Nachwelt als symbiotisch mit dem System verbunden zur Persona non grata, obwohl man seiner Dichtung kaum NS-Rhetorik

---

32 https://de.wikipedia.org/wiki/B%C3%B6rries_von_M%C3%BCnchhausen#Verh%C3%A4ltnis_zum_Judentum [letzter Zugriff 20.5.2021], archiviert unter https://archive.fo/wZHRq.
33 Werner Mittenzwei: Börries, Frhr. v. Münchhausen, Dichter. In: Historische Kommission der Bayrischen Akademie der Wissenschaften (Hg): Neue deutsche Biographie. Band 18: Moller – Nausea. Berlin 1997, S. 525–527. Hier S. 526.
34 Vgl. ebd.

oder radikale xenophobe Ausfälle vorwerfen kann. Das liegt wohl nicht zuletzt daran, dass er in Nazideutschland eigentlich nichts Neues veröffentlichte, dafür aber die Ballade im Licht der neuen Ideologie auszustellen wusste.
3. Erfolg als Dichter: Die hohen Absatzzahlen und die Anerkennung durch zeitgenössische Prominenz (z. B. Hindenburg) sind ein feststehender Rezeptionstopos. Der Erfolg macht ihn einerseits verdächtig, weil er sich zwischen 1914 und 1945 einstellte, andererseits aber wird auf die kulturelle Bedeutung des Dichters hingewiesen, der durch ein kulturelles Vergessen nicht zur Genüge Rechnung getragen werde.
4. Abstammung: Auf die adelige Herkunft wird hingewiesen, um ihn als entfernten Nachfahren des berühmten Lügenbarons Hieronymus Carl Friedrich von Münchhausen auszuweisen, vor allem jedoch, um ihn im Hinblick auf seine Gesinnung als deutschkonservativ und nicht als nationalsozialistisch zu verorten. Er selbst bedient die biografische Verifizierung: pflegt seinen aristokratischen Habitus, präsentiert sich in der Presse gerne auf dem Familiensitz in Windischleuba und vermittelt mit seinen Balladen als adelig konnotierte männliche Tugenden wie Ritterlichkeit und Königstreue.

Münchhausen wird als Klassiker auf Zeit vorgestellt, dessen Rezeption im Kontext der beiden Weltkriege auf eine spezifische Bedarfskonstellation reagierte. Dem in der Literatur und anderen Künsten, also einem kleinen, aber kulturprägenden Diskurs, brüchig werdenden Männerbild des 19. Jahrhunderts steht ein gesellschaftlich breit artikulierter, am besten als reaktionär-genderkonservativ zu beschreibender Bedarf nach dem ritterlich-soldatischen Männerbild entgegen, den seine Dichtung zu befriedigen vermag.

6.2 Automodellierung ohne Widerhall? Münchhausen in ästhetischer Hinsicht

Über Münchhausens Geltung als Schriftsteller wird in der Regel einhellig mit Werner Mittenzwei geurteilt, der seine Dichtung „zweifelsohne zu den Kriegsopfern"[35] zählt. Gemeint ist zum einen die versiegende Produktion und zum anderen die mangelnde Anerkennung seitens des etablierten Literaturbetriebs. Das Urteil ist hinsichtlich dieser beiden Aspekte richtig, doch erzeugt es ein falsches Bild von seiner Bedeutung im Literaturdiskurs bis 1945 und darüber hinaus. Be-

---

35 Ebd.

lege seiner Popularität, wie sie die Massenmedien, die regionale Lokalpresse und das Radio, ebenso wie die beachtlichen Auflagen seiner Bücher liefern, präsentieren ein anderes Bild. Richtig ist das Urteil dennoch, wenn man einen Modellwechsel beschreibt: In ästhetischer Hinsicht wird Münchhausens Dichtung in der Tat irrelevant, umso relevanter jedoch wird sie in sozialmoralischer Hinsicht als Lieferant habitueller Vorbilder und in politischer Hinsicht in einer die NS-Ideologie stabilisierenden Funktion.

Börries von Münchhausen wird Ende des 19. Jahrhunderts als Erneuerer der Ballade bekannt. Er gehört zu jenem Kreis, der 1896 den *Göttinger Musenalmanach* wiederbelebt, und tritt ab 1898 als dessen Herausgeber in Erscheinung. Die Bezeichnungen als „Barde von heute"[36], „Wiedererwecker"[37] oder „Erneuerer der Ballade"[38] haften ihm noch an, als er schon längst Präsident der Abteilung für Dichtkunst der Preußischen Akademie der Künste ist. An der Entstehung einer Marke „Balladenbaron Münchhausen" arbeitet er frühzeitig. In dem von ihm herausgegebenen *Musenalmanach* inszeniert er sich und seine Gefährten als eine Gruppe von Stürmern und Drängern:

> Welche Grundsätze bei der Redaktion maßgebend waren? [...] Der oberste Grundsatz war, glaub ich, das gesunde Gefühl, und wenn dies Gefühl manch einem zu jugendlich, zu gährend und stürmisch zu sein scheint, so mag er denken, daß wir Studenten sind. Vor dem ‚müden Glimmen schwüler Amethysten', vor ‚sengendem Wein und lallender Welle' und vor ‚trunken schreienden Rossen' hat es uns aber, Gott sei Dank, bewahrt.[39]

Diese Selbstbeschreibung erstaunt angesichts der veröffentlichten knapp 110 Balladen – allein 32 davon schrieb übrigens Münchhausen selbst –, deren Ästhetik ganz im Geiste des 19. Jahrhunderts steht und 1898 alles andere als neu ist. Die Rückbesinnung wird als Innovation verkauft. Dies dient vor allem dazu, sich von dem 1896 gleichzeitig mit dem ersten *Göttinger* erschienenen *Berliner Musenalmanach* (von Gottlieb Fritz, Rudolf Kassner, Emil Schering herausgegeben) abzugrenzen. Münchhausen weiß, dass er für dieses Urteil eine Autorität benötigt, und führt den Berliner Lyriker und frisch berufenen Mitherausgeber des *Deutschen Wochenblatts* Carl Busse ins Feld. Die oben zitierten Worte hätte ihm eben jener geschrieben und fernerhin die Berliner Studenten wie folgt charakterisiert:

---

36 Gesicht und Werk. Reclams Universum 7.2.1940. GSA 69/6503.
37 Franz Klemens Gieseking: Begegnung mit Börries von Münchhausen. Ein erlebnisreicher Abend in der Aula der Hermann-Löns-Schule. Münsterische Zeitung, 1.11.1939. GSA 69/6503.
38 Münchhausen las aus eigenen Werken. In: Göttinger Tageblatt, 4.3.1940. GSA 69/6503.
39 Börries von Münchhausen: Göttinger Musen-Almanach für 1898. Herausgegeben von Göttinger Studenten. Göttingen 1898, S. 1.

> Herrgott, die Kerle sind ja zu alt, um sich mal an einem Mädel oder der wunderschönen, weiten Welt zu begeistern. Sie schauspielern sich in die Rollen der Weltschmerzler hinein und glauben originell zu sein, wenn sie mit düstren Brauen Hamletmonologe halten und den lieben Gott in persönlichen Verruf stecken.[40]

An der kurzen Vorrede des Musenalmanachs ist vor allem die Tatsache bemerkenswert, dass Münchhausen es schafft, das anachronistische Lyrikverständnis als eine Jugendbewegung, eine Avantgarde gegen den der Fin-de-Siècle-Stimmung verbundenen ‚Mainstream' der Hauptstadt darzustellen.[41] Die Innovation wird hier schlichtweg postuliert und fortan übernommen, obwohl die Behauptung weitaus weniger Grundlage hat, als das bei Mickiewicz oder Manger der Fall war. Die Vorrede ist ein Element in dieser frühen Automodellierung, ein anderes sind die Texte selbst. Bereits die erste Ballade des Musenalmanachs deutet an, welche literarische Nachbarschaft Münchhausen als angemessen empfindet, nämlich Hermann Stodtes *Mutter, lass mich tanzen gehen*:

> Mutter, lass mich tanzen gehn,
> Tanzen auf der Wiese,
> Sonne lacht, und draußen stehn
> Gretel schon und Liese.
> Mutter mahnt mit ernstem Wort:
> „Hüte Flachs und Rocken!"
> Doch schon springt das Mädchen fort,
> Luftig wehn die Locken.
>
> Mutter sitzt im Stuhl und strickt,
> Kätzchen schnurrt so leise,
> Und die Wanduhr traulich tickt
> Ihre alte Weise.
> Von der Wiese klingt es hell,
> Hörner und Schalmeien,
> Mädchen mit dem Trautgesell
> Schwingt sich rasch im Reihen.
>
> Sonne hinterm Walde sank –
> Zwei Verliebte wandern
> An dem hohen Korn entlang,
> Eins geschmiegt am andern.

---

40 Ebd., S. 2.
41 Vgl. hierzu auch Thomas F. Schneider: Ein „Beitrag zur Wesenserkenntnis des deutschen Volkes". Die Instrumentalisierung der Ballade in der extremen politischen Rechten und im Nationalsozialismus 1900–1945. In: Srđan Bogosavljević, Winfried Woesler, Slobodan Grubačić, Chryssoula Kambas (Hg.): Die deutsche Ballade im 20. Jahrhundert. Bern, New York 2009, S. 125–150.

> Rot in Blüte steht der Mohn,
> Duftet süß und linde....
> Mutter wartet lange schon,
> späht nach ihrem Kinde.[42]

Die Ausgestaltung der ländlichen Biedermeier-Idylle zieht alle motivischen Register: mahnende Mutter und übermütige Tochter, Kätzchen und Wanduhr, Wald, Korn und Mohn. Dazu Sonnenuntergang als atmosphärisches Passepartout und gendertypische Beschäftigungen (Stricken und Tanzen). Das Widerfahrnis ist hier die junge, ungestüme Liebe, die sich nicht von Mahnungen, Verboten und Rücksichtnahmen lenken lässt. Münchhausen reiht sich an zweiter Stelle mit einem Naturbild *Weißer Flieder* ein:

> Daß war der Tag. Die schwarzen Schnecken krochen. –
> Doch als die Nacht schlich durch die Gärten her,
> Da war der weiße Flieder aufgebrochen,
> Und über Mauern hing er schwer.
>
> Und über alle Mauern tropfen leise
> Von bleichen Trauben Perlen groß und klar, –
> Und war ein Düften rings, durch das die Weise
> Der Nachtigall wie Gold geflochten war.[43]

Im Kontext der naiven Idylle Stodtes ist die Intention des jungen Münchhausen, sich als versierter Dichter zu präsentieren, erkennbar. Die barock anmutenden, üppigen Naturmotive, die antithetisch von „Tag"/„schwarze Schnecken" vs. „Nacht"/„weißer Flieder" gerahmt sind, werden in manieristischer Weise („durch das die Weise / der Nachtigall wie Gold geflochten war") zu einem kunstvollen nächtlichen Stillleben verwoben, dessen Betrachter wohl – wenn man das oben zitierte Vorwort ernst nimmt – bewusst keine Spuren des Weltschmerzes erkennen lässt.

In diesem ersten Musenalmanach präsentiert Münchhausen sich als Theoretiker und Praktiker. Wie wirkungsvoll dieser Schachzug in der anschließenden politischen Atmosphäre ist, veranschaulicht die knapp vierzig Jahre später vollends im Duktus der Nationalsozialisten formulierte Rede des Germanisten Gerhard Fricke:

---

[42] Hermann Stodte: Mutter, lass mich tanzen gehn. In: Münchhausen, Göttinger Musenalmanach für 1898, S. 3f.
[43] Börries von Münchhausen: Weißer Flieder. In: Ders., Göttinger Musenalmanach für 1898, S. 5.

> Mit diesem neuen Göttinger Musenalmanach aber stieg in einer zerfallenden, müden Zeit die Standarte einer neuen deutschen Kunst aus den unvergänglichen Kräften deutschen Wesens wieder auf. Bald trat die ‚königliche Dichtung, die farbensprühende, lebenzitternde, starke Ballade' die Herrschaft in diesem neuen Musenalmanach an. Ihr galt Münchhausens Liebe und Berufung. Er hat die Ballade gegen ein willenschwaches zersetzendes Geschlecht, das ihr das Lebensrecht wegspotten wollte, wieder zu Ehren gebracht.[44]

Für die anhaltende Wirkung seiner Stilisierung sorgt vor allem der Dichter selbst, der unermüdlich an der Marke „Münchhausen" arbeitet. Nach dem Erfolg des *Musenalmanachs* präsentiert er sich 1906 bereits urteilssicher als „Meister der Ballade", wenn er die von August Scherl herausgegebene Anthologie *Neuer deutscher Balladenschatz* gnadenlos verreißt:

> Ich schäme mich ein wenig über das gefühlsselige Bild, aber ich finde keins, das meine Traurigkeit gleich gut ausdrückt: Ich stehe weinend am Grabe der deutschen Ballade. Sie ist nämlich totgeschlagen, ermordet. Nicht von ihren Feinden, denn wer vermöchte der sieghaften, herrlichen, königlichen Dichtung gegenüberzutreten! Aber einige Dutzend wohlmeinende und geschwätzige Dilettanten haben sie meuchlings totgedichtet.[45]

Das harte Urteil, die „Mehrzahl der Gedichte des Balladenschatzes [seien] entsetzliche Dilettantereien",[46] wird durch eine Selbstdarstellung als Kenner der Materie bekräftigt: „Diesen Herbst sind es zehn Jahre, daß ich im Schrifttum stehe. Den größten Teil dieser Zeit, meine stärksten Tage, meine besten Kräfte habe ich der deutschen Ballade geweiht."[47] Seine Leistung präsentiert er selbstbewusst: „Dann wurde, hauptsächlich durch unsere Göttinger Musenalmanache allmählich der ‚Königlichen Dichtung' wieder ans Licht geholfen, bis sie ‚modern' wurde – so gräßlich modern, daß es bis zu Balladen Preisausschreiben kam, Pathos der verstiegenen Heldenhaftigkeit sich durch das Schrifttum wälzte."[48] Deutlich erkennbar ist das Bemühen, das eigene Betätigungsfeld im literarischen Diskurs aufzuwerten, indem er der Gattung, wie es bereits Thomas Percy tat, einen geradezu majestätischen Status einräumt.

Seinen eigenen profiliert Münchhausen wiederum in der Auseinandersetzung mit literarischen Größen, wenn er Goethes Daktylus in *Gott und die Baja-*

---

[44] Gerhard Fricke: Göttinger Hain und Göttinger Ballade. Festrede anläßlich des Festaktes der Stadt Göttingen zum 200jährigen Universitäts-Jubiläum am 26. Juni 1937, gehalten von Dr. Gerhard Fricke, Ordentlicher Professor an der Universität Kiel. Göttingen 1937, S. 23.
[45] Börries von Münchhausen: Am Grabe der Ballade. In: Ders.: Aufsätze bis 1928, S. 2–8. Manuskript aus dem Nachlass. Aus den Beständen des Goethe-Schiller-Archivs, GSA 69/6503.
[46] Ebd.
[47] Ebd.
[48] Börries von Münchhausen: Fröhliche Woche mit Freunden. Vermehrte Neu-Fassung. Stuttgart, Berlin 1941, S. 28.

dere fachmännisch beäugt und konstatiert: „Ich muß ehrlich gestehen, daß ich nicht mehr mitkann [...], daß es mir [...] hier als Priestergesang nicht glücklich scheint."[49] Gegen den Nationaldichter lehnt er sich zwar nicht auf und gibt zu, dass es „mehr als läppisch [wäre], aus diesem Grunde der Goethe'schen Ballade ihren Wert abzusprechen",[50] doch markiert er seinen Standort in der Gattungsgeschichte, der ihn zu der Feststellung treibt:

> in dem anderthalb Jahrhundert, das seit dieser Ballade übers deutsche Land gegangen ist, [haben wir] einen geräumigen Schritt vorwärts getan [...] in der Feinfühligkeit gegenüber der dichterischen Form und in der Unerbittlichkeit gegenüber jedem Mißverhältnisse zwischen Form und Inhalt.[51]

Indem er sich nicht scheut, den Dichterfürsten zu kritisieren, präsentiert er sich auf Augenhöhe und mehr noch: Er stellt seine Balladenvorstellung als ästhetische Neuerung (hier liegt also eine Innovationsbehauptung vor) und als zeitgemäße Überwindung der Goethe'schen Ästhetik dar. Diese Taktik hat meiner Meinung nach eine andere Funktion, als die Ballade im Sinne „kunstpolitischer Propaganda" zu nutzen, wie es Thomas Schneider in seinem Aufsatz resümiert.[52] Von den ersten öffentlichen Äußerungen zur Ballade in den *Musenalmanachen* an ist die Strategie beobachtbar, das Feld der literarischen Balladendichtung zu umreißen, inhaltlich wie formal festzulegen und sich anschließend als führende Figur darin zu positionieren. Dafür sprechen die gezielte Verbreitung des Werks in Form von Publikationen und Vorträgen sowie die Selbstverortung, die er durch Affirmation einer bestimmten Tradition und Abgrenzung im gegenwärtigen Betrieb vornimmt.

Ähnlich, wie es bei Mickiewicz zu sehen war, verortet sich Münchhausen innerhalb der zeitgenössischen Literaturlandschaft, indem er eine alternative historische Traditionslinie skizziert, die die Innovationsbehauptung untermauern soll. Die Rolle, die Goethe und Byron für den jungen Mickiewicz einnehmen, übernimmt für ihn Moritz Graf von Strachwitz, in dem er wohl nicht zuletzt aufgrund der adeligen Herkunft einen Dichterseelenverwandten sieht:

---

49 Börries von Münchhausen: Die Meisterballaden. Ein Führer zur Freude. Stuttgart, Berlin [1923] 10. Aufl. 1940, S. 72.
50 Ebd.
51 Ebd.
52 Schneider, Ein „Beitrag zur Wesenserkenntnis des deutschen Volkes" 2009, S. 134.

> Entwicklungsgeschichtlich komme ich von Strachwitz her, der die große Liebe meiner Jungensjahre war, daneben von den Volksballaden, die ich in den Sammlungen meiner Mutter wieder und wieder verschlang. Später wirkten Bürger, Fontane, Meyer, gelegentlich auch Dahn auf meine Balladen.[53]

Diese Selbstverortung profiliert die Programmatik und bewirkt eine Selbsthistorisierung. Mit der *Sammlung deutscher Balladen von Bürger bis Münchhausen*, die er 1934, also schon in führender Position in der ‚bereinigten' Akademie der Künste tätig, herausgibt, schafft er ein historisierendes Narrativ, an dessen Ende er selbst steht. Die Geschichte der Ballade des 18. Jahrhunderts zeichnet er als eine der Befreiung von der „kulturellen Vorherrschaft Frankreichs", von der „geistige[n] und seelische[n] Abhängigkeit von der spielerischen Konvention der Rokokogesellschaft".[54] Danach mache sie eine „wechselreiche, noch nicht zusammenhängend durchleuchtete Geschichte durch, von Höhen- und Tiefpunkten durchzogen".[55] Der Qualität abträglich sei, dass sie sich vom „Volksmäßigen" entferne, „Probleme der Einzelseele" gegenüber der „Gemeinschaftsverbundenheit" bevorzuge und den „musikalischen Gehalt" durch die „große Gebärde" ersetze.[56] Diesen Kriterien folgend, kommt er zu dem literaturgeschichtlich überraschenden Schluss, es gäbe „ganze Epochen, die keine schöpferische Balladenkunst hervorbrächten, wie Romantik, Naturalismus und Expressionismus."[57]

> So sehr die Romantik geeignet ist, dem Mysteriosen und Numinosen im Gehalt nahezukommen, so zerfließt auf der anderen Seite ihre Formkraft zu sehr, um Ballade gestalten zu können. Zu stark ist die lyrische Grundanlage des Romantikers, und nur in Schwaben, wo durch klassische Einwirkung und Volksanlage sich visionärer Blick mit kräftigem Realismus mischt, konnte die Ballade sich weiter entwickeln, zumal die schwäbische Romantik sich der romantischen Ironie entzog.[58]

Dass Münchhausen der Heidelberger gegenüber der Jenaer Romantik den Vorzug gibt, überrascht kaum. Die Ablehnung des Naturalismus hängt mit der persönlichen Antipathie gegenüber Gerhart Hauptmann und Arno Holz zusammen, die frühzeitig jegliches Interesse an Münchhausens neuer institutioneller Betätigungsstätte, der Akademie der Künste, zurückwiesen.[59] Den Expressionismus

---

53 Münchhausen, Fröhliche Woche mit Freunden 1941, S. 28.
54 Börries von Münchhausen: Sammlung deutscher Balladen von Bürger bis Münchhausen. Mit einem Vorwort von Börries, Freiherrn von Münchhausen. Halle 1934, S. IV.
55 Ebd., S. V.
56 Vgl. ebd.
57 Ebd., S. VII.
58 Ebd., S. VI.
59 Mittenzwei, Die Mentalität des ewigen Deutschen 2003, S. 61 und S. 65.

letztlich, der „in seiner schemenhaften Abstraktion des Gestaltmäßigen [...] ebenfalls nicht die Kraft zur Durchblutung einer Kunstform [hat], die immer bewegtes Leben verlangt",[60] diskreditiert Münchhausen gänzlich. Seine Strategie, sich als volksnahen Dichter zu präsentieren, untermauert er, indem er die Autoren als volksabgewandte Elite zeichnet:

> Unsere Lyrik hat sich, vorzugsweise durch Hofmannsthal, George und Rilke, so sehr ins Allerreinste hinaufgestiegert, daß sie schon deshalb nicht mehr als Volkskunst gelten kann [...]. So halte ich eine solche [Annäherung zwischen Dichtung und Volk], wenn ich Dichtung gleich Rilke und George und Volk gleich den fünf Millionen Gebildeten sehe, überhaupt nicht für möglich.[61]

Insbesondere George wird zu einer Art Intimfeind, von dem Münchhausen habituell abrückt: „und ich verstehe nicht, warum ich den Hochmut bei Edelleuten oder Beamten oder Ordensträgern verwerfen, aber etwa bei einem George billigen soll."[62] Die Distanzierung zeugt von gekränkter Eitelkeit eines Dichters, der nach höchster Anerkennung strebt, dem diese aber von den maßgeblichen Vertretern des Literaturbetriebs versagt bleibt. Dafür jedoch, dass seine Bekanntheit und sein Status sich weiterhin halten, spricht eine Rezension der *Sammlung deutscher Balladen* von Walter Benjamin. Benjamin bezeichnet Münchhausen darin unumwunden als „den bekannten Balladendichter" und lobt sachlich die handwerkliche Arbeit.[63]

Die kurze Aufmerksamkeit für Münchhausens konservative Revolution ebbt in Expertenkreisen jedoch ab – den etwa zeitgleich stattfindenden Neuerungen, die der Naturalismus, Expressionismus und die neue Sachlichkeit für sich reklamieren, hat er kaum etwas entgegenzusetzen, verbreitet deshalb Häme über sie. Zeitlebens verfolgt er die Strategie, seine antimodernistische Ästhetik als das bahnbrechend Neue und Zeitgemäße zu präsentieren. Seine Balladen tragen Titel wie *Graf Egisheim*, *Schwertspruch*, *Landgrafenballade*, *Die Lederhosensage*, *Blühende Linden* oder *Deutsches Abendbildchen*.[64] Den biedermeierlichen Ton und Themen, die um Familientraditionen und ritterlichen Heldenmut kreisen, als Neuerung zu vermarkten, gelingt ihm nicht zuletzt deshalb, weil er seine Balladenvorstellung manifestartig verbreitet. Paradoxerweise publiziert Münchhausen nach dem Ersten Weltkrieg nichts Neues, dafür umso mehr. Zahlreiche Neu-

---

60 Münchhausen, Sammlung deutscher Balladen von Bürger bis Münchhausen 1934, S. VII.
61 Ebd., S. 72.
62 Münchhausen, Fröhliche Woche mit Freunden 1941, S. 132.
63 Walter Benjamin: Die deutsche Ballade. In: Ders.: Ausgewählte Werke. Darmstadt 2015, S. 428–429. Hier S. 428.
64 Alle Beispiele aus Börries von Münchhausen: Das Herz im Harnisch. Neue Balladen und Lieder des Freiherrn Börries von Münchhausen. Berlin 1917, S. 3, 11, 15, 62, 83, 90.

auflagen seiner Werke erscheinen, die bemerkenswerterweise beständig rezensiert werden. Dass die Rezensenten ihre liebe Not haben, sie überhaupt zu thematisieren, wird ersichtlich, wenn allein die chronologische Ordnung, in die die Stücke gebracht wurden, als eine Neuerung gepriesen wird.[65] Als 1939 die zweibändige Ausgabe *Balladen-* und *Liederbuch* erscheint, unterstreicht der Rezensent das Verhältnis von Bestehendem und Neuem, indem er meint, „[d]as Balladenbuch ist Gemeingut des Volkes, die reine Lyrik bisher noch nicht so verbreitet. Der vorliegende starke Auswahlband enthält die Ernte von über dreißig Jahren."[66] Die Wiederholung trägt dazu bei, Münchhausen als einen Volksdichter zu historisieren, dessen Werk bereits in aller Munde ist.

Die Resonanz ist vor allem in der regionalen Tagespresse auffallend groß. Das deutet auf einen Modellwechsel hin, den wir bereits im Fall von Itzik Manger beobachten konnten: Wurde Münchhausen als Herausgeber des *Musenalmanachs* im etablierten Betrieb wahrgenommen, so lässt sich mit dem Ersten Weltkrieg eine Verschiebung in die Breite rezipierender Öffentlichkeit und deren Alltags- und Massendiskurs feststellen. Als etwa die immerhin zehnte Auflage seiner Balladenaufsätze *Meisterballaden. Ein Führer zur Freude* erscheint, wird sie in folgenden Zeitungen besprochen:

- Hamburger Fremdenblatt, 7.11.1940
- Lüdenscheider General-Anzeiger, 30.11.1940
- Lüdenscheider General-Anzeiger, 1.12.1940
- Stuttgarter Neues Tageblatt, 7.12.1940
- Der Mittag, Düsseldorf, 10.12.1940
- Brüsseler Zeitung, 11.12.1940
- Schlesische Zeitung, Morgen Ausgabe, Breslau, 20.12.1940
- Kölnische Zeitung, 22.12.1940
- Magdeburgische Zeitung, Abend-Ausgabe, 23.12.1940
- Westfälische Landeszeitung, Dortmund, 27.12.1940
- Stuttgarter Neues Tagesblatt, Dez. 1940
- Beobachter am Main, Frankfurt, 4.1.1941
- Wittenberger Zeitung, 23.1.1941
- Württembergische Zeitung, Stuttgart, 23.1.1941
- National-Zeitung, Essen, 7.2.1941
- NSZ Westmark, Kaiserslautern, 15.2.1941

---

65 Moritz Jahn [...], der junge Lyriker Alfred von Kessel und Alfred Willy Kunze haben die wichtigsten Stücke herausgelesen, um einige bisher nicht gedruckte Arbeiten vermehrt, einige Lyrika hinzugefügt und dem Ganzen eine chronologische Ordnung gegeben. Fechter: Münchhausens Balladen. In: Deutsche Zukunft vom 27.11.38. GSA 69/6503.
66 Robert Hohlbaum: Münchhausen, der Lyriker. In: Braunschweiger Tageszeitung vom 18.2.1939. GSA 69/6503.

- Hamburger Tageblatt, 27.2.1941
- Hannoverscher Kurier, 25.5.1941
- Der Ruhr-Arbeiter, Essen, 1.7.1941
- Deutsche Wissenschaft, Erziehung und Volksbildung, 5.7.1941
- Westdeutscher Beobachter, 8.7.1941
- Zeitschrift für Deutschkunde, Leipzig, 1941[67]

In den Rezensionen wird er als Kritiker gewürdigt: „Börries, Freiherr von Münchhausen hat 11 Meisterballaden bewertet nach der Stoffwahl, ihrem Aufbau, dem Versbau. Da er selbst vom Bau ist, sind seine Bewertungen für jeden, der sich in diese Dichtung einleben will, aufschlussreich und fördernd."[68] An der Einschätzung als Praktiker und Handwerker („vom Bau") offenbart sich abermals, dass die Selbststilisierung in der Presse aufgegriffen und stabilisiert wird. Die Wahrnehmung als „unser Prachtkerl, der Balladen-Münchhausen"[69] und als „Meister der Ballade"[70] ist weder vom literarischen Verstummen noch von der mangelnden Aufmerksamkeit seitens der renommierten Literaturkritik beeinträchtigt. Im Gegenteil lanciert die Presse einstimmig Einschätzungen wie diese: „der größte lebende Balladendichter deutscher Zunge"[71], „Er hat sie [die Ballade] auch zu einer Renaissance geführt, die ihn heute an die Spitze aller unserer zeitgenössischen Dichter stellt."[72]

Zum Balladenbaron wird er unter anderem, weil er sich zunehmend durch seine Vortragstätigkeit profiliert. Dass eine Inszenierung als Barde authentifizierend wirken kann, wurde im vorangegangenen Kapitel eingehend erörtert. Der Unterschied zwischen dem äußerlich verlotterten Troubadour Manger und dem stets korrekt auftretenden, nationalkonservativen Freiherrn kann habituell kaum größer sein, gemeinsam ist ihnen, dass beide diesen Habitus sorgsam pflegen. Wie er nicht nur Balladendichter, sondern Balladentheoretiker war, ist er nicht nur Rezitator, sondern professioneller Barde, „Erbe der großen deutschen Balladensänger",[73] der sich in Essays und Artikeln zu dieser Tätigkeit aus-

---

67 Alle Rezensionen unter GSA: 69/6503: Sammlungsstücke.
68 In: Pößnecker Zeitung und Ziegenrücker Kreisanzeiger, 24.2.42. GSA: 69/6503.
69 Vom deutschen Humor. Jahrbuch der deutschen Dichtung 1938. Herausgegeben vom Verein Raabe-Stiftung. In: Völkischer Beobachter 10.1.1939. GSA: 69/6503.
70 Nationalzeitung, 8.2.1939. GSA: 69/6503.
71 Meisterballaden, Brüsseler Zeitung 11.12.1940. GSA: 69/6503.
72 Essener Allgemeine Zeitung, Abendausgabe 9.2.1939. GSA: 69/6503.
73 Hakenkreuzbanner Mannheim. 27.11.1940. GSA: 69/6503.

giebig äußert. In dem Bändchen *Dichtervorträge. Erfahrungen und Vorschläge*[74] berät er zu allen das Vortragsgeschäft betreffenden Belangen. Unerfahrene Vortragsdichter können hier lernen, dass die Frage der Unterkunft (Wirtshäuser lehnt er als unpersönlich ab), der Nachbereitung (spätere Drucklegung der Vorträge lehnt er ebenfalls ab) sowie der Türdienst ebenso wichtig sind wie die Abrechnung, Werbetätigkeit oder die Textauswahl. Besonderen Wert scheint er auf die Erziehung der Hörerschaft zu legen: Die Vorträge haben ohne akademisches Viertel zu beginnen, Nachzügler bleiben ausgeschlossen.[75]

Was sich als Leitfaden für die junge Generation moderner Barden präsentiert, ist ein Baustein der Marke „Münchhausen". Der standesbewusste Freiherr formuliert dünkelhaft seine Ansprüche an Veranstalter und Publikum und ist bemüht, den Eindruck der Geschäftsmäßigkeit mit dem Bewusstsein des eigenen Wertes zu verbinden. Im Aufsatz *Bardentum, – ein neuer Weg zur Verbreitung der Dichtung*[76] stellt er, wie der Titel bereits andeutet, den mündlichen Vortrag als eine zeitgemäße Neuerung dar: „Es ist nämlich mit der Verbreitung von Gedichten so, daß wir zwei Zeitalter unterscheiden müssen, denen sich [...] plötzlich ein drittes anschließt, das dem ersten ähnelt."[77] Dass er dafür plädiert, das Zeitalter des Buchdrucks müsse dem neuen des Mündlichen weichen, ist an dieser Stelle allerdings nicht im Sinne der Volkspoesie gemeint, sondern erstaunlich pragmatisch begründet: Der Verdienst an einem Buch übersteige nicht den Lohn für einen Vortrag – davon könne ein Dichter jedoch innerhalb kürzester Zeit viele halten. Die Wirkung des gesprochenen Wortes sei größer, der erreichte Hörerkreis ebenfalls und so seien Vorträge die beste Werbemaßnahme und Einnahmequelle.

Wie groß die Bedeutung des Vortragsgeschäfts war, zeigt sich erneut an der ungebrochenen Aufmerksamkeit. Jeder Auftritt wird in der Lokalpresse wahrgenommen und euphorisch mit Äußerungen wie „Ein Sänger geht durch die deutsche Welt"[78] oder „Münchhausen zählt zu den bedeutendsten und größten unter den modernen Dichtern"[79] gefeiert. Berichtet wird von überfüllten Sälen und

---

74 Börries von Münchhausen: Dichtervorträge. Erfahrungen und Vorschläge. Leipzig 1925.
75 Ebd.
76 Börries von Münchhausen: Bardentum, – ein neuer Weg zur Verbreitung der Dichtung. In: Ders.: Die Garbe. Ausgewählte Aufsätze. Stuttgart, Berlin: Deutsche Verlags-Anstalt 1933, S. 77–83. Erstmals erschienen in der Deutschen Allgemeinen Zeitung im Juni 1931. GSA: 69/6503.
77 Ebd., S. 77.
78 Paul Falk: Börries von Münchhausen trug vor. In: Düsseldorfer Nachrichten vom 14.10.38. GSA: 69/6503.
79 Josef Hund: Freiherr Börries von Münchhausen. In: General-Anzeiger der Stadt Wuppertal vom 1938. GSA: 69/6503.

großem Beifall. Diese kurzen Berichte befördern ungebrochen seinen Status als führender Balladendichter außerhalb des etablierten Literaturbetriebs. Der Dichter ist präsent, sei es durch Neuauflagen oder Vorträge, und er ist es als Marke „Münchhausen, der Meister der Ballade" oder – mit Hinweis auf seine Abstammung – „Balladenbaron". Auf diese Weise gelingt es ihm, bis zu seinem Tod weithin als der profilierteste Vertreter der Gattung zu gelten. Der Balladendiskurs bis 1945 in Deutschland ist mit dem Namen Münchhausen verbunden. Wer an Balladen denkt, denkt an Münchhausen.

Der nächste Abschnitt zeigt, dass seine Popularität mit einem im Kontext der beiden Weltkriege entstandenen Bedarf nach einem heroischen und ritterlichen (und heteronormativen) Männer- und einem dahinterstehenden reaktionären Gesellschaftsbild zu erklären ist. Darin zeichnet sich zugleich die Zielgruppe von nationalkonservativen, gebildeten jüngeren und älteren Männern ab, für die dieses Bild als Identifikationsangebot attraktiv war.

Die Popularität wird von der Lokalpresse mit Argumenten untermauert und befördert, in denen unablässig dasselbe Lied vom Erneuerer, Meister und Balladenbaron gesungen wird. Hier lässt sich also wie bereits bei Mickiewicz beobachten, wie in den Massenmedien Modelle konvergieren: Sie erzeugen eine in diesem Fall künstliche Resonanz des ästhetischen Modells, die im literarischen Diskurs nicht zu beobachten ist und die – die Rezension der Meisterballaden beweist es – ziemlich inhaltsleer daherkommt. Auf die ästhetische Qualität hinzuweisen, legitimiert aus massenmedialer Sicht offenbar die Aufmerksamkeit, die dem Baron zuteilwird, zusätzlich. In Wirklichkeit hat sie ganz andere Gründe.

6.3 Auto- und Heteromodellierung in sozialmoralischer Hinsicht: Vorbild und Erzieher

In den Balladen dominiert auffällig der homodiegetische Erzähler: In der Sammlung *Beerenauslese* von 1941 kommt er in gut 50 von 72 Balladen vor. Ein Blick auf das dem Band vorangestellte Stück *Balladen* offenbart die sich dahinter verbergende Programmatik.

> Tausend Nächte saß ich gottverlassen
> Und erlebte immer wieder Mich,
> Bis mein Hoffen, Fürchten, Lieben, Hassen
> In gespensterhafte Helden wich,
> Und mir graute selbst von den Gestalten,
> Die mit einem Leben ich durchdrang

> Das, von ewger Leidenschaft gehalten,
> Die Erschütterten zu *handeln* zwang.[80]

In den Helden spiegelt sich ein Stück seiner selbst, umgekehrt bedeutet dies, dass Münchhausen der geheime Held dieser Balladen ist. Als solcher hält er allen Widerfahrnissen ein vom adeligen Selbstverständnis her entwickeltes ritterliches Ethos entgegen. Dieses betrifft in besonderem Maße das in seiner Dichtung dominante Thema des Krieges:

> Alle Burschen, alle Dirnen,
> Heiße Herzen, stolze Stirnen,
> Alle Männer, alle Weiber,
> Frohe Fäuste, läßge Leiber,
> Was an Saat aus Samen stieg, –
> Alle Saaten an den Krieg!
> „Sag, was sollen Jungen tun?"
>
> Solln sich fest mit Fäusten hauen,
> Bis sie lernen Faustvertrauen,
> Sollen sich mit Gerten schlagen,
> Bis sie lernen Schwerter tragen!
> „Sag, was sollen Burschen tun?"
>
> Burschen solln den Krieg beginnen,
> Denn sie sind von heißen Sinnen,
> Und wer zwanzigjährgen Blutes,
> Der tut unbesonnen Gutes!
> „Sag, was sollen Männer tun?"
>
> Breite Männerfäuste mit Bedacht
> Hämmern Schlag auf Schlag das Erz der Schlacht,
> Und die schweren Hiebe sind verschieden nie,
> Breite Siegeskronen schmieden sie!
>
> „Sag, was sollen Greise tun,
> Dürfen die vom Kriege ruhn?"
>
> Greise solln Kriege denken,
> Denken, wie sie Kämpfer lenken,
> Sollen das Gedächtnis tragen,
> Wie die Väter sich geschlagen,
> Solln den Jungen, die sie ehren,
> Ewgen Krieges Weistum lehren:
>
> Aller Mädchen, aller Jungen,
> Junge Kraft in Herz und Lungen,
> Aller Männer, aller Weiber
> Mächtge Arme, trächtge Leiber,
> Was aus Adams Samen stieg, –
> Aller Samen an den Krieg.[81]

Kampfbereitschaft, Kriegsbegeisterung, Vitalität, Respekt vor dem Alter, klare Aufgabenverteilung und Solidarität zwischen den Geschlechtern und Generationen – ein solch antimodernistischer Habitus, wie ihn dieses *Lied vom Kriege* vermittelt, findet im geistigen Klima des Kaiserreichs in einigen Milieus Anklang, seine Attraktivität wird im Nachklang des Ersten Weltkriegs noch gesteigert.

Das *Lied vom Kriege* ist geradezu exemplarisch für das im 19. und frühen 20. Jahrhundert dominierende Männlichkeitskonzept. Wolfgang Schmale veror-

---

80 Börries von Münchhausen: Das dichterische Werk in zwei Bänden. Band 1: Das Balladenbuch (Die gesammelten Balladen). Stuttgart 1959, S. 15.
81 Börries von Münchhausen: Lied vom Kriege. In: Die Standarte. Balladen und Lieder des Freiherrn Börries von Münchhausen. Stuttgart, Berlin [1916] 1922, S. 151.

tet dessen Ursprung in der Aufklärung, die das Ideal einer „Geschlechtsidentität" etablierte.[82] Die Umsetzung in der bürgerlichen Gesellschaft dauerte ein knappes Jahrhundert, sodass sich die idealisierte Männlichkeit, als gesellschaftliche Geschlechterdiskurse vorgebend und strukturierend, erst in den Jahren 1860 bis 1880 endgültig behauptete.[83] In diesem Sinne als hegemonial verstanden, knüpft das Narrativ, das Heldentum und Opfertod als erstrebenswert lanciert, an ein Männermodell an, in dem sich die Vorstellung schöner, am klassizistischen Ideal ausgerichteter Körperlichkeit mit der vom Mann als Erzeuger in sexueller und kultureller Hinsicht vereint.[84] Innerhalb dieser Männlichkeitsvorstellung, die sich in konstruierte Opposition zu Juden, ‚Zigeunern' oder homosexuellen Männern begibt, wurde Weiblichkeit – wie im *Lied von Kriege* – relational gedacht. Münchhausens Erfolg stellt sich ein, als dieses Männlichkeitsbild institutionell in sogenannten „homosozialen Organisationen", zu denen Militär und Männerbünde als wichtige Münchhausen rezipierende Gruppen gehörten, gefestigt wurde.[85] Gleichzeitig setzte die Avantgarde marginalisierte und stigmatisierte Männermodelle offensiv in Opposition zu dem hegemonialen und wurde als deren Bedrohung wahrgenommen.[86] Das Vorwort des oben zitierten Musenalmanachs ist deshalb nicht nur als Selbstverortungsgeste im Literaturbetrieb zu verstehen, sondern als Reaktion auf die Erosion des männlichen Eigenschaftsinventars, die abfällig mit Schwäche konnotiert und diskreditiert wird. Im Mittelpunkt des „militarisierten"[87] Männerbildes stehen vitalistische ‚Tugenden' wie „Härte, Pflichterfüllung, Einordnung ins Glied, d. h. Treue zum Männerbund, Gehorsam, Opferwilligkeit usw."[88] Münchhausen verkörpert diesen ritterlichen Habitus allein durch seine adelige Abstammung besonders glaubwürdig, was die Berichterstattung – selbst im Ausland – bestätigt, wenn sie ihn als „vornehmen, vom ritterlichen Lebensgeiste erfüllten Dichter, der in bester deutscher Tradition wurzelt"[89], beschreibt. Er teilt – privat wie öffentlich – die Kriegsbegeisterung des konservativen Milieus, und da seine „Liebhaberei mehr aufs Zuschlagen geht", meldet er sich freiwillig als Gardereiter zum aktiven

---

82 Wolfgang Schmale: Geschichte der Männlichkeit in Europa (1450–2000). Wien 2003, S. 152.
83 Ebd., S. 151 f.
84 Ebd., Schaubild.
85 Vgl. ebd.
86 Ebd., S. 213–232.
87 Ebd., S. 195–203.
88 Jürgen Reulecke: „Ich möchte einer werden so wie die –". Männerbünde im 20. Jahrhundert. Frankfurt 2001, S. 100.
89 Deutsche Zeitung, São Paulo, 17.10.1938. GSA: 69/6503.

Dienst.[90] In diesem Milieu findet er Anerkennung. Jutta Ditfurth erklärt in der Biografie ihres Urgroßonkels *Der Baron, die Juden und die Nazis*:

> Sein Werk gefiel der Heeresführung [...]. Auch Generäle lasen im Feld Münchhausens Gedichte. Sein Werk nützte in Zeiten des Krieges: romantisch und rückwärtsgewandt, das Heldische preisend, die soziale Ordnung stabilisierend, brachte es niemanden auf pazifistische oder gar umstürzlerische Gedanken. Der zweite Grund war, dass der Krieg buchstäblich zur Bühne für den Dichter wurde. Im März 1916 kam er aus Frankreich zurück, wo er in 13 Tagen 21 Lesungen absolviert hatte.[91]

Die Ehefrau Anna schreibt ehrfürchtig in einem Brief: „Der Krieg hat seine Sachen so bekannt und berühmt gemacht, es ist nicht zu sagen, kein Tag, an dem er nicht Briefe von Leutnants, Obersten, Generälen kriegt, die ihm danken. Auch Hindenburg ließ ihm sagen, es sei das einzige Luxusbuch, was er mithätte."[92] Dass Münchhausen sich für die ‚gehobene Gesellschaft' unter den Soldaten zu präsentieren wusste, illustriert eine Autogrammpostkarte, die er 1916 von sich drucken ließ und auf der er sich als schneidiger Gardereiter in Uniform abbilden lässt.[93] Dadurch verlässt er seine individuelle Rolle und solidarisiert sich mit der – im Ersten Weltkrieg prestigeträchtigeren – soldatischen Gemeinschaft.[94] Dieses Zugehörigkeitsbekenntnis geht mit einer Loyalitätserklärung gegenüber Militär und Staat einher und, folgt man Ute Frevert, „verwischt und überformt alle anderen Identitäten", alle „Status- und Herkunftsunterschiede".[95] Die Botschaft der Autogrammkarte ist klar: Er versteht sich in erster Linie als Soldat und es sind Soldaten, die seine Leserschaft stellen.

Doch nur mit der Verehrung einer militärischen Elite ist Münchhausens Erfolg nicht zu erklären, insbesondere nicht in quantitativer Hinsicht. Die Popula-

---

[90] In einem Brief an seinen Freund Levin Ludwig Schücking schreibt er: „Als Offizier wollten sie mich nur hinter der Front verwenden, und da meine Liebhaberei mehr aufs Zuschlagen geht, so habe ich mit meinen 41 Jahren in den sauren Apfel gebissen und bin wieder als gemeiner Mann eingetreten und zwar, da ich das Gehen ja leider nicht mehr so ‚präsentieren' kann [...], als Garde-Reiter." Brief vom 14.8.1914. In: Beate Schücking (Hg.): „Deine Augen über jedem Verse, den ich schrieb". Börries von Münchhausen, Levin Ludwig Schücking, Briefwechsel 1897–1945. Oldenburg 2001, S. 150.
[91] Jutta Ditfurth: Der Baron, die Juden und die Nazis. Reise in eine Familiengeschichte. Hamburg 2013, S. 191.
[92] Zit. nach ebd.
[93] Vgl. Abbildung ebd., S. 194. Nach Ditfurth ist er bewusst nicht als Offizier in die Armee eingetreten, um nicht hinter der Front zu verbleiben, sondern den Krieg aktiv mitzuerleben.
[94] Ute Frevert: Männer in Uniform. Habitus und Signalzeichen im 19. und 20. Jahrhundert. In: Claudia Benthien, Inge Stephan (Hg.): Männlichkeit als Maskerade. Köln 2003, S. 277–295. Hier S. 282.
[95] Ebd., S. 280.

rität lässt sich an den Auflagenzahlen bemessen. Zwar war sein Erstling *Juda*, auf den später noch ausführlicher eingegangen wird, bereits erfolgreich, doch die hohen Auflagenzahlen erreichen die Folgebände, deren Thematik nichts mehr mit dem Debüt gemein hat. Die Sammlung mit dem ritterlich-romantischen Titel *Das Herz im Harnisch* erscheint im Berliner Verlag Egon Fleischel & Co. 1911 mit einer Auflage von 3000 Exemplaren. 1912 folgen weitere 2000, 1913 ist ein Rückgang auf 1000 zu verzeichnen, 1914 gibt es keine Neuauflage mehr. Nach diesem kurzen Einbruch erscheinen 1915 und 1916 wieder je 1000 Exemplare, Auflagen, die sich 1917 und 1918 jeweils verdreifachen (vgl. Abb. 22).

Abb. 22: Anstieg der Verkaufszahlen von *Herz im Harnisch* (1911) im Kontext des Ersten Weltkriegs.

Das Muster der kriegsbedingt ansteigenden Verkaufszahlen wiederholt sich – wenngleich nicht ganz so klar, weil die Absätze niemals versiegen – bei den *Balladen und ritterlichen Liedern*, von denen 1908 4000 erscheinen, bis 1918 40.000 Exemplare verkauft werden und 1941 bereits 116.000 vorliegen.[96] Der Erfolg verdankt sich dem Ersten Weltkrieg, am sichtbarsten macht das eine erweiterte Neuausgabe seiner Balladen unter dem Titel *Alte und Neue Balladen und Lieder. Auswahl*, die offenbar gezielt für die neu entstandene Bedarfssituation zusammengestellt wurde. 1915 erscheint sie (wieder bei Egon Fleischel) bereits in vier Auflagen und 20.000 Exemplaren, die bis 1918 auf 70.000 ansteigen.[97] Der

---

96 4.000 1908; 5–6.000 1909; 7.000 1910; 8–10.000 1911; 11–13.000 1912; 14–16.000 1913; 17–18.000 1914; 19–21.000 1915; 22–25.000 1916; 26–30.000 1917, 31–39.000 1918, weitere Neuauflage mit 40.000 ebenfalls 1918, 1941 dann 116.000.
97 Im Detail: 1–5.000, 6–10.000, 11–15.000, 16–20.000 1915; 21–25.000, 26–35.000 1916; 36–55.000 1917, 56–70.000 1918.

Band, der später unter dem Titel *Münchhausen-Beeren-Auslese* veröffentlicht wird, erreicht 1941 eine Auflage von 141.000 Exemplaren. Der Verkaufserfolg ist eine Reaktion auf den durch den Ersten und Zweiten Weltkrieg geschaffenen Bedarf (vgl. Abb. 23). Auch zu der Zeit galten solche Verkaufszahlen als Indikator für Erfolg und kulturellen Status: „Das ist ein Ausdruck in Zahlen, daß sich Börries von Münchhausen mit seiner Dichtung im Bewusstsein unseres Volkes fest verankert hat."[98]

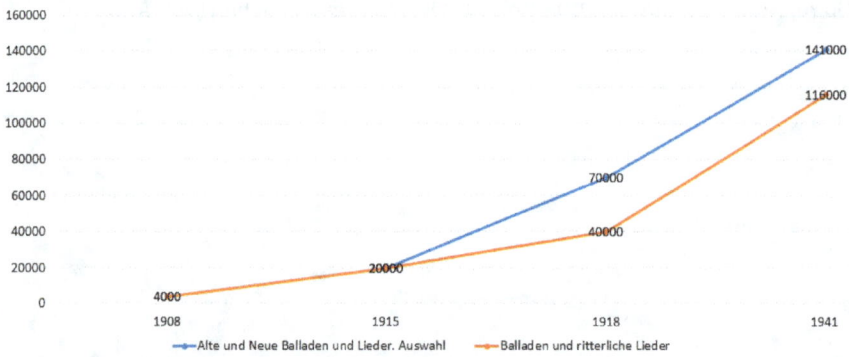

Abb. 23: Anstieg der Verkaufszahlen von *Alte und Neue Balladen und Lieder* sowie *Balladen und ritterliche Lieder* im Kontext beider Weltkriege.

Er trifft einen Ton, der besonders bei heimatverbundenen, konservativen Männern anzukommen scheint.[99] Zur Leserschaft gehören seiner Selbstauskunft zufolge vorrangig „Gymnasiasten und Kadetten, Studenten und Offiziere, Landräte, Ärzte, Richter, Professoren, Lehrer".[100] Dieser Rezeptionskreis lässt sich mit dem Begriff des „sozialmoralischen Milieus" beschreiben, mit dessen Hilfe Benjamin Zieman die Milieukulturen der Weimarer Republik spezifiziert. Diese Milieus verstanden sich als „Träger kollektiver und politischer Deutungskulturen", besaßen seinerzeit eine „hohe lebensweltliche Relevanz" und steuerten die „symbolische Ausdeutung der sozialen Wirklichkeit im deutschen Kaiserreich und darüber hinaus".[101] Das von Münchhausens Balladen angesprochene Milieu orientiert sich an den Werten des Kaiserreichs, wie sie Heinrich Mann in der Fi-

---

[98] Westfälische Landeszeitung, 8.1.1939. GSA: 69/6503.
[99] Vgl. Mittenzwei, Die Mentalität des ewigen Deutschen 2003, S. 164.
[100] Münchhausen, Fröhliche Woche mit Freunden 1941, S. 21.
[101] Benjamin Ziemann: Die Erinnerung an den Ersten Weltkrieg in den Milieukulturen der Weimarer Republik. In: Thomas F. Schneider (Hg.): Kriegserlebnis und Legendenbildung. Osnabrück 1999, S. 249–263. Hier S. 251.

gur Diederich Heßlings überzeichnet und ad absurdum führt: Kaisertreue bzw. Obrigkeitshörigkeit und ein Männlichkeitskultus, der um einen pathosbeladenen Ehr- und Solidaritätsbegriff kreist. Im Kontext des Ersten Weltkrieges kann die rückwärtsgewandte Männlichkeitsvorstellung als ein Idealbild dienen, das der Realität der Kriegserfahrungen imaginär entgegengesetzt wird – eine ‚Männerphantasie'. In der Zwischenkriegszeit ist sie als Erwartungshorizont, vor dem Männlichkeitsentwürfe entstehen, weiterhin aktuell, deshalb lassen sich die Balladen erneut aktualisieren: „Es sind männliche Schöpfungen, geboren aus romantischem Erlebensgrund, derb, humorvoll, leidenschaftlich, kämpferisch"[102] – so werden seine Männerhelden 1938 charakterisiert. Weil sie im Sinne einer idealisierten (Männer-)Gemeinschaft rezipiert werden können, gehören seine Balladen nach wie vor zu den „Gedichten [...], die uns etwas zu sagen haben":

> Während in früherer Zeit in den Balladen meist eine Person mit ihrem Erleben in den Mittelpunkt des Geschehens rückte, tritt an diese Stelle in der Ballade des Weltkrieges das „Wir", der „Kamerad", die „Brüder der Schlachten". [...] Hier ist Heldentum zu finden.[103]

Es sind die traditionsbewussten, deutschlandverbundenen Akteure, die dem Vernehmen nach zu einer Mythologisierung des Ersten Weltkrieges beigetragen haben,[104] und für diesen Zweck eignet sich erneut der ritterliche Männlichkeitsentwurf. Wie Kriegsdeutung und Männlichkeitsbild korrelieren, verdeutlicht die Rezeption von Erich Maria Remarques *Im Westen nichts Neues*. Thomas Schneider arbeitet heraus, dass die Diskussion um den Roman zunehmend auf die Frage seines Wahrheitsgehalts zugespitzt wurde, die wiederum zwei Positionen nach sich zog: Während die eine Seite die desillusionierende Kriegskritik lobte, warf die andere dem Text vor, „die deutschen Frontsoldaten zu diffamieren".[105] Für welche Partei Münchhausens Dichtung attraktiv war, lässt sich leicht erahnen: Die applizierende Rezeption korrelierte mit imaginären Wunschbildern ehren- und heldenvollen Soldatentums. Für die konkrete Bedarfssituation der Kriegsniederlage wird die Balladendichtung offen funktionalisiert:

---

102 Franz Lennartz: Die Dichter unserer Zeit. 275 Einzeldarstellungen zur deutschen Dichtung der Gegenwart. Stuttgart 1938, S. 200.
103 Gedichte Sammelbände, die uns etwas zu sagen haben. Deutsche Tageszeitung, Karlsbad 27.4.1939. GSA: 69/6503.
104 Vgl. Ziemann, Die Erinnerung an den Ersten Weltkrieg in den Milieukulturen der Weimarer Republik 1999, S. 249–263.
105 Vgl. Thomas F. Schneider: „Krieg ist Krieg schließlich". Erich Maria Remarque: Im Westen nichts Neues (1928). In: Ders., Hans Wagener (Hg.): Von Richthofen bis Remarque: Deutschsprachige Prosa zum I. Weltkrieg. Amsterdam 2003, S. 217–232. Hier S. 231.

> Unser ganz besonderes Interesse beanspruchen die Balladen, die das gewaltige Erleben des Weltkrieges, der Nachkriegszeit und der nationalsozialistischen Revolution gestalteten. [...] Wertvoll ist ihr Zeugnis, daß der Krieg trotz scheinbarer Niederlage nach außen, nach innen Werte geweckt hat, die unserm Volk Lebenskraft und zugleich neuen Daseinsanspruch verliehen haben.[106]

Münchhausen selbst stärkt das Applikationspotenzial, indem er den Gebrauchscharakter seiner Dichtung und damit eine Funktionalität im Krieg herausstellt. Das nimmt geradezu existenzielle Ausmaße an, wenn er betont, „daß ich besondere Freude an den Stücken meiner Bücher hatte, die man mir als Kugelfänger aus Brotbeutel und Satteltasche zerfetzt und zerfleddert zuschickte".[107] Kolportiert werden solche Aussagen von der Presse, die Münchhausen zu *dem* literarischen Bezugspunkt im Kriegserleben stilisiert, indem sie Zeugen sprechen lässt:

> Als wir als Jungens die erste Ballade Münchhausens hörten, gefiel sie uns sehr [...]. Unterdessen sind wir erwachsener geworden, und den Balladen von Münchhausen immer wieder begegnet [...], wir haben dann die Balladen im Krieg gelesen.[108]

Das sozialmoralische Modell kann im Bedarfsfall des Zweites Weltkrieges also erneut reaktiviert werden. Im Kontext des Aufrufs zu einer Bücherspende für die Frontsoldaten berichtet das *Hannoversche Tageblatt* über die Bedeutung, die einzelne Bücher im Ersten Weltkrieg besaßen. Unter den Autoren, die von den Veteranen genannt werden, sind Jean Paul und Hebbel, doch die Zeitung hebt ausschließlich Münchhausen mit der Zwischenüberschrift „Münchhausen als Kugelfänger"[109] hervor. Der zitierte Bericht untermauert in geradezu balladesker Manier seine Rolle als Dichter der Soldaten:

> Der Reiter unter uns, der gegen des Zaren Garde geritten war, zeigte einen fleckigen, durchschossenen Lederband des Freiherrn von Münchhausens ‚Herz im Harnisch'. Im Krieg kannte er jede Ballade und jedes Lied auswendig. Als ihn die Kugel traf, sorgte der Lederband dafür, daß sie nicht tödlich war.[110]

Einen eigenen Rezeptionsstrang bilden die Vertonungen. Ihre genaue Zahl ist unbekannt, doch scheint sie beachtlich: nach Münchhausens Angaben sind es

---

106 Die Ballade in der Dichtung. Westfälische Neueste Nachrichten, 9.11.1938. GSA: 69/6503.
107 Münchhausen, Fröhliche Woche mit Freunden 1941, S. 29.
108 B. E. Werner: Die Balladen Münchhausens. Deutsche Allgemeine Zeitung, Morgen-Ausgabe, 7.12.1938. GSA: 69/6503.
109 Dein bestes Buch für die Soldaten. In: Hannoverisches Tageblatt vom Sonntag, 29.11.39. GSA: 69/6503.
110 Ebd.

über 500, andere Quellen sprechen sogar von über 600.[111] Die Rezeption in Jugendbünden und Männergesangsvereinen folgt wiederum dem sozialmoralischen Modell. Dem gemeinsamen Gesang als Mittel der Gemeinschaftsbildung kam sowohl die informative Aufgabe zu, politische Orientierung zu liefern, sowie die emotionale, über die kollektiven Gefühlslagen Auskunft zu geben. Der Erfolg des Liedes war eng mit den Jugend- und den Männergesangsvereinen verknüpft, die nicht von den Karlsbader Beschlüssen betroffen waren und deren Popularität und Zahl im 19. Jahrhundert unter anderem deshalb enorm anstieg.[112] Die Liederbücher für Jugendbewegungen waren häufig per Hand geschrieben (vgl. Abb. 24). Darüber hinaus existierten natürlich die üblichen Ausgaben für den Hausmusikgebrauch.[113] Auf diese Weise werden die Lieder Teil der Alltagskultur für so unterschiedliche Zielgruppen wie den arrivierten konservativen Bildungsbürger und die von Nationalstolz oder Widerstandsgedanken beflügelte Jugend.

Die Transkription der Ballade in Abbildung 24, die einem Liederheft des Mitglieds einer widerständigen Jugendgruppe, Werner Schwister, entstammt,[114] lässt die Korrelation mit einem Männlichkeitsideal und den dazugehörigen Werten erkennen. Auf dem Bild zu sehen ist aller Wahrscheinlichkeit nach eine Aufnahme des Bergsteigers und Schauspielers Luis Trenker aus dem Film *Condottieri* aus dem Jahr 1937. Entgegen seinem gewohnten Rollenfach des Abenteurers spielt Trenker dort die historische Figur des von den Borgias seines Familiengutes beraubten Giovanni Lombardo Di Medici, der zunächst für die Familienehre kämpft und schließlich im Kampf für das Vaterland sein Leben lässt. Das Nebeneinander von Balladentext und Filmheld zeigt, wie Literatur in individuelle Lebenswelten appliziert werden konnte: Der Staufferkönig Konradin, der in der

---

111 Münchhausen selbst schreibt „Da leider nur ein Teil der Komponisten dem Dichter vom Erscheinen ihrer Werke Mitteilungen macht, ist diese Liste [der Vertonungen] unvollständiger als sie nach den Konzertberichten der Presse sein dürfte. Die Zahl der hier vorliegenden Vertonungen betrug im Mai 1940 – 505." Er zählt anschließend 78 davon auf. Münchhausen, Beeren-Auslese 137.–146. Tausend 1941, S. 101 (unpaginiert, eigene Zählung).
112 Vgl. Grosch, Das „Vaterländische Lied" als Konstrukteur nationaler Identität im frühen 19. Jahrhundert 2010, S. 38; Michael A. Förster: Kulturpolitik im Dienst der Legitimation. Oper, Theater und Volkslied als Mittel der Politik Kaiser Wilhelms II. Frankfurt a. M., Bern 2009, S. 204 f.
113 So beispielsweise die Ballade *Die alten Landsknecht*. Text nach Börries, Frh. v. Münchhausen für eine Singstimme mit Klavierbegleitung, vertont von F. v. Pigenot. Augsburg 1910.
114 Im Kontext der Ausstellung „Unangepasstes Jugendverhalten in Köln 1933–45" gezeigt. Das Motiv stammt aus dem Liederbuch des Kölner Pfadfinders Werner Schwister *Lieder aus aller Welt wie sie gerade kommen*. Dieses ist komplett in das Webportal „Editionen zur Geschichte" eingestellt: https://jugend1918-1945.de/portal/archiv/thema.aspx?root=8875 &id=4110, archiviert unter https://archive.ph/o1zE5.

Ballade gemeint ist, die Figur des italienischen Soldaten aus der Renaissance und der ihn spielende berühmte Bezwinger der Berge verschmelzen zu einem individuellen Vorbild.

Abb. 24: Seite aus dem Liederbuch des Kölner Pfadfinders Werner Schwister „Lieder aus aller Welt wie sie gerade kommen".

Die materielle Ebene ist überhaupt von Bedeutung: Der Komponist Robert Götz, der Münchhausens *Jenseits des Tales* vertont hatte, erwähnt neben den handschriftlichen und gedruckten auch hektografierte Kopien als Medium der Verbreitung von Volksliedern in Jugendbünden.[115] Ein seit 1814 verstärkt zu beobachtendes Eindringen ins Printmedium befördert die Distribution der Lieder und trägt nach Nils Grosch dazu bei, dass sich das Volkslied zu einem „effizienteren politischen Kommunikationssystem" des Nation Building entwickelt als Presse und Literatur, die Benedict Anderson in seiner Studie noch in den Mittelpunkt

---

[115] Robert Götz: Ich wollte Volkslieder schreiben. Gespräche mit Ernst Klusen. Köln 1975, S. 52.

rückt.¹¹⁶ Aufgrund der handlichen Publikationsform in leichten, schmalen Bänden singen nicht nur die zivilen Organisationen, sondern auch die Soldaten seine Lieder – hier schon im Zweiten Weltkrieg:

> Unter den mir eingesandten Soldatenliedern war eins, das mich gleich mit seinen Anfangsworten stutzig machte, fiel es doch völlig aus dem Rahmen des heutigen Soldatengesangs heraus [...]. Es war [...] wirklich die Münchhausensche Ballade „Jenseits"; etwas ganz Absonderliches: eine moderne Ballade, sogenannte Kunstdichtung im Mund unserer Feldgrauen.¹¹⁷

Der hier zitierte Dr. Paul Aspers aus Celle meint die in Abbildung 24 abgedruckte Ballade *Jenseits des Tales*:

Jenseits des Tales standen ihre Zelte,
Vorm roten Abendhimmel quoll der Rauch,
Und war ein Singen in dem ganzen Heere,
Und ihre Reiterbuben sagen auch.

Sie putzten klirrend am Geschirr der Pferde,
Hertänzelte die Marketenderin,
Und unterm Singen sprach der Knaben einer:
„Mädchen, du weißts, wo ging der König hin?" –

Diesseits des Tales stand der junge König
Und griff die feuchte Erde aus dem Grund,
Sie kühlte nicht die Glut seiner armen Stirne,
Sie machte nicht sein krankes Herz gesund.

Ihn heilten nur zwei knabenfrische Wangen,
Und nur ein Mund, den er sich selbst verbot,
Noch fester schloß der König seine Lippen
Und sah hinüber in das Abendrot

Jenseits des Tales standen ihre Zelte,
Vorm roten Abendhimmel quoll der Rauch,
Und war ein Lachen in dem ganzen Heere,
Und jener Reiterbube lachte auch.¹¹⁸

Dieses Lied ist Münchhausens größter Wurf, das in der Vertonung durch den bereits erwähnten erfolgreichen „‚Liedermacher' bündischer ‚Gebrauchslieder'"¹¹⁹ Robert Götz die Nachkriegszeit überlebt, worauf noch eingegangen wird. Der zeitgenössischen Bedarfskonstellation entsprechend, preist der öffentliche Diskurs das Lied. In einem im *Berliner Lokalanzeiger* abgedruckten offenen Brief hebt ein Kavallerieleutnant die Funktionalität mit der Feststellung hervor, das Lied „eignet sich zum Singen vom Sattel aus", und führt dessen geradezu retten-

---

116 Vgl. Grosch, das „Vaterländische Lied" als Konstrukteur nationaler Identität im frühen 19. Jahrhundert 2010, insbesondere S. 37, 39 und 43.
117 Eine Münchhausen-Ballade wurde Soldatenlied. Dr. Paul Aspers (Celle), in: Die Kunde, 1941, Jahrgang 9, Heft 7, S. 152 f.
118 Börries von Münchhausen: Die Balladen und ritterlichen Lieder des Freiherrn Börries von Münchhausen. Stuttgart, Berlin [1908] ca. 1930, S. 39 f.
119 Reulecke, „Ich möchte einer werden so wie die –" 2001, S. 103.

de Rolle bei einem langen Ritt an, bei dem „das Lied, ihr Lied, Herr Münchhausen, uns über die letzten zwölf Kilometer hinweggeholfen hatte."[120]

Das Thema der Selbstüberwindung ist dem Lied eingeschrieben. Der Anziehungskraft der schönen Marketenderin widersteht der letzte Stauferkönig zugunsten der Männergemeinschaft. Interessant und exemplarisch für eine interessengeleitete Klassikermodellierung ist die Rezeptionsgeschichte des Liedes im Nationalsozialismus. Die homoerotische Deutung, die die Wendung „zwei knabenfrischen Wangen" zulässt, wird im Liederbuch der Hitlerjugend, dem von Baldur von Schirach 1933 herausgegebenen *Blut und Ehre*, beseitigt und durch „jugendfrische Wangen" ersetzt. Die „gewaltige Verbreitung" nach 1924 ließ es nicht ratsam erscheinen, das Lied nicht aufzunehmen.[121] Die Tatsache, dass die in Männerbünden der Zeit klandestin durchaus verbreitete Homoerotik so radikal herausgestrichen wurde,[122] erklärt der Historiker Jürgen Reulecke auf zweierlei Weise: zum einen mit der Positionierung Schirachs, über den Gerüchte, selbst homosexuell zu sein, kursierten, und der als Gegenreaktion eine ausgeprägte Homophobie an den Tag legte. Zum anderen biete sich die Figur des jungen Königs als Erklärung an, denn der letzte Staufer Konradin wurde als Pendant Siegfrieds zum Urbild und Idol der männlichen deutschen Jugend stilisiert.[123] Reulecke sieht diesen Fall als exemplarische „Piraterie" der Nazis, die darin bestand,

> die bereits vorhandenen, in diesem Fall männlich-bündischen Mentalitätsbestände in der Generation der (ja immer noch relativ jungen) Weltkriegssoldaten [...] für sich zu instrumentalisieren und damit die heranwachsende neue Jungmännergeneration in der Hitlerjugend auf einen zukünftigen Krieg hin zu konditionieren.[124]

In der Rezeption von *Jenseits des Tales* wird eine Wechselwirkung zwischen Popularität eines Klassikers und Kanonisierung in einem ideologisch pervertierten System sichtbar, die jedoch, systematisch betrachtet, einen grundlegenden Mechanismus der Kulturpraxis Klassik veranschaulicht: Der anhaltende Erfolg er-

---

120 Schicksale eines Reiterliedes: Offener Brief an Börries von Münchhausen von Oberstleutnant W. v. Rauchhaupt. In: Berliner Lokalanzeiger, Sonntag 14.2.1943. GSA: 69/6503.
121 Vgl. Reulecke, „Ich möchte einer werden so wie die –" 2001, S. 123; Ders.: Im Vorfeld der NS-Schulungslager. Männerbundideologie und Männerbunderfahrungen vor 1933. In: Gideon Botsch, Josef Haverkamp (Hg.): Jugendbewegung, Antisemitismus und rechtsradikale Politik. München 2014, S. 152–164.
122 Reulecke, Im Vorfeld der NS-Schulungslager 2014, S. 152–164. Hier S. 155.
123 Ders., „Ich möchte einer werden so wie die –" 2001, S. 124–126.
124 Ebd., S. 127.

schwert ein „soziales Vergessen"[125]. Als Strategie eignet sich deshalb eine Aktualisierung mit Blick auf den avisierten Bedarfshorizont.

Als sich die nationalsozialistische Ideologie durchzusetzen beginnt, gerät Münchhausens Selbstdarstellung in Gefahr, nicht mehr zeitgemäß zu wirken. Der adelige Habitus wird suspekt und so vollzieht er eine Kehrtwende, sich nämlich als volksnahen Dichter zu präsentieren. Im Aufsatz *Das Volk und der Dichter*, der 1933 in der *Deutschen Allgemeinen Zeitung* und im selben Jahr in der Essaysammlung *Die Garbe* veröffentlicht wurde, bringt er seine adelige Abstammung mit dem Volksbegriff in Einklang, um die Rezeption in sozialmoralischer Hinsicht weiterhin zu stützen:

> Die Beziehungen eines dichterischen Werkes zum Volke können nur auf einer einzigen Tatsache beruhen, dem Bekanntsein dieses Werkes bei möglichst vielen Volksgenossen. Aus dieser Bekanntheit wächst dann eine Wirkung heraus, die sich z. B. in Vertonungen, im öffentlichen Vortrag der Gedichte, in Briefen an den Dichter u. ä. äußert. Wenn diese zweite Stufe eine gewisse Breite und Tiefe erreicht hat, wird als dritte über ihr sich erheben die erzieherische Wirkung, die etwa in einer dichterischen ‚Schule' oder in Bünden und Vereinigungen sichtbar wird.[126]

In der Mischung aus Volksnähe und einem dennoch erhabenen Habitus kann die Literatur ihre erzieherische Wirkung erzielen. Das korreliert mit der Vorbildrolle des Autors im sozialmoralischen Modell, die hier eine Modifikation als Lehrer/Erzieher erfährt. Diese Funktion kann Münchhausen im Nationalsozialismus glaubwürdig erfüllen, weil er sich früh auf den völkischen Duktus einlässt, wie in einem Kommentar zu einem seiner Aufsatz-Bände aus dem Jahr 1928:

> Man hat mich oft den „Dichter des Adels" genannt und mit diesem Urteil je nach der politischen Einstellung Lob oder Tadel verknüpft. [...] Mein Buch gehört allen Deutschen, so wie mich mit allen Sprache und Vaterland, mit vielen Volkstum und Rasse verbindet.[127]

Für die Applizierbarkeit der Dichtung sind solche Selbstdarstellungsstrategien entscheidend. Die Zielgruppe seiner Leser zeichnet er dadurch vor und identifiziert sich mit ihr nicht über soziale Herkunft, sondern über Tradition, Deutschtum und Rasse.

---

125 Elena Esposito, Soziales Vergessen. 2002.
126 Münchhausen, Das Volk und der Dichter. In: Ders., Die Garbe 1933, S. 70–76. Hier S. 70.
127 Ders.: Meine Balladen-Gesamtausgabe. In: Ders.: Aufsätze bis 1928.

6.4 Auto- und Heteromodellierung in politischer Hinsicht: Münchhausen im Literaturolymp

Die Vereinigung von Volks- und Rittertum lässt eine Weichenstellung innerhalb des sozialmoralischen Modells erkennen, die Münchhausens anhaltende Präsenz in der Zeit von 1933 bis 1945 prägt. Die Distanzierung vom hysterischen Ton seiner Zeitgenossen löst durchaus Angriffe der nationalsozialistischen Presse auf ihn aus.[128] Beispielhaft dafür kann eine Kritik der bereits erwähnten zehnten Auflage der *Meisterballaden. Ein Führer zur Freude* angeführt werden. Hier wird sein Literaturverständnis, das eben nicht stramm antisemitisch war, mit den Sätzen „Potztausend! Da ist dem hochgeschätzten Balladendichter Börries Freiherrn von Münchhausen ein Ding passiert" deftig moniert. Der Autor ereifert sich, daß er beim Lesen „wie von der Tarantel gestochen" hochgefahren sei: „Da wird – man höre und staune – Belsazer, die ‚bekannte Ballade', wie Münchhausen sich, des Juden Heinrich Heine Namen schamvoll verschweigend (!), ausdrückt, zur Betrachtung herangezogen [...]."[129]

Dass es ihm dennoch gelingt, im nationalsozialistischen System zu Ehren zu gelangen, hat er der Passfähigkeit seiner Anschauungen zu verdanken, die er in seiner Balladentheorie entfaltet. Der Aufsatz *Die Ballade in Göttingen um 1900*, der 1932 in der *Deutschen Allgemeinen Zeitung* erscheint, enthält die berüchtigte Definition, nach der die Ballade als die dem deutschen Wesen entsprechende Gattung zu gelten habe:

> Ja, es kam einmal alle Ballade aus dem Norden von den Blaublonden herüber [in] die staunende Welt! [...] So weist den Freund der Ballade fast jedes Blatt dieser Dichtung wie eine Magnetnadel nach Norden. Die Völker um die Nordsee gaben ihr seit mehr als einem Jahrhundert ihre liebsten Helden, und darum ist das deutsche Volk im Norden nicht nur der schweigende Dichter, sondern auch der namenlose Held unzähliger Balladen.[130]

Umstandslos dient Münchhausen die Gattung der Rassenideologie an. Es ist eines der aus heutiger Sicht am stärksten gegen ihn sprechenden Zeugnisse. Zu sehr flankiert seine Balladentheorie im Stil Bartels oder Frenzels[131] ideologisch das Regime. Wenngleich er in seinen Publikationen – im Unterschied zu den beiden NS-Germanisten – eindeutig rassistische oder antisemitische Töne weit-

---

128 Mittenzwei, Börries, Frhr. v. Münchhausen 1997, S. 526.
129 Rheinische Landeszeitung, Düsseldorf 5.1.1941. GSA: 69/6503.
130 Börries von Münchhausen: Die Ballade in Göttingen um 1900. In: Ders., Die Meisterballaden 1940, S. 172.
131 Bei Elisabeth Frenzel beziehe ich mich auf ihre Dissertation *Judengestalten auf der deutschen Bühne. Ein notwendiger Querschnitt durch 700 Jahre Rollengeschichte* von 1940.

gehend vermeidet, so hat er die Ideologie in Vorträgen offensiv vertreten, wie Berichte seiner Auftritte belegen: „In vielen Beispielen erläuterte er [Münchhausen], daß nicht der Vorwurf und die Versform für den völkischen Wert einer Dichtung maßgebend ist, sondern ihr rassischer Gehalt."[132] Die Presseresonanz bestätigt die diskursstabilisierende Funktion, wenn sie verlauten lässt, „wie schön stark sich deutscher Geist auch in der heimischen Ballade [manifestiere]. Einer der stärksten und feinsten deutschen Balladendichter" sei natürlich Münchhausen.[133]

Werner Mittenzwei beschreibt Münchhausens kulturpolitische Rolle ausführlich in seiner Geschichte der Akademie der Künste zwischen 1918 und 1947 und zeichnet das Bild eines Dichters, dessen Popularität als Schriftsteller nicht die Anerkennung innerhalb des Literaturbetriebs folgte und der sein Betätigungsfeld deshalb sehr erfolgreich in die Kulturpolitik verlagerte.[134] Im Unterschied zu Mittenzwei, den, thematisch bedingt, das kulturpolitische Engagement interessiert, gehe ich davon aus, dass sich die Betätigungsfelder nicht verlagert haben, sondern vielmehr eine Interdependenz zwischen ihnen besteht. Die kulturpolitischen Anstrengungen bezwecken ein literarisches Klima, in dem seine Literatur als ästhetisch tonangebend gelten kann. Er erweist sich in doppelter Hinsicht als Opportunist: Zum einen, weil er den Weg vieler erfolgsbewusster Autoren geht und sein Werk, seine theoretischen und literaturhistorischen Arbeiten dem politischen Klima anpasst, und zum anderen, weil er diesen Zeitgeist zugleich im Sinne seiner Dichtung entscheidend mitgestaltet. Er versucht, den Erfolg des sozialmoralischen Modells zu nutzen und den Kunstdiskurs kulturpolitisch so zu beeinflussen, dass eine Bedarfskonstellation entsteht, in der seine Balladenästhetik zur gültigen lyrischen Norm avanciert und seine Automodellierung in ästhetischer Hinsicht aufgegriffen wird. Dass ihm das zumindest teilweise gelingt, beweist – die Vorstellung der schwindenden Bedeutung abermals widerlegend – ein Artikel von Wolfgang Kayser, der in der Zeitschrift *Die neue Literatur* erscheint:

> Die so bedeutungsvolle Erneuerung des Volksliedes im ersten Jahrzehnt des 19. Jahrhunderts ist für alle Zeiten mit zwei Namen verknüpft: Clemens Brentano und Achim von Arnim. Die Erneuerung der Ballade im ersten Jahrzehnt des 20. Jahrhunderts wird – wir kön-

---

132 Das Deutsche in der Sing- und Sprechkultur. Das gesprochene Wort. 1940, 3. Volksverlag München. GSA: 69/6503.
133 Vom Geist der Deutschen. Hamburger Fremdenblatt Abend-Ausgabe, 29.11.1940. GSA: 69/6503.
134 Vgl. die Entwicklung Münchhausens vom Dichter, über den Gründer des Wartburgkreises bis hin zu seiner Tätigkeit bei der Akademie, die Mittenzwei beschreibt, Die Mentalität des ewigen Deutschen 2003, S. 158–183.

nen es heute schon sagen – ebenso fest an zwei Namen gebunden bleiben: Börries von Münchhausen und Agnes Miegel.[135]

Der Vergleich mit Größen der deutschen Literaturgeschichte prägt Münchhausens öffentliche Wahrnehmung. Felix Dahn schickt ihm als Geburtstagsgruß eine Postkarte, auf der Fontanes Konterfei abgebildet ist, und vermerkt dort: „Werter Herr, sie sind seit Fontane todt, ohne Zweifel der größte deutsche Balladendichter."[136] Dieser Status wird im Massenmedium Radio bereits wenige Jahre nach dem Ersten Weltkrieg verbreitet und stabilisiert:

> Die Balladenbände Börries Münchhausens stellen ein Wunder dar, sie haben Auflagenziffern, wie sie selbst den allergelesensten Romanen zu Ruhm und Ehre gereichen würden. Man kann ruhig sagen, es gibt keinen Vortragsabend, an dem der Name Münchhausen fehlen würde. Er ist der ungekrönte König der deutschen Ballade, wie es Fontane des 19. und Bürger des 18. [Jahrhunderts] war.[137]

Als Münchhausen 1932 mit seinem Vetter Hans von der Gabelentz den sogenannten Wartburgkreis begründet, in dem die traditionalistische Literaturvorstellung mit jährlichen Treffen auf der Wartburg und der Verleihung der sogenannten Wartburgrose als Auszeichnung für dichterische Leistungen gepflegt wird,[138] führt er den Balladendiskurs bereits an, wird mit den deutschen Klassikern vergangener Jahrhunderte in einer Reihe gesehen. Mit den Mitgliedern des Wartburgkreises Hans Grimm, Erwin Guido Kolbenheyer, Wilhelm Schäfer, Hanns Johst sowie anderen im Nationalsozialismus einflussreichen Dichtern hat

---

135 Wolfgang Kayser: Erneuerung der Ballade um 1900. In: Die neue Literatur, hg. von Willi Vesper. Sonderdruck im GSA: 69/6537. Leipzig 3 (1939), S. 113–120. Auch Joachim Müller widmet ihm einen Artikel in der regimekonformen Didaktik-Zeitschrift *Zeitschrift für Deutschwissenschaft und Deutschunterricht* und stellt dort fest: „Fast ein halbes Jahrhundert nach dem Erscheinen des ersten Musenalmanachs 1898, konnte dem König der neueren deutschen Ballade noch niemand Thron und Krone streitig machen." Joachim Müller: Der unbekannte Münchhausen. Dem Dichter zum 70. Geburtstag. In: Zeitschrift für Deutschwissenschaft und Deutschunterricht. Für die Kriegszeit vereinigte Ausgabe der Zeitschrift für Deutschkunde und der Zeitschrift für deutsche Bildung, hg. von Karl Hunger und Joachim Müller, 2 (1944), S. 78–85. Hier S. 78.
136 Felix Dahn: Postkarte zum 60. Geburtstag Münchhausens, GSA: 69/6537.
137 Robert Hohlbaum: Börries von Münchhausen. Herausgegeben von der RAVAG Öster. Radioverkehrs AG. Radioprogramme vom 18. bis 24. Juni 1922, Heft 38, S. 12. Vgl. auch „Wie Münchhausen hier [bei der Redaktion des Musenalmanachs, P.W.] der Führer war […], so ist er es auch in der Folgezeit geblieben, als die Ballade einen Siegeszug ohnegleichen antrat." Martin Ritscher: Börries, Freiherr von Münchhausen und sein Werk. In: DW-Funk Rundfunkmitteilungen der Deutschen Welle GmbH und des Zentralinstituts für Erziehung und Unterricht. Julius Belz Langensalza, 3 (1928), S. 66 f. GSA: 69/6537.
138 Mittenzwei, Börries, Frhr. v. Münchhausen 1997, S. 526.

er gleichzeitig ein Netzwerk Gleichgesinnter aufgebaut, die später allesamt an der Neuausrichtung der Dichterakademie mitwirken. Nach Mittenzwei agiert er dort strategisch als Intrigant, dessen Rolle in der Literatur „vergleichbar mit der Franz von Papens in der Politik" sei, denn „jeder auf seinem Gebiet arbeitet den Nationalsozialisten in die Hände."[139] Dank dieser Strategie kann er im Nationalsozialismus weiterhin den Balladenbaron mimen, der „um die Erhaltung des deutschen Volkstums in der Nachkriegszeit"[140] (gemeint ist natürlich der Erste Weltkrieg) kämpfte. Dies mündet in institutionelle Anerkennung, als er in Hitlers Liste der Gottbegnadeten eingetragen wird. Sein Status wird mit einem politischen Akt ratifiziert, der weitere Ehrungen nach sich zieht. Dazu zählt der im März 1944 einmalig verliehene Preis für deutsche Lyrik, der nach ihm benannt wird und dessen erster (und letzter) Träger Moritz Jahn ist. Die „festliche Ansprache" hält der Göttinger Germanist Friedrich Neumann, ein strammer NS-Ideologe, förderndes Mitglied der SS und Initiator der Bücherverbrennungen an der Universität Göttingen. Münchhausens literarisches Engagement wird in der Ansprache in die universelleren Anliegen der NS-Kulturpolitik eingepasst: „indem sich der junge Münchhausen dem Balladischen zuwandte, da ging es im letzten um mehr als nur darum, eine bekannte Gattung lyrischen Gestaltens neu zu erproben und weiterzuentwickeln."[141] ‚Im Letzten' ging es natürlich darum, den „Eigenwuchs"[142] der Deutschen Dichtung wiederzubeleben, die „in der zweiten Hälfte des 19. Jahrhunderts für das Schaffen der Dichtenden ihre unmittelbare Kraft verlor".[143] Ihre Charakteristik wird dementsprechend ausformuliert:

> Leben mit den Ahnen und geschichtliches Weltbild, Freude am ritterlichen Kampf und ritterliche Verehrung für die Frau, Sinn für soldatische Kameradschaft und Achtung vor bäuerlicher Art, die Treue zum bestellten Acker und die Ehrfurcht vor dem täglichen Brot, das dieser Acker trägt: das sind Bereiche der Kraft, aus denen sich Münchhausens vorwärtsdrängende Dichtersprache immer wieder erneuert hat.[144]

Für das politische Modell typisch ist die eklektische und die Faktenlage ignorierende Redeweise, denn von beständiger Erneuerung der Dichtersprache kann im Fall eines nur noch redundanten Dichters ebenso wenig gesprochen werden wie von der Treue zum bestellten Acker beim Aristokraten. Die Anerkennung

---

139 Mittenzwei, Die Mentalität des ewigen Deutschen 2003, S. 157.
140 Lennartz, Die Dichter unserer Zeit 1938, S. 199.
141 Friedrich Neumann: Börries, Freiherr von Münchhausen und Moritz Jahn. Eine festliche Ansprache. Göttingen 1944, S. 9.
142 Ebd., S. 11.
143 Ebd., S. 8.
144 Ebd.

von institutioneller Seite entwirft ein Münchhausen-Modell, das sich reibungslos in die Propagandamaschinerie einspeisen lässt. Dieser konstruierten Passfähigkeit hat er es zu verdanken, dass er sein Ziel erreicht, den Literaturolymp:

> Es ist aber, als sei die Blütezeit der Balladendichtung nun vorüber. Zu den letzten, die *unsterbliche* Balladen zu dichten vermochten, gehört der Freiherr von Münchhausen. [...] Münchhausen trägt einen letzten Ton des ritterlichen Zeitalters in das Zeitalter der Grossstädte und der breiten Massen herüber, einen Ton, der zart, klar, fest ist, aber auch etwas Schneidendes hat, und gerade darum unüberhörbar durchdringt.[145]

Wie Goethe für Gervinus, so ist Münchhausen der historische Höhe- und gleichzeitige Endpunkt der deutschen (Balladen-)Dichtung: „wenn wir Münchhausen zu den Altmeistern zählen, keinen eigentlichen Neurer, aber Vollender einer bestimmten Überlieferung."[146] Dieser herausgehobene Status wird interkulturell bestätigt, wenn er im Ausland zum Standard deutscher Dichtung erhoben und als „the most delightful of German living poets"[147] in einem amerikanischen Lesebuch für Deutschunterricht bezeichnet wird.

6.5 Aufs falsche Pferd gesetzt: Münchhausens kulturelles Vergessen

Das sozialmoralische Modell überdauert Münchhausen selbst, der 1945, nur wenige Monate nach dem Tod seiner Frau, Selbstmord begeht. Noch 1956 erscheint die Balladen-Gesamtausgabe im 75. Tausend.[148] Weiterhin dient der heteronormative, ritterliche Typus jungen Männern, die sich in Bewegungen unterschiedlicher Couleur versammeln, als habituelle Orientierung. Dabei ist keine Reaktualisierung in sozialmoralischer Hinsicht zu beobachten, es wird das alte Männlichkeitsbild tradiert. Doch mit einer Medienausweitung im Radio und über Schallplatten gelingt sie – diesmal in ästhetischer Hinsicht, freilich mit veränderter Autorschaft: Erfolgreich wird 1958 das bereits erwähnte Münchhausen-Lied *Jenseits (des Tales)* vom Montanarachor[149] eingesungen und – angeblich versehentlich – als Volkslied ausgegeben. Autor und Komponist werden ver-

---

[145] Börries, Freiherr von Münchhausen. Darstellung von Wilhelm Stapel. Deutsche Zeitung in den Niederlanden, 2.12.41, GSA: 69/6537, Blatt 101. Hervorhebung P. W.
[146] Lyrik seit 1936. Magdeburgische Zeitung, Morgen-Ausgabe 9.7.1939. GSA: 69/6503.
[147] In Dichters Lande. Erlebtes und Gestaltetes. Edited by Jane F. Goodloe, Goucher College. A Text for Use in Intermediate German Classes. GSA: 69/6503, Blatt 57.
[148] Vgl. Weissert, Die Ballade 1980, S. 107.
[149] Montanarachor: Jenseits des Tales. Polydor 1958.

schwiegen.[150] Anschließend feiert der Schlagersänger Heino 1965 seinen ersten großen Erfolg mit eben diesem Lied.[151] Der mediale Wechsel befördert die kulturelle Präsenz der Münchhausen'schen Dichtung, weil im neuen Medium der populären Musik, in diesem Fall der sich neu formierenden Schlagerindustrie, die Autorschaft der Performer innehat: Das vertonte Lied löst sich in der Wahrnehmung der breiten Öffentlichkeit von seinem ursprünglichen Verfasser. So entwickelt *Jenseits des Tales*, Heino zugeeignet, ein kulturelles Nach- bzw. Eigenleben weit nach 1945. Dann allerdings wird das Lied, „das wegen seines männerbündischen Inhalts mehrere Jungmännergenerationen angeführt" hat, gemeinsam mit anderen Relikten und bis dahin noch gültigen Traditionen „von der Studentenbewegung und mit dem kulturellen Umbruch von 1968 [...] radikal über Bord geworfen."[152]

Noch in den 2000er Jahren gibt es Stimmen, die eine Rekanonisierung fordern: „Mit der Zementierung einer politisch-korrekten Moderne der Nach-1968er-Germanistik fielen Münchhausen und andere der Zensur zum Opfer",[153] heißt es 2011. Der Verfasser verweist auf den Erfolg: „gemessen an den Auflagenzahlen seiner Bücher – [war er] der erfolgreichste deutsche Lyriker seiner Zeit!"[154] Dumm, dass „seine Zeit" im Kern das Dritte Reich umfasste.

Wenn wir annehmen, dass die kulturelle Langlebigkeit von Klassikern mit der Wandelbarkeit ihrer Funktion zu erklären ist, so wäre zu fragen, in welcher Hinsicht er reaktiviert werden könnte oder – wenn man die Forderung von 2011 ernst nimmt – sogar sollte. Die hohe Präsenz mit teilweise unmarkierter Autorschaft bis in die 60er Jahre hinein rechtfertigt sich dadurch, dass seine Dichtung vor allem jungen, nach habituellen Vorbildern suchenden Männern ein Identifikationsangebot machte. Die Lieder wurden in Verbünden tradiert, die das Ideal der (männlichen und insbesondere soldatischen) Kameradschaft hochhielten. Wurde dieses Kameradschaftsideal in den unmittelbar auf 1945 folgenden Jahrzehnten durchaus gepflegt, wofür zum einen die den Untergang des Nationalsozialismus überdauernden Vereinigungen und zum anderen neu entstandene Veteranenvereine beitrugen, so änderte sich andererseits der Charakter der Jugendbewegungen. Der Entwicklung der Liedkultur in den Jahrzehnten nach dem Ende des Zweiten Weltkrieges kann man eine entschiedene Neuausrich-

---

150 Vgl. dazu auch das Interview von Ernst Klusen mit Robert Götz. Götz beschreibt darin den Erfolg des Liedes auch in dem Medium Schallplatte. Götz, Ich wollte Volkslieder schreiben 1975, S. 27 und 54.
151 Heino: Jenseits des Tales. Elektrola 1965.
152 Reulecke, Im Vorfeld der NS-Schulungslager 2014, S. 152.
153 Dirk Herrmann: Von Lügengeschichten und Heldenballaden. Hieronymus und Börries – das Phänomen Münchhausen. Wien 2011, S. 73.
154 Ebd., S. 71.

tung entnehmen, die darin bestand, dass sie sich Themen wie Reisen, Fernweh, Selbsterfahrung, Korrektur von Vorurteilen, Gesellschaftskritik und Pazifismus zuwandte.[155] Da in diesen Kreisen, die sich in Deutschland etwa um das legendäre Chansonfestival auf Burg Waldeck[156] (erstmals 1964 veranstaltet) formierten, „etwas von der späteren Zeit der Studentenbewegung von 1967/68 voraus [zu]ahnen" war,[157] änderte sich bereits da das Verständnis von Kameradschaft radikal. Sie galt nicht mehr als das Ideal einer egalitären Vereinigung und „Triebfeder der Veredlung", sondern als ein Hort der Entindividualisierung. Der neu enstandenen Bundeswehr wurde eine Verrohung durch Missbrauch der hierarchischen Strukturen und Sadismus vorgeworfen.[158] Mit den pazifistischen Bewegungen der 1980er Jahren geriet die soldatische Gemeinschaft endgültig in Verruf, eine Mörderbande zu sein.[159]

Selbst wenn im heutigen Massendiskurs durchaus heldenhafte und opferbereite Männerfiguren präsent sind, so verändert sich deren Motivation maßgeblich: Auch die am meisten vor Testosteron strotzenden Hollywood-Helden sind allesamt gebrochen, ihre Eitelkeiten und Traumata werden ausgestellt, was sie, am Männlichkeitsbild des 19. und frühen 20. Jahrhunderts gemessen, geradezu unmännlich erscheinen lässt. Der Rittertypus „Zu Helm und Schild geboren, / Zu des Landes Schutz erkoren, / Dem König sein Offizier, / Treu unseren alten Sitten"[160] wirkt dagegen pathetisch und anachronistisch. Ausschließen kann man jedoch nicht, dass die im Speichergedächtnis schlummernden Ex-Klassiker wie Münchhausen mit ihrem Männerbild wieder eine Konjunktur erleben könnten. Eine der Eigenheiten des sozialmoralischen Modells ist jedoch die Rolle, die der Autor einnimmt. Kommt die Rezeption im Rahmen des ästhetischen Modells ohne ihn aus, so wird er im sozialmoralischen als Identifikationsfigur oder Vorbild konstruiert. Die biografische Verifizierung erleichtert die lebensweltliche Applikation, weil die Umsetzung der Botschaft, das Identifikationsobjekt oder das Vorbild real greifbar werden und erreichbar erscheinen. In der Zeit bis 1945 konnte Börries von Münchhausen glaubhaft eine Vorbildrolle einnehmen: Als

---

155 Reulecke, „Ich möchte einer werden so wie die –" 2001, vgl. S. 217–130.
156 Zur Entstehung und Entwicklung des Festivals vgl. Detlef Siegfried: Kommunikation und Erlebnis. Merkmale und Deutungen europäischer Folk- und Popmusikfestivals: Burg Waldeck und Roskilde. In: Sven Oliver Müller, Jürgen Osterhammel, Martin Rempe (Hg.): Kommunikation im Musikleben. Göttingen 2015, S. 276–294. Hier S. 277–281.
157 Reulecke, „Ich möchte einer werden so wie die –" 2001, S. 230.
158 Vgl. Thomas Kühne: Kameradschaft. Die Soldaten des nationalsozialistischen Krieges und das 20. Jahrhundert. Göttingen 2011, S. 229–270.
159 Ebd., S. 267.
160 Börries von Münchhausen: Das sind wir. In: Ders.: Die Balladen und ritterlichen Lieder des Freiherrn Börries von Münchhausen. Berlin 1912, S. 212.

Aristokrat stand er für den ritterlichen Habitus und konnte das in seinen unzähligen Auftritten performativ bekräftigen. Indem er sich als Soldat präsentierte, wurde sein Stand jedoch nicht als per Geburt festgelegt, sondern als durch individuelle Anstrengungen erreichbar konstruiert. Aus heutiger Sicht verhindern sowohl die nationalkonservativen bis antisemitischen Ansichten als auch das kulturpolitische Engagement sowie die politische Wertschätzung, die er im NS-System erfuhr, als unausradierbarer Teil seiner Biografie eine Reaktivierung zumindest für ein breiteres Publikum.

Eine Reaktivierung, in der das politische Modell zu erkennen wäre, erscheint noch unwahrscheinlicher. Die dafür kennzeichnende Stilisierung des Autors zur diskursstabilisierenden Autorität wird im Hinblick auf Münchhausens opportunistisches Verhalten in der NS-Zeit kaum möglich werden. Relativierungsversuche, die seinen antisemitischen Äußerungen seine Freundschaften mit Juden oder dem Mitläufertum Momente der Abgrenzung entgegenstellen, verkennen die kulturhistorische Bedeutung des Systems, dem er sich verschrieben und in dem er eine beachtliche Karriere gemacht hat. Wer darin reüssierte, der kann in keinem System, dessen Selbstverständnis auf Abgrenzung vom Totalitarismus aufbaut, eine Rolle als Vorbild oder Autorität einnehmen. Dafür eine Bedarfskonstellation zu schaffen, bedürfte einer umfassenden Neuausrichtung nicht nur des deutschen, sondern des globalen kulturellen Gedächtnisses.

Wäre aber ein Revival in ästhetischer Hinsicht denkbar? Schließlich liegt mit dem ästhetischen Modell eines vor, bei dem die Figur und charakterliche Disposition des Autors keine Rolle spielen muss, wie am Heidegger-Beispiel gesehen. Die Balladenprogrammatik, für die Münchhausen steht, gilt heute allerdings als nicht mehr aktuell. Selbst die unselige Balladendefinition aussparend, ließe sich der im ästhetischen Modell wichtige Aspekt der Innovation für seine Balladendichtung nur schwerlich geltend machen. Denn das, was bis 1945 als Innovation gefeiert wurde, war die Negation von Innovation. Münchhausen mag ein Handwerker der Ballade gewesen sein, der die Balladenästhetik der ersten Hälfte des 19. Jahrhunderts zu einem antimodernistischen Programm entwickeln konnte, doch lässt er formal wie inhaltlich eine eigene Handschrift vermissen. Ein seltenes Rezeptionsbeispiel, das die ästhetische Leistung anerkennt, ist die Aufnahme der Ballade *Die Wunderwirkung der Latinität* in Wulf Segebrechts Anthologie:

> Ihr lieben Jungens in Stadt und Land,
> Ich weiß euch eine Geschichte!
> Ich kenn euch, ihr hört so trefflich zu
> Mit sehr ernsthaften Gesichte,
> Doch in den Winkeln am Auge blitzts,
> Wie von ganz anderen Sachen,
> Und eure Lippen beben dabei, –
> Das ist verhaltenes Lachen, –
> Ihr seid nämlich eine ganz dolle Schwefelbande! –
>
> Der Kurfürst Johann von Brandenburg,
> Der war gelehrt wie sonst keiner,
> Er sprach das flüssigste klare Latein
> Noch besser als selbst die Lateiner,
> Da nannten sie ihn den ‚Cicero'
> – Er fand das übel geraten, –
> Viel besser hätte ihm ‚Cäsar' gepaßt,
> So liebte er die Soldaten,
> Vor allem seine sechstausend Schweren
> märkischen Reiter!

Der lateinbegeisterte Johann Cicero wird vom Kaiser gebeten, seine rhetorischen Fähigkeiten einzusetzen, um einen Streit zwischen den Königen von Ungarn und Polen zu schlichten. Mit den „sechstausend schweren märkischen Reitern" rückt er nach Warschau aus und hält dort eine flammende lateinische Rede:

> Was Johann Cicero dort gesagt,
> Es ist der Nachwelt verloren,
> Den feindlichen Königen klangen nur
> So einzelne Worte in Ohren:
> „Totschlago vos sofortissime,
> Nisi vos benehmitis bene!!"
> Da söhnten die Gegner gerührt sich aus,
> Und Johann vergoß eine Träne,
> Und seine sechstausend Kerle brüllten: „Hurra, vivat Cicero!" –
>
> Ihr lieben Jungs, euch ist ja gelehrt,
> Warum die Dichter was dichten,
> Ihr wißt, der Zweck ist stets die Moral
> Bei allen solchen Geschichten,
> Drum, wenn einen Klassenaufsatz es gibt
> Über Münchhausens letzte Ballade,
> So schreibt: Ein tadelloses Latein,

> Das ebnet im Leben die Pfade, –
> Vorausgesetzt, daß einer eine gute Faust daneben haut![161]

Warum Segebrecht diese Ballade ausgesucht hat, lässt sich leicht erahnen. Der humoristische Text parodiert geradezu die Vorstellung von Ritterlichkeit, wenn der Held sich todesmutig – mit sechstausend Reitern als Rückendeckung – in die Verhandlungen begibt. Indem der Nutzen des (Pseudo-)Lateins hier zunächst überzeichnet, dann durch die Pointe als nichtig ausgewiesen wird, wirkt die Ballade gegenüber einer heute als überkommen geltenden humanistischen Bildungstradition sogar subversiv. Das kann man aus gegenwärtiger Perspektive humoristisch interpretieren. In der ursprünglichen Bedarfssituation betrachtet, ist die Aussage allerdings politischer, weil sie, schlicht gesprochen, Gewalt gegenüber Bildung den Vorzug gibt. Wie auch immer sie gelesen wird: Die Ballade ist nicht repräsentativ für die Marke „Münchhausen", wenngleich sie durchaus repräsentativ für die Varietät seiner Dichtung ist. Der Balladenbaron war nicht erfolgreich, weil er humorige Texte für Pennäler schrieb, sondern weil er männliche Vorbilder schuf, die gerade nicht dem Donquichottismus des lateingläubigen Johann Cicero entsprechen.

Wenn Münchhausen in ästhetischer Hinsicht zum Klassiker avancieren könnte, so zum Klassiker einer überholten und ideologisch angepassten Balladenästhetik – dazu trüge das vorliegende Kapitel dann bei. Tatsächlich hätte er das Potenzial zum Klassiker in ästhetischer Hinsicht gehabt, wenn er an die einzige wirkliche inhaltliche Innovation angeknüpft hätte, die er vollbracht hat. Dann beruhte seine Innovationsbehauptung nicht auf einer Rückwärtsorientierung. Als es noch systemkonform war, gab er 1900 den eindrucksvollen Band *Juda* heraus, um sich dort mit neuen, aufsehenerregenden Themen zu positionieren. Das Unerhörte daran war schon in dieser Zeit die Wahl jüdischer historischer Stoffe für die Balladenform ebenso wie des „jüdischen Menschen als Balladenhelden"[162]. Der Band wurde ein großer Erfolg: Aufwendig gestaltet, von dem Jugendstilmaler Ephraim Mose Lilien reich illustriert, war er unter den assimilierten Juden Deutschlands außerordentlich beliebt und trug dazu bei, Münchhausen als Balladendichter zu etablieren. Beschreibt der Freiherr den Band in *Fröhliche Woche mit Freunden* noch 1922 als „ein besonderes Kapitel in meinem Leben"[163] und protzt mit dem „ungewöhnlichen Erfolg für ein Versbuch",[164] der sich unter anderem in einem Lobschreiben Theodor Herzls äußerte, das ihn „in

---

[161] Segebrecht, Deutsche Balladen 2012, S. 273–275.
[162] Mittenzwei, Die Mentalität des ewigen Deutschen 2003, S. 161.
[163] Münchhausen, Fröhliche Woche mit Freunden 1922, S. 21.
[164] Ebd., S. 22.

tiefe Beschämung und Glück versetzte"[165], so fehlt in der Auflage von 1941 jeglicher Hinweis darauf, dass es den Band jemals gegeben hatte.[166] Was einen Vorreiter der zionistischen Bewegung wie Herzl zum Lob bewegte, waren sicherlich Stücke wie *Passah*:

> Hier, nimm das Brot, ich zerschlags mit der Hand,
> Stell an den Tisch deinen Stecken,
> Heilig umschlingt uns ein mächtiges Band:
> Einst, einst
> Warst du wie ich ja in Mizraims Land!
>
> Häng um die Schultern zur Reise das Kleid,
> Wie unsre Väter es taten,
> Süß sind die Brote, sie stehn dir bereit,
> Einst, einst
> War ja zum Säuern des Brotes nicht Zeit!
>
> Koste die Kräuter, wie Gott es gebeut,
> Bald wird er wieder uns lösen!
> Jeruschalajim, einst wird es erneut,
> Eins, einst
> Feiern wir dorten das Passah wie heut![167]

Jede der Strophen beginnt mit einem Ritus des Pessach-Festes, an dem in den ersten beiden Strophen, mit den Worten „eins, einst" eingeleitet, die Flucht aus Ägypten (Mizraims Land) erinnert wird. In der letzten Strophe weist dieses „einst, einst" dann aber in die Zukunft, entwirft eine Utopie des jüdischen Lebens im gelobten Land. Das Judentum wird als zeitenthobenes Kollektivsubjekt konzipiert, an dem die lebenden Individuen natürlich teilhaben: „Warst Du wie ich ja in Mizraims Land". Die dazugehörige Illustration von Lilien wirkt mit dem hebräischen Wort „Zion" in der aufgehenden Sonne wie ein zionistisches Propagandaplakat (vgl. Abb. 25).[168]

---

[165] Ebd.
[166] Auch im Anhang, in dem sämtliche Auflagen von Münchhausens Balladenbänden, Aufsätze, Musenalmanache, Vertonungen seiner Balladen skrupulös aufgeführt sind, fehlt jeglicher Hinweis auf das Buch. Münchhausen, Fröhliche Woche mit Freunden 1941. Vgl. Anhang.
[167] Börries von Münchhausen: Juda. Gesänge von Börries, Freiherr v. Münchhausen mit Buchdruck von E. M. Lilien. Berlin viertes bis sechstes Tausend 1900, S. 43–47 (unpaginiert, eigene Zählung).
[168] Abb. vgl. ebd.

Abb. 25: Doppelseite aus *Juda* zur Ballade *Passah*, S. 53–54 (unpaginiert, eigene Zählung).

Es gelingt ihm, den 1900 gesellschaftlich verankerten Antisemitismus zu nutzen, um die Veröffentlichung als eine Provokation zu gestalten, die bei genauerem Hinsehen keine eindeutige Positionierung bedeutet. Indem er sich ausschließlich auf alttestamentarische Stoffe konzentriert und eine jüdische Zukunft in Palästina entwirft, folgt er einer Linie europäischer Geistesgeschichte, in der die Verklärung des alttestamentarischen Judentums mit der Ablehnung des gegenwärtigen problemlos koexistieren konnte.[169] Genau dieser Band hätte es aber eventuell ermöglicht, Münchhausen über die Kriege hinwegzuretten. Was aber im Diminutiv einer gut 50 Jahre währenden Periode funktionierte, war nicht länger aufrechtzuerhalten. In einer Langzeitperspektive hat er mit seinem völkischen Opportunismus also auf das falsche Pferd gesetzt.

6.6 Zeitlichkeit der Klassik (Schlussbemerkungen)

Exemplarisch für Fragen des kulturellen Vergessens literarischer Werke wird in den Literaturwissenschaften das Phänomen der Dekanonisierung untersucht. Im Fokus stehen Prozesse, die die institutionelle Geltung oder Vorgaben hin-

---

[169] Dies ist mit der Praxis vergleichbar, nach dem Zweiten Weltkrieg das nicht mehr existierende osteuropäische Judentum als ursprüngliches Judentum zu deklarieren, die im letzten Kapitel zu beobachten war.

sichtlich einzelner Autoren bzw. Werke regeln.[170] Hermann Korte arbeitet am Beispiel Klopstocks[171] heraus, dass die Pluralität und Ungleichzeitigkeit dieser Kanoninstanzen dafür Sorge trage, dass einmal kanonisch Gewordenes niemals vollständig kulturell ausgelöscht werde, weil es, in dem Speichergedächtnis archiviert, jederzeit einem Zugriff des Funktionsgedächtnisses zur Verfügung stehe.[172]

Für das Konzept von Klassik als funktionaler Praxis lassen sich die Ergebnisse der Kanonforschung nur teilweise produktiv machen. Ihren Untersuchungsgegenstand bilden die offiziellen kanonrepräsentierenden Medien wie Literaturgeschichten oder Lehrpläne, deren Analyse Rückschlüsse vor allem auf ein Lebensstilmilieu – nämlich das deutsche Bildungsbürgertum – und dessen Einflussbereich (etwa Schule) erlaubt. So lässt sich allerdings nicht erklären, dass Münchhausen „nach dem ersten Weltkrieg, als es zu einer wirklichen Erneuerung der Ballade kam, die gerade die Inhalte des Göttinger Balladenkreises in Frage stellte",[173] jenseits der kanonvermittelnden und -konstituierenden Medien weiterhin Geltung besitzt, und es erklärt ebenso wenig, warum diese von der Anerkennungskrise in Fachkreisen nicht betroffen ist. Das Münchhausen rezipierende Milieu ist nach den Parametern Bildung oder Lebensweise bildungsbürgerlich geprägt und teilt die Erwartung an Literatur, das Nationalbewusstsein zu stärken. Dennoch, und das ist für die Unterscheidung von Klassik und Kanon entscheidend, erfüllen seine Balladen Funktionen, die ein bildungsbürgerlicher Literaturkanon dieser Zeit nicht vorsieht. Die Dichtung wird nicht im Sinne eines ausgehandelten ästhetischen Ideals aufgewertet, das in zweiter Instanz den Nationaldiskurs stabilisiert, sondern dem ästhetischen Erleben liegt die simple Botschaft ritterlich-heldischer Männlichkeit zugrunde, für die eine distanzierte Lesart, in der Ästhetik zur rezeptionsrelevanten Größe wird, unbedeutend ist. Das macht sie für jene Nationalgesinnten, die sich von dem massenhysterischen Nationalsozialismus abgrenzen wollen, attraktiv, ebenso wie für junge Männer, die ihren Habitus von ritterlichen Phantasien beflügelt in Bünden ein-

---

170 Christoph Grube untersucht das Verschwinden Paul Heyses und Wilhelm Raabes aus den Literaturgeschichtsbüchern. Seine systemtheoretisch aufgebaute Argumentation, die er anhand von Literaturgeschichten veranschaulicht, lässt sich dahingehend zusammenfassen, dass er Ästhetik als einen Kommunikationscode bürgerlicher Selbstverständigung unter den Vorzeichen nationaler Entelechievorstellung bestimmt, dem die literarische Wertung folgt. Er zeigt, dass nicht nur die schlichte Präsenz einzelner Autoren in diesen Literaturgeschichten für ihren Status spricht, sondern auch Schreibweisen existieren, die als Indikatoren für den kanonischen Status gelten können wie etwa Länge oder wertendes Vokabular. Vgl. Grube, Warum werden Autoren vergessen? 2014, S. 30–45.
171 Korte, Aus dem Kanon, aus dem Sinn? 2005, S. 6–21.
172 Vgl. ebd., S. 19.
173 Mittenzwei, Die Mentalität des ewigen Deutschen 2003, S. 158.

üben. Die Funktion wird von der Lokalpresse und den Massenmedien aufgegriffen und über die Jahre stabilisiert, der Männlichkeitsentwurf in immer neuen gesellschaftspolitischen Konstellationen als funktional ausgewiesen. Das kulturelle Vergessen erfolgt erst in den 1960er Jahren und ist weniger dem ideologischen Umschwung in den Kanondebatten als der mangelnden Möglichkeit geschuldet, dieses Männlichkeitsideal auf die Wirklichkeit anzuwenden. Bei der Feststellung, dass die kulturellen Artefakte im Speichergedächtnis archiviert und für eine Rekanonisierung bereit liegen, muss deshalb die funktionale Dimension stärker berücksichtigt werden. Denn sie lenkt den Blick von der endogenen Logik des Kanons auf die exogene Logik der Klassik. Der Applikationshorizont für das sozialmoralische Klassikermodell von Münchhausens Werk ist verschwunden – mit seiner Aktualisierung ist nicht zu rechnen. Aus einer bedarfsorientierten Dynamik heraus wird er in den von dem Modell vorgezeichneten Funktionen nicht mehr klassisch werden können. Kanonisch kann er deshalb trotzdem sein – je nachdem wie die Logik und damit die Auswahlkriterien des jeweiligen Kanons vordefiniert werden: „Konformistische Dichter der NS-Zeit" oder „Historismus in Balladen bis 1945" – beide Titel implizieren Kriterienkataloge, die ideologische und ästhetische Aspekte für die Auswahl zur Nebensache machen.

Von einer Dekanonisierung, in dem Sinne, dass eine „Kanongröße [...] aufgrund veränderter Kanonisierungsbedingungen ihren bisher privilegierten Status [verliert]"[174], lässt sich in dem Fall im Kontext der pädagogischen Reform deshalb nur in politischer Hinsicht sprechen. Als Klassiker der Ballade wurde er offiziell aus den Schulbüchern entfernt, was mit Alois Hahn als „moralische Zensur" verstanden werden kann.[175] Zugleich aber ist eine Funktionslosigkeit in ästhetischer Hinsicht zu beobachten, die es umso mehr gerechtfertigt erscheinen lässt, ihn aus dem Schulgebrauch zu nehmen. Wenn Hans Ulrich Gumbrecht schreibt, dass die „Annehmbarkeit der ‚Klassik'" von der „Bereitschaft und Fähigkeit der Rezipienten" abhänge, das „Spannungsverhältnis zur Verzeitlichungs-Prämisse und zum Innovations-Potenzial ‚produktiv' auszutragen",[176] dann ist ersichtlich, warum Münchhausen nicht im Rahmen des ästhetischen Modells reaktiviert werden konnte. Schon in der Perspektive der Verzeitlichung existierte keine Innovation, sein Merkmal war eine Retro-Balladenästhetik. Daraus lässt sich auf Dauer keine Innovation ableiten, die Innovationsbehauptung besitzt kein Fundament.

---

174 Korte, K wie Kanon und Kultur 2002, S. 25.
175 Alois Hahn: Kanonisierungsstile. In: Assmann, Assmann, Kanon und Zensur 1987, S. 28–37. Hier S. 31.
176 Hans Ulrich Gumbrecht: „Phönix aus der Asche" oder: Vom Kanon zur Klassik. In: Assmann, Assmann, Kanon und Zensur 1987, S. 284–299. Hier S. 284.

Das kulturelle Vergessen ausschließlich mit der Historizität zu erklären, also der Tatsache, dass – wie im vorliegenden Fall – die Rezeption stark an die gesellschaftspolitische Ausnahmesituation geknüpft ist, ist indes verkürzt. Situationsgebunden entstanden sind die heute noch als Klassiker geltenden Protestlieder von Joan Baez oder Bob Dylan, ebenso wie die systemkritischen Lieder Wolf Biermanns. Der originäre Rezeptionshorizont (DDR, Vietnamkrieg) ist verschwunden, dennoch gelten sie in ihrem jeweiligen Feld als Klassiker. Dafür sind drei Gründe denkbar: 1. Die in ihren Liedern ausgedrückte politisch linksliberale und totalitarismuskritische Einstellung ist heute weiterhin akzeptabel, mithin sogar zum dominanten politischen Deutungs- und Handlungsparadigma avanciert. 2. Die sich um Komplexe wie Freiheit, Gesellschaftskritik, Pazifismus, soziale Gerechtigkeit etc. ansiedelnden Themen und ihre Bewertung sind für die heutige Zeit reaktivierbar. Für heute entstehende soziale und politische Bedarfskonstellationen, aktuelle Themen wie Umweltschutz oder Migration, können sie im Rahmen des sozialmoralischen Modells aktualisiert werden. Der Rezeptionskreis hat sich von der ursprünglichen Folkgeneration auf die nächsten ausgeweitet. 3. Sie gelten für ihren Schaffensbereich als ästhetisch innovativ, wie etwa Bob Dylan für die Poetisierung und Intellektualisierung des Folk steht. In ästhetischer Hinsicht erfüllen sie eine Muster- und Repräsentationsfunktion, die offiziell aufgegriffen und, wie der Nobelpreis für Dylan belegt, bestätigt wird.

Das Zeitkriterium der Klassik lässt sich nur operationalisieren, wenn man Langzeitpräsenz nicht mit Zeitenthobenheit verwechselt. Klassik als kulturelle Praxis ist transgressiv zu verstehen, weil sich in Prozessen der Überschreitung von Medien und Milieus und der Anpassung an neue Bedarfskonstellationen der Wandel nachvollziehen lässt, der die kulturelle Permanenz als jeweilige Gegenwärtigkeit sichert. So lässt sich nicht nur dem Mythos der Zeitenthobenheit begegnen, sondern dem Mythos des Elitarismus.

7 Mythos Elitarismus und die Popularität der Klassik

Der Kurzschluss zwischen den Begriffen „Klassik", „Bildung" und „Hochkultur" versprüht Funken, die das Klassische mit einer Aura des Erhabenen umgeben. Zugleich impliziert er, dass es eine Gruppe aus Expertinnen, Befähigten oder Erwählten geben müsse, denen die Rezeption, Pflege und Verbreitung, kurz: die Deutungshoheit über Klassiker obliege. Diese Diskursfigur einer klassikerverwaltenden Schicht möchte ich als „Mythos Elitarismus" untersuchen.

Für diesen Mythos gibt es historische Gründe, die in Gesellschaftsstrukturen des 19. Jahrhunderts zu suchen sind. Jedoch nicht nur. Leicht nachzuvollziehen ist sein etymologischer Rückhalt. Die früheste Verwendung von „classicus" im Sinne eines mustergültigen Autors identifiziert Ernst Robert Curtius bei Aulus Gelius.[1] Dieser entnimmt den Begriff wiederum der römischen Verfassung, in der er die drei höchsten Steuerklassen bezeichnet. Im Sinne einer sozioökonomischen Hierarchie kann man wohl von einer Elite sprechen. Die Unterscheidung zwischen dem herausgehobenen Schriftsteller und dem ‚gemeinen Mann' („classicus, assiduusque scriptor, non proletarius", heißt es bei Gelius) schreibt diese Hierarchie als kulturellen Status fort. Ein Beispiel dafür liefert der Franzose Charles-Augustin Sainte-Beuve, der sich ebenfalls an der Wortherkunft orientiert und daraus eine zeitgemäße Begriffsbestimmung ableitet. 1850 antwortet er auf die (nach ihm vielfach aufgeworfene) „question délicate", „qu'est-ce qu'un classique"[2], indem er sich von der „définition ordinaire", es handle sich um einen „auteur ancien", mit einer hyperbolischen abgrenzt:

> Un vrai classique, comme j'aimerais à l'entendre définir, c'est un auteur qui a enrichi l'esprit humain, qui en a réellement augmenté le trésor, qui lui a fait faire un pas de plus, qui a découvert quelque vérité morale non équivoque, ou ressaisi quelque passion éternelle dans ce coeur où tout semblait connu et exploré; qui a rendu sa pensée, son observation ou son invention, sous une forme n'importe laquelle, mais large et grande, fine et sensée, saine et belle en soi qui a parlé à tous dans un style à lui et qui se trouve aussi celui de tout le monde, dans un style nouveau sans néologisme, nouveau et antique, aisément contemporain de tous les âges.[3]

---

1 Ernst Robert Curtius: Klassik. In: Heinz Otto Burger (Hg.): Begriffsbestimmung der Klassik und des Klassischen. Darmstadt [1948] 1972, S. 17–33. Hier S. 20.
2 Charles-Augustin Sainte-Beuve: Qu'est-ce qu'un classique? In: Ders.: Causeries du lundi. Band 3. Paris 1850, S. 38–55. Hier S. 38.
3 Ebd., S. 42.

Klassik als Meritokratie – das ist ein sehr modernes Elitenverständnis; eines jedoch, das die universelle Geltung und Anerkennung der Leistungen einfordert. Damit ist Sainte-Beuve das Beispiel für ein etymologisch informiertes und überaus laudatives Elitenkonzept des Klassischen. An einer aktuelleren Publikation, in der zahlreiche Topoi und Vorurteile gängiger Klassikdebatten zusammenlaufen, lässt sich die umgekehrte Bewertung des Elitarismus vorführen, die sich einstellt, wenn nicht die Klassiker selbst, sondern einzelne Milieus als klassikmachende Elite identifiziert werden.

Berthold Seligers 2017 erschienenes Buch *Klassikkampf. Ernste Musik, Bildung und Kultur für alle*[4] arbeitet sich zwar nicht an der Literatur ab, doch liefert es eine grundsätzliche Diagnose der in die Krise geratenen Hochkultur: ihre Rezipientinnen überaltert, ihr Repertoire erstarrt, die Rezeption keinem echten Kunstinteresse, vielmehr einem Distinktionsbedürfnis geschuldet. Seine Position ist insofern interessant, als er der Bourgeoisieschelte ein ebenso emphatisches und weit über den Bereich der Musik hinausreichendes Klassikerverständnis zugrundelegt, wie es bei Sainte-Beuve nachzulesen war:

> Warum hören wir heute noch Werke wie die von Bach, Mozart, Beethoven, Schubert, Mahler, Debussy oder Bartók? Warum lesen wir immer noch Shakespeare, Goethe, Hölderlin, Heine oder Flaubert und Zola? Weil die Werke dieser Autoren und Komponisten uns etwas über unser Dasein vermitteln, das wir nirgends sonst erfahren, weil sie uns etwas über unser Menschsein verraten, weil sie uns helfen, die Welt zu verstehen [...]. Die Musik, die Kunst bleibt uns mitunter als ‚einzige Rettung aus einer von Grund auf falschen Welt', wie Adorno angemerkt hat, ‚und zwar nicht, weil sie richtiger wäre, sondern weil sie um das universale Falsche weiß'.[5]

Das ist tief essenzialistisch: Die *grands hommes* (sic!) der Musik- und Literaturgeschichte sind nicht das Ergebnis eines gesellschaftliche Strukturen widerspiegelnden und reproduzierenden Rezeptionsprozesses, sondern an und für sich großartig. Auf dieser normativen Basis entwickelt Seliger eine Kritik des fundamental falschen Gebrauchs durch die in diesem Fall deutschen Bildungs- und Finanzeliten:

> Klassische Musik, ja Musik überhaupt dient in unserer Gesellschaft vornehmlich der Entspannung und wird auf diese Art und Weise ihrer eigentlichen Funktion enthoben. [...] Was der Unterschicht und dem kleinbürgerlichen Teil der Mittelschicht die sedierende Funktion der Volksmusik- und Schlagerrocksendungen des Staatsfernsehens, ist der Ober- und der Mittelschicht eine ‚Klassik', deren Werke auf eine Ansammlung schöner Stellen heruntergedekliniert werden, geschaffen, um eine gewisse Wohligkeit zu erzeugen,

---

4 Berthold Seliger: Klassikkampf. Ernste Musik, Bildung und Kultur für alle. Berlin 2017.
5 Ebd., S. 19.

um ein Entspannen vom Räderwerk des Kapitalismus zu ermöglichen und um eine Existenz im Schein konsumierender Zufriedenheit zu ermöglichen.[6]

Aus der Funktion als Elitenbespaßung oder Wellnessinstrument ergebe sich ein Musikbetrieb, der ausschließlich auf Altbewährtes, eben auf seine Klassiker setze. Mit der Diagnose der Repertoirestabilität, die im Grunde eine Nuance der Langzeitpräsenz ist, steht er nicht allein da. Ebenso spricht Melanie Unseld von einem als Wiederholung gemeinten „Murmeltier-Effekt"[7] der deutschen Klassik-Radiosender, der einer möglichen Vielfalt entgegenarbeite. Allerdings bewertet sie das als Ausweis der Beliebtheit – freilich in genau demselben Milieu, das Seliger identifiziert. Bei beiden zeichnet sich eine Doppelstruktur des Klassischen ab: Was nach außen hin abgrenzen soll, soll im Inneren vereinen. Denn aus Seligers und Unselds Diagnose von der ewigen Wiederkehr des Immergleichen folgt, dass die Klassiker der ernsten Musik der Selbstverständigung und -vergewisserung jener Eliten dienen, die das Repertoire der Radiosender und Konzertsäle zu beeinflussen vermögen.[8] Letztlich würden mithilfe von Klassikern soziale Distinktionen reproduziert. Seligers mit 68er-Vokabular, Bourgeoisiekritik und quasimarxistischen Gesellschaftsanalysen gespickte Diagnose spiegelt die Gemengelage in den Klassikdebatten der letzten Jahrzehnte wider. Dass dies im Jahr 2017 nicht aufstößt, liegt daran, dass der Klassikdiskurs in Deutschland sich – in der Regel ebenso unreflektiert wie ungebrochen – an der Vorstellung der Bourdieu'schen Quaternität von kulturellem, sozialem, ökonomischem und symbolischem Kapital abarbeitet, das im Bildungsbürgertum amalgamiert. Diese Schicht sei es, die mit sozialen Ressourcen, Netzwerken, Geld und Prestige das symbolische Kapital der für sie identitätsstiftenden Kultur stabil halte. So die Diagnose der Kritiker.

Obwohl also die großen ‚Klassikkämpfe' ausgetragen und die ‚Klassiklegenden' ausgeräumt sind, gibt es bis heute einen Verdacht gegen Klassik, einen Reflex des Ikonoklasmus, der auf einem als dekonstruierend auftretenden Narrativ fußt. Es springt ins Auge, dass dieser Verdacht aus der Gleichsetzung von Klassik und Kanon gespeist wird. Ließe sich das Problem also lösen, indem wir den

---

6 Ebd., S. 29 f.
7 Melanie Unseld: Und täglich grüßt die Nachtmusik. Gedanken über die ‚Klassik-Hits' des Repertoires. In: Sabine Meine, Nina Noeske (Hg.): Musik und Popularität. Münster, New York 2011, S. 187–194. Hier S. 187 f. Sie bezieht sich mit dem Begriff „Murmeltier-Effekt" auf die Komödie *Täglich grüßt das Murmeltier*, in der der Protagonist denselben Tag immer wieder aufs Neue erleben muss, wobei er immer wieder mit demselben Lied aus dem Radio geweckt wird (Sonny and Chers *I got you, babe*).
8 Zusammenhang von Industrie und Klassikbetrieb, Sponsoring und Mäzenatentum bei Seliger, Klassikkampf 2017, S. 31–42.

Kanon als elitengetragenes Projekt akzeptieren und Klassik als eine gesamtgesellschaftliche Praxis demokratisieren? Leider lässt sich dieser Mythos nicht so einfach dekonstruieren, weil – wie in Kapitel 2 diskutiert – Klassik und Kanon nicht vollends distinkt sind. Um ihm zu begegnen, müssen wir einen genaueren Blick auf seine Struktur werfen.

a) Elitarismus als „Gruppismus"? Klassik, Bildung und das Bildungsbürgertum

Der Mythos wird von der Gegenseite in ebenso hohem Maße genährt. Wer sich affirmativ zu der Diskursfigur einer klassiktragenden Gesellschaftsschicht verhält, rückt das kulturelle Kapital in den Vordergrund, das, im Begriff „Bildung" verdichtet, selbst denjenigen Partizipation ermöglicht, die weder über das ökonomische noch das soziale verfügen. Dass der Bedeutungsüberschuss eines Bildungsbegriffs, dessen Konzeptgenese im 18. und 19. Jahrhundert Georg Bollenbeck ausführlich beschreibt,[9] nicht abgeklungen ist, veranschaulicht Stefanie Stock in ihrer Untersuchung selbsternannter Bildungskanones. An diesen für ein breites Publikum zusammengestellten Wissensüberblicken (allen voran Schwanitz' *Bildung. Alles, was man wissen muss* (1999) ließe sich zeigen,

> dass der Begriff Bildung, ähnlich dem Terminus Kultur und gekennzeichnet durch die Verflechtung mit Herkunft und kultiviertem, verantwortungsvollem Verhalten, zu einer Aufwertung beiträgt. An Exklusivität und Elitestrukturen erinnernd, bewirkt die Bezeichnung eines Buches als *Bildungskanon* vor allem in der heutigen Medienwelt, in der sämtliche Informationen einfach und schnell erreichbar sind, einen gefühlten Surplus an Wissen.[10]

Das dekonstruierende und das affirmierende Narrativ eint ihre Erklärkraft. In Anlehnung an Rogers Brubaker lässt sich hier eine Variante des *groupism* diagnostizieren, also der Tendenz, „einzelne, abgegrenzte Gruppen als Grundkonstituenten des gesellschaftlichen Lebens, als Hauptprotagonisten sozialer Konflikte und als fundamentale Einheiten der Gesellschaftsanalyse zu betrachten."[11] Was Brubaker für den Migrationsdiskurs beobachtet, lässt sich zumindest in Teilen auf den Klassikdiskurs umlegen, weil die klassikrezipierende und -verwaltende Elite, als eine durch sozialen Status, Bildungsstand und Einfluss kontu-

---

9 Georg Bollenbeck: Bildung und Kultur. Glanz und Elend eines deutschen Deutungsmusters. Frankfurt a. M., Leipzig 1994.
10 Stephanie Stock: Gebildet. Eine Studie zum Bildungsdiskurs am Beispiel der Kanondebatte von 1995 bis 2015. Wiesbaden 2017, S. 182.
11 Rogers Brubaker: Ethnizität ohne Gruppen. Aus dem Englischen von Gabriele Gockel und Sonja Schuhmacher. Hamburg 2007, S. 17.

rierte Gruppe, zur festen Denkfigur sowohl des Alltags- wie des Wissenschaftsdiskurses geworden ist.

In der Frage, wie ihr Einfluss zu bewerten sei, gehen die Meinungen allerdings drastisch auseinander. Im affirmierenden Narrativ kann sie zur letzten Bastion gegen den kulturellen Untergang werden, wie Tilman Krause in der *Welt* verkündet. Seine im Jahr 2000 erschienene Lobeshymne kommt zum Schluss, dass es die bildungsbürgerliche Schicht sei, „die als einzige einen Begriff vom Ganzen der Kultur"[12] besitze. Seliger deutet den Einfluss dagegen als geradezu zerstörerisch. Sein Manifest lässt die bereits als Muster des Klassikdiskurses bekannt gewordene Krisendiagnose nicht missen:

> Die Situation sieht düster aus: Die Gesellschaft ist weitgehend zusammengebrochen, nahezu alle Lebensbereiche sind individualisiert worden. Wir müssen uns die Gesellschaftlichkeit zurückerobern. Und wir müssen uns all das, was dazu dient, neu erkämpfen – die Gleichheit, die Solidarität, die Gesellschaftlichkeit an sich, die Bildung, insbesondere die musikalische und künstlerische Bildung, und die ernste Musik. Ziehen wir in den Klassikkampf. [...] Aux armes, citoyens! Formez vos bataillons! En avant![13]

Was der Soziologe Ulrich Beck seit den 1980er Jahren mit der Diagnose einer Individualisierung der Lebensstilmilieus ins Feld führt,[14] ist für Seliger ein degenerierter Zustand. In der Parole ‚Kunst und Kultur für alle' schwingt eine Kulturverheißung mit und der gleichzeitige Vorwurf, es gäbe Gruppen, deren kulturelle Usurpation das Gemeinschaftlichkeit versprechende Potenzial eigennützig blockierte. Insofern Krause wie Seliger (Bildungs- bzw. Finanz-)Eliten als „substanzielle Einheiten" begreifen und ihnen „Interessen und Handeln"[15] zuschreiben, lässt sich Brubakers Diagnose für den Klassikdiskurs adaptieren.

Um einem möglichen Missverständnis zuvorzukommen: Wenn ich im vorliegenden Kapitel eine Auseinandersetzung mit dem Elitarismus-Mythos anstrebe, dann behaupte ich keinesfalls, dass *kein* Zusammenhang zwischen Klassik und gruppenbildenden Selbstformungspraktiken bestünde. Aus Becks Individualisierungsthese folgt nicht etwa eine Totalfragmentierung der Gesellschaft, sondern neue Gruppierungsparameter. Auf Basis dessen, was Roland Hitzler bereits

---

12 Tilman Krause: Hoffnungsträger Bildungsbürgertum. Essay über die bürgerlichen Ideale von Kunst und Kultur. In: Die Welt vom 27.7.2000. https://www.welt.de/print-welt/article525174/Hoffnungstraeger-Bildungsbuergertum.html [letzter Zugriff 20.5.2021], archiviert unter https://archive.fo/ZL5Gf.
13 Seliger, Klassikkampf 2017, S. 21.
14 Ulrich Beck: Jenseits von Klasse und Stand: soziale Ungleichheiten, gesellschaftliche Individualisierungsprozesse und die Entstehung neuer sozialer Formationen und Identitäten. In: Soziale Welt. Sonderband 2: Soziale Ungleichheiten (1983), S. 35–74.
15 Brubaker, Ethnizität ohne Gruppen 2007, S. 17.

vor gut 20 Jahren als „Sinnbasteln"[16] und „Bastelexistenzen"[17] bezeichnete, können wir davon ausgehen, dass Herkunft oder Beruf nicht mehr ausschließlich gruppenformend sind (auch wenn die Rolle der „Klasse" wieder hervorgehoben wird). Klassiker spielen dabei wie alles andere auf den „Sinn-Märkten", den „kulturellen Supermärkten für Weltdeutungsangebote"[18] durchaus eine Rolle. Es ist jedoch eine andere Frage, ob erstens die Annahme, dass – selbst traditionell als hochkulturell gehandelte – Klassiker für ausschließlich *eine* homogene Gruppe gemeinschaftsstiftend sind, überhaupt zutreffend ist, und zweitens, ob diese Gruppe ausgerechnet mit einer wie immer gedachten Elite gleichzusetzen ist. Selbst wenn man wie Andreas Reckwitz von einer „neuen, hochqualifizierten Mittelklasse, also jenem sozialen Produkt von Bildungsexpansion und Postindustrialisierung, das zum Leitmilieu der Spätmoderne geworden ist",[19] ausgeht, der die Aufgabe der Valorisierung von Kulturobjekten (als einer Praxis, die ebenfalls für die Konjunkturen innerhalb der Klassikertradierung verantwortlich ist) zufalle, dann ist dieses klassikbildende Leitmilieu gerade nicht mit den alten bildungsbürgerlichen Eliten gleichzusetzen. Die Kookkurrenz der Bourdieuschen Kapitalvierheit erklärt den kulturellen Einfluss des Reckwitz'schen Milieus nicht: Die digitalen sozialen Netzwerke ersetzen die alten Einflussvernetzungen, der Wert von Dingen bemisst sich nicht nach ihrer traditionellen Verankerung in einer sozialen Gruppe, sondern nach ihrer Valorisierung in der Logik des Singulären, die nicht dem Primat des Ökonomischen unterworfen ist. Vor allem muss dieses ‚Leitmilieu', wenn man die These der beständigen Singularisierung des Kulturellen ernst nimmt, auf der nichtendenden Suche nach dem Neuen und Besonderen so unstabile und heterogen ausgeprägte Beziehungen zu Kulturgütern aufbauen, dass hier kaum eine nachhaltige gruppenbildende Strategie zu vermuten ist, die ausgerechnet auf der Praxis der ‚Langzeitvalorisierung' beruhte.

Egal also, ob man von sinn-pluralistisch organisierten Subjekten oder neuen, sich herausbildenden kulturdefinierenden Klassen spricht, die alleinige Zuständigkeitszuweisung in Sachen Klassik an bildungsbürgerliche Eliten lässt sich heute kaum aufrechterhalten. Zehrt also der heutige Klassikdiskurs immer noch von Gesellschaftsvorstellungen, wie sie im 19. Jahrhundert galten? Auch diese werden im historischen Rückblick vielfältig herausgefordert.

---

16 Ronald Hitzler: Sinnbasteln. Zur subjektiven Aneignung von Lebensstilen. In: Ingo Mörth, Gerhard Fröhlich (Hg.): Das symbolische Kapital der Lebensstile. Frankfurt 1994, S. 75–92.
17 Ronald Hitzler, Anne Honer: Bastelexistenz. Über subjektive Konsequenzen der Individualisierung. In: Ulrich Beck, Elisabeth Beck-Gernsheim (Hg.): Riskante Freiheiten. Frankfurt a. M. 2015, S. 307–315.
18 Ebd., S. 308.
19 Reckwitz, Die Gesellschaft der Singularitäten 2017, S. 9.

Typischerweise gilt das Bildungsbürgertum als Trägergruppe, allerdings waren die sogenannten „gebildeten Stände", was als Bezeichnung vor 1945 im Umlauf war,[20] zu Beginn des 19. Jahrhunderts gerade im Hinblick auf das ökonomische und soziale Kapital ausgesprochen heterogen.[21] Einen emphatischen Begriff vom säkularisierten „Bildungswissen"[22], das grundlegend für das Konzept des Nationalschriftstellers war, hatten Hauslehrer auf dem Lande, Pfarrerskinder, Studenten oder mittellose Künstler ebenso wie Bankierstöchter, Verwaltungsbeamte, Adelige, Apotheker, Studien- und Hofräte, Juristen, Ärzte, Chemiker, Ingenieure oder Professoren.[23] Im internationalen Vergleich ist die Zuschreibung inkommensurabel. In Frankreich fallen die gebildete und die wohlhabende Klasse eindeutiger zusammen: „[T]he French educated upper middle class was largely identical with the propertied upper middle class [...], wheras the German educational system helped to define a distinctive status group [...] that set itself off to some degree from the economic middle classes."[24] Die für das Bildungsbürgertum kennzeichnende Mischung aus intellektuellem Habitus, staatsbürgerlichem Selbstverständnis und ostentativer Abwendung vom Adel (bei gleichzeitiger Imitation von dessen Lebensstil) lässt sich nicht ohne Weiteres auf die *inteligencja* Osteuropas übertragen,[25] die wiederum in großen Teilen adelig, dafür materiell häufig weniger abgesichert war.[26] Die polnische *inteligencja* definierte sich zudem nicht durch das im deutschsprachigen Raum geltende Bildungsideal, sondern die Aufgabe „der Bewahrung der natio-

---

20 Werner Conze, Jürgen Kocka: Einleitung. In: Dies (Hg.): Bildungsbürgertum im 19. Jahrhundert. Teil I: Bildungssystem und Professionalisierung in internationalen Vergleichen. Stuttgart 1985, S. 9–26. Hier S. 11.
21 Ebd.
22 Bildungswissen als „säkularisiertes, normativ durchwirktes und von ästhetischen Urteilen durchzogenes Wissen, das mit allgemeinem, gesamtgesellschaftlichem Deutungsanspruch auftrat." Vgl. Jürgen Kocka: Bildungsbürgertum – Gesellschaftliche Formation oder Historikerkonstrukt? In: Ders. (Hg.): Bildungsbürgertum im 19. Jahrhundert. Teil IV. Politischer Einfluß und gesellschaftliche Formation. Stuttgart 1989, S. 9–20. Hier S. 10.
23 Vgl. hier auch die Untersuchung zur Zusammensetzung des Opern- oder Konzertpublikums von Sven Oliver Müller: Das Publikum macht die Musik. Musikleben in Berlin, London und Wien im 19. Jahrhundert. Göttingen 2014.
24 Fritz Ringer: Education and the Middle Classes in Modern France. In: Conze, Kocka, Bildungsbürgertum I 1985, S. 109–146. Hier S. 111.
25 Das Problem lässt sich also auch nicht lösen, wenn man Jürgen Kockas Vorschlag aufgreift, um der internationalen Vergleichbarkeit willen von „Intelligenz" zu sprechen, was einer Bildungselite gleichkäme. Vgl. Kocka, Bildungsbürgertum IV 1989, S. 18.
26 Nora Koestler kommt deshalb zu dem Schluss: „Bildungsbürgertum im westlichen Sinn hat es im östlichen Europa weder im 18. noch im 19. Jahrhundert gegeben." Nora Koestler: Intelligenzschicht und höhere Bildung im geteilten Polen. In: Conze, Kocka, Bildungsbürgertum I 1985, S. 186–206. Hier S. 186.

nalen *Tradition*, für die Selbsterhaltung und Selbstbestimmung der geteilten Nation"[27]. Allein auf dem europäischen Kontinent ist es also kaum möglich, *eine* homogene Gruppe auszumachen, die die jeweilige Klassikpraxis trüge. Dieser kurze Ausflug in die Gesellschaftsstrukturen des 19. Jahrhunderts soll lediglich darauf hinweisen, dass der diskursive Reflex, Klassiker als Projekt *einer* homogenen gesellschaftlichen Schicht zum Zwecke sozialer und ökonomischer Distinktion zu erklären, mit einem (häufig nur impliziten) Geltungsanspruch auftritt, der vor allem im interkulturellen Vergleich nicht haltbar ist. Dieser Reflex ist Bestandteil dessen ist, was als Mythos des Elitarismus identifizierbar ist.

Obwohl wichtig, bleiben diese Überlegungen Nebenschauplätze. Denn wesentlich weitreichender ist die Frage, ob Gruppismus das Phänomen „Klassik" in analytischer Hinsicht zu erfassen vermag. Anders formuliert: Lässt sich die Langzeitpräsenz von kulturellen Artefakten mit der Vorstellung einer klassikverwaltenden Elite hinreichend erklären?

b) Elitarismus, Popularisierung und Popularität

Eine so formulierte Frage lässt bereits darauf schließen, dass sie weitgehend verneint wird. Um auszuführen, warum die Antwort nur so lauten kann, wähle ich mit Goethes *Erlkönig*-Ballade einen geradezu mustergültig nationalkulturellen, kanonisierten Klassiker, weil sich an seinem Beispiel zeigen lässt, dass selbst Institutionalisiertes und als genuin bildungsbürgerlich Geltendes ein populäres Phänomen nicht nur ist, sondern auch war und sein muss, um als Klassiker zu gelten.

Um das Verhältnis von Klassik und Popularität, das andernorts ausführlicher erläutert wurde,[28] zu skizzieren, schafft die Unterscheidung von Popularisierung und Popularität erste Klarheit. Popularisierung meint eine gezielte Klassikvermittlung, die sich mit dem Elitarismus-Mythos zusammenbringen lässt, wenn man die verlockende und doch (oder deshalb) simplifizierende These aufstellt, dass ‚Herrschende' der ‚Macht' nahestehende Institutionen einrichteten, mit deren Hilfe sie ihr Kunstverständnis durchsetzten. In der komplexeren Variante könnte die Verbreitung des Klassischen als Trickle-down-Prozess gedacht werden. Aus der frühen Modetheorie Georg Simmels herrührend,[29] sieht der Ansatz im Nachahmungstrieb der unteren Klassen und im Distinktionsbedürfnis der oberen jene gesellschaftlichen Grundprinzipien, die Kultur im Allgemeinen

---

[27] Ebd., S. 188. Hervorhebung P. W.
[28] Wojcik et al.: Intermedialität und Transkulturalität oder: Klassiker populär (eine Einführung). In: Dies., Klassik als kulturelle Praxis 2019, S. 3–24. Hier S. 21–23.
[29] Wobei Simmel den Terminus nicht verwendet. Vgl. Georg Simmel: Philosophie der Mode. In: Moderne Zeitfragen 11 (1905), S. 5–41.

und Mode im Speziellen regeln. Ohne Weiteres ist dieser Ansatz auf Klassiker indes nicht übertragbar, weil er auf den Wechsel abhebt, nicht auf Persistenz:

> Sobald die unteren [Stände] sich die Mode anzueignen beginnen und damit die von den oberen gesetzte Grenzmarkierung überschreiten, die Einheitlichkeit in dem so symbolisierten Zusammengehören jener durchbrechen, wenden sich die oberen Stände von dieser Mode ab und einer neuen zu, durch die sie sich wieder von den breiten Massen differenzieren, und an der das Spiel von neuem beginnt.[30]

Diese ‚Diffusionsthese' lässt sich zwar durchaus auf Konjunkturen des Klassischen, das immer wieder von Geltungsverlust bedroht ist, anwenden, scheitert letztendlich jedoch daran, die Langzeitpräsenz zu erklären. Denn das Rätsel besteht gerade in der Frage, warum Klassiker nicht einfach obsolet werden – selbst dann nicht, wenn sie maximale Diffusion in der ‚breiten Masse' erreicht haben.

Zudem geht der Ansatz gerade dort, wo er sein Recht behaupten könnte, am Wesen der Klassikvermittlung vorbei, die auf „Niedrigschwelligkeit"[31] setzt. Das ist weniger neumodisch als es klingt, denn schon im 18. Jahrhundert wurde bei der Wissensvermittlung das Kommunikationsgefälle durch sogenannte „Herablassung"[32] überwunden. Das kommt der niedrigschwelligen Kulturvermittlung nahe, weil es darum geht, die Perspektive der Zielgruppe einzunehmen. Heute ist bei der Vermittlung mehr denn je zu beobachten, dass die Konsumgewohnheiten des avisierten Publikums berücksichtigt werden, wodurch das Populäre – wenn man die Technisierung der Museen oder die Digitalisierungsdebatte in der

---

30 Ebd., S. 11.
31 Der Begriff, so ein Ergebnis der im Jahr 2014 abgehaltenen Konferenz „Niedrigschwellige Kulturvermittlung", sei missverständlich, wenn er „ein Machtgefälle, bei dem eine Seite der anderen in quasi missionarischer Absicht etwas ‚Hohes' zugänglich macht", suggeriere. Vielmehr gelte es zu zeigen, dass Niedrigschwelligkeit „sich dabei nicht nur auf kommunikative Maßnahmen des ‚Heranführens' an Kunst, das Verständlich machen und Aufzeigen von Anknüpfungspunkten und Gemeinsamkeiten beschränken kann, sondern auch die Moderation unterschiedlicher Interessen und Ansprüche an das öffentlich geförderte Kulturleben beinhalten muss." Birgit Mandel: „Niedrigschwellige" Kulturvermittlung öffentlicher Kulturinstitutionen als integrales Konzept zwischen Kunstmissionierung und Moderation kultureller Beteiligungsprozesse. In: Kulturelle Bildung Online. https://www.kubi-online.de/artikel/niedrigschwellige-kulturvermittlung-oeffentlicher-kulturinstitutionen-integrales-konzept (2014) [letzter Zugriff 20.5.2021], archiviert unter https://archive.fo/6KedE.
32 Holger Dainat: „Meine Göttin Popularität". Programme printmedialer Inklusion in Deutschland 1750–1850. In: Gereon Blaseio, Hedwig Pompe, Jens Ruchatz (Hg.): Popularisierung und Popularität. Köln: S. 43–62. Hier S. 44.

Bildungspolitik berücksichtigt – zumindest medial zum Maßstab wird.[33] Dies hat mit Blick auf die kanonisierten Klassiker nicht zuletzt mit der Erosion des Nationalparadigmas zu tun. Es reicht nicht mehr aus, das Etikett des Nationalen aufzukleben, um auf Anerkennung allerseits zu stoßen. Da dieses Etikett heute überaus fraglich ist, ist man vielmehr bestrebt, die ‚alten' Nationalklassiker zu entnationalisieren und ihnen neue Funktionen zuzusprechen oder zeitgemäße Repräsentationsformen für sie zu finden.

c) Popularität von Klassik als lebensweltliche Resonanz

Im Unterschied zur Popularisierung ist Popularität das, was bislang als „lebensweltliche Resonanz" und „Applikation in Lebenswelten und Sinnhorizonte" verhandelt wurde: kollektive, häufig unreflektierte und akzidentielle Konsensbildung. Ihr zugrunde liegen soziale und ästhetische Aneignungspraktiken, die man im soziologischen Sinne als eine Habitualisierung auf der Ebene der Lebensstile bezeichnen könnte. Diese individuellen Handlungen bestätigen eine Wissensordnung, indem sie das dort verankerte Funktionspostulat real werden lassen. Umgekehrt integriert die Wissensordnung die individuellen Handlungen zu einer Praxis, was den Konsens als solchen überhaupt erst wahrnehmbar werden lässt.

Aufgrund dieser gegenseitigen Bedingung ist die Vorstellung der lebensweltlichen Resonanz in der ‚Geber und Nehmer-Logik' des Trickle down-Effekts unzureichend. Gerade weil die Hierarchie von Höhenkamm- und Breitenkultur nicht mehr uneingeschränkt gilt, können Klassiker aus traditionell mit Breitenkultur identifizierten Lebensstilmilieus in traditionell mit Hochkultur assoziierten adaptiert werden – in solchen Fällen ließe sich also eher von Trickle-across-[34] oder sogar Trickle-up-Effekten sprechen.[35] Und selbst dort, wo tatsächlich der Status eines als hochkulturell geltenden Klassikers durch die Aneignung in der gesellschaftlichen Breite geschieht, ist nicht gesagt, dass dies mit einem Kotau vor der Hochkultur geschieht.

Für alle drei Disseminationsformen spielen Intermedialität und Materialität gleichermaßen eine Rolle, obwohl der Konsum von Literatur zumindest in den

---

33 Hedwig Pompe: Popularisierung/Popularität: Eine Projektbeschreibung. In: Blaseio et al., Popularisierung und Popularität 2005, S. 13–21. Hier S. 14.
34 Der Begriff wurde zunächst 1962 von Everett M. Rogers in seinem Buch *The Diffusion of Innovations*. New York 1995 im Bereich der Agrarsoziologie entwickelt, zum interdisziplinär verwendeten Analyseinstrument. Für Mode geltend gemacht durch: Charles W. King, Lawrence J. Ring: The Dynamics of Style and Taste Adoption and Diffusion: Contributions from Fashion Theory. In: NA – Advances in Consumer Research 7 (1980), S. 13–16.
35 George A. Field: The Status Float Phenomenon. The Upward Diffusion of Innovation. In: Business Horizons 4, 13 (1970), S. 45–52.

westlichen Kulturen keine Frage der Alphabetisierung mehr ist. Artefakte, die auf die Vielfalt medialer Konsumgewohnheiten reagieren, verbreiten sich leichter und weiter. Wie oben bereits angedeutet, scheint Intermedialität im Bereich der institutionellen Klassikervermittlung als eine Art Heilsversprechen zu gelten. Die Entstehung der Massenkultur und der Wandel zur Informationsgesellschaft haben das Paradigma der Aufmerksamkeit gestärkt, die unter anderem mit neuen Partizipationsmöglichkeiten generiert wird. Fernab kultur- und bildungspolitischer Vermittlungsabsichten bekommen Klassiker Aufmerksamkeit, wenn sie in Gewändern auftreten, die mit dem medialen Zeitgeist gehen. Und mehr noch: Indem sie in Bild-, Ton-, Digital- oder Materialkultur überführt werden, werden sie milieuübergreifend und auf unterschiedliche Weise gebrauchbar, was sich resonanzsteigernd auswirkt. Das gilt für eine Shakespeare-Badeente genauso für die Verfilmung *William Shakespeare's Romeo + Juliet* (1996) von Baz Luhrmann und funktioniert als außerliterarische Klassikpraxis in vergleichbarer Weise: in Musikszenen durch das Tragen von Band-Shirts, das Schauen von Banddokumentationen und überhaupt jegliche Partizipation an der Merchandise-Kultur. Diese Alltagspraktiken lassen sich zwar als sekundäre Rezeptionsformen bezeichnen, sie sind für den Anerkennungserfolg jedoch gleichrangig mit primärem Konsum wie der Buchlektüre oder dem Theaterbesuch. Und egal ob die einzelne Geste affirmativ oder ikonoklastisch gemeint ist, der Klassikerstatus wird bestätigt.

Klassiker haben auf den Aufmerksamkeitsmärkten besondere Voraussetzungen, weil ihr Status zu immer neuer Auseinandersetzung motiviert (vgl. hierzu das Einleitungskapitel); sie verheißen Prestige und/oder finanziellen Mehrwert. Wie nah aber die Aneignung inhaltlich oder formal am Original sein soll, dafür gibt es keinen Greenwich Meridian. Zwar erheben sich immer wieder Stimmen, die meinen, darüber urteilen zu können, welche Entfernung gerade noch akzeptabel und welche schon entstellend ist, doch in der Praxis sind alle Grade der Fragmentierung und Reduktion üblich. Das gilt in visueller Hinsicht, wofür der Playmobil-Faust ein Beispiel abgibt, genauso wie in inhaltlicher. Verfilmungen können die literarischen Vorlagen auf basale Handlungsschemata kondensieren und radikal aktualisieren, wie die in den 1990er Jahren erfolgreichen Teenagerfilm-Adaptionen von Choderlos de Laclos *Les liaisons dangereuses* oder Jane Austens *Emma* zeigen.[36] Es gibt zwar Versuche, die Entfernung terminologisch mit der Unterscheidung von Adaption und Appropriation zu vermessen, doch einen Punkt, an dem das eine zum anderen wird, auf dieser Skala anzuset-

---

[36] Cruel Intentions. USA 1999. Regie: Roger Kumble und Clueless. USA 1995. Regie: Amy Heckerling.

zen, ist kaum möglich.[37] Geht es um massenkulturelle Aneignungen, so wird Appropriation häufig mit Trivialisierung oder Kitsch gleichgesetzt.[38] Im Bereich der postkolonialen Theorie lässt sich eine Umwertung des Appropriationsbegriffs beobachten, wenn es um Strategien des *rewriting* eines europäischen Kanons[39] geht. Hier werden radikale Aneignungen wie beispielsweise Femi Osofisans *Tegonni, an African Antigone*[40] zum Ausweis der Handlungsmacht.

Dass mediale und inhaltliche Appropriation als Modus der Aneignung kennzeichnend für die Popularität von Klassikern ist, werden die folgenden Ausführungen zeigen. Die ersten drei Abschnitte widmen sich Disseminations- und Zirkulationsstrukturen, der vierte widmet sich der inhaltlichen Aneignung. Im ersten Abschnitt steht die Klassikermodellierung des *Erlkönigs* im Vordergrund, die am ehesten im Bild einer Trickle-across-Diffusion zu erfassen ist. Im zweiten wird das Konzept bidirektionaler Resonanz zwischen „Wissensordnung" und „Gebrauch" systematisch erläutert. Der dritte fokussiert das Grundprinzip der Langzeitpräsenz: der Wechsel von Bedarfskonstellationen, der mit einer Neufunktionalisierung gleichzusetzen ist. Der Funktionswandel soll abschließend an vorwiegend intermedialen und interkulturellen Aneignungen dargelegt werden.

7.1 Klassikerentstehung als akzidentielle Resonanz

Die Literaturwissenschaftlerinnen vertrauteste Ausprägung des Elitarismusvorwurfs manifestiert sich seit den US-amerikanischen Kanondebatten der 1980er Jahre in der Repräsentationsthese. Gegen sie spricht sich noch 1993 John

---

37 Und so greifen die Definitionen zu Metaphern. Linda Hutcheon definiert Appropriation als „salvaging" und Julie Sanders unterscheidet sie von der Adaption als „a more decisive journey away from the informing source into a wholly new cultural product and domain". Vgl. Linda Hutcheon: Theory of Adaptation. London, New York 2006, S. 8 und Julie Sanders: Adaptation and Appropriation. London, New York 2006, S. 26.
38 Vgl. das Kapitel „Faust-Bilder in Kunstgewerbe, Warenkultur und Reklame – Kommerzialität und Trivialität" bei Carsten Rohde: Faust-Ikonologie. Stoff und Figur in der Bildkultur des 19. Jahrhunderts. Berlin, Stuttgart 2020, S. 79–95 oder Colombi, Krause, Romantische Klassiker – Figuren des Überschusses? 2019.
39 Vgl. Michael Simpson, Barbara E. Goff: Crossroads in the Black Aegean. Oedipus, Antigone, and Dramas of the African Diaspora. Oxford 2008; Barbara E. Goff: Your Secret Language. Classics in the British Colonies of West Africa. London 2013; Lorna Hardwick: Classics in Post-Colonial Worlds. Oxford 2010; Mukherjee, What is a Classic? 2014.
40 Femi Osofisan: Tegonni. An African Antigone. Lagos [1994] 2007. Im Drama findet eine Überblendung vom antiken Griechenland, dem Nigeria des 19. Jahrhunderts und dem postkolonialen Nigeria statt (Antigone ist eine Yoruba-Prinzessin).

Guillory aus[41] und kommt zu dem Schluss: „Neither the social identity of the author nor the work's proclaimed or tacit ideological message definitively explain canonical status."[42] So sehr ein Blick auf die ‚große Geschichte' der Literaturgeschichtsschreibung, der eine klare Unwucht hinsichtlich der Trias von *race, class* und *gender* offenbart, gegen Guillory spricht, so kann man ihm nicht absprechen, einen Punkt zu landen, wenn man sich auf die Mikroebene begibt. Was sich in der Makroperspektive als klares Bild präsentiert wie beispielsweise die Überrepräsentanz von weißen Männern unter den Nobelpreisträgern, verstellt den Blick dafür, dass die Akteure trotz Geschlecht, Hautfarbe und Geburtsland nicht dieselben Ausgangschancen haben, um auf dem weltliterarischen Markt zu reüssieren. Obwohl sich am allgemeinen Befund nichts ändert, so lohnt es sich, die Mikroperspektive einmal einzunehmen, weil sich in ihr die Klassikwerdung als Zufallsprodukt zeigt. Freilich ist das ein Zufall, der im 19. Jahrhundert, um das es nun gehen wird, eher Männern widerfuhr als Frauen.

Dass der Weg von Goethes *Erlkönig* zum Klassiker nicht als literarisches Werk seinen Anfang nahm, ist hinlänglich bekannt und wird gerne mit dem aussagekräftigen Zitat von Golo Mann belegt, wonach es „die einzige Ballade Goethes" sei, „welche der Referent nicht hersagen könnte. Warum? Man käme ins Singen. Warum? Wegen der Schubert'schen Komposition. Melodie und Wort haben sich derartig vereinigt, daß sie nie mehr voneinander zu scheiden sind."[43] Ein Blick in Karl Robert Mandelkows vierbändige Sammlung *Goethe im Urteil seiner Kritiker* bestätigt diesen Eindruck, denn er bietet im Hinblick auf die Rezeption der Goethe'schen Ballade in literarischen Kreisen eine erstaunlich magere Ausbeute. Eigenständig erwähnt ihn eigentlich nur Friedrich Schlegel in der *Rezension über Göthe's Werke. Erster bis vierter Band* aus dem Jahr 1808 und führt ihn bereits als bekannt ein:

> Unter den früher bekannten Liedern würden wir dem ‚König von Thule', dem ‚Sänger', dem ‚Fischer', und nächstdem dem ‚Erlkönig' den Preis zuerkennen. Lieder wie diese sind es vorzüglich, die wenn anders die jetzige Dichtkunst irgend Unvergängliches hervorbringen mag, im lebendigen Munde des Gesanges als ein Eigentum des gesamten Volks die Jahrhunderte überdauern mögen, während der Roman vom Geiste der Zeit, die Bühne von der äußern Lage der Nation, die höhere Dichtkunst von Religion und Philosophie abhängig sind.[44]

---

41 Vgl. das Kapitel „Cultural Capital" in: Guillory, Cultural Capital [1993] 2013, S. 3–82.
42 Ebd., S. 85.
43 Golo Mann: Urballade. In: Marcel Reich-Ranicki (Hg.): Frankfurter Anthologie. Zehnter Band. Gedichte und Interpretationen. Frankfurt a. M. 1989, S. 53–55. Hier S. 53.
44 Friedrich Schlegel: Rezension über Göthe's Werke. Erster bis vierter Band. Tübingen in der Cotta'schen Buchhandlung 1806. In: Karl Robert Mandelkow (Hg.): Goethe im Urteil seiner Kri-

Die als Eröffnungslied des Singspiels *Die Fischerin* 1782 im Park von Tiefurt uraufgeführte Ballade wurde bis zum Zeitpunkt dieser Rezension bereits mehrfach vertont, weshalb Schlegel zu Recht vom „lebendigen Munde des Gesanges" spricht. Abgesehen von der Tiefurter Vertonung, die von der durch Goethe hochgeschätzten Corona Schröter stammt, sind bis zum Zeitpunkt des Erscheinens von Schlegels Text noch vier weitere bekannt: von Andreas Romberg 1793, Johann Friedrich Reichardt 1794, Carl Friedrich Zelter 1797 und Gottlob Bachmann 1798/99. Unter ihnen bildeten sich zunächst diejenigen von Reichardt und Zelter zum Maßstab heraus, bevor sie von den Vertonungen von Loewe und Schubert in den Hintergrund gedrängt wurden, wie die Rezension zu Loewes 1823 frisch erschienen *Drei Balladen von Göthe, Herder, Uhland für eine Singstimme* verdeutlicht:

> Die gelungenste Komposition [...] ist die des Erl-Königs von Reichardt. Das Schauerliche und die unheimliche Eile, welche in diesem Gedichte weben, ist von Reichardt vortrefflich ausgedrückt. Andere Komponisten [hier ist Zelter gemeint] gelangten nicht einmal zur Erfassung des Grundgedankens der komponirten Gedichte und begnügten sich, den Ton zu halten, den man sich wohl bei dem althertümlichen Vortrage eines Barden zu denken pflegt.[45]

Sucht man nach dem Ursprung der Klassizität in einem Anfangserfolg, so ist er in diesem Fall nicht in einem intellektuellen literarischen Milieu zu finden. Die Träger entstammen bei Weitem nicht ausschließlich einem gut situierten Bürgertum, wovon Schubert das wohl prägendste Beispiel gibt. Der Erfolg seiner *Erlkönig*-Bearbeitung kann kaum auf die finanziell oder standesbedingt besonders glückliche Ausgangslage des mit fünf Geschwistern gesegneten Lehrerkinds aus der Wiener Vorstadt zurückgeführt werden. Wie ebenfalls hinlänglich bekannt ist, blieb ihm auch die Gunst ‚von oben' verwehrt: Um Unterstützung gebeten, schickte Goethe das Projekt umgehend und unkommentiert zurück – eine Reaktion, die mittlerweile ins Reich der Anekdoten gehört, die am Klassikerstatus der Schubert'schen Vertonung mitwirken.

Dass die Kulturelite die Qualität verkannte, widerlegt die essenzialistische Vorstellung einer sich offenbarenden Vollendung des Klassischen und die einer für sie empfänglichen Elite. Ohne die vor allem in Kreisen der Wiener Bohème aufgebauten Netzwerke wäre das Werk vermutlich ein Produkt für die Schubla-

---

tiker. Dokumente zur Wirkungsgeschichte Goethes in Deutschland. Band 4: 1918–1982. München 1984, S. 234–256. Hier S. 238.

45 Anonym: Rezension zu Drei Balladen von Göthe, Herder, Uhland für eine Singstimme, mit Begleitung des Pianoforte, komponirt von K. Loewe. Op I, 1te Sammlung Berlin bei Adolph Martin Schlesinger. Preis 20 Gr. In: Berliner Allgemeine Musikalische Zeitung. Redigiert von A. B. Marx. Erster Jahrgang 1824, S. 116–119. Hier S. 117.

de geblieben. Es lässt sich in dem Fall sogar durchaus vertreten, dass der Schubert'sche *Klassiker* (im Unterschied zum Werk selbst) ein kollektives Unterfangen im Sinne Howard S. Beckers ist, so viele Akteure haben daran mitgewirkt.[46]

Ein wichtiger Schritt auf dem Weg zum Anfangserfolg war der Vortrag des Starbaritons Johann Michael Vogl auf einer Wiener Schubertiade am 7. März 1821, über den die *Dresdener Zeitung* vom 26. April schrieb:

> Einige Lieder von dem jungen talentvollen Komponisten Schubert in Musik gesetzt, haben darin [auf dem Konzert] die meiste Sensation erregt. Vor Allen gefiel der Erlkönig, welchen Vogl mit seiner bekannten Meisterschaft vortrug und der wiederholt werden mußte. Diese herrliche Composition muß ergreifen.[47]

Diesem bereits durchaus prestigeträchtigen Konzert im Kärntnertortheater gingen Aufführungen im Haus Leopold von Sonnleithners voraus. Die Vorführungen im Salon des Rechtsanwalts waren derart populär, dass, obwohl dieser immerhin 120 Personen Platz bot, Eintrittskarten verkauft werden mussten, um den Andrang zu begrenzen.[48] Sonnleithner hob die Bedeutung des *Erlkönigs* (aufgeführt am 1. Dezember 1820) aus diesen ‚musikalischen Übungen' hervor, und es ist anzunehmen, dass diese Abende gemeinsam mit den Bühnenwerken für Schuberts Durchbruch in der Wiener Musikszene sorgten und Publikationspläne initiierten.[49]

Diese waren nicht neu, denn bereits 1816 (also unmittelbar nach der Entstehung 1815) wollten Schubert und seine Freunde die *Goethe-Lieder* veröffentlichen. In diese Zeit fiel im Übrigen die vielzitierte Ablehnung Goethes. Eine Publikation des Stückes scheiterte zunächst an der zu komplexen Klavierbegleitung. Schubert holte sich 1817 von dem renommierten Leipziger Verlag Breitkopf und Härtel eine Abfuhr, und auch der Wiener Verlag Cappi und Diabelli war trotz Empfehlung nicht bereit, in die Veröffentlichung zu investieren. So erschien der *Erlkönig*, von Schuberts Freunden gemeinsam finanziert, im Selbstverlag; Cappi und Diabelli nahmen ihn in Kommission. Das Risiko zahlte sich aus, und der *Erlkönig* wurde ein kommerzieller Erfolg: In den Jahren 1821 bis 1823 erschienen zwei Auflagen von insgesamt 500 Stück. Danach nahmen die Verleger den *Erlkönig* in ihr Programm auf und erweiterten die Publikation um weitere zwei Auflagen (wovon die letzte preisreduziert war), sodass bis 1826 etwa 1000 Exemplare herausgegeben wurden, was zu der Zeit durchaus beein-

---

46 Howard Saul Becker: Art Worlds. Berkeley, London 1984.
47 Till Gerrit Weidelich (Hg.): Franz Schubert. Dokumente 1817–1830, Band 1, Texte nach gedruckten Quellen. Tutzing 1993, S. 70. Zit. nach Walther Dürr, Andreas Krause: Schubert-Handbuch. Kassel et al. 1997, S. 41.
48 Vgl. ebd., S. 65.
49 Vgl. ebd.

druckend war und Schubert die erste finanzielle Sicherheit seines Lebens bescherte.[50]

Dieser kurze Einblick in die Anfänge des Klassikers deutet eine Popularität an, die sich einem Trickle-across-Effekt innerhalb eines durchaus heterogenen künstlerischen Milieus verdankt: Zelter, Goethefreund, musikalischer Autodidakt und Maurermeister, Reichardt, Sohn des Stadtmusikus mit klarer Bestimmung einer musikalischen Karriere, Loewe, Sohn eines Kantors, und schließlich Schubert, der Lehrersohn. Sie alle lassen sich zwar in dem „sich ständig erweiternden und differenzierenden" sogenannten ‚gebildeten Stand' verorten, zu dem „sich die armen Hauslehrer wie der arrivierte Universitätsprofessor, der preußische Subalternbeamte wie der freie Schriftsteller"[51] zählen konnten, doch ist es um ihre finanziellen Möglichkeiten wie ihre Netzwerke sehr unterschiedlich bestellt. Diese als Ausgangslage für den kanonischen Status nehmend, wäre Schubert der natürliche Verlierer gewesen. Die Tatsache, dass es nicht Goethes, sondern eben Schuberts *Erlkönig* ist, der das Klassikermodell prägt, bekräftigt die Diagnose: Es sind weder der Status des Dichterfürsten noch seine hochkarätigen Netzwerke, die die Ballade bekannt werden lassen, sondern eine arbeitsteilige Vermarktung und Förderung durch (zugegebenermaßen männliche) Akteure, die zwar nicht alle mittel- und einflusslos waren, doch ebenso wenig gehörten alle einer ‚Elite' an, die die Kapitalformen Bourdieus vereinte. Weitere Faktoren wie die positive Aufnahme durch ein heterogenes Publikum,[52] die hohen Verkaufszahlen sowie die spätere Hochschätzung durch Schumann sind weitestgehend unkalkulierbar.

---

50 Vgl. ebd., S. 67f.
51 Hans Erich Bödeker: Die „gebildeten Stände" im späten 18. und frühen 19. Jahrhundert: Zugehörigkeit und Abgrenzungen. Mentalitäten und Handlungspotenziale. In: Kocka, Bildungsbürgertum IV 1989, S. 21–52. Hier S. 23.
52 Das Hörerpublikum setzte sich u. a. aus Adeligen, Kleinbürgern, Bürgern, Studierenden und Künstlern zusammen. Vgl. Müller, Das Publikum macht die Musik 2014, S. 8: „Streng genommen sollte diese Pluralität der Rezipienten dazu führen, in der Forschung nicht vom Publikum, sondern von Publika zu sprechen." Dass sich der Erfolg – zumindest in dieser musikalischen Form – auf dieses Milieu beschränkte, zeigen preiswerte Gebrauchsliederbücher zwischen 1806 und 1870, die für ein breiteres Publikum gedacht waren: Dort ist *Der Erlkönig* nicht zu finden. Vgl. das Kapitel „Volkstümlichkeit und Nationbuilding" in: Miriam Noa: Zum Einfluss der Musik auf den Einigungsprozess der deutschen Nation im 19. Jahrhundert. Münster 2013, S. 183–189.

7.2 Popularität und Anerkennung

Nun macht der Anfangserfolg keinen Klassiker aus, vielmehr ist er nur eine Voraussetzung, die durch die anhaltende Rezeption in unterschiedlichen soziohistorischen Kontexten bestätigt werden muss oder ein kurzlebiges Modephänomen bleibt. In diesem Abschnitt soll es deshalb um die Frage gehen, wie ein solcher Anerkennungserfolg wiederhergestellt werden kann.

Zunächst bleiben wir im 19. Jahrhundert und widmen uns einer Spielart des Mythos, die Eliten etwas nebulös mit Mächtigen identifiziert, die Klassiker für eigene Zwecke einsetzten. Zu beobachten ist dieser Instrumentalisierungsvorwurf noch 2018 in W. Daniel Wilsons Studie über die Geschichte der Goethe-Gesellschaft, die den *Faustischen Pakt*[53] beschreibt, den mustergültige Vertreter des Bildungsbürgertums, Professoren, Archivdirektoren, Stiftungspräsidenten mit den nationalsozialistischen Machthabern eingingen. Wilson klagt nicht nur diejenigen an, die das Goethebild im Sinne der antisemitischen Propaganda deformierten, sondern auch „die Alliierten und Nachkriegsdeutschen", die Goethe „für die Sache der Menschenrechte und der Freiheit [missbrauchten]".[54] Der von oben verordnete und durchgeführte Missbrauch ist eine im Schatten Foucaults zum Klischee der Diskursanalyse geratene Machtdiagnose, die vor allem griffig ist. Auf dem Rückumschlag von Wilsons Buch werden die Schuldigen als „Meinungsmacher" denunziert – ein Begriff, der das Bild von (omni-)potenter Elite und impotenter Masse evoziert. Um den Nationalklassikerdiskurs zu beschreiben, scheint mir allerdings – will man in der Terminologie Foucaults bleiben – die Vorstellung eines Dispositivs als einer Ausgangskonstellation treffender, die die soziale Interaktion in bestimmte Bahnen zu lenken vermag und als Antwort auf „ein Bedürfnis in einer bestimmten geschichtlichen Situation" zu verstehen ist.[55] Doch eine Antwort muss akzeptiert werden.

Schauen wir uns dazu den deutschen Nationaldiskurs im 19. Jahrhundert an. Das Klassikerdispositiv ließe sich in diesem Fall als die Konstellation verstehen, in der Goethe und Schiller als Lösung für das Problem der fehlenden politischen Einheit angeboten werden. Konkret könnte das bedeuten, dass ein intel-

---

53 W. Daniel Wilson: Der faustische Pakt. Goethe und die Goethe-Gesellschaft im Dritten Reich. München 2018.
54 Ebd., S. 256.
55 Das Dispositiv als „Anordnung, [...] Arrangement oder Aufstellung" wird „ausgearbeitet als Lösung für einen Problemkomplex, als eine Art Verdauungskanal, der zu verarbeiten vermag, was sich ansonsten nur schwer zersetzen ließe: Die Ausarbeitung eines Arrangements lässt sich betrachten als Stellungnahme zu ‚sozialen Verdauungsbeschwerden'". Vgl. Sverre Raffnsøe, Marius Gudmand-Høyer, Morten Sørensen Thaning: Foucault. Ein Studienhandbuch. Paderborn 2011, S. 228.

lektuelles Angebot (die Idee des Nationalschriftstellers) gemacht und mithilfe von Produktionen (Literaturgeschichten, Anthologien) und einer Infrastruktur (Verlagen, Bibliotheken, Schulen, Universitäten) verbreitet würde. Eine so organisierte Verbreitung ließe sich mit der Vorstellung einer klassikproduzierenden Elite übereinbringen, doch liefert der Kurzschluss keine Antwort darauf, warum das Angebot von den elitenfernen Bevölkerungsteilen angenommen wurde, wenn weder Gewalt noch Indoktrinierung erkennbar werden.[56] Das mechanistische Prinzip der Machtdurchsetzung ist ebenso wenig geeignet, die Dynamiken der Klassikerverbreitung und -tradierung zu erfassen wie das diffusionistische Trickle-down-Prinzip.

Ein Schema, das mir die Verhältnisse, die zur Tradierung und Stabilisierung des Klassikers beitragen, treffender wiederzugeben scheint, basiert auf der grundsätzlichen Unterscheidung zwischen einer meta- und einer ‚alltags'-diskursiven Ebene, die in Kapitel 4 eingeführt wurde. Die metadiskursive Ebene soll im Weiteren als „Wissensordnung" definiert werden.[57] Diese gibt Funktionspostulate aus und macht konzeptuelle wie semantische Angebote, deren Wirksamkeit von ihrer lebensweltlichen Resonanz abhängig ist – davon also, ob jemand von dem Angebot Gebrauch macht (vgl. Abb. 26).

Der Bestimmtheitsanspruch dieser Angebote kann zwar von Appell bis hin zu Postulat, Deklaration, Behauptung oder gar Befehl reichen, doch reguliert das nur bedingt den Gebrauch. Dieser kann sich wiederum in künstlerischen Aneignungen, in einfachen Sprechakten der Bestätigung oder Ablehnung, im Konsum und in der (Alltags-)Rezeption (Lesen, Kaufen, Hören, Tauschen, Sammeln, Nachahmen, Medialisieren, Thematisieren, Parodieren etc.) manifestieren. Er stabilisiert die Wissensordnung und reichert sie gegebenenfalls an, weil Prakti-

---

56 Z. B. die Entstehung von Bildungsvereinen für Arbeiter und patriotischer Gesellschaften. Bausinger beschreibt, dass bei dem Festzug anlässlich der Schillerfeier 1859 der Arbeiterbildungsverein mit fast tausend Mann die größte Gruppe darstellte. Vgl. Hermann Bausinger: Verbürgerlichung – Folgen eines Interpretaments. In: Günter Wiegelmann (Hg.): Kultureller Wandel im 19. Jahrhundert. Göttingen 1973, S. 24–49. Hier S. 28. Zur weiteren Entwicklung und Verfügbarkeit von Bildungseinrichtungen vgl. auch Dietrich Mühlberg: Anfänge proletarischen Freizeitverhaltens und seiner öffentlichen Einrichtungen. In: Weimarer Beiträge: Zeitschrift für Literaturwissenschaft, Ästhetik und Kulturwissenschaften 27 (1981), S. 118–150. Hier S. 140: Es „standen für Arbeiter immer mehr bildende Einrichtungen zur Verfügung. Zunächst Bibliotheken, vor allem die der Arbeiterorganisationen selbst. Volksbildungsvereine, Volksakademien, Volkshochschulen boten in den Vortragssälen, Schulen und Lesehallen ihre Programme an. Die Museen wurden auch Arbeitern zugänglich. Verlage begannen damit, bildende Literatur für Arbeiter herauszugeben."
57 Die Differenzierung adaptiere ich von Rainer Diaz-Bone: Kulturwelt, Diskurs und Lebensstil. Eine diskurstheoretische Erweiterung der Bourdieuschen Distinktionstheorie. Opladen 2002.

ken der Lebensstilebene reintegriert werden.⁵⁸ In diesem Austausch zwischen Wissensordnung und Lebenswelt können sich die rezipierenden Milieus verändern.

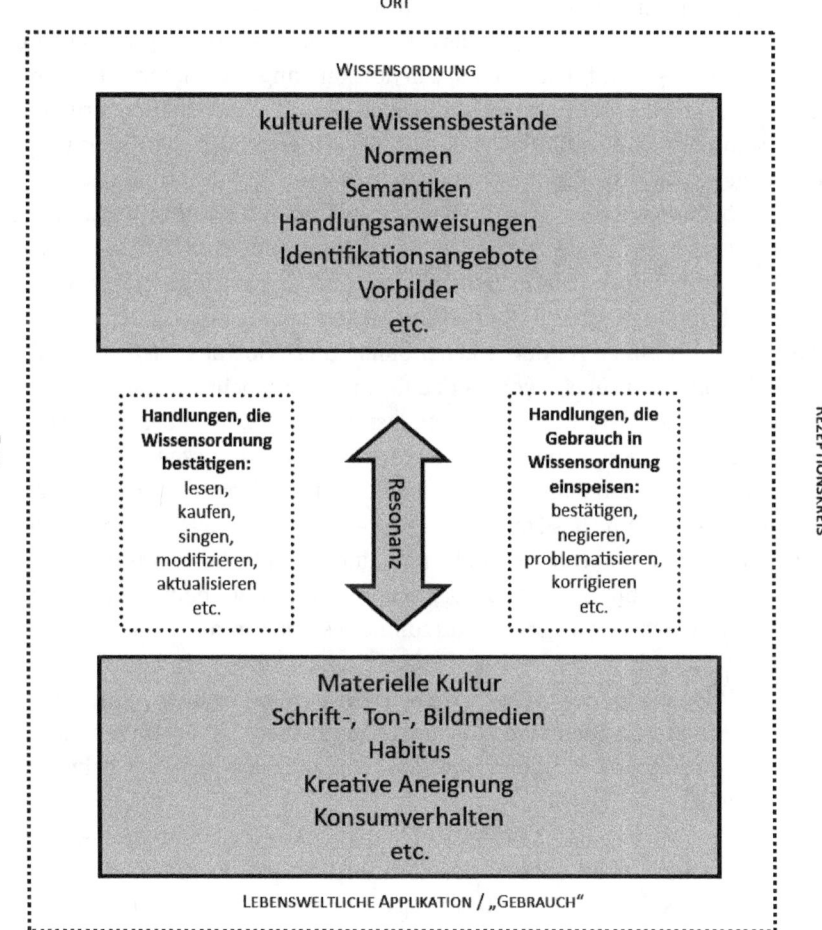

Abb. 26: Klassikerpraxis als bidirektionale Resonanz zwischen Wissensordnung und Lebenswelt innerhalb einer Bedarfskonstellation (Ort, Zeit, Rezeptionskreis und Interesse).

---

58 „Andererseits sind Lebensstile das ‚Objekt der Begierde' für unterschiedlichste diskursive Interessen, die dann in der Wissensordnung ihre Spuren hinterlassen." Diaz-Bone, Kulturwelt, Diskurs und Lebensstil 2002, S. 130.

Wir haben gesehen, dass die Klassikerwerdung des *Erlkönigs* mit einem Bedarf nach autochthoner Dichtung beginnt. Die Reaktion darauf, die Aufwertung des Volkslieds, richtet die dazugehörige Wissensordnung neu aus (vgl. hierzu Kapitel 3). Sie bietet eine neue Semantik an und postuliert eine daraus ableitbare Ästhetik, die von einem nach neuen Ausdruckformen suchenden künstlerischen Milieu aufgenommen wurde. So lässt sich die Wechselwirkung zwischen dem Funktionspostulat, mit dem der Volksliedddiskurs angestoßen wird, und der Resonanz als künstlerische Praxis nachvollziehen: Die von Herder formulierten Ideen werden im kunstaffinen Lebensstilmilieu thematisiert, diskutiert und problematisiert, was eine Resonanz und zugleich eine Stabilisierung der Wissensordnung bedeutet. Sie gehen überdies unmittelbar in die Kulturproduktion ein: Autoren verfassen an der Volksliedtheorie geschulte Balladen, es entstehen Volksliedsammlungen. Die in Deutschland zunächst noch abstrakte Semantik wird durch internationale Vorbilder und Muster konkreter (von Percys *Reliques* über *Ossian* bis hin zu Herders eigener Sammlung). Goethes *Erlkönig* ist als Teil dieser Resonanz zu sehen, wobei er zugleich deren mögliche Spannweite zu einer Seite hin markiert. Auf der anderen lassen sich Goethes *Volkslieder aus dem Elsass* verorten, die eine unmittelbarere Applikation der Wissensordnung erkennen lassen. Sie weisen dialektale Rudimente und ein Nebeneinander verschiedener Sprachstufen auf, besitzen weder ein regelmäßiges Reimschema noch Metrum, neigen zu lückenhafter Narration, die auf die Verbreitung der Stoffe schließen lässt, schildern die Begebenheiten unverblümt, häufig brutal und mit moralischer Belehrung versehen, kurzum: Sie stehen in der Tradition des Bänkelsangs. Dagegen ist der *Erlkönig* in Ausdruck und Syntax artifiziell, formal und inhaltlich streng durchkonzipiert und derart verklausuliert, dass bis heute über den Inhalt gestritten wird. Zusammengenommen demonstrieren diese beiden Werke, wie groß der Spielraum ist, ein semantisches Angebot ästhetisch zu interpretieren.

Dass der *Erlkönig* als Ausdruck des Mündlichkeitspostulats gesehen wurde, bezeugt Schlegels oben angeführtes Zitat, in dem er vom „lebendigen Munde des Gesanges" spricht.[59] Dieses Urteil leistet eine Stabilisierung der postulierten Wissensordnung, weil es die künstlerische Praxis an sie rückkoppelt. Dazu gehört eine Funktionszuschreibung, die das politische Modell erkennen lässt: Ein nach ästhetischen Maßstäben der Zeit geschaffenes Gedicht wird musterhaft für mündlich tradierte Volkspoesie. Es wird in den kulturellen Wissensbestand eingespeist und kann auf diese Weise ein Vorbild für die weitere Produktion sein.

Da das Zeitkriterium entscheidend ist, um etwas klassisch zu nennen, müssen die Prozesse der wechselseitigen Befruchtung und Bestätigung von Wissens-

---

[59] Schlegel, Rezension über Göthe's Werke 1984, S. 238.

ordnung und Lebenswelt potenziell endlos in immer wieder neuen Bedarfskonstellationen wiederholbar sein. Die Langzeitpräsenz entsteht durch deren Veränderung, was sich beobachten lässt, wenn neben das Zitat von Schlegel eines von Willibald Alexis aus dem Jahr 1924 tritt, an dem die patriotische Gesinnung des jungen Schriftstellers ablesbar ist:

> ich rede alleine vom Erlkönig, welchen neulich Jemand mit Recht die *deutsche Normalballade* genannt hat; weniger wie die *deutsche Ballade* ist, als wohin sie streben sollte, indem Erlkönig alle *germanische Elemente* und die höchste Kunstvollendung dieser Volksdichtung umfasst.[60]

Wo Schlegel nur vom Volksmund spricht, spricht Alexis bereits von deutscher und germanischer Ballade. Wir beobachten den Wechsel einer Bedarfskonstellation: Der *Erlkönig* wird zum idealen Horizont der Nationalliteratur. Der Volksliedddiskurs wird mit dem Vokabular des Nationaldiskurses angereichert und in dessen Wissensordnung integriert. Die neue Bedarfskonstellation impliziert einen veränderten Rezeptionskreis und eine neue Funktion. Lieferte die Wissensordnung des Volksliedddiskurses zunächst einen kreativen Impuls für ein kunstaffines Milieu, so liefert sie nun eine Semantik, die auf die Stiftung einer imaginären Gemeinschaft zielt. Der *Erlkönig* ist jetzt Teil der großen Antwort auf die Frage nach einer deutschen Identität. Der Geltungsradius ist größer als die Kunstszene – er hat potenziell den Umfang einer Nation. Um ihn zu erreichen und dem Funktionspostulat zur lebensweltlichen Realität zu verhelfen, muss der Klassiker in verschiedenen Bereichen der Lebensstilebene und deren Medien implementiert werden.

Analog zu Goethes Aufstieg in den Nationaldichter-Olymp steigt das symbolische Kapital seiner Werke. Aus der Feder des „unübertroffene[n] Meister[s] der Ballade"[61] stammend, dient der *Erlkönig* dem nationalen Selbstverständnis. Da dies jedoch nicht annähernd so eindeutig und teilweise ‚schrill' wie im Fall des *Faust* geschieht, ist die Rezeption der Ballade ein gutes Beispiel für die sich eher dezent vollziehende alltägliche Funktionalisierung von Klassikern. Wenngleich sich Goethes Rolle am „Gipfelpunkt der litterarischen Entwicklung in Deutschland"[62] bis ins 20. Jahrhundert hält und Lyrik ein wichtiger Pfeiler der literarischen Schulbildung bleibt, so führt dies nicht dazu, dass der *Erlkönig* (oder ein anderes seiner Gedichte) erkennbaren Sonderstatus hat. In einer Untersuchung

---

[60] Willibald Alexis: Über Balladenpoesie. In: Hermes. Kritisches Jahrbuch für Literatur 1 (1824), S. 1–113. Hier S. 105. Hervorhebung P. W.
[61] C. G. F. Brederlow: Vorlesungen über die Geschichte der deutschen Literatur. Ein Lesebuch für die erwachsene Jugend. Leipzig 1844, S. 255.
[62] Rudolf Lehmann: Der deutsche Unterricht: Eine Methodik für höhere Lehranstalten. Berlin 1890, S. 298.

der Weimarer Klassiker im Schulkanon zwischen 1871 und 1914 stellt Manuel Mackasare fest, dass Goethes Lyrik gegenüber der Schiller'schen eine untergeordnete Rolle gespielt habe.[63] In der Tendenz ist das bereits vor 1871 festzustellen: Sowohl in Friedrich Rückers *Auswahl deutscher Gedichte für die untern und mittlern Klassen der Gelehrten und höhern Bürgerschulen*[64] von 1837 als auch im bereits erwähnten *Echtermeyer*[65] von 1836 scheint die Lyrik anderer Dichter den Zweck nationalkultureller Bildung besser zu erfüllen. Im *Echtermeyer*, dessen erklärtes Ziel es ist, Schüler „in die geistige Welt seines Volkes einzuführen und den ideellen Reichtum desselben [...] zu Bewußtsein zu bringen"[66], ist Uhland in den drei Abteilungen mit insgesamt 21 Gedichten[67] vertreten, was ein eindeutiges Ungleichgewicht zu Goethe (zwölf)[68] und Schiller (vierzehn)[69] darstellt.[70] 1842 schreibt Echtermeyers Hallenser Kollege Robert Hiecke in seiner Schrift *Der deutsche Literaturunterricht auf deutschen Gymnasien*, Goethe und Schiller gehörten in den Deutschunterricht, um die „Jugend die höchsten Ziele unserer Poesie kennen lehren".[71] Es wirkt wie ein Lippenbekenntnis, denn den Anthologien nach zu urteilen sind sie weder der Endpunkt der Literatur noch die populärsten in der ersten Hälfte des 19. Jahrhunderts. Wenn also Ignaz Hub in seiner Übersicht *Deutschland's Balladen- und Romanzen-Dichter* von 1849 Goethes *Erl-*

---

63 Manuel Mackasare: Klassik und Didaktik 1871–1914. Zur Konstituierung eines literarischen Kanons im Kontext des deutschen Unterrichts. Boston, Berlin 2017, S. 123.
64 Friedrich Rücker: Auswahl deutscher Gedichte für die untern und mittlern Klassen der Gelehrten und höhern Bürgerschulen nach den Originalien und mit Anmerkungen. Zweite Abtheilung. Erlangen 1837, S. 58.
65 Echtermeyer, Auswahl deutscher Gedichte für die untern und mittlern Classen gelehrter Schulen 1836.
66 Ebd., Vorwort, S. iii.
67 Die Einkehr, Schwäbische Kunde, Zimmerspruch, Das Schwert, Siegfrieds Schwert, Lied eines Armen, Knaben Berglied, Graf Richard ohne Furcht, Der Schenk von Limburg, Schäfers Sonntagslied, Der blinde König, Des Sängers Fluch, Der Schwarze Ritter, Das Singenthal, Taillefer, Die Bildsäule des Bacchus, Pilger, ver sacrum, Bertran de Born, Gesang und Krieg, Mährchen.
68 Die wandelnde Glocke, Das Hufeisen, Der getreue Eckart, Klein Roland, Der Sänger, Erlkönig, Schatzgräber, Fischer, Zauberlehrling, Todtentanz, Die Kinder sie hören es gerne, Mahomets Gesang.
69 Parabeln und Rätsel, Der Handschuh, Die Bürgschaft, Das Feuer, Gang nach dem Eisenhammer, Ring des Polykrates, Der Taucher, Pegasus im Joche, Graf von Habsburg, Mädchen aus der Fremde, Kampf mit dem Drachen, Kassandra, Tanz, Kraniche des Ibykus.
70 Vgl. auch Elisabeth Katharina Paefgen: Uhland – Goethe – Geibel. Anmerkungen zur lyrischen Kanonentwicklung im „Echtermeyer" des 19. Jahrhunderts: Volkstümlichkeit – Klassik – Nationales. In: Detlef C. Kochan (Hg.): Literaturdidaktik – Lektürekanon – Literaturunterricht. Amsterdam, Atlanta 1990, S. 251–287.
71 Robert Heinrich Hiecke: Der deutsche Literaturunterricht auf deutschen Gymnasien. In: Ein pädagogischer Versuch. Leipzig 1842, S. 108 f.

könig als „berühmtes Gedicht"[72] anführt, dann steht dies zwar im Geiste der Wissensordnung des Nationalklassikerdiskurses, wird jedoch (zumindest soweit dies bislang nachvollzogen wurde) im Bildungsdiskurs nicht im behaupteten Ausmaß bestätigt. Das bestätigen im Grunde auch Buchreihen, die „Deutsche Classiker" an Frau und Mann bringen. Sowohl Cottas *Volksbibliothek deutscher Classiker* als auch *Meyer's Groschen-Bibliothek der Deutschen Classiker* führen Werke von Goethe – aber eben auch von vielen anderen. Goethes Lyrik ist dabei eher unterrepräsentiert. Einige wie die Miniaturbuchreihe *Etui-Bibliothek der Deutschen Classiker* haben Goethe gar nicht im Programm. Die editorische wie die schulische Praxis bestätigen die Wissensordnung zwar teilweise (etwa durch Werkausgaben wie die zwölfbändige von Cotta), aber von eindeutiger Resonanz einer Funktionsbehauptung, die derart vollmundig auftritt, kann man auf dieser Gebrauchsebene eher nicht sprechen. Es lohnt sich deshalb, zusätzlich auf andere, weniger manifeste Resonanzformen schauen.

Sobald sich Goethes Position an der Spitze der deutschen Literatur herauskristallisiert hat,[73] ist die Semantik, die die Behauptung nationaler Identitätsstiftung bereitstellt, doppelt – im Sinne der Metonymisierung über das Werk und den Autor – strukturiert: <Goethe$_{Der\ Erlkönig}$ ist ein deutscher Nationalklassiker>. Damit das Postulat wahr wird, muss der *Erlkönig* im Rezeptionskreis, den das Projekt ‚Nation' entwirft, gekauft, gelesen, rezitiert, zitiert oder gesungen werden. Es reichen schlichte Gefallensbekundungen, Erwähnungen oder Vergleiche, die als Resonanzform eher subtil sind, doch anzeigen, wie selbstverständlich die Ballade als Horizont des Kunstverständnisses ist. So wird im 1836 herausgegebenen neunbändigen *Repertorium der gesammten deutschen Literatur* ein Gedicht des zu der Zeit 21-jährigen Österreichers Hyazinth von Schulheim durch die Feststellung aufgewertet, „dass der *Stern* mit Goethe's *Erlkönig* fast Hand in Hand geht"[74]. Dass der *Erlkönig* Maßstab der Dichtung ist und als solcher wahrgenommen wird, veranschaulicht das *Gespensterbuch* von Johann August Apel und Friedrich Laun. Eine Rezension geht hart mit dem beliebten Werk

---

[72] Ignaz Hub: Deutschland's Balladen- und Romanzen-Dichter von G. A. Bürger bis auf die neueste Zeit. Eine Auswahl des Schönsten und charakteristisch Werthvollsten aus dem Schatze der lyrischen Epik in Balladen und Romanzen, Mären, Legenden und Erzählungen nebst Biographien und Charakteristiken der Dichter unter Berücksichtigung der namhaftesten kritischen Stimmen. Karlsruhe 1849, S. 27.
[73] Bollenbeck etwa datiert ihn auf 1825, Gervinus' zwischen den Jahren 1835 und 1842 erschienene fünfbändige *Geschichte der poetischen Nationallitteratur der Deutschen* ist also die Pointe eines Prozesses, der bereits zu Goethes Lebzeiten begann. Georg Bollenbeck: Weimar. In: Etienne François, Hagen Schulze (Hg.): Deutsche Erinnerungsorte. Band 1. München 2009, S. 207–224. Hier S. 214.
[74] E. G. Gersdorf (Hg.): Repertorium der gesammten deutschen Literatur. Band 9. Leipzig 1836, S. 568 f.

ins Gericht: „Die Erzählung Alp ist als Gedicht sehr unbedeutend, bloßer Nachhall von Göthe's Erlkönig, sogar bis auf den Ausdruck."[75] Der Vorwurf der Epigonenschaft ist angesichts der Zeilen „Gib deinen Sohn mir, und willst Du nicht, / So nehm ich ihn mit Gewalt"[76] sicher berechtigt und zeigt darüber hinaus an, wie die Vorbildfunktion des *Erlkönigs* auf einer ‚Gebrauchsebene' der (nicht unbedingt gehobenen) literarischen Praxis verankert wird. Diese Verwendungsweisen mögen im Geiste des Nationaldiskurses sein oder sind zumindest nicht gegen ihn gerichtet, sie sind jedoch nicht von ihm instruiert oder gar durchgesetzt. Noch klarer wird dies an der Parodie, die über den Kunstdiskurs ausgreift.

1832 ist in dem *Verzeichnis aller in Deutschland herauskommender Bücher und Kunstsachen* eine heute nicht mehr auffindbare Parodie von 1810 mit dem Titel *Der Zweschkenkrampus. Eine Parodie über Göthe's Erlkönig. Ein Beitrag zur heitern Deklamation*[77] zu finden, die auf einem halben Bogen mit einem Preis von zwei Groschen offenbar für ein breiteres Publikum gedacht war. Solche Produkte zeugen von einer Verbreitung, die das Funktionspostulat des Nationaldiskurses in ebenso starkem Maße stabilisiert wie Jubiläen. Der *Erlkönig* wird dabei autorschaftanzeigend mit Goethes Namen versehen, um ihn zuverlässig an den Status des Dichters und den Nationaldiskurs rückzukoppeln. Parodien, die sich außerhalb des Kunstdiskurses bewegen, lassen prinzipiell zwei Tendenzen erkennen. Die eine zielt auf den Umgang mit dem Klassiker, die andere reflektiert mit seiner Hilfe ein aktuelles Geschehen. Die 1855 in der Satirezeitschrift *Kladderadatsch* publizierte umfangreiche scherzhafte Rezension *Der Erlkönig, von Göthe* entspricht der ersten Tendenz:

> „Wer reitet so spät durch Nacht und Wind?"
> beginnt Herr Göthe, um die Neugier des Lesers rege zu machen, und befriedigt dieselbe sogleich durch die triviale Antwort: „Es ist der Vater (?) mit seinem Kind!" Aber wer ist der Vater? Wie heißt er? Besitzt er Vermögen? Was reitet er? Reitet er auf einem Princip oder auf einem Schimmel? Wohin reitet er? Wie reitet er? Hat er überhaupt Reitunterricht

---

75 Anonym: Rezension zu Gespensterbuch. Bd. 1–3. Hg. von A. Apel und F. Laun [i. e. F. A. Schulze]. Leipzig 1811 Abweichendes Ersch.jahr für Bd. 1. In: Allgemeine Literatur-Zeitung (1810), S. 649–653. Hier S. 652.
76 Vgl. ebd.
77 Anonym: Der Zweschkenkrampus. Eine Parodie über Göthe's Erlkönig. Ein Beitrag zur heitern Deklamation von F. M. W. Wien, (1/2 B.) Wimmer. 2. Gr. (24 Sgr–9 Kr.) In: Bibliographie von Deutschland oder wöchentliches vollständiges Verzeichnis aller in Deutschland herauskommender Bücher und Kunstsachen mit Angabe der Bogenzahl, des Preises und der Verleger nebst Anzeige derjenigen Unternehmungen aus den angegebenen Fächern, welche auf Subscription und Pränumeration gemacht werden, mit den dabei obwaltenden Bedingungen, begleitet von vier Registern und einem Verzeichnis der wichtigsten Neuigkeiten in der französischen, italienischen und englischen Literatur. 7. Jahrgang 1832. Industrie-Comptoir in Leipzig. S. 88.

genossen? Alle diese Fragen, zu denen der gebildete Leser sich wohl berechtigt fühlt, läßt der Verfasser in seiner lüderlichen Schreibweise gänzlich unbeantwortet.[78]

Da die Argumente, mit denen dem Nationaldichter Nachlässigkeit und Trivialität attestiert werden, offenkundig albern sind, wird letztendlich die Rezensionspraxis aufs Korn genommen. Die vermeintliche Kritik stabilisiert also die Wissensordnung <Goethe$_{Der\ Erlkönig}$ ist ein Nationalklassiker>.

Dies trifft auch im zweiten Fall zu. Ebenfalls im *Kladderadatsch* erscheint am 16. Juli 1848 eine Parodie, die unter dem Eindruck der gescheiterten Revolution steht, was das Heftthema „Gott sei Dank! Die Revolution in Krähwinkel ist vorbei" unumwunden verkündet. Der Titel *Der Erlkönig. Bürgerliches Trauerspiel in drei Aufzügen nach dem Gedichte eines gewissen Göthe frei bearbeitet von Charlotte Birch-Pfeiffer* kokettiert mit Goethes Bekanntheit.[79] Während die Anspielung auf die politische Situation selbst heute leicht erkennbar ist, ist der Seitenhieb auf den Kulturbetrieb nicht mehr ad hoc rekonstruierbar. Die Schauspielerin und Dramenautorin Charlotte Birch-Pfeiffer verfasste hauptsächlich Bühnenfassungen bereits berühmter Werke, ihr Name verweist also auf eine inflationäre Adaptionspraxis. Dieser Topos wird weiterentwickelt, wenn es heißt: „Der Professor Henning erscheint, um den Erlkönig wegen Ruhestörung auf die Festung zu bringen, da ihm dies nicht gelingt, so läßt er ihn vorläufig in Musik setzen."[80] Hier verschmilzt in der Polysemie des Wortes „setzen" der politische Witz mit dem kulturbezogenen: Die Verhaftungen von Revolutionären werden mit den Vertonungen des *Erlkönigs* in Verbindung gebracht, was diese wiederum als Zwangsmaßnahme erscheinen lässt. Die politische Kritik zielt auf die Verführungsmacht der Herrschenden. Dazu werden die einprägsamen Originalverse des Sohnes vorgetragen, auf die der Vater unwirsch reagiert: „Mein Vater, mein Vater, o hörest Du nicht / was Erlkönig mir leise verspricht?" / „Ach was, – dummer Junge – es hat schon mancher König *leise* etwas versprochen und laut nicht gehalten."[81] Solche in ihrer Wirkung ephemeren Belege durchaus früher Popularität zeigen, dass die lebensweltliche Bestätigung der Wissensordnung sich zum großen Teil aus dem Bereich der Unterhaltung speist. Das war im 19. Jahrhundert nicht intendiert, es war sogar explizit nicht gewollt, weil das in-

---

78 Anonym: Rezensionen. Der Erlkönig, von Göthe. In: Kladderadatsch. Humoristisch-satyrisches Wochenblatt 44/45 (1855), S. 178.
79 Anonym: Bürgerliches Trauerspiel in drei Aufzügen nach dem Gedichte eines gewissen Göthe frei bearbeitet von Charlotte Birch-Pfeiffer. In: Kladderadatsch. Humoristisch-satyrisches Wochenblatt 11 (1848), S. 43.
80 Ebd.
81 Ebd.

stitutionell propagierte politische Modell die Klassikerhandhabe im quasireligiösen Modus vorsah.[82]

Abb. 27: Holzschnitt Erlkönig von Hermann Plüddemann.

Abb. 28: Holzschnitt Zauberlehrling von Theobald von Oer.

Dennoch sind bemerkenswerte Kohärenzleistungen zu beobachten, wenn es darum geht, den Nationaldiskurs zu bestätigen. Dieser zehrt von einem Konstrukt der Weimarer Klassik, das bekanntlich auf der Behauptung einer klassizistischen Periode ruht. Dazu passen gerade Goethes beliebte Balladen wie *Der Erlkönig*, *Der Zauberlehrling* oder *Der Fischer* eigentlich nicht. Um diese Inkohärenz – also die mangelnde Passfähigkeit der klassizistisch geprägten antiken und der romantisch geprägten folkloristischen oder mittelalterlichen Vorstellungswelten – möglichst plausibel erscheinen zu lassen, helfen multimodale Strategien. Anschaulich geschieht dies im *Deutschen Balladenbuch* von 1852, das bis in die 70er Jahre des 20. Jahrhunderts aufgelegt wurde. Während die Illustration des *Erlkönigs* von Hermann Plüddemann einer romantischen Bildästhetik folgt, wird im selben Balladenbuch der *Zauberlehrling* nur wenige Seiten

---

[82] Zum Zwiespalt zwischen Institutionen und der sich herausbildenden Massenkultur vgl. Kaspar Maase: Grenzenloses Vergnügen. Der Aufstieg der Massenkultur 1850–1970. Frankfurt a. M. 2007, S. 24.

später von Theobald von Oer in ein klassizistisches Ambiente versetzt, dessen Krönung der als mächtiger Zauberer im Lorbeerkranz auftretende Dichterfürst selbst darstellt (vgl. Abb. 27 und 28). Romantische und klassizistische Tradition fusionieren hier wie selbstverständlich zur deutschen Nationalkultur.[83]

Programmatische Inkonsistenzen werden nicht auf Geheiß ‚von oben' bewältigt, sondern sind tatsächlich am ehesten als ein Invisible-Hand-Phänomen zu beschreiben. Der Nationaldiskurs und der *Erlkönig* treten im 19. Jahrhundert in eine Wechselbeziehung, von der beide profitieren: Die Ballade wird in den Olymp der Dichtung erhoben, ihr kulturelles Kapital ist von nun an höher, als es noch im Volksliedsdiskurs war, während der Nationaldiskurs um eine beliebte Repräsentation angereichert wird. Mit der Präsenzextension, die durch neue Formen der Vermarktung entsteht, wird die Wechselbeziehung stabilisiert. In diesem Prozess sind einzelne ‚Klassikmacher' nicht auszumachen, selbst wenn im größeren Ausmaß nach Institutionen, Organisationen oder ganzen Milieus Ausschau gehalten wird.

7.3 Prinzip Langzeitpräsenz

1871 erreicht der Nationaldiskurs den Gipfel seiner Popularität, und es ist Goethe, der Pate für das neue Deutsche Reich steht. In der Forschung wird dies gemeinhin an die Rezeption durch das wilhelminische Bürgertum gebunden,[84] für das Prunkausgaben ediert und Biografien verfasst wurden und das die Gründung der Goethe-Gesellschaft Weimar und des Goethe-Nationalmuseums in Frankfurt, beide 1885, initiierte. Die Präsenzextension, die Berghahn als „Stoffhuberei"[85] kritisiert, führt nach Karl Robert Mandelkow bereits ab 1890 zu einer Rezeptionskrise der Weimarer Klassik, die sich um 1919 „zu einer Radikalkritik am wilhelminischen Kaiserkult, an der sich vor allem linksradikale und sozialrevolutionäre Autoren beteiligten",[86] ausformiert.

Die dominante Klassikerfunktion ist zu der Zeit weiterhin nationale Identitätsstiftung, für die nach wie vor Literaturgeschichten die maßgebliche große

---

83 Vgl. Adolf Ehrhardt, Theobald von Oer, Hermann Plüddemann, Ludwig Richter, Carl Schurig: Deutsches Balladenbuch mit Holzschnitten und Zeichnungen. Leipzig 1852. Erlkönig S. 115, Zauberlehrling S. 134.
84 Vgl. Waltraud Wende: „Die deutsche Kultur und die umliegenden Dörfer halten den Atem an." Zur Wirkungsgeschichte eines Klassikers. In: Gutjahr, Segeberg, Klassik und Anti-Klassik 2000, S. 19–33. Hier S. 21.
85 Ebd.
86 Mandelkow, Weimarer Klassik. Gegenwart und Vergangenheit eines deutschen Mythos 2000, S. 7.

Erzählung liefern. Dass sich Autoren gegen eine daraus entstehende Stagnation ästhetischer Maßstäbe wehren und nach alternativen historischen Bezugsgrößen wie Hölderlin, Kleist oder Heine suchen, liegt am unterschiedlichen Bedarf der Diskurse: Der Nationaldiskurs benötigt ewige Monumente als überzeitliche Autoritäten, während der Kunstdiskurs sich aus der Dialektik von Beständigkeit und Innovation speist und auf diese Weise immer neue Orientierungsfiguren in den Mittelpunkt rückt. Mandelkows Krisenbehauptung stimmt deshalb nur für einen Teil der Rezeption. Sie erinnert an die vorangegangenen Kapitel: Auch Manger und Münchhausen wurde ein Geltungsverlust attestiert und auch dafür lieferte der jeweilige literarische Betrieb den Rezeptionsmaßstab. Doch wie die Werke der beiden, so bleibt die Popularität des *Erlkönigs* von der Anerkennungskrise des Nationalklassikers in den Reihen der Kunstschaffenden unberührt, weshalb ich Mandelkows Befund die These eines neuerlichen Wechsels der Bedarfskonstellation entgegensetzen möchte.

Ab etwa 1890, also ab dem Zeitpunkt, an dem Mandelkows Krisendiagnose einsetzt, lässt sich sinnvollerweise von der Entstehung einer Massenkultur sprechen.[87] Der *Erlkönig* wird ihr Teil, und seine Popularität geht vom National- und Kunst- auf den Unterhaltungsdiskurs über. Diesen Wechsel ermöglichen neue Techniken und Praktiken: Neue Reproduktionsmöglichkeiten erlauben eine billigere Vervielfältigung, neue Medien wie der Rundfunk, die Schallplatte, die Fotografie und der Film erreichen immer neue und größere Teile einer Gesellschaft, deren Bildungsgrad und Wohlstand insgesamt ebenfalls steigen. Die sogenannte Arbeiterklasse entwickelt ein bis dahin unbekanntes Freizeitverhalten und sich zu einem eigenständigen Konsumentenkreis.[88] Die vom Nationaldiskurs beförderte Popularität führt zu einer Zunahme konsumierbarer Klassikerprodukte, die immer weiter ins Private vordringen: Neben den günstigen Editionen und Anthologien sind es Nachahmungen, Parodien und Notendrucke, aber auch Sammelbilder auf Schokoladentafeln und Bouillon-Konzentraten und, was wir bereits im Mickiewicz-Kapitel gesehen haben, Porzellanprodukte.[89]

---

[87] Maase, Grenzenloses Vergnügen 2007, S. 20. Für die vorliegende Fallanalyse wird nur der deutschsprachige Raum berücksichtigt. Für die USA wäre beispielsweise anzuführen: Charles Sellers: The Market Revolution: Jacksonian America, 1815–1846. New York 1991.
[88] Ebd., S. 22.
[89] Vgl. Ulrich Vogt, Meinolf Protte: Goethe-Bilder auf Postkarten, Briefmarken, Geldscheinen, Sammelbildern, Stereofotos, Bierdeckeln. Hildesheim 2016 und speziell zu Goethes Faust Rohde, Faust-Ikonologie 2020.

Gehorchten bereits die „Classiker"-Buchreihen einer Logik der Absetzbarkeit,⁹⁰ so gilt dies für diese „Explosion der Bilder"⁹¹ und der mit ihnen versehenen Produkte nun mehr denn je. Klassiker sind beliebte, weil mit kulturellem Kapital ausgestattete Objekte, sodass sie für immer neue Milieus angeboten werden. Dies geschieht mit einer erweiterten Funktion: Der *Erlkönig* soll nicht mehr (primär) nationale Identität stiften, sondern als Teil der sich ausbreitenden Alltags- und Gebrauchskultur gefallen und unterhalten. Das vom Nationaldiskurs vorgegebene Funktionsmonopol verliert sich zunehmend. Abbildung 29 illustriert, wie ein Wechsel der Bedarfskonstellation durch die Aneignung in den Lebenswelten erfolgt.

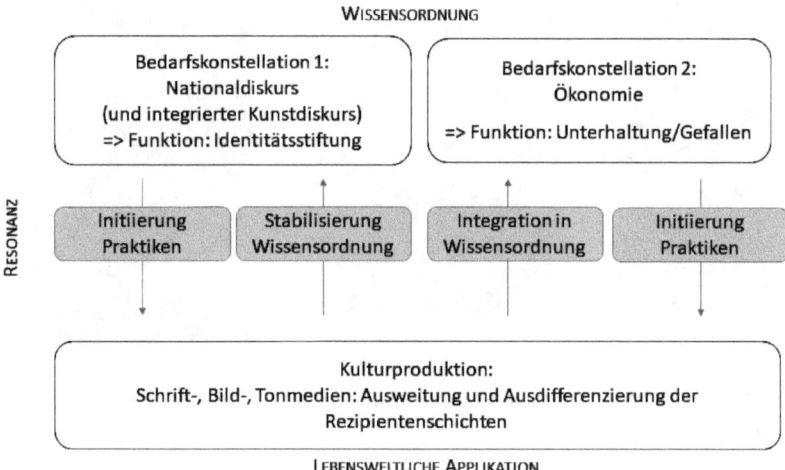

Abb. 29: Beispiel eines Funktionswechsels. Der in Abbildung 26 dargestellte Prozess muss in unterschiedlichen Konstellationen wiederholbar sein, damit eine Langzeitpräsenz entsteht.

Die Funktion der Identitätsstiftung ist zwar nicht obsolet, doch tritt gleichberechtigt die Unterhaltungsfunktion hinzu, die zwar kohärent mit der ersten sein kann, aber nicht muss. Das Minimalangebot <Goethe$_{Der\ Erlkönig}$ ist ein Nationalklassiker> gilt nach wie vor, doch ist nicht vollends steuerbar, ob es auf ernste oder komische Weise, künstlerisch mehr oder weniger ambitioniert umgesetzt wird. Auch wäre es falsch, sich entmündigte Opfer des Kapitalismus vorzustellen (und so Bildungs- durch Wirtschaftseliten zu ersetzen): Die Entwicklung reagiert vornehmlich auf die Ausweitung und Ausdifferenzierung der klassiker-

---

90 Vgl. Fulda, Klassiker – eine merkmalsunabhängige Wertzuschreibung 2019.
91 Vgl. Rohde, Faust-Ikonologie 2020, Kapitel 3.

konsumierenden Schichten, also – wie oben bereits betont – auf steigenden Wohl- und Bildungsstand, das veränderte Verhältnis zur Arbeit und das Aufkommen neuer Reproduktionstechniken und Medien.

Zu Beginn des 20. Jahrhunderts zeigt sich schon deutlich, dass diese dem Klassiker neue Repräsentationsformen ermöglichen und zugleich von seinem Status profitieren. So demonstriert beispielsweise die Postkarte das Potenzial des Bilddruckes mithilfe des prestigeträchtigen Motivs:[92] Die *Erlkönig*-Postkarten kombinieren bekannte Gemälde und verweisen auf Schuberts Vertonung – auf Goethe nehmen sie gar nicht Bezug. (Abb. 30–32).

Abb. 30–32: Postkarten mit dem Erlkönig-Motiv (und teilweise Notenausschnitten der Schubert-Vertonung).

Die Postkarten belegen nebenbei die anhaltende Popularität der Schubert'schen Ballade, obwohl ihr bereits 1825 ein Schwinden prophezeit wurde.[93] Auch junge Medien nutzen Klassiker, um sich auf Augenhöhe mit den etablierten zu präsentieren. So ist in den Anfangsjahren des Rundfunks ein dezidiertes Interesse an Klassikern zu beobachten, wie Sophie Picard in ihrer Untersuchung zu Goethes

---

92 Auch die Fotografie präsentiert sich auf Postkarten, und auch sie nutzt das Erlkönig-Motiv, wie ein Beispiel von 1907 zeigt, auf dem das Erlkönig-Denkmal zwischen Jena und Kunitz zu sehen ist. Vgl. Goethezeitportal http://www.goethezeitportal.de/index.php?id=3857 [letzter Zugriff 21.5.2021], archiviert unter https://archive.fo/EllHX.
93 „Der junge Komponist Schubert fährt unermüdlich fort, Lieder zu schreiben, seine Erstlinge, sonderlich der Erlenkönig, haben ein Publikum gefunden, das sich jedoch allmählich zu vermindern scheint." Anonym: Vermischte Meldungen. In: Berliner allgemeine musikalische Zeitung vom 21.12.1825, S. 413.

Präsenz im Radio in der ersten Hälfte des 20. Jahrhunderts herausarbeitet.[94] Sowohl die unter Legitimationsdruck stehenden ‚neuen' Medien profitieren vom kulturellen Kapital als auch der Klassiker von der Aktualisierung und Modernisierung. Aufnahmen der Schubert-Vertonung können auf Schallplatten vertrieben werden, wie die Notendrucke zuvor. Die wechselseitige Prestigesteigerung lässt sich an einer Schallplattenaufnahme von 1922 beobachten, auf der der international gefeierte Schauspieler Alexander Moissi betont ambitioniert die Vierstimmigkeit und Atmosphäre der Ballade umsetzt.[95] Hier gehen der sich als Virtuose der Sprechkunst inszenierende Schauspieler, das Trägermedium und nicht zuletzt der Klassiker eine Beziehung ein, bei der alle gewinnen.[96]

Indem sie die Sockel ihrer Denkmäler und die Seiten ihrer Prachtausgaben verlassen, werden Klassiker Teil der Alltagswelt.[97] Die Klassikertradierung emanzipiert sich nun vollends von der Sphäre der institutionellen Klassikervermittlung und folgt der Logik einer Klassikervermarktung, was darauf hinweist, dass in Sachen Langzeitpräsenz Kultur- und Bildungspolitik kein Monopol haben. Es lassen sich Trickle-down-, Trickle-across- und Trickle-up-Prozesse beobachten. Die Nachfrage gestaltet den Markt mit. Hierbei stellt sich tatsächlich das Primat des Populären ein, von dem Hedwig Pompe spricht: Die Konsumfähigkeit breiter Schichten bedingt die Produktion von Kulturgütern, die nicht nur die – institutionell gewollte – quasireligiöse Klassikerverehrung fortschreiben, sondern durch ikonoklastische Momente der Unterhaltung bieten (vgl. Abb. 33).

---

94 Vgl. Sophie Picard: Goethe und das Radio: eine Win-win-Situation 1932 und 1949. In: Wojcik et al., Klassik als kulturelle Praxis 2019, S. 121–138.
95 Reinhart Meyer-Kalkus: Koordinaten literarischer Vortragskunst. Goethe-Rezitationen im 20. Jahrhundert. In: Gabriele Leupold, Katharina Raabe (Hg.): In Ketten tanzen. Übersetzen als interpretierende Kunst. Göttingen 2008, S. 150–198. Die Rezitation befindet sich auf der CD zum Band. Für die Stimme des Erlkönigs wählt Moissi eine in Gesang kippende, unheimlich anmutende Kopfstimme, und auch die übrigen Figuren werden durch passende Tonlagen, teilweise auch variierendes Tempo gekennzeichnet. Die unheimliche Atmosphäre wird durch ein Tremolo wiedergegeben, darüber hinaus sind hier auch zeitgenössische Eigenheiten präsent, wie das rollende „r", das Standard der Vortragskunst war. Vgl. ebd., insbesondere S. 185–194.
96 Walter Benjamins Urteil, dem zufolge „[u]m neunzehnhundert [...] die technische Reproduktion einen Standard erreicht [hatte], auf dem sie nicht nur die Gesamtheit der überkommenen Kunstwerke zu ihrem Objekt zu machen und deren Wirkung den tiefsten Veränderungen zu unterwerfen begann, sondern sich einen eigenen Platz unter den künstlerischen Verfahrungsweisen eroberte", beschreibt diese Entwicklung treffend. Walter Benjamin: Das Kunstwerk im Zeitalter seiner Reproduzierbarkeit. Dritte Fassung. In: Ders.: Drei Studien zur Kunstsoziologie, hg. von Burkhardt Lindner. Frankfurt a. M. 2013, S. 96–163. Hier S. 98.
97 Auch in auf den ersten Blick so abwegigen Repräsentationen wie Schiffsnamen. Zwei englische respektive US-amerikanische Schiffe trugen den Namen Erl-King.

Abb. 33: Bildpostkarte Erlkönig-Parodie.

Insgesamt erweist sich Klassik in der Langzeitperspektive als ein transgressives Phänomen, weil die Präsenz ihrer Objekte auf die Interaktion mit neuen Medien genauso wie die Aneignung innerhalb immer neuer Rezeptionsgruppen angewiesen ist.

7.4 Der Erlkönig im 20. Jahrhundert

Neue Funktionen entstehen durch De- und Neukontextualisierung. Wird diesen Praktiken ein subversives Potenzial zugeschrieben, so baut die Argumentation erneut auf der Vorstellung einer Deutungsmacht auf, die sie unterlaufen. Dies lässt sich bei John Fiske beobachten:

> Excorporation is the process by which the subordinate make their own culture out of the resources and commodities provided by the dominant system, and this is central to popular culture, for in a industrial society the only resources from which the subordinate can make their own subcultures are those provided by the system that subordinates them.[98]

Dass sich Klassikpraktiken nicht hinsichtlich dominanter und untergeordneter gesellschaftlicher Systeme unterscheiden, wurde am politischen Mickiewicz-Modell diskutiert. Fiskes Theorie könnte aber so ausgelegt werden, dass manche Gebrauchsformen eine diskursive Hoheit beanspruchen und sich selbst dominant setzen; sich also die Aneignungen eigentlich darin unterscheiden, welche

---

98 Fiske, Understanding Popular Culture [1989] 2007, S. 15.

Geltungsansprüche sie erheben. Dazu würde nicht nur die kulturpolitische Instrumentalisierung passen, sondern auch die produktive literarische Rezeption, für die die weitreichende Neuinterpretation als legitimer ästhetischer Ausdruck gilt. Da intertextuelle wie intermediale Verfahren in der Regel nicht verbergen,[99] dass sie sich kreativ mit einem bereits existierenden Text auseinandersetzen, sind sie im besonderen Maße dazu geeignet, ein Bewusstsein für dessen Geschichtlichkeit zu aktivieren und so die *longue durée* evident werden zu lassen.

7.4.1 Intertextualität für ein akademisches Publikum: *Der Erlkönig* von Angela Carter und Michel Tournier

Michel Tourniers mit dem Prix Goncourt ausgezeichneter Roman *Le Roi des Aulnes* aus dem Jahr 1970 und Angela Carters Kurzgeschichte *The Erl-King* aus dem Jahr 1975 ziehen den Klassiker heran, um sich zwei Themen ihrer Zeit zu widmen: der Debatte um die Ursachen des Nationalsozialismus (Tournier) und dem Feminismus (Carter). Während Tournier auf über 500 Seiten seines „postmodernen Mythenromans"[100] die Verführungskraft der nationalsozialistischen Ideologie demonstriert, erzählt Carter ein Märchen von weiblicher, durchaus selbstdestruktiver Lust und Befreiung. Beide Texte verbindet ein Interesse am *Erlkönig* als Prätext, als Figur, Motiv und Thema. Carter ist 1975 Protagonistin der feministischen Bewegung in Großbritannien und ihr Text selbst Teil des damals aktuellen Diskurses. Tourniers Roman ist eine Auseinandersetzung, die aus der Sicht des Nachgeborenen von dem Bemühen gekennzeichnet ist, die Kraft der verheerenden Ideologie zu verstehen.

a) *Der Erlkönig* im Kontext des britischen Feminismus der 1970er Jahre: Angela Carters *The Erl-King*

Angela Carters Erzählung *The Erl-King* erschien erstmals 1975 in der englischen, von der Schriftstellerin Emma Tennant gegründeten Literaturzeitschrift *Bananas*. 1979 wurde sie in Carters aus insgesamt zehn Märchen- und Sagenbearbei-

---

[99] Wo der Bezug verborgen bleibt, empfiehlt es sich mit Saint-Gelais von Transfiktionalität zu sprechen. Vgl. Richard Saint-Gelais: Personnage et transfictionalité. In: Françoise Lavocat, Claude Murcia und Régis Salado (Hg.): La Fabrique du personnage. Paris 2007, S. 269–286 und Ders.: Transfictionality. In: David Herman (Hg.): Routledge Encyclopedia of Narrative Theory. Repr. London 2010, S. 612–613.
[100] Cornelia Klettke: Der postmoderne Mythenroman Michel Tourniers am Beispiel des Roi des Aulnes. Bonn 2012.

tungen bestehenden Sammlung *The Bloody Chamber* veröffentlicht.[101] Neben der *Erlkönig*-Adaption finden sich darin Bearbeitungen von Grimm'schen oder Perrault'schen Märchenstoffen.[102] Carters Stil wird als surrealistisch, grotesk oder magisch-realistisch und ihre Texte werden als materialistisch, politisch, erotisch oder gar pornografisch bezeichnet.[103] Die ihr ebenfalls nachgesagte Nähe zur *Gothic Novel* wird in *The Erl-King* durch die Verknüpfung erotischer und schauriger Elemente bestätigt. Der Erlkönig ist bei Carter ein Waldwesen, dem die namenlose Protagonistin auf einem Streifzug mit unbekanntem Ziel vor allem erotisch begegnet. In seinem Haus findet sie unzählige, in kleinen Käfigen gefangene Singvögel, die sich als von ihm verwandelte Frauen herausstellen. Obwohl sie in einer Art hypnotischem Bann gefangen ist, einer traumartigen Verschmelzung üppiger und zugleich träger Natur und Sexualität, gelingt es ihr, auszubrechen. Die Adaption von Goethes Vorlage knüpft an das Verführungsmotiv an, die Vorstellung eines mächtigen Waldherrschers, dessen Lockungen Schwächere verfallen. Das Machtgefälle zwischen übermächtigem Erlkönig und jungem Mädchen dient der Inszenierung einer Abhängigkeit, die sich aus Faszination und Angst zugleich speist:

> and I lie down on the Erl-King's creaking palliasse of straw. His skin is the tint and texture of sour cream, he has stiff, russet nipples ripe as berries. Like a tree that bears bloom and fruit on the same bough together, how pleasing, how lovely.
> And now – ach! I feel your sharp teeth in the subaqueous depths of your kisses. The equinoctial gales seize the bare elms and make them whizz and whirl like dervishes; you sink your teeth into my throat and make me scream.[104]

1975 diagnostiziert Laura Mulvey der westlichen (Kino-)Kultur einen Hang, die Frau im männlichen Blick zum Objekt zu machen.[105] Diesen „male gaze" kehrt Carter hier zunächst um, denn es ist die Protagonistin, die sich nach eingehender Betrachtung das Urteil „how pleasing, how lovely" erlaubt. Dieser kurze Moment weiblicher Selbstermächtigung geht in eine durchaus genussvolle Hingabe über. Die geflüsterten Versprechen des Erlkönigs werden zu Gesang:

---

101 Angela Carter: The Erl-King. In: Dies.: The Bloody Chamber and Other Stories. London 1994, S. 84–91.
102 Etwa *Puss-in-the-Boots*, *The Tiger's Bride*, das seinen Stoff aus *Die Schöne und das Biest* bezieht, oder *The Company of Wolves*, *The Werewolf* und *Wolf Alice*, die den Rotkäppchen-Stoff verarbeiten. Die Erzählungen dienten als Grundlage für die Verfilmung *The Company of Wolfes*, dt. *Zeit der Wölfe* 1984 unter der Regie von Neil Jordan.
103 Vgl. den Überblick von Lindsey Tucker: Introduction. In: Dies (Hg.): Critical Essays on Angela Carter. New York 1998, S. 1–23.
104 Carter, The Erl-King 1994, S. 88.
105 Laura Mulvey: Visual Pleasure and Narrative Cinema. In: Dies.: Visual and Other Pleasures. Houndmills et al. 2009, S. 14–30.

> I was the perfect child of the meadows of summer, but then a year turned, the light clarified and I saw the gaunt Erl-King, tall as a tree with birds in the branches, and he drew me towards him on his magic lasso of inhuman music.[106]

Diese Mischung aus kindlicher Unschuld und sexueller Reife nutzt Carter wiederum, um über die Natur der Frau zu reflektieren. Deren Doppelcharakter speist sich aus den widersprüchlichen Gefühlen der Unterdrückung und Befreiung in und durch die Natur, die geradezu im Sinne des ebenfalls Mitte der 1970er Jahre entstandenen *Eco-Feminism* inszeniert wird: die sexuelle Erfüllung der Protagonistin als zivilisatorisch ungebändigte Natur. Das unschuldige Mädchen wird durch die im Erlkönig personifizierte Natur zur Frau, doch die Befreiung läuft auf eine Domestizierung hinaus. Die Natur – auch die sexuelle – schwankt zwischen Lebenserhaltung und Selbstzerstörung, Freiheit und Gefangenschaft – diese drastische Position brachte Carter Kritik aus zeitgenössischen feministischen Kreisen ein.[107] Die Protagonistin weiß um die wahren Absichten des Erlkönigs, wie ein Refrain wiederholt sich die Zeile „The Erl-King will do me grievous harm". Dennoch lässt sie sich von ihm einnehmen, bleibt bei ihm – ein als weiblich markiertes Dilemma:

> When I realized what the Erl-King meant to do to me, I was shaken with a terrible fear and I did not know what to do for I loved him with all my heart and yet I had no wish to join the whistling congregation he kept in cages although he looked after them very affectionately, gave them fresh water every day and fed them well. His embraces were his enticement and yet, oh yet! They were the branches of which the trap itself was woven.[108]

Es ist das einzige Zitat, in dem ein tatsächlicher feministischer Appell aufscheint, wenn die Protagonistin zum Vorbild stilisiert wird. Auch wenn nicht klar wird, ob es Wunschtraum oder Realität ist: Sie schafft den Ausbruch aus der Trägheit und Sicherheit der Domestikation, der ihren Vorgängerinnen nicht gelungen ist. Dieser wird jedoch nicht plakativ als Sieg gefeiert, denn Carter versucht, die psychologische Verfassheit der sich selbst befreienden Frau durch ein biblisches Bild einzufangen: Fürsorglich die Haare des Erlkönigs kämmend, flicht sie unbemerkt Seile daraus und erwürgt mit ihnen das Waldwesen. Anschließend schneidet sie seine Haare ab; ein Bild, das mit der Wortwahl Bezug auf die Geschichte von Samson und Dalilah nimmt – „She will carve off his great

---

106 Carter, The Erl-King 1994, S. 89.
107 Vgl. Robin Ann Sheets: Pornography, Fairy Tales, and Feminism: Angela Carter's „The Bloody Chamber". In: Tucker, Critical Essays on Angela Carter 1998, S. 96–118. Hier S. 96. Carter wird auch als „author of pornography" bezeichnet. James Sloan Allen: Where Ego Was. In: Nation 229 (1979), S. 312.
108 Carter, The Erl-King 1994, S. 90.

mane with the knife"[109] –, das die Machtverhältnisse nochmals umdeutet und das weibliche Schuldgefühl zum Ausdruck bringt.

Nach eigener Aussage nimmt Carter ein *rewriting* der märchenhaften Stoffe vor, indem sie deren Subtext entfaltet „and that latent content is violently sexual".[110] In diesem Fall nutzt sie das Thema, um sich gegen ein enthaltsames Modell weiblicher Sexualität zu positionieren. Gleichzeitig wird Goethes Klassiker zum Gegenstand einer feministischen Poetik. Die künstlerische Selbstbehauptung wird in den intertextuellen Bezügen sichtbar. Die Goethes Vorlage fremde Plotstruktur ist an William Blakes *Song* angelehnt: Auch dort bietet die reife Natur den Ausgangspunkt, auch dort ist die Gleichsetzung der Frau mit einem Vogel, der in einem goldenen Käfig gefangen gehalten wird, zu beobachten.[111] Darüber hinaus finden sich implizite und explizite Verweise auf weitere Werke des 19. Jahrhunderts wie William Wordsworth' *Tintern Abbey* oder Christina Rossettis *Goblin Market*.[112] Die Auseinandersetzung mit der romantischen literarischen Tradition deutet Harriet Kramer Linkin als Abgrenzungsgeste: „the protagonist's refusal to enact one of the constituent master plots of nineteenth-century masculinist poetry, which relegates women to the silence, containment, absence, or death awaiting."[113]

Die zweite kaum beachtete Verbindung stiftet die erkenntniskritische Lesart des Goethe'schen Klassikers. Sie wird bei Carter wie schon bei Goethe an die jahreszeitlich bedingten Sichtverhältnisse gebunden: Die unwirtlich dargestellte Natur in Goethes Vorlage lässt auf eine herbstliche Szenerie schließen. Auch die Handlung von *The Erl-King* ist im Herbst angesiedelt, der den bevorstehenden Tod symbolisiert: „Only, there is a haunting sense of the imminent cessation of being; the year in turning, turns in on itself."[114]

Dieser Herbst ist im markanten Unterschied zum Goethe'schen von bestechender, geradezu schmerzhafter Klarheit. Der durch die Wetterverhältnisse getrübte Blick löst in der Vorlage die entscheidende Frage nach der richtigen Deutung der Ereignisse aus. Wie Ludwig Stockinger darlegt, ist nicht nur die

---

109 Ebd., S. 91.
110 Kerryn Goldsworthy: "Angela Carter". In: Meanjin 44 (1985), S. 6.
111 Vgl. hierzu auch Harriet Kramer Linkin: Isn't It Romantic? Angela Carter's Bloody Revision of the Romantic Aesthetic in "The Erl-King." In: Tucker, Critical Essays on Angela Carter 1998, S. 119–133. Hier S. 119.
112 Rossettis balladeskes *Gothic*-Märchen fand in den intellektuell-feministischen Kreisen der zweiten Hälfte der 70er Jahre, also in Carters Milieu, Anerkennung aufgrund der Thematisierung weiblicher, möglicherweise sogar homoerotischer Sexualität. Vgl. Britta Zangen: Christina Rossetti's "Goblin Market." The Eroticism of Female Mystics. In: C. C. Barfoot (Hg.): "And Never Know the Joy." Sex and the Erotic in English Poetry. Amsterdam 2006, S. 247–259. Hier S. 249.
113 Kramer Linkin, Isn't It Romantic? 1998, S. 119–133. Hier S. 121.
114 Carter, The Erl-King 1994, S. 85.

Sicht des Kindes durch das Fieber getrübt, sondern auch der Vater ist sich seines Sehvermögens nicht sicher, was in der paradox anmutenden Konstruktion „Ich *seh' es genau, es scheinen* die alten Weiden so grau" ausgedrückt wird, aus der Stockinger einen „impliziten Diskurs über die Grenzen der empirischen Erkenntnis und über das Verdecken dieser Grenzen in der aufklärerischen Rede" folgert.[115] Diese erkenntniskritische Funktion erfüllt die herbstliche Natur bei Carter ebenfalls:

> The lucidity, the clarity of the light that afternoon was sufficient to itself; perfect transparency must be impenetrable, these vertical bars of brass-coloured distillation of light coming down from sulphur-yellow interstices in a sky hunkered with grey clouds that bulge with more rain.[116]

Die paradoxe Wendung „perfect transparency must be impenetrable" liest sich als eine Negation der aufklärerischen Lichtmetaphorik. Auch daraus entwickelt sie eine feministische Botschaft, denn die Klarheit macht die Lüge sichtbar, ohne sie zu beseitigen:

> A young girl would go into the wood as trustingly as Red Riding Hood to her granny's house but this light admits no ambiguities and, here, she will be trapped in her own illusion because everything in the wood is exactly as it seems.[117]

Man könnte es als erkenntniskritischen Feminismus bezeichnen, wie Carter hier die bewusst gewählte Illusion anprangert. So schließt sich der Kreis zu der saturierten Trägheit, in der sich die Protagonistin, den Lockungen des mächtigen Erlkönigs nachgebend, einrichtet.

Goethes Klassiker erfüllt eine Artikulationsfunktion für ein eigenständiges künstlerisches, feministisch engagiertes Programm. Die Ballade liefert das Thema der Verführung, die daran geknüpfte asymmetrische Machtkonstellation sowie das Thema der richtigen Weltwahrnehmung, um das sexuelle Begehren und dessen Domestikation zu inszenieren. Der *Erlkönig* wird zur Metapher, mit der sich die Doppelnatur der Erotik als einer befreienden und lebensbejahenden sowie bindenden und lebenszerstörenden Hingabe darstellen lässt. Die Inszenierung weiblicher Sexualität wird in masochistischen Bildern entfaltet, die Carter

---

115 Vgl. Ludwig Stockinger: „Wunderliche Phantasie." Voraussetzungen und Möglichkeiten ‚literarischer Phantastik' in der deutschen Literatur des 18. Jahrhunderts. In: Ders., Elmar Schenkel, Wolfgang F. Schwarz, Alfonso de Toro (Hg.): Die magische Schreibmaschine. Frankfurt a. M. 1998, S. 103–137. Hier S. 113.
116 Carter, The Erl-King 1994, S. 84.
117 Ebd. 85

die Bezeichnung als „high priestness of post-graduate porn"[118] einbrachten. Der literarische Anspruch, der unter anderem an wechselnden Fokalisierungen, komplexer Narrationsstruktur, Tempuswechseln, intertextuellen Bezügen, einem Reichtum origineller Metaphern und geradezu barocken Naturbeschreibungen sichtbar ist, belegt, dass die Autorin kein feministisches Manifest, sondern eine feministische Poetik vor Augen hat, mit der sie sich im zeitgenössischen literarischen Diskurs verortet.

b) *Der Erlkönig* im Zeichen interkultureller Hermeneutik. Erklärungsversuch über die (ästhetische) Verführungskraft des Nationalsozialismus in Michel Tourniers *Le Roi des Aulnes*

> Cette ballade de Goethe, où l'on voit un père fuyant à cheval dans la lande en serrant sous son manteau son enfant que le Roi des Aulnes s'efforce de séduire, et finalement enlève de vive force.[119]

Michel Tourniers *Le Roi des Aulnes* verknüpft das *Erlkönig*-Thema mit mythologischen, märchenhaften, historischen und psychologischen Elementen, um die Anziehungskraft des Nationalsozialismus zu reflektieren. Die Universalität der Deutung wird intertextuell behauptet, indem neben dem *Erlkönig* biblische, historische und märchenhafte Figuren Erwähnung finden, die ebenfalls eine Beziehung zu Kindern, und insbesondere Knaben, besitzen: der heilige Christophorus, der Christusträger; Alfonso de Albuquerque, ein Konquistador, der einer von Montaigne überlieferten Legende zufolge ebenfalls Kindesträger war; der kinderfressende Oger aus Charles Perraults *Petit Poucet* (*Däumling*) und der mittelalterliche Kindermörder Gilles de Rais, dessen Figur wiederum zur Vorlage für Perraults *La barbe bleue* (*Blaubart*) wurde. Dieses Figurennetz wird dichter gewebt: Während der Nachname des Protagonisten, Tiffauges, das Schloss meint, auf dem besagter Gilles de Rais unzählige Kinder folterte und ermordete, eröffnet der Vorname Abel eine biblische Assoziationskette, die wiederum unmittelbar an die im Nationalsozialismus wesentliche Dichotomie von sesshaften und nomadischen Völkern anknüpft, die das tragische Brüderpaar paradigmatisch verkörpert.

---

118 Amanda Sebestyen: The Mannerist Marketplace. In: New Socialist 47 (1987), S. 38.
119 Michel Tournier: Le Roi des Aulnes. Postface de Philippe de Monès. Paris 1970 pour le texte principal et 1975 pour la postface, S. 469 f. „Diese Goethe-Ballade, in der geschildert ist, wie ein Vater eilend über die Heide reitet, unterm Mantel an sich gepreßt sein Kind, das der Erlkönig ihm abspenstig machen trachtet und schließlich gewaltsam entführt." Michel Tournier: Der Erlkönig. Berlin, Weimar 1989, S. 329.

Gleichzeitig ist *Le Roi des Aulnes* ein Anti-Entwicklungsroman, die Geschichte über die deviante Psyche eines Mannes, der auf dem emotionalen Entwicklungsstand eines zwölfjährigen Kindes verharrt ist. Unfähig, Beziehungen zu Gleichaltrigen aufzubauen, findet er sich nur im Umgang mit Tieren und Kindern zurecht. Seine Devianz transzendiert er von einer sozialen auf eine metaphysische Ebene, indem er das Tragen von Kindern zu einem erhabenen, befriedigenden, latent erotisierten bis ekstatischen Akt umdeutet, der mit den Christophorus- und Erlkönig-Figuren ihre symbolhafte doppelte Ausdeutung ins Positive wie Negative erfährt: „Le Roi des Aulnes serait le modèle noir, et Saint-Christophe le modèle blanc."[120] Das *Erlkönig*-Motiv wird in einem Spannungsfeld aus Zuneigung, Erotik und Grausamkeit interpretiert. Im Unterschied zu den philosophisch orientierten Analysen von *Le Roi des Aulnes* im Sinne einer postmodernen „*mythécriteure*",[121] die die Bedeutung des *Erlkönig*-Bezugs marginalisieren bzw. vollkommen außer Acht lassen, möchte ich das paratextuell Gesetzte in den Mittelpunkt rücken. An ihm zeigt sich, dass Tourniers Spiel mit mythischen, märchenhaften, biblischen und historischen Elementen eine gesellschaftspolitische Aktualität besitzt.

Die *Erlkönig*-Analogie gipfelt in Abel Tiffauges' Rolle als ‚Rattenfänger' für die in Ostpreußen gelegene Nationalpolitische Erziehungsanstalt (Napola) Kaltenborn. Auf einem schwarzen Wallach namens Blaubart und in Begleitung von elf Dobermännern durchstreift der fast zwei Meter große, extrem kurzsichtige Mann die masurischen Dörfer, um Kinder mit falschen Versprechungen zu rekrutieren. Obwohl ihm bewusst ist, dass dies den ebenso voraussichtlichen wie sinnlosen Tod der Kinder bedeutet, die in den letzten Monaten des Krieges als Kanonenfutter für die Front dienen, führt er seine Aufgabe mit einer Mischung aus Schicksalsergebenheit und Hingabe aus. Die sichtbaren Grausamkeiten werden ohne jegliches moralische Bewusstsein in ein ästhetisch-erotisiertes Weltbild eingepasst. So nimmt Tiffauges die Tatsache, dass die ältesten Jahrgänge der Fünfzehn- bis Achtzehnjährigen einberufen, die „Großen [...] zur Schlachtbank geführt werden", wie es unverblümt heißt, geradezu mit Erleichterung wahr, weil dieser „Aderlaß" Kaltenborn die „kindliche Reinheit" wiedergibt,[122] die seiner homoerotischen und pädophilen Fixierung zupasskommt. Der radikale Ästhetizismus resultiert aus der Erziehung des Protagonisten. Der selbst als Internatsschüler aufgewachsene Tiffauges ist von den Machthierarchien und

---

120 „Le Roi des Aulnes serait le modèle noir, et Saint-Christophe le modèle blanc." Michel Tournier: Comment j'ai construit le Roi des Aulnes. In: Les Cahiers de l'Oronte 9 (1971), S. 88.
121 Vgl. Klettke, Der postmoderne Mythenroman Michel Tourniers 2012, S. 127 f. und 158–161.
122 „Peu après cette saignée qui restituait á Kaltenborn sa ‚pureré enfantine'." Tournier, Le Roi des Aulnes [1970] 1975, S. 428. Deutsch: Ders., Der Erlkönig 1989, S. 301 f.

Unterdrückungsmechanismen der Einrichtung, die, für den Roman typisch symbollastig, den Namen St. Christophorus trägt, geprägt, in der das Versprechen der Fürsorge für die Schützlinge durch Machtmissbrauch und folterähnliche Erziehungsmethoden pervertiert wird. Hier kommt das Doppelmotiv der lebenserhaltenden Knabenliebe des Vaters und der lebenszerstörenden des Erlkönigs aus Goethes Ballade zur Geltung. Das Fürsorgeversprechen beschränkt sich ausschließlich auf die Vermittlung einer umfangreichen Bildung. Auf diese Weise wird die im Nationalsozialismus verkörperte Verbindung von humanistischer Kulturtradition und menschenverachtender Barbarei ihrer angeblichen Paradoxie beraubt. Denn es ist die Einseitigkeit eines Erziehungssystems, in dem Empathie und Moral eine nur randständige Rolle spielen, die Tiffauges' Amoral befördert. Und so wird das Heranwachsen im Internat zur Folie, vor der sich seine Lebensstationen erschließen.

Noch in Frankreich entwickelt er ein Interesse an Kindern, zeichnet ihre Stimmen auf und fotografiert sie. Dies wird ihm zum Verhängnis, als ihn ein Mädchen fälschlich beschuldigt, sie angegriffen zu haben. Der sicheren Verurteilung entgeht er nur, weil der Zweite Weltkrieg ausbricht und er einberufen wird. Als er in die deutsche Gefangenschaft gerät, findet er sich unmittelbar zurecht und arbeitet sich als Kollaborateur zum Jagdgehilfen des Reichsjägermeisters hoch. Schon hier, Göring bei dessen Jagdexzessen assistierend, stellt sich bei Tiffauges die Ästhetisierung von Grausamkeit ein. Die krude Mischung aus (Pseudo-)Wissenschaft und Mystik, mit der die Nationalsozialisten ihre Welt erfassen, spricht seinen Geist an, in dem die umfangreiche humanistische Bildung keine Entsprechung in emotionaler Reife findet. Und so wird der Verführte zum Verführer in der Welt eines Jungeninternats, das dem seiner Kindheit gleicht. Dort findet er die vertrauten Machtstrukturen wieder und lernt, von ihnen zu profitieren. Dieser biografische Zirkel wird durch die Adoleszenzthematik auf symbolischer Ebene bestärkt: Sie ist in Zitaten von archaischen und esoterischen Initiationsriten präsent, die ihren Bilderreichtum etwa aus dem Schamanismus, dem Mithraskult, jüdischer, christlicher und antiker Mystik, der Alchemie oder Märchen beziehen.[123] Das märchentypische Initiationsschema geht jedoch nicht auf, weil Tiffauges sich dem Reifeprozess verweigert. Er verharrt auf der Schwelle, die der Initiationsritus nach Arnold van Genepp als Übergang „zwischen einer genau definierten Situation [Kindheit] in eine andere, ebenso genau definierte [Erwachsenenwelt]" symbolisiert.[124] So bleibt ihm die Ritualfi-

---

123 Klettke, Der postmoderne Mythenroman Michel Tourniers 2012, S. 69–74.
124 Arnold van Gennep: Übergangsriten. Les rites de passage. Aus dem Französischen von Klaus Schomburg und Sylvia M. Schomburg-Scherff. Mit einem Nachwort von Sylvia M. Schomburg-Scherff. Frankfurt a. M. 1986, S. 15.

xierung erhalten, die sich wiederum an den Diskurs um die Ursachen des Nationalsozialismus rückkoppeln lässt.

1966, also vier Jahre vor dem Erscheinen von Tourniers Roman, verfasst Adorno einen Rundfunkbeitrag mit dem Titel *Erziehung nach Auschwitz*.[125] Obwohl der Titel prospektive Konzepte verspricht, liefert er vor allem die Analyse einer Erziehung, in der eine gewichtige Ursache der Shoah zu sehen sei. Tourniers Roman und Adornos Überlegungen gehören in denselben diskursiven Zusammenhang wie Hannah Arendts einige Jahre zuvor erschienenes *Eichmann in Jerusalem*. Die Texte eint die Frage nach den strukturellen Voraussetzungen und individuellen Dispositionen, mit denen sich die Monstrosität der nationalsozialistischen Verbrechen, die rege Beteiligung daran und die verbreitete Ignoranz erklären ließen. Arendts Feststellung, dass es sich bei den Mördern, für die Eichmann als Pars pro Toto steht, nicht um Ungeheuer handele, verkehrt Tournier geradezu ins Gegenteil: Der Protagonist ist ein in den Selbst- und Fremdbeschreibungen als „ogerhaft" bezeichneter Charakter, was dessen riesenhafte Statur, Hunger nach rohem Fleisch und zivilisationsferne Rituale unterstreichen. Und als Oger findet er Anschluss unter seinesgleichen, Monstern wie dem als „Oger von Rominten" titulierten Göring.[126] Der Roman lässt sich im Dialog mit Adornos Rundfunkbeitrag lesen, geradezu als eine literarische Antwort auf die darin enthaltene Forderung, „die Schuldigen von Auschwitz mit allen der Wissenschaft zur Verfügung stehenden Methoden, insbesondere mit langjährigen Psychoanalysen, zu studieren, um möglicherweise herauszubringen, wie ein Mensch so wird."[127] Tournier interessiert sich allerdings gerade nicht für die Verantwortung tragenden Schuldigen von Auschwitz, sondern für die Täter aus der zweiten oder gar dritten Reihe, die engagierten Mitläufer, zu denen Eichmann gehörte. Sein Roman folgt Adornos Beitrag jedoch darin, dass das „vorgebliche[] Ideal, das in der traditionellen Erziehung auch sonst eine erhebliche Rolle spielt, das der Härte",[128] eine Ursache für deren psychische Prägung ist. Darüber hinaus sei es nach Adorno der Drang zur Kollektivierung. Das dazugehörige Zitat möchte ich ausführlicher anführen, weil es sich wie ein direkter Kommentar zu Tourniers Roman liest:

> Für das Allerwichtigste gegenüber der Gefahr einer Wiederholung halte ich, der blinden Vormacht aller Kollektive entgegenzuarbeiten [...]. Man braucht nur an die eigenen ersten

---

125 Theodor W. Adorno: Erziehung nach Auschwitz. In: Ders.: Erziehung zur Mündigkeit. Vorträge und Gespräche mit Hellmut Becker 1959–1969, hg. von Gerd Kadelbach. Frankfurt a. M. 2015, S. 88–105.
126 Tournier, Le Roi des Aulnes [1970] 1975, S. 261 ff.
127 Adorno, Erziehung nach Auschwitz 2015, S. 98.
128 Ebd., S. 96.

Erfahrungen in der Schule zu denken. Anzugehen wäre gegen jene Art folkways, Volkssitten, Initiationsriten jeglicher Gestalt, die einem Menschen physischen Schmerz – oft bis zum Unerträglichen – antun als Preis dafür, dass er sich als Dazugehöriger, als einer des Kollektivs fühlen darf. Das Böse von Gebräuchen wie die Rauhnächte und das Haberfeldtreiben und wie derlei beliebte bodenständige Sitten sonst heißen mögen, ist eine unmittelbare Vorform der nationalsozialistischen Gewalttat.[129]

Eine pathologische Faszination am Ritual teilt Tiffauges: Er erfindet Selbstbestrafungsrituale, wie sich den Kopf täglich in der Toilette zu spülen, und solche, die seine Nahrungsaufnahme betreffen, indem er nur rohes Fleisch und Milchprodukte zu sich nimmt. Selbst die Rassenbestimmungen der Jungen in der Erziehungsanstalt werden von ihm zum Ritual stilisiert und eine besondere ästhetische Aura schreibt er den kollektiven sportlichen Übungen im deutschen Internat zu.[130]

Jean Améry hat mit seinem Vorwurf der „Ästhetisierung der Barbarei"[131] die (kultur-)hermeneutische Geste des Textes übersehen. Das Provokative besteht darin, dass Tiffauges' Devianz nicht nur für das deutsche autoritäre System typisch ist, sondern auch für das französische, das zum Zeitpunkt der Veröffentlichung gerade mit seiner Rolle im Zweiten Weltkrieg rang.[132] Umso mehr erstaunt deshalb die zweite Funktion der *Erlkönig*-Ballade als Repräsentant der deutschen Kultur, weil sie auf eine Sonderwegsthese hinausläuft.

Dem Roman wohnt eine trivial wirkende imagologische Komponente inne, die sich aus romantisch codierten Deutschlandbildern und -klischees speist und sich am ehesten aus der Absicht, interkulturell zu vermitteln, erklären lässt. In dieser Perspektive wird der *Erlkönig* zum Symbol des Deutschtums. Als in einem Erlenwald eine Moorleiche aufgefunden wird, soll sie den Namen der Titelfigur aus der Ballade tragen. Die Begründung, die der zuständige Professor dafür angibt, liest sich, als käme sie unmittelbar aus der Feder des Propagandaministers:

---

129 Ebd., S. 96 f.
130 Vgl. Tournier, Le Roi des Aulnes [1970] 1975, insbesondere S. 485–494 und 517–521.
131 Jean Améry: Ästhetizismus und Barbarei. In: Ders.: Aufsätze zur Literatur und zum Film, hg. von Hans Höller. Stuttgart 2003, S. 174–187.
132 Seit 1968 wurde der Mythos eines in der Résistance gegen die deutschen Besatzer geeinten Frankreichs schrittweise dekonstruiert. Einen Anteil daran hatte bereits der Dokumentarfilm von Marcel Ophüls *Le Chagrin et la Pitié* (1969, in den Kinos ab 1971), der sowohl den Widerstand als auch die dem kollektiven Vergessen überlassene Kollaboration mit den deutschen Besatzern zeigte. Als Revolution des Bildes wurde aber erst das Buch des US-Amerikaners Robert Paxton: Vichy France. Old Guard and New Order, 1940–1944, New York 1972, also zwei Jahre nach Tourniers Roman erschienen, wahrgenommen.

> Qu'il me soit permis d'ajouter que notre ancêstre a été exhume près d'ici, dans un petit bois des aulnes [...]. Et là je ne puis manquer de songer à Goethe, le plus grand poète de la langue allemande, et à son oeuvre la plus illustre et la plus mystérieuse à la fois, cette ballade du Roi des Aulnes. Elle chante à nos coeurs allemands, c'est en vérité la quintessence de l'âme allemande.[133]

Der *Erlkönig* liefert dem französischen Diskurs ein Reflexionsmotiv über die Natur des deutschen Nationalsozialismus und die Anziehungskraft seiner Ideen. Hier stiftet den Bezug zum Prätext deshalb nicht die doppelte Ausformung der Knabenliebe (lebensbewahrend vs. lebenszerstörend), sondern das lockende und verlockende Moment. Um die Attraktivität des Nationalsozialismus zu erklären, bedient sich Tournier der Verführungsfigur, die die Auseinandersetzung mit dem Faschismus in der Nachkriegszeit prägte.[134] Das Märchenhafte ist wie bei Carter durch einen latent gewaltsamen Kontext codiert.

Manfred S. Fischer arbeitet in seiner mittlerweile schon älteren Studie zur internationalen Rezeption heraus, dass in Deutschland diese Mythisierung des Nationalsozialismus teilweise auf scharfe Kritik traf.[135] Das gilt natürlich für die Polemik von Jean Améry, der Roman sei geradezu faschistisch, die ein radikaler, wenngleich große Wirksamkeit entfaltender Einzelkommentar bleibt. Fischer zeigt jedoch, dass die Vermischung des historischen Kontexts mit Märchen und Mythen in Deutschland insgesamt ein Unbehagen erzeugte, wie bereits der Fragemodus im Titel einiger Rezensionen nahelegt: „Drittes Reich – ein böses Märchen?"[136] oder „Kann Hitler zur Legende werden?"[137]. Amérys Kritik lässt sich relativieren, wenn man konsequent die Perspektive des psychisch gestörten Mannes sowie die Debatten der 1960er Jahre berücksichtigt. Dennoch bleibt das durch das Signalwort „Erlkönig" repräsentierte Deutschlandbild ein prekäres

---

133 Tournier, Le Roi des Aulnes [1970] 1975, S. 294. „Und deshalb [aufgrund des Fundortes, P. W.] kann ich nicht umhin, an Goethe, den größten Dichter deutscher Zunge, und an sein berühmtestes und zugleich geheimnisvollstes Werk zu denken – an die Ballade vom *Erlkönig*. Sie klingt in unseren deutschen Ohren, sie schwingt in unseren deutschen Herzen, sie ist wahrhaft die Quintessenz der deutschen Seele." Ders.: Der Erlkönig 1989, S. 210.
134 Vgl. stellvertretend für eine mittlerweile breite Forschung zu dem Thema den vieldiskutierten Aufsatz von Kathrin Hoffmann-Curtius: Feminisierung des Faschismus. In: Claudia Keller (Hg.): Die Nacht hat zwölf Stunden, dann kommt schon der Tag. Berlin 1996, S. 45–69. Hier S. 54 f.
135 Vgl. das Kapitel „Probleme internationaler Literaturrezeption". In: Manfred S. Fischer: Michel Tourniers „Le roi des Aulnes" im deutsch-französischen Kontext. Bonn 1977, S. 80 f.
136 Volker Hag: Drittes Reich – ein böses Märchen? Michel Tourniers Roman „Der Erlkönig". In: Frankfurter Rundschau vom 28.10.1972.
137 Helmut Scheffel: Kann Hitler zur Legende werden? Michel Tournier: „Der Erlkönig" – Der ungewöhnliche Roman eines Franzosen über Deutschland. In: Frankfurter Allgemeine Zeitung vom 26.9.1972.

Amalgam aus deutschem Wald, Hang zu Vergeistigung, Wissenschaftsmythologie, Grimm'schen Märchen und Faschismus.[138] Eine solche penetrante Wiederholung etablierter und auch im französischen Kontext abgedroschener Deutschlandklischees ist natürlich dazu geeignet, die nicht minder klischeehafte und erfolgreiche Erzählung von der unheilvollen Gemeinschaft der deutschen Romantik mit dem Nationalsozialismus zu insinuieren. Explizit wird dieser Zusammenhang an keiner Stelle benannt, er entsteht vielmehr mit dem Blick durch Madame de Staëls Brille. Da hilft es wenig, dass Tiffauges sich abschließend befreit – oder vielmehr durch einen jüdischen Jungen befreit wird. Der zeigt ihm – hierin liegt eine weitere Parallele zum *Erlkönig* – die andere Perspektive auf Nazideutschland, die der Protagonist im Unterschied zum Vater bei Goethe schließlich akzeptiert. In der Akzeptanz liegt die Rettung, was in einem wirkungsstarken Bild eingefangen wird: Als Tiffauges den Jungen auf seinen Schultern aus der von russischen Soldaten unter Beschuss genommenen Napola hinausträgt, ist er, ohne seine Brille, blind, der Junge hält die Kugeln mit russischen Ausrufen von ihnen fern.

Das sozialmoralische *Erlkönig*-Modell, das hier die Deutungs- und Reflexionsfigur liefert, führt zu einer unentschiedenen Positionierung: Einerseits ist die Darstellung des französischen Kollaborateurs dazu geeignet, zumal im Kontext der Entstehungszeit, zu provozieren, weil mit dem *Erlkönig*-Motiv im Lichte sehr konkreter – ebenso deutscher wie französischer – Bildungs- und Erziehungsideale reflektiert wird. Andererseits wird die Provokation zurückgenommen, indem der *Erlkönig* ein Klischeedeutschland repräsentiert und der Exotismus eine Sonderwegsbehauptung untermauert.

Beide Texte aktualisieren die Ballade im Hinblick auf Themen und Rezeptionskontexte, und sie tun dies mit künstlerischem Anspruch. Der sowohl bei Tournier als auch bei Carter paratextuell gesetzte Bezug macht ein offenes Interpretationsangebot. Zugleich demonstrieren beide, dass Fragmentierung, De- und weitreichende Neukontextualisierung zur literarischen Praxis sogenannter intellektueller Milieus gehören – und zwar nicht als Ausnahme, sondern als Regel. Die starke Bedarfsausrichtung teilen sie mit unterhaltenden Rezeptionsweisen, wie sich im Folgenden zeigen wird.

---

138 Fischer stellt zusammenfassend fest, das Deutschlandbild in *Le Roi des Aulnes* sei „in jeder Beziehung eine Übernahme der romantisch-idealistischen Deutschlandvorstellung der Madame de Staël, der französischen Romantikgeneration und selbstverständlich auch der Selbstdarstellung bestimmter Teile der deutschen Romantik". Fischer, Probleme internationaler Literaturrezeption 1977, S. 137.

7.4.2 Abrogation und Appropriation: *Erlkönig*-Parodien in Schlesien

Im Unterschied zum vorangegangenen Abschnitt stehen künstlerische Ambitionen in den hier zu Wort kommenden schlesischen Parodien der Unterhaltungsfunktion nach. In ihnen lässt sich ein politisches *Erlkönig*-Modell erkennen, mit dem sich eine Gegenöffentlichkeit stabilisiert. Die als „scherzhafte Übersetzungen" titulierten Adaptionen entstanden in einem von kulturellen Machtasymmetrien geprägten Kontext und sind nur aus ihm heraus zu verstehen. In den letzten Dezennien des 19. Jahrhunderts erstarkte in Schlesien unter dem Einfluss von Bismarcks restriktiv antipolnischer Politik die propolnische Bewegung, die eine seit Ende des 18. Jahrhunderts bestehende kulturelle und religiöse Ungleichheit in die Sphäre des Nationalen verlagerte. Den 1885 durch Preußen eingeführten Verordnungen, mit denen die polnische Sprache in Schulen und Verwaltungen zurückgedrängt und Tausende aus Galizien eingewanderte Polen und Juden ausgewiesen wurden, um den polnischsprachigen Bevölkerungsanteil niedrig zu halten, ging ein Konflikt zwischen sich zunehmend politisierenden Katholiken und der preußischen Regierung voraus.[139] In diesem von 1871 bis 1875 schwelenden Kulturkampf konnten sich die unterschiedlichen Nationalitäten Oberschlesiens unter der gemeinsamen katholischen Konfession zunächst gegen die preußische Regierung vereinen, doch dieser gemeinsame Nenner schwand mit dem erstarkenden polnischen Nationalismus. Der wurde vor allem aus Posen und Galizien importiert und machte mit Parolen wie „polnisch, katholisch, arm" und „deutsch, evangelisch, reich" propolnische Stimmung. Die Träger der nationalen Idee waren in der Regel Journalisten, Ärzte, Rechtsanwälte und katholische Geistliche.[140] Einige von ihnen sprachen Polnisch, förderten die Verbreitung der Sprache und verkannten dabei, dass für die Oberschlesier das Hochpolnische eine Fremdsprache wie das Deutsche war, die sie mühsam erlernen mussten.[141] Gleichzeitig wurde die Sprache Oberschlesiens, das für die Region kennzeichnende, pejorativ als Wasserpolnisch bezeichnete Schlonsakisch (*ślązka gwara*) von polnischer wie deutscher Seite verlacht.

In dieser Gemengelage lässt sich die spezifische Rezeptionsform sogenannter scherzhafter Übersetzungen von Klassiker-Balladen verorten. Neben dem *Erlkönig* wurden Schillers und Uhlands Balladen ‚übersetzt'. Wenngleich dies kein massenkulturelles Phänomen war, so erfreute es sich offenbar einer verhältnis-

---

139 Winfried Irgang, Werner Bein, Helmut Neubach: Schlesien. Geschichte, Kultur und Wirtschaft. Köln 1998, S. 181.
140 Ebd., S. 197–201.
141 Danuta Teresa Konieczny: Polnisches Kulturleben in Schlesien (1750–1850). München 2010, S. 47.

mäßig großen, durchaus überregionalen Beliebtheit, wofür es drei Indizien gibt: Erstens erlebten ihre Publikationen zwischen drei und vier Auflagen in schmalen und preisgünstigen Heftchen über Jahre hinweg. Zweitens beziehen sich die Autoren aufeinander, obwohl sie räumlich voneinander teilweise weit getrennt sind. Drittens werden die Dichtungen in zwei der damals renommierten Warschauer gesellschaftskulturellen Zeitschriften *Kłosy* und *Wiek* thematisiert. Heute überliefert sind vier Autoren, über die insgesamt wenig bekannt ist:[142] ein Pfarrer Köhler, der seine Texte selbst mit der polnischen Amtsbezeichnung als „Ksiądz Köhler" signierte; ein Dr. Haase aus Stettin, der einer der aktivsten ‚Übersetzer' war und von dem insgesamt zwölf Balladen überliefert sind, wobei ‚sein' *Erlkönig* nicht mehr erhalten ist. Darüber hinaus werden noch der Lehrer A. Nachbar und der Gerichtssekretär Alfons Jędrzejewski als Balladenautoren verzeichnet.[143] Die Bezeichnung „scherzhafte Übersetzungen" ist insofern irreführend, als der Inhalt der Balladen entweder verkürzt und ‚folklorisiert' wurde oder Travestien der Stoffe vorliegen, die wenig mit den Originalen zu tun haben. Gemeinsam ist ihnen die Sprache, die sich als ein Amalgam aus Polnisch, schlesischem Dialekt und Germanismen beschreiben lässt. Die „manchmal widerliche, für unsere Ohren jedoch immer komische Sprache",[144] wie ein Zeitgenosse die Texte kommentiert, führt zu gespaltener Rezeption: Vom Vorwurf kultureller Polenfresserei (*polakożerczość*) bis hin zur Einschätzung als interessantes linguistisches Phänomen reicht das Spektrum der Reaktionen. Vielfach wird aber recht einseitig die Verunglimpfung des Polnischen moniert:

> Um die polnische Sprache zu verteidigen [...], müssen wir uns von den Fälschungen des Dr. Haase distanzieren und insbesondere so laut und energisch wie möglich gegen die Auffassung protestieren, diese widerlichen Übersetzungen seien im Oberschlesischen oder einer anderen polnischen Mundart angefertigt.[145]

Die Balladen werden als ein antipolnischer Beitrag im Kulturkampf gesehen. Mit der Frage, mit welcher Zielsetzung sie Gegenstand der Parodie werden, setzen sich die Warschauer und Posener Kritiker ebenso wenig auseinander wie mit der doch recht evidenten Tatsache, dass hier nicht nur die polnische Sprache, sondern auch und hauptsächlich die deutschen Prätexte verulkt werden.

---

142 Piotr Obrączka: Żartobliwe spolszczenia poezji niemieckiej [Scherzhafte Einpolnischung deutscher Poesie]. Dresden, Wrocław 2008.
143 Ebd.
144 Anonym: Kronika literacka [Literarische Chronik]. In: Wiek 260 (1874), S. 3. Zit nach Obrączka, Żartobliwe spolszczenia poezji niemieckiej 2008, S. 12.
145 Anonym: „Plattpolnisch". Z Szlązka [Aus Schlesien]. In: Dziennik Poznański [Posener Tageszeitung], (90) 1894, S. 3. Zit nach Obrączka, Żartobliwe spolszczenia poezji niemieckiej 2008, S. 15.

7.4 Der Erlkönig im 20. Jahrhundert — 295

Um diese Form der Klassikerfunktionalisierung zu beschreiben, eignen sich zwei Konzepte aus dem Kontext der Postkolonialen Studien: zum einen die Abrogation als ein bewusster oder unbewusster Widerstand gegen die standardisierte Sprache der Kolonialisatoren[146] und zum anderen die bereits eingeführte Appropriation als radikale inhaltliche Aneignung. Im vorliegenden Zusammenhang ist der Vergleich nicht unpassend, denn sowohl die Verwendung des Schlonsakischen als auch eines Amalgams aus Dialekt, dem Polnischen und Germanismen lässt sich als gegen die Sprachpuristen Polens wie die preußischen Germanisierungsbestrebungen gerichtet verstehen. Hier ließe sich ein intendiert widerständiges Mimikry-Verfahren im Sinne Bhabhas beobachten, weil die Texte ihre sprachliche wie inhaltliche Unzulänglichkeit in der ‚Nachahmung' offensiv ausstellen und auf diese Weise sprachliche und kulturelle Dominanzverhältnisse herausfordern.

Alfons Jędrzejewskis *Erlkönig* bezieht sich im Paratext explizit auf die verschollene Parodie des Dr. Haase,[147] ergänzt diesen Verweis aber durch einen Hinweis auf Goethes Autorschaft, den er mit einer pejorativen Geste verbindet.

> Ten Erlkönig. Szkaradnie straszna i okrutna bajka. W niemieckim zdychtował niejakiś Wilczochód Goethe a na polskie mocno frei übersetzował i swemu freundowi Antoniemu Milczewskiemu w Pucku wydmuje Afons Jędrzejewski z Więcborka.[148]

Ins Deutsche rückübertragen lässt sich diese Passage nicht ohne Weiteres, weil ihr Witz gerade auf der wörtlichen und doch falschen Übersetzung aus dem Deutschen beruht. Dazu gehört, den im Polnischen nichtexistierenden Artikel zu übernehmen und „Der [Erlkönig]" als „Ten [Erlkönig]" zu übersetzen, was ein Demonstrativpronomen ist, am ehesten also als „Dieser [Erlkönig]" rückzuübertragen wäre. Ähnlich verhält es sich mit Goethe selbst, denn aus dem Vornamen Wolfgang wird „des Wolfes Gang" (Wilczochód). Hinzukommen die Germanismen mit einer polnischen Flexionsendung „frei übersetzował", „freundowi" und „wydmuje" (frei übersetzt, seinem Freund, widmet). Insgesamt würde also in etwa diese Rückübersetzung lauten (Germanismen sind kursiv):

---

146 Vgl. Bill Ashcroft, Gareth Griffiths, Helen Tiffin: The Empire Writes Back. Theory and Practice in Post-colonial Literatures. London, New York 1989, S. 39–44.
147 Beide Balladen heißen übersetzt: Dieser Erlkönig. Ein grauenhaft schreckliches und grausames Märchen. Vgl. Ten Erlkönig. Szkaradnie straszna i okrutna bajka. Übersetzowanoł przez Dr. Haase w Szczecinie. Erwähnung in: Obrączka, Żartobliwe spolszczenia poezji niemieckiej 2008, S. 35.
148 Alfons Jędrzejewski: Ten Erlkönig. Szkaradnie straszna i okrutna bajka. W niemieckim zdychtował niejakiś Wilczochód Goethe a na polskie mocno frei übersetzował i swemu freundowi Antoniemu Milczewskiemu w Pucku wydmuje Alfons Jędrzejewski z Więcborka. In: Obrączka, Żartobliwe spolszczenia poezji niemieckiej 2008, S. 165–172.

Dieser Erlkönig. Ein grauenhaft schreckliches und grausames Märchen. Im Deutschen gedichtet von einem gewissen Wolfes-Gang Goethe und ins Polnische kräftig *frei übersetzt* und seinem *Freund* Antoni Milchewski aus Puck *gewidmet* von Alfons Jędrzejewski aus Więcbork.

Worauf es vor allem ankommt, ist die despektierliche Art und Weise, den deutschen Nationalklassiker anzusprechen, ihm den Bekanntheitsgrad abzusprechen (ein gewisser), seinen Vornamen zu verballhornen. Die Travestie, die anschließend unter das Motto des *Erlkönigs* gestellt wird, hat mit der Vorlage wenig mehr als Teile der Dramatis Personae (Vater, Sohn, Pferd, in einer Nebenrolle Erlkönigs Töchter) und den schnellen Ritt gemeinsam. Insgesamt geht es in den 34 Strophen darum, humoristisch die Folgen übertriebenen Alkoholkonsums zu schildern, was hier so kurz wie möglich zusammengefasst werden soll: Vater und Sohn reiten auf einem Schimmel hastig zum Arzt, weil der Sohn zu viele geklaute Äpfel verspeist hat und unter Magenschmerzen leidet (Strophe 1–5). Auf dem Weg dorthin ersinnen sie ein besseres Mittel gegen die Übelkeit, einen Pfefferminzschnaps, den sie zwar in dem unterwegs aufgesuchten Wirtshaus nicht bekommen, dafür aber Rum, Arak und Kümmelschnaps im Übermaß (6–8). Als sie die Zeche prellen wollen, werden sie nicht nur vom Hausknecht verprügelt, sondern müssen zudem feststellen, dass sich ihr Pferd von der Kette gerissen hat und verschwunden ist (9–11). Die folgende Suche wird durch Vorkommnisse aller Art erschwert: Zu betrunken, um zu gehen, landen sie im Graben und schlafen dort ein, der Sohn macht dem Vater vor, es warteten hübsche Fräulein auf ihn (das ist die Anspielung auf Erlkönigs Töchter), um an dessen Flasche Korn zu kommen; beim Arzt angekommen, verwechselt der Sohn das Rizinusöl mit einer Schnapsflasche, was weitere den Magendarmtrakt betreffende Peripetien nach sich zieht (12–24). Danach geht es wieder in die Kneipe, in der sich eine Schlägerei zwischen Vater und Sohn entspinnt, die durch die Festnahme des Vaters beendet wird. Um dessen Schmach zu rächen, übergibt sich der Sohn auf den Polizisten und befreit den Vater, worauf es zum Happy End kommt (25–33). Strophe 34 bietet als die ‚Moral von der Geschicht" die Einsicht in die Folgen übertriebener Trunkenheit und das Versprechen, bis zum nächsten Gelage nüchtern zu bleiben.

Dieser Überblick reicht aus, um zu erkennen, dass in der Bearbeitung weder ein künstlerisches Anliegen noch eine ernsthafte Auseinandersetzung mit dem Klassiker angelegt sind. Sicherlich ist die vordergründige Funktion dieser Nachdichtung Unterhaltung der unfeineren Art. Doch gerade dieser brachiale Umgang, das Thema der maßlosen Trunkenheit, die Bilder aus dem fäkalen Bereich zusammengenommen mit einer entstellten Hochsprache lassen sich als ein Aneignen und Überspitzen von Vorurteilen verstehen, die gegen Schlesier im Umlauf waren. Insbesondere auf deutscher Seite war das Schlesienbild verheerend. Wie Danuta Teresa Konieczny zusammenfasst, wurde den Menschen „auf Grund ihrer Lebensverhältnisse und ihres niedrigen Bildungsniveaus eine umfassende Inferiorität attestiert."[149] Sie zitiert die Beschreibung eines Mitglieds der Preußischen Akademie der Wissenschaften, Friedrich Albert Zimmermann, die sich wie eine Vorlage für Jędrzejewskis hundert Jahre später verfasste Ballade liest:

> Der Charakter des gemeinen Mannes, ausgenommen die Kolonialisten und Fabrikanten, bringt unseren aufgeklärten Zeiten wenig Ehre; Aberglauben, tiefe Unwissenheit, sowohl in der Religion als in andern Dingen, Faulheit und ohne Schläge nicht zu arbeiten, Neigung zum Tanzen, Vollsaufen, sind die Hauptzüge vom Charakter dieser Leute.[150]

Tiefsitzende, über Jahrhunderte verfestigte Stereotype bilden den Hintergrund, vor dem diese Balladentravestie zu verstehen ist. Da gleichzeitig ein deutscher Nationalklassiker hinzugezogen wird, um diese Stereotype zur Geltung zu bringen, ist die Deutung, hier werde ein Beitrag zur Stereotypisierung geleistet, zu einfach. Sie ist auch zu einfach, weil die Rezeptionsvoraussetzungen nicht ganz trivial sind. Um den Witz voll zu erfassen, ist sowohl die Kenntnis des Originals als auch beider Sprachen sowie geradezu altertümlicher polnischer Wortformen notwendig. Piotr Obrączka, der die Balladen herausgegeben hat, annotiert teilweise jedes dritte Wort, sodass auf die 34 Strophen 130 Worterklärungen kommen.

Die von Jędrzejewski verwendete Sprache ist ein schnoddrig-freches Amalgam, doch in dem Nonsens steckt neben der von Obrączka herausgearbeiteten[151] unterhaltenden eine gesellschaftspolitische Dimension. Oder vielmehr entsteht der Unterhaltungswert durch den *Clash of Cultures*, der auf mehreren Ebenen inszeniert wird: Der hohe Stil wird gezielt durch einen niederen ersetzt ebenso wie die ernste Thematik und die schauerliche Atmosphäre durch ein burleskes Szenario, das schlesische Stereotype aufgreift, um sie überspitzt mittels eines sprachlich deutsche wie polnische Konventionen herausfordernden Amalgams darzustellen. Kanonische Literatur trifft auf volkstümliche Unterhaltung, der deutsche Nationalklassiker auf schlesische Saufeskapaden und das hochsprachliche Polnisch und Deutsch treffen auf Dialekt. Die Ballade unterscheidet sich durch diese gesellschaftspolitische Dimension von Mundartaneignungen, wie

---

149 Konieczny, Polnisches Kulturleben in Schlesien 2010, S. 257.
150 Friedrich Albert Zimmermann: Beiträge zur Beschreibung von Schlesien. 13 Bände. Brieg 1783–1796, hier Band 2 1783, S. 325. Zit. Nach Konieczny, Polnisches Kulturleben in Schlesien 2010, S. 257.
151 Obrączka, Żartobliwe spolszczenia poezji niemieckiej 2008, S. 34.

etwa der sächsischen Nachdichtung von Lene Voigt,[152] macht sich jedoch nicht zum Protagonisten des Kulturkampfes, weil sie weder das Deutsche oder das Polnische noch die jeweilige Kultur verunglimpfen will. Vielmehr lassen sich die Momente der sprachlichen Abrogation und motivischen Appropriation als unterhaltender Gesellschaftskommentar verstehen. Das *Erlkönig*-Modell ist bei diesem kalkulierten Ikonoklasmus dezidiert politisch: Von Interesse sind der kulturelle Status und die Repräsentationsfunktion als Nationalklassiker, der Bezug wird ausschließlich durch den Titel und einige kennzeichnende Merkmale (Ritt, Figuren) hergestellt, weshalb es im Prinzip keinen Unterschied macht, welche Ballade hier verulkt wird.

Die Aneignungspraxis ließe sich im Sinne Umberto Ecos als „semiotic guerrilla warfare"[153] bezeichnen. Diesen Terminus übernimmt Fiske von Eco, um gegenhegemoniale Bedeutungszuschreibungen zu kennzeichnen.[154] Der semiotische Rahmen ist hier passend, denn tatsächlich funktioniert der *Erlkönig* als Zeichen, das die deutsche Nationalkultur repräsentiert. Es wird in die Zeichenumgebung eines stereotypenzitierenden Schlesienbildes versetzt, was als Taktik jedoch nur aufgeht, wenn die Codes bekannt sind.

7.4.3 Intermedialität und Transkulturalität: der *Erlkönig* im schlesischen Heavy Metal und polnischen ‚Ritual Rap'

Die Identifikation des Bildungsbürgertums als klassiktragender und -verwaltender Schicht führt zur Diagnose ihres Geltungsverlusts in der heutigen Zeit, wie bei Georg Bollenbeck:

> Mit dieser Schicht [des nicht mehr existierenden Bildungsbürgertums] verliert die Weimarer Klassik ihre nationalkulturellen Programmatiker; heute reicht die glanzvolle Tradition nur noch für kulturelle Inszenierungen und touristische Standortvorteile. Sicherlich wird sie im Festjahr gebührend gefeiert werden, aber ihre sinnstiftende und integrative Kraft scheint erschöpft.[155]

An zwei Musikstücken aus der polnischen Populärkultur lässt sich zeigen, dass Goethes *Erlkönig* durchaus eine Aussagekraft in der heutigen Zeit hat, allerdings tatsächlich nicht in den Kreisen, die Bollenbeck vor Augen stehen. Vielmehr

---

152 Lene Voigt: Der Erlgeenich [1929]. In: Dies.: Säk'sche Balladen. Reinbek bei Hamburg 1994.
153 Umberto Eco: Towards a Semiological Guerrilla Warfare. In: Ders.: Travels in Hyper Reality. San Diego 1990, S. 135–144.
154 Fiske, Understanding Popular Culture [1989] 2007, S. 19.
155 Bollenbeck, Das Ende des Bildungsbürgers 1999, S. 29.

wenden wir uns Aneignungen zu, die zwar in der Schublade ‚Populärkultur' abgelegt werden, die aber wenig mit einer Breiten- oder Massenkultur gemein haben, weil sie nicht breitenwirksam sind, vielmehr ästhetisch wie inhaltlich Massenkompatibilität beabsichtigt herausfordern. Sie belegen den Funktionspluralismus von Klassikern, dank dem sie für unterschiedliche Lebensstilmilieus und Kunstgenres Deutungsangebote bereithalten.

Das erste Beispiel, an dem ich das belegen möchte, ist die Hip-Hop-Adaption *Król Olch* des Kattowitzer Musikers Krvavy – geografisch bleiben wir also in Oberschlesien.[156] Bereits der Name, der übersetzt „Der Blutige" bedeutet, weist darauf hin, dass der Künstler sich nicht als dem Hip-Hop-Mainstream zugehörig markieren will. Die Schreibweise weicht von der korrekten polnischen Orthografie, die „krwawy" lauten würde, ab. Indem „w" durch „v" ersetzt wird, soll typografisch eine Affinität zu vorchristlichen, paganischen Slawenkulturen ausgedrückt werden, wie sie bestimmte Musikrichtungen (z. B. Heavy Metal) in Polen pflegen. Der semantische Rahmen ist durchaus intendiert, für den polnischen Hip-Hop aber untypisch. Ähnlich wie im US-amerikanischen, deutsch- oder französischsprachigen dominieren dort sozialorientierte Themen, die Tristesse des Alltags, die durch Drogen-, Gewaltexzesse oder Partys nur temporär überwunden wird, wobei als Fernziele Reichtum und sozialer Aufstieg avisiert werden. Die Rhetorik orientiert sich an den bekannten Gesten der Selbsterhebung und wird mit häufig frauen- wie homophober Attitüde vorgetragen. Diese Merkmale sind in den Texten von Krvavy allesamt nicht vorzufinden. Seine *Erlkönig*-Adaption lässt inhaltlich eine objektivierbare, sei es soziale Realität beschreibende oder kritisierende Dimension vollkommen vermissen, der Text bezieht seine Bilderwelt aus einer Art vorchristlicher Naturmystik und dient der Vermittlung einer konsequent subjektivierten und misanthropen Weltsicht. Um einen Eindruck zu vermitteln, sollen hier zumindest die ersten vier der insgesamt zwölf Strophen sowie der Refrain angeführt werden:[157]

---

156 Krvavy: Co czułaś kochana? Król Olch [Was fühltest Du, Liebste? Der Erlkönig], auf: Trzynasty Apostoł [Der dreizehnte Apostel]. Track 6. A.J.K.S., Bucio & Krvavy 2012.

157 Surowa jest kora, która obleka ludzki umysł / Porasta coraz gęściej rozpacz bezdomności duszy / Gałęzie suche zaczęły kruszyć się bezwiednie / I mimo że tu jesteś, to znowu nie ma ciebie // Świat lubi nas upadlać – sami się w nim upadlamy / Gdy przy podłodze serce bije w rytm kompanii karnych / Pakuję sobie w głowę chorobę, co psuje liście / I chciałbym z tego wyjść jak przebija się przebiśnieg // Ale ciągle, masochistycznie, wbijam sobie gwoździe / Przebierając w myślach, kiedy z tego wyrosnę / To nie takie proste, bo w mroku przyzwyczajeń / Wierzbowe wici rozkruszają najtwardszą skałę // Gruba tafla lodu a pod spodem tylko otchłań / Z perspektywy olszyn tak człowiek wygląda / Las na granicy światów rozciąga swe korzenie / Ziemia i woda jak ludzkie szczęście, zapomnienie // Mój Boże, mój Diable, patrz tam gdzie ciemno / Król Olch ma córki, chcą bawić się ze mną / Leśny Pan, co go wrony skubią w skrzydła / Odpowie mi dziś echem i za swoje córy wyda.

Roh ist die Rinde, die den menschlichen Verstand überzieht
Sie umwächst immer dichter die Verzweiflung der seelischen Obdachlosigkeit
Vertrocknete Äste haben begonnen zu bröckeln
Und obwohl Du da bist, so bist du nicht da

Die Welt erniedrigt uns gern – wir erniedrigen uns gern selbst
Wenn am Boden das Herz im Rhythmus von Strafkompanien schlägt
Stecke ich mir eine Krankheit in den Kopf, die Blätter zerstört
Und würde dort gerne rauskommen, wie ein Schneeglöckchen durch [den Schnee] bricht

Aber immer noch schlage ich mir masochistisch Nägel ein
In meinen Gedanken wühlend, wann ich erwachsen werde
Das ist nicht so einfach, denn in der Finsternis der Gewohnheiten
Zerbröckeln Weidenruten den härtesten Felsen

Dicke Eisschicht und unter ihr nur ein Abgrund
Aus der Perspektive der Erlen sieht so der Mensch aus
Der Wald an der Grenze der Welten breitet seine Wurzeln aus
Erde und Wasser wie das menschliche Glück, das Vergessen

Refrain:
Mein Gott, mein Teufel, schau dort, wo es dunkelt
Der Erlkönig hat seine Töchter, sie wollen mit mir spielen
Der Herr der Wälder, den Raben in die Flügel picken
Antwortet mir heute mit einem Echo und vermählt mich mit seinen Töchtern

Moderne menschliche Existenz als Bewusstsein der Gefangenschaft und Entfremdung – sowohl was die eigene Psyche als auch die beschränkten Erkenntnismöglichkeiten anbelangt. Musikalisch ist die Adaption minimalistisch: Es dominiert der männliche Rap, der betont eruptiv vorgetragen wird. Nur in der ersten Zeile des Refrains kommen Dissonanz erzeugende Frauenstimmen hinzu. Krvavy verwendet einen langsamen Hip-Hop-Beat, der von einer simplen Synthesizermelodie untermalt wird. Die Vortragsweise trägt dem Authentizitätsanspruch Rechnung, den der Musiker mit Selbstaussagen wie „Ich kreiere Musik, so wie ich bin. Ich bin meine Musik und sie ist ich"[158] kolportiert. An dieser Stelle wird erkennbar, dass im Rap und Hip-Hop die Authentizitätsforderung eines Bardenkonstrukts nachhallt, die keine Unterscheidung zwischen Autor, Sänger/Performer und lyrischem Ich/Erzähler zulässt.

Die Balladenvorlage fungiert hier als Stichwortgeber: Aus der Vorstellung des Waldherrschers wird eine naturmystische Bilderwelt entwickelt, die wieder-

---

[158] „Tworzę muzykę podług tego jaki jestem. Ja jestem swoją muzyką, a ona jest mną." Interview auf der Webseite: https://www.violence-online.pl/wywiady/krvavy-nie-ma-dla-mnie-prawd-uniwersalnych/ [letzter Zugriff 21.5.2021], archiviert unter https://archive.fo/UA2kQ.

um der subjektiven Weltauslegung dient. Auch hier liegt ein ästhetisches Modell vor, denn Krvavy entfaltet am *Erlkönig*-Thema seine künstlerischen Ambitionen mit einem eigenen Programm. Ähnlich wie in der Kurzgeschichte von Angela Carter wird die Titelfigur fokussiert. Was in Goethes Ballade unaufgelöst bleibt, also der ontologische Status des Erlkönigs und seiner Welt, wird hier zugespitzt: Nur im subjektiven Erleben ist das Universelle der menschlichen Existenz überhaupt ansprechbar. Eine objektivierende Weltdeutung, die bei Goethe noch den Kontrapunkt bildet, findet keinen Platz. Diese Form der Appropriation strebt keinen Dialog mit einer Hoch- oder Mainstreamkultur an, zeigt sich ihnen gegenüber geradezu widerständig. Es geht nicht darum, dem Klassiker zu einem neuen Auftritt zu verhelfen, und die Verwertbarkeit dieser Adaption für den Schulgebrauch (vgl. dazu den nächsten Abschnitt) wäre mehr als fraglich. Die Selbstverortung des Künstlers zwischen traditionellen Genrekategorien wie Hip-Hop, Gothic oder Dark Metal führt zu einer eher schmalen Resonanz. Doch mag die Zielgruppe noch so klein sein, im digitalen Zeitalter bleibt die Rückkopplung an den Ursprung nicht aus. Selbst in den einschlägigsten Internetforen, die Adressen wie sadistic.pl haben, entfacht ein Beitrag über die *Erlkönig*-Lektüre eine geradezu philologisch anmutende Diskussion, in der nicht nur verschiedene Rezeptionen, sondern literaturgeschichtliche Hinweise und Anekdoten zum Balladenursprung (so der Verweis auf Herders Übersetzungsfehler) angeführt werden.[159] Solche Rückkopplungsmomente an die kanonische Wissensordnung sind insofern aufschlussreich, als sie den Befund des sogenannten Omnivorismus belegen und zeigen, dass, im Unterschied zu Bourdieus Gesellschaftsmodell, zwischen sozialen und ökonomischen Bedingungen und Geschmacksvorlieben kein notwendig kausaler Zusammenhang besteht.[160]

Der *Erlkönig* gilt zwar als Kunst- und Bildungsgut, doch weder als Repräsentant einer deutsch-nationalen noch überhaupt einer Hochkultur, von der man sich distanzieren müsse. Dies bestätigt auch das zweite Beispiel: Die aus dem Jahr 2015 stammende Version der sich selbst in der Richtung des Industrial Me-

---

[159] https://www.sadistic.pl/krol-olch-vt158837.htm. Thread vom 9.12.2012 [letzter Zugriff 27.2.2022], archiviert unter https://archive.fo/8AXnV.
[160] Zur Diskussion vgl. Joseph Jurt: Pierre Bourdieus Konzept der Distinktion. In: LiTheS. Zeitschrift für Literatur und Theatersoziologie. 14: Mode – Geschmack – Distinktion II 9 (2016), S. 16–31. Wichtige Kritik hing bereits in den 1980er Jahren mit der Abwendung vom Klassenbegriff zusammen. Vgl. insbesondere Ulrich Beck: Jenseits von Klasse und Stand: soziale Ungleichheiten, gesellschaftliche Individualisierungsprozesse und die Entstehung neuer sozialer Formationen und Identitäten. In: Soziale Welt. Sonderband 2: Soziale Ungleichheiten (1983), S. 35–74. Später geht es um das Aufzeigen von Dissonanzen auf der Ebene der individuellen Lebensstile wie etwa Bernard Lahire: La Culture des individus. Dissonances culturelles et distinction de soi. Paris 2004 verdeutlicht.

tal verortenden Band Oberschlesien[161] basiert auf der prominenten Übersetzung oder vielmehr Nachdichtung des *Erlkönigs* der polnischen Nobelpreisträgerin Wisława Szymborska. Die Band – der Name ist Programm – singt die Ballade jedoch im schlesischen Dialekt. Die Ästhetik ist musikalisch wie bildlich genauso düster wie bei Krvavy, orientiert sich aber an einer romantisch geprägten Bilderwelt des Mittelalters (vgl. Abbildungen 34–36).

Abb. 34: Vater und Sohn. TC: 2:24.

Abb. 35: Herold mit Posaune. TC: 3:06.

Abb. 36: Eröffnungsszene. TC: 0:09.

Musikalisch erinnert der Stil an die deutsche Erfolgsband Rammstein. Die Dramatik des Geschehens wird genretypisch umgesetzt: Im Intro, von leiser Synthesizer-Melodie untermalt, findet die Exposition durch einen Erzähler statt, mit einsetzenden Waldhörnern und dem schnellen Zwischenspiel, bei dem Gitarre und Schlagzeug einsetzen, wird der Galopp des Pferdes inszeniert. Das Tempo wird beim Anfangsdialog zwischen Vater und Sohn zurückgenommen, der Sprechgesang nur vom Synthesizer und Basedrum untermalt. Mit der steigenden

---

161 Oberschlesien: Król Olch, auf: II, Track 10. S.P. Records 2015.

Angst des Kindes setzt die Rhythmusgitarre ein, und den Höhepunkt markiert der im verdoppelten Tempo gespielte Refrain, in dem der ‚Erlkönig' singt. Hier weicht der Text von Szymborskas Übersetzung nicht nur durch Dialektverwendung ab, er wird im Wortschatz vereinfacht, durch ein regelmäßiges Metrum singbarer gemacht und auf diese Weise der Liedstruktur angepasst:

Puć do mie synek, puć do mie sam,	Komm zu mir, mein Sohn, komm zu mir allein
To jo król olch, dowom ci znak.	Ich, der Erlkönig, gebe dir ein Zeichen
Puć do mie synek, puć do mie sam,	Komm zu mir, mein Sohn, komm zu mir allein
To momy fajer, tu fajer jest ja.	Wir haben ein Fest, das Fest bin ich.[162]

Obwohl sich hier allein sprachlich eine relativ enge Zielgruppe abzeichnet, ist die Band in Polen dank einer Fernsehshow mittlerweile über die schlesische Region und über eine eingeschworene Heavy-Metal-Gemeinde hinaus bekannt, der *Erlkönig* einer ihrer beliebtesten Songs. Da diese Richtung ohnehin keine komplexen Gesangslinien integriert, eignet sie sich gut für die rezitative Adaption des Textes, und der von Schlagzeug und Rhythmusgitarre vorgegebene einfache, marschartige Takt harmoniert mit dem Anapäst im Refrain. Die Adaption ist durchaus eine populärkulturelle Subversion, denn hier wird eines der bekanntesten Gedichte eines deutschen Nationalklassikers in der Übersetzung einer nobelpreisgekrönten polnischen Autorin im Dialekt einer bis heute stigmatisierten Minderheit vorgetragen, deren Existenz und Sprache in dem historisch konfliktgeprägten Schwellenraum zwischen der polnischen und deutschen Kultur angesiedelt sind. Dennoch ist hier kein Ansingen gegen das hochkulturell Kanonische diagnostizierbar. Dieses *Writing* (oder in dem Fall: *Singing*) *back* stellt die Behauptung auf, dass schlesischsprachiges Heavy Metal eines Klassikers würdig ist. Der Bezug zur Hochkultur scheint wie bereits bei Krvavy der Popularität keinen Abbruch zu tun, vielmehr wird die Ballade selbstverständlich in die künstlerische Praxis eingespeist.

Die Auseinandersetzung mit dem *Erlkönig* in der polnischen Kultur hält in unterschiedlichen Kulturmilieus an, was hier nicht erschöpfend aufgearbeitet werden kann. Erwähnenswert ist eine Verfilmung, die 2017 unter dem Titel *Królewicz Olch / Der Erlprinz*[163] in die Kinos kam. Die Coming-of-Age-Geschichte eines jugendlichen Physikgenies um dessen problematisches Verhältnis zum ab-

---

162 Szymborskas entsprechende Zeile ist, sowohl was das Metrum als auch die Wortwahl angeht, komplexer und eignet sich deshalb weniger für den Refrain im Marschrhythmus: „Pójdź chłopcze w las, w ten głuchy las! / Wesoło będzie płynąć czas. / Przedziwne czary roztoczę w krąg, / Złotolitą chustkę dam ci do rąk." [Geh' in den Wald mein Junge, in den dunklen (wörtlich „tauben") Wald! / Fröhlich wird die Zeit vergehen. / Wunderbare Zauber entfalte ich vor dir, / Ein güldenes Tuch gebe ich in deine Hände].
163 Królewicz Olch. Regie: Kuba Czekaj. PL 2017.

senten Vater und einer vereinnahmenden Mutter bewirkte erneut einen Diskurs- und Zielgruppenwechsel, der die Balladenrezeption aus den subkulturellen Nischen in ein breiteres Publikum beförderte.

Die Präsenz im polnischen Raum ist nicht selbstverständlich, wenn man die Übersetzungsgeschichte des *Erlkönigs* und der deutschsprachigen Literatur insgesamt betrachtet. Nachdem die Ballade erstmals als *Król Olszyn* von Władysław Syrokomla im Jahr 1856 ins Polnische übertragen wurde, vergehen fast einhundert Jahre,[164] bis Mitte des 20. Jahrhunderts weitere Übersetzungen folgen: zeitgleich *Król Olch* von Józef Bohdan Zaleski (1955) und von Feliks Konopka (1955) sowie *Król Elfów* (also Herders Übersetzung korrigierend: *Elfenkönig)* von Jadwiga Gamska-Łempicka (1955), dann die eben genannte Nachdichtung von Wisława Szymborska im Jahr 1968 und zwei weitere im 21. Jahrhundert, *Król Olch* von Barbara L. Surowska (2007) und von Antoni Libera (2008).[165] Als literarische Übersetzung setzt der *Erlkönig* über die nationalkulturelle Grenze, bleibt Teil eines literarischen Feldes, in dem seine Provenienz (deutschsprachige Literatur des 18. Jahrhunderts) Popularität nicht gerade befördert. Das neue, im 21. Jahrhundert verstärkt zu beobachtende Interesse kommt aus anderen Rezeptionskreisen als den typisch literaturaffinen. Darüber hinaus wird die Ballade von den etablierten Repräsentationsfunktionen als kanonisches Werk, das für eine Nationalkultur, einen Bildungsdiskurs oder die Hochkultur schlechthin steht, gelöst. Dass dies im deutschsprachigen Raum nicht zu beobachten ist, soll im nächsten Abschnitt erörtert werden.

7.4.4 *Der Erlkönig* im deutschsprachigen Diskurs

Die Bekanntheit des *Erlkönigs* lässt sich in Deutschland alltagssprachlich bemessen. Als Bezeichnung für den getarnten Prototypen eines Automobils trägt

---

164 Nach einer Konjunktur im ausgehenden 18. und beginnenden 19. Jahrhundert wandelt sich – so die These von Tadeusz Namowicz – ab der Mitte des 19. Jahrhunderts (nach dem Januaraufstand von 1863) das Bild der Deutschen vom homo litteratus zum homo faber und damit die Zuständigkeiten der deutschen Geisteswelt. Tadeusz Namowicz: Deutsche Literatur in Polen. In: Franciszek Grucza (Hg.): Tausend Jahre polnisch-deutsche Beziehungen. Warszawa 2001, S. 170–187.

165 Die Zahl täuscht über die Tatsache hinweg, dass das Interesse an deutschsprachigen Klassikern eher gering war. So wurden eher aktuelle Werke gelesen wie die von Vicki Baum, Karl May, Stefan Zweig, Jakob Wassermann, Rainer Maria Rilke, Heinrich und Thomas Mann. In der Reihe der Nationalbibliothek wurden lediglich Goethes *Herrmann und Dorothea* und *Die Leiden des jungen Werther* publiziert, erst ab Mitte des 20. Jahrhunderts gibt es ein philologisches Interesse daran, die Lücken in der Rezeption deutschsprachiger Autoren systematisch zu schließen. Ebd., S. 179–182.

„Erlkönig" noch ein Fragment der Bedeutung in sich: die Frage der richtigen Sichtweise.[166] Darüber hinaus ist die Ballade ungebrochen in Medien und Genres präsent, die mit einer weitgefassten Vorstellung des Bildungsbürgertums in Verbindung gebracht werden: Die Vertonungen werden weiterhin auf Konzerten und im Radio gespielt, in Musikschulen unterrichtet, Goethes Ballade wird in Schulen gelesen. Traditionell ist sie weiterhin in der (politischen) Parodie anzutreffen. Wenngleich dies keine Rezeptionsform ist, die ausschließlich dem gehobenen Bildungsbürgertum zuzuordnen wäre, so bezieht sie sich auf das bildungsbürgerlich konnotierte, kanonische Modell des Klassikers, wie schon die Parodien aus dem *Kladderadatsch*. Und wie dort lassen sich im 20. Jahrhundert die Herangehensweisen erkennen, den Klassikerstatus zum Gegenstand zu machen (politisches Modell) oder den Klassiker zur Deutung aktueller Ereignisse heranzuziehen (sozialmoralisches Modell). Ein Beispiel für die letztgenannte Funktion findet sich im 1997 erschienenen Band des Berliner Kabarettisten Martin Buchholz unter dem Titel *Der Kohlenkönig*.[167] Die Angabe im Untertitel, „Leipzig, im März 1991", ruft den politisch-gesellschaftlichen Kontext des Nachwende-Deutschlands auf. Die Rollen werden der Situation entsprechend umgeschrieben: Der beschützende Vater tritt als der Geist von Leipzig, der Erlkönig als der titelgebende Kohlenkönig auf.[168] Die mehrfache Konnotation von „Kohl" als Name des ehemaligen Bundeskanzlers und als Gemüse, sowie die Ähnlichkeit mit „Kohle" als umgangssprachlicher Ausdruck für Geld stiftet den komischen Effekt. Die Kritik richtet sich gegen die Verführungskraft der westlichen Konsumgüter wie Zigaretten und Kaffee,[169] die den Freiheitsgedanken pervertieren. Die weitere Verwendungsmöglichkeit von Kohl als Gemüse mit magenblähender Eigenschaft demaskiert die Versprechen als ‚Luftschlösser'.

---

166 „Erlkönig" wird als Bezeichnung für einen Automobil-Prototypen verwendet, der für Testfahrten mit einer Folie beklebt wird, die es erschwert, seine Form zu erkennen. Den Terminus Erlkönig prägte in dem Zusammenhang der Journalist Werner Oswald in der Automobilzeitschrift *auto motor sport* in den 1950er Jahren. Vgl. Werner Oswald: Mercedes-Benz Personenwagen. 1886–1986. 5. Auflage 1991, S. 488 f.
167 Martin Buchholz: Das Schweigen der Belämmerten. In: Ders: Gestammelte Werke. Mit einer Neufassung der „Deutschen Verfassung". Berlin 1997, S. 20.
168 „Was geistert so spät durch den Trabi-Smog / Der Geist von Leipzig; der geht längst am Stock / Er war der Vater der Revolution. / Doch das Volk hat längst abgewendet sich schon." Ebd., v. 1–4.
169 „Mein liebes Volk, komm, geh mit mir. / Ein einig Vaterland kaufe ich dir. / Komm in das Land, wo die Marlboro glüht, / wo der Tschibo-Experte kalten Kaffee aufbrüht." Ebd., v. 9–12.

> „Mein Vater, mein Vater, und hörest du nicht,
> was Kohlenkönig mir leise verspricht?"
> „Sei ruhig, mein Volk, ein Wind ist's, der weht,
> laß ihn fahren dahin, weil Kohl eben bläht." (v. 13–16)

Der als politischer Optimismus der Umbruchszeit codierte Vater hat – wie in Goethes Vorlage – den übermächtigen Versprechungen nichts entgegenzusetzen. Das abschließende Wortspiel „In der Wahlnacht wurde die Urne geholt / Darinnen das Volk hat sich selber verkohlt" (v. 23–24) weist die deutsche Einheit als einen nicht zuletzt selbstverursachten Betrug aus. Das Thema der Verführung stiftet als balladeskes Widerfahrnis die Verbindung zum Prätext, worin sich das sozialmoralische Modell und seine Reflexionsfunktion abzeichnen.

Eine Parodie des Regisseurs, Schauspielers und Kabarettisten Aydin Isik belegt, dass sich das Genre heute noch am kanonischen Status abarbeitet. Das steht in einer stabilen kabarettistischen Tradition des (vorgetäuschten) Ikonoklasmus, dessen Linie von der ‚Rezension' im *Kladderadatsch* über Heinz Erhardts (und später Otto Waalkes') *König Erl* und viele andere verläuft. Schon Erhardt spielt mit Goethes Bekanntheit, indem er ihm die Autorschaft des *Hamlet* unterstellt. Aydin Isiks Interpretation kommt den scherzhaften schlesischen Balladenadaptionen nahe, weil er eine Interpretation aus der Minderheitenposition seines in Berlin-Kreuzberg ansässigen Alter Ego mit türkischem Migrationshintergrund liefert:[170] „Ich les' euch was vor... wie heißt der Penner? Goethe hat das... kennst du das? Weißt du, was das Problem ist mit Goethe, ich schwör' [...], Goethe bedeutet Arsch auf Türkisch."[171] Die *Erlkönig*-Zeilen „Ich liebe dich / mich reizt deine schöne Gestalt / und bist du nicht willig / so brauch ich Gewalt" werden entsprechend kommentiert: „...weißt Du, wenn ich so was schreibe, dann heißt es, das Kreuzberger Arschloch hat was total Brutales geschrieben, und wenn Goethe das schreibt, ist das Kunst? Ist das eure Leitkultur?" Die Provokation besteht in der Geste, mit der sich die Figur (selbst-)bewusst aus der Gemeinschaft ausklammert („eure Leitkultur"). Hier lässt sich ein politisches Modell erkennen, da die Parodie auf den Status zielt.

Obwohl das Internet für den *Erlkönig* die Vielfalt der Repräsentationsmöglichkeiten erhöht hat,[172] ist in den Aneignungen aus dem deutschsprachigen Raum kein Funktionswechsel erkennbar: Die Ballade repräsentiert Bildungsgut. Das gilt auch dort, wo das als hoch- und populärkulturell Geltende aufeinander-

---

[170] https://www.youtube.com/watch?v=oQJ8fBcUUNM [letzter Zugriff 21.5.2021], archiviert unter https://archive.fo/xbvKv.
[171] Ebd. TC: 0:0:20–0:0:30.
[172] Die Ausdrucksformen reichen von privaten Parodien bis hin zu Animationen der bekannten Vertonungen.

prallen, wie in der Fusion von Rap und klassischen Balladen. Erkennbar werden hier keine neue Zielgruppen oder Funktionen erschlossen, was darauf schließen lässt, dass die bekannten Texte in einem neuen, vermeintlich ‚cooleren' Gewand erscheinen sollen. Die bekanntesten Repräsentanten dieses Vermittlungsbemühens sind die *Jungen Dichter und Denker* aus Buxtehude in der Nordheide.

> Die Kinder finden diese Art zu lernen einfach cool. Gerade Schülerinnen und Schüler, die sich sonst nicht für klassische Inhalte interessieren, sind begeistert. Die Vermittlung der Inhalte wird als modern empfunden. Die Jungen Dichter und Denker passen sich den aktuellen Hörgewohnheiten an, ohne sich anzubiedern.[173]

Von dem Potenzial der verrappten Balladen zeigen sich auch Akteure des Bildungsbetriebs überzeugt, die im Bemühen, neue didaktische Zugänge zu finden, häufig selbst dem Vorurteil vom langweiligen und unzeitgemäßen Klassiker verfallen.[174] Ob dabei tatsächlich ein didaktischer Mehrwert entsteht, ist indes umstritten.[175] Mit dem Eintritt des Klassikers in die virtuelle Welt des Internets findet eine entscheidende Verschiebung von Produktions- und Rezeptionsbedingungen statt. Die Produktionen können technisch günstig umgesetzt werden und dennoch hochqualitative Aufnahmen ermöglichen. Auch die Verbreitungsmöglichkeiten werden durch soziale Medien und Plattformen wie YouTube, Soundcloud, Spotify, Instagram oder TikTok niedrigschwelliger. Das Gut, um das hier hart gekämpft wird, ist also weniger finanzieller Natur, denn primär geht es um Aufmerksamkeit, die sich sekundär kommerziell nutzen lassen kann. Und tatsächlich sind Clips, die den *Erlkönig* im Titel tragen, auf diesem Aufmerksamkeitsmarkt durchaus erfolgreich, weil vermutlich nahezu alle, die die Ballade in der Schule lesen, im Internet nach ihr suchen. Die *Erlkönig*-Version der *Jungen Dichter und Denker* kommt auf eine knappe Million Klickzahlen.[176]

---

173 http://jdd-musik.de/ueberuns [letzter Zugriff 21.5.2021], archiviert unter https://archive.fo/vP7Fs.
174 Auf der Seite Bildungsklick.de heißt es etwa „Von der Jugend meist als alte Schinken verpönt, erfreuen sich die alten Meister wie Goethe, Schiller & Co. nun wieder neuer Beliebtheit". https://bildungsklick.de/bundeslaender/meldung/rap-trifft-klassiker/ [letzter Zugriff 21.5.2021], archiviert unter https://archive.fo/HjoM5. Vgl. auch Wolbring, Goe-T und Chiller? – Über Sinn und Unsinn von Rap-Adaptionen klassischer Gedichte im Deutschunterricht 2019, S. 351 f. Dass die didaktische Diskussion nicht erst neuerdings mit der impliziten Unterstellung arbeitet, die Balladenklassiker seien verstaubt, zeigt etwa Valentin Merkelbach: Goethes ‚Erlkönig', museales Erbstück oder was sonst noch? Ästhetische, ideologische und didaktische Aspekte eines Balladen-Evergreens. In: Diskussion Deutsch 16 (1985), S. 313–326.
175 Vgl. Wolbring, Goe-T und Chiller? 2019, S. 351–366.
176 Wobei die Jungen Dichter und Denker mittlerweile offiziell auf dem Bildungsmarkt vertreten sind: Frank Tscherwen: Rap trifft Klassiker. Balladen einmal ganz anders. Braunschweig 2006.

Dieses Potenzial nutzen einige gezielt, um ihre Sichtbarkeit im Netz zu steigern, wie etwa der Entertainer Remo Cesare, der zwar kein Rapper ist, dessen *Erlkönig*-Rap die Ballade „als geiles Gedicht preist" und mit den Zeilen „wenn Du es kannst, ist es gut / es lockt die *bitches* in den Club" die Praxis des ‚Schülerraps' zwar aufs Korn nimmt, sich damit jedoch an ein Schülerpublikum richtet. Das YouTube-Video ist mit der Facebook-Seite verlinkt, auf der Cesare seine eigentliche Tätigkeit als Entertainer bewirbt.[177] Auch hier ist es der Status als kanonisierter Schulstoff, der den Zugriff auf den *Erlkönig* motiviert.

Keine dieser Aneignungen strebt eine vergleichbar ernsthafte Auseinandersetzung an wie Oberschlesien und Krvavy. Die Aktualisierung geschieht zwar vor einem formalen Horizont, doch ist dieser eher eine Karikatur, die mit Hip-Hop kaum etwas als den Sprachgesang gemein hat. Sie entwirft den Bedarfshorizont einer Gruppe, deren Vorstellung von dieser Kultur abstrakt bis klischeehaft ist. Wie ein Kind seiner Vorstellung von klassischer Musik Ausdruck verleiht, indem es mit gewichtiger Mine ein Lineal als Dirigierstab schwingt, so reduzieren die Akteure des Schülerraps (allerdings nicht nur Kinder) den Hip-Hop auf Sprechgesang und Kopfnicken. Da die Kommunikation mit Blick auf die didaktische Funktion stattfindet, ist sie erfolgreich und die Adaptionen müssen sich nur selten an Expertenmeinungen reiben. Wo sie dies tun, wie auf sozialen Plattformen, kommen sie dementsprechend schlecht weg.

Die Klassikeraneignung in der Populärkultur des deutschsprachigen Raums findet in einem ‚Als-ob'-Modus statt, der – so die naheliegende Vermutung – mit dem kanonischen Status des *Erlkönigs* zusammenhängt. Die Repräsentation „Schulkanon" ist zum dominanten Modell im deutschsprachigen Raum geworden und sie verhindert eine ästhetische Aneignung vor allem in Genres, die sich als gegenkulturell verstehen. Zugespitzt ließe sich von Kanonizität als Klassizitätsverhinderung sprechen, wenn Transgression von Diskursen und Zielgruppen das *doing classics* definiert. Radikal trifft dies zwar nicht zu, denn selbst mit unveränderter Funktion bleibt die Ballade dank der formalen Aktualisierung als Teil des kulturellen Gedächtnisses präsent. Doch lässt sich für den deutschsprachigen Raum die Vorstellung, wenn nicht einer klassikverwaltenden Schicht, so doch eines klassikdominierenden Diskurses angesichts des vorliegenden Materi-

---

[177] Cesares Version wurde zunächst mit einer als Master-Abschlussarbeit an der Danziger Kunsthochschule eingereichten Animation unterlegt veröffentlicht (Animation unter https://www.youtube.com/watch?v=6Ggnqr-pnno [letzter Zugriff 27.2.2022], archiviert unter https://archive.fo/hnsls). Die Autorin der Animation beschwerte sich im YouTube-Kommentar über die Urheberrechtsverletzung, bei der nicht auf die Urheberin verwiesen wurde. Cesare entfernte daraufhin diesen Clip und veröffentlichte eine neue Version: https://www.youtube.com/watch?v=nYX39b-OvB0 [letzter Zugriff 21.5.2021], archiviert unter https://archive.fo/5JOU1. Die erste Fassung hatte bereits über 10.000 Aufrufe.

als bestätigen. Schulklassiker wie der *Erlkönig* werden zwar nicht einer Elite, jedoch offenbar dem bürgerlichen Milieu und dessen Institutionen als zugehörig empfunden. Dagegen scheint die kulturelle Verortung der Ballade in der polnischen Populärkultur keine oder eine nur randständige Rolle zu spielen und ihr Status sich nicht negativ auf die Präsenz auszuwirken. Die These des Klassizität beschränkenden Kanons erhärtet sich, wenn wir auf den Bereich des Kulturtransfers blicken: Goethes Ballade vom *Zauberlehrling* gehört in den USA seit der Adaption durch Walt Disney aus dem Jahr 1940 zum populärkulturellen Gedächtnis. Als im Jahr 2010 der US-amerikanische Blockbuster *The Sorcerer's Apprentice*[178], wörtlich auf das Goethe'sche Original verweisend, mit Nicholas Cage in der Hauptrolle in den deutschen Kinos anlief, wurde er unter dem Titel *Das Duell der Magier* vermarktet. Die Markierung als Goethe-Ballade wurde im deutschsprachigen Kontext offenbar als nicht verkaufsfördernd eingeschätzt, die Klassikerrezeption auf diese Weise verschleiert.

7.5 Popularität der Klassik (Schlussbemerkungen)

Die eingangs gestellte Frage danach, ob sich die Idee einer klassikproduzierenden und -verwaltenden Elite eignet, um Klassik als funktionale Langzeitpräsenz von kulturellen Artefakten zu erklären, kann wie erwartet verneint werden. Während Klassiker durchaus die Funktion besitzen können, Kohärenz innerhalb von Gruppen zu befördern, ist die Vorstellung einer klassik(re)produzierenden Elite ein Mythos und ein Fall diskursiven Gruppismus. Weder Regierungen noch Institutionen oder Lebensstilmilieus vermögen es, eine dauerhafte Funktionalität für Klassiker zu behaupten, wenn diese nicht lebensweltlich aufgegriffen wird. Dass sich die wechselseitige Bestätigung von Wissensordnung und kulturellen Praktiken in immer neuen soziohistorischen Kontexten wiederholt, ist für das Überleben von essenzieller Bedeutung, weil Klassiker genauso wie andere Kulturprodukte der Logik der Aufmerksamkeitsökonomie unterliegen. Festgemauertes, Unwandelbares und Statisches ist auf den Aufmerksamkeitsmärkten chancenlos. Gerade aber, weil niemand Regie führt, werden sie buchstäblich anarchisch und in unterschiedlichen kulturellen Zusammenhängen angeeignet. Sie überschreiten mit immer neuen Funktionen ausgestattet nationalkulturelle, mediale und genredefinierende Grenzen. Kanonischer Status vermag neue Auseinandersetzungen zu befördern, genauso aber kann er klassikverhindernd wirken.

---

[178] The Sorcerer's Apprentice. USA 2010. Regie: John Turteltaub.

Wenn wir mit Henry Jenkins, Joshua Green und Sam Ford annehmen, dass Dissemination und Wertschöpfung unmittelbar zusammenhängen bzw. Verbreitung der Wertschöpfungsmechanismus schlechthin ist,[179] dann zeigen gerade die Funktionalisierungen, die, einen Kulturschock oder Ikonoklasmus produzierend, den kanonisierten Klassiker auf unerwartete Trägermedien, Genres oder Inhalte prallen lassen, aufmerksamkeitsökonomisch die besten Chancen, seine Lebensdauer zu verlängern. Seit einigen Jahrzehnten verweist die Rede von partizipativen Kulturen[180] darauf, dass kreative Reproduktion, Dissemination und Zirkulation kultureller Artefakte nicht nur in autorisierten Händen und von Gatekeepern kontrollierten Bereichen stattfinden. Das mag für die immer noch sogenannten neuen Medien im besonderen Maße gelten, doch auch der historische Blick auf die Mediengeschichte von Klassikern weist die Vorstellung von Klassikmachern und Klassikverwaltern der kulturellen Praxis als einen Mythos aus.

---

[179] Henry Jenkins, Sam Ford, Joshua Green: Spreadable Media. Creating Value and Meaning in a Networked Culture. New York, London 2013.
[180] Zur „participatory culture" vgl. ebenfalls Henry Jenkins: Textual Poachers. Television Fans & Participatory Culture. New York 1992.

8 Zur Alltäglichkeit einer kulturellen Praxis der Klassik: Fazit mit einem Exkurs zur Klassikerbildung im Hip-Hop

Die Genese und Rezeption von Balladenklassikern in unterschiedlichen soziohistorischen Referenzbereichen zeigen, dass die Pfeiler eines essenzialistischen Klassikbegriffs – Holismus, Universalismus, Zeitenthobenheit und Elitarismus – diskursive Konstruktionen sind, die den ontologischen Status von Mythen besitzen: Sie sind ideelle Gemeinplätze, die ungeprüft mobilisiert werden, um Erklärung oder Legitimation für den Klassikerstatus zu liefern. Die Gegenüberstellung des ‚Nationalpropheten' Adam Mickiewicz, des ‚Prinzen' der jiddischen Ballade Itzik Manger, des ‚Balladenbarons' Börries von Münchhausen und Goethes Ballade *Der Erlkönig* weist Klassik demgegenüber als eine Praxis der kulturellen Funktionalisierung aus, die sich durch fragmentierende Zugriffe, sachlich partikulare und zeitgebundene Geltung, mediale Zirkulation und kulturelle Transgression auszeichnet. Was auratisch als *longue durée* wirkt, erweist sich als komplex: Im Wechselspiel zwischen Wissensordnung und bedarfsorientierter Applikation in Warenkultur, Künsten und Medien entstehen Gebrauchsformen, die in ökonomische und/oder kulturelle Disseminationsprozesse eingebunden sind. Dabei kommt es zu Transgressionen, weil Klassiker ihre Ursprungskontexte, -medien sowie die sie hervorbringenden Öffentlichkeiten, Lebensstilmilieus, National- oder Gegenkulturen und deren jeweilige Diskurse überschreiten. Die Beobachtung, dass die Anpassung an immer neue Bedarfshorizonte zu formalen und inhaltlichen Veränderungen führt, wird von mir mit dem Begriff „Modellierung" eingefangen. In der Vielzahl dieser Modellierungs- und mit ihnen korrelierender Applikations-, Disseminations- und Transgressionsprozesse manifestiert sich die Anerkennung von Objekten, Werken, Autorinnen oder Ideen und lässt einen semantischen und affektiven Überschuss entstehen, der die weitere Verwendung motiviert oder gar herausfordert. Dieser Überschuss wurde auch als kulturelles Kapital oder Normativität beschrieben, was darauf zurückzuführen ist, dass Klassiker zumeist orientierende oder repräsentative Funktion besitzen. Klassik als kulturelle Praxis ist sowohl dort zu beobachten, wo 1. kanonische Klassiker verehrend, ikonoklastisch, produktiv-kreativ oder passiv rezipiert und konsumiert und 2. Klassiker jenseits des Kanons (re-)produziert werden. Sowohl im weitesten Sinne ‚schöpferische' als auch vermarktende, verehrende wie ikonoklastische, ernste wie alberne Praktiken sind als Resonanzformen gleichwertig, weil sie die Langzeitpräsenz kultureller Artefakte unabhängig davon sichern, wie Einzelne sich zu ihnen verhalten.[1] Einen idealen ‚Naturzustand', in dem Klassiker frei von ihrem Überschuss, symbolischen Wert, poetisch: der Staubwolke oder pejorativ: dem Ballast rezipiert würden, gibt es nicht.

Aus diesen Beobachtungen ergibt sich, dass Klassik als auf Dauer gestellte kulturelle Funktionalisierung von Objekten kein Privileg ist, das ausschließlich als hochkulturell attribuierten Künsten zukommt. Auch wenn das Verständnis einer als Antonym zur *high-* begriffenen *lowbrow culture* vom heutigen wissenschaftlichen Standpunkt aus nicht aufrechtzuerhalten ist, lässt sich ihre Geltung nicht übersehen, allein weil sie, zumindest in den meisten europäischen Ländern, förderpolitisch institutionalisiert ist. Im essenzialistischen Klassikerbegriff bleibt sie besonders präsent, weil er den Status mit Qualität verwechselt, wofür kein anderer Beweis als die Autorität von sich selbst als hochkulturell inszenierenden Akteuren erbracht wird. Wenn man jedoch den essenzialistischen Klassikbegriff zugunsten eines konsequent auf Rezeption und Funktionalisierung setzenden ablöst, wird deutlich, dass Klassik allgegenwärtig ist: Praktiken der Selbstinszenierung, die typischerweise einem der Hochkultur anhängenden Bürgertum nachgesagt werden, wie das Zitieren aus klassischen Werken oder Urlaubsgrüße aus Orten, die bildungsinteressierte Reisegewohnheiten ausstellen, lassen sich analog in anderen Fankulturen beobachten. Umgekehrt offenbart ein Blick in die Museumsshops der Dichterhäuser eine kommerzielle Merchandise-Kultur.

Im Folgenden sollen die zentralen Erkenntnisse an einem nichtliterarischen Beispiel diskutiert und dabei erprobt werden, inwieweit sie für andere Disziplinen anschlussfähig sind. Die Wahl des Hip-Hop-Klassikers *The Message* von Grandmaster Flash and The Furious Five basiert auf einer entfernten Genreverwandtschaft.[2] Einige der modellbildend wiederkehrenden Gattungsmerkmale von Balladen sind ähnlich im Hip-Hop zu beobachten. Dazu gehört, dass die vernakulare Tradition (sei es als Straßen- oder orale Volkskultur) als ästhetische Komponente konstitutiv gehandelt und als Ausweis der Authentizität betrachtet wird, die wiederum die Funktion des Community Building unterstützt. Ebenso können wir die metaleptische Struktur beobachten, in der Verfasserin, Performer und Protagonistin identisch werden. Das Widerfahrnis als handlungstra-

---

[1] Deshalb werden in dieser Arbeit auch konsumkritische Ansätze vernachlässigt. Für diese Richtung paradigmatisch sind die Arbeiten von Wolfgang Fritz Haug: Kritik der Warenästhetik. Frankfurt a. M. 1971 und Warenästhetik im High-Tech-Kapitalismus. Frankfurt a. M. 2009.
[2] Zu den Unterschieden vgl. Gottfried Weißert: Das Verhältnis von deutschem Rap zur Balladentradition. In: Bogosavljević et al., Die deutsche Ballade im 20. Jahrhundert 2009, S. 203–222.

gendes Konzept tritt zumindest dort auf, wo eine narrative Struktur vorliegt.[3] Gleichzeitig aber unterscheidet sich die genrespezifische Klassikerbildung hinsichtlich der Geltungsdiskurse und der dazugehörigen Produktions- und Rezeptionsbedingungen.

8.1 Das Kollektiv und dessen Gedächtnis als Träger der Klassikerpraxis

Zunächst eine kurze Zusammenfassung der grundlegenden Einsichten zu klassiktragenden Kollektiven. Diese konstituieren sich als (Gegen-)Öffentlichkeit, (Gegen-)Kultur, Gemeinschaft, Szene, Gruppierung etc. durch gemeinsame kultur- oder gesellschaftspolitische, soziale oder künstlerische Anliegen bzw. Interessen. Im Verlauf dieser Arbeit wurde Klassikerhandhabe in unterschiedlichen Arten von Kollektiven untersucht: Nationen, Gegenöffentlichkeiten, sozialmoralische Milieus, Lebensstilmilieus und Gegenkulturen. Es zeigt sich, dass deren Klassikpraxis keine systematischen Differenzen erkennen lässt. Sowohl zentrale Verfahren wie Metonymisierung und Fragmentierung als auch die Modelltypen und die grundlegenden Funktionen sind analogisierbar. Wenn Klassiker der künstlerischen Selbstverortung dienen, markiert deren ästhetisches Modell, sei es theoretisch-manifestartig oder in Form intertextueller inhaltlicher, formaler oder stilistischer Zitate, den eigenen Standort als Künstler, Autorin, Designerin, Produzent. Besteht die Funktion darin, Handlungsorientierung zu liefern, die ethische Dimension des gesellschaftlichen Handelns als Status quo oder Wunschzustand auszustellen, zu reflektieren und zu verhandeln, um Werte zu bestätigen, zu stürzen oder neu zu etablieren, passiert das auf der Basis eines sozialmoralischen Modells. Gemeinschaftsstiftende Narrative oder Kunstprogramme erzeugen ein politisches Modell, wenn sie Klassiker als autorisierende Instanzen funktionalisieren, um die Kohärenz ihrer großen wie kleinen Erzählungen zu stärken. Das politische als Metamodell greift Aspekte des ästhetischen und sozialmoralischen auf und ratifiziert sie. Klassiker repräsentieren dann ‚offi-

---

[3] Das lässt sich hier natürlich nicht erschöpfend belegen. Um einen Querschnitt der Widerfahrnisse in unterschiedlichen Strömungen anzudeuten: im US-amerikanischen populären Hip-Hop z. B. Eminem „Stan" (2000): Persönlichkeitsstörung, eher im Underground-Bereich z. B. Immortal Technique „Dance With the Devil" (2001): Versehentliche Tötung der eigenen Mutter oder im deutschsprachigen Hip-Hop z. B. Freundeskreis „Anna" (1997: Liebe oder Fischmob „4:55" (1995): Vergewaltigung.

ziell' Gemeinschaften oder Kunstvorstellungen, werden zu deren Aushängeschildern, die sich durchaus auch vermarkten lassen.[4]

Im Unterschied zu den untersuchten entsteht das Hip-Hop-Kollektiv bereits unter den Bedingungen der Postmoderne und vorangeschrittenen Globalisierung, die die im 19. Jahrhundert etablierten Klassikernarrative erodieren haben lassen. Darüber hinaus ist hier eine Gegenkultur zu beobachten, die lange keine Institutionen ausgebildet hatte, die als Kanoninstanzen symbolisches Kapital generiert oder postuliert hätten, weshalb der Blick auf die Breite der Praktiken, in denen Präsenz und Geltung (re-)produziert werden, umso notwendiger und aufschlussreicher ist.

In ihren Anfängen seit Mitte der 1970er Jahre war die Hip-Hop rezipierende Gemeinschaft zunächst sozial determiniert, entstammte jenen US-amerikanischen Vierteln der Großstadt, in denen sich die Globalisierung und der damit verbundene Rückgang der heimischen Industrie früh bemerkbar machten.[5] Die spezifischen Praktiken des DJing (*mixing, scratching, sampling, cutting, phasing*), des Rap, des Tanzes (Breakdance) und des Graffiti entstanden, weil Jugendliche in diesen Stadtvierteln keine Eintrittsgelder für Diskotheken aufzubringen konnten und damit begannen, ihre eigenen Block Partys in Parks und verlassenen Gebäuden zu organisieren.[6] Das ursprüngliche gemeinsame Interesse richtete sich folglich auf Möglichkeiten, an der Freizeitkultur teilzuhaben. Dass ein Bedarf nach Partizipation Klassikerbildung initiieren kann, ließ sich am Beispiel von Itzik Manger beobachten. Beiden Fällen ist bei allen offensichtlichen Unterschieden gemeinsam, dass soziale oder kulturelle Marginalisierung Handlungsfelder begründet, auf denen je partikulare Klassiker keimen und gedeihen. Gemeinsam ist ihnen darüber hinaus, dass die Werke weder sozialkritisch noch agitativ sein müssen, um so zu wirken. Die Selbstbehauptung kann, wie das neben Manger das Beispiel Mickiewicz zeigte, ästhetisch realisiert werden und trotzdem programmatisch sein. Das bestätigt auch der erste über die Grenzen dieser Öffentlichkeit hinausreichende Hit *Rapper's Delight* von The Sugarhill

---

4 Die Repräsentationsfunktion kann sich allerdings auch entstellend oder stereotypisierend auf das Kollektiv auswirken. Darauf weisen einige Arbeiten hin, die sich mit der Verbreitung, Diskursivierung und Vermarktung postkolonialer Literatur im Westen beschäftigen. Vgl. Karen R. Lawrence: Decolonizing Tradition. New Views of Twentieth-Century „British" Literary Canons. Urbana, Chicago 1992; John Thieme: Postcolonial Con-Texts. Writing Back to the Canon. London, New York 2001 und Sandra Ponzanesi: The Postcolonial Cultural Industry. Icons, Markets, Mythologies. Houndmills 2014.
5 Vgl. Gabriele Klein, Malte Friedrich: Is this real? Die Kultur des HipHop. Frankfurt a. M. 2003, S. 56.
6 Vgl. etwa Sascha Varlan: HipHop als schöne Kunst betrachtet – oder: die kulturellen Wurzeln des Rap. In: Jannis Androutsopoulos (Hg.): HipHop. Bielefeld 2003, S. 138–146. Hier S. 140.

Gang, einer von der als „Mutter des HipHop" apostrophierten Sylvia Robinson ins Leben gerufenen Band:[7]

> I said a hip hop
> Hippie to the hippie
> The hip, hip a hop, and you don't stop, a rock it out
> Bubba to the bang bang boogie, boobie to the boogie
> To the rhythm of the boogie the beat
> Now, what you hear is not a test I'm rappin' to the beat
> And me, the groove, and my friends are gonna try to move your feet
> See, I am Wonder Mike, and I'd like to say hello
> To the black, to the white, the red and the brown
> The purple and yellow, but first, I gotta
> Bang bang, the boogie to the boogie
> Say up jump the boogie to the bang bang boogie
> Let's rock, you don't stop
> Rock the rhythm that'll make your body rock
> Well so far you've heard my voice but I brought two friends along
> And the next on the mic is my man Hank
> C'mon, Hank, sing that song, check it out.

Bereits diese wenigen Zeilen weisen Eigenheiten auf, die den Hip-Hop nachhaltig prägen werden: der sich am Beat orientierende Sprechgesang, die Tanzbarkeit und die Mehrstimmigkeit der MCs (*Master of Ceremony*), die einen spontanen Eindruck erzeugt. Wie der Ballade, so kommt auch dem Hip-Hop durch die Aufnahme die Aufführungssituation abhanden. Auf den Rückbau der multimodalen Inszenierung und das sich daraus ergebende performative Defizit (vgl. Kapitel 3) reagiert das obige Stück, indem es die körperliche Präsenz durch Mehrstimmigkeit simuliert: „Well so far you've heard my voice but I brought two friends along / And the next on the mic is my man Hank / C'mon, Hank, sing that song, check it out." Dass in der Zeit noch keine vollständige Abgrenzung zum damals populären Discotrend erfolgte, beweist die Untermalung, für die das Discostück *Good Times* gewählt wurde.

Mitte der 1980er Jahre wird Hip-Hop mit David Toops Buch *Rap Attack*[8] „diskursfähig".[9] Indem dieser ‚Herder des Rap' Parallelen zwischen den beschriebenen Praktiken des Hip-Hop, traditionellen westafrikanischen Barden sowie weiteren afrikanischen und afroamerikanischen Traditionen zieht, begründet er das Narrativ vom afroamerikanischen Hip-Hop. Mit der Diskursivierung wird die eth-

---

[7] Rapper's Delight auf: The Sugarhill Gang: Sugarhill Gang 1979. Track 6.
[8] Toop, Rap Attack. African Jive bis Global HipHop. Aus dem Englischen übers. von Diedrich Diedrichsen. St. Andrä-Wördern [1984] 1992.
[9] Klein, Friedrich, Is this real? 2003, S. 17.

nische Komponente konstruiert, die seit Mitte der 1990er Jahre als „Mythos des schwarzen Rap" das Phänomen bestimmt, woran drei Filme einen Anteil haben: *Wild Style* (1982), *Style Wars* (1983) und *Beat Street* (1984) machen Hip-Hop als eine die Bereiche Musik, Tanz, Graffiti und Lebensphilosophie vereinigende Lebensweise vom *American Dream* ausgeschlossener Afroamerikaner über die Grenzen der USA bekannt. Von nun an werden die Techniken in Jugendkulturen allerorten nachgeahmt.[10] Die Situation der Marginalisierung wird mit der Breitenrezeption vollends von der sozialen auf eine ethnische Ebene verschoben, was wiederum zur Dämonisierung als „Kultur des wilden schwarzen Mannes"[11] führt. Allerdings tat diese dem Erfolg keinen Abbruch, Hip-Hop entwickelte sich immer mehr zum kulturellen Mainstream. Dadurch vergrößerte sich die Öffentlichkeit und wurde heterogener, was es schwieriger machte, ein gemeinsames Interesse zu artikulieren (oder überhaupt zu erkennen) und zugleich den Bedarf nach kohärenzstiftenden Bezugspunkten steigen ließ.

Da von Klassikern sinnvollerweise nur aus einer zeitlichen Distanz gesprochen werden kann, bedarf die Praxis eines kollektiven kulturellen Gedächtnisses, was wiederum 1. das Bewusstsein eigener Geschichtlichkeit und 2. ein Archiv, in dem die kulturellen Artefakte gespeichert und zugriffsbereit sind, voraussetzt.[12] „Bewusstsein eigener Geschichtlichkeit" ist breit gefasst: Es kann als Wissensordnung mit realer oder imaginärer Basis auftreten, die ein Kollektiv mit Vergangenheit ausstattet; beispielhaft dafür ist Toops Buch. Es kann sich aber in Zugriffen ausdrücken, die belegen, dass das jeweilige Handlungsfeld mit einer Geschichte ausgestattet ist. Exemplarisch in der Literatur sind intertextuelle Verfahren, analoge Praktiken sind das *Sampling*, das *Remixing* oder, im Hip-Hop weniger verbreitet, das *Covern*. Bei allen untersuchten Akteuren ließ sich zudem beobachten, dass dieses Ausgreifen in die Vergangenheit als Strategie der Automodellierung eine Linie künstlerisch gleichgesinnter ‚Ahnen' entstehen lässt. Im Prozess der Klassikerbildung kommt der Historisierung die doppelte Funktion zu, Höhe- und Bezugspunkte auszuzeichnen und dem jeweiligen Feld eine aus der Geschichte bezogene Dignität zu verleihen.

Im Fall des Hip-Hop ist die Historisierungstendenz mit Toops *Rap Attack* früh festzustellen, wenn er die ‚neue' Kulturform in den historischen Kontext

---

10 So etwa gleichermaßen von deutsch-türkischen Jugendlichen in der BRD und ostdeutschen Jugendlichen in der DDR. Vgl. Mark Butler: Das Spiel mit sich (Kink, Drugs & Hip-Hop). Berlin 2014, S. 34.
11 Varlan, HipHop als schöne Kunst betrachtet 2003, S. 139.
12 Moritz Baßler versteht es mit Boris Groys als ein ungeordnetes, achronisches Reservoir an Texten, Diskursen und materiellen Objekten, das jederzeit Zugriff ermöglicht und repräsentativ für eine Kultur sein kann. Moritz Baßler: Die kulturpoetische Funktion und das Archiv. Eine literaturwissenschaftliche Text-Kontext-Theorie. Tübingen 2005, S. 178 und 181.

amerikanischer und afrikanischer Tradition stellt. Er zieht ausdrücklich Parallelen zu einer der Folklore zugeeigneten Spontandichtung sowie zur westafrikanischen mündlichen Tradition der Yoruba.[13] Toop beeinflusst auch die Wissenschaft nachhaltig, die Hip-Hop in den 1990er Jahren als Forschungsfeld entdeckte und das ethnische Narrativ fortschrieb.[14] Die Protagonisten selbst nennen als Bezugspunkt eher die Pioniere der elektronischen Musik, die deutsche Band Kraftwerk.[15] Die 1968 gegründete Formation gilt bis heute wegen der konsequenten Elektronisierung als avantgardistisch und eignete sich deshalb als Innovation evozierendes Vorbild in den 1980er Jahren.[16] Als weitere Historisierungspraxis ist die im Hip-Hop ubiquitäre Listenbildung zu beobachten, die regelmäßig die diachrone Perspektive einnimmt und die Besten der Genregeschichte kürt.[17] In der Bezeichnung „Old-school" ist ein semantisches Angebot zu beobachten, das dem von „Klassiker" ziemlich nahe kommt, weil damit sowohl die an der Entstehung beteiligten Akteure als auch die bis heute nachhallende Ästhetik identifiziert werden.

Das kulturelle Archiv der potenziell repräsentativen, kollektivspezifischen Produkte und Ereignisse setzt wiederum Speichermedien (etwa Verlags-, Radio- oder Pressearchive, Plattensammlungen von DJs etc.) voraus und zieht mit Blick auf Klassik eine weitere Bedingung nach sich. Da nicht alles Eingelagerte klassisch wird, müssen Selektionsmechanismen etabliert sein, die die Überführung vom Speicher- zum Funktionsgedächtnis regeln. Dazu gehören alle Rezeptions- und Konsumtechniken, wie Adaption, Appropriation, Zitat, Fragmentierung, lebensweltliche Aneignung oder Habitualisierung. Für Hip-Hop kennzeichnend ist die Technik des Samples, das mit dem literarischen Zitat vergleichbar ist.[18] Da Hip-Hop wie erwähnt eine multimodale Kultur ist, bilden Graffiti, Tanz und Mode äquivalente Applikationstechniken aus.

---

13 Toop, Rap Attack [1984] 1992, S. 39f und 42f.
14 Vgl. Nathan D. Abrams: Antonio's B-Boys. Rap, Rappers, and Gramsci's Intellectuals. In: Popular Music and Society, 4, 19 (1995), S. 1–19; Errol Henderson: Black Nationalism and Rap Music. In: Journal of Black Studies, 3, 26 (1996), S. 308–338; Tricia Rose: Black Noise. Rap Music and Black Culture in Contemporary America. London 1994.
15 Dies gilt Ende der 1990er Jahre weiterhin, wie das Album *Tribute to Kraftwerk Feat. Afrika Bambaataa: It's More Fun To Compute* von 1999 bestätigt.
16 Sebastian Krekow, Jens Steiner, Matthias Taupitz: Das neue HipHop-Lexikon. Berlin 2003, S. 327–329.
17 Die mit einer Kanonisierung gleichgesetzt werden kann. Darauf wird später noch einzugehen sein.
18 Während beispielsweise das in der Rock- und Popmusik oder im Jazz verbreitete Covern eher seltener anzutreffen ist bzw. als Remix apostrophiert wird (ein bekannteres Beispiel ist Roberta Flacks von den Fugees 1996 gecovertes *Killing Me Softly*).

Mit den Vorannahmen, dass der Hip-Hop 1. von einem Rezeptionskreis getragen wird, der sich mit Hilfe gemeinsamer, in zeitlicher Perspektive wandelnder Interessen, Vorlieben und Erwartungen konstituiert, 2. ein medial ausgestaltetes kulturelles Gedächtnis herausgebildet hat und 3. ein Kunstfeld ist, in dem Applikationstechniken zu beobachten sind, die Übergänge zwischen Speicher- und Funktionsgedächtnis organisieren, soll nun ein konkretes Beispiel diskutiert werden.

8.2 „Close to the Edge": funktionale Klassikermodellierung im Hip-Hop

Grandmaster Flash ist 1982, als *The Message* ein Hit wird, bereits eine DJ-Legende, deren Anfänge sich zu den erwähnten Block Partys in der südlichen Bronx der 1970er Jahre zurückverfolgen lassen. Sein Status wird auf Innovationen im Bereich des DJing zurückgeführt. Was der gelernte Elektroniker mit selbstgebauten Geräten entwickelte, gehört bis heute zum Standardrepertoire eines jeden DJs.[19] Bereits 1981 nimmt er einen Mix auf, der unter dem Titel *The Adventures of Grandmaster Flash on the Wheels of Steel* Grundlagen des DJing akustisch veranschaulicht. Auf ihm basiert ein Innovationspostulat, das von Wikipedia bis zur Fachliteratur aufgegriffen wird. Es ist ein aus den literarischen Fallanalysen bereits bekannter Reflex, den Klassikerstatus in ästhetischer Hinsicht mithilfe einer tatsächlichen oder konstruierten Neuerung zu legitimieren.[20]

Ebenfalls zum Narrativ, das den Klassikerstatus kolportiert, gehört deshalb die zweite Innovation, die dem als Joseph Saddler geborenen Grandmaster Flash zugeschrieben wird: die Professionalisierung der MCs. Glaubt man der Überlieferung, so wurden die Fähigkeiten der DJs im Verlauf der Zeit so spektakulär, dass das Publikum, davon gebannt, zu tanzen aufhörte. Um die Menge wieder in Schwung zu bringen, engagierte Grandmaster Flash sogenannte Anheizer, die von den Aktivitäten des DJs ablenken und das Publikum zum Tanzen animieren sollten.[21] Diese *Master of Ceremony* genannten Rapper wurden mit der Zeit zur Hauptattraktion und zum repräsentativsten Kennzeichen des Hip-Hop,

---

[19] Er gilt beispielsweise als derjenige, der das Scratching perfektioniert hat und den Crossfader erfunden hat, mit dem der nahtlose Übergang zwischen den beiden Plattenspielern möglich wird. Vgl. H. C. Williams: Grandmaster Flash. In: Mickey Hess (Hg.): Icons of Hip Hop. An Encyclopedia of the Movement, Music, and Culture. Band 1. Westport 2007, S. 27–49. Hier S. 28 und 35–37.

[20] Eine eingehende Analyse davon, was auf diesem Mix tatsächlich Grandmaster Flash zuzuschreibende Innovationen sind und was er von anderen DJs übernommen hat, ist mir zumindest nicht bekannt. Dieser Mythos wartet noch darauf, dekonstruiert zu werden.

[21] Vgl. ebd. und Varlan, HipHop als schöne Kunst betrachtet 2003, S. 140.

schließlich zu den eigentlichen Stars der Szene. Welche Wirkung diese Innovationsbehauptung entfaltet, lässt sich bei Sascha Varlan nachlesen, der auf ihr eine Ursprungserzählung begründet: „und es [war] mit Grandmaster Flash ein DJ [...], der Rap zwar nicht erfunden, aber doch erst möglich gemacht hat."[22]

8.2.1 Das Original: Grandmaster Flash and The Furious Five *The Message*

Das Lied selbst betrifft die Innovationsbehauptung vor allem inhaltlich. Wo es thematisiert wird, ist es mit dem Hinweis versehen, dass es für die sozialkritische Neuausrichtung im sogenannten *Message Rap* steht. Dies lässt sich schon bei Toop nachlesen, dem zufolge das Lied „die Mode des inhaltlich bestimmten Raps einleitete und zu riesigem internationalen Erfolg verhalf."[23] Tatsächlich prangert der Text unverschleiert die Realität des Lebens in Vierteln an, die von einer eher sozial schwachen und häufig afroamerikanischen (in anderen Zusammenhängen auch migrantischen) Bevölkerung bewohnt werden – wofür sich im Hip-Hop die Bezeichnung Ghetto eingebürgert hat. Die Zeilen des Refrains, die eine ‚Mir- reicht's'-Haltung ausdrücken, haben mittlerweile ein kulturelles Eigenleben: „Don't push me cause I'm close to the edge / I'm trying not to lose my head / It's like a jungle sometimes / It makes me wonder how I keep from goin' under."[24] Sie strukturieren die Schilderungen eines Lebens, das durch Dreck, Verzweiflung, Irrsinn, Armut, Gewalt, Prostitution und allgemeine Chancenlosigkeit gekennzeichnet ist. Zur Veranschaulichung die ersten beiden Strophen:

> Broken glass everywhere
> People pissin' on the stairs, you know they just don't care
> I can't take the smell, can't take the noise
> Got no money to move out, I guess I got no choice
> Rats in the front room, roaches in the back
> Junkies in the alley with a baseball bat
> I tried to get away but I couldn't get far
> Cause a man with a tow truck repossessed my car
>
> *Don't push me cause I'm close to the edge...*

---

22 Ebd.
23 Toop, Rap Attack [1984] 1992, S. 135.
24 The Message. Auf: Grandmaster Flash and The Furious Five: The Message. Sugar Hill Records 1982, Track 7.

> Standin' on the front stoop hangin' out the window
> Watchin' all the cars go by, roarin' as the breezes blow
> Crazy lady, livin' in a bag
> Eatin' outta garbage pails, used to be a fag hag
> Said she'll dance the tango, skip the light fandango
> A Zircon princess seemed to lost her senses
> Down at the peep show watchin' all the creeps
> So she can tell her stories to the girls back home
> She went to the city and got so so seditty
> She had to get a pimp, she couldn't make it on her own[25]

Die Erzählinstanz flicht in die Beobachtungen der unmittelbaren Umgebung Schlagzeilen und Gerüchte ein: „They pushed that girl in front of the train", „Stabbed that man right in his heart".[26] Indem die Perspektive (etwa auf eine geistig verwirrte Obdachlose) wechselt, entsteht ein Kaleidoskop unterschiedlicher Wahrnehmungen einer Lebenswirklichkeit, in der die Biografien gleich verlaufen:

> A child is born with no state of mind
> Blind to the ways of mankind
> God is smilin' on you but he's frownin' too
> Because only God knows what you'll go through
> You'll grow in the ghetto livin' second-rate
> And your eyes will sing a song called deep hate
> The places you play and where you stay
> Looks like one great big alleyway
> You'll admire all the number-book takers
> Thugs, pimps and pushers and the big money-makers
> Drivin' big cars, spendin' twenties and tens
> And you'll wanna grow up to be just like them, huh
> Smugglers, scramblers, burglars, gamblers
> Pickpocket peddlers, even panhandlers
> You say I'm cool, huh, I'm no fool
> But then you wind up droppin' outta high school
> Now you're unemployed, all non-void
> Walkin' round like you're Pretty Boy Floyd
> Turned stick-up kid, but look what you done did
> Got sent up for a eight-year bid
> Now your manhood is took and you're a Maytag
> Spend the next two years as a undercover fag
> Bein' used and abused to serve like hell
> Til one day, you was found hung dead in the cell

---

25 Vgl. ebd.
26 Strophe vier, Verse 9 und 11.

8.2 „Close to the Edge": funktionale Klassikermodellierung im Hip-Hop — 321

> It was plain to see that your life was lost
> You was cold and your body swung back and forth
> But now your eyes sing the sad, sad song
> Of how you lived so fast and died so young so
> *It's like a jungle sometimes...* (Strophe 5)

Die Geburt wird als ein lebensdeterminierendes Widerfahrnis charakterisiert, von dem aus der weitere von Armut, Kriminalität oder Drogen gekennzeichnete Pfad festgelegt ist. Das Lied inszeniert mehrstimmig einen kollektiven Protagonisten, der aus der Situation der Machtlosigkeit und Handlungsunfähigkeit Rechtsbrüche androht: „I swear I might hijack a plane" (Strophe 3, Vers 13). Darin lässt sich der balladentypische Aktionismus erkennen, denn die Maßnahmen lassen zwar handlungsfähig erscheinen, ändern jedoch nichts an dem Zustand. „Don't push me, cause I'm close to the edge..." betont die liminale Situation, in die das Individuum gerät, weil es die Zustände nicht länger passiv hinnehmen kann. Das Lied ist deshalb Kritik, Anklage und Drohung zugleich. Dies wird visuell im dazugehörigen Videoclip umgesetzt.[27]

Bevor der Text einsetzt, laufen zwei Männer eine belebte Straße New Yorks entlang. Dass sie eine sogenannte *Boombox*[28] tragen, markiert sie als Angehörige der Szene. Währenddessen wird eine kurze, nachhallende Synthesizersequenz wiederholt eingespielt, ein *Lick*, das zum akustischen Markenzeichen des Liedes geworden ist. Es kommt zu einem Aufeinandertreffen mit weiteren Männern, und an dieser Stelle setzt die Simulation einer Echtzeit-Performance ein: Auf dem Boden zersplittert Glas, während zugleich die erste Zeile „Broken glass everywhere" (0:43) ertönt. Der Beat ist langsamer als zur damaligen Zeit üblich, was das Lied weniger tanzbar macht und den Rap in den Vordergrund rückt.[29] Von da an ist der Clip eine Collage, die das Gesungene veranschaulicht. Unterbrochen wird dies von Einstellungen, auf denen die rappenden MCs Melle Mel[30] und Duke Boote[31] zu sehen sind. Ihre Pose bekräftigt die Drohung: Sie bauen

---

27 https://www.youtube.com/watch?v=O4o8TeqKhgY&start_radio=1&list=RDO4o8TeqKhgY&t=7 [letzter Zugriff 25.9.2018]. Video ist nach einer Beschwerde von Sugarhill Records nicht mehr verfügbar.
28 Kassettenrecorder, auch pejorativ als Ghettoblaster bezeichnet.
29 Dies war einer der Gründe dafür, dass Grandmaster Flash den Song zunächst ablehnte. Musik und sozialkritischer Inhalt schienen ihm nicht geeignet, um im Radio gespielt zu werden. Dass der Song aufgenommen und vermarktet wurde, ist Sylvia Robinson zu verdanken. Aus diesem Grund aber ist außer Melle Mel keiner der Furious Five auf der Aufnahme vertreten. Williams, Grandmaster Flash 2007, S. 45.
30 Melvin Glover, der sich später Mele Mel schreibt.
31 Edward Fletcher, der kein Mitglied der Furious Five, sondern Hausmusiker des Labels Sugarhill Records war.

sich auf und schauen entschlossen in die Kamera. Im Refrain baut Melle Mel nach der zweiten Zeile („I'm tryin' not to loose my head") ein artifizielles, rhythmisches Lachen ein, das den liminalen Zustand unterstreicht und zum weiteren Identifikationsmerkmal des Liedes wurde. An der Kleidung wird der kulturhistorische Kontext sichtbar: Der Hip-Hop hat zu dieser Zeit noch nicht den heute bekannten Dresscode entwickelt, bedient sich vielmehr der in den 70er Jahren trendsetzenden Punk- und Disco-Mode: Jeansjacken und -hosen, Lederaccessoires und enge Hemden.

Folgende Merkmale zeichnen sich als konstitutiv für die weitere Rezeption und Klassikerwerdung ab: 1. musikalische Signale wie das Synthesizer-*Lick*, der Beat oder das charakteristische Lachen, 2. die Sozialkritik, die den *American Dream* als nicht einlösbares Versprechen für diejenigen entlarvt, die unverschuldeterweise in ein bestimmtes soziales Milieu hineingeboren wurden, 3. die in den Refrainzeilen verdichtete Selbstermächtigungsgeste, die sich gegen eine (je nach Lesart) Ungerechtigkeit systemisch reproduzierende Gesellschaft oder aber sie konsolidierende Reagan-Regierung richtet.

8.2.2 Der Klassiker: kulturelle Persistenz als bedarfsorientierte Modellierung

Konsequent als Rezeptionsphänomen verstanden, lenkt Klassik den Blick auf die Gesamtheit der Aneignungs-, Applikations-, Adaptions- und Appropriationspraktiken, in denen die Langzeitpräsenz von kulturellen Artefakten entsteht. Zentral wurden ästhetische, sozialmoralische und politische Modelle identifiziert, die den in konkreten Bedarfssituationen angestoßenen Aktualisierungsprozess erkennbar werden lassen. Sie sind in der Rezeption von *The Message* sowohl im Ursprungsbereich der Musik unterschiedlicher Genres[32] als auch in anderen Medien, Künsten und Kulturbereichen zu beobachten. Die Spanne intermedialer Aneignungen reicht von Film über Videospiele und Musicals bis zu Werbung und Memes.[33] An ihnen lässt sich eine vergleichbare Korrelation von Modellierung und Funktionalisierung veranschaulichen, wie wir sie für die literarischen Beispiele gesehen haben.

---

[32] Sowohl als Adaption als auch Diskursivierung beispielsweise in Zeitschriften, wissenschaftlichen Publikationen, Anthologien, Biografien und Dokumentationen, die sich einzelnen Akteuren oder Hip-Hop als Kulturphänomen widmen.
[33] Einige Rezeptionsbeispiele: Das Videospiel GTA (Grand Theft Auto). Vice City aus dem Jahr 2012. Der Animationsfilm *Happy Feet* (Jahr 2006). Werbeclips von dem Autohersteller Kia und dem Modelabel Lacoste. Das Hip-Hop-Musical *Hamilton: An American Musical* (2004).

a) *The Message*, ästhetisch

Für das ästhetische Modell haben wir feststellen können, dass die Identifikation mit als klassisch geltenden Werken, Künstlerinnen, Stilen oder Traditionslinien sich am offensichtlichsten in intertextuellen oder -medialen Verfahren offenbart. Aus der Vielzahl von Aneignungen in der Musik (die Seite whosampled.com gibt 236 Samples des Liedes an[34]) zeigt sich das ästhetische Modell von *The Message* in Stücken, die innerhalb des eigenen oder von anderen Genres her auf das charakteristische Synthesizer-*Lick*, das Lachen sowie einzelne Zeilen zugreifen, diese Fragmente de- und im Sinne der jeweiligen genre- oder medienbedingten Ästhetik neu kontextualisieren.

Bis heute existieren direkte Übersetzungen etwa ins Deutsche, Schwedische oder Niederländische[35] – eine Praxis, die eher in der Frühphase des Folk- und Rockmusik-Kulturtransfers üblich war,[36] jedoch nicht darauf beschränkt ist. So wird *The Message* von Gabi Annicette, einer deutschen Stewardess, bereits 1983 mit dem Titel *Hau schon ab* eingerappt.[37] Wir beobachten also eine frühe internationale Dissemination. Sprachlich wird ein Rezeptionskreiswechsel zum deutschsprachigen Publikum hin vollzogen, doch auch inhaltlich zeichnet sich eine andere Zielgruppe ab. Indem der Text eine gescheiterte Liebesgeschichte thematisiert, werden die sozialkritische Dimension und der konkrete Milieubezug ausgeblendet. Der Text ist damit zwar belangloser, zugleich aber universeller und spricht ein breiteres Publikum an. Entscheidend für diese eher einfallslose Version waren vermutlich der Erfolg des Originals, die Beliebtheit des Genres sowie die mediale Aufmerksamkeit, die der Sängerin zuteilwurde, die ein Jahr zuvor ihrem Arbeitgeber, der Lufthansa, mit einem *Playboy*-Cover einen Skandal beschert hatte.[38] Die Aneignung lässt dennoch ein ästhetisches Modell erkennen, weil *The Message* als Kunstwerk von Interesse ist und die Interpretation sich mit der neuen Ausdrucksform des Deutschrap als ernsthafter Beitrag zur deutschen Popmusikszene versteht. Der vorrangige Zweck dürfte allerdings

---

34 https://www.whosampled.com/Grandmaster-Flash/The-Message/ [letzter Zugriff 21.5.2021], archiviert unter https://archive.fo/X4eJU.
35 Wijk 7: Voor Je 't Weet, Ben Je Gek! Rocker 1983. Eine verhältnismäßig aktuelle Übertragung ist die des Schweden Timbuktu, der im Mai 2013 *The Message* als Reaktion auf die Unruhen adaptierte, die sich von dem Stockholmer Viertel Husby ausgebreitet hatten, nachdem dort ein bewaffneter Mann von der Polizei erschossen worden war. Hier wird das Lied als Deutungsangebot hinzugezogen, mit dem die Gegenwart Schwedens 2013 mit der der südlichen Bronx 1982 analog gesetzt wird. Timbuktu: Budskapet 2013.
36 Man denke an Woodie Guthries City of New Orleans in der Schlager-Version von Rudi Carell *Wann wird's mal wieder endlich Sommer* von 1975.
37 Gabi Annicette: Hau schon ab / Ritter der Nacht. Blow up 1983.
38 http://www.spiegel.de/spiegel/print/d-14353756.html [letzter Zugriff 21.5.2021], archiviert unter https://archive.fo/sB88n.

kommerziell sein. Das rückt die Rezeption in die Nähe von Praktiken, die sich unter anderem bei der Verbreitung von Goethes *Erlkönig* feststellen ließen. Sie zeigen, dass ein Nebeneinander von künstlerischem und ökonomischem Interesse kein Widerspruch ist, sondern ein Mechanismus moderner Klassikpraxis. Diese Verschränkung ist im Hip-Hop längst nicht mehr dem kulturkritischen Lamento ausgesetzt, das die Kommerzialisierung der Hochkultur häufig noch hervorruft. Vielmehr ist kommerzieller Erfolg zu einem kulturimmanenten Narrativ geworden, das in einer weiteren Adaption des Klassikers zum Tragen kommt.

Fünfzehn Jahre nachdem *The Message* die Charts erobert und den Hip-Hop als soziale Ausdrucksform etabliert hat, erscheint *Can't Nobody Hold Me Down* von dem damals als Puff Daddy bekannten Sean Combs[39] und erzielt beachtliche Chartplatzierungen.[40] In den Jahren zwischen 1982 und 1997 ist im Hip-Hop viel passiert.[41] Insbesondere ist die kommerzielle Bedeutung immens gestiegen, die sich mit Grandmaster Flash and the Furious Five sowie ihren Zeitgenossen Run-DMC und Africa Bambaataa erst andeutete. Als erste Hip-Hop-Platte überhaupt erreichte Run-DMCs *Raising Hell* aus dem Jahr 1986 Platinstatus. Das Genre differenzierte sich zunehmend aus: Dem dominant werdenden Gangster-Rap, der mit N. W. A.s *Straight Outta Compton*-Album 1988 den Durchbruch erlebte, wurden Gewaltverherrlichung, Ablehnung des Staatsapparates und Misogynie vorgeworfen, weshalb er von politischer Seite kritisiert und von Radiostationen boykottiert wurde. Aber auch innerhalb der Kultur selbst ergaben sich gegenläufige Tendenzen, indem beispielsweise immer mehr Frauen Anerkennung erfuhren. Salt'n'Pepas Album *Hot, Cool&Vicious* (1986) oder Queen Latifahs *All Hail the Queen* (1989) spielten eine wichtige Vorreiterrolle für die späteren Grandes Dames wie Missy Elliott, Lauryn Hill oder Erikah Badu. Mit den Beastie Boys tritt zum ersten Mal eine Band mit nicht afroamerikanischer Besetzung in das Genre ein, das sie durch Punkeinflüsse bereichert (*Licensed to Ill*, 1986). Es entstehen wegweisende Formationen, MCs und Produzenten aus dem Bereich des Gangster-Rap (Dr. Dre, Tupac Shakur, Wu Tang Clan) und solche, die sich ihm mit dem sogenannten Conscious-Hip-Hop intelligent widersetzen (A Tribe Called Quest, Outcast). Im unmittelbaren zeitlichen Kontext der Comb'schen Adaption ereigneten sich zwei bis heute im kollektiven Gedächtnis präsente Todesfälle, als Tupac Shakur 1996 und Notorious B. I. G. 1997, beide hochkarätige Rapper

---

[39] Besser bekannt als Puff Daddy oder auch P. Diddy, später nur Diddy. Das Lied, das mit Unterstützung des Rappers Mase entstand, wurde als erste Single aus dem Album No Way Out, Bad Boy Records 1997, ausgekoppelt.
[40] Sechs Wochen auf Platz eins der US-amerikanischen Billboard Charts.
[41] Vgl. Hess, Icons of Hip Hop 2007, S. xxi-xxx.

und Produzenten, (vermutlich) in sogenannten Drive-by-Shooting-Aktionen erschossen wurden.

In dieser ausdifferenzierten Kultur, deren Übergang von einer Gegenkultur zum Mainstream sich zu der Zeit bereits abzeichnet, veröffentlicht Puff Daddy seine Debütsingle, in der er zahlreiche Elemente aus *The Message* sampelt. Die Chorus-Linie allerdings entnimmt er dem Popsong *Break My Stride* von Matthew Wilder, einem One-Hit-Wonder aus dem Jahr 1983, worin wir wiederum eine formale Referenz zu der Frühphase beobachten können, in der die Verwendung von Discostücken, wie bei der Sugarhill Gang gesehen, verbreitet war. Die Geste künstlerischer Selbstverortung ist in Puff Daddys Version unverkennbar: Für sein Debüt sucht sich der bereits erfolgreiche Produzent ausgerechnet das Lied eines DJs, der zur „heiligen Dreifaltigkeit"[42] gezählt wird, und erweist so der Geschichte Reverenz. Daneben dürfte ein kommerzielles Interesse bestanden haben, denn der erschossene Notorious B.I.G. war bei Combs Label Bad Boy Records unter Vertrag – es galt also, das Fehlen eines ökonomischen Schwergewichts zu kompensieren. Zynischerweise begünstigte der Mord die mediale Aufmerksamkeit, was erneut auf die Bedeutung des Skandals als Aufmerksamkeitsgenerator für Klassiker verweist. In den hier vorgestellten Fällen (bei Gabi Annicette und Sean Combs) betrifft der Skandal zwar nicht den Klassiker selbst, so doch den unmittelbaren Rezeptionskontext.

Sowohl der Text als auch der dazugehörige Videoclip lassen keinen Zweifel daran, dass eine entscheidende Aktualisierung der „Message" erfolgt. Puff Daddy präsentiert sich unsubtil als arrivierter Geschäftsmann: „Then come home to plenty cream Bentleys / You name it, I could claim it / Young, black, and famous, with money hangin' out the anus."[43] Diese schon 1997 typische Attitüde ist eine Geste kultureller Selbstermächtigung, denn auf die Rolle des blasierten, von schönen Frauen und teuren Autos umgebenen Millionärs waren kulturgeschichtlich bis dato Weiße wie *Playboy*-Begründer Hugh Haffner abonniert. Durch ihre Aneignung und exzessive Überbietung, wozu der zur Schau gestellte Chauvinismus und Machismus gehören, codieren die Rapper das Stereotyp der sozialschwachen Afroamerikaner zu dem in jeglicher Hinsicht handlungsfähiger, superreicher Gangster- und Musikbosse um. Das Narrativ ist bis heute präsent, wenn das erfolgreichste Paar des Hip-Hop, Jay-Z und Beyoncé, für ihren Videoclip zum Song *Apeshit* (2018) den Louvre anmieten, um sich vor der Kulisse der Alten Meister zu inszenieren. Das markiert eine Entwicklung, weil nicht

---

42 Williams, Grandmaster Flash 2007, S. 27.
43 Puff Daddy: Nobody Can't Hold Me Down. Auf: No Way Out. Bad Boy Records 1997, Track 17. Hier: Strophe 3, Vers 10–13.

mehr der ökonomisch definierte Lebensstil, sondern die ‚weiße' und (latent wie explizit) rassistische europäische Hochkultur angeeignet wird.

In der ersten Szene des Videoclips zu *Can't Nobody Hold Me Down* ist Puff Daddy statusgemäß im seidenbezogenen Bett eines Luxusappartements mit einer leicht bekleideten Schönheit an seiner Seite zu sehen.[44] Die Inszenierung des häuslichen Rapperdaseins wird von einem Anruf seiner Freunde unterbrochen, die, von der Polizei angehalten, verhört werden. Der mit einem protzigen Geländewagen evozierte Luxus schützt sie nicht vor dem polizeilichen Zugriff. Der Grund für das Verhör ist die äußere Erscheinung, doch ob das Auftreten oder die Hautfarbe den Ausschlag geben, bleibt unklar und ist letztlich unwesentlich. Nur in diesem Moment, in dem das *Racial Profiling* als rassistisch motivierte Schikane angedeutet wird, ist eine Kritik zu erahnen, die mit der von *The Message* vergleichbar wäre. Die Zeilen „Don't push us, 'cause we're close to the edge / We're tryin', not to lose our heads" sollen hier als eine ernstzunehmende Drohung wirken, weil die 1982 noch sozial und ökonomisch Unterprivilegierten nun Vermögen und Status besitzen und sich zudem – der Wechsel von „me" zu „us" zeigt es an – als Kollektiv verstehen.

Der Klassikerbezug stattet das Handlungsfeld mit einer Tradition aus, in der sich das neue Werk verortet. Zu beobachten ist 1. die bereits vollzogene Identifikation des Hip-Hop mit der afroamerikanischen Kultur, 2. das Fortschreiben der metaleptischen Ästhetik, mit der die Grenze zwischen Diegese und Lebenswirklichkeit durchlässig gehalten wird und 3. die Aktualisierung hinsichtlich eines zeitgemäßen Kulturnarrativs. Auffällig und für das ästhetische Modell typisch ist, dass die Aktualisierung auf das Merkmal zielt, das am einhelligsten mit Innovation assoziiert wird: die Sozialkritik.

b) *The Message*, sozialmoralisch

Als Vor- oder Warnbild dienend, stellen Klassiker Verhaltens- und Haltungsentwürfe bereit, um der eigenen als krisenhaft wahrgenommenen Gegenwart zu begegnen, das soziale Zusammenleben im Hinblick auf Handlungsrollen, Handlungsskripte, Gefühlsempfinden und -äußerungen, Umgang mit dem Fremden (Ablehnung, Interesse, Überheblichkeit, Unterlegenheit, Ebenbürtigkeit) oder mit sozialen Hierarchien (Rebellion, Gefolgschaft) zu denken und zu gestalten. Diese Funktion kann sich jedoch auch in banalen Alltagsentscheidungen wiederfinden, beispielsweise in der Wahl einer Weinsorte, Krawatte oder Automarke. Dabei wird ein sozialmoralisches Modell wirksam, das sich durch die Zuspitzung des Originals auf eine Botschaft konstituiert – was mit Blick auf den Titel

---

44 https://www.youtube.com/watch?v=NmHMcKN8xlI. Regie: Paul Hunter. TC 0:00–0:11 [letzter Zugriff 21.5.2021], archiviert unter https://archive.fo/Cri6B.

des Hip-Hop-Klassikers geradezu wörtlich genommen werden kann. Sie leitet sich aus dem Widerfahrnis ab, im vorliegenden Fall der unverschuldeten Lebenssituation, die den bzw. die Sänger in eine liminale Situation der Widerstands- bzw. Gewaltbereitschaft treibt. Ob die Funktion der Handlungsorientierung durch ein Ressentiment oder Reflexion vermittelt wird, kann vom Text vorgegeben werden, ist jedoch häufig dem jeweiligen Rezeptionskontext verpflichtet. Und so hält *The Message* beide Varianten bereit, denn das Lied kann als tatsächlicher Aufruf zur Rebellion gegen die bestehenden Verhältnisse oder aber als innere Haltung gegenüber der defizitären Wirklichkeit verstanden werden.

Für dieses Modell ließ sich überdies beobachten, dass sich der Abstraktionsgrad und mit ihm die Funktionsvarianz erhöhen, was insgesamt die Applizierbarkeit in breitere Rezipierendenschichten erleichtert. Dass dies auch für *The Message* zutrifft, soll an vier kurzen Beispielen skizziert werden. Dabei bestätigt sich, was man schon an Adam Mickiewicz und dem *Erlkönig* sehen konnte: Die prototypischen Zuständigkeitsbereiche, in denen dieses Modell konstruiert und verbreitet wird, sind Schule/Bildung und Massenmedien.

Aus dem Bereich der Didaktik stammt sodann der Vorschlag, *The Message* als Thema von Abiturprüfungen zu verwenden.[45] Der Text wird 2011 repräsentativ für den thematischen Schwerpunkt „The African American Experience" angeführt, das Ziel ist, „die Schülerinnen und Schüler in die Lage [zu versetzen], die Entwicklung afroamerikanischer Identitäten im Hinblick auf ihre Geschichte und Kultur innerhalb der Vereinigten Staaten zu verstehen."[46] Am Lied interessieren nur die soziale Situation und die damit zusammenhängende Botschaft der Auflehnung, genrespezifische und musikalische Aspekte werden hingegen ignoriert.

Ein weiteres Beispiel aus dem didaktischen Bereich zeigt, wie hoch der Abstraktionsgrad sein kann. 1983, also nur ein Jahr nach der Veröffentlichung des Originals, wird von der britischen Regierung ein Lehrfilm zum Thema Verkehrssicherheit in Auftrag gegeben. Zu der Zeit ist noch nicht absehbar, welche Rezeptionsgeschichte *The Message* bevorsteht, dennoch wird die Bekanntheit des Stückes genutzt, um das eigene Anliegen zu popularisieren. Der Text von *Green Cross Code – Close to the Edge*[47] wird dem Thema entsprechend angepasst und die ursprüngliche Botschaft so sehr modifiziert, dass sie nur noch abstrakt er-

---

[45] Niedersachsen, Jahre 2011 und 2012: http://www.nibis.de/nli1/gohrgs/13_zentralabitur/zentralabitur_2011/02Englisch2011_neu0409.pdf, S. 2 f [letzter Zugriff 21.5.2021], archiviert unter https://archive.fo/6GuqI.
[46] Ebd., S. 2.
[47] Der Clip ist auf YouTube verfügbar: https://www.youtube.com/watch?v=8LknX42rx1c [letzter Zugriff 21.5.2021], archiviert unter https://archive.fo/VEqa4.

kennbar ist: „don't step out, when you close to the edge. Stop, listen, think and you won't loose your head." Bedarfsgemäß aktualisiert, betrifft das Widerfahrnis nicht mehr das Schicksal, in ein nichtprivilegiertes Milieu hineingeboren zu sein, sondern die vielfältigen Gefahren des Großstadtverkehrs. Die in *The Message* noch metaphorische Grenze des Hinnehmbaren wird wörtlich als Bordsteinkante umgedeutet. Die Ästhetik wird zum Vermittlungszweck instrumentalisiert: Auf die Aktualität und Verbreitung des Hip-Hop wird mit dem urbanen Ambiente und der fern an Graffiti erinnernden Zeichentrick-Technik ebenso gebaut wie typographisch auf die Attraktivität der bereits etablierten Punkästhetik (vgl. Abb. 37 und 38). Der Appropriationsmechanismus, die Aura des Gegenkulturellen für didaktische Zwecke zu vereinnahmen, ließ sich bereits an den deutschsprachigen Rap-Adaptionen von Goethes *Erlkönig* beobachten. Wenn der Bildungsdiskurs die Gegenkultur funktionalisiert, um sein Anliegen konsumierbar zu machen, widerlegt das auch das Vorurteil, es sei die Eigenheit der Populärkultur, hochkulturelle Werke maximal zu dekontextualisieren und der Kulturindustrie einzuverleiben.

Abb. 37: Green Cross Code, 1983. TC: 0:16.   **Abb. 38:** Green Cross Code, 1983. TC: 0:25.

Ein affektischer Überschuss, der auf das ‚Alter' zurückzuführen ist, ist für kommerzielle Zwecke nutzbar, was ein australischer Werbeclip der Automarke Kia aus dem Jahr 2010 demonstriert:[48] Zu Beginn ist ein eher unauffälliger Mann zu sehen, der in seinem Wagen durch eine austauschbar wirkende Vorstadt fährt. Er hat *The Message* laut aufgedreht und rappt den Text mit, wobei er unerwartete Unterstützung von den schon gealterten Grandmaster Flash und Melle Mel erhält. Zu Hause angekommen, sind die beiden Hip-Hop-Legenden aus dem Auto verschwunden, der Alltag hat den Protagonisten wieder – in Gestalt seiner Ehefrau, die ihm vorwirft, die Windeln, die er besorgen sollte, vergessen zu haben. Die Botschaft, die diese Werbung vermittelt, gehört zum Standardreper-

---

48 Videoclip für Kia Sportage. Innocean/Tim Bullock 2010. https://www.youtube.com/watch?v=FN2Q7HTyPZQ [letzter Zugriff 21.5.2021], archiviert unter https://archive.fo/uFHGF.

toire: Auch als Vater kann es gelingen, jugendlich, leichtsinnig und cool zu sein, wenn die Familienkutsche die passende Umgebung zum Träumen bietet. Das Widerfahrnis und das Versprechen sind stets dieselben: Verlust des jugendlichen Lebensgefühls, das durch Konsum bestimmter Produkte wiederhergestellt werden kann. *The Message* repräsentiert dieses Gefühl einer Jugend, die nicht mehr exklusiv einer Gegenkultur zugeeignet ist.

Im letzten Beispiel der Internet-Memes werden die Refrainzeilen mit unterschiedlichen Bildern montiert und so mit einer neuen Semantik belegt. Was sich hier beobachten lässt, ist die den sozialen Medien eigene Dynamik, die auf beschleunigte Erneuerung und Aktualisierung setzt und das Verdikt von Henry Jenkins, Sam Ford und Joshua Green bestätigt: „If it doesn't spread, it's dead."[49] In einer ersten Variante werden die bekannten Zeilen einer ebenfalls bekannten realen oder fiktiven Figur in den Mund gelegt. Die Collage inszeniert die liminale Situation des kurz vor der emotionalen Explosion stehenden Individuums. Beispielhaft dafür sind Memes, die das Zitat mit einem Bild des ehemaligen US-amerikanischen Präsidenten Barack Obama[50] oder John Goodman[51] in seiner legendären Rolle als Walter Sobchak im Kultfilm *The Big Lebowski* kombinieren. Funktional gesehen können solche Memes politische Identifikation mit der Agenda des ehemaligen Präsidenten oder Walters umfassender Misanthropie vermitteln. In der zweiten Variante ist die vorrangige Funktion Unterhaltung:[52] Die Refrainzeile wird mit dem Bild eines putzigen Tieres montiert, das sich am Rande eines Abgrunds (Dach oder Baum) befindet. Die Identifikation ist hier apolitisch und prinzipiell schwächer markiert, ein Kollektiv ist dementsprechend kaum erkennbar. Gemeinsamkeiten sind ein Interesse an Unterhaltung, die Vorliebe für Tierbilder und Sprachspiele, die Affinität zu sozialen Medien und eine zumindest vage Kenntnis der Hip-Hop-Geschichte. Zwar erfordert das Verständnis keine genaue Kenntnis des Originals, doch sind die Rezeptionsbedingungen nicht trivial, weil sie kognitive Abstraktions-, Analogiebildungs- und Adaptionsfähigkeiten und historisches Weltwissen erfordern. Das ist im Fall der Memes mit Hip-Hop-Zitat nicht anders als im Fall der Zitate, die, Mickiewiczs *Konrad Wallenrod* entlehnt, zum Vorbild der polnischen Revolutionäre wurden.

---

49 Henry Jenkins, Sam Ford, Joshua Green: Spreadable Media. Creating Value and Meaning in a Networked Culture. New York 2018.
50 https://makeameme.org/meme/dont-push-me-xeur8j [letzter Zugriff 21.5.2021], archiviert unter https://archive.fo/2Ekbz.
51 https://imgflip.com/i/16b27y [letzter Zugriff 21.5.2021], archiviert unter https://archive.fo/oydp8.
52 https://cheezburger.com/2691282176 [letzter Zugriff 21.5.2021], archiviert unter https://archive.fo/GAbGh, https://cheezburger.com/6561772800 [letzter Zugriff 21.5.2021], archiviert unter https://archive.fo/r7pkc.

c) *The Message*, politisch

Charakteristisch für das politische Modell ist eine Funktionsbehauptung, die ohne realistischen Bezug zum Werk auskommen kann. Die den Rezipierenden im sozialmoralischen Modell noch abverlangte Abstraktions- und Applikationsleistung wird ihm im politischen von Experten oder Institutionen vorgegeben. Wir haben gesehen, dass das Modell, wenngleich nicht exklusiv, in Kanonisierungsprozessen anzutreffen ist. Klassikern wird dann die Funktion zugeschrieben, als standardisierter Horizont der Verständigung den jeweiligen Diskurs zu stabilisieren.

Wie lässt sich diese Praxis in einem Bereich denken, der keine traditionellen Kanonisierungsinstanzen ausgebildet hat? Die zumeist ephemeren Bestenlisten, die im Bereich der populären Musik allgegenwärtig sind, können höchstens als Formen der Kurzzeitkanonisierung gelten. Sie haben zwar einen normativen und dezisionistischen Charakter, aber eine so kurze Lebensdauer, dass sie kaum Verbindlichkeit entfalten können. Es scheint sinnvoller, sie als Praktiken der Klassik zuzuordnen, die Aktualität evaluieren. Wenn jedoch führende Musikzeitschriften wie das *Rolling Stone Magazine* solche Listen publizieren und darin nicht die Charts der Woche, sondern die besten Songs aller Zeiten küren, dann ist dies durchaus mit der Institution des literarischen Kanons vergleichbar. In einer solchen Liste bekleidet *The Message* Platz 51 von 500.[53] Dieses Ranking behauptet universelle Geltung und verweist auf den arbiträren Charakter der Funktionsbehauptung, wenn anstelle eines Kriterienkatalogs zur Legitimierung ein Essay des Musikproduzenten und Musikers Jay-Z vorgeschaltet wird. Seine Definition bedient geradezu bilderbuchartig die essenzialistische Klassikvorstellung: „A great song doesn't attempt to be anything – it just is." Dies führt er weiter aus: „When you hear a great song, you can think of where you were when you first heard it, the sounds, the smells. It takes the emotions of a moment and holds it for years to come. It transcends time."[54] Es klingt, als würde Jay-Z J. M. Coetzees Bacherlebnis kommentieren und sich dabei Harold Blooms „greatness recognizes greatness"-Formel bedienen.[55] Dieser Legitimationsmodus ent-

---

53 https://www.rollingstone.com/music/music-lists/500-greatest-songs-of-all-time-151127/ [letzter Zugriff 21.5.2021], archiviert unter https://archive.fo/fQimn.
54 Jay-Z on What Makes a Classic Track. https://www.rollingstone.com/music/music-news/jay-z-on-what-makes-a-classic-track-176066/ [letzter Zugriff 21.5.2021], archiviert unter https://archive.fo/TOihQ.
55 Auch im Jahr 2012, als *The Message* ebenfalls vom *Rolling Stone Magazine* zum besten Hip-Hop-Lied aller Zeiten gekürt wird, wird der Status im Modus einer Behauptung proklamiert, denn inwiefern das Kriterium „influential" überhaupt zutrifft, bleibt offen. https://www.reuters.com/article/entertainment-us-hiphop-rollingstone-idUSBRE8B406K20121205 [letzter Zugriff 21.5.2021], archiviert unter https://archive.fo/19Ano.

spricht dem eines sich als hochkulturell inszenierenden Metadiskurses, wenn Universalismus, Holismus und Zeitenthobenheit den elitären Klassiker konstruieren.

Kanonisierung ist ein Modus der kulturellen Praxis, in dem der Klassikerstatus ratifiziert wird, was sich an zwei weiteren Beispielen beobachten lässt. Als erstes Hip-Hop-Kollektiv überhaupt werden Grandmaster Flash and the Furious Five in die *Rock and Roll Hall of Fame* aufgenommen. Die Halle öffnet ihre Tore nur selten und dann von Protesten begleitet für der Rockmusik fremde Genres. Diese Kanonisierungsinstanz arbeitet wie andere mit den Kriterien „Bedeutung" und „Einfluss", die so vage wie breit anwendbar sind. Dass dieser Akt dem milieuspezifischen Verständnis nach als Kanonisierung wahrgenommen wurde, veranschaulicht ein Zitat der Band: „People still know our music, but for some reason these young rap cats and the industry don't really think we're as important as we are. The Rock Hall solidifies it."[56] Die Funktion der Diskursstabilisierung setzt eine institutionell inszenierte Diskurshoheit voraus, denn allein die Tatsache, eine Ruhmeshalle zu besitzen, verleiht dem Feld eine Dignität, aus der die Ausgezeichneten symbolisches Kapital schöpfen. Daran lässt sich reziprok ein Aktualitätszwang der Kanoninstanzen beobachten, die das gerade Gültige, Angesagte, Beliebte oder nur Verwendete – kurz: Klassiker integrieren, um den Institutionen eine lebensweltliche Resonanz zu sichern.

Die Ratifizierungslogik wird auch am Beispiel der zweibändigen *Norton Anthology of African American Literature* deutlich, die in einer eigenen Sparte „Hip-Hop" neben Grandmaster Flash Gil Scot-Herons Spoken-Word Performance *The Revolution Will Not Be Televised* sowie Stücke von Public Enemy, Queen Latifah, Notorious B. I. G., Nas oder Jay-Z als „vernacular tradition" anführt. Um dem Kanon einer afroamerikanischen Literatur zu entsprechen, wird der Hip-Hop innerhalb des Literaturdiskurses in einer Kategorie neben Gospel, Gebet, Jazz und Blues untergebracht. *The Message* repräsentiert, in diese Reihe gestellt, das ethnische Narrativ des Hip-Hop und erfüllt zugleich die Funktion, die mündliche Tradition zu verifizieren. Damit werden intentional geschaffene Werke im geradezu Herder'schen Sinne in eine Volkskultur verwandelt, die wahlweise als Vor-, Schwundstufe oder Inspirationsquelle der schriftlichen Literatur stilisiert wird.

So unterschiedlich literarische Balladen und Hip-Hop auf den ersten Blick scheinen mögen, so sehr ähnelt sich das *doing classics* beider Bereiche. Das betrifft sowohl einzelne Praktiken als auch die Funktionen und die sich daraus konstituierenden Modelle sowie nicht zuletzt die sie flankierenden rhetorischen

---

[56] Jeff Vrabel: Grandmaster Flash and Mele Mel. Two of Hiphop's Founding Fathers on the Eve of Becoming Part of the First Rap Act in the Rock and Roll Hall of Fame. In: Billboard (17.3.2007), S. 23.

Strategien. Auch das, was für die Nationalklassiker des 19. Jahrhundert typisch war, nämlich die integrative Kraft, für verschiedene Rezeptionsmilieus Verbindlichkeit entfalten zu können, lässt sich – erstaunlicherweise – für diesen ursprünglich gegenkulturellen Klassiker beobachten. Nun bleibt eigentlich nur noch eine Frage übrig.

8.3 Zum Schluss: Was ist ein Klassiker?

Künstlerinnen, Autoren, Designerinnen und Produzenten können viel dafür tun, um zu Klassikern zu werden. Sie können sich originelle historische Vorbilder suchen, um eine alternative Traditionslinie zu entwerfen und ihre Arbeit auf diese Weise mit Geschichtlichkeit auszustatten und sich innerhalb ihres eigenen Feldes zu verorten. Sie können Feindbilder oder Kontrastfiguren entwerfen und sich von ihnen spektakulär abgrenzen, um ihre Besonderheit auszustellen. Sie können ein Manifest schreiben, in dem sie eine Theorie entwerfen, in deren Licht ihre Kunst oder Produkte als radikal innovativ erscheinen, obwohl die postulierten Innovationen selten radikal sind. Sie können Gleichgesinnte finden und eine Schule gründen – ein Kollektiv vermittelt den Eindruck, kulturell gewichtiger zu sein als ein Individuum. Sie können sich als Künstler, Autorin, Designer oder Produzentin bewusst inszenieren, ihre Persönlichkeit unverwechselbar machen, indem sie sich einen möglichst aufsehenerregenden Habitus oder Kleidungsstil aneignen. Wenn sie Glück haben, lösen sie eine Mode, einen Hype, einen Trend aus, bekommen Aufmerksamkeit und vielleicht auch einen Beinamen – vielleicht finden sie auch Nachahmer. All das garantiert jedoch nicht, dass sie zu Klassikern werden, denn Klassik ist unberechenbar, unfair und anarchisch. Sie ist unberechenbar, weil zukünftige Bedarfskonstellationen selten planbar sind; sie ist nicht fair, weil sie nicht die Qualität anerkennt, sondern die je aktuelle Gebrauchbarkeit; sie ist anarchisch, weil sie Diskursgrenzen und Kategorien beständig unterminiert.

Was also ist ein Klassiker? Die Frage aller Fragen in der Klassikforschung. Die hier vorgestellten Analysen, deren historische Spannweite von der Uraufführung des Goethe'schen *Erlkönig* (1782) bis zu *The Message* von Grandmaster Flash and The Furious Five (1982) 200 Jahre umfasst, zeigen, dass sie grundlegend falsch gestellt wurde. Klassik lässt sich nicht wesenhaft, sondern nur von ihren Praktiken und Funktionen her verstehen. Nicht nach dem „Was", nach dem „Wozu" muss man fragen, um das Geheimnis der Langzeitpräsenz zu beantworten. Daraus lässt sich das Prinzip einer Normativität ableiten, die sich der funktionalen Popularität verdankt. Zu beobachten ist sie in vier grundlegenden hoch- wie breitenkulturellen Praktiken: 1. der funktionalen Fragmentierung, bei der inhaltliche oder formale Merkmale, die Botschaft oder der Status einem Bedarf entsprechend modelliert werden, 2. dem Partikularismus als einer beschränkten Geltung hinsichtlich der sachlichen Horizonte und der Rezeptionskreise, 3. der Zeitbezogenheit als einer Geltung, die nur in je aktuellen Gebrauchsweisen besteht, und 4. der Popularität als einer beständigen Transgression medialer und kultureller Grenzen. Sie bilden den Rahmen der hier vorgestellten Theorie der Klassik, die ein Aufschlag ist. Sie versteht sich vor einem spezifischen kulturellen Hintergrund, denn das Gezeigte gilt zunächst nur für einen westlichen Kulturkreis und dessen Geschichte, Kunstverständnis, mediale und diskursive Gewohnheiten. Inwieweit die Ergebnisse bestätigt, präzisiert oder korrigiert werden müssen, können nur weitere Fallstudien zeigen.

Literaturverzeichnis

Abrams, Nathan D.: Antonio's B-Boys. Rap, Rappers, and Gramsci's Intellectuals. In: Popular Music and Society 4, 19 (1995), S. 1–19.
Abusch, Alexander: Johannes R. Becher. Dichter der Nation und des Friedens. Berlin: Aufbau 1953.
Addison, Joseph: The Spectator, in Eight Volumes. Philadelphia: Printed by Tesson and Lee, for Samuel F. Bradford, no. 4, South Third Street, and John Conrad & Co. no. 31, Chesnut Street 1803.
Adler, Mortimer J., Charles Van Doren: How to Read a Book. New York: Simon & Schuster 1972.
Adler, Mortimer J., Clifton Fadiman, Philip W. Goetz: Great Books of the Western World. Chicago: Encyclopaedia Britannica 1990.
Adorno, Theodor W.: Erziehung nach Auschwitz. In: Ders.: Erziehung zur Mündigkeit. Vorträge und Gespräche mit Hellmut Becker 1959–1969, hg. von Gerd Kadelbach. Frankfurt a. M.: Suhrkamp 2015, S. 88–105.
Alewyn, Richard: Goethe als Alibi? In: Karl Robert Mandelkow (Hg.): Goethe im Urteil seiner Kritiker. Dokumente zur Wirkungsgeschichte Goethes in Deutschland. Band 4: 1918–1982. München: Beck 1984, S. 333–335.
Alexis, Willibald: Über Balladenpoesie. In: Hermes. Kritisches Jahrbuch für Literatur 1 (1824), S. 1–113.
Alliston, April: The Seventeenth and Eighteenth Centuries. With Contrib. by David Damrosch, Sabry Hafez, Sheldon Pollock, Haruo Shirane, and Pauline Yu. (= The Longman Anthology of World Literature, hg. v. David Damrosch David L. Pike, Bd. 2). New York: Pearson 2. Aufl. 2009.
Allred, Jeff, M. Keith Booker: Literature and Politics Today. The Political Nature of Modern Fiction, Poetry, and Drama. Santa Barbara: Greenwood 2015.
Alt, A. Tilo: Die ideologische Komponente der jiddischen Literatur und die Frage der Modernität. In: Hans-Peter Bayerdörfer, Walter Röll (Hg.): Auseinandersetzungen um jiddische Sprache und Literatur / Jiddische Komponenten in der deutschen Literatur – die Assimilationskonstroverse (= Akten des 7. Internationalen Germanisten-Kongresses Göttingen 1985: Kontroversen, alte und neue, hg. von Albrecht Schöne. Band 5). Berlin: De Gruyter 1986, S. 72–80.
Althaus, Hans Peter: Ansichten vom Jiddischen. Urteile und Vorurteile deutschsprachiger Schriftsteller des 20. Jahrhunderts. In: Hans-Peter Bayerdörfer, Walter Röll (Hg.): Auseinandersetzungen um jiddische Sprache und Literatur / Jiddische Komponenten in der deutschen Literatur – die Assimilationskonstroverse (= Akten des 7. Internationalen Germanisten-Kongresses Göttingen 1985: Kontroversen, alte und neue, hg. von Albrecht Schöne. Band 5). Berlin: De Gruyter 1986, S. 63–71.
Améry, Jean: Ästhetizismus und Barbarei. In: Ders.: Aufsätze zur Literatur und zum Film, hg. von Hans Höller. Stuttgart: Klett-Cotta 2003.
Anderson, Benedict R.: Imagined Communities. Reflections on the Origin and Spread of Nationalism. London, New York: Verso 2006.
Anderson, Flemming G.: Ballad as Narrative. Studies in the Ballad Tradition of England, Scotland, Germany, and Denmark. Odense: Odense University Press 1982.

Anonym: Bürgerliches Trauerspiel in drei Aufzügen nach dem Gedichte eines gewissen Göthe frei bearbeitet von Charlotte Birch-Pfeiffer. In: Kladderadatsch. Humoristisch-satyrisches Wochenblatt 11 (1848), S. 43.

Anonym: Die alten Landsknecht. Text nach Börries, Frh. v. Münchhausen für eine Singstimme mit Klavierbegleitung, vertont von F. v. Pigenot. Augsburg: Böhm & Sohn 1910.

Anonym: Rezension zu Gespensterbuch. Bd. 1–3, hg. von A. Apel und F. Laun [i. e. F. A. Schulze]. Leipzig: Göschen 1811. Abweichendes Ersch.jahr für Bd. 1. In: Allgemeine Literatur-Zeitung (1810), S. 649–653.

Anonym: Rezensionen. Der Erlkönig, von Göthe. In: Kladderadatsch. Humoristisch-satyrisches Wochenblatt 44/45 (1855), S. 178.

Anonym: Vermischte Meldungen. In: Berliner allgemeine musikalische Zeitung (21.12.1825), S. 413.

Ashcroft, Bill, Gareth Griffiths, Helen Tiffin: Post-Colonial Studies. The Key Concepts. London, New York: Routledge 2009.

Ashcroft, Bill, Gareth Griffiths, Helen Tiffin: The Empire Writes Back. Theory and Practice in Post-Colonial Literatures. London, New York: Routledge 1989.

Assmann, Aleida: Erinnerungsräume. Formen und Wandlungen des kulturellen Gedächtnisses. München: C. H. Beck 2003, S. 130–142.

Assmann, Aleida: Kanonforschung als Provokation der Literaturwissenschaft. In: Marja Rauch, Achim Geisenhanslüke (Hg.): Texte zur Theorie und Didaktik der Literaturgeschichte. Stuttgart: Reclam 2012, S. 214–221.

Assmann, Aleida: Speichern oder Erinnern. Das kulturelle Gedächtnis zwischen Archiv und Kanon. In: Moritz Csásky, Peter Stachel (Hg.): Speicher des Gedächtnisses. Bibliotheken, Museen, Archive. Wien: Passagen 2001, S. 15–30.

Assmann, Aleida: Was sind kulturelle Texte? In: Andreas Poltermann (Hg.): Literaturkanon, Medienereignis, Kultureller Text. Berlin: Erich Smidt 1995, S. 232–244.

Ausländer, Rose: Die Erde war ein atlasweißes Feld. Gedichte 1927–1956. Frankfurt a. M.: S. Fischer 1985.

Barbalet, Jack: Emotion, Social Theory, and Social Structure. A Macrosociological Approach. Cambridge: Cambridge University Press 1998.

Baringhorst, Sigrid: Solidarität ohne Grenzen? Aufrufe zu Toleranz, Mitleid und Protest in massenmedialen Kampagnen. In: Jörg Bergmann, Thomas Luckmann (Hg.): Kommunikative Konstruktion von Moral. Mannheim: Verlag für Gesprächsforschung 2013, S. 236–259.

Barner, Wilfried: Von Rahel Varnhagen bis Friedrich Gundolf. Juden als deutsche Goethe-Verehrer. Göttingen: Wallstein 1992.

Bartsch, Renate: Generating Polysemy: Metaphor and Metonymy. In: René Dirven, Ralf Pörings (Hg.): Metaphor and Metonymy in Comparison and Contrast. Berlin, Boston: De Gruyter 2002, S. 49–74.

Baßler, Moritz: Augenblickliche Überlieferung. Zu Pop und Mode. In: Kulturrevolution 68 (2015), S. 71–73.

Baßler, Moritz: Die kulturpoetische Funktion und das Archiv. Eine literaturwissenschaftliche Text-Kontext-Theorie. Tübingen: Francke 2005.

Baßler, Moritz: Klassiker im Zeitalter der Neuen Archive. Zwischen idée reçue, Modell und Zitierbarkeit. In: Paula Wojcik, Stefan Matuschek, Sophie Picard, Monika Wolting (Hg.): Klassik als kulturelle Praxis – funktional, intermedial, transkulturell. Berlin: De Gruyter 2019, S. 39–51.

Bausinger, Hermann: Verbürgerlichung – Folgen eines Interpretaments. In: Günter Wiegelmann (Hg.): Kultureller Wandel im 19. Jahrhundert. Verhandlungen des 18. Volkskunde-Kongresses in Trier vom 13.–18. Sept. 1971. Göttingen: Vandenhoeck und Ruprecht 1973, S. 24–49.
Bausinger, Hermann: Zu den Funktionen der Mode. In: LiTheS. Zeitschrift für Literatur und Theatersoziologie 14 (2016), S. 7–15.
Beck, Ulrich: Jenseits von Klasse und Stand. Soziale Ungleichheiten, gesellschaftliche Individualisierungsprozesse und die Entstehung neuer sozialer Formationen und Identitäten. In: Soziale Welt. Sonderband 2: Soziale Ungleichheiten (1983), S. 35–74.
Becker, Howard Saul: Art Worlds. Berkeley, London: University of California Press 1984.
Behr, H. F. von: Kriegsbilder aus dem Araberaufstand in Deutsch-Ostafrika. Leipzig: Brockhaus 1891.
Beilein, Matthias : Literatursoziologische, politische und geschichtstheoretische Kanonmodelle (mit Hinweisen zur Terminologie). In: Gabriele Rippl, Simone Winko (Hg.): Handbuch Kanon und Wertung. Stuttgart: Metzler 2013, S. 66–76.
Belis-Legis, Salomon: Szkic do autoportretu [Skizze zum Selbstporträt], übers. von Michał Friedmann. In: Literatura na Świecie 12, 161 (1984), S. 3–26.
Benjamin, Walter: Das Kunstwerk im Zeitalter seiner technischen Reproduzierbarkeit. In: Ders.: Drei Studien zur Kunstsoziologie, hg. v. Burkhardt Lindner. Frankfurt a. M.: Suhrkamp 2013, S. 96–163.
Benjamin, Walter: Die deutsche Ballade. In: Ders.: Kritiken, Rezensionen, Essays, hg. von Burkhardt Lindner (= Ausgewählte Werke, Band 4). Darmstadt: WBG 2015, S. 428–429.
Benjamin, Walter: Schicksal und Charakter. In: Ders.: Gesammelte Schriften Bd. II.1: Aufsätze, Essays, Vorträge, hg. von Rolf Tiedemann u. Hermann Schwepphäuser. Frankfurt a. M.: Suhrkamp 1991.
Berghahn, Klaus L.: Von Weimar nach Versailles. Zur Entstehung der Klassik-Legende im 19. Jahrhundert. In: Reinhold Grimm, Jost Hermand (Hg.): Die Klassik-Legende. Second Wisconsin Workshop. Frankfurt a. M.: Athenäum 1971, S. 50–78.
Berl, Heinrich: Das Judentum in der abendländischen Musik. In: Der Jude 8, 6 (1920/21), S. 495–505.
Bernardy, Jörg: Aufmerksamkeit als Kapital. Formen des mentalen Kapitalismus. Marburg: Tectum 2014.
Beyer, Valentin: Die Begründung der ernsten Ballade durch G. A. Bürger. Strasburg: Karl J. Trübner 1905.
Bhabha, Homi K.: Die Verortung der Kultur. Tübingen: Stauffenburg 2000.
Birnbaum, Nathan: Das Recht auf seine Sprache. In: Neue Zeitung Nr. 5 (11.7.1907), S. 2 f.
Birnbaum, Nathan: Gedanken über Kultur. In: Neue Zeitung Nr. 2 (21.6.1907), S. 2.
Birnbaum, Nathan: Nationale Autonomie. In: Neue Zeitung Nr. 8 (2.8.1907), S. 1.
Birnbaum, Nathan: Schriftliche Kongress für jüdische Orthographie. In: Neue Zeitung Nr. 6 (17.7.1907), S. 4.
Birnbaum, Nathan: Unser Haß gegen das Polentum. In: Neue Zeitung Nr. 3 (28.6.1907), S. 1.
Blair, Hugh: A Critical Dissertation on the Poems of Ossian, the Son of Fingal. In: Ders. (Hg): Ossian's Fingal. Poole, New York: Woodstock Books [1792] 1996, S. 363–446.
Blitz, Hans-Martin: „Gieb, Vater mir ein Schwert!" Identitätskonzepte und Feindbilder in der ‚patriotischen' Lyrik Klopstocks und des Göttinger „Hain". In: Ders., Hans Peter Herrmann (Hg.): Machtphantasie Deutschland. Nationalismus, Männlichkeit und Fremdenhaß im Va-

terlandsdiskurs deutscher Schriftsteller des 18. Jahrhunderts. Frankfurt a. M.: Suhrkamp 1996, S. 80–122.

Bloom, Allan: The Closing of the American Mind. New York: Simon and Schuster 1987.

Bloom, Harold (Hg.): Edgar Allan Poe. Ed. and with an introd. by Harold Bloom. New York: Bloom's Literary Criticism 2008.

Bloom, Harold: Shakespeare. The Invention of the Human. New York: Riverhead Books 1999.

Bloom, Harold: The Western Canon. The Books and School of the Ages. London: Papermac 1995.

Blumer, Herbert G.: Fashion. In: David L. Sills (Hg.): International Encyclopedia of the Social Sciences. Bd. 5. New York: Macmillan 1968, S. 341–345.

Bobrowski, Johannes: Schattenland Ströme. Berlin: Union 1963.

Bödeker, Hans Erich: Die „gebildeten Stände" im späten 18. und frühen 19. Jahrhundert: Zugehörigkeit und Abgrenzungen. Mentalitäten und Handlungspotenziale. In: Jürgen Kocka (Hg.): Bildungsbürgertum im 19. Jahrhundert. Teil IV. Politischer Einfluß und gesellschaftliche Formation. Stuttgart: Klett-Cotta 1989, S. 21–52.

Bohlman, Philip Vilas: Jüdische Volksmusik. Eine mitteleuropäische Geistesgeschichte. Köln: Böhlau 2005.

Bojarska, Maria: Ballada Polska. Wrocław: Zakład Narodowy im. Ossolińskich 1962.

Bollenbeck, Georg: Bildung und Kultur. Glanz und Elend eines deutschen Deutungsmusters. Frankfurt a. M., Leipzig: Insel 1994.

Bollenbeck, Georg: Weimar. In: Etienne François, Hagen Schulze (Hg.): Deutsche Erinnerungsorte. Band 1. München: C. H. Beck 2009, S. 207–224.

Borkowski, Jan: Die Applikation literarischer Texte. Studien zur Erstrezeption vielgelesener Romane in der Aufklärung, Moderne und Gegenwart. Berlin, Boston: DeGruyter 2021.

Bourdieu, Pierre: Die feinen Unterschiede. Frankfurt a. M.: Suhrkamp [1979] 2011.

Brahms, Ewald: Edgar Allan Poe zwischen Kontinuität und Wandel. Zur Kanonisierung seines erzählerischen Werkes in deutscher Sprache. Dissertation zur Erlangung des akademischen Grades eines Doktors der Philosophie der Philosophischen Fakultät der Universität des Saarlandes. Saarbrücken 1993.

Brecht, Bertolt: Einschüchterung durch die Klassizität. In: Ders.: Band 6: Schriften. Frankfurt a. M.: Suhrkamp 2005, S. 642–644.

Brecht, Bertolt: Werke. Große kommentierte Berliner und Frankfurter Ausgabe, hg. von Werner Hecht, Jan Knopf, Werner Mittenzwei, Klaus Detlef Müller. Band 15: Gedichte und Gedichtfragmente 1940–1956. Berlin, Weimar, Frankfurt a. M.: Aufbau und Suhrkamp 1993.

Brederlow, C. G. F.: Vorlesungen über die Geschichte der deutschen Literatur. Ein Lesebuch für die erwachsene Jugend. Leipzig: Brockhaus 1844.

Brenner, Michael: Israel. Traum und Wirklichkeit des jüdischen Staates: von Theodor Herzl bis heute. München: C. H. Beck 2016.

Brod, Max: Jüdische Volksmelodien. In: Der Jude 5, 1 (1916/1917), S. 344–345.

Brodziński, Kazimierz: O klasyczności i romantyczności tudzież o duchu poezji Polskiej [Über Klassik und Romatik, also über den Geist der polnischen Poesie]. In: Ders.: Pisma estetyczno-krytyczne [Ästhetisch-kritische Schriften], hg. von Zbigniew Jerzy Nowak (= Dzieła, hg. v. Stanisław Pigoń. Band 1). Wrocław u. a.: Zakład Narodowy im. Ossolińskich 1964, S. 3–71.

Broniewski, Władysław: Poezje zebrane. Band 2: 1926–1945, hg. von Feliksa Lichodziejewska. Płock, Toruń: Towarzystwo Naukowe Płockie „Algo" 1997.

Brubaker, Rogers: Ethnizität ohne Gruppen. Hamburg: Hamburger Edition 2007.

Buchholz, Martin: Gestammelte Werke. Mit einer Neufassung der „Deutschen Verfassung".
 Berlin: Eder 1997.
Buddensieg, Hermann: Goethe und Polen. In: Mickiewicz Blätter 37 (1968), S. 1–30.
Buddensieg, Hermann: Mickiewicz und Schiller. In: Bonifacy Miązek (Hg.): Adam Mickiewicz.
 Leben und Werk. Frankfurt a. M., New York: P. Lang 1998, S. 353–378.
Bula, Dace, Sigrid Rieuwerts (Hg.): Singing the Nations. Herder's Legacy. Trier: Wissenschaftlicher Verlag 2008.
Bundesleitung des Blau-Weiß Bund für jüdisches Jugendwandern in Deutschland (Hg.): Blau-Weiß-Liederbuch. Musikalisch bearbeitet von Leo Kopf. Zweite völlig umgearbeitete und stark vermehrte Auflage Berlin: Jüdischer Verlag 1918, S. 1–2.
Bürger, Gottfried August: Sämtliche Werke, hg. von Günter Häntzschel, Hiltrud Häntzschel.
 München: C. Hanser 1987.
Butler, Mark: Das Spiel mit sich: (Kink, Drugs & Hip-Hop). Populäre Techniken des Selbst zu Beginn des 21. Jahrhunderts. Berlin: Kulturverlag Kadmos 2014.
Calvino, Italo: Warum Klassiker lesen? Aus dem Ital. von Barbara Kleiner u. Susanne Schoop.
 München, Wien: Hanser 2003.
Carter, Angela: The Erl-King. In: Dies.: The Bloody Chamber and Other Stories. London 1994,
 S. 84–91.
Casanova, Pascale: Literature as a World. In: New Left Review 31 (2005), S. 71–90.
Casanova, Pascale: The World Republic of Letters, übers. von M. B. Debevoise. Cambridge [1999] 2007.
Charlton, Michael: Rezeptionsforschung als Aufgabe einer interdisziplinären Medienwissenschaft. In: Ders., Silvia Schneider (Hg.): Rezeptionsforschung. Theorien und Untersuchungen zum Umgang mit Massenmedien. Opladen 1997, S. 16–19.
Chiellino, Carmine, Szilvia Lengl: Interkulturelle Literatur in deutscher Sprache. Zehn Autorenporträts. Bern u. a.: P. Lang 2015.
Chodakowski, Zorian Dołęga: O sławiańszczyźnie przed chrześcijaństwem [Über das Slawentum vor dem Christentum]. Kraków: Wydanie Ant. Zyg. Helcla O. P. D. 1835.
Chotkowski, Władysław: Z pogrzebu Mickiewicza na Wawelu 4go Lipca 1890 roku [Rede anlässlich Mickiewiczs Begräbnis auf dem Wawel am 4. Juli 1890]. In: Przegląd Polski 1890,
 S. 181–196.
Ciechanowska, Zofia: Mickiewicz a Goethe. In: Pamiętnik Literacki: czasopismo kwartalne poświęcone historii i krytyce 21 (1924/25), S. 92–125.
Clark, Katerina: The Soviet Project of the 1930s to Found a „World Literature" and British Literary Internationalism. In: Modern Language Quarterly 80, 4 (2019), S. 403–425.
Coetzee, John M.: What Is a Classic? In: Current Writing. Text and Text Reception in South Africa 2, 5 (1993), S. 7–24.
Coleridge, Samuel Taylor, William Wordsworth: Lyrical Ballads with a Few Other Poems, 1798.
 In: R. L. Brett and Alun R. Jones (Hg.): Wordsworth and Coleridge. Lyrical Ballads. With a New Introduction by Nicholas Roe. London, New York: Routledge 2005, S. 47–161.
Colombi, Matteo, Stephan Krause: Romantische Klassiker – Figuren des Überschusses? Eine bohemistisch-hungarologische Annäherung. In: Paula Wojcik, Stefan Matuschek, Sophie Picard, Monika Wolting (Hg.): Klassik als kulturelle Praxis – funktional, intermedial, transkulturell. Berlin, Boston: De Gruyter 2019, S. 171–203.
Conze, Werner, Jürgen Kocka: Einleitung. In: Dies. (Hg.): Bildungsbürgertum im 19. Jahrhundert. Teil I: Bildungssystem und Professionalisierung in internationalen Vergleichen.
 Stuttgart: Klett-Cotta 1985, S. 9–26.

Cowan, Edward J.: Introduction: The Hunting of the Ballad. In: Ders. (Hg.): The Ballad in Scottish History. East Linton: Tuckwell Press 2000, S. 1–18.
Crocco, Francesco: Literature and the Growth of British Nationalism. The Influence of Romantic Poetry and Bardic Criticism. Jefferson: Mc Farland 2014.
Curtius, Ernst Robert: Klassik. In: Heinz Otto Burger (Hg.): Begriffsbestimmung der Klassik und des Klassischen. Darmstadt: WBG [1948] 1972, S. 17–33.
Czeczot, Jan: Piosnki wieśniacze znad Niemna i Dźwiny, niektóre przysłowia i idiotyzmy w mowie sławiano-krewickiej z postrzeżeniami nad nią uczynionemi [Bauernlieder von der Memel und der Dźwina, einige Sprichwörter und Idiome in der slawisch-krewischen Sprachemit eigenen Beobachtungen]. Wilno: Drukiem Józefa Zawadzkiego 1837.
Dainat, Holger: „Meine Göttin Popularität". Programme printmedialer Inklusion in Deutschland 1750–1850. In: Gereon Blaseio, Hedwig Pompe, Jens Ruchatz (Hg.): Popularisierung und Popularität. Köln: DuMont 2005, S. 43–62.
Dalman, Gustaf H.: Vorwort. In: Jüdischdeutsche Volkslieder aus Galizien und Russland (Schriften des Institutum Judaicum 12). 2. Ausgabe. Berlin: Evangelische Vereins-Buchhandlung 1891, S. III–IV.
Danto, Arthur: The Artworld. In: Journal of Philosophy 19, 61 (1964), S. 571–584.
Davies, Norman: Im Herzen Europas. Geschichte Polens, übers. von Friedrich Griese. München: C. H. Beck 2000.
Dawkins, Richard: Das egoistische Gen. Ergänzte und überarbeitete Neuauflage. Mit einem Vorwort von Wolfgang Winkler. Aus dem Englischen übers. von Karin des Sousa Ferreira. Heidelberg u. a.: Springer 2007.
Dedecius, Karl: Adam Mickiewicz. Idee und Idol einer Nation. In: Rolf-Dieter Kluge (Hg.): Von Polen, Poesie und Politik. Adam Mickiewicz 1798–1998. Tübingen: Attempto 1999, S. 11–32.
Deleuze, Gilles, Félix Guattari: Kafka. Für eine kleine Literatur. Frankfurt a. M.: Suhrkamp [1975] 2002.
Deupmann, Christoph: Der Siebenjährige Krieg in der deutschsprachigen Lyrik. In: Heinrich Detering, Peer Trickle (Hg.): Geschichtslyrik. Ein Kompendium. Band 2. Göttingen: Wallstein 2013, S. 547–573.
Diaz-Bone, Rainer: Kulturwelt, Diskurs und Lebensstil. Eine diskurstheoretische Erweiterung der bourdieuschen Distinktionstheorie. Opladen: Leske + Budrich 2002.
Dinse, Helmut, Sol Liptzin: Einführung in die jiddische Literatur. Stuttgart: Metzler 1978.
Dirven, René: Introduction. In: Ders., Ralf Pörings (Hg.): Metaphor and Metonymy in Comparison and Contrast. Berlin, Boston: De Gruyter 2002, S. 1–38.
Ditfurth, Jutta: Der Baron, die Juden und die Nazis. Reise in eine Familiengeschichte. Hamburg: Hoffmann u. Campe 2013, S. 191.
Djagalov, Rossen: The Red Apostles: Imagining Revolutions in the Global Proletarian Novel. In: Slavic and East European Journal 61, 3 (2017), S. 396–422.
Dobiáš, Dalibor: Michael Denis und das Bardenwesen in den Anfängen der modernen Poesie in den böhmischen Ländern. In: Achim Hölter, Stephan-Immanuel Teichgräber, Paul Ferstl: Begegnungen zentraleuropäischer Literaturwissenschaft. Norbert Bachleitner zum 65. Geburtstag gewidmet. Berlin: Weidler 2021, S. 19–45.
Dubisz, Stanisław (Hg.): Uniwersalny słownik języka polskiego [Universallexikon der polnischen Sprache]. Bd. 4 t-ż. Warszawa: Wydawnictwo Naukowe PWN 2003.
Dürr, Walther, Andreas Krause (Hg.): Schubert-Handbuch. Stuttgart: Metzler 1997.

Dwarfs, Jens-Fietje: Johannes R. Becher: Der „klassische Nationalautor" der DDR? In: Lothar Ehrlich, Gunther Mai, Ingeborg Cleve (Hg.): Weimarer Klassik in der Ära Ulbricht. Köln: Böhlau 2000, S. 175–184.

Echtermeyer, Theodor (Hg.): Auswahl deutscher Gedichte für die untern und mittlern Classen gelehrter Schulen. Halle: Verlag der Buchhandlung des Waisenhauses 1836.

Eco, Umberto: Towards a Semiological Guerrilla Warfare. San Diego: Harcourt Brace Jovanovich 1990.

Egger, Sabine: Dialog mit dem Fremden. Erinnerung an den „europäischen Osten" in der Lyrik Johannes Bobrowskis. Würzburg: Königshausen & Neumann 2009.

Ehrhardt, Adolf, Theobald von Oer, Hermann Plüddemann, Ludwig Richter, Carl Schurig: Deutsches Balladenbuch mit Holzschnitten und Zeichnungen. Leipzig: Georg Wigand's Verlag 1852.

Eidherr, Armin: Sonnenuntergang auf eisig-blauen Wegen. Zur Thematisierung von Diaspora und Sprache in der jiddischen Literatur des 20. Jahrhunderts. Göttingen: V & R unipress 2012.

Eliasberg, Alexander: Die jüdische Gemeinschaft. In: Ders. (Hg.): Reden und Aufsätze über zeitgenössische Fragen des jüdischen Volkes. Band 3: Das jüdische Volkslied. Berlin 1913.

Eliot, T. S.: What is a Classic? Tradition and the Individual Talent. Kiel: Lipsius und Tischer 1950.

Elmer, Jonathan: Reading at the Social Limit. Affect, Mass Culture, and Edgar Allan Poe. Stanford: Stanford University Press 1996.

Emenyonu, Ernest M.: African Literature in African Languages. The Literary History of the Igbo Novel. London, New York: Routledge 2020.

Espeland, Velle: Establishing a Corpus of National Songs. In: Dace Bula, Sigrid Rieuwerts (Hg.): Singing the Nations. Herder's Legacy. Trier: Wissenschaftlicher Verlag 2008, S. 80–89.

Esposito, Elena: Soziales Vergessen. Formen und Medien des Gedächtnisses der Gesellschaft. Frankfurt a. M.: Suhrkamp 2002.

Fadiman, Clifton: The Lifetime Reading Plan. New York: Perennial Library 3. Aufl. 1988.

Felski, Rita: Uses of Literature. Oxford: Blackwell 2008.

Field, George A.: The Status Float Phenomenon the Upward Diffusion of Innovation. In: Business Horizons 4, 13 (1970), S. 45–52.

Steve Finbow: Allen Ginsberg. Durrington: Reaktion Books 2012.

Fischer, Manfred S.: Probleme internationaler Literaturrezeption. Michel Tourniers „Le roi des Aulnes" im deutsch-französischen Kontext. Bonn: Bouvier 1977.

Fiske, John: Understanding Popular Culture. London: Routledge [1989] 2007.

Fluck, Winfried: Das kulturelle Imaginäre. Eine Funktionsgeschichte des amerikanischen Romans, 1790–1900. Frankfurt a. M.: Suhrkamp 1997.

Fornari, Francesca: Literatura dwudziestolecia miedzywojennego [Literatur der Zwischenkriegszeit]. In: Luigi Marinelli (Hg.): Historia literatury polskiej [Geschichte der polnischen Literatur], übers. von Monika Woźniak. Wrocław: Zakład Narodowy im. Ossolińskich 2009, S. 306–345.

Förster, Michael A.: Kulturpolitik im Dienst der Legitimation. Oper, Theater und Volkslied als Mittel der Politik Kaiser Wilhelms II. Frankfurt a. M., Bern: P. Lang 2009.

Franck, Georg: Ökonomie der Aufmerksamkeit. Ein Entwurf. München: Hanser 2015.

Frevert, Ute: Männer in Uniform. Habitus und Signalzeichen im 19. und 20. Jahrhundert. In: Claudia Benthien, Inge Stephan (Hg.): Männlichkeit als Maskerade. Kulturelle Inszenierungen vom Mittelalter bis zur Gegenwart. Köln: Böhlau 2003, S. 277–295.

Fricke, Gerhard: Göttinger Hain und Göttinger Ballade. Festrede anläßlich des Festaktes der Stadt Göttingen zum 200jährigen Universitäts-Jubiläum am 26. Juni 1937, gehalten von Dr. Gerhard Fricke, Ordentlicher Professor an der Universität Kiel. Göttingen: Verlag der Akademischen Buchhandlung Calvör 1937.

Frigg, Roman: Models and Fiction. In: Synthese 172 (2010), S. 251–268.

Fuhrmann, Manfred: Bildung. Europas kulturelle Identität. Stuttgart: Reclam 2002.

Fulda, Daniel: Klassiker – eine merkmalsunabhängige Wertzuschreibung. Zur Etablierung des Prädikats ‚deutsche Klassiker' auf dem Buchmarkt um 1800. In: Paula Wojcik, Stefan Matuschek, Sophie Picard, Monika Wolting (Hg.): Klassik als kulturelle Praxis – funktional, intermedial, transkulturell. Berlin, Boston: De Gruyter 2019, S. 73–107.

Gadamer, Hans-Georg: Hermeneutik I. Wahrheit und Methode. Grundzüge einer philosophischen Hermeneutik. Band 1. Tübingen: J. C. B. Mohr 1990.

Gal-Ed, Efrat: Niemandssprache. Itzik Manger, ein europäischer Dichter. Berlin: Jüdischer Verlag im Suhrkamp 2016.

Gal-Ed, Efrat: Shtern oyfn Dach. In: Dan Diner (Hg.): Enzyklopädie jüdischer Geschichte und Kultur: Band 5: Pr-Sy. Stuttgart: Metzler 2014, S. 477–82.

Gates, David: Welcoming „Howl" into the Canon. In: Jason Shinder (Hg.): The Poem That Changed America. New York: Farrar, Straus and Giroux 2006, S. 159–164.

Gerhard, Ute: Schiller als „Religion". Literarische Signaturen des 19. Jahrhunderts. München: W. Fink 1994.

Gersdorf, E. G.: Repertorium der gesammten deutschen Literatur. Band 9. Leipzig: Brockhaus 1836.

Giesen, Bernhard: Kollektive Identität. Frankfurt a. M.: Suhrkamp 2006.

Ginsberg, Allen: Notes Written on Finally Recording Howl. In: Bill Morgan (Hg.): Deliberate Prose. New York: HarperCollins 2000, S. 229–232.

Ginsburg, Schaul M., Pesach S. Marek: Einführung. In: Jüdische Volkslieder in Rußland, gesammelt und herausgegeben und mit einer Einführung vom S. M. Ginsburg und P. S. Marek. Mit Beilage eines bibliographischen Verzeichnisses der Liedersammlung in jüdischer Umgangssprache im Asiatischen Museum der Kaiserlichen Akademie der Wissenschaften zusammengestellt von S. E. Wiener. St. Petersburg, Wodschod 1901. S. II–XXX.

Gleim, Johann W.: Ausgewählte Werke, hg. von Walter Hettche. Göttingen: Wallstein 2010.

Głowiński, Michał: Zaświat przedstawiony. Szkice o poezji Bolesława Leśmiana [Das imaginierte Jenseits. Skizzen über die Poesie von Bolesław Leśmian]. Warszawa: Państwowy Instytut Wydawniczy 1981.

Goethe, Johann Wolfgang von: Ästhetische Schriften 1806–1815, hg. von Friedmar Apel (= Sämtliche Werke. Briefe, Tagebücher und Gespräche. Vierzig Bände, hg. von Dieter Borchmeyer et al. Bd. 19:1). Frankfurt a. M.: Deutscher Klassiker Verlag 1998.

Goethe, Johann Wolfgang von: Ästhetische Schriften 1821–1824. Über Kunst und Altertum III-IV, hg. von Stefan Greif, Andrea Ruhlig (= Sämtliche Werke. Briefe, Tagebücher und Gespräche. Vierzig Bände, hg. von Dieter Borchmeyer et al. Bd. 21). Frankfurt a. M.: Deutscher Klassiker Verlag 1987.

Goethe, Johann Wolfgang: Aus meinem Leben. Dichtung und Wahrheit, hg. von Klaus Detlef Müller (= Sämtliche Werke. Briefe, Tagebücher und Gespräche in vierzig Bänden, hg. von Dieter Borchmeyer et al. Band 14). Frankfurt a. M.: Deutscher Klassiker Verlag 1986.
Goff, Barbara E.: Your Secret Language. Classics in the British Colonies of West Africa. London: Bloomsbury 2013.
Goldsmith, Kenneth: Uncreative Writing. Managing Language in the Digital Age. New York: Columbia University Press 2011.
Gombrowicz, Witold: Ferdydurke. Kraków: Wydawn. Literackie 1986.
Gombrowicz, Witold: Ferdydurke, übers. von Rolf Fieguth. Frankfurt a. M.: Fischer 2011.
Gómez-Galisteo, M. Carmen: The Wind is Never Gone. Sequels, Parodies and Rewritings of Gone With the Wind. Jefferson: McFarland & Company 2011.
Görsch, Horst: Johannes R. Becher. Leben und Werk. Berlin: Volk und Wissen 1967.
Górski, Artur: Monsalwat. Rzecz o Adamie Mickiewiczu. Kraków: Selbstverlag 1908.
Goetz, Rainald: Hirn. Frankfurt a. M.: Suhrkamp 2003.
Götz, Robert: Ich wollte Volkslieder schreiben. Gespräche mit Ernst Klusen. Köln: Hans Gerig 1975.
Gradvall, Jan, Björn Nordström, Ulf Nordström, Annina Rabe: Tusen svenska klassiker: böcker, filmer, skivor, tv-program från 1956 till i dag. Stockholm: Norsted 2009.
Gradkowski, Henryk: Mickiewicz w polskiej szkole XIX i pierwszej połowy XX wieku: strategie lektury i style odbioru [Mickiewicz in polnischen Schulen des 19. und der ersten Hälfte den 20. Jahrhunderts: Lektürestrategien und Rezeptionsstile]. Jelenia Góra: Karkonoskie Towarzystwo Naukowe 2001.
Grass, Günter: Gesammelte Gedichte. Neuwied: Luchterhand 1971.
Grimm, Reinhold, Jost Hermand (Hg.): Die Klassik-Legende. Second Wisconsin Workshop. Frankfurt a. M.: Athenäum 1971.
Grob, Thomas: Romantische Phantasie, die Phantastik der Ballade und die Frage nach dem ‚Anfang' der polnischen Romantik. In: Ders., Alfred Gall, Andreas Lawaty, German Ritz (Hg.): Romantik und Geschichte. Polnisches Paradigma, europäischer Kontext, deutsch-polnische Perspektive. Wiesbaden: Harrassowitz 2007, S. 250–276.
Grosch, Nils: Das „Vaterländische Lied" als Konstrukteur nationaler Identität im frühen 19. Jahrhundert. In: Ders., Beat A. Föllmi, Mathieu Schneider (Hg.): Music and the Construction of National Identities in the 19th Century. Baden-Baden: Editions Valentin Koerner 2010, S. 37–48.
Grube, Christoph: Warum werden Autoren vergessen? Mechanismen literarischer Kanonisierung am Beispiel von Paul Heyse und Wilhelm Raabe. Bielefeld: Transcript 2014.
Grunwald, Max: Jüdische Volkskunde. In: Jerubaal 1 (1918/1919), S. 162–164.
Guffey, Elizabeth E.: Retro. The Culture of Revival. London: Reaktion 2006.
Guillory, John: Cultural Capital. The Problem of Literary Canon Formation. Chicago: University of Chicago Press [1993] 2013.
Gumbrecht, Hans Ulrich: „Phönix aus der Asche" oder: Vom Kanon zur Klassik. In: Aleida Assmann, Jan Assmann (Hg.): Kanon und Zensur. München: W. Fink 1987, S. 284–299.
Gumbrecht, Hans Ulrich: Warum wir Klassiker brauchen. In: Zeitschrift für Ideengeschichte IV, 4 (2010), S. 111–120.
Gummere, Francis Barton: The Popular Ballad. Cambridge: The Riverside Press 1907.
Gymnich, Marion, Ansgar Nünning: Funktionsgeschichtliche Ansätze: Terminologische Grundlagen und Funktionsbestimmungen von Literatur. In: Dies. (Hg.): Funktionen von Literatur.

Theoretische Grundlagen und Modellinterpretationen. Trier: Wissenschaftlicher Verlag 2005, S. 3–27.
Hag, Volker: Drittes Reich – ein böses Märchen? Michel Tourniers Roman „Der Erlkönig". Ein erregter Roman aus Frankreich. Frankfurter Allgemeine Zeitung (28.10.1972).
Hagen, Kirsten von: Intermediale Liebschaften: Mehrfachadaptionen von Choderlos de Laclos' Briefroman ‚Les liaisons dangereuses'. Tübingen: Stauffenburg 2002.
Hahn, Alois: Kanonisierungsstile. In: Aleida Assmann, Jan Assmann (Hg.): Kanon und Zensur. München: W. Fink 1987, S. 28–37.
Halbach, Kurt Herbert: Zu Begriff und Wesen des Klassischen. In: Heinz Otto Burger (Hg.): Begriffsbestimmung der Klassik und des Klassischen. Darmstadt: WBG [1948] 1972, S. 1–16.
Hardwick, Lorna: Classics in Post-Colonial Worlds. Oxford: Oxford University Press 2010.
Harmon, William: The Classic Hundred Poems. All-Time Favorites. New York: Columbia University Press 1998.
Hartmann, Stephan: Modell. In: Hans Jörg Sandkühler (Hg.): Enzyklopädie Philosophie. Unter Mitwirkung von Dagmar Borchers, Arnim Regenbogen, Volker Schürmann und Pirmin Stekeler-Weithofer. Band 2: I–P. Hamburg: Meiner 2010, S. 1627–1632.
Häsner, Bernd, Henning S. Hufnagel, Irmgard Maassen, Anita Traninger: Text und Performativität. In: Klaus W. Hempfer, Jörg Volbers (Hg.): Theorien des Performativen. Sprache – Wissen – Praxis: eine kritische Bestandsaufnahme. Bielefeld: Transcript 2011, S. 69–96.
Haufe, Eberhard: Johannes Bobrowski. Erläuterungen der Gedichte und der Gedichte aus dem Nachlass. Stuttgart: Deutsche Verlags-Anstalt 1998.
Haug, Fritz: Kritik der Warenästhetik. Frankfurt a. M.: Suhrkamp 1971.
Haug, Fritz: Warenästhetik im High-Tech-Kapitalismus. Frankfurt a. M.: Suhrkamp 2009.
Hebbel, Friedrich: Rezension zu: Schiller und Goethe im Xenienkampf von Eduard Boas. 1851. In: Ders.: Vermischte Schriften III (1843–1851), hg. von Richard Maria Werner. (= Sämtliche Werke. Eilfter Band). Historisch kritische Ausgabe. Berlin: B. Behr 1903, S. 379–385.
Henderson, Errol: Black Nationalism and Rap Music. In: Journal of Black Studies 3, 26 (1996), S. 308–338.
Herbert, Zbigniew: Napis [Schrift]. Wrocław: Wydawn. Dolnośląskie 1999.
Herder, Johann Gottfried: Schriften zu Literatur und Philosophie 1792–1800, hg. v. Hans Dietrich Irmscher (= Werke in zehn Bänden, hg. von Martin Bollacher. Band 8). Frankfurt a. M.: Deutscher Klassiker Verlag 1998, S. 71–87.
Herder, Johann Gottfried: Volkslieder, Übertragungen, Dichtungen, hg. von Ulrich Gaier (= Werke in zehn Bänden, hg. von Martin Bollacher. Band 3). Frankfurt a. M.: Deutscher Klassiker Verlag 1990.
Hermann, Christine: Neufunktionalisierung eines flämischen Klassikers im Comic: Consciences Löwe von Flandern im Dienste neuer Herren. In: Paula Wojcik, Stefan Matuschek, Sophie Picard, Monika Wolting (Hg.): Klassik als kulturelle Praxis – funktional, intermedial, transkulturell. Berlin, Boston: De Gruyter 2019, S. 327–350.
Herrmann, Dirk: Von Lügengeschichten und Heldenballaden. Hieronymus und Börries – das Phänomen Münchhausen. Wien: Österr. Landsmannschaft 2011.
Herrmann, Leonhard: System? Kanon? Epoche? Perspektiven und Grenzen eines systemtheoretischen Kanonmodells. In: Matthias Beilein, Claudia Stockinger, Simone Winko (Hg.): Kanon, Wertung und Vermittlung. Literatur in der Wissensgesellschaft. Berlin, Boston: De Gruyter 2012, S. 59–75.

Heyden, Linda Rabea: Zwischen Originalität und Trivialität. Goethes *Faust* von Flix im Comic adaptiert. In: Paula Wojcik, Stefan Matuschek, Sophie Picard, Monika Wolting (Hg.): Klassik als kulturelle Praxis – funktional, intermedial, transkulturell. Berlin, Boston: De Gruyter 2019, S. 455–475.

Hiecke, Robert Heinrich: Der deutsche Literaturunterricht auf deutschen Gymnasien. Ein pädagogischer Versuch. Leipzig: Eduard Eisenach 1842.

Hitzler, Ronald, Anne Honer: Bastelexistenz. Über subjektive Konsequenzen der Individualisierung. In: Ulrich Beck, Elisabeth Beck-Gernsheim (Hg.): Riskante Freiheiten. Individualisierung in modernen Gesellschaften. Frankfurt a. M.: Suhrkamp 2015, S. 307–315.

Hitzler, Ronald: Sinnbasteln. Zur subjektiven Aneignung von Lebensstilen. In: Ingo Mörth, Gerhard Fröhlich (Hg.): Das symbolische Kapital der Lebensstile. Zur Kultursoziologie der Moderne nach Pierre Bourdieu. Frankfurt a. M.: Campus 1994, S. 75–92.

Hobsbawm, Eric: Inventing Traditions. In: Ders., Terence Ranger (Hg.): The Invention of Tradition. New York: Cambridge University Press 2012, S. 1–14.

Hoffmann-Curtius, Kathrin: Feminisierung des Faschismus. In: Claudia Keller (Hg.): Die Nacht hat zwölf Stunden, dann kommt schon der Tag. Antifaschismus Geschichte und Neubewertung. Berlin: Aufbau 1996, S. 45–69.

Hofmann, Michael: Die Bürde der Bürgschaft. In: Die Pforte 8 (2006), S. 95–116.

Hohlbaum, Robert: Münchhausen, der Lyriker. In: Braunschweiger Tageszeitung (18.2.1939).

Holzhausen, Paul: Die Ballade und Romanze. In: Zeitschrift für deutsche Philosophie 15 (1883).

Honnefelder, Gottfried (Hg.): Warum Klassiker? Frankfurt a. M.: Dt. Klassiker-Verlag 1985.

Hub, Ignaz: Deutschland's Balladen- und Romanzen-Dichter von G. A. Bürger bis auf die neueste Zeit. Eine Auswahl des Schönsten und charakteristisch Werthvollsten aus dem Schatze der lyrischen Epik in Balladen und Romanzen, Mären, Legenden und Erzählungen nebst Biographien und Charakteristiken der Dichter unter Berücksichtigung der namhaftesten kritischen Stimmen. Karlsruhe: Wilhelm Creutzhauer 1849.

Hutcheon, Linda: Theory of Adaptation. London, New York: Routledge 2006.

Illouz, Eva: Consuming the Romantic Utopia. Love and the Cultural Contradictions of Capitalism. Berkeley: University of California Press 2008.

Inglot, Mieczysław: Polska kultura literacka w edukacji szkolnej w okresie romantyzmu [Polnische literarische Kultur in der Schulbildung in der Zeit der Romantik]. In: Ders.: Wieszcz i pomniki: w kręgu XIX- i XX-wiecznej recepcji dzieł Adama Mickiewicza. [Der wieszcz und seine Denkmäler. Zur Rezeption von A. M. Werken im 19. und 20. Jahrhundert. Wrocław: Uniwersytet Wrocławski 1999, S. 7–22.

Irgang, Winfried, Werner Bein, Helmut Neubach: Schlesien. Geschichte, Kultur und Wirtschaft. Köln: Verlag Wissenschaft und Politik 1998.

Iser, Wolfgang: Der Akt des Lesens. Theorie ästhetischer Wirkung. München: W. Fink 1984.

Iser, Wolfgang: Why Literature Matters. In: Rüdiger Ahrens, Laurenz Volkmann (Hg.): Why Literature Matters. Theories and Functions of Literature. Heidelberg: Winter 1996, S. 13–22.

Jakóbiec-Semkowa, Milica: Kazimierz Brodziński i Słowianska pieśń ludowa [Kazimierz Brodzinski und das slawische Volkslied]. Warszawa: Państwowe Wydawnictwo Naukowe 1975.

Jakobson, Roman: The Metaphoric and Metonymic Poles. In: René Dirven, Ralf Pörings (Hg.): Metaphor and Metonymy in Comparison and Contrast. Berlin, Boston: De Gruyter 2002, S. 41–47.

Janion, Maria: Die Polen und ihre Vampire. Studien zur Kritik kultureller Phantasmen, hg. von Magdalena Marszałek, Bernhard Hartmann, Thomas Weiler. Berlin: Suhrkamp 2014.

Janion, Maria: Do Europy. Tak, ale razem z naszymi umarłymi [Nach Europa. Ja, aber gemeinsam mit unseren Toten]. Warszawa: Sic! 2000.
Janion, Maria: Gorączka romantyczna [Das romantische Fieber]. Warszawa: Państwowy Instytut Wydawniczy 1975.
Janion, Maria: Życie pośmiertne Konrada Wallenroda [Konrad Wallenrods Leben nach dem Tod]. Warszawa: Państwowy Instytut Wydawniczy 1990.
Jarzębski, Jerzy: The Conflict of Generations in Contemporary Polish Prose. In: Ursula Phillips, Knut Andreas Grimstad, Kris van Heuckelom (Hg.): Polish Literature in Transformation. Münster u. a.: LIT 2013, S. 25–33.
Jasper, Willi: Deutsche Juden als Goethe-Verehrer – eine ‚faustische' Beziehungsgeschichte. In: Jochen Golz, Justus H. Ulbricht (Hg.): Goethe in Gesellschaft. Zur Geschichte einer literarischen Vereinigung vom Kaiserreich bis zum geteilten Deutschland. Köln: Böhlau 2005, S. 113–122.
Jauss, Hans Robert: Deutsche Klassik – Eine Pseudo-Epoche. In: Reinhart Herzog, Reinhart Koselleck (Hg.): Epochenschwelle und Epochenbewußtein. München: W. Fink 1987, S. 581–589.
Jenkins, Henry, Sam Ford, Joshua Green: Spreadable Media. Creating Value and Meaning in a Networked Culture. London, New York: NY University Press 2018.
Jenkins, Henry: Fans, Bloggers, and Gamers: Exploring Participatory Culture. London, New York: NY University Press 2006.
Jolles, Evelyn B.: G. A. Bürgers Ballade Leonore in England. Regensburg: H. Carl 1974.
Jolles-Neugebauer, Evelyn B.: Ein Bestseller auf dem englischen Literaturmarkt: Bürgers (Wiedergänger-)Ballade „Lenore" (1774). In: Sigrid Rieuwerts (Hg.): Bridging the Cultural Divide: Our Common Ballad Heritage. 28. Internationale Balladenkonferenz der SIEF-Kommission für Volksdichtung in Hildesheim, Deutschland, 19.–24. Juli 1998. Hildesheim u. a.: Olms 2000, S. 195–220.
Jørgensen, Sigrid: Itzik Manger und seine Vögel. In: Walter Röll, Simon Neuberg (Hg.): Jiddische Philologie. Festschrift für Erika Timm. Tübingen: M. Niemeyer 1999, S. 273–284.
Jürgensen, Christoph: Geschichtslyrik der Befreiungskriege. In: Heinrich Detering, Peer Trickle (Hg.): Geschichtslyrik. Ein Kompendium. Band 2. Göttingen: Wallstein 2013, S. 667–702.
Jurt, Joseph: Pierre Bourdieus Konzept der Distinktion. In: LiTheS. Zeitschrift für Literatur und Theatersoziologie. 14: Mode – Geschmack – Distinktion II, 9 (2016), S. 16–31.
Kafka, Franz: Einleitungsvortrag über Jargon. In: Ders.: Beschreibung eines Kampfes, hg. von Hans-Gerd Koch. Frankfurt a. M. 2004, S. 149–153.
Kajtoch, Jacek: Władysław Broniewski nie znany [Der unbekannte W. B.]. Kraków: Wamex 1992.
Kallenbach, Józef: Adam Mickiewicz. Zwei Bände. Vierte erweiterte Auflage. Wrocław: Zakład Narodowy im. Ossolińskich 1926.
Kamlah, Wilhelm: Philosophische Anthropologie. Sprachkritische Grundlegung und Ethik. Mannheim u. a.: B. I.-Wissenschaftsverlag 1984.
Kampmann, Elisabeth: Der Kanonisierungsprozess in den Dimensionen Dauer und Reichweite. Ein Beschreibungsmodell mit einem Beispiel aus dem Wilden Westen. In: Matthias Beilein, Claudia Stockinger, Simone Winko (Hg.): Kanon, Wertung und Vermittlung. Literatur in der Wissensgesellschaft. Berlin, Boston: De Gruyter 2012, S. 93–106.
Karlowicz, Jan (Hg.): Słownik gwar Polskich. Tom trzeci. L do O [Lexikon polnischer Mundarten. Band drei. L bis O]. Kraków: Wadawnictwa Arytstyczne i Naukowe 1974.
Karpowicz, Ignacy: Balladyny i romanse. Kraków: Wydawn. Literackie 2010.
Katz, Dovid: Words On Fire. The Unfinished Story of Yiddish. New York: Basic Books 2004.

Kawyn, Stefan: Dzieciństwo wróżebne Mickiewicza w biografii Antoniego Małeckiego. In: Pamiętnik Literacki: czasopismo kwartalne poświęcone historii i krytyce 38 (1948), S. 476–485.
Kermode, Frank: Forms of Attention. Chicago, London: University of Chicago Press 1987.
Kermode, Frank: Shakespeare, Spenser, Donne. London, New York: Routledge 2005.
Kerschbaumer, Sandra, Stefan Matuschek: Romantik erkennen – Modelle finden. Zur Einführung. In: Dies. (Hg.): Romantik erkennen – Modelle finden. Paderborn: F. Schöningh 2019, S. 1–13.
King, Charles W., Lawrence J. Ring: The Dynamics of Style and Taste Adoption and Diffusion: Contributions from Fashion Theory. In: NA – Advances in Consumer Research 7 (1980), S. 13–16.
Kittner, Alfred: Erinnerungen an den Poeten Itzik Manger. In: Itzik Manger: Ich, der Troubadour. Lieder, Balladen und Prosa, übers. von Andrej Jendrusch, Alfred Margul-Sperber, Hubert Witt. Berlin: Edition Dodo 2012, S. 5–14.
Kizwalter, Tomasz: Czy Mickiewicz stworzył naród Polski? [Hat Mickiewcz das polnische Volk erschaffen?]. In: Przegląd humanistyczny 4 (1999), S. 45–60.
Klausmann, Ulrike: Alan Bern und das Klezmer-Revival. In: Claus Leggewie, Erik Meyer (Hg.): Global Pop. Das Buch zur Weltmusik. Bonn: Bundeszentrale für politische Bildung 2017, S. 117–124.
Klausnitzer, Ralf: Deutsche Mythologie. In: Carsten Rohde, Thorsten Valk, Mathias Mayer (Hg.): Faust-Handbuch. Konstellationen – Diskurse – Medien. Stuttgart: Metzler 2018, S. 357–365.
Klein, Gabriele, Malte Friedrich: Is This Real? Die Kultur des HipHop. Frankfurt a. M.: Suhrkamp 2003.
Kleiner, Juliusz: Mickiewicz. Lublin: Towarzystwo Naukowe K. U. L. 1997.
Klettke, Cornelia: Der postmoderne Mythenroman Michel Tourniers am Beispiel des Roi des Aulnes. Bonn: Romanistischer Verlag 2012.
Kliems, Alfrun: Mickiewicz in Paris, Chopin im Knast. „Klassiker-Ikonen" und der Comic Chopin New Romantic. In: Paula Wojcik, Stefan Matuschek, Sophie Picard, Monika Wolting (Hg.): Klassik als kulturelle Praxis – funktional, intermedial, transkulturell. Berlin, Boston: De Gruyter 2019, S. 225–246.
Klin, Eugeniusz: Die deutsch-polnischen Literaturbeziehungen in der ersten Hälfte des 19. Jahrhunderts – ein methodologischer Rückblick. In: Jan Papiór (Hg.): Polnisch-deutsche Wechselbeziehungen im zweiten Millenium. Bydgoszcz: Akad. Bydgoska 2001, S. 165–176.
Knaller, Susanne, Harro Müller: Einleitung. Authentizität und kein Ende. In: Dies. (Hg.): Authentizität. Diskussion eines ästhetischen Begriffs. Paderborn, München: W. Fink 2006, S. 7–16.
Kocka, Jürgen: Bildungsbürgertum – Gesellschaftliche Formation oder Historikerkonstrukt? In: Ders. (Hg.): Bildungsbürgertum im 19. Jahrhundert. Teil IV. Politischer Einfluß und gesellschaftliche Formation. Stuttgart: Klett-Cotta 1989, S. 9–20.
Koehn, Elisabeth Johanna: Waiting for.... Becketts *Warten auf Godot* in Cartoon und Comicstrip. In: Paula Wojcik, Stefan Matuschek, Sophie Picard, Monika Wolting (Hg.): Klassik als kulturelle Praxis – funktional, intermedial, transkulturell. Berlin, Boston: De Gruyter 2019, S. 247–262.
Koestler, Nora: Intelligenzschicht und höhere Bildung im geteilten Polen. In: Werner Conze, Jürgen Kocka (Hg.): Bildungsbürgertum im 19. Jahrhundert. Teil I: Bildungssystem und

Professionalisierung in internationalen Vergleichen. Stuttgart: Klett-Cotta 1985, S. 186–206.
Kolberg, Oskar: Pieśni ludu Polskiego [Lieder des polnischen Volkes]. Warszawa: Nakładem Wydawcy 1854.
Konieczny, Danuta Teresa: Polnisches Kulturleben in Schlesien (1750–1850). München: Verlag Otto Sagner 2010.
Kopczyński, Krzysztof: Mickiewicz i jego czytelnicy [Mickiewicz und seine Leser]. Warszawa: Wydawn. Nauk. Semper 1994.
Kopij, Marta: Über Imitation zur Kreation. Zur Geschichte des deutsch-polnischen romantischen Kulturtransfers. Leipzig: Leipziger Univ.-Verlag 2011.
Korte, Herrmann: Aus dem Kanon, aus dem Sinn? Dekanonisierung am Beispiel prominenter ‚vergessener' Dichter. In: Deutschunterricht 6 (2005), S. 6–21.
Korte, Herrmann: K wie Kanon und Kultur: Kleines Kanonglossar in 25 Stichwörtern. In: Ders., Heinz Ludwig Arnold (Hg.): Literarische Kanonbildung. Text+Kritik IX/02 (2002), S. 25–38.
Korte, Herrmann: Was heißt: „Das bleibt"? Bausteine zu einer kulturwissenschaftlichen Kanontheorie. In: Dietrich Helms, Thomas Phleps (Hg.): No Time for Losers. Bielefeld: Transcript 2008, S. 11–24.
Kowalewska, Małgorzata: Od kontynuacji do stilizacji. Wiersze balladowe Bolesława Leśmiana wobec tradycji gatunku [Von der Kontinuität zur Stilisierung. Bolesław Leśmians balladeske Gedichte im Verhältnis zur Tradition]. In: Pamietnik Literacki 3, 94 (2003), S. 5–26.
Koźmian, Kajetan: List K. Koźmiana do F. Morawskiego. März 1827 [Brief K[ajetan] Koźmians an F[ranciszek] Morawski]. In: Witold Billip (Hg.): Mickiewicz w oczach współczesnych [Mickiewicz in den Augen der Modernen]. Wrocław: Zakład Narodowy im. Ossolińskich 1962, S. 334–335.
Koźmian, Kajetan: Pamiętniki [Tagebücher]. Band III. Einführung und Kommentar Juliusz Willaume, hg. von Artur Kopacz. Wrocław: Zakład Narodowy im. Ossolińskich 1972.
Kramer Linkin, Harriet: Isn't It Romantic? Angela Carter's Bloody Revision of the Romantic Aesthetic in „The Erl-King". In: Lindsey Tucker (Hg.): Critical Essays on Angela Carter. New York u. a.: G. K. Hall 1998, S. 119–133.
Krasnodębski, Zdzisław: Mickiewicz' Europa – zur Einführung. In: Ders., Stefan Garsztecki (Hg.): Sendung und Dichtung. Adam Mickiewicz in Europa. Hamburg: Krämer 2002, S. 7–16.
Krekow, Sebastian, Jens Steiner, Matthias Taupitz: Das neue HipHop-Lexikon. Berlin: Schwarzkopf & Schwarzkopf 2003.
Krüger, Michael: Friedrich Schiller. In: Aus Politik und Zeitgeschichte 9–10 (2005), S. 3–6.
Krupiński, Franciszek: Romantyzm i jego skutki [Romantik und ihre Folgen]. In: Janina Kulczycka-Saloni (Hg.): Programy i dyskusje literackie okresu pozytywizmu [Literarische Programme und Diskussionen aus der Zeit des Positivismus]. Wrocław u. a.: Zakład Narodowy im. Ossolińskich 1985, S. 146–160.
Kühn, Ulrich: Sprech-Ton-Kunst. Musikalisches Sprechen und Formen des Melodrams im Schauspiel- und Musiktheater (1770–1933). Tübingen: Niemeyer 2013.
Kühne, Thomas: Kameradschaft. Die Soldaten des nationalsozialistischen Krieges und das 20. Jahrhundert. Göttingen: Vandenhoeck & Ruprecht 2011.
Kuipers, Christopher M.: The Anthology/Corpus Dynamic: A Field Theory of the Canon. In: College Literature 2, 30 (2003), S. 51–71.
Lahire, Bernard: La Culture des individus. Dissonances culturelles et distinction de soi. Paris: Découverte 2004.

Laufhütte, Hartmut: Die deutsche Kunstballade. Grundlegung einer Gattungsgeschichte. Heidelberg: Winter 1979.
Laufhütte, Hartmut: Die Nibelungen in Balladen des 19. und 20. Jahrhunderts. In: Hans Krah (Hg.): Die Nibelungen. Passau: Dr. Ralf Schuster 2015, S. 97–115.
Lawaty, Andreas: Zur romantischen Konzeption des Politischen: Polen und Deutsche unter fremder Herrschaft. In: Ders., Alfred Gall, Thomas Grob, German Ritz (Hg.): Romantik und Geschichte. Polnisches Paradigma, europäischer Kontext, deutsch-polnische Perspektive. Wiesbaden: Harrassowitz 2007, S. 21–59.
Lawrence, Karen R.: Decolonizing Tradition. New Views of Twentieth-Tentury "British" Literary Canons. Urbana, Chicago: University of Illinois Press 1992.
Lehmann, Rudolf: Der deutsche Unterricht: Eine Methodik für höhere Lehranstalten. Berlin: Weidmann 1890.
Lemm, Alfried: Großstadtunkultur. In: Der Jude 1, 5 (August 1916), S. 319–326.
Lennartz, Franz: Die Dichter unserer Zeit. 275 Einzeldarstellungen zur deutschen Dichtung der Gegenwart. Stuttgart: Alfred Kröner 1938.
Leśmian, Bolesław: Dzieła wszystkie. Warszawa: PIW 2010.
Lessing, Gotthold Ephraim: Briefe von und an Lessing, hg. von Helmth Kiesel unter Mitwirkung von Georg Braungart und Klaus Fischer (= Werke und Briefe in zwölf Bänden, hg. von Wilfried Barner, Klaus Bohnen, Jürgen Stenzel, Arno Schilson, Axel Schmitt, Helmut Kiesel, Georg Braungart, Klaus Fischer, Ute Wahl, Markus Reppner, Antje Büssgen, Kirsten Burmeister. Band 11.1). Frankfurt a. M.: Deutscher Klassiker Verlag 1987.
Lessing, Gotthold Ephraim: Werke 1758–1759, hg. von Gunther E. Grimm (= Werke und Briefe in zwölf Bänden, hg. von Wilfried Barner Klaus Bohnen, Jürgen Stenzel, Arno Schilson, Axel Schmitt, Helmut Kiesel, Georg Braungart, Klaus Fischer, Ute Wahl, Markus Reppner, Antje Büssgen, Kirsten Burmeister. Band 4). Frankfurt a. M.: Deutscher Klassiker Verlag 1997.
Lichodziejewska, Feliksa: Wstęp [Einleitung]. In: Władysław Broniewski: Poezje zebrane [Gesammelte Poesie]. Band 2: 1926–1945, hg. von ders. Płock, Toruń: Towarzystwo Naukowe Płockie „Algo" 1997, S. 5–20.
Liebsch, Helmut: Das „Erlkönig"-Thema und seine Varianten in der Gegenwart. Soziokulturelles Wissen und Verstehensprozesse. In: Muttersprache 115 (2005), S. 215–233.
Link, Jürgen: Hölderlin – oder eine Kanonisierung ohne Ort? In: Renate von Heydebrand (Hg.): Kanon, Macht, Kultur. Stuttgart: Metzler 1998, S. 383–395.
Logge, Thorsten: Zur medialen Konstruktion des Nationalen. Die Schillerfeiern 1859 in Europa und Nordamerika. Göttingen: V & R unipress 2014.
M. M.: Ostjuden. In: Der Jude 1, 1 (April 1916), S. 62 f.
Maase, Kaspar: Grenzenloses Vergnügen. Der Aufstieg der Massenkultur 1850–1970. Frankfurt a. M.: Fischer 2007.
Mackasare, Manuel: Klassik und Didaktik 1871–1914. Zur Konstituierung eines literarischen Kanons im Kontext des deutschen Unterrichts. Berlin, Boston: De Gruyter 2017.
Mahr, Bernd: Modelle und ihre Befragbarkeit. Grundlagen einer allgemeinen Modelltheorie. In: Erwägen Wissen Ethik 26, 3 (2015), S. 329–342.
Majchrowski, Zbigniew: Cela Konrada. Powracając do Mickiewicza. Gdańsk: Słowo/Obraz Terytoria 1998.
Makaruk, Maria: Współczesne wersje mitu Mickiewiczowskiego? O pracach Jarosława Marka Rymkowskiego i Zbigniewa Sudolskiego [Gegenwärtige Versionen der Mickiewicz-Mythos? Über die Arbeiten von J. M. R. und Z. S.]. In: Lidia Wiśniewska (Hg.): Mity,

mitologie, mityzacje. Nie tylko w literaturze [Mythen, Mythologien, Mythisierungen. Nicht nur in der Literatur]. Bydgoszcz: Wydawnictwo Uniwersytetu Kazimierza Wielkiego 2005, S. 169–179.
Makowski, Krzysztof A.: Wątek Żydowski w badaniach nad Mickiewiczem [Das jüdische Thema in der Mickiewicz-Forschung]. In: Zofia Trojanowiczowa, Zbigniew Przychodniak (Hg.): Księga Mickiewiczowska. Patronowi uczelni w dwusetną rocznicę urodzin 1798–1998 [Das Mickiewicz-Buch. Dem Patron der Hochschule zum zweihundertsten Geburtstag]. Poznań: Wydawn. Nauk. UAM 1998, S. 419–450.
Małecki, Antonii: O życiu i pismach Mickiewicza [Über das Leben und die Schriften von M.]. In: Orędownik Naukowy 31 & 32 (1842).
Mandelkow, Karl Robert: Gesammelte Aufsätze und Vorträge zur Klassik- und Romantikrezeption in Deutschland. Frankfurt a. M.: P. Lang 2001.
Mandelkow, Karl Robert: Goethe im Urteil seiner Kritiker. Dokumente zur Wirkungsgeschichte Goethes in Deutschland. München: C. H. Beck 1975–1984.
Mandelkow, Karl Robert: Weimarer Klassik. Gegenwart und Vergangenheit eines deutschen Mythos. In: Ortrud Gutjahr, Haro Segeberg (Hg.): Klassik und Anti-Klassik. Gegenwart und Vergangenheit eines deutschen Mythos. Würzburg: Königshausen und Neumann 2000, S. 5–17.
Manger, Itzik: Der Prinz der jiddischen Ballade. Gedichte, hg. von Helmut Braun. Aachen: Rimbaud 2012.
Manger, Itzik: Dunkelgold. Gedichte: jiddisch und deutsch. Mit Umschrift des Jiddischen, übers. von Efrat Gal-Ed. Berlin: Jüdischer Verlag im Suhrkamp Verlag 2004.
Manger, Itzik: Ich, der Troubadour. Lieder, Balladen und Prosa, übers. von Andrej Jendrusch, Alfred Margul-Sperber, Hubert Witt, hg. von Alfred Kittler. Berlin: Edition DODO 2012.
Mann, Golo: Urballade. In: Reich-Ranicki, Marcel (Hg.): Frankfurter Anthologie. Zehnter Band. Gedichte und Interpretationen. Frankfurt a. M.: Suhrkamp 1989, S. 53–55.
Martus, Steffen: Werkpolitik. Aus der Literaturgeschichte kritischer Kommunikation vom 17. bis zum 20. Jahrhundert. Mit Studien zu Klopstock, Tieck, Goethe und George. Berlin, Boston: De Gruyter 2007.
Masłowski, Michał: Problemy tożsamości. Szkice mickiewiczowskie i (post)romantyczne [Probleme der Identität. Skizzen zu Mickiewicz und der (Post)Romantik]. Lublin: Instytut Europy Środkowo-Wschodniej, Instytut Adama Mickiewicza 2006.
Matthiessen, Francis O.: American Renaissance. Art and Expression in the Age of Emerson and Whitman. London, Toronto, New York: Kessinger Publishing 1954.
Matuschek, Stefan, Sandra Kerschbaumer (Hg.): Romantik erkennen – Modelle finden. Paderborn: F. Schöningh 2019.
Matuschek, Stefan: Es war einmal. Das Märchen als gegenwartsorientierte, dynamische Gattung. In: Fabula 1/2 55 (2014), S. 13–25.
Matuschek, Stefan: Individualitätsmythen der Moderne: Faust im Kontext. In: Carsten Rohde, Thorsten Valk, Mathias Mayer (Hg.): Faust-Handbuch. Konstellationen – Diskurse – Medien. Stuttgart: Metzler 2018, S. 12–22.
Matuschek, Stefan: Von nicht zeitlich, doch sachlich begrenztem Wert. Plädoyer für einen partikularistischen Klassiker-Begriff. In: Ders., Paula Wojcik, Sophie Picard, Monika Wolting (Hg.): Klassik als kulturelle Praxis – funktional, intermedial, transkulturell. Berlin, Boston: De Gruyter 2019, S. 27–37.

Matuschek, Stefan: Die majestätische Bequemlichkeit eines Ordnungsmodells. Zur Funktion der Scholastik in der neuen Literaturtheorie. In: Ders., Gerhard R. Kaiser (Hg.): Begründungen und Funktionen des Kanons. Heidelberg: Winter 2001, S. 173–190.

Maurer, Jadwiga: „Z matki obcej–". Szkice o powiązaniach Mickiewicza ze światem Żydów [„Aus fremder Mutter–". Skizzen über M.s Verbindungen mit der jüdischen Welt]. London: Polska Fundacja Kulturalna 1990.

Mayer, Hans: Mickiewicz und die Deutsche Klassik. In: Ders.: Deutsche Literatur und Weltliteratur. Reden und Aufsätze. Berlin: Rütten und Loening 1957, S. 91–112.

McDowell, Paula: "The Art of Printing was Fatal": Print Commerce and the Idea of Oral Tradition in Long Eighteenth-Century Ballad Discourse. In: Patricia Fumerton, Anita Guerrini, Kris McAbee (Hg.): Ballads and Broadsides in Britain, 1500–1800. Farnham u. a.: Ashgate 2012, S. 35–56.

Mecklenburg, Norbert: Balladen der Klassik. In: Walter Müller-Seidel (Hg.): Balladenforschung. Königstein/Ts: Verlagsgruppe Athenäum 1980, S. 187–203.

Mendelson, Juliusz: Das Romantische. In: Der polnische Parnaß oder eine Auswahl der schönsten Gedichte aus den vorzüglichsten polnischen Dichtern. Erste Lieferung. Kurze Gedichte von Adam Mickiewicz, in's Deutsche übers. und hg. von Juliusz Mendelson. Heidelberg: Winter 1834, S. 16–19.

Merkelbach, Valentin: Goethes ‚Erlkönig', museales Erbstück oder was sonst noch? Ästhetische, ideologische und didaktische Aspekte eines Balladen-Evergreens. In: Diskussion Deutsch 16 (1985), S. 313–326.

Meyer-Kalkus, Reinhart: Koordinaten literarischer Vortragskunst. Goethe-Rezitationen im 20. Jahrhundert. In: Gabriele Leupold, Katharina Raabe (Hg.): In Ketten tanzen. Übersetzen als interpretierende Kunst. Göttingen: Wallstein 2012, S. 150–198.

Mickiewicz, Adam: Balladen und Romanzen, aus dem Polnischen metrisch übertragen von Dr. Albert Weiß. Leipzig: Philipp Reclam jun. 1874.

Mickiewicz, Adam: Gesamtwerke. In 4 Bänden, hg. von Justinus Kerner-Verein in Weinsberg. 4. Band. Weinsberg 1909.

Mickiewicz, Adam: Lyrik, Prosa. Polnisch und deutsch. Leipzig: Reclam 1978.

Mickiewicz, Adam: Mickiewiczs poetische Meisterwerke. Übersetzung, Einleitung und Nachwort von Gotthilf Kohn. Sanok: Druck von Karl Pollak 1880–1884.

Mickiewicz, Adam: Powieści Poetyckie [Versepen] (= Dzieła, hg. von Julian Krzyżanowski, Stanisław Pigoń, Leon Płoszewski, Henryk Wolpe, Kazimierz Wyka. Tom II). Warszawa: Czytelnik 1955.

Mickiewicz, Adam: Utwory dramatyczne (= Dzieła, hg. von Julian Krzyżanowski, Stanisław Pigoń, Leon Płoszewski, Henryk Wolpe, Kazimierz Wyka. Tom III). Warszawa: Czytelnik 1955.

Mickiewicz, Adam: Pan Tadeusz. (= Dzieła, hg. von Julian Krzyżanowski, Stanisław Pigoń, Leon Płoszewski, Henryk Wolpe, Kazimierz Wyka. Tom IV). Warszawa: Czytelnik 1955.

Mickiewicz, Adam: Pisma prozą. Część I. Pisma filomatyczne, estetyczno-krytyczne, opowiadania [Prosaschriften. Teil I. Filomatenschriften, ästhetisch-kritische Schriften, Erzählungen] (= Dzieła, hg. von Julian Krzyżanowski, Stanisław Pigoń, Leon Płoszewski, Henryk Wolpe, Kazimierz Wyka. Tom V). Warszawa: Czytelnik 1955.

Mickiewicz, Adam: Romantik, übers. von Carl v. Pentz. In: Jenseits der Oder 7, 7 (1956), S. 3.

Mickiewicz, Adam: Romantik. In: Czesław Miłosz: Geschichte der polnischen Literatur des 20. Jahrhunderts, übers. von Arthur Mandel. Tübingen: Francke 2013, S. 178–179.

Mickiewicz, Adam: Romantik. In: Ders.: Poetische Werke. Bd. 1, übers. von Arthur Ernst Rutra. eingel. von A. Brückner. München: G. Müller 1919, S. 3–5.

Mickiewicz, Adam: Sämtliche Werke. Erster Teil. Gedichte, aus dem Polnischen übertragen von Carl von Blankensee. Berlin: Nauck 1836.

Mickiewicz, Władysław: Żywot Adama Mickiewicza podług zebranych przez siebie materyałów oraz z własnych wspomnień opowiedział Władysław Mickiewicz [Das Leben A. M.s nach eigenhändig gesammelten Materialien und eigenen Erinnerungen erzählt von Władysław Mickiewicz]. Poznań: W Drukarni Dziennika Poznanskiego 1890.

Minkmar, Nils: Nach dem Schock. In: Süddeutsche Zeitung vom 25.2.2022. Digitale Ausgabe, Kultur.

Mittenzwei, Werner: Börries, Frhr. v. Münchhausen, Dichter. In: Historische Kommission der Bayrischen Akademie der Wissenschaften (Hg): Neue deutsche Biographie. Band 18: Moller – Nausea. Berlin: Duncker & Humbolt 1997, S. 525–527.

Mittenzwei, Werner: Die Mentalität des ewigen Deutschen. Nationalkonservative Dichter 1918–1947 und der Untergang einer Akademie. Leipzig: Faber & Faber 2003.

Mochnacki, Maurycy: O duchu i źródłach poezji w Polszczę [Über den Geist und Ursprung der Poesie in Polen]. In: Ders.: Pisma krytyczne i polityczne [Kritische und politische Schriften], hg. von Zbigniew Przychodniak, Jacek Kubiak, Elżbieta Nowicka. Kraków: Universitas 1996, S. 49–86.

Mochnacki, Maurycy: O literaturze polskiej w wieku dziewiętnastym [Über die polnische Literatur im 19. Jahrhundert], opracował i przedmową poprzedził Ziemowit Skibiński. Łódź: Wydawn. Łódzkie 1985.

Moretti, Franco: Conjectures on World Literature. In: New Left Review 1 (2000), S. 54–68.

Mühlberg, Dietrich: Anfänge proletarischen Freizeitverhaltens und seiner öffentlichen Einrichtungen. In: Weimarer Beiträge. Zeitschrift für Literaturwissenschaft, Ästhetik und Kulturwissenschaften 27 (1981), S. 118–150.

Mukařovský, Jan: Ästhetische Funktion, Norm und ästhetischer Wert als soziale Fakten. In: Ders.: Kapitel aus der Ästhetik. Frankfurt a. M.: Suhrkamp 1970, S. 7–112.

Mukherjee, Ankhi: What Is a Classic? Postcolonial Rewriting and Invention of the Canon. Stanford: Stanford University Press 2014.

Müller, Joachim: Der unbekannte Münchhausen. Dem Dichter zum 70. Geburtstag. In: Zeitschrift für Deutschwissenschaft und Deutschunterricht. Für die Kriegszeit vereinigte Ausgabe der Zeitschrift für Deutschkunde und der Zeitschrift für deutsche Bildung, hg. von Karl Hunger und Joachim Müller 2 (1944), S. 78–85.

Müller, Sven Oliver: Das Publikum macht die Musik. Musikleben in Berlin, London und Wien im 19. Jahrhundert. Göttingen: Vandenhoeck & Ruprecht 2014.

Mulvey, Laura: Visual Pleasure and Narrative Cinema. Houndmills u. a.: Palgrave Macmillan 2009.

Münchhausen, Börries von: Das dichterische Werk in zwei Bänden. Stuttgart: Deutsche Verlags-Anstalt 1959.

Münchhausen, Börries von: Das Herz im Harnisch. Neue Balladen und Lieder des Freiherrn Börries von Münchhausen. Berlin: Egon Fleischel & Co 1917.

Münchhausen, Börries von: Dichtervorträge. Erfahrungen und Vorschläge. Leipzig: Verlag des Börsenvereins der deutschen Buchhändler zu Leipzig 1925.

Münchhausen, Börries von: Die Balladen und ritterlichen Lieder des Freiherrn Börries von Münchhausen. Berlin: Egon Fleischel & Co 1912.

Münchhausen, Börries von: Die Balladen und ritterlichen Lieder des Freiherrn Börries von Münchhausen. Stuttgart, Berlin: Deutsche Verlags-Anstalt [1908] 1930.

Münchhausen, Börries von: Die Garbe. Ausgewählte Aufsätze. Stuttgart, Berlin: Deutsche Verlags-Anstalt 1933.
Münchhausen, Börries von: Die Standarte. Balladen und Lieder des Freiherrn Börries von Münchhausen. Stuttgart, Berlin: Deutsche Verlags-Anstalt [1916] 1922.
Münchhausen, Börries von: Fröhliche Woche mit Freunden. Vermehrte Neu-Fassung. Stuttgart, Berlin: Deutsche Verlags-Anstalt 1941.
Münchhausen, Börries von: Göttinger Musen-Almanach für 1898, hg. von Göttinger Studenten. Göttingen: Verlag von Lüder Horstmann 1898.
Münchhausen, Börries von: Juda. Gesänge von Börries, Freiherr v. Münchhausen mit Buchdruck von E. M. Lilien. Berlin: Egon Fleischel & Co viertes bis sechstes Tausend 1900.
Münchhausen, Börries von: Sammlung deutscher Balladen von Bürger bis Münchhausen. Mit einem Vorwort von Börries, Freiherrn von Münchhausen. Halle: Max Niemeyer Verlag 1934.
Münchhausen, Börries: Die Meisterballaden. Ein Führer zur Freude. Stuttgart, Berlin: Deutsche Verlagsanstalt [1923] 10. Aufl. 1940.
Namowicz, Tadeusz: Adam Mickiewiczs „Vorwort" zu den „Balladen und Romanzen" und die deutsche Literatur um 1800. In: Ewa Mazur-Kębłowska, Ulrich Ott (Hg.): Adam Mickiewicz und die Deutschen. Eine Tagung am Deutschen Literaturarchiv Marbach am Neckar. Wiesbaden: Harrassowitz 2000, S. 50–66.
Namowicz, Tadeusz: Deutsche Literatur in Polen. In: Franciszek Grucza (Hg.): Tausend Jahre polnisch-deutsche Beziehungen. Sprache – Literatur – Kultur – Politik: Materialien des Millennium-Kongresses, 5.–8. April 2000, Warszawa. Warszawa: Graf-Punkt 2001, S. 170–187.
Namowicz, Tadeusz: Wstęp [Einleitung]. In: Johann Gottfried Herder. Wybór pism [Auswahl seiner Schriften], hg. von Tadeusz Namowicz. Wrocław: Zakład Narodowy im. Ossolińskich 1987, S. VIII–LXXXVI.
Nayar, Pramod K.: The Postcolonial Studies Dictionary. Hoboken: Wiley 2015.
Neiss, Marion: Presse im Transit. Jiddische Zeitungen und Zeitschriften in Berlin von 1919 bis 1925. Berlin: Metropol 2002.
Nell, Werner: Klassiker im Maelstrom der Moderne. In: Paula Wojcik, Stefan Matuschek, Sophie Picard, Monika Wolting (Hg.): Klassik als kulturelle Praxis – funktional, intermedial, transkulturell. Berlin, Boston: De Gruyter 2019, S. 53–71.
Neuhaus, Stefan: Märchen. Tübingen: UTB Francke 2017.
Neumann, Friedrich: Börries, Freiherr von Münchhausen und Moritz Jahn. Eine festliche Ansprache. Göttingen: Dieterichsche Universitäts-Buchdruckerei (W. Fr. Kaestner) 1944.
Newman, Steve: Ballad Collection, Lyric, and the Canon. The Call of the Popular from the Restoration to the New Criticism. Philadelphia: University of Pennsylvania Press 2007.
Noa, Miriam: Volkstümlichkeit und Nationbuilding. Zum Einfluss der Musik auf den Einigungsprozess der deutschen Nation im 19. Jahrhundert. Münster: Waxmann 2013.
Nolte, Kristina: Der Kampf um Aufmerksamkeit. Wie Medien, Wirtschaft und Politik um eine knappe Ressource ringen. Frankfurt a. M.: Campus 2005.
Obrączka, Piotr: Żartobliwe spolszczenia poezji niemieckiej [Scherzhafte Einpolnischung deutscher Poesie]. Dresden, Wrocław: Neisse-Verlag ATUT 2008.
Olson, Jess: Nathan Birnbaum and Jewish Modernity. Architect of Zionism, Yiddishism, and Orthodoxy. Stanford: Stanford University Press 2013.
Opacki, Ireneusz, Czesław Zgorzelski: Ballada. Wrocław u. a.: Zakład Narodowy im. Ossolińskich 1970.

Ortega y Gasset, José: Um einen Goethe von Innen bittend. Stuttgart: Deutsche Verlags-Anstalt 1952.
Osofisan, Femi: Tegonni. An African Antigone. Lagos: Concept Publications op. [1994] 2007.
Ottens, Rita, Joel Rubin: Klezmer-Musik. München: Dtv 2003.
Paefgen, Elisabeth Katharina: Uhland – Goethe – Geibel. Anmerkungen zur lyrischen Kanonentwicklung im „Echtermeyer" des 19. Jahrhunderts: Volkstümlichkeit – Klassik – Nationales. In: Detlef C. Kochan (Hg.): Literaturdidaktik – Lektürekanon – Literaturunterricht. Amsterdam, Atlanta: Rodopi 1990, S. 251–287.
Pähl, Sonja: Der Faustmythos in der polnischen Romantik. München: AVM 2011.
Palmon, Jaakow Erwin: Israel sucht den Weg in die Zukunft. Wirtschafts- und Gesellschaftsprobleme des Staates der Juden. Leer: Niedersächsische Landeszentrale für politische Bildung 1966.
Pasternak, Vevel (Hg.): The Jewish Fakebook. Owings Mills: tara publications 1997.
Paterson, Andrew Barton: The Man From Snowy River and Other Verses [Reprint der University of Sydney]. Sydney: Angus and Robertson [1917] 1997.
Pechnik, Alexander: Goethe's „Hermann und Dorothea" und „Herr Thaddäus oder der letzte Einritt in Lithauen" von Mickiewicz: eine Parallele mit Beigabe von mehreren übersetzten Auszügen aus dem letzteren Gedichte. Leipzig: Josef Pisch (Selbstverlag) 1879.
Percy, Thomas: Reliques of Ancient English Poetry. Reprint of the First Edition of 1765. Introduction and Notes Nick Groom. London: Routledge 1996.
Perloff, Marjorie: Unoriginal Genius. Poetry by Other Means in the New Century. Chicago: The University of Chicago Press 2012.
Petersen, Julius: Goetheverehrung in fünf Jahrzehnten. In: Jahrbuch der Goethe Gesellschaft 21 (1935), S. 1–25.
Pettersson, Anders: The Concept of Literary Application. Readers' Analogies from Text to Life. Basingstoke, New York: Palgrave Macmillan 2012.
Picard Sophie: Klassikerfeiern. Permanenz und Polyfunktionalität Beethovens, Goethes und Victor Hugos im 20. Jahrhundert. Bielefeld: Transcript 2022.
Picard, Sophie: Goethe und das Radio: eine Win-win-Situation 1932 und 1949. In: Dies., Paula Wojcik, Stefan Matuschek, Monika Wolting (Hg.): Klassik als kulturelle Praxis – funktional, intermedial, transkulturell. Berlin, Boston: De Gruyter 2019, S. 121–138.
Picard, Sophie: To Meme or Not to Meme. Literary Quotes and Memes in Digital Culture. In: Paula Wojcik, Hannes Höfer, Sophie Picard (Hg.): Iconizing of Literature, Art, and Science. Intermediality and Value in Popular Culture. London: Palgrave Macmillan erscheint 2023.
Pietsch, Christian: Einführung zu ‚Klassik als Norm – Norm als Klassik': Thema und Tagung. In: Ders., Tobias Leuker (Hg.): Klassik als Norm – Norm als Klassik. Kultureller Wandel als Suche nach funktionaler Vollendung. Münster: Aschendorff 2016, S. 1–26.
Piotrowska, Magdalena: Zanim „te księgi zbłądziły pod strzechy", czyli od odbiorcy elitarnego ku odbiorcy popularnemu [Bevor sich „diese Bücher unter die Strohdächer verirrten", oder vom elitären zum populären Empfänger]. In: Krystyna Ratajska, Maria Berkan-Jabłońska (Hg.): Mickiewicz wielu pokoleń twórców, badaczy i czytelników [M. vieler Generationen Schaffender, Forscher und Leser]. Łódź: Wydawn. Uniwersytetu Łódzkiego 2007, S. 206–216.
Plata, Tomasz: Pośmiertne życie romantyzmu [Das Nachleben der Romantik]. Warszawa: Instytut Teatralny im. Zbigniewa Raszewskiego 2017.

Pompe Hedwig: Popularisierung/Popularität: Eine Projektbeschreibung. In: Dies., Gereon Blaseio, Jens Ruchatz (Hg.): Popularisierung und Popularität. Köln: DuMont 2005, S. 13–21.
Ponzanesi, Sandra: The Postcolonial Cultural Industry. Icons, Markets, Mythologies. Houndmills u. a.: Palgrave Macmillan 2014.
Radecka, Alina: Wieczornica w 150. rocznicę śmierci Adama Mickiewicza w Centrum Kształcenia Ustawicznego w Toruniu [Abendfeier anlässlich des 150. Todestages von A. M. im Zentrum für lebenslanges Lernen in Torn]. In: Zbigniew Paweł Kruszewski, Józef Półturzycki (Hg.): Adam Mickiewicz 1798 – 1855 – 2005: wielkość, tradycja, pamięć [Größe, Tradition, Erinnerung]. Płock: Wydawnictwo Naukowe Novum 2006, S. 161–164.
Raffnsøe, Sverre, Marius Gudmand-Høyer, Morten Sørensen Thaning: Foucault. Studienhandbuch. Paderborn: W. Fink 2011.
Rajewsky, Irina: Intermedialität. Tübingen: Francke 2002.
Reckwitz, Andreas: Die Gesellschaft der Singularitäten. Zum Strukturwandel der Moderne. Berlin: Suhrkamp 2017.
Reckwitz, Andreas: Grundelemente einer Theorie sozialer Praktiken. In: Zeitschrift für Soziologie 32, 4 (2003), S. 282–301.
Reich-Ranicki, Marcel: Der Kanon. Die deutsche Literatur – Gedichte. Band 5: Stefan George bis Kurt Tucholsky. Frankfurt a. M., Leipzig: Insel 2005.
Reitz, Tilman: Der revolutionäre und der romantische Geist des Konsums. In: Stefan Matuschek, Sandra Kerschbaumer (Hg.): Romantik erkennen – Modelle finden. Paderborn: F. Schöningh 2019, S. 187–204.
Reulecke, Jürgen: „Ich möchte einer werden so wie die –". Männerbünde im 20. Jahrhundert. Frankfurt: Campus 2001.
Reulecke, Jürgen: Im Vorfeld der NS-Schulungslager. Männerbundideologie und Männerbunderfahrungen vor 1933. In: Gideon Botsch, Josef Haverkamp (Hg.): Jugendbewegung, Antisemitismus und rechtsradikale Politik. München: Oldenbourg 2014, S. 152–164.
Richter, Georg Curt: Eine Studienfahrt nach Deutsch-Ost-Afrika. Wissenschaftliche Beilage zum Jahresbericht der Evang. Realschule I zu Breslau. Breslau: Breslauer Genossenschafts Buchdruckerei 1911.
Ringer, Fritz: Education and the Middle Classes in Modern France. In: Werner Conze, Jürgen Kocka (Hg.): Bildungsbürgertum im 19. Jahrhundert. Teil I: Bildungssystem und Professionalisierung in internationalen Vergleichen. Stuttgart: Klett-Cotta 1985, S. 109–146.
Rippl, Gabriele, Simone Winko (Hg.): Handbuch Kanon und Wertung. Theorien, Instanzen, Geschichte. Stuttgart: Metzler 2013.
Roback, Abraham Aaron: The Story of Yiddish Literature. New York: Gordon Press 1974.
Rogers, Everett Mitchell: Diffusion of Innovations. New York: Free Press 1995.
Rohde, Carsten: Faust Populär: zur Transformation ‚Klassischer' Stoffe in der modernen Massen- und Populärkultur. In: Oxford German Studies 4, 45 (2016), S. 380–392.
Rohde, Carsten: Faust-Ikonologie. Stoff und Figur in der Bildkultur des 19. Jahrhunderts. Stuttgart: Metzler 2020.
Rorabaugh, W. J.: Kennedy and the Promise of the Sixties. Cambridge: Cambridge University Press 2002.
Rose, Trcia: Black Noise. Rap Music and Black Culture in Contemporary America. Hannover, London: Univ. Press of New England 1994.
Roskies, David G., Leonard Wolf: Introduction. In: Dies. (Hg.): The World According to Itzik. Selected Poetry and Prose: New Haven: Yale University Press 2008, S. xiii–xlvi.

Rossetti, Christina Georgina: The Poetical Work. New York: Macmillan and Co 1904.
Rücker, Friedrich: Auswahl deutscher Gedichte für die untern und mittlern Klassen der Gelehrten und höhern Bürgerschulen nach den Originalien und mit Anmerkungen. Zweite Abtheilung. Erlangen: Palm'sche Verlagsbuchhandlung 1837.
Ruta, Magdalena: Bez Żydów? Literatura jidysz w PRL o Zagładzie, Polsce i komunizmie [Ohne Juden? Jiddische Literatur in der PRL über den Holocaust, Polen und den Kommunismus]. Kraków, Budapeszt: Wydawnictwo Austeria 2012.
Rymkiewicz, Jarosław Marek: Mickiewicz. Encyklopedia. Warszawa: Horyzont 2001.
Sabo, Oana: The Migrant Canon in Twenty-First-Century France. Lincoln: University of Nebraska Press 2018.
Sainte-Beuve, Charles-Augustin: Qu'est-ce qu'un classique? In: Ders.: Causiers du lundi. Band 3. Paris: Garnier Frères 1850, S. 38–55.
Sandauer, Artur: Poeci trzech pokoleń [Dichter dreier Generationen]. Staff, Tuwim, Słonimski, Iwaszkiewicz, Broniewski, Przyboś, Gałczyński, Jastrun. Warszawa: Państwowy Inst. Wydawn 1955.
Sanders, Julie: Adaptation and Appropriation. London, New York: Routledge 2006.
Scheffel, Helmut: Kann Hitler zur Legende werden? Michel Tournier: „Der Erlkönig" – Der ungewöhnliche Roman eines Franzosen über Deutschland. In: Frankfurter Allgemeine Zeitung (26.9.1972).
Schiller, Friedrich: Über Bürgers Gedichte. In: Ders.: Vermischte Schriften, hg. von Herbert Meyer (= Schillers Werke. Nationalausgabe, hg. von Julius Petersen und Herrmann Schneider. Band 22). Weimar: Hermann Böhlaus Nachfolger 1958, S. 245–264.
Schlegel, Friedrich: Rezension über Göthe's Werke. Erster bis vierter Band. Tübingen in der Cotta'schen Buchhandlung 1806. In: Karl Robert Mandelkow (Hg.): Goethe im Urteil seiner Kritiker. Dokumente zur Wirkungsgeschichte Goethes in Deutschland. Band 4: 1918–1982. München: C. H. Beck 1984, S. 234–256.
Schlich, Jutta: Literarische Authentizität. Prinzip und Geschichte. Berlin, Boston: De Gruyter 2013.
Schmale, Wolfgang: Geschichte der Männlichkeit in Europa (1450–2000). Wien: Böhlau 2003.
Schmalzriedt, Egidius: Inhumane Klassik. Vorlesung wider ein Bildungsklischee. Mit den wichtigsten Dokumenten zur Tradition eines fragwürdigen Begriffs. München: Kindler 1971.
Schmidt, Wolf Gerhard: „Homer des Nordens" und „Mutter der Romantik". James Macphersons Ossian und seine Rezeption in der deutschsprachigen Literatur. Band 1. James Macphersons *Ossian*, zeitgenössische Diskurse und die Frühphase der deutschen Rezeption. Berlin, New York: De Gruyter 2003.
Schmitz, Walter: Johannes R. Becher – der ‚klassische Nationalautor' der DDR. In: Günther Rüther (Hg.): Literatur in der Diktatur. Paderborn: F. Schöningh 1997, S. 303–342.
Schneider, Thomas F.: „Heldisches Geschehen" und „reiner blaublonder Stamm". Die ‚Erneuerung' der Ballade und ihre Instrumentalisierung durch Börries von Münchhausen (1874–1945) seit 1898. In: Edward Białek, Hubert Orłowski (Hg.): Literatur im Zeugenstand. Frankfurt a. M.: P. Lang 2002, S. 541–562.
Schneider, Thomas F.: „Krieg ist Krieg schließlich". Erich Maria Remarque: Im Westen nichts Neues (1928). In: Ders., Hans Wagener (Hg.): Von Richthofen bis Remarque: Deutschsprachige Prosa zum I. Weltkrieg. Amsterdam: Rodopi 2003, S. 217–232.
Schneider, Thomas F.: Ein „Beitrag zur Wesenserkenntnis des deutschen Volkes". Die Instrumentalisierung der Ballade in der extremen politischen Rechten und im Nationalsozialismus 1900–1945. In: Srđan Bogosavljević, Winfried Woesler, Slobodan Grubačić,

Chryssoula Kambas (Hg.): Die deutsche Ballade im 20. Jahrhundert. Bern, New York: P. Lang 2009, S. 125–150.

Schücking, Beate (Hg.): „Deine Augen über jedem Verse, den ich schrieb". Börries von Münchhausen, Levin Ludwig Schücking, Briefwechsel 1897–1945. Oldenburg: Igel 2001.

Schuhmann, Klaus: Goethe-Parodien. Ein Almanach mit Abbildungen aus älteren bibliophilen Zeitschriften. Leipzig: Faber & Faber 2007.

Schultze, Brigitte: Prometheus in Polen. Nationalisierung und Internationalisierung des Mythos um 1900. In: Udo Schöning, Beata Weinhagen, Frank Seemann (Hg.): Internationalität nationaler Literaturen. Beiträge zum Ersten Symposion des Göttinger Sonderforschungsbereichs 529. Göttingen: Wallstein 2000, S. 239–265.

Schulz, Gerhard, Sabine Doering: Klassik. Geschichte und Begriff. München: C. H. Beck 2003.

Sebestyen, Amanda: The Mannerist Marketplace. In: New Socialist 47 (1987).

Segebrecht, Wulf: Deutsche Balladen. Gedichte, die dramatische Geschichten erzählen. München: Hanser 2012.

Seifert, Nicole: ~~Frauen~~ Literatur: abgewertet, vergessen, wiederentdeckt. Köln: KiWi 2021.

Sellers, Charles: The Market Revolution: Jacksonian America, 1815–1846. New York: Oxford University Press 1991.

Seliger, Bertold: Klassikkampf. Ernste Musik, Bildung und Kultur für alle. Berlin: Matthes & Seitz 2017.

Sellerberg, A. M.: Fashion. In: Neil J. Smelser, Paul B. Baltes (Hg.): International Encyclopedia of the Social & Behavioral Sciences. Band 8: Ex-Foo. Amsterdam: Elsevier 2001, S. 5411–5415.

Seymour, Jessica: Racebending and Prosumer Fanart. Practices in Harry Potter Fandom. In: Paul Booth (Hg.): A Companion to Media Fandom and Fan Studies. Hoboken 2018, S. 333–347.

Sheets, Robin Ann: Pornography, Fairy Tales, and Feminism: Angela Carter's "The Bloody Chamber". In: Lindsey Tucker (Hg.): Critical Essays on Angela Carter. New York u. a.: G. K. Hall 1998, S. 96–118.

Shmeruk, Chone: Historia literatury jidysz [Geschichte jidischer Literatur]. Zarys. Wrocław: Zakład Narodowy im. Ossolińskich 2007.

Siegfried, Detlef: Kommunikation und Erlebnis. Merkmale und Deutungen europäischer Folk- und Popmusikfestivals: Burg Waldeck und Roskilde. In: Sven Oliver Müller, Jürgen Osterhammel, Martin Rempe (Hg.): Kommunikation im Musikleben. Göttingen: Vandenhoeck & Ruprecht 2015, S. 276–294.

Simmel, Georg: Philosophie der Mode. In: Moderne Zeitfragen 11 (1905), S. 5–41.

Simpson, Michael, Barbara E. Goff: Crossroads in the Black Aegean. Oedipus, Antigone, and Dramas of the African Diaspora. Oxford: Oxford Univ. Press 2008.

Słonimski, Antoni: Czarna wiosna [Schwarzer Frühling]. In: Ders.: Poezje. Warszawa: Czytelnik 1955, S. 108–121.

Słowacki, Juliusz: Beniowski. Poema. In: Ders.: Poematy (= Juliusz Słowacki. Dzieła wybrane. Pod redakcją Juliana Krzyżanowskiego. Tom II). Wrocław u. a.: Zakład Narodowy im. Ossolińskich 1979, S. 77–203.

Słowacki, Juliusz: Dzieła wybrane [Ausgewählte Werke]. Pod redakcją Anny Zychówny. Wyboru dokonał Adam Ważyk. Tom I. Warszawa u. a.: Państwowy Instytut Wydawniczy 1954.

Śniadecki, Jan: O pismach klasycznych i romantycznych [Über klassische und romantische Schriften]. 1819. In: Julian Krzyżanowski, Zdzisław Libera, Ewa Warzenica (Hg.): Polska

Krytyka Literacka [Polnische Literaturkritik] (1800-1918). Materiały. Tom I. Warszawa: Państwowe Wydawnictwo Naukowe 1959, S. 152-164.

Sommer, Roy: Funktionsgeschichten: Überlegungen zur Verwendung des Funktionsbegriffs in der Literaturwissenschaft und Anregungen zu seiner terminologischen Differenzierung. In: Literaturwissenschaftliches Jahrbuch 41 (2001), S. 319-341.

Spieß, Constanze, Klaus-Michael Köpcke: Metonymie und Metapher – Theoretische, methodische und empirische Zugänge. In: Dies. (Hg.): Metapher und Metonymie. Theoretische, methodische und empirische Zugänge. Berlin, Boston: De Gruyter 2015, S. 1-21.

Spivak, Gayatri Chakravorty: Can the Subaltern Speak? Postkolonialität und subalterne Artikulation. Mit einer Einleitung von Hito Steyerl. Wien: Turia + Kant [1988] 2014.

Spivak, Gayatri Chakravorty: In Other Worlds. Essays in Cultural Politics. New York 1988.

Spolsky, B., E. Shohamy: Hebrew After a Century of RLS Efforts. In: Joshua A. Fishman (Hg.): Can Threatened Languages Be Saved? Reversing Language Shift, Revisited: a 21st Century Perspective. Clevedon: Multilingual Matters 2001, S. 350-363.

Stein, Atara: The Byronic Hero in Film, Fiction, and Television. Carbondale: Southern Illinois University Press 2009.

Steinbach, Udo, Rüdiger Robert (Hg.): Der Nahe und Mittlere Osten Politik, Gesellschaft, Wirtschaft, Geschichte, Kultur. Opladen: Leske + Budrich 1988.

Stemberger, Martina: „... on veut la grande littérature". Oder Ein Klassiker im Kino: Zu zwei zeitgenössischen filmischen Re-Interpretationen der Princesse de Clèves. In: Paula Wojcik, Stefan Matuschek, Sophie Picard, Monika Wolting (Hg.): Klassik als kulturelle Praxis – funktional, intermedial, transkulturell. Berlin, Boston: De Gruyter 2019, S. 389-406.

Stemberger, Martina: Homer Meets Harry Potter. Fanfiction zwischen Klassik und Populärkultur. Tübingen: Narr 2021.

Stemberger, Martina: La Princesse de Clèves, Revisited. Re-Interpretationen eines Klassikers zwischen Literatur, Film und Politik. Tübingen: Narr 2018.

Sternke, René: Klassikentwürfe als Visionen zur Krisenbewältigung. In: Études Germaniques 69 (2014), S. 3-19.

Stevens, Hugh: The Cambridge Companion to Gay and Lesbian Literature. Cambridge, New York: Cambridge University Press 2011.

Stock, Stephanie: Gebildet. Eine Studie zum Bildungsdiskurs am Beispiel der Kanondebatte von 1995 bis 2015. Wiesbaden: Springer VS 2017.

Stockinger, Ludwig: „Wunderliche Phantasie". Voraussetzungen und Möglichkeiten ‚literarischer Phantastik' in der deutschen Literatur des 18. Jahrhunderts. In: Ders., Elmar Schenkel, Wolfgang F. Schwarz, Alfonso de Toro (Hg.): Die magische Schreibmaschine. Aufsätze zur Tradition des Phantastischen in der Literatur. Frankfurt a. M.: Vervuert 1998, S. 103-137.

Stone, Rochelle Heller: Bolesław Leśmian. The Poet and His Poetry. Berkeley: University of California Press 1976.

Szolem Alejchem: Tewje, der Milchman, übers. von Alexander Eliasberg, Maksymilian Reich. Mit Lithographien von Anatoli L. Kaplan, hg. von Hans Marquardt. Leipzig: Reclam 1987.

Szymanis, Eligiusz: Adam Mickiewicz. Kreacja autolegendy [Kreation einer Autolegende]. Wrocław u. a.: Zakład Narodowy im. Ossolińskich 1992.

Tan, Anna E., David A. Snow: Cultural Conflicts and Social Movements. In: Donatella della Porta, Mario Diani (Hg.): The Oxford Handbook of Social Movements. Oxford: Oxford University Press 2015, S. 513-533.

Tertiak, Józef: Adam Mickiewicz w świetle nowych źródeł 1815–1821 [AM. im Lichte neuer Quellen 1815–1821]. Kraków: Gebethner 1917.
Thieme, John: Postcolonial Con-Texts. Writing Back to the Canon. London, New York: Continuum 2001.
Toop, David: Rap Attack. African Jive bis Global HipHop, übers. von Diedrich Diedrichsen. St. Andrä-Wördern: Hannibal Verlag 1992 [Original: Boston: South End Press 1984].
Tournier, Michel: Comment j'ai construit Le Roi des Aulnes. In: Les Cahiers de l'Oronte 9 (1971), S. 88.
Tournier, Michel: Der Erlkönig. Berlin: Aufbau 1989.
Tournier, Michel: Le Roi des Aulnes. Postface de Philippe de Monès. Paris: Gallimard 1970 pour le texte principal et 1975 pour la postface.
Traba, Robert: Walka o kulture [Kulturkampf]. In: Przegląd Polityczny 75 (2006), S. 46–53.
Trumpener, Katie: Bardic Nationalism. The Romantic Novel and the British Empire. Princeton: Princeton University Press 1997.
Tscherwen, Frank: Rap trifft Klassiker. Balladen einmal ganz anders. Braunschweig: Bildungshaus Schulbuchverlage 2006.
Tucker, Lindsey: Introduction. In: Dies. (Hg.): Critical Essays on Angela Carter. New York u. a.: G. K. Hall 1998, S. 1–23.
Uhland, Ludwig: Gedichte von Ludwig Uhland. Vollständige kritische Ausgabe aufgrund des handschriftlichen Nachlasses besorgt von Erich Schmidt und Julius Hartmann. Erster Band. Stuttgart: Verlag der J. G. Cotta'schen Buchhandlung 1898.
Ullrich, Wolfgang: Alles nur Konsum. Kritik der warenästhetischen Erziehung. Berlin: Wagenbach 2014.
Unseld, Melanie: Und täglich grüßt die Nachtmusik. Gedanken über die ‚Klassik-Hits' des Repertoires. In: Sabine Meine, Nina Noeske (Hg.): Musik und Popularität. Aspekte zu einer Kulturgeschichte zwischen 1500 und heute. Münster, New York: Waxmann 2011, S. 187–194.
Valk, Thorsten (Hg.): Die Rede vom Klassischen. Transformationen und Kontinuitäten im 20. Jahrhundert. Göttingen: Wallstein 2020.
Van Gennep, Arnold: Übergangsriten. Les rites de passage, aus dem Französischen von Klaus Schomburg und Sylvia M. Schomburg-Scherff. Mit einem Nachwort von Sylvia M. Schomburg-Scherff. Frankfurt a. M.: Suhrkamp 1986.
Varga, Peter: Goethes Judenbild und das Goethebild der Juden. Goethes Verhältnis zum Judentum: Aktuelles und Historisches. In: Ortrud Gutjahr, Haro Segeberg (Hg.): Klassik und Anti-Klassik. Würzburg: Königshausen und Neumann 2000, S. 185–194.
Varlan, Sascha: HipHop als schöne Kunst betrachtet – oder: die kulturellen Wurzeln des Rap. In: Jannis Androutsopoulos (Hg.): HipHop. Globale Kultur – lokale Praktiken. Bielefeld: Transcript 2003, S. 138–146.
Viala, Alain: Qu'est-ce qu'un classique? Paris: Klincksieck 1993.
Voggenreiter, Gudrun: Dialogizität am Beispiel des Werkes von Bolesław Leśmian. München: O. Sagner 1991.
Vogt, Ulrich, Meinolf Protte: Goethe-Bilder auf Postkarten, Briefmarken, Geldscheinen, Sammelbildern, Stereofotos, Bierdeckeln. Hildesheim: Olms 2016.
Voigt, Lene: Säk'sche Balladen. Reinbek bei Hamburg: Rowohlt 1994.
Volke, Werner: Hölderlins 100. Todestag 1943 (II). In: Bernhard Zeller: Klassiker in finstern Zeiten 1933–1945. Eine Ausstellung des Deutschen Literaturarchivs im Schiller-National-

museum Marbach am Necker. Marbach: Deutsche Schillergesellschaft 1983, Band 2, S. 76–134.
Vordermeyer, Thomas: Bildungsbürgertum und völkische Ideologie: Konstitution und gesellschaftliche Tiefenwirkung eines Netzwerks völkischer Autoren (1919–1959). München: Oldenbourg 2016.
Voßkamp, Wilhelm: Einleitung. In: Ders. (Hg.): Theorie der Klassik. Stuttgart: Reclam 2009, S. 9–24.
Voßkamp, Wilhelm: Klassisch/Klassik/Klassizismus. In: Karlheinz Barck (Hg.): Ästhetische Grundbegriffe. Historisches Wörterbuch in sieben Bänden. Band 3: Harmonie-Material. Stuttgart: Metzler 2001, S. 289–305.
Voßkamp, Wilhelm: Normativität und Historizität europäischer Klassiken. In: Ders. (Hg.): Klassik im Vergleich. Stuttgart: Metzler 1993, S. 5–8.
Vrabel, Jeff: Grandmaster Flash and Mele Mel. Two of Hiphop's Founding Fathers on the Eve of Becoming Part of the First Rap Act in the Rock and Roll Hall of Fame. In: Billboard (17.3.2007), S. 23.
Wagner, Sandra, Sabine Egger: Mashing-up Werther. Zu (trans-)nationalen Goethe-Adaptionen in der zeitgenössischen Online-Kultur. In: Paula Wojcik, Stefan Matuschek, Sophie Picard, Monika Wolting (Hg.): Klassik als kulturelle Praxis – funktional, intermedial, transkulturell. Berlin, Boston: De Gruyter 2019, S. 451–470.
Waldhorn, Arthur, Olga S. Weber, Arthur Zeiger: Good Reading: A Guide for Serious Readers. New York: R. R. Bowker Company 23. Aufl. 1990.
Walser, Martin: Was ist ein Klassiker? In: Gottfried Honnefelder (Hg.): Warum Klassiker? Frankfurt a. M.: Dt. Klassiker-Verlag 1985, S. 3–10.
Ward, Philip: A Lifetime's Reading: The World's 500 Greatest Books. New York: Stein and Day 1983.
Weiner, Marc: Richard Wagner and the Anti-Semitic Imagination. Lincoln, London: University of Nebraska Press 1995.
Weißert, Gottfried: Ballade. Stuttgart: Metzler 1993.
Weißert, Gottfried: Das Verhältnis von deutschem Rap zur Balladentradition. In: Srđan Bogosavljević, Winfried Woesler, Slobodan Grubačić, Chryssoula Kambas (Hg.): Die deutsche Ballade im 20. Jahrhundert. Bern, New York: P. Lang 2009, S. 203–222.
Weithase, Irmgard: Zum Vortrag der Ballade. In: Gottfried Meinhold, Baldur Neuber (Hg.): Irmgard Weithase, Grenzgänge. Frankfurt a. M.: P. Lang 2011, S. 51–68.
Welsch, Wolfgang: Was ist eigentlich Transkulturalität? In: Lucyna Darowska, Thomas Lüttenberg, Claudia Machold (Hg.): Hochschule als transkultureller Raum? Kultur, Bildung und Differenz in der Universität. Bielefeld: Transcript 2010, S. 39–66.
Welzig, Werner: Der Typus der deutschen Balladenanthologie. In: Walter Müller-Seidel (Hg.): Balladenforschung. Königstein/Ts: Verlagsgruppe Athenäum 1980, S. 294–319.
Wende, Waltraud: „Die deutsche Kultur und die umliegenden Dörfer halten den Atem an". Zur Wirkungsgeschichte eines Klassikers. In: Ortrud Gutjahr, Haro Segeberg (Hg.): Klassik und Anti-Klassik. Würzburg: Königshausen und Neumann 2000, S. 19–33.
Werner, Michael: Heinrich Heine. In: Etienne François, Hagen Schulze (Hg.): Deutsche Erinnerungsorte. Band 1. München: C. H. Beck 2009, S. 484–501.
Wiemer, Reinhard: Kultur und kulturelle Entwicklung in Israel. In: Udo Steinbach, Rüdiger Robert (Hg.): Der Nahe und Mittlere Osten. Politik, Gesellschaft, Wirtschaft, Geschichte, Kultur. Opladen: Leske + Budrich 1988, S. 625–636.

Wilde, Oscar: The Complete Works of Oscar Wilde. Volume 1. Poems and Poems in Prose, hg. von Bobby Fong, Karl Beckson. Oxford: Oxford University Press 2007.

Williams, H. C.: Grandmaster Flash. In: Mickey Hess (Hg.): Icons of HipHop. An Encyclopedia of the Movement, Music, and Culture. Band 1. Westport, CT: Greenwood Press 2007, S. 27–49.

Wilson, W. Daniel: Der faustische Pakt. Goethe und die Goethe-Gesellschaft im Dritten Reich. München: Dtv 2018.

Wimmer, Jeffrey: (Gegen-)Öffentlichkeit in der Mediengesellschaft. Analyse eines medialen Spannungsverhältnisses. Wiesbaden: VS Verlag für Sozialwissenschaften 2007.

Winko, Simone: Kodierte Gefühle. Zu einer Poetik der Emotionen in lyrischen und poetologischen Texten um 1900. Berlin: Erich Schmidt 2003.

Winko, Simone: Literatur-Kanon als „invisible-hand"-Phänomen. In: Heinz Ludwig Arnold, Hermann Korte (Hg.): Literarische Kanonbildung. Text + Kritik IX/02 (2002), S. 9–24.

Witkowska, Alina: Literatura Romantyzmu. Warszawa: Państwowe Wydawnictwo Naukowe 1986.

Witkowska, Alina: Sławianie my lubim sielanki [Slawen, wir lieben die Idylle]. Warszawa: Państwowy Instytut Wydawniczy 1972.

Woesler, Winfried: Lessing als Herausgeber von Gleims ‚Kriegsliedern' und von Gleims Bearbeitung seines ‚Philotas'. In: Jochen Golz, Manfred Koltes (Hg.): Beihefte zu Editio. Internationale Fachtagung der Arbeitsgemeinschaft für germanistische Edition und des Sonderforschungsbereiches 482 ‚Ereignis Weimar-Jena: Kultur um 1800' der Friedrich-Schiller-Universität Jena, veranstaltet von der Klassik Stiftung Weimar. Tübingen: M. Niemeyer 2008, S. 144–153.

Wojcik, Paula, Sophie Picard: Klassiker@wikipedia. Klassikforschung und Digital Humanities. Ein Kommentar zur Studie World Literature According to Wikipedia. In: Dies., Stefan Matuschek, Monika Wolting (Hg.): Klassik als kulturelle Praxis – funktional, intermedial, transkulturell. Berlin, Boston: De Gruyter 2019, S. 149–164.

Wojcik, Paula: Klassik als kulturelle Praxis: Modellierungs- und Popularisierungsmechanismen am Beispiel der Loreley. In: KulturPoetik 1, 18 (2018), S. 51–69.

Wojcik, Paula: Der Antisemitismusdiskurs in jiddischsprachigen Balladen aus Osteuropa. In: Hans-Joachim Hahn, Olaf Kistenmacher (Hg.): Beschreibungsversuche der Judenfeindschaft II. Antisemitismus in Text und Bild – zwischen Kritik, Reflexion und Ambivalenz. Berlin, Boston: De Gruyter 2019, S. 333–353.

Wolbring, Fabian: Goe-T und Chiller? – Über Sinn und Unsinn von Rap-Adaptionen klassischer Gedichte im Deutschunterricht. In: Paula Wojcik, Stefan Matuschek, Sophie Picard, Monika Wolting (Hg.): Klassik als kulturelle Praxis – funktional, intermedial, transkulturell. Berlin, Boston: De Gruyter 2019, S. 351–366.

Wolff-Powęska, Anna (Hg.): Geschichtspolitik. Die polnischen Auseinandersetzungen um Geschichte und Gedächtnis, aus dem Polnischen übers. von Rainer Mende. In: Jahrbuch Polen (2007), S. 207–219.

Wyspiański, Stanisław: Inscenizacje (= Dzieła zebrane, hg. v. Leon Płoszewski, Stefan Góra, Aniela Łempicka, Jerzy Skórnicki, Zofia Skrzatówna. Band XII). Kraków: Wydawnicto literackie 1961.

Zan, Tomasz: Ballada Twardowski. In: Jan Czubek (Hg.): Poezja Filomatów. Tom I [Poesie der Philomaten. Band I]. Kraków: Polska Akademia Umiejętnościowa 1922, S. 315–329.

Zangen, Britta: Christina Rossetti's "Goblin Market". The Eroticism of Female Mystics. In: C. C. Barfoot (Hg.): "And Never Know the Joy." Sex and the Erotic in English Poetry. Amsterdam: Rodopi 2006, S. 247–259.
Zapf, Hubert: Das Funktionsmodell der Literatur als kultureller Ökologie: Imaginative Texte im Spannungsfeld von Dekonstruktion und Reintegration. In: Marion Gymnich, Ansgar Nünning (Hg.): Funktionen von Literatur. Trier: Wissenschaftlicher Verlag 2005, S. 55–77.
Żeleński (Boy), Tadeusz: Brązownicy i inne szkice o Mickiewiczu [Die Bronzeschmiede und andere Skizzen über Mickiewicz], hg. von Henryk Markiewicz. Warszawa: Państwowy Instytut Wydawniczy 1956.
Zeller, Bernhard (Hg.): Klassiker in finsteren Zeiten 1933–1945. Eine Ausstellung des Deutschen Literaturarchivs im Schiller-Nationalmuseum Marbach am Necker. Marbach: Deutsche Schillergesellschaft 1983.
Zgorzelski, Czesław: Dzieje Ballady w Polsce [Geschichte der Ballade in Polen] In: Ders., Ireneusz Opacki (Hg.): Ballada. Zeszyt pod redakcją Marii Renaty Maynowej i Zdzisławy Kopczyńskiej. Wrocław: Zakład Narodowy im. Ossolińskich 1970, S. 83–172.
Zięba, Jan: Bolesława Leśmiana światopogląd nowoczesny. O eseistyce poety [Bolesław Leśmians moderne Weltsicht. Über die Essayistik des Dichters] Kraków: Universitas 2000.
Ziemann, Benjamin: Die Erinnerung an den Ersten Weltkrieg in den Milieukulturen der Weimarer Republik. In: Thomas F. Schneider (Hg.): Kriegserlebnis und Legendenbildung. Osnabrück: Universitätsverlag Rasch 1999, S. 249–263.
Zienkiewicz, Olga: Co się czytało w jidysz? [Was hat man auf Jiddisch gelesen?] In: Ewa Geller (Hg.): Jidyszland: polskie przestrzenie [Jiddischland: polnische Dimensionen]. Warszawa: Wydawn. Uniw. Warszawskiego 2008, S. 142–156.
Ziolkowski, Theodore: Gilgamesh Among Us. Modern Encounters with the Ancient Epic. Ithaka, London: Cornell University Press 2011.
Ziolkowski, Theodore: Heidelberger Romantik. Mythos und Symbol. Heidelberg: Winter 2009.
Ziolkowski, Theodore: The Fictional Transfiguration of Jesus. Princeton: Princeton University Press 1972.
Zipfel, Frank: Weltliteratur(en) und die Weltrepublik der Literatur. Überlegungen zu den Voraussetzungen von Weltliteratur-Diskursen. In: Dieter Lamping, Galin Tihanov (Hg.): Vergleichende Weltliteraturen. Stuttgart: Metzler 2020, S. 19–40.
Żmigrodzka, Maria (Hg.): „Ballady i romanse" wobec tradycji niemcewiczowskiej [Balladen und Romanzen im Angesicht der durch Niemcewicz begründeten Tradition]. In: Pamiętnik Literacki. Zeszyt specjalny w setną rocznicę zgonu Adama Mickiewicza 47 (1956), S. 122–149.
Zumbusch, Cornelia: Die Immunität der Klassik. Berlin: Suhrkamp 2012.

Archivmaterial zu Börries von Münchhausen aus den Beständen des Goethe- und Schiller-Archivs Weimar

GSA: 69/6503: Sammlungsstücke

o. A.: Bericht über einen Auftritt Münchhausens. Neue Mannheimer Zeitung, 26.11.1940.
Börries, Freiherr von Münchhausen. Darstellung von Wilhelm Stapel. Deutsche Zeitung in den Niederlanden (2.12.1941), Blatt 101.
Das Deutsche in der Sing- und Sprechkultur. Das gesprochene Wort. 1940, 3. Volksverlag München.
o. A. Deutsche Zeitung, São Paulo (17.10.1938).
o. A. Die Ballade in der Dichtung. Westfälische Neueste Nachrichten (9.11.1938).
o. A. Essener Allgemeine Zeitung, Abendausgabe (9.2.1939).
o. A. Eine Münchhausen-Ballade wurde Soldatenlied. Dr. Paul Aspers (Celle). In: Die Kunde 9, 7 (1941), S. 152 f.
Falk, Paul: Börries von Münchhausen trug vor. In: Düsseldorfer Nachrichten (14.10.1938).
Fechter: Münchhausens Balladen. In: Deutsche Zukunft (27.11.1938).
o. A. General-Anzeiger der Stadt Wuppertal 1938.
Gesicht und Werk. Reclams Universum (7.2.1940).
Gieseking, Franz Klemens: Begegnung mit Börries von Münchhausen. Ein erlebnisreicher Abend in der Aula der Hermann-Löns-Schule. Münsterische Zeitung (1.11.1939).
o. A. Hakenkreuzbanner Mannheim (27.11.1940).
Hund, Josef: Freiherr Börries von Münchhausen. In: General-Anzeiger der Stadt Wuppertal 1938.
In Dichters Lande. Erlebtes und Gestaltetes. Edited by Jane F. Goodloe, Goucher College. A Text For Use in Intermediate German Classes, Blatt 57.
In DW-Funk Rundfunkmitteilungen der Deutschen Welle GmbH und des Zentralinstituts für Erziehung und Unterricht. Julius Belz Langensalza, 3 (1928), S. 66 f.
Lyrik seit 1936. Magdeburgische Zeitung, Morgen-Ausgabe (9.7.1939).
Meisterballaden, Brüsseler Zeitung (11.12.1940).
Münchhausen las aus eigenen Werken. In: Göttinger Tageblatt (4.3.1940).
Münchhausen, Börries von: Am Grabe der Ballade. In: Ders. (Hg.): Aufsätze bis 1928, S. 2–8. Manuskript aus dem Nachlass. Aus den Beständen des Goethe-Schiller-Archivs.
Münchhausen, Börries von: Bardentum – ein neuer Weg zur Verbreitung der Dichtung. In: Ders.: Die Garbe. Ausgewählte Aufsätze. Stuttgart, Berlin: Deutsche Verlags-Anstalt 1933, S. 77–83. Erstmals erschienen in der Deutschen Allgemeinen Zeitung im Juni 1931.
o. A.: Dein bestes Buch für die Soldaten. In: Hannoverisches Tageblatt vom Sonntag, 29.11.39.
o. A.: Robert Hohlbaum. Börries von Münchhausen. Hg. von der RAVAG Öster. Radioverkehrs AG. Radioprogramme vom 18. bis 24. Juni 1922, Heft 38, S. 12.
o. A.: Schicksale eines Reiterliedes: Offener Brief an Börries von Münchhausen von Oberstleutnant W. v. Rauchhaupt. In: Berliner Lokalanzeiger, Sonntag (14.2.1943).
o. A.: Gedichte Sammelbände, die uns etwas zu sagen haben. Deutsche Tageszeitung, Karlsbad (27.4.1939).
o. A.: Vom deutschen Humor. Jahrbuch der deutschen Dichtung 1938. Herausgegeben vom Verein Raabe-Stiftung. In: Völkischer Beobachter (10.1.1939).
o. A.: Vom Geist der Deutschen. Hamburger Fremdenblatt Abend-Ausgabe (29.11.1940).

Werner, B. E.: Die Balladen Münchhausens. In: Deutsche Allgemeine Zeitung, Morgen-Ausgabe (7.12.1938).
o. A. Westfälische Landeszeitung (8.1.1939).

GSA 69/6537

Dahn, Felix: Postkarte zum 60. Geburtstag Münchhausens.
Kayser, Wolfgang: Erneuerung der Ballade um 1900. In: Die neue Literatur. Hg. von Willi Vesper. Sonderdruck. Leipzig: Ed. Avenarius 3 (1939), S. 113–120.

Archivmaterial zu Adam Mickiewicz aus den Beständen des Deutschen Polen Instituts Darmstadt

Frajlich, Anna: Kochajmy sie, ale tak – z osobna. In: Rzeczpospolita vom 21./22. November 1998, Rubrik Plus Minus. Mickiewicz Miscellen 3.2.
Odrowąż-Pieniążek, Janusz: A jednak „Z matki Polki". In Rzeczpospolita. Plus Minus, 5.-6. Februar 2000. Mickiewicz Miscellen 3.2.
Maciejewski, Bogdan: Co wieszcz napłodził [Was der Prophet zeugte]. In: Super Express 24–26 Dezember 1998, S. 16. Mickiewicz Miscellen 3.2.

Internetquellen

Bollenbeck, Georg: Das Ende des Bildungsbürgers. In: Die Zeit online vom 14.1.1999, S. 29. http://www.zeit.de/1999/03/199903.provinz1_.xml [letzter Zugriff 20.5.2021]. Archiviert unter https://archive.fo/GtJSg.
Eidherr, Arnim: Hundert Jahre Czernowitzer „Jüdische Sprachkonferenz" 1908. Die Konferenz und ihre Wirkung. http://david.juden.at/2008/78/13_eidherr.htm [letzter Zugriff 11.3.2022]. Archiviert unter https://archive.ph/q5icD.
Mandel, Birgit: „Niedrigschwellige" Kulturvermittlung öffentlicher Kulturinstitutionen als integrales Konzept zwischen Kunstmissionierung und Moderation kultureller Beteiligungsprozesse. In: Kulturelle Bildung Online. https://www.kubi-online.de/artikel/niedrigschwellige-kulturvermittlung-oeffentlicher-kulturinstitutionen-integrales-konzept (2014) [letzter Zugriff 20.5.2021]. Archiviert unter https://archive.fo/6KedE.
Öhler, Andreas: Albert Camus und Corona. Christ & Welt. Beilage von Die Zeit. 17. März 2021. https://www.zeit.de/2021/12/die-pest-albert-camus-corona-pandemie?utm_referrer=https%3A%2F%2Fwww.google.com%2F [letzter Zugriff 3.2.2022]. Archiviert unter https://archive.fo/UmQZL.
http://www.museenkoeln.de/ausstellungen/nsd_0404_edelweiss/db_abb.asp?i=209 [letzter Zugriff 20.5.2021]. Archiviert unter https://archive.fo/hj1dV.
http://www.museenkoeln.de/ausstellungen/nsd_0404_edelweiss/index.html [letzter Zugriff 20.5.2021]. Archiviert unter https://archive.fo/tbln.

https://de.wikipedia.org/wiki/B%C3%B6rries_von_M%C3%BCnchhausen#Verh%C3%A4ltnis_zum_Judentum [letzter Zugriff 20.5.2021]. Archiviert unter https://archive.fo/wZHRq.

https://www.zeit.de/2016/43/nationalsozialismus-martin-heidegger-briefwechsel-bruder [letzter Zugriff 20.5.2021]. Archiviert unter https://archive.fo/Qjxgq.

http://www.goethezeitportal.de/index.php?id=3857 [letzter Zugriff 21.5.2021]. Archiviert unter https://archive.fo/EllHX.

https://www.whosampled.com/Grandmaster-Flash/The-Message/ [letzter Zugriff 21.5.2021]. Archiviert unter https://archive.fo/X4eJU.

http://www.spiegel.de/spiegel/print/d-14353756.html [letzter Zugriff 21.5.2021]. Archiviert unter https://archive.fo/sB88n.

https://www.youtube.com/watch?v=NmHMcKN8xlI. Regie: Paul Hunter. TC 0:00–0:11 [letzter Zugriff 21.5.2021]. Archiviert unter https://archive.fo/Cri6B.

http://www.nibis.de/nli1/gohrgs/13_zentralabitur/zentralabitur_2011/02Englisch2011_neu0409.pdf, S. 2f [letzter Zugriff 21.5.2021]. Archiviert unter https://archive.fo/6Guql.

https://www.youtube.com/watch?v=8LknX42rx1c [letzter Zugriff 21.5.2021]. Archiviert unter https://archive.fo/VEqa4.

https://www.youtube.com/watch?v=FN2Q7HTyPZQ [letzter Zugriff 21.5.2021]. Archiviert unter https://archive.fo/uFHGF.

https://makeameme.org/meme/dont-push-me-xeur8j [letzter Zugriff 21.5.2021]. Archiviert unter https://archive.fo/2Ekbz.

https://imgflip.com/i/16b27y [letzter Zugriff 21.5.2021]. Archiviert unter https://archive.fo/oydp8.

https://cheezburger.com/2691282176 [letzter Zugriff 21.5.2021]. Archiviert unter https://archive.fo/GAbGh, https://cheezburger.com/6561772800 [letzter Zugriff 21.5.2021]. Archiviert unter https://archive.fo/r7pkc.

https://www.facebook.com/pg/slowackivsmickiewicz/posts/ [letzter Zugriff 21.5.2021]. Archiviert unter https://archive.fo/pJmes.

https://www.someecards.com/usercards/viewcard/817bb2ffcb098f0dd8126fe2895e9e9524/?tagSlug=weekend [letzter Zugriff 21.5.2021]. Archiviert unter https://archive.fo/o58CE. https://cheezburger.com/5801995264/gulliver [letzter Zugriff 21.5.2021]. Archiviert unter https://archive.fo/yOAgl.

https://www.rollingstone.com/music/music-lists/500-greatest-songs-of-all-time-151127/ [letzter Zugriff 21.5.2021]. Archiviert unter https://archive.fo/fQimn.

Jay-Z on What Makes a Classic Track. https://www.rollingstone.com/music/music-news/jay-z-on-what-makes-a-classic-track-176066/ [letzter Zugriff 21.5.2021]. Archiviert unter https://archive.fo/TOihQ.

https://www.reuters.com/article/entertainment-us-hiphop-rollingstone-idUSBRE8B406K20121205 [letzter Zugriff 21.5.2021]. Archiviert unter https://archive.fo/19Ano.

https://www.france24.com/en/20150114-france-charlie-hebdo-voltaire-book-best-seller-treatise-tolerance [Letzter Zugriff 3.2.2022], archiviert unter https://archive.fo/Y7bH9.

https://www.spiegel.de/kultur/literatur/frankreich-voltaire-mit-abhandlung-ueber-die-toleranz-bestseller-liste-a-1015476.html [letzter Zugriff 3.2.2022]. Archiviert unter https://archive.fo/lCN3J.

https://kurier.at/kultur/camus-die-pest-wird-in-pandemie-erneut-zum-bestseller/401217300 [Letzter Zugriff 3.2.2022]. Archiviert unter https://archive.fo/eVl9h.

http://parismuseescollections.paris.fr/fr/musee-de-la-vie-romantique/oeuvres/lenore-les-morts-vont-vite#infos-principales [letzter Zugriff 3.2.2022]. Archiviert unter https://archive.ph/5iFHc.

http://www.gottfried-august-buerger-molmerswende.de/Burger_und_sein_Museum/Rund_um_Burger/Illustrationen/illu-3/body_illu-3.html [letzter Zugriff 3.2.2022]. Archiviert unter https://archive.ph/LVjl0.

http://www.wysokieobcasy.pl/wysokie-obcasy/1,96856,12885248,Ballady_i_romanse__Muzyka_z_sypialni.html?disableRedirects=true [letzter Zugriff 3.2.2022]. Archiviert unter: https://archive.fo/aJCLW.

http://wyborcza.pl/7,113768,22940558,andrzej-stasiuk-o-plycie-z-haydamakami-i-mickiewiczu.html [letzter Zugriff 18.5.2021]. Archiviert unter https://archive.fo/7ros8.

https://wyborcza.pl/1,75248,4698807.html [letzter Zugriff 18.5.2021]. Archiviert unter https://archive.fo/8z4IE.

https://wyborcza.pl/1,76842,4743506.html [letzter Zugriff 18.5.2021] Archiviert unter https://archive.fo/lxdIX.

https://wpolityce.pl/polityka/350799-relacja-jaroslaw-kaczynski-w-rozmowach-niedokonczonych-decyzja-prezydenta-to-powazny-blad-idziemy-do-przodu [letzter Zugriff 18.5.2021]. Archiviert unter https://archive.fo/83oBA.

https://www.youtube.com/watch?v=29dPwJ8zbdE [letzter Zugriff 18.5.2021]. Archiviert unter https://archive.fo/wxR3m.

https://superhistoria.pl/xix-wiek/132871/chlostanie-wieszczem-dlaczego-mickiewicz-moglbyc-zydem.html [letzter Zugriff 13.06.2022]. Archiviert unter https://archive.ph/Ozpz7.

https://www.librarything.com/bookaward/The+Globe+%2526+Mail+50+Greatest+Books. [letzter Zugriff 14.5.2021], archiviert unter https://archive.fo/ITAgV.

https://www.theguardian.com/books/2003/oct/12/features.fiction [letzter Zugriff 14.5.2021], archiviert unter https://archive.fo/3tQTx.

Film und Musik

Film

Männerfreundschaften. Regie: Rosa von Praunheim. D 2018.
Królewicz Olch [Der Erlprinz]. Regie: Kuba Czekaj. PL 2016.
Geliebte Schwestern. Regie: Dominik Graf. D 2014.
The Sorcerer's Apprentice. Regie: John Turteltaub. USA 2010.
Cruel Intentions. Regie: Roger Kumble. USA 1999.
Pan Tadeusz. Regie: Andrzej Wajda. PL 1999.
Shakespeare in Love. Regie: John Madden. GB/USA 1998.
Clueless. Regie: Amy Heckerling. USA 1995.

Musik

Gabi Anicette: Hau schon ab / Ritter der Nacht. Blow up 1983.
Grandmaster Flash and the Furious Five: The Message. Sugar Hill Records 1982.
Heino: Jenseits des Tales. Elektrola 1965.
Krvavy: Trzynasty Apostoł [Der dreizehnte Apostel]. A.J.K.S., Bucio & Krvavy 2012.
Montanarachor: Jenseits des Tales. Polydor 1958.
Nick Cave and the Bad Seeds: Murder Ballads. Mute Records 1996.
Oberschlesien: II, S.P. Records 2015.
Puff Daddy: No Way Out. Bad Boy Records 1997.
Remo Cesare: Der Erlkönig. https://www.youtube.com/watch?v=nYX39b-OvB0 [letzter Zugriff 21.5.2021]. Archiviert unter https://archive.fo/5JOU1.
The Sugarhill Gang: Sugarhill Gang. Sugerhill Records 1979.
Zupfgeigenhansl: Jiddische Lieder ('ch Hob Gehert Sogn). Verlag „pläne" GmbH 1979.
Wijk 7: Voor Je 't Weet, Ben Je Gek! Rocker 1983.
Czesław Niemen: Idée fixe. Polskie Nagrania Muza 1978.

10 Abbildungsverzeichnis

Abb. 1: Zirkulationsschema: Die kulturelle Praxis der Klassik. Paula Wojcik.
Abb. 2: Klassik und Kanon im Überblick. Paula Wojcik.
Abb. 3–8: Oskar Kolberg: Pieśni ludu Polskiego [Lieder des polnischen Volkes]. Warszawa 1854. Im Uhrzeigersinn: S. 529, 533, 531, 539, 527, 537 (unpaginiert, eigene Zählung). Gemeinfreies Werk.
Abb. 9–10: Stills aus dem Videoclip Where the Wild Roses Grow, TC: 1:58 und TC: 2:41. R.: Rocky Schenck. USA 1995. Bildzitat.
Abb. 11: Zwei diskursive Ebenen der Klassikpraxis. Paula Wojcik.
Abb. 12: Ary Scheffer: Lénore. Les morts vont vite (um 1830). https://commons.wikimedia.org/wiki/File:L%C3%A9nore,_les_morts_vont_vite_(Scheffer).jpg [zuletzt abgerufen am 17.6.2022]. Creative Commons Public Domain Mark 1.0.
Abb. 13: Abb. 13: Lithografie von Auguste Adrien Jouanin nach Carl Oesterley: Lenore (1846). https://commons.wikimedia.org/wiki/File:Auguste_Adrien_Jouanin_(1806-1887),_Lithographie,_Leonore,_nach_Oesterley,_D1967.jpg [zuletzt abgerufen am 17.6.2022]. Detlef Dauer, Auguste Adrien Jouanin (1806–1887), Lithographie, Leonore, nach Oesterley, D1967, Zuschneiden von Paula Wojcik, CC BY-SA 4.0.
Abb. 14: Tomasz Lisiewicz: Apoteoza wieszcza [Apotheose des Propheten] 1894. https://commons.wikimedia.org/wiki/File:Tomasz_Lisiewicz_-_Apoteoza_wieszcza.jpg [zuletzt abgerufen am 17.6.2022]. Creative Commons Public Domain Mark 1.0.
Abb. 15: Walenty Wańkowicz: Mickiewicz na Judahu skale (1827/28). https://pl.wikipedia.org/wiki/Portret_Adama_Mickiewicza_na_Judahu_skale#/media/File:Wa%C5%84kowicz_Adam_Mickiewicz.jpg [zuletzt abgerufen am 17.6.2022]. Creative Commons Public Domain Mark 1.0.
Abb. 16–17: Postkarten mit Szenen aus der Dresdener Ahnenfeier mit Andrzej Mielewski in der Hauptrolle. Inszenierung von S. Wyspiański. UA im Stadttheater Krakau, 31. Oktober 1901. http://encyklopediateatru.pl/kalendarium/1583/dziady-winscenizacji-iscenografii-wyspianskiego und http://encyklopediateatru.pl/osoby/39296/andrzej-mielewski [zuletzt abgerufen am 17.06.2022]. Abdruck erfolgt mit freundlicher Genehmigung von: Encyklopedia Teatru Polskiego. Instytut Teatralny im. Zbigniewa Raszewskiego ul. Jazdów 1, 00-467 Warszawa.
Abb. 18: Bronisław Zaleski. Mickiewicz in Konrads Zelle (1823). Radierung. In: Majchrowski, Zbigniew: Cela Konrada. Powracając do Mickiewicza. Gdańsk: Słowo/Obraz Terytoria 1998, S. 8 unpaginiert. Bildzitat.
Abb. 19: Walenty Wańkowicz: Fontispiz (1823). In: Adam Mickiewicz: Poezje. Wydanie przygotował Stanisław Pigoń. Lwów 1929. https://commons.wikimedia.org/w/index.php?title=File:PL_Adam_Mickiewicz_-_Poezje_(1929).djvu&page=8 [zuletzt abgerufen am 17.6.2022]. Creative Commons Public Domain Mark 1.0.
Abb. 20: Mickiewicz-Porträt von Leopold Horowitz nach einer Daguerrotypie von 1846 (1888). https://upload.wikimedia.org/wikipedia/commons/4/4f/Adam_Mickiewicz_from_old_book_1888.png. [zuletzt abgerufen am 17.6.2022]. Creative Commons Public Domain Mark 1.0.
Abb. 21: Illustration der Großen Improvisation von Stefan Żechowski. 1957. In: Stefan Żechowski: Na Jawie. Wspomnienia z młodości i rysunki. Słowem wstępnym opa-

	trzył Ryszard Wójcik. Łódź: Wydawnictwo Łódzkie 1981, Abb. 37, unpaginiert. Der Künstler ist verstorben, der Verlag existiert nicht mehr. Trotz intensiver Recherchen war es nicht möglich, die Rechtehalter des Bildes zu ermitteln. Bildzitat.
Abb. 22–23:	Diagramme, die einen Überblick über die Verkaufszahlen von Münchhausens Gedichtbänden in den Jahren 1911–1918 bzw. 1908–1941 geben. Paula Wojcik.
Abb. 24:	Im Kontext der Ausstellung „Unangepasstes Jugendverhalten in Köln 1933–45" gezeigt. Das Motiv stammt aus dem Liederbuch des Kölner Pfadfinders Werner Schwister „Lieder aus aller Welt wie sie gerade kommen". Dieses findet sich vollständig unter https://jugend1918-1945.de/portal/archiv/thema.aspx?root=8875&id=4110 [zuletzt abgerufen am 17.6.2022]. Abdruck erfolgt mit freundlicher Genehmigung des „NS-Dokumentationszentrums der Stadt Köln".
Abb. 25:	Börries von Münchhausen: Juda. Gesänge von Börries, Freiherr v. Münchhausen mit Buchdruck von E. M. Lilien. Berlin viertes bis sechstes Tausend 1900, S. 53–54 (unpaginiert, eigene Zählung). Gemeinfreies Werk.
Abb. 26:	Klassikerpraxis als bidirektionale Resonanz zwischen Wissensordnung und Lebenswelt. Paula Wojcik.
Abb. 27–28:	Adolf Ehrhardt, Theobald von Oer, Hermann Plüddemann, Ludwig Richter, Carl Schurig: Deutsches Balladenbuch mit Holzschnitten und Zeichnungen. Leipzig 1852, S. 115 und S. 134. Gemeinfreies Werk.
Abb. 29:	Funktionswechsel. Paula Wojcik.
Abb. 30:	Schubert-Lieder. Erlkönig. Mit Noten. Im Bild links signiert: E[rnst] Kutzer [1880–1965], rechts: AK. Verso: Ver. A. P. Postkarte. Gelaufen. Datiert u. Poststempel 1914. Vgl. Goethezeitportal http://www.goethezeitportal.de/index.php?id=3857 [zuletzt abgerufen am 17.6.2022]. Abdruck erfolgt mit freundlicher Genehmigung von Prof. Dr. Georg Jäger.
Abb. 31:	Erlkönig. Im Bild signiert: F. Jung. Verso: „Wia"-Künstlerkarten-Verlag, Teplitz-Schönau Karte Bl. 569. Entwurf von Fr. Jung. Signet: Wia. Postkarte. Gelaufen. Datiert 1920. Poststempel unleserlich. Vgl. Goethezeitportal http://www.goethezeitportal.de/index.php?id=3857 [zuletzt abgerufen am 17.6.2022]. Abdruck erfolgt mit freundlicher Genehmigung von Prof. Dr. Georg Jäger.
Abb. 32:	Wer reitet so spät durch Nacht und Wind? Mit Noten. Verso, Signet. Nr. 1445. Eckart-Verlag, Wien, VIII., Fuhrmannsgasse 18. Nicht gelaufen. Vgl. Goethezeitportal http://www.goethezeitportal.de/index.php?id=3857 [zuletzt abgerufen am 17.6.2022]. Abdruck erfolgt mit freundlicher Genehmigung von Prof. Dr. Georg Jäger.
Abb. 33:	Erreicht den Hof mit Müh und Not. Verso, Signet: WSSB [Wilhelm S. Schröder Nachf., Berlin] 429. Nicht gelaufen. Ohne Jahr. Vgl. Goethezeitportal http://www.goethezeitportal.de/index.php?id=3857 [zuletzt abgerufen am 17.6.2022]. Abdruck erfolgt mit freundlicher Genehmigung von Prof. Dr. Georg Jäger.
Abb. 34–36:	Stills aus dem Videoclip *Król Olch* von Oberschlesien. R: Piotr Wojtyczka, Marcin Gołąb. PL 2015. Bildzitat.
Abb. 37–38:	Stills aus Green Cross Code. Werbeclip des National Road Safety Committee. 1983. verfügbar: https://www.youtube.com/watch?v=8LknX42rx1c [zuletzt abgerufen am 17.6.2022], archiviert unter https://archive.fo/VEqa4. Bildzitat.

Personenregister

A Tribe Called Quest 324
Abusch, Alexander 206
Addison, Joseph 49–50
Adorno, Theodor W. 289
Africa Bambaataa 324
Alejchem, Scholem 175, 182, 189, 196
Alewyn, Richard 2
Alexis, Willibald 269
Alighieri, Dante 16
Améry, Jean 290–291
Andrew Sisters 181
Andriyevsky, Aleksandr 39
Annicette, Gabi 325
Apel, Johann August 271
Arendt, Hannah 88
Arndt, Ernst Moritz 69
Arnim, Achim von 189
Aufwind 180
Ausländer, Rose 185
Austen, Jane 6, 76, 259
Bach, Johann Sebastian 81–82, 250, 330
Bachmann, Gottlob 262
Badu, Erikah 324
Baez, Joan 66, 181, 248
Barbera, Joseph 40
Bartels, Adolf 209
Bartók, Béla 250
Baudelaire, Charles 30, 113
Beastie Boys 324
Beat Generation 31
Beauvoir, Simone de 11
Becher, Johannes R. 206–208
Beethoven, Ludwig van 250
Behr, H. F. 61
Benjamin, Walter 217
Benn, Gottfried 209
Berl, Heinrich 177
Beyoncé 325
Bianchi, Bruno 40
Biermann, Wolf 69, 248
Birch-Pfeiffer, Charlotte 273
Birnbaum, Nathan 170, 173
Blackwell, Thomas 50, 52
Blair, Hugh 50

Blankensee, Carl von 106
Bloom, Allan 163, 166, 200
Bloom, Harold 1, 28, 32–38, 76–77, 79–80, 200, 330
Boas, Eduard 23
Bobrowski, Johannes 107
Boie, Heinrich Christian 85
Bolderwood, Rolf 65
Boote, Duke 321
Botticelli, Sandro 203
Bouterweck, Friedrich Ludewig 97
Brasidas 164
Brecht, Bert 5, 55, 69
Brentano, Clemens 189
Brod, Max 177
Brodziński, Kazimierz 100–101, 104, 122, 177
Broniewski, Władysław 114–115, 137–139
Buñuel, Luis 39
Bürger, Gottfried August 54, 68, 83, 85–87, 97, 103–104, 189, 216–217, 236
Burney, Funny 38
Busse, Carl 211
Byron, George Gordon 87–88, 96–99, 115, 119, 124, 139, 215
Calvino, Italo 3, 184
Camus, Albert 22
Carter, Angela 281–285, 291–292, 301
Casanova, Pascale 5, 8, 166–168, 200, 202
Chabert, Thierry 39
Chagall, Marc 196
Chanel, Coco 8
Chapple, Alex 39
Child, Francis James 58
Chodakowski, Zorian Dołęga 101, 102
Chomón, Segundo de 39
Chotkowski, Władysław 143
Clark, Duane 39
Clines, Peter 42
Coetzee, J. M. 5, 81–82, 165–166, 330
Coleridge, Samuel Taylor 53
Combs, Sean (Puff Daddy) 324–325
Czeczot, Jan 102, 104
Cziffra, Géza von 39
Da Vinci, Leonardo 203

Dahn, Felix 216, 236
Dalman, Gustaf Hermann 176
Debussy, Claude 250
Defoe, Daniel 37–39, 42
Dejmek, Kazimierz 147
Del Mar, Alessandro 39
Denis, Michael 52
Deschanel, Caleb 39
Di Chaljasstre 189
Di Junge 187
Dickinson, Emily 76
Disney, Walt 39
Dmochowski, Franciszek Salezy 124–125
Dr. Dre 324
Dylan, Bob 66, 248
Eliasberg, Alexander (Aron) 176–177
Eliot, George 76
Eliot, T. S. 28, 77, 81, 165–166, 200
Emerson, Ralph Waldo 28
Fanti, Ivan 42
Ferlinghetti, Lawrence 31
Fielding, Henry 38, 42
Fitzgerald, Ella 181
Flack, Roberta 317
Flaubert, Gustave 250
Fleischer, Dave 40
Fontane, Theodor 4, 69, 208, 216, 236
Forman, Miloš 43
Franzos, Karl Emil 189
Frears, Stephen 43
Freud, Sigmund 76
Fricke, Gerhard 213
Fritz, Gottlieb 211
Fuhrmann, Manfred 163, 166, 199–200
Gabelentz, Hans von der 236
Gadamer, Hans-Georg 1–2, 202–203
Garland, Judy 181
Gebirtig, Mordechai 180
Gelius, Aulus 249
George, Stefan 30, 217
Gervinus, Georg Gottfried 238
Ginsberg, Allen 31–33
Ginsburg, Schaul 178
Gleim, Johann Wilhelm Ludwig 90–92, 153
Glick, Hirsch 180
Goebbels, Joseph 209

Goethe, Johann Wolfgang von 1–2, 6, 12, 15, 25–26, 74, 77, 91–92, 96–98, 115, 124, 141, 153, 158–159, 167, 189, 204, 206, 208, 214–215, 238, 250, 256, 261–265, 268–275, 278, 282, 284–286, 288, 291–292, 295–296, 298, 301, 305–306, 309, 311, 324, 328, 332
Goetz, Rainald 9
Gold, Jack 39
Gombrowicz, Witold 1, 5
Goodman, John 329
Göttinger Hain 91
Götz, Robert 230–231
Goworuchin, Stanislaw Sergejewitsch 39
Graf, Domink 157
Grandmaster Flash (Joseph Saddler) 318–319, 328, 331
Grandmaster Flash and The Furious Five 312, 319, 324, 331–332
Grass, Günter 70
Grimm, Hans 236
Grimm, Wilhelm und Jacob 58, 282
Gummere, Francis B. 59
Guthrie, Woodie 66
Haffner, Hugh 325
Hanna, William 40
Hardy, Rod 39
Harvey, PJ 71
Haskin, Byron 39
Hauptmann, Gerhart 216
Hawthorne, Nathaniel 28
Haydamaki 116
Hebbel, Friedrich 23, 228
Heidegger, Martin 204–205, 241
Heine, Heinrich 69, 79, 189, 206, 234, 250, 276
Heino 239
Herbert, Zbigniew 164–166, 200
Herder, Johann Gottfried 49, 51–54, 58–59, 67–68, 97, 99–100, 127, 177–178, 262, 268, 301, 304, 315, 331
Herzl, Theodor 243–244
Hill, Lauryn 324
Hindenburg, Paul von 210, 224
Hitler, Adolf 209, 237
Hofmannsthal, Hugo von 217

Hölderlin, Friedrich 30–31, 33, 44, 89, 157, 250, 276
Holz, Arno 216
Homer 8, 52
Hunt, Peter R. 40
Hüseyin, Metin 40
Hyläa 189
Jahn, Moritz 237
James, Henry 28
Jay-Z 325, 330–331
Jędrzejewski, Alfons 294–297
Johst, Hanns 236
Juráček, Pavel 40
Kaczyński, Jarosław 148
Kafka, Franz 22, 30, 174
Kallenbach, Józef 145, 149, 151
Karpowicz, Ignacy 139–140
Kasprowicz, Jan 109
Kassner, Rudolf 211
Kästner, Erich 69
Kayser, Wolfgang 235
Kerouac, Jack 31
Kiersch, Fritz 40
Kilar, Wojciech 136
Kittner, Alfred 186
Kleiner, Juliusz 147–148
Kleist, Heinrich von 276
Klopstock, Friedrich Gottlieb 86, 91, 246
Kolbenheyer, Erwin Guido 236
Kolberg, Oskar 59
Kompert, Leopold 189
Körner, Theodor 69
Kościuszko, Tadeusz 99
Koźmian, Kajetan 124, 128
Kraftwerk 317
Krasiński, Zygmunt 77
Kraus, Karl 69
Krause, Tilman 253
Krupiński, Franciszek 125
Krvavy 299–303, 308
Kuroda, Yoshio 40
Laclos, Choderlos de 43, 259
Látal, Stanislav 39
Leander, Zarah 181
Lemm, Alfred 171
Leśmian, Bolesław 109, 112, 114, 119
Lessing, Gotthold Ephraim 90–92
Letterman, Rob 40
Letts, Barry 40
Lilien, Ephraim Mose 209, 243–244
Lisiewicz, Tomasz 143
Liszt, Franz 86
Loewe, Carl 106, 262, 264
Longfellow, Henry Wadsworth 33
Luhmann, Niklas 44
Luhrmann, Baz 259
Madden, John 158
Mahler, Gustav 177, 250
Malewski, Franciszek 98
Mallarmé, Stéphane 30
Manger, Itzik 25–26, 181–199, 201, 204, 206, 212, 218–219, 276, 311, 314
Mann, Golo 261
Margul-Sperber, Alfred 188
Marinetti, Filippo Tommaso 189
Medici, Giovanni Lombardo Di 229
Méliès, Georges 39
Melle Mel 321, 328
Melville, Herman 28
Meyer, Conrad Ferdinand 69, 216
Michelangelo 203
Mickiewicz, Adam 1, 25, 70, 75, 77, 83, 86, 94–109, 111–112, 114–120, 122, 124–125, 127–128, 130–131, 133–134, 136–143, 145–149, 151–156, 158–161, 186, 189, 206, 212, 215, 221, 311, 327, 329
Mickiewicz, Władysław 137, 143, 154
Mieses, Mateusz 160
Millais, John Everett 73
Miller, George 39
Miłosz, Czesław 132
Milton, John 16
Minogue, Kylie 71–73
Missy Elliott 324
Mochnacki, Maurycy 126
Montaigne, Michel de 22, 286
Montanarachor 238
Mozart, Wolfgang Amadeus 250
Mukařovský, Jan 10
Münchhausen, Anna von 224
Münchhausen, Börries von 25–26, 207–224, 226–228, 230–243, 245–247, 276, 311
Münchhausen, Hieronymus Carl Friedrich von 210

N.W.A. 324
Nabokov, Vladimir 22
Nas 331
Neumann, Friedrich 237
Nick Cave and the Bad Seeds 71
Niemcewicz, Jan Ursyn 104
Niemen, Czesław 115
Nietzsche, Friedrich 113
Norwid, Cyprian Kamil 115
Notorious B.I.G. 324–325, 331
Obama, Barack 329
Oberschlesien (Band) 299, 302, 308
Odyniec, Antoni Edward 118
Oer, Theobald von 275
Oesterley, Carl 83
Ogiński, Michał 136
Osofisan, Femi 260
Outcast 324
Owen, Cliff 40
Paterson, Andrew Barton 63, 65
Paul, Jean 228
Percy, Thomas 49–52, 54, 177, 214, 268
Perez, Jizchok Lejb 175, 189
Perrault, Charles 282
Pesach, Marek 178
Petersen, Julius 2
Piłsudski, Józef 131–132
Plüddemann, Hermann 274
Poe, Edgar Allan 28–31, 33, 83, 157
Praunheim, Rosa von 159
Ptushko, Aleksandr 39
Public Enemy 331
Puff Daddy (Sean Combs) 324–326
Puschkin, Alexander Sergejewitsch 1, 6
Puttkamer, Wawrzyniec 158
Queen Latifah 324, 331
Rajnai, András 40
Rammstein 302
Ranade, Soumitra 40
Ravitch, Melech 189
Reich-Ranicki, Marcel 32, 207
Reichardt, Johann Friedrich 262
Reuter, Gabriele 4
Richardson, Samuel 37
Richardson, Tony 40
Rilke, Rainer Maria 189, 217
Robinson, Sylvia 315

Robison, Michael 39
Rohland, Peter 180
Romberg, Andreas 262
Rossetti, Christina 55, 284
Run-DMC 324
Sacha, Jean 39
Sainte-Beuve, Charles-Augustin 249–250
Salt'n'Pepa 324
Sapkowskis, Andrzej 168
Schäfer, Wilhelm 236
Scheffer, Ary 83
Schering, Emil 211
Scherl, August 214
Schiller, Friedrich 6, 14–15, 68–69, 74, 77,
    81, 87–89, 96–99, 115, 158, 208, 265,
    270
Schirach, Baldur von 232
Schlegel, August Wilhelm 97
Schlegel, Friedrich 261–262, 268–269
Schröter, Corona 262
Schubert, Franz 250, 261–264, 278
Schumann, Robert 264
Scot-Heron, Gil 331
Secunda, Sholom 181
Seeger, Pete 66
Seliger, Berthold 250–251, 253
Seltzer, Dov 198
Sforim, Mendele Mojcher 175, 189
Shakespeare, William 6, 14, 76–77, 96–97,
    115, 140, 145, 158, 250, 259
Shaver, Helen 39
Shelley, Mary 1
Sher, Jack 40
Singer, Isaak Bashevis 182, 195
Siostry Wrońskie 114
Skamander 134
Słonimski, Antoni 134
Słowacki, Juliusz 70, 77, 105–106, 115, 134,
    139, 148
Smollett, Tobias 38
Śniadecki, Jan 122
Sonnleithner, Leopold von 263
Spenser, Edmund 16
Staël, Germaine de 292
Stasiuk, Andrzej 116–117
Sterne, Laurence 38, 42
Stodte, Hermann 212–213

Stoker, Bram (Abraham) 83
Stolberg, Friedrich Leopold und Christian 97
Strachwitz, Moritz Graf von 215
Sturridge, Charles 40
Sugarhill Gang 315, 325
Swift, Jonathan 37–38, 42
Szymborska, Wisława 302–304
Tennant, Emma 281
Tetmajer, Kazimierz Przerwa 109
Thukydides 164–165
Toop, David 315–317, 319
Tournier, Michel 281, 286–287, 289, 291–292
Trenker, Luis 229
Tupac Shakur 324
Turner, Otis 39
Uhland, Ludwig 107, 208, 262
Vergil 8, 77, 165–166
Verne, Jules 30
Villon, François 157
Vogl, Johann Michael 263
Voigt, Lene 298

Voltaire 6, 21–22
Wagner, Richard 176, 204–205
Wajda, Andrzej 116, 135–136
Warhol, Andy 53
Wereszczakówna, Maryla 158
Whitman, Walt 28
Whittier, John Greenleaf 33
Wilde, Oscar 56
Wilder, Matthew 325
Winterbottom, Michael 40
Woolf, Virginia 11, 76
Woolnough, Jeff 39
Wordsworth, William 53, 284
Wu Tang Clan 324
Zaleski, Bronisław 151
Zan, Tomasz 102–104
Żechowski, Stefan 152
Żeleński, Tadeusz (Boy) 156–157
Zelter, Carl Friedrich 262, 264
Zemecki, Robert 39
Zimmermann, Friedrich Albert 297
Zola, Émile 250

www.ingramcontent.com/pod-product-compliance
Lightning Source LLC
Chambersburg PA
CBHW061929220426
43662CB00012B/1845